2021
Bilingual Tax Preparation Course

Volume 1

©2021 Latino Tax Pro

Table of Contents / Índice

Chapter 1 Ethics and the Circular 230 14

Capítulo 1 La ética y la Circular 230 15

Chapter 2 Best Practices to Counteract Cybercrime 78

Capítulo 2 Mejores prácticas para contrarrestar la ciberdelincuencia 79

Chapter 3 Compiling Taxpayer Information.. 110

Capítulo 3 Compilación de información del contribuyente 111

Chapter 4 Filing Status, Dependents and Deductions.. 196

Capítulo 4 Estado civil, dependientes y deducciones 197

Chapter 5 Income 284

Capítulo 5 Ingresos 285

Chapter 6 Interest and Dividends... 378

Capítulo 6 Intereses y dividendos 379

Chapter 7 Tax Credits and Payments... 450

Capítulo 7 Créditos y Pagos de Impuestos 451

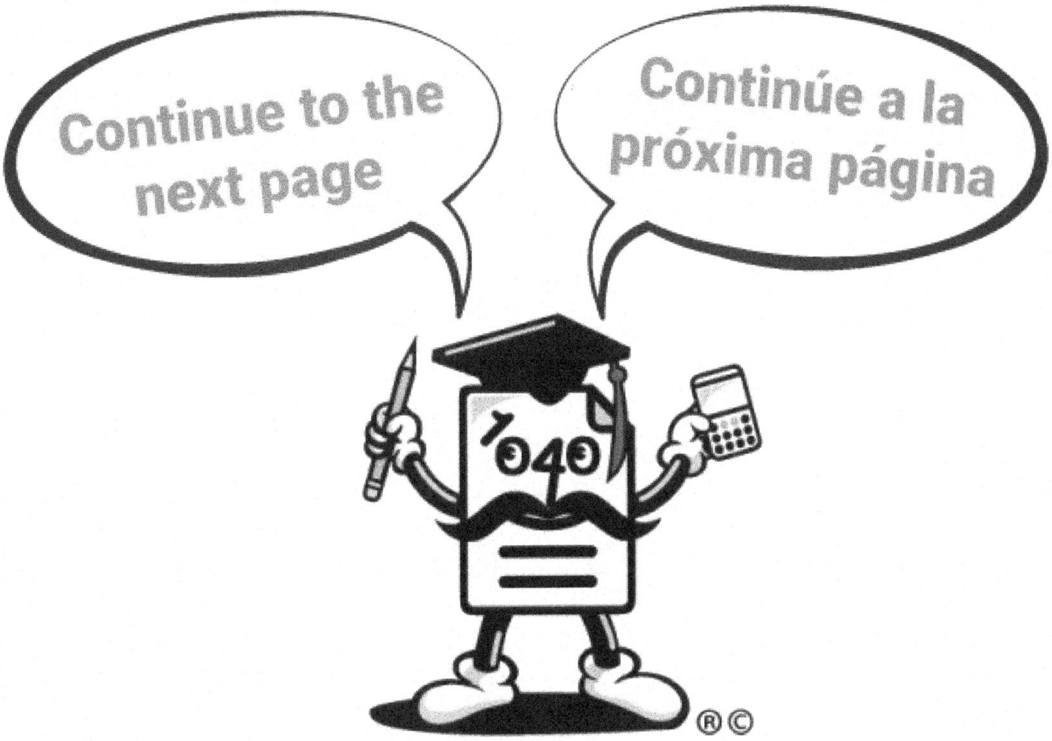
Continue to the next page
Continúe a la próxima página

Quick Start Guide

WELCOME to the most advanced tax learning system in the United States: Prendo365 powered by Latino Tax Professionals! Our tax education is a powerful, user-friendly e-learning system. An optional textbook is available. The following instructions will provide the steps to create and/or login to your Prendo365 account.

First-Time User Purchased Online or Through Sales Rep

Step 1: Open the email you received after purchase from edsupport@latinotaxpro.com with subject line "Welcome to Prendo365" — it contains a password and username to access your created account. Check your spam/junk folder if you do not see it.

Step 2: At login, you MUST complete and save the required fields marked with a red asterisk to continue.

Step 3: Scroll down to "Courses" on the left side of your dashboard and click on your course icon to begin!

First-Time User Purchased Through Instructor or Office Manager

Step 1: Enter prendo365.com into your preferred browser then hit enter. (We recommend Google Chrome or Firefox for best user experience.)

Step 2: Click on the "Register" button on the top right.

Step 3: Your username is your email*. Remember what email and password you used. Complete all required fields.

Step 4: If you have an instructor, click on the drop-down menu, *do you have an instructor* and select your instructor. Otherwise, click on the "I Accept the terms of the privacy policy" and click "Next." You will receive an email from edsupport@latinotaxpro.com. If you do not receive the email within 15 minutes, check your spam folder. Click next to continue your registration. Make sure to complete all required fields.

Step 5: Enter your PTIN and State information for Continuing Education Credits, if applicable. If you do not have a PTIN, type "N/A". Complete all required fields indicated by a red asterisk.

Step 6: Open the email you received from edsupport@latinotaxpro.com — it contains your temporary password. Click the link to confirm your registration and use the temporary password provided to sign in.

Step 7: Enter the temporary password and then create a new password that you will remember. Click "Save Changes."

Step 8: Scroll down to "Courses" on the list to the left side of your dashboard and click on your course icon to begin!

Guía de inicio rápido

BIENVENIDO al sistema de aprendizaje de impuestos más avanzado de los Estados Unidos: ¡Prendo365, impulsado por Latino Tax Professionals! Nuestra educación fiscal es un sistema de aprendizaje electrónico poderoso fácil de usar con libros de texto opcionales. Siga los pasos a continuación para crear o iniciar sesión en su cuenta de Prendo365.

Usuario por primera vez que compró en línea o con un representante de ventas.

Paso 1: Abra el correo electrónico de edsupport@latinotaxpro.com que recibió después de la compra con encabezado "Bienvenido a Prendo365"— contiene una contraseña y un nombre de usuario para acceder a su cuenta. Comprueba tu carpeta de spam/basura si no la ves.

Paso 2: Al iniciar sesión, debe completar y guardar los campos obligatorios marcados con un asterisco rojo para continuar.

Paso 3: Desplázate hacia abajo hasta "Cursos" en el lado izquierdo de tu panel y haz clic en el ícono de tu curso para comenzar!

Usuario por primera vez que hizo su compra con un instructor o un gerente.

Paso 1: Introduzca prendo365.com en su navegador preferido y luego pulse Intro. (Recomendamos Google Chrome o Firefox para la mejor experiencia de usuario.)

Paso 2: Haga clic en el botón "Registrarse" en la parte superior derecha.

Paso 3: Su nombre de usuario es su correo electrónico*. Recuerda qué correo electrónico y contraseña usaste. Complete todos los campos obligatorios.

Paso 4: Si tiene un instructor, haga clic en el menú desplegable, "*tiene un instructor*" y seleccione su instructor. De lo contrario, haga clic en "Acepto los términos de la política de privacidad" y haga clic en "Siguiente". Recibirá un correo electrónico de edsupport@latinotaxpro.com. Si no recibe el correo electrónico en un plazo de 15 minutos, compruebe su carpeta de spam. Haga clic junto para continuar su registro. Asegúrese de completar todos los campos obligatorios.

Paso 5: Ingrese su PTIN y la información estatal para créditos de educación continua, si corresponde. Si no tiene un PTIN, escriba "N/A". Complete todos los campos obligatorios indicados por un asterisco rojo.

Paso 6: Abra el correo electrónico que recibió de edsupport@latinotaxpro.com — contiene su contraseña temporal. Haga clic en el enlace para confirmar su registro y utilizar la contraseña temporal proporcionada para iniciar sesión.

Paso 7: Introduzca la contraseña temporal y luego cree una nueva contraseña que recordará. Haga clic en "Guardar cambios."

Paso 8: Desplázate hacia abajo hasta "Cursos" en la lista al lado izquierdo de tu panel y haz clic en tu icono del curso para comenzar!

*If you receive a message that your email is already in the system, an account has been created by a staff member, instructor, or by purchasing online. Click on "Forgot your password?" to reset your password or call or text support at 866.936.2587 for assistance.

Returning User

Step 1: Enter Prendo365.com in your preferred browser. Hit enter.

Step 2: Click the "Sign In" button.

Step 3: Enter your username and password. Forgot your password? Click "Forgot your password?" and follow the prompts.

Step 4: Click "Sign In."

Step 5: Haven't started your course yet? Find your course on the dashboard on the left side under "Courses" — open your course by clicking on the thumbnail. Then click on "Start Learning Now".

Step 6: Started your course already? Find your course once again on the dashboard under "Courses" and click on the thumbnail to open. Then choose "Resume Where You Left Off" to go to the last section completed.

Still have questions? Call or text support at 866.936.2587 or email questions to edsupport@latinotaxpro.com.

Course Description

This course provides the student with the basic understanding of federal and state tax law. Our courses are designed to be convenient, easy-to-use, affordable, and bilingual. Increasing your knowledge of tax law and practice will help you grow your business and increase profits!

Our proprietary Professional Training System combines traditional textbook courses with online interactive materials, questions, and practice tax returns. After each chapter, the student will complete online review questions and Practice Tax Returns (PTR). The PTR is in PDF format and includes a link to the necessary tax forms to complete a tax return.

Review questions and PTRs may be taken as many times as necessary to achieve the required score. If you have obtained a score of 70% or better, but choose to obtain a higher score, Prendo365 records the most recent score, even if it is less than your prior score.

This course expires November 30, 2022. This course does not qualify for IRS continuing education hours.

Included in this course:

- Textbook Study Guide
- eBook
- Online Questions "To Test Your Knowledge"
- Online Practice Tax Returns (PTR)
- Online Finals

This course has been copyrighted and published by Latino Tax Professionals Association, LLC.

*Si recibe un mensaje de que su correo electrónico ya está en el sistema, un miembro del personal, instructor o comprando en línea ha creado una cuenta. Haga clic en "¿Olvidó su contraseña?" para restablecer su contraseña o llámenos o envíanos un mensaje de texto al 866.936.2587 para obtener ayuda.

Usuario que regresa

Paso 1: Ingrese Prendo365.com en su navegador preferido. Pulsa entrar.

Paso 2: Haga clic en el botón "Iniciar sesión."

Paso 3: Ingrese su nombre de usuario y clave. ¿Olvidaste tu prólogo? Haga clic en "¿Olvidó su contraseña?" y siga las indicaciones.

Paso 4: Haga clic en "Iniciar sesión."

Paso 5: ¿Aún no has empezado tu curso? Busque su curso en el panel en el lado izquierdo en "Cursos" — abra el curso haciendo clic en la miniatura. A continuación, haga clic en "Iniciar aprendizaje ahora".

Paso 6: ¿Ya has empezado tu curso? Vuelva a encontrar el curso en el panel "Cursos" y haga clic en la miniatura para abrir. A continuación, elija "Reanudar donde lo dejó" para ir a la última sección completada.

¿Todavía tienes preguntas? Llámenos o mándenos un mensaje de texto a la línea de poyo al 866.936.2587 o preguntas por correo electrónico a edsupport@latinotaxpro.com.

Descripción del curso

Este curso proporciona al estudiante la comprensión básica de la ley fiscal federal y estatal. Nuestros cursos están diseñados para ser convenientes, fáciles de usar, asequibles y bilingües. ¡Aumentar su conocimiento de la ley y la práctica fiscales le ayudará a hacer crecer su negocio y aumentar los beneficios!

Nuestro Sistema de Capacitación Profesional combina los cursos tradicionales con libros de texto, preguntas interactivas en línea y declaraciones de impuestos de práctica. Cada capítulo es la fundación para el siguiente capítulo. Después de cada capítulo, el/la estudiante podrá responder las preguntas de repaso y las declaraciones de impuestos de práctica (PTR). Las PTR están en formato de PDF e incluyen un enlace para los formularios que necesita para completar las declaraciones a mano antes de responder a las preguntas.

Las preguntas de revisión y los PTR pueden tomarse tantas veces cmo sea necesario para lograr la puntuación requerida. Si usted ha obtenido una puntuación del 70% o mejor, pero opta por obtener una puntuación más alta. Prendo365 registra la puntuación más reciente, incluso si es menor que su puntación anterior.

Este curso caduca el 30 de noviembre de 2022. Este curso no califica para las horas de educación continua del IRS.

Este curso incluye:

- Un libro de texto como guía de estudios
- eBook para cada capítulo
- Preguntas de repaso en línea
- Ejercicios de práctica en la preparación de impuesto (PTR)
- Exámenes Finales en línea

Este curso ha sido registrado y publicado por Latino Tax Professionals Association, LLC.

How to Use This Textbook

LTP has organized this study material to give line-by-line instructions for Form 1040. It is our editorial staff's belief that you, the student, should understand theory before putting it into practice. Therefore, we recommend that all practice returns be prepared by hand first. Our course is designed to explain where tax information is reported on the individual tax return.

Chapter Introduction

Each chapter begins with an introductory paragraph that will give the student an overview of what is covered in the chapter.

Chapter Objectives

Each chapter is designed to build upon the others. The chapter objectives state the framework for the material presented in the chapter.

Chapter Resources

The chapter resources serve as a guide for students when more research may be needed on a particular topic. Our editorial team has created this list of resources to make it easier to begin researching.

Part Questions

You will find review questions at the end of each chapter part. LTP encourages the student to not skip these but read and learn from the answers and feedback.

Chapter Questions "To Test Your Knowledge"

At the end of each chapter, online review questions are designed to help the student recall subject matter from the chapter. These review questions are not graded and are not part of the final exam.

Final Exam

Students must pass the final exam with a score of 70% or better. Ethics questions are included in the final of federal tax law, which consists of 50 questions. 10 ethics questions and 40 federal tax questions. Students are encouraged to complete the individual chapter review in preparation for the final.

Practice Tax Returns

LTP has created practice tax returns (PTR) to assist the student in understanding tax preparation. Each PTR is based on a scenario encompassing the course content that has been included to that point. For example, if a lesson covers income, the tax calculations will not reflect any credits that have not yet been discussed in the course, even if the taxpayer in the scenario would have qualified for them. Ideally, the student would prepare the PTR by hand and then answer the PTR review questions on the website. LTP does not discourage software preparation.

Como usar este texto

LTPA ha organizado el material de estudio para instruir línea por línea sobre el Formulario 1040. Nuestro personal editorial cree que usted debe comprender la teoría antes de ponerla en práctica. Por eso, recomendamos que primero desarrolle todas las situaciones de práctica en papel. Nuestros cursos están diseñados para que sepa dónde debe reportar la información en la declaración de impuestos.

Introducción al capítulo

Cada capítulo comienza con un párrafo introductorio que le dará al estudiante una visión general de lo que cubre el capítulo.

Objetivos de capítulos

Cada capítulo está diseñado para que incremente lo que aprendió de los anteriores. Los objetivos del capítulo son el marco en el que se presenta el material de cada capítulo.

Recursos del capítulo

Cada capítulo está compuesto de varias fuentes de información, así como de la Publicación 17. Los recursos enlistados al comienzo del capítulo son la guía para que los estudiantes puedan hacer una investigación más profunda sobre el tema que cubre el capítulo. Esta guía, es el esfuerzo de nuestro equipo editorial para facilitar la investigación al estudiante nuevo.

Preguntas de cada parte

Hay preguntas de repaso al final de cada parte en el capítulo. LTP exhorta a los estudiantes a que no dejen pasar estas preguntas, por el contrario, hay que leerlas y contestarlas, luego ver las respuestas y el comentario.

Preguntas de repaso de capítulo

Al final de cada capítulo hay preguntas de repaso. Éstas, están diseñadas para recordarle el/la estudiante lo que se trató a través del capítulo. Estas preguntas de repaso no se califican y no son parte del examen final.

Examen Final

Los estudiantes deben pasar el examen final con calificación de 70% o mejor. Las preguntas de éticas se incluyen en la final de la ley federal de impuestos, que consta de 50 preguntas. 10 preguntas de ética y 40 preguntas de impuestos federales. Se alienta a los alumnos a completar la revisión individual del capítulo en preparación para la final.

Ejercicios de práctica en la declaración de impuestos

LTP ha creado declaraciones de impuestos de práctica (PTR) para ayudar al estudiante en la comprensión de la preparación de impuestos. Cada PTR se basa en un escenario que abarca el contenido del curso en el que se ha incluido hasta ese momento. Por ejemplo, si una lección cubre los ingresos, los cálculos fiscales no reflejarán ningún crédito que aún no se haya discutido en el curso, incluso si el contribuyente en el escenario hubiera calificado para ellos. Idealmente, el estudiante prepararía el PTR a mano y luego respondería a las preguntas de revisión de PTR en el sitio web. LTP no desaconseja la preparación de software.

When preparing a Schedule A, there are 2 choices for Taxes You Paid; State Tax Withheld or Sales Tax. PTR instructions will use a fixed Sales Tax when preparing the tax return. Be aware that individual states, and county and city could vary in rate and tax withheld.

Textbook Updates

The digital version of the textbook is updated throughout the year to always contain the most recent information. The physical copy of the textbook will also be updated periodically. Notifications are inside Prendo365 indicated by the bell in the upper right of the screen.

LTP Mission

LTP promotes entrepreneurship, education, diversity, and knowledge among tax preparation businesses across the nation — a number that is growing every year. Not only do we provide education, we provide support for tax professionals who pursue opening their own tax preparation businesses or for current business owners who strive to expand their businesses.

- Our **GOAL** is to help you grow your practice and increase your profits.
- Our **VISION** is to give you the best education, leadership, and business-skill training available.
- Our **MISSION** is to give tax professionals a unified, powerful voice on a national level.

LTP believes the best way to begin tax preparation is by understanding Form 1040 efficiently. The chapters in this textbook are designed to give the student basic instructions. When the chapter is completed, the student will go online and complete multiple-choice review questions with feedback for review.

LTP Commitment

This publication is designed to provide accurate and authoritative information on the matter covered. It is presented with the understanding that Latino Tax Professionals is not engaged in rendering legal or accounting services or other professional advice and assumes no liability in connection with its use. Pursuant to Circular 230, this text has been prepared with due diligence; however, the possibility of mechanical or human error does exist. The text is not intended to address every situation that may arise. Consult additional sources of information, as needed, to determine the solution of tax questions.

Tax laws are constantly changing and are subject to differing interpretation. In addition, the facts and circumstances of a particular situation may not be the same as those presented here. Therefore, the student should do additional research to understand fully the information contained in this publication.

Federal law prohibits unauthorized reproduction of the material in this manual. All reproduction must be approved in writing by Latino Tax Professionals. This is not a free publication. Illegal distribution of this publication is prohibited by international and United States copyright laws and treaties. Any illegal distribution by the purchaser can subject the purchaser to penalties of up to $100,000 per copy distributed. No claim is made to original government works; however, within this product or publication, the following are subject to LTP's copyright:

Al preparar un Anexo A, hay 2 opciones para los impuestos que pagó; impuesto estatal retenido o impuesto sobre las ventas. Las instrucciones de PTR usarán un impuesto fijo sobre las ventas al preparar la declaración de impuestos. Tenga en cuenta que los estados individuales, y el condado y la ciudad podrían variar en tasa e impuestos retenidos.

Actualizaciones de libros de texto

La versión digital del libro de texto disponible en el curso digital se actualizará con frecuencia durante todo el año para asegurarse de que siempre contiene la información más reciente. La copia física del libro también se actualizará periódicamente. Las notificaciones de los cambios se harán en Prendo365.com, en su curso y se indicarán con la campanita en la esquina superior derecha.

La Misión de LTP

Buscamos promover el espíritu empresarial, la educación, la diversidad y el conocimiento entre las empresas de preparación de impuestos en todo el país, un número que crece cada año. Además de brindar educación, ofrecemos apoyo a los profesionales de impuestos que buscan abrir sus propios negocios de preparación de impuestos o para los propietarios de negocios actuales que buscan expandir sus negocios.

> ➤ Nuestro **OBJETIVO** es ayudarle a hacer crecer su práctica y aumentar sus ganancias.
> ➤ Nuestra **VISIÓN** es brindarle la mejor capacitación disponible en educación, liderazgo y habilidades empresariales.
> ➤ Nuestra **MISIÓN** es dar a los profesionales de impuestos una voz unificada y poderosa a nivel nacional.

LTP cree que la mejor manera de comenzar la preparación de impuestos es mediante la comprensión eficiente del Formulario 1040. Los capítulos de este libro de texto están diseñados para dar al estudiante instrucciones básicas. Cuando se complete el capítulo, el estudiante irá en línea y completará preguntas de revisión de opción múltiple con comentarios para su revisión.

Nuestro compromiso

Esta publicación está diseñada para proporcionar información precisa y fidedigna sobre el tema tratado. Se presenta con el entendimiento de que Latino Tax Professionals Association® no se dedica a prestar servicios legales o contables ni ninguna otra asesoría profesional y no asume ninguna responsabilidad en relación con su uso. De conformidad con la Circular 230, este texto ha sido preparado con la debida diligencia; sin embargo, existe la posibilidad de error mecánico o humano. El texto tampoco está destinado a abordar todas las situaciones que puedan surgir. Consulte fuentes de información adicionales según sea necesario para determinar las soluciones para las preguntas sobre impuestos.

Las leyes fiscales cambian constantemente y, a menudo, están sujetas a diferentes interpretaciones. Además, los hechos y circunstancias de su situación particular pueden no ser los mismos que se presentan aquí. Por lo tanto, le instamos a que realice una investigación adicional y se asegure de que esté completamente informado antes de utilizar la información contenida en esta publicación.

La ley federal prohíbe la reproducción no autorizada del material en este manual. Toda reproducción debe ser aprobada por escrito por Latino Tax Professionals Association®. Esta no es una publicación gratuita. La distribución ilegal de esta publicación está prohibida por las leyes y tratados internacionales y de los Estados Unidos sobre derechos de autor. Cualquier distribución ilegal por parte del comprador puede someter al comprador y a los compradores a multas de hasta $100,000 por cada copia distribuida. No se hace reclamo a las obras gubernamentales originales; sin embargo, dentro de este producto o publicación, los siguientes están sujetos a los derechos de autor de LTPA:

1. Gathering, compilation, and arrangement of such government materials
2. The magnetic translation and digital conversion of data if applicable
3. The historical statutory and other notes and references
4. The commentary and other materials

Authors: Kristeena S. Lopez, MA Ed, EA
Carlos C. Lopez, MDE, EA

Editor: Fernando Cabrera, MA

Contributing Staff: Niki Young, BS, EA
Fernando Cabrera, MA
Andres Santos, EA
Timur Taluy, BS
Roberto Pons, EA
Ricardo Rivas, EA
Pascual Garcia, EA

Graphic Designers: Susan Espinoza, BS
David Lopez

ISBN: 9798506099147   **Made in California, USA**

Published Date: May 17, 2021

1. La recopilación, compilación y disposición de dichos materiales gubernamentales
2. La traducción magnética y la conversión digital de datos, si procede
3. Las notas y referencias históricas estatutarias y de otro tipo
4. El comentario y otros materiales

Autores: Kristeena S. Lopez, MA Ed, EA
Carlos C. Lopez, MDE, EA

Editor: Fernando Cabrera, MA

Contribuidores: Niki Young, BS, EA
Fernando Cabrera, MA
Andres Santos, EA
Timur Taluy, BS
Roberto Pons, EA
Ricardo Rivas, EA
Pascual Garcia, EA

Diseño Gráfico: Susan Espinoza, BS
David Lopez

ISBN: 9798506099147   Hecho en California, USA

Fecha de Publicación: 17 de mayo de 2021

Chapter 1 Ethics and the Circular 230

Introduction

The rules and standards governing the conduct of tax professionals are contained in Circular 230. These form the guidelines that individuals and companies must follow when preparing tax returns. As a tax preparer, one needs to recognize the ethical standards of tax preparation.

Most people think of ethics as "doing the right thing," which might lead one to believe that individuals will instinctively react in an ethical manner in all situations. But as evidenced by the financial scandals involving Bernie Madoff and the Lehman Brothers, this is not always the case. "Doing the right thing" was not the basis for the decisions made by the leaders of those organizations, and as a result, many individuals have become generally disillusioned with, and untrusting of, the business community.

The existence of these bad actors and the resulting distrust they create is part of why the enforcement of an ethical standard is so vital to the U.S. economy. It's also why the U.S. Treasury Department requires all attorneys, certified public accountants, enrolled agents, enrolled actuaries, and Annual Filing Season Program Record of Completion participants to annually complete continuing education that includes two hours of ethics or professional conduct.

This chapter will explain how to determine who qualifies as a tax return preparer, what representation rights a preparer has, how that individual is bound by the Circular 230 guidelines, and what it means for a tax preparer to behave ethically and responsibly.

Objectives

At the end of this lesson, the student will:

➢ Understand the importance of professional responsibility in tax return preparation
➢ Explain the phrase "practice before the IRS"
➢ Identify the behaviors of a tax return preparer
➢ Differentiate between an enrolled and an unenrolled tax preparer

Resources

Form 2848	Publication 1	Instructions Form 2848
Form 8821	Publication 17	Instructions Form 8821
Revenue Rule 2014-29	Publication 594	Title 26
Circular 230	Publication 947	Title 31
Circular 230 FAQs	Publication 4600	Tax Topic 254, 311, 312
	Publication 4557	www.irs.gov

Capítulo 1 La ética y la Circular 230

Introducción

Las normas y los estándares que rigen la conducta de los profesionales de impuestos figuran en la Circular 230. Estas forman la guía que los individuos y las empresas deben seguir al preparar las declaraciones de impuestos. Como preparador de impuestos, es necesario reconocer las normas éticas de la preparación de impuestos.

La mayoría de la gente piensa en la ética como "hacer lo correcto", lo que podría llevar a uno a creer que los individuos reaccionarán instintivamente de una manera ética en todas las situaciones. Como lo demuestran los escándalos financieros que involucran a Bernie Madoff y los Hermanos Lehman, este no siempre es el caso. "Hacer lo correcto" no fue la base para las decisiones que tomaron los líderes de esas organizaciones y como resultado, muchas personas se han desilusionado con, y desconfían, generalmente con la comunidad empresarial.

La existencia de estos malos actores y la desconfianza resultante que crean es parte del por qué la aplicación de un estándar ético es tan vital para la economía estadounidense. También es por lo que el Departamento del Tesoro de Estados Unidos requiere que todos los abogados, contadores públicos certificados, agentes inscritos, actuarios inscritos y participantes del Registro de Compleción del Programa Anual de la Temporada de Impuestos completen anualmente la educación continua que incluye dos horas de ética o conducta profesional.

Este capítulo explicará cómo determinar quién califica como preparador de declaraciones de impuestos, qué derechos de representación tiene un preparador, cómo esta persona está obligada por la guía de la Circular 230, y lo que significa para un/a preparador/a de impuestos comportarse de manera ética y responsable.

Objetivos

Al final de esta lección, el estudiante podrá:

- Comprender la importancia de la responsabilidad profesional en la preparación de la declaración de impuestos
- Explicar la frase "práctica ante el IRS"
- Identificar las características de un/a preparador/a de declaraciones de impuestos
- Diferenciar entre un/a preparador/a de impuestos inscrito y un/a preparador/a de impuestos no inscrito

Recursos

Formulario 2848	Publicación 1	Formulario de Instrucciones 2848
Formulario 8821	Publicación 17	Formulario de Instrucciones 8821
Regla de Ingresos 2014-29	Publicación 594	Título 26
Circular 230	Publicación 947	Título 31
Circular 230 Preguntas Frecuentes	Publicación 4600	Tema Tributario 254, 311, 312
	Publicación 4557	www.irs.gov

Table of Contents / Índice

Introduction 14
Introducción 15
Part 1: The Moral and Ethical Issues, Rights and Guidelines of Tax Preparation 18
    Morals and Ethics 18
    Core Issues 18
    The Taxpayer Bill of Rights 18
Parte 1: Las cuestiones morales y éticas, los derechos y las guías de la preparación fiscal .19
    Morales y ética 19
    Cuestiones principales 19
    La Carta de Derechos del Contribuyente 19
    Circular 230 20
    Circular 230 21
    Who and What is a Tax Preparer? 22
    What does it mean to "Practice before the IRS"? 22
    ¿Quién y qué es un/a preparador/a de impuestos? 23
    ¿Qué significa "Practicar ante el IRS"? 23
    Tax Return Positions 24
    What Should a Taxpayer Look for in a Tax Preparer? 24
    Posiciones de declaración de impuestos 25
    ¿Qué debe buscar un/a contribuyente en un/a preparador/a de impuestos? 25
    Common Terms and Definitions 26
    Tax Preparer Credentials and Qualifications 26
    Términos y definiciones comunes 27
    Credenciales y cualificaciones del Preparador de Impuestos 27
    Other Circular 230 Definitions 28
    The Annual Filing Season Program 28
    Otras definiciones de Circular 230 29
    El Programa Anual de la Temporada de Impuestos 29
    Part 1 Review Questions 32
    Parte 1 Preguntas de repaso 33
    Part 1 Review Questions Answers 34
    Parte 1 Respuestas a las preguntas de repaso 35
Part 2: The Office of Professional Responsibility (OPR) 36
    What is the OPR's Authority? 36
Parte 2: La Oficina de Responsabilidad Profesional (OPR) 37
    ¿Cuál es la autoridad de la OPR? 37
    Rules Governing the Authority to Practice 38
    Individuals with the Authority to Practice 38
    Rules for Individuals Preparing Returns and Applications 38
    Reglas que rigen la autoridad para practicar 39
    Individuos con autoridad para practicar 39
    Reglas para individuos que preparan declaraciones y solicitudes 39
    Rules and Regulations Regarding IRS Requests for Information 44
    Reglas y regulaciones con respecto a las solicitudes de información del IRS 45
    Client Errors and Omissions 46
    Errores y omisiones del cliente 47
    Accuracy and the Tax Preparer's Due Diligence 48
    Handling Matters Promptly 48
    Precisión y la debida diligencia del preparador de impuestos 49
    Manejo de asuntos con prontitud 49
    Circular 230 Guidelines for Notaries 50

Part 2 Review Questions	50
Circular 230, Guías para notarios	51
Parte 2 Preguntas de repaso	51
Part 2 Review Questions Answers	52
Part 3: Regulations for Tax Preparers	**52**
Regulations for Charging Fees	52
Parte 2 Respuestas a las preguntas de repaso	53
Parte 3: Reglamentos para preparadores de impuestos	**53**
Regla sobre el cobro de tarifas	53
Requirements for Returning Records	54
Conflicts of Interest	54
Requisitos para la devolución de registros	55
Conflictos de intereses	55
Unlawful Solicitations	56
Negotiating Tax Refund Checks	56
Unlawful Legal Counsel	56
Solicitudes ilegales	57
Negociación de cheques de reembolso de impuestos	57
Asesor Jurídico Ilegal	57
Part 3 Review Questions	58
Parte 3 Preguntas de repaso	59
Part 3 Review Questions Answers	60
Part 4: Compliance and Procedures for Tax Preparers	**60**
Parte 3 Respuestas a las preguntas de repaso	61
Parte 4: Cumplimiento y procedimientos para preparadores de impuestos	**61**
Best Practice Guidelines	62
Document Guidelines and Procedures	62
Guías para las mejores prácticas	63
Guías y procedimientos de documentos	63
Standards of Competence for Tax Professionals	64
Normas de competencia para profesionales de impuestos	65
Compliance Procedures	66
Written Tax Advice Requirements	66
Procedimientos de cumplimiento	67
Requisitos de asesoramiento tributario por escrito	67
Guidelines for Sanctions from the IRS	68
Actions Deserving Sanctions	68
Guías para sanciones del IRS	69
Acciones que merecen sanciones	69
Personal Tax Compliance Responsibilities	70
Violations Qualified for Sanctions	70
Responsabilidades de Cumplimiento tributario personal	71
Violaciones que califican para sanciones	71
Reporting Knowledge of Violations	72
Part 4 Review Questions	72
Informar sobre el conocimiento de las violaciones	73
Parte 4 Preguntas de repaso	73
Part 4 Review Questions Answers	74
Parte 1 Respuestas a las preguntas de repaso	75
Takeaways	76
Aportes	77

Part 1: The Moral and Ethical Issues, Rights and Guidelines of Tax Preparation

Humans have has always struggled between right and wrong and what is moral and ethical. Tax preparers can struggle with wanting to give their client a bigger refund, which may require the individual to add ineligible refundable credits on the taxpayers return. The tax preparer hopes the tax return never gets audited. Same as in life a tax preparer has moral and ethical guidelines that need to be followed to prepare an accurate return. If the tax preparer chooses not to follow the IRS or their state guidelines for tax preparation, and the preparer is audited this could result in being sanctioned as well as imprisonment.

Morals and Ethics

Ethics and morals run parallel in both theory and practice. "Ethics" denotes the theory of right and wrong and what it is that makes any given action right or wrong. "Morals" indicate any and all practices within those ethical guidelines and has a dual meaning. The first indicates a person's comprehension of morality and that person's capacity to put it into practice. In this meaning, the antonym is "amoral," indicating an inability to distinguish between right and wrong. The second meaning denotes the active practice of those values. In this sense, the antonym is "immoral," referring to actions that violate ethical principles.

The term "personal ethics" signifies a moral code applicable to individuals; "social ethics" means moral theory applied to groups. Social ethics relates to social and political philosophy as it is the foundation of a good society or state. Ethics is not limited to specific acts or defined moral codes; rather, it encompasses the whole of moral ideals and behaviors, forming the cornerstone of one's philosophy of life.

Core Issues

Everyone has been exposed to core issues of ethical behavior since birth, including both positive and negative behaviors. Throughout life, individuals must make decisions regarding which behaviors they choose to follow. Ethical decisions are based on several external and internal influences, depending, in part, upon any given person's culture, education, ethnic and religious background, and various socio-economic influences.

The Taxpayer Bill of Rights

The IRS has a *Taxpayer Bill of Rights*, also referred to as Publication 1. These 10 provisions are included in notices sent by the IRS to taxpayers and form one of the foundations of the tax preparer's moral and ethical responsibilities. The 10 provisions are as follows:

1. The Right to be Informed.
2. The Right to Quality Service.
3. The Right to Pay No More than the Correct Amount of Tax.
4. The Right to Challenge the IRS's Positions and Be Heard.
5. The Right to Appeal an IRS Decision in an Independent Forum.
6. The Right to Finality.
7. The Right to Privacy.
8. The Right to Confidentiality.
9. The Right to Retain Representation.
10. The Right to a Fa ir and Just Tax System.

Parte 1: Las cuestiones morales y éticas, los derechos y las guías de la preparación fiscal

Los seres humanos siempre han luchado entre el bien y el mal y lo que es moral y ético. Los preparadores de impuestos pueden tener problemas con querer darle a su cliente un reembolso más grande, lo que puede requerir que el individuo agregue créditos reembolsables no elegibles en la declaración de los contribuyentes. El preparador de impuestos espera que la declaración de impuestos nunca sea auditada. Al igual que en la vida, un preparador de impuestos tiene guías morales y éticas que debe seguir para preparar una declaración precisa. Si el preparador de impuestos decide no seguir las reglas del IRS o las normas estatales para la preparación de impuestos, y el preparador es auditado esto podría resultar en una sanción, así como prisión.

Morales y ética

La ética y la moral se ven paralelas tanto en la teoría como en la práctica. La "ética" denota la teoría del bien y del mal y lo que hace que cualquier acción dada sea correcta o incorrecta. La "moral" indican todas y cada una de las prácticas dentro de dichas guías éticas y tienen un doble significado. La primera indica la comprensión de la moralidad de una persona y la capacidad de esta persona para ponerla en práctica. En este sentido, el antónimo es "amoral", lo que indica una incapacidad para distinguir entre el bien y el mal. El segundo significado denota la práctica activa de esos valores. En este sentido, el antónimo es "inmoral", refiriéndose a acciones que violan los principios éticos.

El término "ética personal" significa un código moral que se aplica a las personas; "ética social" significa teoría moral aplicada a los grupos. La ética social se relaciona con la filosofía social y la política, ya que es la base de una buena sociedad o estado. La ética no se limita a actos específicos o códigos morales definidos; más bien, abarca todo el ideal y comportamiento moral, formando la piedra angular de la filosofía de vida.

Cuestiones principales

Todos hemos estado expuestos a cuestiones básicas de comportamiento ético desde el nacimiento, incluyendo comportamientos positivos y negativos. A lo largo de la vida, las personas deben tomar decisiones con respecto al comportamientos deciden seguir. Las decisiones éticas se basan en varias influencias externas e internas, dependiendo, en parte, de la cultura, la educación, los antecedentes étnicos y religiosos de cualquier persona, y de diversas influencias socioeconómicas.

La Carta de Derechos del Contribuyente

El IRS tiene lo que se conoce como la *Carta de Derechos del Contribuyente,* también conocida como Publicación 1. Estas 10 disposiciones se incluyen en los avisos enviados por el IRS a los contribuyentes y forman una de las bases de las responsabilidades morales y éticas del preparador de impuestos. Las 10 disposiciones son las siguientes:

1. El derecho a ser informado.
2. El Derecho al Servicio de Calidad.
3. El derecho a pagar no más que el importe correcto del impuesto.
4. El derecho a desafiar las posiciones del IRS y ser escuchado.
5. El derecho a apelar una decisión del IRS en un foro independiente.
6. El derecho a la finalidad.
7. El derecho a la privacidad.
8. El derecho a la confidencialidad.
9. El derecho a retener la representación.
10. El derecho a un sistema tributario ecuánime y justo.

Ethics and the Circular 230

These "Rights" are dispersed throughout the tax code. Publication 1 lists every provision in one place for the taxpayer to know the IRS process for examination, appeal, collection, and refund.

Circular 230

The Internal Revenue Service has established ethical guidelines and practices. These guidelines, laws, and standards, in part, protect the *Taxpayer Bill of Rights* and are detailed in Circular 230, the consistent, definitive standard of tax professional responsibility that protects not only the taxpayer but the tax professional.

Everything the tax practitioner does, every choice he or she makes as a tax professional, affects not only him or herself but the professional's clients, coworkers, and firm as well. Decisions and judgments made in tax preparation are not always black and white. The paid tax preparer's first responsibility is to his or her clients, but one must still make decisions within the boundaries of the law. Issues are often not clearly defined and leave room for interpretation, and when making decisions or judgments as a professional tax preparer in such situations, you should take the following steps:

- Determine the nature of the issue in question.
- Obtain as much information and documentation from the client as possible.
- Research the issue thoroughly, documenting all findings, facts, and positions.
- Consider relevant case studies.
- Examine all possible solutions to the questions.
- Weigh the consequences of each solution and how each solution may affect all parties involved (the taxpayer, the preparer, and the firm).
- Inform the client of your position and explain the consequences of the available answers.
- Choose a solution that is legal, ethical, and actionable for all parties involved and comfortable for both you and your client.

The following individuals are subject to Circular 230's regulations:

- State-licensed attorneys and certified public accountants who are authorized and in good standing with their state-licensing authority and who interact with tax administration at any level and in any capacity.
- Persons enrolled to practice before the IRS: enrolled agents, enrolled retirement plan agents, and enrolled actuaries.
- Persons providing appraisals used in connection with tax matters (e.g., charitable contributions, estates and gift assets, fair market value for sales gain, etc.).
- Unlicensed individuals who represent taxpayers before the examination, customer service, and the Taxpayer Advocate Service in connection with returns they prepared and signed.
- Licensed and unlicensed individuals who give written advice with respect to any entity or transaction, which is of a type the IRS determines as having potential for tax avoidance or evasion. For this purpose, "written advice" consists of all forms of written material, including the content of an email, given in connection with any law or regulation administered by the IRS.
- Any person submitting a power of attorney in connection with limited representation or special authorization to represent before the IRS with respect to a specific matter before the Agency.

Estos "Derechos" se dispersan a lo largo del código tributario. La Publicación 1 enumera cada disposición en un solo lugar para que el/la contribuyente conozca el proceso del IRS para el examen, apelación, recolección y reembolso.

Circular 230

El Servicio de Impuestos Internos ha establecido guías y prácticas éticas. Estas guías, leyes y normas, en parte, protegen la *Carta de Derechos del Contribuyente* y se detallan en la Circular 230, el estándar consistente y definitivo de responsabilidad profesional tributario que protege no sólo al contribuyente sino al profesional de impuestos.

Todo lo que hace el profesional de impuestos, cada elección que hace como tal, le afecta no sólo sí mismo/a, sino también a los clientes, compañeros de trabajo y la empresa del preparador/a. Las decisiones y juicio que toma al preparar la declaración de impuestos no siempre están en blanco y negro. La primera responsabilidad del preparador de impuestos por paga es con sus clientes, pero todavía hay que tomar decisiones dentro de los límites de la ley. Los problemas a menudo no están claramente definidos y dejan espacio para la interpretación, y al tomar decisiones o juicios como preparador de impuestos profesional en tales situaciones, debe tomar las siguientes medidas:

- Determinar la naturaleza del problema en cuestión.
- Obtener tanta información y documentación del cliente como le sea posible.
- Investigar el tema a fondo, documentando todos los hallazgos, hechos y posiciones.
- Considerar los casos prácticos pertinentes.
- Examinar todas las soluciones posibles a las preguntas.
- Medir las consecuencias de cada solución y cómo cada solución puede afectar a todas las partes involucradas (el/la contribuyente, el/la preparador/a y la empresa).
- Informar al cliente de su posición y explicar las consecuencias de las respuestas disponibles.
- Elija una solución que sea legal, ética y procesable para todas las partes involucradas y cómoda tanto para usted como para su cliente.

Los siguientes individuos están sujetos a los reglamentos de la Circular 230:

- Abogados con licencia estatal y contadores públicos certificados que están autorizados y en buen estado con su autoridad estatal de licencias y que interactúan con la administración tributaria en cualquier nivel y en cualquier capacidad.
- Personas inscritas para ejercer ante el IRS: agentes inscritos, agentes del plan de jubilación y actuarios inscritos.
- Personas que proporcionan tasaciones en conexión con asuntos tributarios (por ejemplo, contribuciones caritativas, patrimonios y activos de donación, valor justo de mercado para la ganancia de ventas, etc.).
- Individuos sin licencia que representan a los contribuyentes antes de la examinación, servicio al cliente y el Servicio de Abogado del Contribuyente en relación con las declaraciones que prepararon y firmaron.
- Personas con licencia y sin licencia que dan asesoramiento por escrito con respecto a cualquier entidad o transacción, que es de un tipo que el IRS determina como potencial para evitar o evadir impuestos. Para este propósito, el "asesoramiento escrito" consiste en todas las formas de material escrito, incluyendo el contenido de un correo electrónico, dado en relación con cualquier ley o regla administrada por el IRS.
- Cualquier persona que presente un poder en relación con la representación limitada o la autorización especial para representar ante el IRS con respecto a un asunto específico ante la Agencia.

Ethics and the Circular 230

Who and What is a Tax Preparer?

An individual is a tax return preparer subject to Internal Revenue Code (IRC) Section 6694 if said individual is the person primarily responsible for the positions on the return or the claim for refund. Being a preparer is not contingent upon compensation but upon the input a person exercises on the return's positions. Even if a return is prepared free of charge, individuals must still sign the return and include their Preparer Tax Identification Number (PTIN) to remain in compliance with IRS guidelines and are primarily responsible for all positions on the return or the claim for refund.

A paid tax return preparer is also primarily responsible for the overall substantive accuracy of the taxpayer's return. By law, the paid tax preparer is required to sign the return and include their PTIN on it. The tax return preparer must practice due diligence in questioning and examining each piece of information given to them by the taxpayer and must sign the return, claiming responsibility for all positions on the return. However, it is the taxpayer who is ultimately responsible for the accuracy of all information given to the preparer and for every item reported on the return.

Anyone paid to prepare tax returns for others should have a complete understanding of tax matters and is required to have a PTIN before preparing any returns for compensation.

To obtain a PTIN number, perform the following steps:

- Create an account on the IRS website.
- Complete the PTIN application on the IRS website using the account.
- Receive the PTIN number once the IRS has finished processing the application.

Remember: an individual must have an IRS-issued PTIN to become or work as a paid tax preparer. It is illegal to prepare a tax return for compensation without signing and entering one's PTIN number on all returns that a person prepares.

What does it mean to "Practice before the IRS"?

As defined by the Circular 230 in §10.2 (Rev. 8-2011):

> *Practice before the Internal Revenue Service* comprehends all matters connected with a presentation to the Internal Revenue Service or any of its officers or employees relating to a taxpayer's rights, privileges, or liabilities under laws or regulations administered by the Internal Revenue Service.

Such presentations include but are not limited to the following:

a. Preparing and filing documents.
b. Corresponding and communicating with the Internal Revenue Service.
c. Rendering oral and written advice with respect to any entity or transaction that has potential for tax avoidance or evasion.
d. Representing a client at conferences, hearings, and meetings.

In short, performing the duties and responsibilities required of a professional tax preparer is practicing before the IRS.

¿Quién y qué es un/a preparador/a de impuestos?

Un individuo es un/a preparador/a de declaraciones de impuestos sujeto a la Sección 6694 del Código de Impuestos Internos (IRC) si dicha persona es la persona principal responsable de las posiciones en la declaración o el reclamo de reembolso. Ser preparador no es a la compensación, sino a la aportación que una persona ejerce sobre las posiciones de la declaración. Incluso si una declaración se prepara de forma gratuita, las personas todavía deben firmar la declaración e incluir su Número de Identificación Tributaria del Preparador (PTIN) para permanecer en cumplimiento con las guías del IRS y son los principales responsables de todas las posiciones en la declaración o la reclamación de reembolso.

Un/a preparador/a de declaraciones de impuestos por paga también es el principal responsable de la exactitud sustantiva general de la declaración del contribuyente. Por ley, el/la preparador/a de impuestos por paga está obligado a firmar la declaración e incluir su PTIN en ella. El/la preparador/a de declaraciones de impuestos debe practicar la debida diligencia en la entrevista y el examen de cada pieza de información que les haya dado el/la contribuyente y debe firmar la declaración, reclamando la responsabilidad de todos los puestos en la declaración. Sin embargo, es el/la contribuyente el responsable final de la exactitud de toda la información dada al preparador y de cada artículo reportado en la declaración.

A cualquier persona que se le paga por preparar declaraciones de impuestos para otros debe tener una comprensión completa de los asuntos tributarios y está obligada a tener un PTIN antes de preparar cualquier declaración por compensación.

Para obtener un número PTIN, siga estos pasos:

➢ Cree una cuenta en el sitio web del IRS.
➢ Complete la solicitud PTIN en el sitio web del IRS usando su cuenta.
➢ Recibirá el número PTIN una vez que el IRS haya terminado de procesar la solicitud.

Recuerde: una persona debe tener un PTIN emitido por el IRS para convertirse o trabajar como preparador de impuestos por paga. Es ilegal preparar una declaración de impuestos por compensación sin firmar e ingresar el número PTIN en todas las declaraciones que una persona prepara.

¿Qué significa "Practicar ante el IRS"?

Tal como se define en la Circular 230 en la §10.2 (Rev. 8-2011):

La práctica ante el Servicio de Impuestos Internos comprende todos los asuntos relacionados con una presentación al Servicio de Impuestos Internos o a cualquiera de sus funcionarios o empleados relacionados con los derechos, privilegios o responsabilidades de un/a contribuyente bajo las leyes o regulaciones administradas por el Servicio de Impuestos Internos.

Tales presentaciones incluyen, pero no se limitan a lo siguiente:

e. Preparación y presentación de documentos.
f. Correspondencia y comunicación con el Servicio de Impuestos Internos.
g. Prestar asesoramiento oral y escrito con respecto a cualquier entidad o transacción que tenga el potencial de evitar o evadir los impuestos.
h. Representar a un cliente en conferencias, audiencias y reuniones.

En resumen, el desempeño de las tareas y responsabilidades que realiza un/a preparador/a de impuestos profesional es practicar ante el IRS.

Tax Return Positions

Tax return positions are the strategies chosen when preparing a tax return. Tax preparers guide taxpayers in figuring out the proper positions for their return; it is the tax preparer's duty to perform due diligence and to ensure the accuracy of the positions taken on the return and claim for refund. Good tax preparers will choose the positions that best help the taxpayer while still complying with IRS guidelines.

The tax professional cannot sign a tax return or refund a claim or advise a client to take a position on a tax return or refund claim that the tax professional knows (or should know) contains a position that (i) has no reasonable basis, (ii) is an unreasonable position as defined by Internal Revenue Code §6694(a)(2), or (iii) is a willful attempt to understate tax liability or a reckless or intentional disregard of rules or regulations.

An unreasonable position is one that lacks substantial authority as defined in IRC §6662 but has a reasonable basis and is disclosed. For the purposes of Circular 230 disclosure, if the tax professional advised the client regarding a position, prepared, or signed the tax return, the tax professional must inform the client of any penalties that are reasonably likely to apply to the client with respect to the tax return position. The tax professional must then explain how to avoid the penalties through disclosure or by not taking the position.

What Should a Taxpayer Look for in a Tax Preparer?

A taxpayer should choose a tax return preparer whom they will be able to contact in case the IRS examines their tax return. Most tax return preparers are professional, honest, and provide excellent customer service to their clients. However, tax return preparers have different levels of skills, education, expertise, and representation rights, and dishonest and unscrupulous tax return preparers do exist. The taxpayer should always check their return for errors to avoid penalties and financial or legal problems.

When the taxpayer is looking to hire the professional tax preparer, the IRS gives a list of 10 items that the taxpayer should keep in mind:

- Check the preparer's qualifications.
- Check the preparer's history.
- Ask about service fees.
- Ask to e-file the return.
- Make sure the preparer is available.
- Provide the needed records and receipts.
- Never sign a blank check.
- Review your return before signing.
- Ensure the preparer signs and includes their PTIN.
- Report abusive tax preparers to the IRS.

Remember: it is illegal to perform a tax return for compensation without a PTIN number, so taxpayers should never use a "tax preparer" that does not have a PTIN number.

Posiciones de declaración de impuestos

Las posiciones en la declaración de impuestos son las estrategias elegidas al preparar una declaración de impuestos. Los preparadores de impuestos guían a los contribuyentes en la determinación de las posiciones adecuadas para su declaración; es deber del preparador de impuestos realizar la debida diligencia y asegurar la exactitud de las posiciones tomadas en la declaración y en el reclamo del reembolso. Los buenos preparadores de impuestos elegirán las posiciones que mejor ayuden al contribuyente mientras aún cumplen con las guías del IRS.

El profesional de impuestos no puede firmar una declaración de impuestos, reembolsar un reclamo o asesorar un cliente que tome una posición sobre una declaración de impuestos o un reclamo de reembolso que el profesional de impuestos sabe (o debe saber) contiene una posición que (i) no tiene una base razonable, (ii) es una posición irrazonable como lo define el Código de Impuestos Internos §6694(a)(2), o (iii) es un intento intencional por hacer un cálculo insuficiente la responsabilidad tributaria o un descuido imprudente o intencional de las reglas o reglamentos.

Una posición irrazonable es una que carece de autoridad sustancial tal como se define en la §6662 del IRC, pero tiene una base razonable y se divulga. Para los efectos de la divulgación de la Circular 230, si el profesional de impuestos asesoró al cliente con relación a una posición, preparó o firmó la declaración de impuestos, el profesional de impuestos debe informar al cliente de cualquier sanción que sea razonablemente probable que se aplique al cliente con respecto a la posición de declaración de impuestos. El profesional de impuestos debe entonces explicar cómo evitar las sanciones a través de la divulgación, o no tomar dicha posición.

¿Qué debe buscar un/a contribuyente en un/a preparador/a de impuestos?

Un/a contribuyente debe elegir un/a preparador/a de declaraciones de impuestos a quien podrá contactar en caso de que el IRS examine su declaración de impuestos. La mayoría de los preparadores de declaraciones de impuestos son profesionales, honestos y proporcionan un excelente servicio al cliente a sus clientes. Sin embargo, los preparadores de declaraciones de impuestos tienen diferentes niveles de habilidades, educación, experiencia y derechos de representación, y sí, existen preparadores de declaraciones de impuestos deshonestos y sin escrúpulos. El/la contribuyente siempre debe verificar su declaración de errores para evitar sanciones y problemas financieros o legales.

Cuando el/la contribuyente está buscando contratar un/a preparador/a de impuestos profesional, el IRS da una lista de 10 artículos que el/la contribuyente debe tener en cuenta:

- Compruebe la capacidad del preparador.
- Compruebe el historial del preparador.
- Pregunte por las tarifas de servicio.
- Pregunte si ofrece declaraciones por e-file.
- Asegúrese de que el/la preparador/a esté disponible.
- Proporciona los registros y recibos necesarios.
- Nunca firme un cheque en blanco.
- Revise su declaración antes de firmar.
- Asegúrese de que el/la preparador/a firma e incluye su PTIN.
- Denuncie preparadores de impuestos abusivos al IRS.

Recuerde: es ilegal realizar una declaración de impuestos por compensación sin un número PTIN, por lo que los contribuyentes nunca deben usar un "preparador de impuestos" que no tenga un número PTIN.

Ethics and the Circular 230

Common Terms and Definitions

The following two sections list common key terms and definitions that every tax preparer must know to perform their duties. The first section details the differing levels of credentials and qualifications common in tax preparation; these are helpful to know for the taxpayer as well, as knowing that a tax preparer possesses one of these qualifications is a key step in finding an experienced, reputable tax professional. The second section lists other key terms as defined by Circular 230, §10.2 (Rev. 8-2011) and used throughout the Circular 230 guidelines.

Tax Preparer Credentials and Qualifications

For tax year 2019, any tax professional with an IRS Preparer Tax Identification Number (PTIN) is authorized to prepare federal tax returns. Tax professionals, however, have differing levels of skills, education, and expertise. There are several different types of return preparers with credentials, many of which create important differences in the extent of a preparer's "representation rights."

- **Attorney**: Circular 230, §10.2 (Rev. 8-2011) defines this term as "any person who is a member in good standing of the bar of the highest court of any state, territory, or possession of the United States, including a commonwealth or the District of Columbia." Individuals with this credential are licensed by state courts or their designees, such as the state bar. Requirements typically include completion of a degree in law, passage of a bar exam, and on-going continuing education and professional character standards. Attorneys possess unlimited representation rights (as defined below) before the IRS and may offer a range of services, but they typically specialize in some specific area of law; one such area that some attorneys choose to specialize in is tax preparation and planning.

- **Certified Public Accountant (CPA)**: Circular 230, §10.2 (Rev. 8-2011) defines CPAs as "any person who is duly qualified to practice as a certified public accountant in any state, territory, or possession of the United States, including a commonwealth or the District of Columbia." Individuals with this credential are licensed by state boards of accountancy, the District of Columbia, and U.S. territories. CPAs have passed the Uniform Certified Public Accountant (CPA) Examination and possess unlimited representation rights before the IRS.

- **Enrolled Agents**: Individuals with this credential are licensed by the IRS and specifically trained in federal tax planning, preparation, and representation. Enrolled agents hold the most expansive license the IRS grants and must pass a suitability check in addition to a three-part Special Enrollment Examination, a comprehensive exam that covers individual tax, business tax, and representation issues. Enrolled Agents possess unlimited representation rights before the IRS and are required to perform 72 hours of continuing education every 3 years to maintain their license.

- **Limited Representation Rights**: Preparers without any of the above credentials (also known as "unenrolled preparers" as defined below) have limited practice rights. They may only represent clients whose returns they prepared and signed and may only represent them before revenue agents, customer service representatives, and similar IRS employees, including the Taxpayer Advocate Service.

Términos y definiciones comunes

En las dos secciones siguientes se enumeran los términos y definiciones clave comunes que todo preparador de impuestos debe saber para desempeñar sus funciones. La primera sección detalla los diferentes niveles de credenciales y cualificaciones comunes en la preparación de impuestos; estos también son útiles para el/la contribuyente, ya que saber que un/a preparador/a de impuestos posee una de estas cualificaciones es un paso clave en la búsqueda de un profesional de impuestos experimentado y de buena reputación. La segunda sección enumera otros términos clave definidos por la Circular 230, §10.2 (Rev. 8-2011) y utilizados a lo largo de las guías de la Circular 230.

Credenciales y cualificaciones del Preparador de Impuestos

Para el año fiscal 2019, cualquier profesional de impuestos con un Número de Identificación Tributaria del Preparador del IRS (PTIN) está autorizado a preparar declaraciones de impuestos federales. Los profesionales de impuestos, sin embargo, tienen diferentes niveles de habilidades, educación y experiencia. Hay varios tipos de preparadores de retorno con credenciales, muchos de los cuales crean diferencias importantes en el alcance de los "derechos de representación" de un preparador.

- **Abogado**: Circular 230, §10.2 (Rev. 8-2011) define este término como "una persona que es un miembro en regla con la barra de la corte más alta de cualquier estado, territorio o posesión de Estados Unidos, incluyendo una mancomunidad o el Distrito de Columbia." Las personas con esta credencial tienen licencia de los tribunales estatales o sus designados, como la barra estatal de abogados. Por lo general, los requisitos incluyen la realización de un título en derecho, la aprobación de un examen de barra y la educación continua en servicio y los estándares de carácter profesional. Los abogados poseen derechos de representación ilimitados (como se define a continuación) ante el IRS y pueden ofrecer una gama de servicios, pero por lo general se especializan en alguna área específica de la ley; una de esas áreas en las que algunos abogados eligen especializarse es la preparación y planificación de impuestos.

- **Contador Público Certificado (CPA)**: Circular230, §10.2 (Rev. 8-2011) define a los CPA como "cualquier persona que esté debidamente calificada para ejercer como contador público certificado en cualquier estado, territorio o posesión de Estados Unidos, incluyendo una mancomunidad o el Distrito de Columbia." Las personas con esta credencial tienen licencia de las juntas estatales de contabilidad, el Distrito de Columbia y los territorios de Estados Unidos. Los CPA han aprobado el Examen de Contador Público Certificado Uniforme (CPA) y poseen derechos de representación ilimitados ante el IRS.

- **Agentes Inscritos (EA)**: Las personas con esta credencial tienen licencia del IRS y específicamente capacitadas en planificación, preparación y representación de impuestos federales. Los agentes inscritos tienen la licencia más amplia que el IRS otorga y deben aprobar una verificación de idoneidad además de un Examen de Inscripción Especial de tres partes, un examen integral que cubre impuestos individuales, impuestos comerciales y asuntos de representación. Los Agentes Inscritos poseen derechos de representación ilimitados ante el IRS y están obligados a realizar 72 horas de educación continua cada 3 años para mantener su licencia.

- **Derechos de Representación Limitada**: Los preparadores sin ninguna de las credenciales anteriores (también conocidos como "preparadores no inscritos" como se define a continuación) tienen derechos de práctica limitados. Solo pueden representar a clientes cuyas declaraciones prepararon y firmaron y solo pueden representarlos ante agentes de ingresos, representantes de servicio al cliente y empleados similares del IRS, incluido el Servicio de Abogado del Contribuyente.

> **Unlimited Representation Rights**: Enrolled agents, certified public accountants, and attorneys have unlimited representation rights before the IRS and may represent their clients on any matters including audits, appeals, and payment and collection issues.

Other Circular 230 Definitions

The following key terms are used throughout Circular 230 and are defined in §10.2 (Rev. 8-2011).

> - **Tax Return**: Includes an amended tax return and a claim for refund.
> - **Internal Revenue Service (IRS)**: A United States federal agency under the Department of the Treasury that is responsible for the collecting of taxes and enforcing the guidelines thereof.
> - **Internal Revenue Code (IRC)**: The United States' main body of federal statutory tax law.
> - **Commissioner**: Refers to the Commissioner of the Internal Revenue Service.
> - **Practitioner**: Any individual described in paragraphs (a), (b), (c), (d), (e), or (f) of Circular 230 §10.3.
> - **Service**: The Internal Revenue Service. Any time the word "Service" is used within the Circular 230 and other IRS documents, it is referring to the IRS.
> - **Tax Return Preparer**: Any individual within the meaning of section 7701(a)(36) and 26 CFR 301.7701-15.
> - **Unenrolled Preparer**: Preparers without any credentials or certifications who thus possess limited representation rights; they are also often referred to as non-exempt individuals because they are not exempt from completing the AFSP course. The IRS still requires that they acquire a PTIN.

The Annual Filing Season Program

For those who do not have the means to become an attorney, an enrolled agent, or a certified public accountant, the IRS has created the Annual Filing Season Program (AFSP) to provide unenrolled tax preparers a way to set themselves apart from their competition and to provide their potential clients some assurance that they are ethical and educated preparers.

The Annual Filing Season Program (AFSP) is a voluntary program designed to recognize the efforts of non-credentialed tax return preparers who take their professionalism to a higher level. Those who complete the program are added to a special, IRS-promoted preparer directory and granted limited representation rights before the IRS. In 2015, the IRS created a searchable directory to help taxpayers find tax professionals with credentials and other qualifications. Taxpayers can search the directory by individual name, city, state, and zip code to help them avoid unethical tax preparers.

Once finished, they must make sure they have followed the continuing education requirements provided by an IRS-approved vendor. The individual must also acquire a PTIN and complete 18 hours of continuing education. Some individuals are exempt from completing the Annual Federal Tax Refresher Course (AFTR) portion of the education requirements. These individuals are defined below.

Unenrolled preparers are not exempt individuals and must complete the full 18 hours of Continuing Education required of non-exempt individuals, which includes the following:

> **Derechos de Representación Ilimitados**: Los agentes inscritos, contadores públicos certificados y abogados tienen derechos de representación ilimitados ante el IRS y pueden representar a sus clientes en cualquier asunto, incluyendo auditorías, apelaciones y asuntos de pago y cobro.

Otras definiciones de Circular 230

Los siguientes términos clave se utilizan a lo largo de la Circular 230 y se definen en el punto §10.2 (Rev. 8-2011).

> **Declaración de impuestos**: Incluye una declaración de impuestos modificada y un reclamo de reembolso.
> **Servicio de Impuestos Internos (IRS):** La agencia federal de Estados Unidos bajo el Departamento del Tesoro responsable por la recaudación de impuestos y hacer cumplir los reglamentos del mismo.
> **Código de Impuestos Internos (IRC)**: El principal cuerpo de ley fiscal legal federal de Estados Unidos.
> **Comisionado**: Se refiere al Comisionado del Servicio de Impuestos Internos.
> **Practicante**: Cualquier persona descrita en los párrafos a), b), c), d), e o (f) de la Circular 230 §10.3.
> **Servicio**: El Servicio de Impuestos Internos. Cada vez que se utiliza la palabra "Servicio" dentro de la Circular 230 y otros documentos del IRS, se refiere al IRS.
> **Reparador de declaración de impuestos**: Cualquier individuo en el sentido de los artículos 7701(a)(36) y 26 CFR 301.7701-15.
> **Preparador no inscrito**: Preparadores sin credenciales o certificaciones que por lo tanto poseen derechos de representación limitados; también se les conoce a menudo como individuos no exentos porque no están exentos de completar el curso AFSP. El IRS todavía requiere que adquieran un PTIN.

El Programa Anual de la Temporada de Impuestos

Para aquellos que no tienen los medios para convertirse en un abogado, un agente inscrito o un contador público certificado, el IRS ha creado el Programa Anual de la Temporada de Impuestos (AFSP) para proporcionar a los preparadores de impuestos no inscritos una manera de diferenciarse de su competencia y de proporcionar a sus clientes potenciales cierta seguridad de que son preparadores éticos y educados.

El Programa Anual de Temporada de Presentación (AFSP) es un programa voluntario diseñado para reconocer los esfuerzos de los preparadores de declaraciones de impuestos no acreditados que llevan su profesionalismo a un nivel superior. Aquellos que completan el programa se agregan a un directorio especial de preparadores promovido por el IRS y se les otorga una representación limitada ante el IRS. En 2015, el IRS creó un directorio de búsqueda para ayudar a los contribuyentes a encontrar profesionales de impuestos con credenciales y otras calificaciones. Los contribuyentes pueden buscar en el directorio por nombre individual, ciudad, estado y código postal para ayudarlos a evitar preparadores de impuestos poco éticos.

Una vez terminado, deben asegurarse de que han seguido los requisitos de educación continua proporcionados por un proveedor aprobado por el IRS. El individuo también debe adquirir un PTIN y completar 18 horas de educación continua. Algunas personas están exentas de completar la parte del Curso Anual de Actualización de Impuestos Federales (AFTR) de los requisitos educativos. Estos individuos se definen a continuación.

Los preparadores no inscritos no están exentos y deben completar las 18 horas completas de Educación Continua requeridas a las personas no exentas, que incluye lo siguiente:

- The 6-hour Annual Federal Tax Refresher Course (AFTR) and corresponding exam
- 10 hours of Federal Tax Law
- 2 hours of Ethics

The Annual Federal Tax Refresher Course (AFTR) is a 6-hour "refresher course" consisting of preparing for and taking a 100-question 3-hour test that covers three domains with annually changing guidelines. The Return Preparer Office (RPO) determines these guidelines based upon what it thinks individuals should be "refreshed" on each year in preparation for the next tax season. The IRS does not administer the test but approves vendors to administer the timed test according to specific test parameters set by the IRS. The test must be passed by December 31, and the approved vendor has 10 days to upload the hours. EAs cannot take the AFTR course for credit and must instead complete two hours of ethics annually and 72 hours of continuing education every 3 years (the 72 hours includes the annual 2-hour Ethics requirement).

After completing the continuing education hours and applying and/or renewing the PTIN, the tax preparer needs to consent to adhere to specific obligations outlined in Subpart B and §10.51 of Circular 230.

Individuals who are exempt from the AFTR course include:

- Those who passed the Registered Tax Return Preparer (RTRP) test administered by the IRS between November 2011 and January 2013.
- Those who live in Oregon, California, and Maryland who have already completed the required state-based continuing education return preparer programs established for their unenrolled preparers.
- Those who have passed the Special Enrollment Exam (SEE) Part 1 within the past two years.
- Volunteer Income Tax Assistance (VITA) volunteers: quality reviewers and instructors with active PTINs.
- Other accredited tax-focused credential holders such as:
  - The Accreditation Council for Accountancy and Taxation (ACAT)
  - Taxation's Accredited Business Accountant/Advisor (ABA)
  - Accredited Tax Preparer (ATP)

For exempt individuals, the course requirements are different and include the following:

- 3 hours of Federal Tax Law Updates
- 10 hours of Federal Tax Law
- 2 hours of Ethics

Once the individual has met all education requirements and renewed his or her PTIN, the IRS will send the individual an email to log back in and elect to participate and receive their record of completion in their online secure mailbox. This is the final step to be included in the directory for non-exempt individuals. Individuals must use the link in the email to go to the IRS website and log-in to the account they used to register for their PTIN. Once there, they must use the "Manage my PTIN Account" section to select the AFSP record of completion option from the drop-down menu that allows them to agree to be bound by the Circular 230 Subpart B guidelines and check the box that states: "I adhere to agree to the Circular 230 Subpart B and section 10.51."

- ➢ El Curso Anual de Actualización de Impuestos Federales (AFTR) de 6 horas y el examen correspondiente
- ➢ 10 horas de leyes de impuestos federales
- ➢ 2 horas de ética

El Curso Anual de Actualización de Impuestos Federales (AFTR) es un "curso de actualización" de 6 horas que consiste en prepararse y tomar una prueba de 100 preguntas de 3 horas que cubre tres dominios con guías que cambian anualmente. La Oficina de Preparadores de Impuestos (RPO) determina estas guías en base a lo que cree que las personas se deben "actualizar" cada año en preparación para la próxima temporada de impuestos. El IRS no administra la prueba, pero aprueba a proveedores para administrar la prueba cronometrada de acuerdo con los parámetros de prueba específicos establecidos por el IRS. Debe aprobar la prueba antes del 31 de diciembre y los proveedores aprobados tienen 10 días para subir las horas de educación. Los EAs no pueden tomar el curso AFTR para obtener crédito y, en su lugar, deben completar dos horas de ética al año y 72 horas de educación continua cada 3 años (las 72 horas incluyen el requisito anual de 2 horas de ética).

Después de completar las horas de educación continua y solicitar y/o renovar el PTIN, el/la preparador/a de impuestos debe dar su consentimiento para adherirse a las obligaciones específicas descritas en la Sub-Parte B y en el artículo §10.51 de la Circular 230.

Las personas que están exentas del curso AFTR incluyen:

- ➢ Aquellos que aprobaron el examen Preparador declaraciones de impuestos Registrado (RTRP) administrado por el IRS entre noviembre de 2011 y enero de 2013.
- ➢ Aquellos que viven en Oregón, California y Maryland que ya han completado los programas de educación continua con base estatal establecidos para los preparadores no inscritos.
- ➢ Aquellos que han aprobado el Examen de Inscripción Especial (SEE) Parte 1 en los últimos dos años.
- ➢ Voluntarios de Asistencia en Impuestos sobre Ingreso (VITA): revisores e instructores de calidad con PTIN activos.
- ➢ Otros titulares acreditados de credenciales centradas en impuestos como:
    - o El Consejo de Acreditación de Contabilidad e Tributación (ACAT)
    - o Contador/Asesor Comercial Acreditado de Impuestos (ABA)
    - o Preparador de Impuestos Acreditado (ATP)

Para las personas exentas, los requisitos del curso son diferentes e incluyen lo siguiente:

- ➢ 3 horas de Actualizaciones de la Ley Federal de Impuestos
- ➢ 10 horas de la Ley Federal de Impuestos
- ➢ 2 horas de ética

Una vez que la persona ha cumplido con todos los requisitos de educación y renovado su PTIN, el IRS enviará a la persona un correo electrónico para volver a iniciar sesión y elegir participar y recibir su Registro de Compleción en su buzón de seguridad en línea. Este es el último paso que se incluirá en el directorio para personas no exentas. Las personas deben usar el enlace en el correo electrónico para ir al sitio web del IRS e iniciar sesión en la cuenta que usaron para registrarse para su PTIN. Una vez allí, deben usar la sección "Administrar mi cuenta PTIN" para seleccionar la opción de registro de finalización AFSP en el menú desplegable que les permite aceptar estar vinculados por las guías de la Circular 230 Sub-Parte B y marcar la casilla que dice: "Me adhiero a aceptar el Circular 230 Sub-Parte B y §10.51."

If an individual attempts to enroll in the Annual Filing Season Program before he or she has registered for an online PTIN account, the IRS will send the individual a letter. The letter contains instructions to complete the application process, obtain a PTIN, and finally attain the record of completion.

Paid tax preparers who have an Annual Filing Season Program (AFSP) Record of Completion and have maintained a PTIN are able to represent, with limitations, the tax returns that they have prepared. PTIN holders without an AFSP-Record of Completion or without professional credentials will not be able to represent clients before the IRS in any matter. To participate in the AFSP, preparers need to adhere to the requirements outlined in Circular 230 Subpart B and section 10.51. The completion of the AFSP is required annually by **December 31**.

PTIN holders without the AFSP Record of Completion or other professional credential will only be permitted to prepare tax returns. The individual will not be allowed to represent clients before the IRS or be exhibited in the preparer directory.

Part 1 Review Questions

To obtain the maximum benefit from this chapter, LTP recommends that you complete each of the following questions, and then compare them to the answers with feedback that immediately follow. Under governing self-study standards, vendors are required to present review questions intermittently throughout each self-study course.

These questions and explanations are not part of the final examination and will not be graded by LTP.

EP1.1
Unenrolled PTIN holders who do not possess the AFSP Record of Completion can only do which of the following

   a. Prepare tax returns
   b. Represent the tax returns they prepared in tax court
   c. Negotiate a check for their clients
   d. Talk to the IRS about how the return was prepared

EP1.2
Which of the following best describes ethics?

   a. Ethics represents the theory of right and wrong.
   b. Ethics implies the incompetence of a person's comprehension of mortality.
   c. Ethics denotes the active practice of immoral values.
   d. Ethics encompasses the inability to distinguish between right and wrong.

EP1.3
Which of the following is not part of the Taxpayer Bill of Rights?

   a. The Right to Prosperity
   b. The Right to Quality Service.
   c. The Right to Privacy.
   d. The Right to Confidentiality.

Si una persona intenta inscribirse en el Programa Anual de la Temporada de Impuestos (AFSP) antes de que se haya registrado para una cuenta de PTIN en línea, el IRS enviará una carta a la persona. La carta contiene instrucciones para completar el proceso de solicitud, obtener un PTIN y finalmente obtener el Registro de Compleción.

Los preparadores de impuestos por paga que tienen un Registro de Compleción del Programa Anual de la Temporada de Impuestos (AFSP) y han mantenido un PTIN pueden representar, con limitaciones, las declaraciones de impuestos que han preparado. Los titulares de PTIN sin un Registro de Compleción de AFSP o sin credenciales profesionales no podrán representar a los clientes ante el IRS en cualquier asunto. Para participar en el AFSP, los preparadores deben cumplir con los requisitos descritos en la Circular 230 Sub-Parte B y la §10.51. Registro de Compleción del AFSP es un requisito anual que debe cumplir antes del **31 de diciembre.**

Los titulares de PTIN sin el Registro de Compleción de AFSP u otra credencial profesional solo podrán preparar declaraciones de impuestos. A la persona no se le permitirá representar a los clientes ante el IRS ni aparecerá en el directorio del preparador.

Parte 1 Preguntas de repaso

Para obtener el máximo beneficio de este capítulo, LTP recomienda completar cada una de las siguientes preguntas y luego compararlas con las respuestas con los comentarios que siguen inmediatamente. Bajo las normas de autoestudio de gobierno, los proveedores están obligados a presentar preguntas de revisión intermitentemente a lo largo de cada curso de autoestudio.

Estas preguntas y explicaciones no forman parte del examen final y no serán calificadas por LTP.

EP1.1
Los titulares de PTIN no inscritos que no posean el Registro de Finalización de afsp sólo pueden hacer cuál de los siguientes

a. Preparar declaraciones de impuestos
b. Representar las declaraciones de impuestos que prepararon en la corte de impuestos
c. Negociar un cheque para sus clientes
d. Hable con el IRS sobre cómo se preparó la declaración

EP1.2
¿Cuál de los siguientes describe mejor la ética?

a. La ética representa la teoría del bien y del mal.
b. La ética implica la incompetencia de la comprensión de la mortalidad de una persona.
c. La ética denota la práctica activa de los valores inmorales.
d. La ética abarca la incapacidad de distinguir entre el bien y el mal.

EP1.3
¿Cuál de los siguientes no forma parte de la Carta de Derechos del Contribuyente?

a. El derecho a la prosperidad
b. El derecho al servicio de calidad.
c. El derecho a la privacidad.
d. El derecho a la confidencialidad.

EP1.4
Which of the following is part of the Taxpayer Bill of Rights?

a. The Right to Prosperity
b. The Right to no Privacy
c. The Right to Confidentiality
d. The Right to be uniformed

Part 1 Review Questions Answers

EP1.1
Unenrolled PTIN holders who do not possess the AFSP Record of Completion can only do which of the following

a. **Prepare tax returns**
b. Represent the tax returns they prepared in tax court
c. Negotiate a check for their clients
d. Talk to the IRS about how the return was prepared

Feedback: Review section *The Annual Filing Season Program*.

EP1.2
Which of the following best describes ethics?

a. Ethics implies the incompetence of a person's comprehension of mortality.
b. **Ethics represents the theory of right and wrong.**
c. Ethics denotes the active practice of immoral values.
d. Ethics encompasses the inability to distinguish between right and wrong.

Feedback: Review section *Morals and Ethics*.

EP1.3
Which of the following is not part of the Taxpayer Bill of Rights?

a. The Right to Quality Service.
b. The Right to Privacy.
c. **The Right to Prosperity**
d. The Right to Confidentiality.

Feedback: Review section *The Taxpayer Bill of Rights*.

EP1.4
Which of the following is part of the Taxpayer Bill of Rights?

a. The Right to Prosperity
b. The Right to no Privacy
c. **The Right to Confidentiality**
d. The Right to be uniformed

Feedback: Review section *The Taxpayer Bill of Rights*.

EP1.4
¿Cuál de los siguientes es parte de la Carta de Derechos del Contribuyente?

   a. El derecho a la prosperidad
   b. El derecho a la privacidad
   c. El derecho a la confidencialidad
   d. El derecho a ser uniformado

Parte 1 Respuestas a las preguntas de repaso

EP1.1
Los titulares de PTIN no inscritos que no posean el Registro de Finalización de afsp sólo pueden hacer cuál de los siguientes

   a. Preparar declaraciones de impuestos
   b. Representar las declaraciones de impuestos que prepararon en la corte de impuestos
   c. Negociar un cheque para sus clientes
   d. Hable con el IRS sobre cómo se preparó la declaración

Comentario: Revisa la sección *El Programa anual de temporada de presentación.*

EP1.2
¿Cuál de los siguientes describe mejor la ética?

   a. La ética representa la teoría del bien y del mal.
   b. La ética implica la incompetencia de la comprensión de la mortalidad de una persona.
   c. La ética denota la práctica activa de los valores inmorales.
   d. La ética abarca la incapacidad de distinguir entre el bien y el mal.

Comentario: Revisa la sección *Moral y ética.*

EP1.3
¿Cuál de los siguientes no forma parte de la Carta de Derechos del Contribuyente?

   a. El derecho a la prosperidad
   b. El derecho al servicio de calidad.
   c. El derecho a la privacidad.
   d. El derecho a la confidencialidad.

Comentario: Revisa la sección *La Carta de Derechos del Contribuyente.*

EP1.4
¿Cuál de los siguientes es parte de la Carta de Derechos del Contribuyente?

   a. El derecho a la prosperidad
   b. El derecho a la privacidad
   c. El derecho a la confidencialidad
   d. El derecho a ser uniformado

Comentario: Revisa la sección *La Carta de Derechos del Contribuyente.*

Part 2: The Office of Professional Responsibility (OPR)

The Office of Professional Responsibility (OPR) follows a mission to ensure that all tax practitioners, tax preparers, and third parties in the tax system adhere to professional standards and follow the law. The OPR is the governing body responsible for interpreting and applying the Circular 230 guidelines to signing and non-signing tax practitioners and all others who prepare returns. The OPR has exclusive responsibility for practitioner conduct and discipline.

What is the OPR's Authority?

The OPR oversees the conduct of tax practice. The oversight extends to all individuals who make a presentation to the IRS relating to a taxpayer's rights, privileges, or liabilities under the laws or regulations administered by the IRS. This authority generally extends to any individual who interacts with federal tax administration orally, in person, in writing, or by the preparation and submission of documents.

The OPR has oversight of practitioner conduct as well as exclusive responsibility with respect to practitioner discipline, including disciplinary proceedings and sanctions. The OPR may, after notice and an opportunity for a conference, perform the following disciplinary proceedings:

- Disqualify an appraiser from further submissions in connection with tax matters.
- Propose a monetary penalty on any practitioner who engages in conduct subject to sanction. The monetary penalty may be proposed against the individual or a firm or both and can be done in addition to another form of discipline.
- Negotiate an appropriate level of discipline with a practitioner or initiate an administrative proceeding to Censure, Suspend, or Disbar the practitioner.
  - Censure: A public reprimand in which an offender is included on a quarterly list issued by the IRS that states the offender's city and state, name, professional designation, and the effective date(s) of the censure. If censured, offenders can still prepare taxes, but they are more closely monitored, and their newly-sullied names and reputations can negatively impact their businesses. This is the lightest form of punishment.
  - Suspend: If a taxpayer is suspended, it means they cannot prepare any returns for one to fifty-nine months; how long a taxpayer is suspended is determined by the OPR on a case-by-case basis.
  - Disbar: If a taxpayer is disbarred, he or she cannot prepare any returns whatsoever for at least five years.

These penalties and punishments are connected to the activities that the tax preparer has been associated with on behalf of the employer, for it is the employer's legal responsibility to know what their employees are doing as said employer may be liable for the actions of their employee.

Example: Omar Tax Service (OTS), as an entity subject to the Circular 230 guidelines, needs to have a person in charge of ensuring all OTS and IRS procedures are followed and handled correctly. If employee Travis is caught preparing returns in some way that is non-compliant with these guidelines, there are two potential scenarios:

1. If Omar Tax Service did not have someone to ensure the procedures of both the IRS and OTS were being followed correctly, then OTS is liable for their employee's actions.

Ética y la Circular 230

Parte 2: La Oficina de Responsabilidad Profesional (OPR)

La Oficina de Responsabilidad Profesional (OPR) sigue una misión para asegurar que todos los profesionales de impuestos, preparadores de impuestos y terceros en el sistema tributario se adhieran a las normas profesionales y sigan la ley. La OPR es el órgano rector encargado de interpretar y aplicar las guías de la Circular 230 a los profesionales de impuestos que firman y a los que no firman, y a todos los demás que preparan las declaraciones. La OPR tiene la responsabilidad exclusiva de la conducta y la disciplina de los profesionales.

¿Cuál es la autoridad de la OPR?

La OPR supervisa la conducta de la práctica tributaria. La supervisión se extiende a todas las personas que hacen una presentación al IRS relacionada con los derechos, privilegios o responsabilidades de un/a contribuyente bajo las leyes o regulaciones administradas por el IRS. Esta autoridad generalmente se extiende a cualquier individuo que interactúa con la administración tributaria federal vía oral, en persona, por escrito, o por la preparación y presentación de documentos.

La OPR tiene la supervisión de la conducta de los profesionales, así como la responsabilidad exclusiva con respecto a la disciplina del profesional, incluyendo los procedimientos disciplinarios y las sanciones. La OPR podrá, previa notificación y oportunidad de una conferencia, llevar a cabo los siguientes procedimientos disciplinarios:

- Descalificar a un tasador de nuevas presentaciones en relación con asuntos tributario.
- Proponer una sanción monetaria a cualquier profesional que se involucre en conductas sujetas a sanción. La sanción monetaria puede ser propuesta contra el individuo, una empresa o ambos y se puede hacer además de otra forma de disciplina.
- Negociar un nivel adecuado de disciplina con un profesional o iniciar un procedimiento administrativo para censurar, suspender o inhabilitar al practicante.
    - Censura: Una reprimenda pública en la que un infractor está incluido en una lista trimestral emitida por el IRS que indica la ciudad y el estado del infractor, nombre, designación profesional y la(s) fecha(s) efectiva(s) de la censura. Si se les censura, los infractores todavía pueden preparar impuestos, pero son más estrechos, y sus nombres y reputaciones recién ensuciados pueden afectar negativamente a sus negocios. Esta es la forma más ligera de castigo.
    - Suspender: Si un/a contribuyente es suspendido, significa que no puede preparar ninguna declaración de uno a cincuenta y nueve meses; la POR determina el tiempo que un/a contribuyente es suspendido caso por caso.
    - Inhabilitar: Si un/a contribuyente es inhabilitado, no puede preparar ninguna declaración de impuestos durante al menos cinco años.

Estas sanciones y castigos están relacionados con las actividades con las que el/la preparador/a de impuestos ha sido asociado en nombre del empleador, por lo que es responsabilidad legal del empleador saber lo que sus empleados están haciendo ya que dicho empleador puede ser responsable de las acciones de su empleado.

Ejemplo: Omar Tax Service (OTS), como entidad sujeta a las guías de la Circular 230, debe tener una persona a cargo para asegurar que todos los procedimientos de OTS y IRS se sigan y manejen correctamente. Si se atrapa al empleado Travis preparando declaraciones de alguna manera que no cumple con estas guías, hay dos posibles situaciones:

1. Si Omar Tax Service no tenía a alguien que asegurara que los procedimientos del IRS y OTS se siguieran correctamente, entonces OTS es responsable de las acciones de sus empleados.

2. If OTS did have somebody in place to ensure all procedures were followed properly, and did so in full compliance with Circular 230, then Travis is considered a rogue employee, and OTS is not liable for his actions because they correctly followed all the required procedures.

Rules Governing the Authority to Practice

The Circular 230 is the written guideline that governs those who represent taxpayers before the IRS. The rules and regulations found in Circular 230 are overseen by the Office of Professional Responsibility (OPR). In this section you will find a detailed list of each section of the Circular 230 and the rules and guidelines contained with each part. It is imperative that the paid tax preparer learns these guidelines and understands his or her individual responsibility to prepare tax returns accurately based on tax law and the information provided by the taxpayer.

Individuals with the Authority to Practice

- **Attorney**: Any attorney who is not currently under suspension or disbarment from practice before the Internal Revenue Service (IRS) may practice before the IRS by filing a written declaration with the IRS that the attorney is currently qualified as an attorney and is authorized to represent the party or parties.

- **Certified Public Accountant (CPA)**: Any certified public accountant who is not currently under suspension or disbarment from practice before the Internal Revenue Service (IRS) may practice before the IRS by filing with the IRS a written declaration that the certified public accountant is currently qualified as a certified public accountant and is authorized to represent the party or parties.

- **Enrolled Agent (EA)**: Any individual enrolled as an agent pursuant to this part who is not currently under suspension or disbarment from practice before the Internal Revenue Service (IRS) may practice before the IRS (enrolled agents take a three-part test and must pass each part).

- **Enrolled Actuary**: Any individual who is enrolled as an actuary by the Joint Board for the Enrollment of Actuaries pursuant to 29 U.S.C. 1242 who is not currently under suspension or disbarment from practice before the Internal Revenue Service (IRS) by filing with the IRS a written declaration stating that he or she is currently qualified as an enrolled actuary and is authorized to represent the party or parties on whose behalf he or she acts.

- **Enrolled Retirement Plan Agent**: An individual enrolled as a retirement plan agent who is not currently under suspension or disbarment from practice before the Internal Revenue Service (IRS) may practice before the IRS.

Rules for Individuals Preparing Returns and Applications

A tax return preparer is any and all of the following:

- Any person who prepares all or a substantial portion of any tax return or any claim for refund in exchange for compensation, or who employs one or more persons to prepare for compensation.

2. Si OTS tenía a alguien en su lugar para asegurarse de que todos los procedimientos se siguieron correctamente, y lo hizo en pleno cumplimiento de la Circular 230, entonces Travis se considera un empleado pícaro, y OTS no es responsable de sus acciones porque siguieron correctamente todos los procedimientos requeridos.

Reglas que rigen la autoridad para practicar

La Circular 230 es la norma escrita que rige a aquellos que representan a los contribuyentes ante el IRS. Las normas y reglamentos que se encuentran en la Circular 230 son supervisados por la Oficina de Responsabilidad Profesional (OPR). En esta sección encontrará una lista detallada de cada sección de la Circular 230 y las reglas y guías contenidas en cada parte. Es imperativo que el/la preparador/a de impuestos por paga aprenda estas guías y entienda su responsabilidad individual de preparar declaraciones de impuestos con precisión basadas en la ley tributaria y la información proporcionada por el/la contribuyente.

Individuos con autoridad para practicar

- **Abogado**: Cualquier abogado que no esté actualmente bajo suspensión o inhabilitación de la práctica ante el Servicio de Impuestos Internos (IRS) puede ejercer ante el IRS presentando una declaración por escrito ante el IRS de que el abogado está calificado actualmente como abogado y está autorizado a representar a la parte o partes.

- **Contador Público Certificado (CPA)**: Cualquier contador público certificado que no esté actualmente bajo suspensión o inhabilitación de la práctica antes de que el Servicio de Impuestos Internos (IRS) pueda ejercer ante el IRS presentando ante el IRS una declaración escrita de que el contador público certificado está actualmente calificado como contador público certificado y está autorizado a representar a la parte o partes.

- **Agente Inscrito (EA)**: Cualquier persona inscrita como agente de conformidad con esta parte que no está actualmente bajo suspensión o inhabilitación de la práctica ante el Servicio de Impuestos Internos (IRS) puede ejercer ante el IRS (los agentes inscritos toman una prueba de tres partes y deben pasar cada parte para ejercer).

- **Actuario Inscrito**: Cualquier persona que esté inscrita como actuario por la Junta Conjunta para la Inscripción de Actuarios de conformidad con 29 U.S.C. 1242 que no esté actualmente bajo suspensión o inhabilitación para practicar ante el Servicio de Impuestos Internos (IRS) puede presentar una declaración escrita ante el IRS que indique que actualmente está calificado como un actuario inscrito y está autorizado a representar a la parte o partes que representa.

- **Agente de Planes de Jubilación Inscrito**: Una persona inscrita como agente del plan de jubilación que no está actualmente bajo suspensión o inhabilitación de la práctica ante el Servicio de Impuestos Internos (IRS) pueda ejercer ante el IRS.

Reglas para individuos que preparan declaraciones y solicitudes

Un/a preparador/a de declaraciones de impuestos es cualquiera y todo lo siguiente:

- Cualquier persona que prepare toda o una parte sustancial de cualquier declaración de impuestos o cualquier reclamo de reembolso a cambio de una compensación, o que emplee a una o más personas para preparar declaraciones por compensación.

- Any individual who is paid to prepare or assist with tax preparation of all or substantially all of a tax return or claim for refund must have a PTIN number and is subject to the duties and restrictions relating to practice in subpart B of Circular 230. Subpart B is §10.20 through §10.53. Anyone who prepares a return for compensation must have a PTIN.
- Any individual who has prepared or assists in the preparation of a tax return or claim for a refund may appear as a witness for the taxpayer before the IRS or furnish information at the request of the IRS or any of the IRS officers or employees.
- Any individual who for compensation prepares or assists in the preparation of all or a substantial portion of a document pertaining to any taxpayer's tax liability is subject to the duties and restrictions relating to practice in §10.20 through §10.53 (subpart B as well as subpart C) and §10.60 through §10.82.

A signing tax return preparer is the individual tax return preparer who has the primary responsibility for the overall substantive accuracy of the preparation of such return or claim for refund. Even if someone else provides all the information and materials needed for the return, effectively "preparing" most of the return's material, the individual that actually inputs and arranges the material for the actual submission of the return and claim for refund is the person who must sign the return and thus claim responsibility for its accuracy. The person who needs to sign the return and claim responsibility for its accuracy is whoever decides the tax return's positions.

A non-signing tax return preparer is any tax return preparer who prepares all or a substantial portion of a return or claim for refund but does not possess the primary responsibility for its accuracy because they were not the individual who input the information into the tax return or chose the tax return positions.

Whether or not an individual should be considered a non-signing or signing tax return preparer also depends on how much time the preparer spends giving advice to the taxpayer. To be eligible to be a non-signing preparer, events that have occurred should represent less than 5% of the aggregated time incurred by the non-signing tax return preparer. Advice given, whether written or oral, is calculated when it is given to the taxpayer as well as the signing tax preparer.

- Example: An enrolled agent named Fiona hires Nick to do the literal inputting of W-2s, wages, documents, and other related materials into her preferred tax software. After Nick finishes, Fiona goes through the prepared material, ensures that it is correct, and submits the return. Even though Nick spent more time on the return and was the one who actually put it all together, Fiona prepared the tax return because she was the one who checked its contents and performed the actual action of ensuring that the return was accurate. Therefore, it is Fiona who must sign the return and thus claim responsibility for its accuracy, because even though Nick "prepared" the return by putting it together, Fiona checked and guaranteed its accuracy.

A person who renders tax advice on a position that is directly relevant to the determination of the existence, characterization, or amount of an entry on a return or claim for refund will be regarded as having prepared the entry. Whether a schedule, entry, or other portion of a return or claim for refund is considered a substantial portion is based upon whether the person knows or reasonably should know that the tax attributable to the schedule, entry, or other portion of a return or claim for refund is a substantial portion of the tax required to be shown on the return or claim for refund. A single tax entry may constitute a substantial portion of the tax required to be shown on a return.

- Cualquier persona a la que se le pague por preparar o ayudar con la preparación de impuestos de toda o una parte sustancialmente de una declaración de impuestos o un reclamo de reembolso debe tener un número PTIN y está sujeta a los derechos y restricciones relacionados con la práctica en la Sub-Parte B de la Circular 230. La Sub-Parte B es de la §10.20 a la §10.53. Cualquier persona que prepare una declaración de impuestos por compensación debe tener un PTIN.
- Cualquier persona que haya preparado o asista en la preparación de una declaración de impuestos o reclamo de un reembolso puede aparecer como testigo para el/la contribuyente ante el IRS o proporcionar información a petición del IRS o de cualquiera de los funcionarios o empleados del IRS.
- Cualquier persona que, por compensación, prepare o ayude en la preparación de toda o una parte sustancial de un documento relacionado con la responsabilidad tributaria de cualquier contribuyente está sujeta a los deberes y restricciones relacionados con la práctica en los artículos §10.20 a §10.53 (Sub-Parte B, así como en la Sub-Parte C) y en los artículos §10.60 a §10.82.

Un/a preparador/a de declaraciones de impuestos que firma es el/la preparador/a de declaraciones de impuestos individual que tiene la responsabilidad principal de la exactitud sustantiva general de la preparación de dicha declaración o reclamo de reembolso. Incluso si otra persona proporciona toda la información y materiales necesarios para la declaración de impuestos, efectivamente "preparando" la mayor parte del material de la declaración, la persona que realmente ingresa y organiza el material para la presentación real de la declaración y reclamo de reembolso es la persona que debe firmar la declaración y así reclamar la responsabilidad por su exactitud. La persona que debe firmar la declaración y reclamar la responsabilidad de su exactitud es quien decide las posiciones de la declaración de impuestos.

Un/a preparador/a de declaraciones de impuestos sin firma es cualquier preparador de declaraciones de impuestos que prepara toda o una parte sustancial de una declaración o reclamo de reembolso, pero no posee la responsabilidad principal de su exactitud porque no fue la persona que introdujo la información en la declaración de impuestos o elegir las posiciones de declaración de impuestos.

Para que una persona sea considerada o no un/a preparador/a de declaraciones de impuestos sin firmar o con firmar también depende de cuánto tiempo pasa el/la preparador/a dando consejos al contribuyente. Para ser elegible para considerarse como un/a preparador/a sin firma, los eventos que han ocurrido deben representar menos del 5% del tiempo agregado incurrido por el/la preparador/a de declaraciones de impuestos sin firma. El asesoramiento dado, ya sea escrito u oral, se calcula cuando se da al contribuyente, así como al preparador de impuestos de firma.

- Ejemplo: Un agente inscrito llamado Fiona contrata a Nick para hacer la introducción literal de W-2, salarios, documentos y otros materiales relacionados en su software de impuestos preferido. Después de que Nick termina, Fiona pasa por el material preparado, se asegura de que sea correcto y envía la declaración. A pesar de que Nick pasó más tiempo en la declaración y fue quien realmente lo puso todo junto, Fiona preparó la declaración de impuestos porque ella fue la que comprobó su contenido y realizó la acción real de asegurarse de que la declaración era exacta. Por lo tanto, es Fiona quien debe firmar la declaración y así reclamar la responsabilidad por su exactitud porque, aunque Nick "preparó" y organizó la declaración, Fiona comprobó y garantizó su exactitud.

Se considerará que una persona que preste asesoramiento tributario sobre una posición que sea directamente relevante para la determinación de la existencia, caracterización o importe de una entrada en una declaración o reclamo de rembolso se trata como que ha preparado la entrada. Si un anexo, entrada u otra porción de una declaración o reclamo de reembolso se considera una porción sustancial se basa en si la persona sabe o razonablemente debe saber que el impuesto atribuible al anexo, la entrada u otra porción de una declaración o reclamo de reembolso es una parte sustancial del impuesto requerido que se muestra en la declaración o reclamación de reembolso. Una sola entrada fiscal puede constituir una parte sustancial del impuesto que debe figurar en una declaración.

Factors to consider what makes a substantial portion include:

- The size and complexity of the item relative to the taxpayer's gross income.
- The size of the understatement attributable to the item compared to the taxpayer's reported tax liability.

For the purposes of applying the above paragraph regarding a non-signing tax return preparer, the schedule or other portion is not considered to be a substantial portion if the schedule, entry, or other portion of the return or claim for refund involves amounts of gross income, amounts of deductions, or amounts on the basis of which credits are determined that are:

- Less than $10,000.
- Less than $400,000 and also less than 20% of the gross income as shown on the return or claim for refund (or, for an individual, the individual's adjusted gross income).

If more than one schedule, entry, or other portion is involved, all schedules, entries, or other portions shall be aggregated in applying the *de minimis* rule to a tax return preparer who is signing the return (the *de minimis* rule will be explained in full later on in this course). The tax return preparer is not considered to be a tax return preparer of another return just by filling in an entry or entries on a tax return unless the entry or entries are directly reflected on the other return and constitute a substantial portion of the return.

- Example 1: Oscar prepares Form 8886 "*Reportable Transaction Disclosure Statement*". Oscar does not prepare the tax return or advise the taxpayer regarding the tax return position for the transaction to which the Form 8886 relates. The preparation of Form 8886 is not directly relevant to the determination of the existence, characterization, or amount of an entry on a tax return or claim for a refund. Oscar is preparing Form 8886 to disclose a reportable transaction and not to prepare a substantial portion of the tax return and is not considered a tax return preparer under §6694.

- Example 2: Vicente prepares a schedule for Jose's Form 1040, reporting $4,000 in dividend income and gives Jose oral or written advice about his Schedule A, which results in a medical expense deduction totaling $5,000, but he does not sign the return. Vicente is not a non-signing tax return preparer because the aggregate total amount of the deduction is less than $10,000.

A claim for a refund of tax includes a claim for credit against any tax. A claim for refund also includes a claim for payment under IRC Section 6420, 6421, or 6427.

Being a tax preparer at the federal level is not dependent upon any educational qualifications or professional status requirements (unless otherwise required by individual state law). Any individual who furnishes sufficient information and advice to a taxpayer or other tax return preparer so that the completion of the return or claim for refund is essentially on a mechanical or clerical process is still considered a tax return preparer.

- Example 1: Matthew rendered tax advice to Mariel on determining whether her workers are employees or independent contractors for federal tax purposes. Matthew received compensation for his advice. Matthew is the tax return preparer even though he did not sign or file the return because he was compensated for work that was essential to the return.

Los factores que debe tener en cuenta para que lo haga una porción sustancial incluyen:

> - El tamaño y la complejidad del artículo en relación con los ingresos brutos del contribuyente.
> - La cantidad de cálculo insuficiente atribuido a la entrada en comparación con la responsabilidad tributaria que reporta el/la contribuyente.

Para efectos de aplicar el párrafo anterior con respecto a un/a preparador/a de declaraciones de impuestos sin firma, el anexo u otra parte no se considera una parte sustancial si el anexo, la entrada u otra parte de la declaración o reclamación de reembolso implica cantidades de ingresos brutos, montos de deducciones o montos sobre la base de los cuales se determinan créditos que son:

> - Menos de $10,000.
> - Menos de $400,000 y también menos del 20% de los ingresos brutos como se muestra en la declaración o reclamo de reembolso (o, para un individuo, el ingreso bruto ajustado del individuo).

Si se trata de más de un anexo, entrada u otra parte, todos los anexos, entradas u otras partes se agregarán al aplicar la regla *de minimis* a un/a preparador/a de declaraciones de impuestos que está firmando la declaración (la regla *de minimis* se explicará en su totalidad más adelante en este curso). El/la preparador/a de declaraciones de impuestos no se considera un/a preparador/a de declaraciones de impuestos de otra declaración simplemente rellenando una entrada o entradas en una declaración de impuestos a menos que la entrada o entradas se reflejen directamente en la otra declaración y constituyan una parte sustancial de la declaración.

> - Ejemplo 1: Oscar prepara el Formulario 8886 " Declaración de divulgación de *transacciones reportables*". Oscar no prepara la declaración de impuestos ni asesora al contribuyente con respecto a la posición en la declaración de impuestos para la transacción a la que se refiere el Formulario 8886. La preparación del Formulario 8886 no es directamente relevante para determinar la existencia, caracterización o monto de una entrada en una declaración de impuestos o reclamo de un reembolso. Oscar está preparando el Formulario 8886 para revelar una transacción reportable y no para preparar una parte sustancial de la declaración de impuestos y no se considera un/a preparador/a de declaraciones de impuestos bajo la §6694.

> - Ejemplo 2: Vicente prepara un anexo para el Formulario 1040 de José, reportando $4,000 en ingresos por dividendos y le da a José consejos orales o escritos sobre su Anexo A, lo que resulta en una deducción de gastos médicos por un total de $5,000, pero no firma la declaración. Vicente no es un/a preparador/a de declaraciones de impuestos sin firma porque el monto total de la deducción es inferior a $10,000.

Un reclamo de reembolso de impuestos incluye un reclamo de crédito por cualquier impuesto. Un reclamo de reembolso también incluye un reclamo de pago bajo la Sección 6420, 6421 o 6427 del IRC.

Ser preparador de impuestos a nivel federal no depende de ninguna cualificación educativa o requisitos de estatus profesional (a menos que la ley estatal individual exija lo contrario). Cualquier persona que proporciona suficiente información y asesoramiento a un/a contribuyente u otro preparador de declaraciones de impuestos para que la finalización de la declaración o reclamo de reembolso es esencialmente en un proceso mecánico o administrativo todavía se considera un/a preparador/a de declaraciones de impuestos.

> - Ejemplo 1: Matthew dio consejos tributarios a Mariel para determinar si sus trabajadores son empleados o contratistas independientes para fines tributarios federales. Mateo recibió una compensación por su consejo. Matthew es el/la preparador/a de declaraciones de impuestos a pesar de que no firmó o presentó la declaración porque fue compensado por el trabajo que era esencial para la declaración.

> Example 2: Jose received employment tax information from Maria, who prepares her own record keeping. Jose did not render any tax advice to Maria or exercise any discretion or independent judgment on Maria's tax positions. He only processed the information that Maria gave to him and then signed the return as authorized by the client pursuant to Form 8655, *Reporting Agent Authorization* and filed Maria's return using information supplied by Maria. Even though Maria prepared the records for her own return, Jose is the tax return preparer because he was the one who actually inputted, reviewed, and filed the return via the tax software.

The following individuals are not considered to be tax return preparers:

- An official or employee of the Internal Revenue Service (IRS) performing official duties.
- Any individual who provides tax assistance under Volunteer Income Tax Assistance (VITA) program established by the IRS, but the individual can only prepare returns for VITA.
- Any organization sponsoring or administering a VITA program established by the IRS (but only with respect to the sponsorship or administration).
- An individual who provides tax counseling for the elderly under a program established pursuant to section 163 of the Revenue Act of 1978, but only with respect to those returns prepared as part of that program.
- An organization sponsoring or administering a program to provide tax counseling for the elderly established pursuant to section 163 of the Revenue Act of 1978, but only with respect to that sponsorship or administration.
- An individual who provides tax assistance as part of a qualified Low-Income Taxpayer Clinic (LITC) as defined by §7526 and subject to the requirements, but only for the LITC tax returns.
- Any organization that is a qualified LITC.
- An individual providing only typing, reproduction, or other mechanical assistance in the preparation of a return or claim for a refund.
- An individual preparing a return or claim for refund of a taxpayer, or an officer, a general partner, member, shareholder, or employee of a taxpayer by whom the individual is regularly and continuously employed or compensated or in which the individual is a general partner.
- An individual preparing a return or claim for refund for a trust, estate, or other entity, of which the individual either is a fiduciary or is an officer, general partner, or employee of the fiduciary.
- An individual preparing a claim for refund for a taxpayer in response to:
  - A notice of deficiency issued to the taxpayer,
  - A waiver of restriction on assessment after the initiation of an audit of the taxpayer or another taxpayer if a determination in the audit of the other taxpayer affects, directly or indirectly, the liability of the taxpayer for tax.
- A person who prepares a return or claim for refund for a taxpayer with no explicit or implicit agreement for compensation, even if the person receives an insubstantial gift, return service, or favor.

Rules and Regulations Regarding IRS Requests for Information

If an authorized officer or employee of the IRS or OPR requests information or records regarding or in reference to a taxpayer, the tax preparer is required by law to comply with the request promptly unless he or she believes in good faith or on reasonable grounds that such records or information is privileged or that the request for, or effort to obtain, such record or information is of doubtful legality.

> Ejemplo 2: José recibió información sobre impuestos sobre el empleo de María, quien prepara su propio registro. José no le dio ningún consejo fiscal a María ni ejerció ninguna discreción o juicio independiente sobre las posiciones tributarios de María. Sólo procesó la información que María le dio y luego firmó la declaración según lo autorizado por el cliente de conformidad con el Formulario 8655, *Autorización* del Agente de Informes y presentó la declaración de María utilizando la información proporcionada por María. A pesar de que María preparó los registros para su propia declaración, José es el/la preparador/a de la declaración de impuestos porque él fue el que realmente introdujo, revisó y presentó la declaración a través del software de impuestos.

Las siguientes personas no se consideran preparadores de declaraciones de impuestos:

- Un funcionario o empleado del Servicio de Impuestos Internos (IRS) que desempeña funciones oficiales.
- Cualquier persona que proporcione asistencia tributaria bajo el programa de Asistencia Tributaria Voluntaria (VITA) establecido por el IRS, pero la persona solo puede preparar declaraciones para VITA.
- Cualquier organización que patrocine o administre un programa VITA establecido por el IRS (pero solo con respecto al patrocinio o la administración).
- Una persona que proporciona asesoramiento fiscal para ancianos bajo un programa establecido de conformidad con la sección 163 de la Ley de Ingresos de 1978, pero sólo con respecto a las declaraciones preparadas como parte de ese programa.
- Una organización que patrocina o administra un programa para proporcionar asesoramiento fiscal para los ancianos establecido de conformidad con el artículo 163 de la Ley de Ingresos de 1978, pero sólo con respecto a ese patrocinio o administración.
- Una persona que proporciona asistencia tributaria como parte de una Clínica de Contribuyentes de Bajos Ingresos (LITC) definida por la §7526 y sujeta a los requisitos, pero solo para las declaraciones de impuestos de LITC.
- Cualquier organización que sea un LITC calificado.
- Una persona que proporciona sólo mecanografía, reproducción u otra asistencia mecánica en la preparación de una declaración o reclamo de reembolso.
- Una persona que prepara una declaración o reclamación para el reembolso de un/a contribuyente, o un funcionario, un socio general, miembro, accionista o empleado de un/a contribuyente por el cual la persona es empleada o compensada regular y continuamente o en la que la persona es un Socio.
- Una persona que prepara una declaración o reclamo de reembolso de un fideicomiso, patrimonio u otra entidad, de la cual la persona es un fiduciario o es un oficial, socio general o empleado del fiduciario.
- Una persona que prepara un reclamo de reembolso para un/a contribuyente en respuesta a:
  - Un aviso de deficiencia emitido al contribuyente;
  - Una exención de restricción de la liquidación después de la iniciación de una auditoría del contribuyente u otro contribuyente si una determinación en la auditoría del otro contribuyente afecta, directa o indirectamente, la responsabilidad del contribuyente por el impuesto.
- Una persona que prepara una declaración o reclamo de reembolso para un/a contribuyente sin un acuerdo explícito o implícito por compensación, incluso si la persona recibe un regalo barato, un servicio o favor a cambio.

Reglas y regulaciones con respecto a las solicitudes de información del IRS

Si un oficial autorizado o empleado del IRS o la OPR solicita información o registros con respecto o en referencia a un/a contribuyente, el/la preparador/a de impuestos está obligado por ley a cumplir con dicha solicitud de inmediato a menos que crea de buena fe o por motivos razonables que tales registros o información son privilegiados o que la solicitud de, o esfuerzo para obtener, dicho registro o información es de dudosa legalidad.

Señor 1040 Says: Privilege does not apply in a criminal matter unless the practitioner is an attorney.

If the requested information is not in the possession of the tax professional or his or her client, the tax professional must promptly notify the requesting IRS or OPR personnel of that fact. In the case of requests from the IRS, the practitioner must make reasonable inquiries of the client regarding the identity of any person who has the records. The tax professional is not required to actually speak with anyone other than their client, but they must ask their client about the identity of any person who may have the records or information that was requested and then provide that information to the IRS.

A practitioner may not interfere, or attempt to interfere, with any proper and lawful effort by the IRS and its officers or employees or with the director of the Office of Professional Responsibility and his or her employees to obtain any record(s) or information unless the practitioner believes in good faith and on reasonable grounds that the record(s) or information is privileged.

As stated in §10.34(b) in regard to the submission of any documents that may be requested by the IRS or OPR, the tax professional cannot advise a client to submit any document to the IRS that falls under one or both of the following two categories:

➤ Frivolous.
➤ Contains or omits information in a manner demonstrating an intentional disregard of a rule or regulation unless the tax professional also advises the client to submit a document that evidences a good faith challenge to the rule or regulation.

Example: The IRS requests information about John Henry. Andres prepared Mr. Henry's return for the past two years; however, the year in question is prior to Mr. Henry becoming Andres' client. Andres has copies of Mr. Henry's tax return for the year in question, which contains the name, address, and identification number of the individual who prepared the return. Andres is required to provide the IRS with the information about the preparer listed on the return, but not the return itself. Andres needs to inform the client of the IRS request.

Client Errors and Omissions

If the tax professional knows that a client has not complied with the U.S. revenue laws or has made an error in, or omission from, any return, affidavit, or other document which the client submitted or executed under U.S. revenue laws, the tax professional must promptly inform the client of the noncompliance, error, or omission and advise the client regarding the consequences under the Code and regulations of that noncompliance, error, or omission.

Depending on the particular facts and circumstances, the consequences of an error or omission could include (among other things) additional tax liability, civil penalties, interest, criminal penalties, and an extension of the statute of limitations.

Should the client choose not to correct the problem, you should issue a written statement to the client detailing your findings and recommendations along with the consequences he or she faces by choosing not to make the correction. The documentation should contain the date the client was notified and be maintained in the client's file.

Señor 1040 Dice: El privilegio no se aplica en un asunto penal a menos que el practicante sea un abogado.

Si la información solicitada no está en posesión del profesional de impuestos o de su cliente, el profesional de impuestos debe notificar inmediatamente al personal del IRS o de la POR que solicita este hecho. En el caso de solicitudes del IRS, el profesional debe hacer consultas razonables al cliente con respecto a la identidad de cualquier persona que tenga los registros. El profesional de impuestos no está obligado a hablar realmente con nadie que no sea su cliente, pero debe preguntarle a su cliente sobre la identidad de cualquier persona que pueda tener los registros o información que se solicitó y luego proporcionar esta información al IRS.

Un profesional no puede interferir, o intentar interferir, con cualquier esfuerzo apropiado y lícito por parte del IRS y sus funcionarios o empleados, o con el director de la Oficina de Responsabilidad Profesional y sus empleados para obtener cualquier registro o información a menos que el practicante crea de buena fe, y por motivos razonables, que el registro o la información es privilegiado.

Como se indica en la §10 34(b) con respecto a la presentación de cualquier documento que el IRS o la OPR podrían solicitar, el profesional de impuestos no puede aconsejarle a un cliente que envíe ningún documento al IRS que caiga en una o ambas de las siguientes dos categorías:

➢ Documento frívolo.
➢ Contiene u omite información de una manera que demuestre un descuido intencional de una regla o reglamento a menos que el profesional de impuestos también aconseje al cliente que presente un documento que ponga en evidencia un desafío de buena fe a dicha regla o reglamento.

Ejemplo: El IRS solicita información sobre John Henry. Andrés preparó la declaración del Sr. Henry durante los últimos dos años; sin embargo, el año en cuestión es antes de que el Sr. Henry se convierta en cliente de Andrés. Andrés tiene copias de la declaración de impuestos del Sr. Henry para el año en cuestión, que contiene el nombre, la dirección y el número de identificación de la persona que preparó la declaración. Andrés está obligado a proporcionar al IRS la información sobre el/la preparador/a que aparece en la declaración, pero no la declaración en sí. Andrés debe informar al cliente de la solicitud del IRS.

Errores y omisiones del cliente

Si el profesional de impuestos sabe que un cliente no ha cumplido con las leyes de ingresos de EE. UU. o ha cometido un error u omisión de cualquier declaración, declaración jurada u otro documento que el cliente haya presentado o ejecutado bajo las leyes de ingresos de los EE. UU., el profesional de impuestos debe informar al cliente del incumplimiento, error u omisión y asesorar al cliente con respecto a las consecuencias bajo el Código y los reglamentos sobre este incumplimiento, error u omisión.

Dependiendo de los hechos y circunstancias particulares, las consecuencias de un error u omisión podrían incluir (entre otras cosas) responsabilidad tributaria adicional, sanciones civiles, intereses, sanciones penales y una extensión del estatuto de limitaciones.

Si el cliente decide no corregir el problema, debe emitir una declaración escrita al cliente detallando sus hallazgos y recomendaciones junto con las consecuencias que enfrenta al elegir no hacer la corrección. La documentación debe contener la fecha en que se notificó al cliente y mantenerse en el archivo del cliente.

Example: Julie has employee business expenses. After reviewing her return her Rachel discovered that Julie has taken a deduction on Form 2106 for mileage and actual expenses for the same vehicle. Rachel must inform Julie that she is not entitled to deduct both mileage and actual expenses for the same vehicle.

It is Rachel's responsibility to inform Julie that the return should be corrected and offer to prepare an amended return. Rachel must inform Julie of the consequences she faces should she choose not to correct the mistake on the return. Rachel should explain the types of penalties and interest Julie may face in depth and how this problem could result in an audit.

It is Julie's choice to allow the tax preparer to correct the return. Rachel should document the situation in writing to protect herself and the firm.

Accuracy and the Tax Preparer's Due Diligence

The IRS states that tax preparers must exercise due diligence in the following ways:

- In preparing or assisting in the preparation of approving and filing returns, documents, affidavits, and other papers relating to Internal Revenue Service matters.
- In determining the correctness of oral or written representations made by themselves to their client, the IRS, or the Treasury Department.
- In determining the correctness of oral or written representation made by the tax preparer to clients with reference to any matter administered by the Internal Revenue Service.

The tax professional can rely on the work product of another person if the individual used reasonable care in engaging, supervising, training, and evaluating that person, taking proper account of the nature of the relationship between the tax professional and the taxpayer.

The tax professional may also generally rely in good faith and without verification upon information furnished by his or her own client, but the tax professional cannot ignore other information that has been furnished to them or which is actually known by them. The tax professional must make reasonable inquiries if any information furnished to them appears to be incorrect, incomplete, or inconsistent with other facts or assumptions.

Handling Matters Promptly

A practitioner may not unreasonably delay the prompt disposition of any matter before the Internal Revenue Service. This regulation applies when responding to the tax professional's client as well as to IRS personnel. The tax professional cannot advise a client to submit any document to the IRS for the purpose of delaying or impeding the administration of the federal tax laws.

Señor 1040 Says: Remember, a tax professional has a responsibility to protect their client's rights. One should take the time necessary to carefully investigate all issues at hand prior to responding to the IRS.

Ejemplo: Julie tiene gastos de negocio de empleados. Después de revisar su declaración del año pasado, Rachel descubrió que Julie ha tomado una deducción en el Formulario 2106 por millaje y gastos reales por el mismo vehículo. Rachel debe informar a Julie que no tiene derecho a deducir tanto el millaje como los gastos reales del mismo vehículo.

Es responsabilidad de Rachel informar a Julie que la declaración se debe corregir y ofrecerse para la enmienda a la declaración. Rachel debe informar a Julie de las consecuencias que enfrenta en caso de que decida no corregir el error en la declaración. Rachel debe explicar a profundidad los tipos de sanciones e intereses que Julie puede enfrentar y cómo este problema podría resultar en una auditoría.

Es decisión de Julie permitir que el/la preparador/a de impuestos corrija la declaración. Rachel debe documentar la situación por escrito para protegerse a sí misma y a la empresa.

Precisión y la debida diligencia del preparador de impuestos

El IRS afirma que los preparadores de impuestos deben ejercer la debida diligencia de las siguientes maneras:

- Preparar o ayudar en la preparación de la aprobación y presentación de declaraciones, documentos, declaraciones juradas y otros documentos relacionados con asuntos del Servicio de Impuestos Internos.
- Al determinar la exactitud de las representaciones orales o escritas hechas por ellos mismos a su cliente, el IRS o el Departamento del Tesoro.
- Determinar la exactitud de la representación oral o escrita hecha por el/la preparador/a de impuestos a los clientes con referencia a cualquier asunto administrado por el Servicio de Impuestos Internos.

El profesional de impuestos puede confiar en el producto de trabajo de otra persona si la persona utilizó un cuidado razonable para involucrar, supervisar, capacitar y evaluar a esa persona, teniendo debidamente en cuenta la naturaleza de la relación entre el profesional tributario y el/la contribuyente.

Por lo general, el profesional de impuestos también puede confiar de buena fe y sin verificación en la información proporcionada por su propio cliente, pero el profesional de impuestos no puede ignorar otra información que se les haya proporcionado o que sea realmente conocida por ellos. El profesional de impuestos debe hacer consultas razonables si cualquier información que se les haya proporcionado parece ser incorrecta, incompleta o incompatible con otros hechos o supuestos.

Manejo de asuntos con prontitud

Un profesional no puede retrasar injustificadamente la pronta disposición de cualquier asunto ante el Servicio de Impuestos Internos. Esta regla se aplica al responder al cliente del profesional de impuestos, así como al personal del IRS. El profesional de impuestos no puede aconsejar a un cliente que presente ningún documento al IRS con el propósito de retrasar o impedir la administración de las leyes tributarios federales.

Señor 1040 Dice: Recuerde, un profesional de impuestos tiene la responsabilidad de proteger los derechos de sus clientes. Uno debe tomarse el tiempo necesario para investigar cuidadosamente todos los problemas en cuestión antes de responder al IRS.

Ethics and the Circular 230

Circular 230 Guidelines for Notaries

A practitioner may not take acknowledgments, administer oaths, certify papers, or perform any official act as a notary public with respect to any matter administered by the IRS for which he or she is employed as a counsel, attorney, agent, or is any way interested.

Part 2 Review Questions

To obtain the maximum benefit from this chapter, LTP recommends that you complete each of the following questions, and then compare them to the answers with feedback that immediately follow. Under governing self-study standards, vendors are required to present review questions intermittently throughout each self-study course.

These questions and explanations are not part of the final examination and will not be graded by LTP.

EP2.1
Which of the following individual is not enrolled to practice before the IRS?

a. An Enrolled agent
b. An Enrolled retirement plan agent
c. An Enrolled taxpayer
d. An Enrolled actuary

EP2.2
What is the Office of Professional Responsibility Authority (OPR)?

a. The OPR oversees the Commissioner
b. The OPR oversees the United States Treasury
c. The OPR oversees the conduct of tax practice
d. The OPR oversees the unprofessional tax preparer

EP2.3
Agave Tax Services (ATS) is an entity subject to Circular 230 guidelines. It has a person in charge of ensuring that ATS and IRS procedures are followed and handled correctly. If one of the employees is caught preparing returns in a way that does not comply with such guidelines, Ruperto, the ATS owner, will not be liable for the actions of his employee if:

a. Ruperto did not have somebody to ensure IRS and ATS procedures were followed correctly.
b. Ruperto was in charge of ensuring that IRS and ATS procedures were followed correctly.
c. Ruperto did not have somebody in place to ensure all procedures were followed properly and did so in full compliance with Circular 230.
d. The employee is considered a rogue employee.

Circular 230, Guías para notarios

Un practicante no puede tomar reconocimientos, administrar juramentos, certificar documentos, o realizar cualquier acto oficial como notario público con respecto a cualquier asunto administrado por el IRS para el cual él o ella está empleado como asesor, abogado, agente, o está de alguna manera interesado.

Parte 2 Preguntas de repaso

Para obtener el máximo beneficio de este capítulo, LTP recomienda completar cada una de las siguientes preguntas y luego compararlas con las respuestas con los comentarios que siguen inmediatamente. Bajo las normas de autoestudio de gobierno, los proveedores están obligados a presentar preguntas de revisión intermitentemente a lo largo de cada curso de autoestudio.

Estas preguntas y explicaciones no forman parte del examen final y no serán calificadas por LTP.

EP2.1
¿Cuál de las siguientes personas no está inscrita para practicar ante el IRS?

   a. Un agente inscrito
   b. Un agente del plan de jubilación inscrito
   c. Un contribuyente inscrito
   d. Un actuario inscrito

EP2.2
¿Qué es la Oficina de Autoridad de Responsabilidad Profesional (OPR)?

   a. La OPR supervisa al Comisario
   b. La OPR supervisa el Tesoro de los Estados Unidos
   c. La OPR supervisa la realización de prácticas fiscales
   d. La OPR supervisa el preparador de impuestos no profesional

EP2.3
Agave Tax Services (ATS) es una entidad sujeta a las directrices circulares 230. Tiene una persona a cargo de asegurar que los procedimientos de ATS e IRS sean seguidos y manejados correctamente. Si uno de los empleados es sorprendido preparando devoluciones de una manera que no cumpla con dichas directrices, Ruperto, el propietario de ATS, no será responsable de las acciones de su empleado si:

   a. Ruperto no tenía a alguien que se asegurara de que los procedimientos del IRS y ATS se siguieran correctamente.
   b. Ruperto se encargó de garantizar que los procedimientos del IRS y ATS se siguieran correctamente.
   c. Ruperto no tenía a nadie en su lugar para asegurarse de que todos los procedimientos se siguieran correctamente y lo hizo en pleno cumplimiento de la Circular 230.
   d. El empleado es considerado un empleado pícaro.

Ethics and the Circular 230

Part 2 Review Questions Answers

EP2.1
Which of the following individual is not enrolled to practice before the IRS?

a. An Enrolled agent
b. An Enrolled retirement plan agent
c. An Enrolled taxpayer
d. An Enrolled actuary

Feedback: Review section *Rules Governing the Authority to Practice*.

EP2.2
What is the Office of Professional Responsibility Authority (OPR)?

a. The OPR oversees the Commissioner
b. The OPR oversees the United States Treasury
c. The OPR oversees the conduct of tax practice
d. The OPR oversees the unprofessional tax preparer

Feedback: Review section *What is the OPR's Authority?*

EP2.3
Agave Tax Services (ATS) is an entity subject to Circular 230 guidelines. It has a person in charge of ensuring that ATS and IRS procedures are followed and handled correctly. If one of the employees is caught preparing returns in a way that does not comply with such guidelines, Ruperto, the ATS owner, will not be liable for the actions of his employee if:

a. Ruperto did not have somebody to ensure IRS and ATS procedures were followed correctly.
b. Ruperto was in charge of ensuring that IRS and ATS procedures were followed correctly.
c. Ruperto did not have somebody in place to ensure all procedures were followed properly and did so in full compliance with Circular 230.
d. The employee is considered a rogue employee.

Feedback: Review section *What is the OPR's Authority?*

Part 3: Regulations for Tax Preparers

As one of my employer's once said, "employee handbooks are created to teach employees how to act." As with IRS and state guidelines have been created for tax preparers to prepare accurate tax returns. Congress has created guidelines and rules to abide by when preparing a tax return, whether you are a volunteer or a paid preparer.

Regulations for Charging Fees

A practitioner may not charge an unreasonable fee for representing a client in a matter before the Internal Revenue Service. An unreasonable fee is a fee that is too high when compared to others charging similar fees in exchange for similar services.

Parte 2 Respuestas a las preguntas de repaso

EP2.1
¿Cuál de las siguientes personas no está inscrita para practicar ante el IRS?

    a. Un agente inscrito
    b. Un agente del plan de jubilación inscrito
    c. Un contribuyente inscrito
    d. Un actuario inscrito

Comentario: Revisa la sección *Normas que rigen la autoridad para practicar*.

EP2.2
¿Qué es la Oficina de Autoridad de Responsabilidad Profesional (OPR)?

    a. La OPR supervisa al Comisario
    b. La OPR supervisa el Tesoro de los Estados Unidos
    c. La OPR supervisa la realización de prácticas fiscales
    d. La OPR supervisa el preparador de impuestos no profesional

Comentario: Revisa la sección *¿Cuál es la Autoridad de la OPR?*

EP2.3
Agave Tax Services (ATS) es una entidad sujeta a las directrices circulares 230. Tiene una persona a cargo de asegurar que los procedimientos de ATS e IRS sean seguidos y manejados correctamente. Si uno de los empleados es sorprendido preparando devoluciones de una manera que no cumpla con dichas directrices, Ruperto, el propietario de ATS, no será responsable de las acciones de su empleado si:

    a. Ruperto no tenía a alguien que se asegurara de que los procedimientos del IRS y ats se siguieran correctamente.
    b. Ruperto se encargó de garantizar que los procedimientos del IRS y ats se siguieran correctamente.
    c. Ruperto no tenía a nadie en su lugar para asegurarse de que todos los procedimientos se siguieran correctamente y lo hizo en pleno cumplimiento de la Circular 230.
    d. El empleado es considerado un empleado pícaro.

Comentario: Revisa la sección *¿Cuál es la Autoridad de la OPR?*

Parte 3: Reglamentos para preparadores de impuestos

Como dijo una vez uno de mis empleadores, "los manuales de los empleados se crean para enseñar a los empleados cómo actuar". Al igual que con el IRS y las directrices estatales se han creado para que los preparadores de impuestos preparen declaraciones de impuestos precisas. El Congreso ha creado directrices y reglas para acatar al preparar una declaración de impuestos, ya sea que sea voluntario o preparador pagado.

Regla sobre el cobro de tarifas

Un profesional no puede cobrar una tarifa irrazonable por representar a un cliente en un asunto ante el Servicio de Impuestos Internos. Una tarifa irrazonable es una tarifa que es demasiado alta en comparación con otros que cobran tarifas similares a cambio de servicios similares.

A practitioner may not charge a contingent fee for preparing an original return or for any advice rendered in connection with a position to be taken on an original return. A contingent fee is any fee or charge that uses as its basis some fixed percentage of the taxpayer's final refund amount or the amount saved by the taxpayer thanks to the tax preparer. Fees cannot be dependent upon or determined by the refund amount and must be determined by some other means.

A contingent fee is based on a percentage of the refund reported on a return that is based on a percentage of the taxes the client saved or might have saved on the end results. A contingent fee also includes any fee arrangement in which the tax professional will reimburse the client for a portion of the client's fee in the event that a position taken or other filing challenged by the IRS is not sustained — whether pursuant to an indemnity agreement, a guarantee recession rights, or any other arrangements with a similar outcome.

A practitioner may charge a contingent fee for preparation or advice in connection with an amended tax return or a claim for refund as long as the practitioner reasonably expects that the amended return or refund claim will receive substantial review by the Internal Revenue Service.

Requirements for Returning Records

A practitioner must promptly return a client's records if the client makes such a request. The practitioner may not refuse to return the records due to a dispute over fees, although the practitioner may retain copies of the records.

The term "client records", as used here, includes all documents and materials, whether written or electronic, that were provided to the practitioner by the client or a third party to prepare the tax return. Materials also include those that were prepared for the client by a third party, e.g., payroll documents, bookkeeping, and other financial statements. "Client records" also includes any tax return or other document that the tax professional prepared and previously delivered to the client if that return or document is necessary for the client to comply with his or her current federal tax obligations.

The tax professional is not required to provide a client with a copy of their work product. That is, any return, refund claim, or other document that the tax professional has prepared but not yet delivered to the client if (i) the tax professional is withholding the document pending the client's payment of fees related to the document and (ii) if the tax professional contract with the client requires the payment of those fees prior to delivery.

Conflicts of Interest

A practitioner shall not represent a client before the IRS if the representation involves a conflict of interest, which exists under the following conditions:

- ➢ If representing one client will directly affect another client of the paid tax professional.
- ➢ If there is a significant risk that representing a client will be materially limited by the tax professional responsibilities to another client, a former client, some third person, or by their own personal interests.

When a conflict of interest exists, the tax professional may not represent a client in an IRS-related matter unless one of the following conditions is met:

Un profesional no puede cobrar una cuota contingente por preparar una declaración original o por cualquier consejo prestado en relación con una posición que se tomará en una declaración original. Una cuota contingente es cualquier cargo o cuota que utiliza como base algún porcentaje fijo del monto final del reembolso del contribuyente o el monto ahorrado por el/la contribuyente gracias al preparador de impuestos. Las tarifas no pueden depender o determinarse por el monto del reembolso y se deben determinar por algún otro medio.

Una tarifa contingente se basa en un porcentaje del reembolso reportado en una declaración que se basa en un porcentaje de los impuestos que el cliente ahorró o podría haber ahorrado en los resultados finales. Una tarifa contingente también incluye cualquier acuerdo de honorarios en el que el profesional de impuestos reembolsará al cliente una parte de la tarifa del cliente en caso de que una posición que toma u otra presentación impugnada por el IRS no se sostenga, ya sea en virtud de una indemnización, derecho de recesión de garantía o cualquier otro acuerdo con un resultado similar.

Un profesional puede cobrar una cuota contingente por la preparación o asesoría en relación con una declaración de impuestos enmendada o un reclamo de reembolso, siempre y cuando el profesional espere razonablemente que la enmienda a la declaración o reclamo de reembolso reciba una revisión sustancial por parte del Servicio de Impuestos Internos.

Requisitos para la devolución de registros

Un profesional debe devolver rápidamente los registros de un cliente si el cliente realiza una solicitud de este tipo. El practicante no puede negarse a devolver los registros debido a una disputa sobre la factura, aunque el practicante puede retener copias de los registros.

El término "registros de cliente", tal como se utiliza aquí, incluye todos los documentos y materiales, ya sean escritos o electrónicos, que el/la cliente o un tercero le proporcionó al profesional para preparar la declaración de impuestos. Los materiales también incluyen aquellos que un tercero prepara para el/la cliente, por ejemplo, documentos de nómina, contabilidad y otros estados financieros. Los "registros del cliente" también incluye cualquier declaración de impuestos u otro documento que el profesional de impuestos preparó y entregó previamente al cliente si esa declaración o documento es necesario para que el cliente cumpla con sus obligaciones tributarios federales actuales.

El profesional de impuestos no está obligado a proporcionar a un cliente una copia de su producto de trabajo. Es decir, cualquier declaración, reclamo de reembolso u otro documento que el profesional de impuestos haya preparado, pero aún no haya entregado al cliente si (i) el profesional de impuestos está reteniendo el documento en espera de que el/la cliente presente su pago por el trabajo realizado con relación al documento y (ii) si el contrato de profesional con el cliente requiere el pago de dicha factura antes de la entrega.

Conflictos de intereses

Un profesional no representará a un cliente ante el IRS si la representación implica un conflicto de intereses, que existe bajo las siguientes condiciones:

- ➢ Si representar a un cliente afectará directamente a otro cliente del profesional de impuestos por paga.
- ➢ Si existe un riesgo significativo de que representar a un cliente esté materialmente limitado por las responsabilidades profesionales tributarios a otro cliente, un excliente, alguna tercera persona o por sus propios intereses personales.

Cuando existe un conflicto de intereses, el profesional de impuestos no puede representar a un cliente en un asunto relacionado al IRS a menos que se cumpla una de las siguientes condiciones:

- The practitioner reasonably believes that he or she will be able to provide competent and diligent representation to all affected clients.
- Their representation is not prohibited by law.
- All affected clients waive the conflict of interest and give informed consent, confirmed in writing, at the time the existence of the conflict of interest is known by the practitioner. The confirmation may be made within a reasonable period of time after the informed consent but not later than 30 days.

Copies of the consent must be retained by the practitioner for at least 36 months from the date of the representation's conclusion, and the written consents must be provided to any officer or employee of the IRS or the OPR immediately upon request.

Unlawful Solicitations

With respect to any Internal Revenue Service matter, a practitioner may not use or participate in the use of any form of public communication or private solicitation to do any of the following:

- Make a misleading, deceptive, false, fraudulent, or coercive statement or claim.
- Utilize the term "certified" to falsely imply an employer-employee relationship with the IRS when describing their professional designation as Enrolled Agents (EA), enrolled actuaries, or Registered Tax Return Preparers (RTRP).
- May not persist in attempting to contact a prospective client if the prospective client has made it known to the practitioner that he or she does not desire to be solicited.

A tax practitioner may not solicit or obtain clients in any manner that would be considered improper solicitation based on section 10.30 of Circular 230 and also may not assist or accept assistance from any person or entity that obtains clients using these methods or that otherwise practices in violation of the solicitation provisions.

Señor 1040 Says: An example description for enrolled agents would be "enrolled to represent taxpayers before the Internal Revenue Service" or "admitted to practice before the Internal Revenue Service".

Negotiating Tax Refund Checks

A practitioner may not endorse, negotiate, electronically transfer, or direct the deposit of any government check relating to a federal tax liability issued to a client by any means into an account owned or controlled by the tax practitioner or any firm or entity thereof with whom the practitioner is associated. This prohibits any person subject to the Circular 230 from directing or accepting payment from the government to the taxpayer into an account owned or controlled by that person.

Unlawful Legal Counsel

Tax practitioners who are not attorneys may not practice law or give legal advice.

➢ El practicante cree razonablemente que él o ella será capaz de proporcionar una representación competente y diligente a todos los clientes afectados.
➢ Su representación no está prohibida por la ley.
➢ Todos los clientes afectados renuncian al conflicto de intereses y dan su consentimiento informado, confirmado por escrito, en el momento en que el practicante conoce la existencia del conflicto de intereses. La confirmación puede hacerse dentro de un período de tiempo razonable después del consentimiento informado, pero no más tarde de 30 días.

Las copias del consentimiento deben ser retenidas por el practicante durante al menos 36 meses a partir de la fecha de la conclusión de la representación, y los consentimientos por escrito deben ser proporcionados a cualquier oficial o empleado del IRS o la OPR inmediatamente después de la solicitud.

Solicitudes ilegales

Con respecto a cualquier asunto del Servicio de Impuestos Internos, un profesional no puede utilizar o participar el uso de cualquier forma de comunicación pública o solicitud privada para realizar cualquiera de las siguientes acciones:

➢ Hacer una declaración o reclamo engañoso, ilusoria, falsa, fraudulenta o coercitiva.
➢ Utilizar el término "certificado" para implicar falsamente una relación empleador-empleado con el IRS al describir su designación profesional como Agentes Inscritos (EA), actuarios inscritos o preparadores registrados de declaraciones de impuestos (RTRP).
➢ No se le permite persistir en un intento por contactar a un cliente potencial si dicho cliente le ha hecho saber al profesional que no desea ser solicitado.

Un profesional de impuestos no puede solicitar u obtener clientes de ninguna manera que se considere una solicitud incorrecta basada en la §10.30 de la Circular 230 y tampoco puede ayudar o aceptar asistencia de ninguna persona o entidad que obtenga clientes utilizando estos métodos o que de otra manera realiza prácticas que violan de las disposiciones de solicitud.

Señor 1040 Dice: Una descripción de ejemplo para los agentes inscritos sería "inscrito para representar a los contribuyentes ante el Servicio de Impuestos Internos" o "admitido a la práctica ante el Servicio de Impuestos Internos".

Negociación de cheques de reembolso de impuestos

Un profesional no puede respaldar, negociar, transferir electrónicamente o dirigir el depósito de cualquier cheque gubernamental relacionado con una responsabilidad fiscal federal emitida a un cliente por cualquier medio en una cuenta de propiedad o controlada por el profesional de impuestos o cualquier empresa o entidad con quién está asociado el practicante. Esto prohíbe a cualquier persona sujeta a la Circular 230 dirigir o aceptar el pago del gobierno al contribuyente en una cuenta propiedad o controlada por esa persona.

Asesor Jurídico Ilegal

Los profesionales de impuestos que no son abogados no pueden ejercer la abogacía ni dar asesoramiento legal.

Ethics and the Circular 230

Part 3 Review Questions

To obtain the maximum benefit from this chapter, LTP recommends that you complete each of the following questions, and then compare them to the answers with feedback that immediately follow. Under governing self-study standards, vendors are required to present review questions intermittently throughout each self-study course.

These questions and explanations are not part of the final examination and will not be graded by LTP.

EP3.1

Daniel prepared John's tax return. Based on John's filing status, earned income, and dependents, she will get a substantial refund. Daniel charged Julie a contingent fee based on the time spent preparing the tax return and the refund "he got" for her. Which of the following is not true about tax preparation fees?

   a. Fees cannot be dependent upon or determined by the refund amount and must be determined by some other means.
   b. A practitioner may charge a contingent fee for preparing an original return.
   c. A practitioner may charge a contingent fee for any advice rendered in connection with a position to be taken on an original return.
   d. A practitioner may not charge a contingent fee for preparation or advice in connection with an amended tax return.

EP3.2

Fernando prepared Andres and Alberto's partnership return. Alberto is suing Andres for misrepresentation of income for their partnership. Which of the partners can Fernando represent before the IRS?

   a. Fernando can represent them both since he knows the truth about both
   b. Fernando cannot represent either one since it will be a conflict of interest
   c. Fernando can represent either one if both have given him consent to do so
   d. Fernando must keep consent form if the disagreement is in place

EP3.3

Which of the following scenario's is the best way for a taxpayer to cash their refund check?

   a. Gino owns a tax preparation firm and a check cashing company called, Gino's Tax Check Cashing Service. Gino sends all his clients to Gino's Tax Check Cashing Service, to have their bank refund checks cashed.
   b. Luke owns a tax preparation firm and has his clients do direct deposit to their checking or savings account.
   c. Miguel does not prepare taxes but owns a check cashing service.
   d. Maria encourages her clients to use a debit card for their refund check to avoid the check cashing fee.

Parte 3 Preguntas de repaso

Para obtener el máximo beneficio de este capítulo, LTP recomienda completar cada una de las siguientes preguntas y luego compararlas con las respuestas con los comentarios que siguen inmediatamente. Bajo las normas de autoestudio de gobierno, los proveedores están obligados a presentar preguntas de revisión intermitentemente a lo largo de cada curso de autoestudio.

Estas preguntas y explicaciones no forman parte del examen final y no serán calificadas por LTP.

EP3.1

Daniel preparó la declaración de impuestos de Julie. Según el estado civil de Julie, los ingresos del trabajo y los dependientes, recibirá un reembolso sustancial. Don le cobró a Julie una tarifa contingente basada en el tiempo que pasó preparando la declaración de impuestos y el reembolso "que le consiguió" a ella. ¿Cuál de las siguientes opciones no es correcta acerca de las tarifas de preparación de impuestos?

a. Las tarifas no pueden depender o determinarse por el monto del reembolso y deben determinarse por algún otro medio
b. Un profesional puede cobrar una tarifa contingente por preparar una declaración original
c. Un profesional puede cobrar una tarifa contingente por preparar una declaración original por cualquier consejo prestado en relación con una posición que se tomará en una declaración original
d. Un profesional no puede cobrar una tarifa contingente por

EP3.2

Fernando preparó la declaración de Andrés y Alberto. Alberto está demandando a Andrés por alterar el ingreso de su asociación. ¿Cuál de los socios puede representar Fernando ante el IRS?

a. Fernando puede representarlos a ambos ya que sabe la verdad sobre ambos
b. Fernando no puede representar a ninguno de los dos, ya que será un conflicto de intereses
c. Fernando puede representar a cualquiera de los dos si ambos le han dado su consentimiento para hacerlo
d. Fernando debe mantener el formulario de consentimiento si el desacuerdo está en vigor

EP3.3

¿Cuál de las siguientes situaciones es la mejor manera para que un contribuyente cobre su cheque de reembolso?

a. Gino es dueño de una empresa de preparación de impuestos y una compañía de cobro de cheques llamada, Gino's Tax Check Cashing Service. Gino envía a todos sus clientes al Servicio de Cobro de Cheques De Impuestos de Gino, para que se les cobren sus cheques de reembolso bancario.
b. Luke es dueño de una empresa de preparación de impuestos y hace que sus clientes depositen directamente a su cuenta de cheques o de ahorros.
c. Miguel no prepara impuestos, pero es dueño de un servicio de cobro de cheques.
d. María anima a sus clientes a utilizar una tarjeta de débito para su cheque de reembolso para evitar la tarifa de cobro de cheques.

Part 3 Review Questions Answers

EP3.1
Daniel prepared John's tax return. Based on John's filing status, earned income, and dependents, she will get a substantial refund. Daniel charged Julie a contingent fee based on the time spent preparing the tax return and the refund "he got" for her. Which of the following is not true about tax preparation fees?

- **a. Fees cannot be dependent upon or determined by the refund amount and must be determined by some other means.**
- b. A practitioner may charge a contingent fee for preparing an original return.
- c. A practitioner may charge a contingent fee for any advice rendered in connection with a position to be taken on an original return.
- d. A practitioner may not charge a contingent fee for preparation or advice in connection with an amended tax return.

Feedback: Review section *Regulations for Charging fees*.

EP3.2
Fernando prepared Andres and Alberto's partnership return. Alberto is suing Andres for misrepresentation of income for their partnership. Which of the partners can Fernando represent before the IRS?

- a. Fernando can represent them both since he knows the truth about both
- b. Fernando cannot represent either one since it will be a conflict of interest
- **c. Fernando can represent either one if both have given him consent to do so**
- d. Fernando must keep consent form if the disagreement is in place

Feedback: Review section *Conflicts of Interest*.

EP3.3
Which of the following scenario's is the best way for a taxpayer to cash their refund check?

- **a. Gino owns a tax preparation firm and a check cashing company called, Gino's Tax Check Cashing Service. Gino sends all his clients to Gino's Tax Check Cashing Service, to have their bank refund checks cashed.**
- b. Luke owns a tax preparation firm and has his clients do direct deposit to their checking or savings account.
- c. Miguel does not prepare taxes but owns a check cashing service.
- d. Maria encourages her clients to use a debit card for their refund check to avoid the check cashing fee.

Feedback: Review section *Negotiating Tax Refund Checks*.

Part 4: Compliance and Procedures for Tax Preparers

In addition to stating the rules tax professionals follow, the Circular 230 also includes aspirational best practices for those who provide advice or assistance in preparing submissions to the IRS.

Parte 3 Respuestas a las preguntas de repaso

EP3.1
Daniel preparó la declaración de impuestos de Julie. Según el estado civil de Julie, los ingresos del trabajo y los dependientes, recibirá un reembolso sustancial. Don le cobró a Julie una tarifa contingente basada en el tiempo que pasó preparando la declaración de impuestos y el reembolso "que le consiguió" a ella. ¿Cuál de las siguientes opciones no es correcta acerca de las tarifas de preparación de impuestos?

a. Las tarifas no pueden depender o determinarse por el monto del reembolso y deben determinarse por algún otro medio
b. Un profesional puede cobrar una tarifa contingente por preparar una declaración original
c. Un profesional puede cobrar una tarifa contingente por preparar una declaración original por cualquier consejo prestado en relación con una posición que se tomará en una declaración original
d. Un profesional no puede cobrar una tarifa contingente por

Comentario: Revisa la sección *Reglamentos para los cargos de cuotas*.

EP3.2
Fernando preparó la declaración de Andrés y Alberto. Alberto está demandando a Andrés por alterar el ingreso de su asociación. ¿Cuál de los socios puede representar Fernando ante el IRS?

a. Fernando puede representarlos a ambos ya que sabe la verdad sobre ambos
b. Fernando no puede representar a ninguno de los dos, ya que será un conflicto de intereses
c. Fernando puede representar a cualquiera de los dos si ambos le han dado su consentimiento para hacerlo
d. Fernando debe mantener el formulario de consentimiento si el desacuerdo está en vigor

Comentario: Revisa la sección *Conflictos de interés*.

EP3.3
¿Cuál de las siguientes situaciones es la mejor manera para que un contribuyente cobre su cheque de reembolso?

a. Gino es dueño de una empresa de preparación de impuestos y una compañía de cobro de cheques llamada, Gino's Tax Check Cashing Service. Gino envía a todos sus clientes al Servicio de Cobro de Cheques De Impuestos de Gino, para que se les cobren sus cheques de reembolso bancario.
b. Luke es dueño de una empresa de preparación de impuestos y hace que sus clientes depositen directamente a su cuenta de cheques o de ahorros.
c. Miguel no prepara impuestos, pero es dueño de un servicio de cobro de cheques.
d. María anima a sus clientes a utilizar una tarjeta de débito para su cheque de reembolso para evitar la tarifa de cobro de cheques.

Comentario: Revisa la sección *Negociando cheques de reembolso de impuestos*.

Parte 4: Cumplimiento y procedimientos para preparadores de impuestos

Además de establecer las reglas que siguen los profesionales fiscales, la Circular 230 también incluye las mejores prácticas aspiracionales para aquellos que brindan asesoramiento o asistencia en la preparación de presentaciones al IRS.

Best Practice Guidelines

By following these best practices when providing advice and preparing tax return submissions to the IRS, tax advisors are better able to provide their clients with the highest representation quality possible concerning federal tax matters.

Tax professional best practices include the following:

- Communicate clearly with clients regarding the terms of the engagement. This means determining what the client is seeking and what he or she expects from the practitioner. In turn, make sure the client understands the scope and type of services that will be rendered.
- Establish the facts. Determine which facts are relevant to the matter at hand and evaluate the reasonableness of any assumptions or representations.
- Relate the applicable law to the relevant facts and arrive at a conclusion based on this support.
- Advise the client based on the meaning of any findings. Inform him or her of any tax repercussions as a result of any actions or lack thereof (e.g., accuracy-related penalties, interest, etc.).
- Act fairly and with integrity in practice before the IRS.

A practitioner must inform a client of any penalties that are likely to apply to the client with respect to a position taken on a tax return in the following scenarios:

- If the practitioner advised the client with respect to the position.
- If the practitioner prepared or signed the tax return or any document, affidavit, or other paper submitted to the Internal Revenue Service.
- The practitioner must also inform the client, if relevant, of the requirements for adequate disclosure and of any opportunity to avoid any such penalties by disclosure.

A practitioner, when advising a client to take a position on a tax return, document, affidavit, or other paperwork submitted to the IRS or when preparing or signing a tax return as a preparer, may generally rely in good faith, without verification, upon information furnished by the client.

The practitioner may not, however, ignore the implications of information furnished to or actually known by the practitioner and must make reasonable inquiries if the information as furnished appears to be incorrect, incomplete, or inconsistent with an important fact or other factual assumption.

Tax advisors responsible for overseeing a firm's practice of providing advice on federal tax issues and preparing or assisting in the preparation of submissions to the IRS should take reasonable steps to ensure that the firm's procedures for all members, associates, and employees are consistent with these best practices.

Document Guidelines and Procedures

A practitioner may not willfully, recklessly, or through gross incompetence sign a tax return or claim for refund that the tax practitioner knows or reasonably should know contains any of the following:

- An unreasonable basis.

Guías para las mejores prácticas

Además de indicar las reglas que siguen los profesionales de impuestos, la Circular 230 también incluye mejores prácticas que pueden anhelar aquellos que proporcionan asesoramiento o asistencia en la preparación de presentaciones al IRS.

Las mejores prácticas profesionales tributarios incluyen lo siguiente:

- Comunicarse claramente con los clientes con respecto a los términos del compromiso. Esto significa determinar lo que el cliente está buscando y lo que espera del practicante. A su vez, asegúrese de que el cliente comprende el ámbito y el tipo de servicios que se representarán.
- Establezca los hechos. Determine qué hechos son relevantes para el asunto en cuestión y evalúe la razonabilidad de cualquier suposición o representación.
- Relacionar la ley aplicable con los hechos pertinentes y llegar a una conclusión basada en este apoyo.
- Asesorar al cliente en base al significado de cualquier hallazgo. Informarle de cualquier repercusión fiscal como resultado de cualquier acción o falta de la misma (por ejemplo, sanciones relacionadas con la exactitud, intereses, etc.).
- Actuar de manera justa y con integridad en la práctica ante el IRS.

Un profesional debe informar a un cliente de cualquier penalización que pueda aplicarse al cliente con respecto a una posición tomada en una declaración de impuestos en las siguientes situaciones:

- Si el practicante asesoró al cliente con respecto a la posición.
- Si el profesional preparó o firmó la declaración de impuestos o cualquier documento, declaración jurada u otro documento enviado al Servicio de Impuestos Internos.
- El profesional también debe informar al cliente, si procede, de los requisitos para una divulgación adecuada y de cualquier oportunidad de evitar tales sanciones mediante la divulgación.

Un profesional, al aconsejar a un cliente que tome una posición en una declaración de impuestos, documento, declaración jurada u otro papeleo presentado al IRS o al preparar o firmar una declaración de impuestos como preparador, generalmente puede confiar de buena fe, sin verificación, en la información proporcionado por el cliente.

Sin embargo, el profesional no puede ignorar las implicaciones de la información proporcionada o realmente conocida por el profesional y debe hacer preguntas razonables si la información proporcionada parece ser incorrecta, incompleta o incompatible con un hecho u otra suposición fáctica.

Los asesores tributarios responsables de supervisar la práctica de una empresa de proporcionar asesoramiento sobre cuestiones tributarios federales y preparar o ayudar en la preparación de presentaciones al IRS deben tomar medidas razonables para asegurar que los procedimientos de la firma para todos los miembros, asociados y los empleados son coherentes con estas prácticas recomendadas.

Guías y procedimientos de documentos

Un profesional no puede firmar en forma intencional, imprudente o por plena incompetencia, una declaración de impuestos o un reclamo de reembolso que el profesional de impuestos sepa o razonablemente debería saber que contiene cualquiera de los siguientes:

- Una base irrazonable.

- An unreasonable position as described in §6694(a)(2) of the IRC Code.
- A willful attempt by the practitioner to understate the tax liability or to intentionally disregard the rules and regulations as described in §6694(b)(2).

If the tax professional receives a request for documents, records, or information concerning one of their clients from the IRS or the OPR, he or she must comply with the request unless the tax professional reasonably believes that the information is privileged. If the requested information is not in the tax professional or the tax professional client's possession, the tax professional must promptly inform the requesting IRS or OPR personnel of that fact.

A practitioner may not advise a client to take a position on a document, affidavit, or any other paper(s) submitted to the Internal Revenue Service unless the position is not frivolous. A position is frivolous if it purposefully contains or omits information that demonstrates an intentional disregard of a rule or regulation. If challenged, it is the taxpayer's responsibility to prove to the IRS that a position is not frivolous, and it is then up to the IRS to make the final decision thereof.

A practitioner may not advise a client to submit any document, affidavit, or other paper to the IRS under the following circumstances:

- If the purpose of the submission is to delay or impede the administration of the federal tax laws.
- The information is frivolous.
- The content omits information or demonstrates an intentional disregard of a rule or regulation unless the practitioner also advises the taxpayer to submit a document that shows evidence of a good faith challenge to the rule or regulations.

A practitioner must inform the client of any penalties that are reasonably likely to apply to the client with a position that was taken on the tax return. The tax preparer also needs to inform the client on how to avoid penalties.

The tax practitioner may generally rely in good faith upon any information provided by the taxpayer without having to verify the information the client has given. However, the tax practitioner cannot ignore any potential implications of the documentation that was given to him or any actual knowledge he may have of any errors thereof. A reasonable inquiry about the information furnished is necessary if the taxpayer's provided information seems to be inconsistent or incomplete.

Standards of Competence for Tax Professionals

A practitioner must possess the appropriate level of knowledge, skill, thoroughness, and preparation necessary for competent engagement in practice before the Internal Revenue Service. A practitioner may become competent for the matter for which the practitioner has been engaged through various methods, such as consulting with experts in the relevant area or studying the relevant law.

If the tax professional is not competent in a subject matter, they may consult another individual who the tax professional knows or believes has established competence in the field of study. When the tax professional does consult with another individual, they must consider the requirements of Internal Revenue Code §7216.

- Una posición irrazonable como se describe en el artículo 6694(a)(2) del Código IRC.
- Un intento intencional del profesional de hacer un cálculo insuficiente de la responsabilidad tributaria o de hacer caso omiso intencionalmente de las normas y reglamentos descritos en el artículo 6694(b)(2).

Si el profesional de impuestos recibe una solicitud de documentos, registros o información relativa a uno de sus clientes del IRS o de la OPR, debe cumplir con la solicitud a menos que el profesional de impuestos crea razonablemente que la información es privilegiada. Si la información solicitada no está en posesión del profesional de impuestos o su cliente, el profesional de impuestos debe informar inmediatamente al personal solicitante del IRS o la OPR de este hecho.

Un profesional no puede aconsejar a un cliente que tome una posición sobre un documento, declaración jurada o cualquier otro documento(s) presentado al Servicio de Impuestos Internos a menos que la posición no sea frívola. Una posición es frívola si contiene u omite deliberadamente información que demuestra un descuido intencional de una regla o reglamento. Si se le impugna, es responsabilidad del contribuyente demostrar al IRS que una posición no es frívola, y entonces depende del IRS tomar la decisión final de la misma.

Un profesional no puede aconsejar a un cliente que envíe ningún documento, declaración jurada u otro documento al IRS bajo las siguientes circunstancias:

- Si el propósito de la presentación es retrasar o impedir la administración de las leyes tributarios federales.
- La información es frívola.
- El contenido omite información o demuestra un desprecio intencional de una regla o reglamento a menos que el practicante también aconseje al contribuyente que presente un documento que muestre evidencia de una impugnación de buena fe a la regla o reglamentos.

Un profesional debe informar al cliente de cualquier sanción que sea razonablemente probable que se aplique al cliente con una posición que se tomó en la declaración de impuestos. El/la preparador/a de impuestos también debe informar al cliente sobre cómo evitar sanciones.

El profesional de impuestos generalmente puede confiar de buena fe en cualquier información proporcionada por el/la contribuyente sin tener que verificar la información que el cliente ha dado. Sin embargo, el profesional de impuestos no puede ignorar las posibles implicaciones de la documentación que se le dio o cualquier conocimiento real que pueda tener de cualquier error de la misma. Una consulta razonable sobre la información proporcionada es necesaria si la información proporcionada por el/la contribuyente parece ser inconsistente o incompleta.

Normas de competencia para profesionales de impuestos

Un profesional debe poseer el nivel adecuado de conocimientos, habilidades, minuciosidad y preparación necesarios para la participación competente en la práctica ante el Servicio de Impuestos Internos. Un profesional puede llegar a ser competente para la materia para la que el profesional ha sido contratado a través de diversos métodos, tales como consultar con expertos en el área pertinente o estudiar la ley pertinente.

Si el profesional en impuestos no es competente en un tema, podrá consultar a otra persona que el profesional en impuestos conozca o crea que haya establecido competencia en el ámbito de estudio. Cuando el profesional de impuestos consulta con otra persona, debe tener en cuenta los requisitos de la §7216 del Código de Impuestos Internos.

Compliance Procedures

Any practitioner who has or shares principal authority and responsibility for overseeing a firm's practice of providing advice concerning federal tax issues must take reasonable steps to ensure that the firm has adequate procedures to raise awareness and to promote compliance with Circular 230 by the firm's members, associates, and employees, and that all such employees are complying with the regulations governing practice before the IRS. These compliance procedures are stated in full in Circular 230 subparts A, B, and C, which can be found on the IRS website.

Any individual or individuals who share principal authority will be subject to discipline for failing in the following ways through willfulness, recklessness, or gross incompetence:

- The individual does not take reasonable steps to ensure the procedures of the firm are adequate.
- The individual does not take reasonable steps to ensure the firm's procedures are properly followed.
- The individual fails to take prompt action to correct any noncompliance despite knowing (or being in a situation where it was the individual's duty to know) that one or more individuals who are associated with or employed by the individual are engaged in a pattern or practice that does not comply with the firm's position.

Written Tax Advice Requirements

A practitioner may give written advice including electronic communications concerning one or more federal tax issues if the practitioner bases the written advice on reasonable factual or legal assumptions. Continuing education presentations provided to an audience solely for the purpose of expanding practitioner professional knowledge are not considered written advice on federal tax matter.

The practitioner must adhere to the following guidelines when providing written advice:

- Base the written advice on reasonable facts and legal assumptions.
- Reasonably consider all relevant facts and circumstances that a tax professional knows or should know is true.
- Use reasonable efforts to identify and ascertain the relevant facts to the written advice on each federal tax matter.
- Not rely upon representations, statements, findings, or agreements of the taxpayer or any other person that are unreasonable or that the practitioner knows to be incorrect, inconsistent, or incomplete.
- Relate applicable law and authorities to the facts.
- Not consider the possibility that a tax return will not be audited or that a matter will not be raised in an audit when evaluating a federal tax matter.

A practitioner may rely on the advice of another person if the advice is reasonable and the reliance is in good faith and all the facts and circumstances are considered.

Reliance is not reasonable when the practitioner knows or reasonably should know these facts:

- That the opinion of the other person should not be relied upon.

Procedimientos de cumplimiento

Cualquier profesional que tenga o comparta la autoridad principal y la responsabilidad de supervisar la práctica de una empresa de proporcionar asesoramiento sobre cuestiones tributarias federales debe tomar medidas razonables para asegurar que la empresa tenga procedimientos adecuados para crear conciencia y promover el cumplimiento de la Circular 230 por parte de los miembros, asociados y empleados de la firma, y que todos esos empleados estén cumpliendo con las reglas que rigen la práctica ante el IRS. Estos procedimientos de cumplimiento se indican en su totalidad en las Sub-Partes A, B y C de la Circular 230, que se pueden encontrar en el sitio web del IRS.

Cualquier individuo o individuos que compartan la autoridad principal estarán sujetos a disciplina por incumplimiento en forma voluntaria, por imprudencia o grave incompetencia:

- La persona no toma medidas razonables para asegurar que los procedimientos de la empresa sean adecuados.
- La persona no toma medidas razonables para asegurarse de que los procedimientos de la empresa se siguen correctamente.
- El individuo no toma medidas rápidas para corregir cualquier incumplimiento a pesar de saber (o estar en una situación en la que era el deber de la persona saber) que una o más personas que están asociadas o empleadas por el individuo están involucradas en un patrón o que no cumple con la posición de la empresa.

Requisitos de asesoramiento tributario por escrito

Un profesional puede dar consejos escritos, incluidas las comunicaciones electrónicas relativas a uno o más asuntos tributarios federales, si el profesional basa el asesoramiento escrito en hechos reales o legales razonables. Las presentaciones de educación continua que se proporcionan en una audiencia con el único propósito de ampliar los conocimientos profesionales de los profesionales en impuestos no se consideran consejos escritos sobre asuntos tributarios federales.

El profesional debe seguir las siguientes guías al proporcionar asesoramiento por escrito:

- Base el asesoramiento escrito en hechos razonables y supuestos jurídicos.
- Considere razonablemente todos los hechos y circunstancias relevantes que un profesional de impuestos sabe o debe saber que es cierto.
- Realice esfuerzos razonables para identificar y determinar los hechos relevantes para el consejo escrito sobre cada asunto tributario federal.
- No basarse en representaciones, declaraciones, hallazgos o acuerdos del contribuyente o de cualquier otra persona que no sean razonables o que el practicante sepa que son incorrectos, inconsistentes o incompletos.
- Relacione la ley y las autoridades aplicables a los hechos.
- No considere la posibilidad de que una declaración de impuestos no sea auditada o que un asunto no se planteará en una auditoría al evaluar un asunto fiscal federal.

Un practicante puede confiar en el consejo de otra persona si el consejo es razonable y confía de buena fe y se consideran todos los hechos y circunstancias.

La confianza no es razonable cuando el practicante sabe o razonablemente debe saber estos hechos:

- Que no se debe confiar en la opinión de la otra persona.

- ➢ That the other person is either not competent or lacks the necessary qualifications to provide advice.
- ➢ That the other person has a conflict of interest.

> *Señor 1040 Says:* The definition for "federal tax matter" in this section is: a) Any matter concerning the application or interpretation of a revenue provision; b) Any provisions of law impacting an individual's obligation under the laws and regulations including but not limited to the individual's tax liability or obligation to file a return or pay the tax; c) Any other law or regulation administered by the IRS.

Guidelines for Sanctions from the IRS

The Secretary of the Treasury, or a delegate thereof, after providing notice and an opportunity for a proceeding, may censure, suspend, or disbar any practitioner from practice before the IRS if the practitioner is shown to be incompetent or disreputable, fails to comply with any regulation in this section, or willfully and knowingly misleads or threatens a client or prospective client with the intent to defraud.

The Secretary of the Treasury, or delegate, after notice and an opportunity for a proceeding, may also impose a monetary penalty on any practitioner who engages in conduct subject to sanction if the practitioner has been shown to be incompetent or disreputable.

The amount of penalty shall not exceed the gross income from the conduct that the penalty arose from. Any monetary penalty imposed on a practitioner may be in addition or in lieu of a suspension, disbarment, or censure, and additional penalties may be imposed.

Actions Deserving Sanctions

Incompetence and disreputable conduct for which a practitioner may be sanctioned includes but is not limited to:

1. Conviction of any criminal offense under federal tax laws.
2. Conviction of any criminal offense involving dishonesty or breach of trust.
3. Conviction of any felony under federal or state law for which the conduct involved renders the practitioner unfit to practice before the IRS.
4. Giving false or misleading information or participating in any way in the giving of false or misleading information to the Department of the Treasury or any officer or employee.
5. Solicitation of employment as prohibited under section 10.30.
6. Willfully failing to make a federal tax return in violation of the federal tax laws or willfully evading or attempting to evade any assessment or payment of any federal tax.
7. Willfully assisting, counseling, encouraging a client or prospective client to violate any federal tax law, or knowingly counseling or suggesting to a client an illegal plan to evade paying federal tax.
8. Misappropriation of, or failure to remit properly or promptly, funds received from a client for the purpose of payment of taxes or other obligations due the United States.
9. Directly or indirectly attempting to influence or offer or agree to attempt to influence the official action of any officer or employee of the IRS by the use of threats, false accusations, duress, or coercion, or any special inducement or promise of an advantage or by bestowing of any gift, favor, or item of value.

- ➤ Que la otra persona no sea competente o carezca de las cualificaciones necesarias para asesorar.
- ➤ Que la otra persona tiene un conflicto de intereses.

> *Señor 1040 dice:* La definición de "temas tributarios federales" en esta sección es: a) Cualquier asunto relativo a la aplicación o interpretación de una disposición de ingresos; b) Cualquier disposición legal que afecte la obligación de una persona bajo las leyes y reglamentos, incluyendo, pero no limitado a la responsabilidad tributaria u obligación de la persona de presentar una declaración o pagar el impuesto; c) Cualquier otra ley o reglamento administrado por el IRS.

Guías para sanciones del IRS

El Secretario del Tesoro, o un/a delegado/a del mismo, después de proporcionar aviso y una oportunidad para un procedimiento, puede censurar, suspender o inhabilitar a cualquier practicante de la práctica ante el IRS si el practicante se muestra incompetente o tiene mala reputación, no cumple con cualquier reglamento en esta sección, o intencionalmente y a sabiendas engaña a un cliente o cliente en potencia con la intención de defraudarle.

El Secretario del Tesoro, o un/a delegado/a, después de la notificación y la oportunidad para un procedimiento, también puede imponer una sanción monetaria a cualquier profesional que se involucre en conductas sujetas a sanción si el practicante ha demostrado ser incompetente o de mala reputación.

El importe de la sanción no excederá los ingresos brutos de la conducta de la que se originó la sanción. Cualquier sanción monetaria impuesta a un practicante puede ser adicional o en lugar de una suspensión, inhabilitación o censura, y se pueden imponer sanciones adicionales.

Acciones que merecen sanciones

La incompetencia y la conducta de mala reputación por la que un profesional puede ser sancionado incluye, pero no se limita a:

1. Condena de cualquier delito bajo las leyes tributarios federales.
2. Condena de cualquier delito que implique deshonestidad o violación de la confianza.
3. Condena de cualquier delito grave bajo la ley federal o estatal para la cual la conducta involucrada hace que el practicante no sea apto para practicar ante el IRS.
4. Dar información falsa o engañosa o participar de alguna manera en la entrega de información falsa o engañosa al Departamento del Tesoro o a cualquier funcionario o empleado.
5. Solicitud de empleo prohibida en la sección §10.30.
6. No hacer una declaración de impuestos federal en violación de las leyes tributaras federales o evadir o intentar evadir intencionalmente cualquier evaluación o pago de cualquier impuesto federal.
7. Asistir intencionalmente, asesorar, alentar a un cliente o cliente potencial a violar cualquier ley de impuestos federales, o aconsejar o sugerir a un cliente a un cliente en potencia un plan ilegal para evadir el pago de impuestos federales.
8. Apropiación indebida de los fondos recibidos de un cliente con el propósito del pago de impuestos u otras obligaciones debidas a Estados Unidos o no remitirlos de manera adecuada o pronta.
9. Intento directo o indirecto de influir u ofrecer o aceptar intentar influir en la acción oficial de cualquier oficial o empleado del IRS mediante el uso de amenazas, acusaciones falsas, presión o coerción, o cualquier incentivo o promesa especial de una ventaja o por concesión de cualquier regalo, favor o artículo de valor.

10. Disbarment or suspension from practice as an attorney, certified public accountant, public accountant, or actuary by any duly constituted authority of any state, territory, or possession of the United States (including commonwealths, the District of Columbia, any federal court of record, or any federal agency, body, or board).
11. Knowingly aiding and abetting another individual to practice before the IRS during an ineligibility, suspension, or disbarment of said individual.
12. Contemptuous conduct in connection with practice before the IRS, including the use of abusive language, making false accusations or statements, knowing them to be false, or circulating or publishing malicious or libelous matter.
13. Giving a false opinion knowingly, recklessly, or through gross incompetence. This includes any opinion that is intentionally or recklessly misleading or engages in a pattern of providing incompetent opinions on questions arising from federal tax laws.
14. Willfully failing to sign a tax return prepared by the practitioner when the practitioner's signature is required by federal tax laws unless the failure is due to reasonable cause and not due to neglect.
15. Willfully disclosing or otherwise using a tax return or tax return information in a manner not authorized by the IRC, contrary to the order of a court of competent jurisdiction or contrary to the order of an administrative law judge in a proceeding instituted under section 10.60.
16. Willfully failing to file on magnetic or other electronic media a tax return prepared by the practitioner when the practitioner is required to do so by federal tax laws unless the failure is due to reasonable cause and not due to neglect.
17. Willfully preparing all or substantially all of, or signing, a tax return or claim for refund when the practitioner does not possess a current or otherwise valid PTIN or other prescribed identifying number.
18. Willfully representing a taxpayer before an officer or employee of the IRS without proper authorization to do so.

Personal Tax Compliance Responsibilities

The tax professional is responsible for ensuring the timely filing and payment of personal income tax returns and the tax returns for any entity over which the tax professional has or shares control. Failing to file 4 of the last 5 years' income tax returns or 5 of the last 7 quarters of employment and excise tax returns is disreputable and incompetent conduct for which a practitioner may be summarily suspended indefinitely. The willful evasion of the assessment or payment of the tax is also conduct that violates Circular 230.

Violations Qualified for Sanctions

A practitioner may be disbarred or suspended from practice before the Internal Revenue Service for any of the following:

➢ Willfully violating any of the regulations (other than §10.33) contained in this part
➢ Recklessly or through gross incompetence, within the meaning of §10.51(a)(13), violate §10.34, §10.35, §10.36, or §10.37

10. Inhabilitación o suspensión de la práctica como abogado, contador público certificado, contador público o actuario por cualquier autoridad debidamente constituida de cualquier estado, territorio o posesión de Estados Unidos (incluyendo mancomunidades, el Distrito de Columbia, cualquier tribunal federal de registro, o cualquier agencia federal, cuerpo o junta).
11. Ayudar e incitar a otra persona a practicar ante el IRS durante una inelegibilidad, suspensión o inhabilitación de dicha persona.
12. Conducta despectiva en relación con la práctica ante el IRS, incluyendo el uso de lenguaje abusivo, hacer acusaciones o declaraciones falsas, saber que son falsas, o circular o publicar materia maliciosa o calumniosa.
13. Dar una opinión falsa a sabiendas, imprudentemente, o a través de una grave incompetencia. Esto incluye cualquier opinión que sea intencional o imprudentemente engañosa o que se involucre en un patrón de proporcionar opiniones incompetentes sobre cuestiones que surjan de las leyes tributarios federales.
14. Intencionalmente no firmar una declaración de impuestos preparada por el practicante cuando las leyes tributarias federales exigen la firma del practicante a menos que el incumplimiento se deba a una causa razonable y no debido a negligencia.
15. Divulgar intencionalmente o utilizar de otro modo una declaración de impuestos o información de la declaración de impuestos de una manera no autorizada por el IRC, contrariamente a la orden de un tribunal de jurisdicción competente o contraria a la orden de un juez de derecho administrativo en un procedimiento instituido por la §10.60.
16. No presentar intencionalmente en medios magnéticos u otros medios electrónicos una declaración de impuestos preparada por el practicante cuando el/la practicante está obligado a hacerlo por las leyes tributarias federales a menos que el incumplimiento se deba a una causa razonable y no se deba a negligencia.
17. Preparar deliberadamente la totalidad o la firma de una declaración de impuestos o el reclamo de reembolso cuando el profesional no posee un PTIN actual o válido de otra manera u otro número de identificación prescrito.
18. Representar intencionalmente a un/a contribuyente ante un/a oficial o empleado/a del IRS sin la debida autorización para hacerlo.

Responsabilidades de Cumplimiento tributario personal

El profesional de impuestos es responsable de garantizar la presentación oportuna y el pago de las declaraciones de impuestos personales y las declaraciones de impuestos para cualquier entidad sobre la cual el profesional de impuestos tiene o comparte el control. No presentar 4 de las declaraciones del impuesto sobre la renta de los últimos 5 años o 5 de los últimos 7 trimestres de las declaraciones de empleo e impuestos especiales es conducta de mala reputación e incompetente por la que un profesional puede ser resumida e indefinidamente suspendido. La evasión intencional de la liquidación o pago del impuesto es también una conducta que infringe la Circular 230.

Violaciones que califican para sanciones

Un profesional puede ser inhabilitado o suspendido de la práctica ante el Servicio de Impuestos Internos por cualquiera de los siguientes:

➢ Violar intencionalmente cualquiera de los reglamentos (que no sean §10.33) contenidas en esta parte
➢ Imprudentemente o a través de una incompetencia grave, en el sentido de §10.51(a)(13), violación de la §10.34, §10.35, §10.36 o §10.37.

Reporting Knowledge of Violations

If an officer or employee of the IRS has reason to believe that a practitioner has violated any provision of this part, or if any such officer or employee receives information to that effect, he or she shall promptly make a written report and forward a copy of the report to the director of practice. If any other person has information of such violations, he or she may make a report to the director of practice or to any Internal Revenue Service officer or employee. For more information, read Circular 230 revised 6-2014.

Part 4 Review Questions

To obtain the maximum benefit from this chapter, LTP recommends that you complete each of the following questions, and then compare them to the answers with feedback that immediately follow. Under governing self-study standards, vendors are required to present review questions intermittently throughout each self-study course.

These questions and explanations are not part of the final examination and will not be graded by LTP.

EP4.1
Which of the following procedures is not a best practice for the tax professional?

    a. Communicate clearly with the client regarding the terms and condition of the LTPA website
    b. Act fairly and with integrity
    c. Advise clients on whether they may avoid accuracy-related penalties if the client relies on that person's advice
    d. Establish facts to arrive at a conclusion supported by those facts

EP4.2
Martha started preparing Abel's 2019 tax return. Abel needed to bring Martha more tax documents. When Able returned he asked for his tax records to be returned to him. Which of the following scenarios is correct with respect to Abel requesting his records from Martha?

    a. Martha may does not need to return Abel's tax records, even though he requested them.
    b. Martha and Abel are in a dispute over fees, so Martha can keep Abel's records until she receives his payment.
    c. Martha must promptly return Abel's records, even if there is a dispute over fees.
    d. Martha has three months to return Abel's records to him, once she has received the request.

Informar sobre el conocimiento de las violaciones

Si un oficial o empleado del IRS tiene razones para creer que un practicante ha violado cualquier disposición de esta parte, o si cualquier funcionario o empleado recibe información en ese sentido, deberá hacer un informe por escrito y reenviar una copia del informe al director de práctica. Si cualquier otra persona tiene información de tales violaciones, puede hacer un informe al director de práctica o a cualquier oficial o empleado del Servicio de Impuestos Internos. Para obtener más información, lea la Circular 230 revisada 6-2014.

Parte 4 Preguntas de repaso

Para obtener el máximo beneficio de este capítulo, LTP recomienda completar cada una de las siguientes preguntas y luego compararlas con las respuestas con los comentarios que siguen inmediatamente. Bajo las normas de autoestudio de gobierno, los proveedores están obligados a presentar preguntas de revisión intermitentemente a lo largo de cada curso de autoestudio.

Estas preguntas y explicaciones no forman parte del examen final y no serán calificadas por LTP.

EP4.1
¿Cuál de los siguientes procedimientos no es una práctica recomendada para el profesional fiscal?

a. Comunicarse claramente con el cliente con respecto a los términos y condiciones del sitio web de LTPA
b. Actuar con justicia y con integridad
c. Asesorar a los clientes sobre si pueden evitar sanciones relacionadas con la exactitud si el cliente se basa en el consejo de esa persona
d. Establecer hechos para llegar a una conclusión respaldada por estos hechos

EP4.2
Martha comenzó a preparar la declaración de impuestos de Abel en 2019. Abel necesitaba traer a Martha más documentos fiscales. Cuando Able regresó, pidió que le devolvieron sus registros fiscales. ¿Cuál de los siguientes escenarios es correcto con respecto a Abel solicitando sus registros a Martha?

a. Martha puede que no necesite devolver los registros fiscales de Abel, a pesar de que los solicitó.
b. Martha y Abel están en una disputa por los honorarios, para que Martha pueda mantener los registros de Abel hasta que reciba su pago.
c. Martha debe devolver rápidamente los registros de Abel, incluso si hay una disputa sobre los honorarios.
d. Martha tiene tres meses para devolverle los registros de Abel, una vez que haya recibido la solicitud.

EP4.3

Yesenia is a first-year tax preparer and works for an Enrolled Agent firm. Her friend Jim owns a business and files a Partnership return. Jim asks Yesenia to prepare his partnership return and then his individual return. Which of the following best describes why Yesenia should not prepare the return?

   a. Yesenia should prepare the return since she knows Jim.
   b. Yesenia should ask someone in the firm to prepare the return since she does not retain the appropriate level of knowledge to complete a partnership return.
   c. Yesenia should ask someone in the firm to prepare the return since she does not retain the appropriate level of skill to complete a partnership return.
   d. Yesenia should ask someone in the firm to prepare the return since she does not retain the appropriate level of thoroughness and preparation to complete a partnership return.

Part 4 Review Questions Answers

EP4.1

Which of the following procedures is not a best practice for the tax professional?

   a. **Communicate clearly with the client regarding the terms and condition of the LTPA website**
   b. Act fairly and with integrity
   c. Advise clients on whether they may avoid accuracy-related penalties if the client relies on that person's advice
   d. Establish facts to arrive at a conclusion supported by those facts

Feedback: Review section *Best Practice Guidelines.*

EP4.2

Martha started preparing Abel's 2019 tax return. Abel needed to bring Martha more tax documents. When Able returned he asked for his tax records to be returned to him. Which of the following scenarios is correct with respect to Abel requesting his records from Martha?

   a. Martha may does not need to return Abel's tax records, even though he requested them.
   b. Martha and Abel are in a dispute over fees, so Martha can keep Abel's records until she receives his payment.
   c. **Martha must promptly return Abel's records, even if there is a dispute over fees.**
   d. Martha has three months to return Abel's records to him, once she has received the request.

Feedback: Review section *Requirements for Returning Records.*

EP4.3

Yesenia es un preparador de impuestos de primer año y trabaja para una firma de agentes inscritos. Su amigo Jim es dueño de un negocio y presenta una declaración de asociación. Jim le pide a Yesenia que prepare su regreso de asociación y luego su regreso individual. ¿Cuál de los siguientes describe mejor por qué Yesenia no debe preparar la declaración?

   a. Yesenia debería preparar el regreso ya que conoce a Jim.
   b. Yesenia debe pedirle a alguien de la firma que prepare el regreso, ya que no conserva el nivel adecuado de conocimiento para completar un retorno de la asociación.
   c. Yesenia debe pedirle a alguien de la firma que prepare el regreso, ya que no conserva el nivel adecuado de habilidad para completar un retorno de la asociación.
   d. Yesenia debe pedirle a alguien de la firma que prepare el regreso, ya que no conserva el nivel adecuado de minuciosidad y preparación para completar un retorno de la asociación.

Parte 1 Respuestas a las preguntas de repaso

EP4.1

¿Cuál de los siguientes procedimientos no es una práctica recomendada para el profesional fiscal?

   a. Comunicarse claramente con el cliente con respecto a los términos y condiciones del sitio web de LTPA
   b. Actuar con justicia y con integridad
   c. Asesorar a los clientes sobre si pueden evitar sanciones relacionadas con la exactitud si el cliente se basa en el consejo de esa persona
   d. Establecer hechos para llegar a una conclusión respaldada por estos hechos

Comentario: Revisa la sección *Guías para las mejores prácticas*.

EP4.2

Martha comenzó a preparar la declaración de impuestos de Abel en 2019. Abel necesitaba traer a Martha más documentos fiscales. Cuando Able regresó, pidió que le devolvieron sus registros fiscales. ¿Cuál de los siguientes escenarios es correcto con respecto a Abel solicitando sus registros a Martha?

   a. Martha puede que no necesite devolver los registros fiscales de Abel, a pesar de que los solicitó.
   b. Martha y Abel están en una disputa por los honorarios, para que Martha pueda mantener los registros de Abel hasta que reciba su pago.
   c. Martha debe devolver rápidamente los registros de Abel, incluso si hay una disputa sobre los honorarios.
   d. Martha tiene tres meses para devolverle los registros de Abel, una vez que haya recibido la solicitud.

Comentario: Revisa la sección *Requisitos para el mantenimiento de declaraciones*.

EP4.3

Yesenia is a first-year tax preparer and works for an Enrolled Agent firm. Her friend Jim owns a business and files a Partnership return. Jim asks Yesenia to prepare his partnership return and then his individual return. Which of the following best describes why Yesenia should not prepare the return?

   a. **Yesenia should prepare the return since she knows Jim.**
   b. Yesenia should ask someone in the firm to prepare the return since she does not retain the appropriate level of knowledge to complete a partnership return.
   c. Yesenia should ask someone in the firm to prepare the return since she does not retain the appropriate level of skill to complete a partnership return.
   d. Yesenia should ask someone in the firm to prepare the return since she does not retain the appropriate level of thoroughness and preparation to complete a partnership return.

Feedback: Review section *Rules for Individuals Preparing Returns and Applications*.

Takeaways

The paid tax preparer needs to understand that they are governed by Circular 230 and what that means, even if he or she is not a certified public accountant or an enrolled agent. It is the paid preparer's responsibility to understand Circular 230, Section 7216, and what the OPR requires.

TEST YOUR KNOWLEDGE!
Go online to take a practice quiz.

EP4.3

Yesenia es un preparador de impuestos de primer año y trabaja para una firma de agentes inscritos. Su amigo Jim es dueño de un negocio y presenta una declaración de asociación. Jim le pide a Yesenia que prepare su regreso de asociación y luego su regreso individual. ¿Cuál de los siguientes describe mejor por qué Yesenia no debe preparar la declaración?

   a. Yesenia debería preparar el regreso ya que conoce a Jim.
   b. Yesenia debe pedirle a alguien de la firma que prepare el regreso, ya que no conserva el nivel adecuado de conocimiento para completar un retorno de la asociación.
   c. Yesenia debe pedirle a alguien de la firma que prepare el regreso, ya que no conserva el nivel adecuado de habilidad para completar un retorno de la asociación.
   d. Yesenia debe pedirle a alguien de la firma que prepare el regreso, ya que no conserva el nivel adecuado de minuciosidad y preparación para completar un retorno de la asociación.

Comentario: Revisa la sección *Reglas para personas que preparan solicitudes y declaraciones de impuestos*.

Aportes

El/la preparador/a de impuestos por paga debe entender que se rigen por la Circular 230 y lo que eso significa, incluso si no es un contador público certificado o agente inscrito. Es responsabilidad del preparador por paga entender la Circular 230, Sección 7216, y lo que el OPR requiere.

¡PON A PRUEBA TUS CONOCIMIENTOS!
Ve en línea para tomar una prueba de práctica.

Chapter 2 Best Practices to Counteract Cybercrime

Introduction

Protecting yourself and your clients is one of the biggest challenges that tax return preparers face today. Criminals have learned that tax return preparers have a lot of information about their customers, including their Social Security numbers, information about their families, and employment history. Criminals want to steal this information and weaponize it to steal money from banks, the IRS, or conduct other crimes.

Objectives

- Understand the importance of safeguarding the taxpayer's documents
- Recognize the importance of a strong password
- Know how to develop a security plan for their needs

Capítulo 2 Mejores prácticas para contrarrestar la ciberdelincuencia

Introducción

Protegerse a usted mismo y a sus clientes es uno de los desafíos más grandes a los cuales se enfrentan los preparadores de declaraciones de impuestos hoy en día. Los criminales han aprendido que los preparadores de declaraciones de impuestos tienen mucha información sobre sus clientes, incluyendo sus números de Seguro Social, información sobre sus familias y antecedentes laborales. Los criminales desean robar esta información y convertirla en un arma para robar dinero de los bancos, del IRS o para cometer otros crímenes.

Objetivos

- Entender la importancia de salvaguardar los documentos del contribuyente.
- Reconocer la importancia de una contraseña segura.
- Saber cómo desarrollar un plan de seguridad que se ajuste a sus necesidades.

Table of Contents / Índice

Introduction	78
Introducción	79
Part 1: Gramm-Leach-Bliley Act & The Safeguards Rule & Basic Security Steps	80
An Introduction to the Gramm-Leach-Bliley Act & The Safeguards Rule	80
Learn Basic Security Steps	80
Parte 1: Regla de Salvaguardas y los Principios Básicos de Seguridad de la Ley Gramm-Leach-Bliley	81
Introducción a las Regla de Salvaguardas de la Ley Gramm-Leach-Bliley	81
Aprender los principios básicos de seguridad	81
Helpful Tips When Using Email	82
Consejos útiles al usar el correo electrónico	83
A Guide to Using Security Software	84
Guía para usar el software de seguridad	85
Create Strong Passwords	86
Cree contraseñas seguras	87
Securing Wireless Networks	88
Protecting Stored Client Data	88
Aseguramiento de redes inalámbricas	89
Protegiendo los datos almacenados del cliente	89
Part 1 Review Questions	90
Parte 1 Preguntas de repaso	91
Part 1 Review Questions Answers	92
Part 2: Developing a Security Plan	92
Developing A Security Plan	92
Parte 1 Respuestas a las preguntas de repaso	93
Parte 2: Desarrollo de un plan de seguridad	93
Desarrollo de un plan de seguridad	93
Information Systems	100
Sistemas de información	101
Part 2 Review Questions	104
Parte 2 Preguntas de repaso	105
Part 2 Review Questions Answers	106
Parte 2 Respuestas a las preguntas de repaso	107
Takeaways	108
Aportes	109

Part 1: Gramm-Leach-Bliley Act & The Safeguards Rule & Basic Security Steps

In order to comply with the Safeguards Rule, companies must have measures in place to secure customer information. The Safeguards Rule requires tax return preparers to develop a written information security plan that describes their program to protect consumer information.

An Introduction to the Gramm-Leach-Bliley Act & The Safeguards Rule

Congress acknowledged this when it passed the Gramm-Leach-Bliley Act (GLBA). In this act Congress included tax return preparers in the definition of "financial institutions." This is very important because it means that tax return preparers are required to protect consumer information, they collect to meet the Safeguards Rule.

The Federal Trade Commission is the federal agency that Congress tasked with implementing the Safeguards Rule within GLBA. Surprisingly the Safeguards Rule is very simple and just requires tax return preparers to ensure that the information security plan be appropriate to the company's size and complexity, the nature and scope of its activities, and the sensitivity of the customer information it handles. Additionally, it specifies that this written plan must:

- designate one or more employees to coordinate its information security program.
- identify and assess the risks to customer information in each relevant area of the company's operation and evaluate the effectiveness of the current safeguards for controlling these risks.
- design and implement a safeguards program, and regularly monitor and test it;
- select service providers that can maintain appropriate safeguards, make sure your contract requires them to maintain safeguards, and oversee their handling of customer information; and
- evaluate and adjust the program in light of relevant circumstances, including changes in the firm's business or operations, or the results of security testing and monitoring.

Since tax return preparers come in many different sizes and have very different organizational structures, each preparer may implement the Safeguards Rule differently, but it is important that each tax return preparer think about their business. The IRS provides a checklist from the Federal Trade Commission for tax preparers to use to test the completeness of their program in the Publication 4557. Another great way to use that publication is to read through it before you develop your information security program to identify areas that you want to include in your program.

Learn Basic Security Steps

In the information security plan that is required under GLBA, tax return preparers must include adherence to basic security best practices. These best practices are both technical and procedural steps. Many of the data breaches occurring today are a result of criminals tricking normal people into giving away their password or sending sensitive email to the criminal.

Parte 1: Regla de Salvaguardas y los Principios Básicos de Seguridad de la Ley Gramm-**Leach-Bliley**

Para poder cumplir con la Regla de Salvaguardas, las compañías deben establecer medidas para asegurar la información de los clientes. La Regla de Salvaguardas requiere que los preparadores de declaraciones de impuestos desarrollen un plan escrito de seguridad de la información que describa su programa para proteger la información de los clientes.

Introducción a las Regla de Salvaguardas de la Ley Gramm-Leach-Bliley

El Congreso reconoció esto cuando aprobó la Ley Gramm-Leach-Bliley (GLBA). En esta ley, el Congreso incluyó a los preparadores de declaraciones de impuestos en la definición de "instituciones financieras". Esto es muy importante porque significa que los preparadores de declaraciones de impuestos deben proteger la información que reciben de los clientes para cumplir con la Regla de Salvaguardas.

La Comisión Federal de Comercio es la agencia federal a la cual el Congreso le asignó la tarea de implementar la Regla de Salvaguardas dentro de la GLBA. Sorprendentemente, la Regla de Salvaguardas es muy simple y solo requiere que los preparadores de declaraciones de impuestos se aseguren de que el plan de seguridad de la información sea apropiado para el tamaño y complejidad de la compañía, la naturaleza y alcance de sus actividades, y la sensibilidad de la información del cliente que maneja. Además, especifica que este plan escrito debe:

> - nombrar a uno o más empleados para coordinar su programa de seguridad de la información;
> - identificar y evaluar los riesgos que sufre la información del cliente en cada área relevante de las operaciones de la compañía, y evaluar la efectividad de las salvaguardas actuales para el control de estos riesgos;
> - diseñar e implementar un programa de salvaguardas, monitorearlo y examinarlo regularmente;
> - seleccionar proveedores de servicios que puedan mantener salvaguardas apropiadas, asegurarse de que su contrato requiera que mantengan salvaguardas y supervisar su manejo de la información de los clientes; y
> - evaluar y ajustar el programa tomando en cuenta las circunstancias relevantes, incluyendo los cambios en los negocios u operaciones de la compañía, o los resultados de las pruebas de seguridad y monitoreo.

Ya que hay muchos tamaños de preparadores de declaraciones de impuestos y que cada uno tiene una estructura organizacional diferente, cada preparador puede implementar la Regla de Salvaguardas de forma diferente, pero es importante que cada preparador de declaraciones de impuestos piense en su negocio. El IRS proporciona una lista de verificación de la Comisión Federal de Comercio que los preparadores de declaraciones de impuestos pueden usar para evaluar la integridad de su programa en la Publicación 4557. Otra buena forma de usar esa publicación es leerla antes de desarrollar su programa de seguridad de la información para identificar las áreas que desea incluir en su programa.

Aprender los principios básicos de seguridad

En el plan de seguridad de la información que es requerido bajo la GLBA, los preparadores de declaraciones de impuestos deben incluir el cumplimiento de las mejores prácticas básicas de seguridad. Estas mejores prácticas son tanto pasos técnicos como procedimentales. Muchas de las filtraciones de datos que ocurren hoy en día son resultado de que los criminales engañan a personas normales para que les den su contraseña o le envíen un correo electrónico delicado al criminal.

A late-2019 scam involved criminals texting bank customers a security code and made the text message look like it came from the bank's online banking service as part of a multi-factor login process. In the text, it says to call a number if you did not request the code. When you call the number in the text message the criminal answers. Then the criminal goes to the bank website and tries to reset the password. The bank then sends a legitimate text to the customer, and the criminal on the phone asks the customer for the code. Once the criminal has the code they can change the password and then transfer money out of the customer's bank account.

Criminals are very active today developing new and creative ways like the 2019 text scam to get people to give them access to their bank accounts or tax preparation software. As tax return preparers, taxpayers trust us with their information, so we must teach ourselves and those that work for us how to protect information and, more importantly, how to identify when someone may be trying to steal it from us.

Helpful Tips When Using Email

Use of the internet is one of the most important parts of business today. As tax return preparers, you need the internet to use your tax software and to file tax returns. For many tax preparers, the internet and email communication exceeds phone calls and physical visits. As part of a written security plan you must develop policies and procedures that govern how you and your employees use the internet in their offices. This is because many of the computer viruses and data breaches start because someone in an organization clicks on an email or otherwise gives a cybercriminal access to their computer.

Just like an office has risks of someone breaking and entering, using the internet has risks. These cybercriminals are using tactics known as Spear-phishing to attempt to trick people into giving them access to their computers or accounts. Spear-phishing is when the cybercriminal knows a little about the person they are trying to trick into allowing them access to their systems. For example, if they know that you are a tax return preparer, they can send emails that are pretending to be from tax software companies, state governments, the IRS, or even new customers. Since tax return preparers have such valuable data, you have to be vigilant in protecting the information, and your written security plan needs to be detailed to prevent you or your employees from inviting a cybercriminal into your systems.

There are many examples of cybercriminals sending emails to tax return preparers posing as a new customer. Of course, the tax return preparer is happy to have a new customer and will correspond with the cybercriminal who sent the email. In the course of the communication the cybercriminal will send what they claim is a copy of their prior year tax returns or other tax return documents. When the tax return preparer opens the document that is attached to the email, there are no tax return documents but a computer virus or spyware. By opening this document that claims to be tax information for a new customer, the tax preparer infects their computer systems. Once that happens, the cybercriminal can lock up the tax preparer's data and demand a ransom for it to be released (ransomware, or they can spy on the tax return preparer's activity and steal the taxpayer information to use it for other crimes (spyware). It is very important that you never open email attachments from people you do not know or attachments you receive from people you do know but do not expect.

There are many tricks to identify these types of email scams, but there are also certain practices that you can adopt to stop them.

En una estafa de finales de 2019, criminales les enviaron a los clientes de bancos un código de seguridad por medio de un mensaje de texto e hicieron que el mensaje se viera como si hubiera sido enviado por el servicio de banca en línea del banco como parte de un proceso de inicio de sesión de varios factores. En el mensaje les pedían que llamaran a un número si no solicitaron el código. Cuando las personas llamaban al número en el mensaje de texto, el criminal era quien respondía. Luego, el criminal va a la página del banco e intenta reestablecer la contraseña. El banco le envía un mensaje de texto legítimo al cliente y el criminal le pide el código al cliente por teléfono. Cuando el criminal ya tiene el código, puede cambiar la contraseña y luego transferir el dinero de la cuenta bancaria del cliente.

Hoy en día, los criminales siempre están activos y se encuentran desarrollando formas nuevas y creativas como la estafa por mensaje de texto del 2019 para lograr que las personas les den acceso a sus cuentas bancarias o software de preparación de impuestos. Como preparadores de declaraciones de impuestos, los contribuyentes confían en nosotros para guardar su información, por lo que debemos aprender y enseñarle a quienes trabajan para nosotros a proteger la información y, aún más importante, a identificar cuando alguien podría estar intentando robarnos algo.

Consejos útiles al usar el correo electrónico

El uso del internet es una de las partes más importantes de los negocios hoy en día. Como preparador de declaraciones de impuestos, usted necesita internet para usar su software tributario y presentar sus declaraciones de impuestos. Para muchos preparadores de declaraciones de impuestos, la comunicación por internet y por correo electrónico excede las llamadas telefónicas y las visitas físicas. Como parte de un plan de seguridad escrito, usted debe desarrollar políticas y procedimientos que rijan cómo usted y sus empleados usan el internet en sus oficinas. Esto es porque muchos de los virus de computadora y filtraciones de datos empiezan porque alguna persona en una organización hace clic en un correo electrónico o le da acceso a su computadora a un criminal cibernético.

Al igual que una oficina corre el riesgo de que alguien entre de forma ilegal y violenta, usar el internet tiene sus riesgos. Estos criminales cibernéticos están usando tácticas conocidas como *spear-phishing* para intentar engañar a las personas para que les den acceso a sus computadoras o a sus cuentas. El *spear-phishing* es cuando un criminal cibernético sabe algunas cosas sobre la persona a quien está intentando engañar para que le permita acceder a su sistema. Por ejemplo, si la persona sabe que usted es un preparador de declaraciones de impuestos, puede enviarle correos electrónicos que pretenden ser de compañías de software tributario, gobiernos estatales, el IRS o incluso de clientes nuevos. Ya que los preparadores de declaraciones de impuestos tienen datos valiosos, usted debe estar atento para proteger la información y su plan de seguridad debe ser lo suficientemente detallado para prevenir que usted o sus empleados inviten a los criminales cibernéticos a sus sistemas.

Hay muchos ejemplos de criminales cibernéticos que les envían correos electrónicos a los preparadores de declaraciones de impuestos haciéndose pasar por clientes nuevos. Por supuesto, el preparador de declaraciones de impuestos está feliz de tener a un cliente nuevo y se comunicará con el criminal que le envió el correo electrónico. En el curso de la comunicación, el criminal cibernético enviará lo que dice ser una copia de sus declaraciones de impuestos de años anteriores u otros documentos de declaración de impuestos. Cuando el preparador de declaraciones de impuestos abre el documento que está adjunto al correo electrónico, no es en realidad un documento de declaración de impuestos, sino que es un virus de computadora o spyware. Al abrir este documento que dice ser información tributaria de un cliente nuevo, el preparador de impuestos infecta su sistema. Cuando eso sucede, el criminal cibernético puede bloquear los datos del preparador de declaraciones de impuestos y demandar un rescate para liberarlos, o puede espiar la actividad de las declaraciones de impuestos del preparador y robar la información de los contribuyentes para usarla en otros crímenes (spyware). Es muy importante que usted nunca abra archivos adjuntos en correos electrónicos enviados por personas a quienes no conoce o archivos adjuntos que recibe de parte de personas a quienes conoce, pero cuyos mensajes no espera recibir.

Hay muchos trucos para identificar estos tipos de estafas por correo electrónico, pero también hay ciertas prácticas que puede adoptar para detenerlas.

- Only open attachments expected from people you know. Often the criminal will pose to be someone you may know or a new acquaintance, or they may have compromised a friend, colleague, or client's account. If you are not expecting an email attachment, call the sender to verify it, or if you do not know the sender personally, do not open attachments.
- Do not click links in emails, unless you are sure they are intended for you. An example of an acceptable link to click is a password reset email when you were just on the website of the service and requested the link. Never click the link of an unsolicited password reset or other email. Often the links may look legitimate, but the actual website the link takes you to is not legitimate.
- Type the website address instead of clicking the link. Most times links in emails will direct you to a website you know and trust. There are ways in email to display a link that looks familiar, but then takes you to a different website when you click it. To avoid this click redirection, you can enter the website referenced in the email manually instead of clicking the link.
- Verify phone numbers before you call. If you get an email from your tax software company or your bank asking you to verify a transaction or to call if you did not request the message, be suspicious of the phone number in the message. It is easy to go to the company's website and find their customer service number and call the number from the website.

The key message to all of these guidelines is that the contents of an email generally cannot be trusted. You can think of it the same as paper mail. Just because an envelope has a return address for your tax software company does not mean it came from them. Also when you read the letter, there is no guarantee that whoever is on the return address wrote that letter. Anyone can draft a letter, put it in an envelope, put any return address, and drop it in the mail. Once you get it, you have to decide if it is legitimate or not; email is no different.

A Guide to Using Security Software

One of the most important ways to protect your systems' and your clients' data is to install data security and use security software on your computers. There are different types of security software you need:

- Anti-virus – detects bad software, such as malware, from causing damage to a computer.
- Anti-spyware – prevents unauthorized software from stealing information that is on a computer or processed through the system.
- Firewall – protects data flow. A properly-configured firewall will prevent information from leaving your computer or entering your computer.
- Drive Encryption – protects information from being stolen from your computer. If a criminal steals your computer, or if you throw it or a disk drive away, encryption will protect the information from being read.

Modern operating systems like Windows and MacOS come with these security features. It is important that you do not disable the features of these tools and familiarize yourself with how they operate.

There are also options to third-party products like Norton or McAfee. These products have some additional features that you can investigate. For product recommendations, check with colleagues, professional associations or, for those who have data theft insurance protection, the insurance carrier.

- Solo abra archivos adjuntos que espere de personas a quienes conozca. A menudo los criminales se harán pasar por alguien a quien usted pueda conocer o por alguien a quien acaba de conocer, o es posible que hayan ingresado en la cuenta de un amigo, colega o cliente. Si usted no está esperando un archivo adjunto por correo electrónico, llame al remitente para verificarlo o, si no conoce al remitente personalmente, no abra los archivos adjuntos.
- No haga clic en los enlaces que encuentre en correos electrónicos, a menos que esté seguro de que son para usted. Un ejemplo de un enlace aceptable al cual puede hacer clic es un correo electrónico para reestablecer una contraseña cuando usted acaba de visitar el sitio web del servicio y acaba de solicitar el enlace. Nunca haga clic en el enlace de un correo electrónico no solicitado para reestablecer contraseñas o en otro correo no solicitado. A menudo, los enlaces podrían parecer legítimos, pero el sitio web al cual el enlace lo lleva no es legítimo.
- Escriba la dirección del sitio web en lugar de hacer clic en el enlace. La mayoría de las veces, los enlaces en los correos electrónicos lo dirigirán a un sitio web que usted conoce y en el cual confía. Hay formas de hacer que un enlace se vea familiar en un correo electrónico pero que lo lleve a un sitio web diferente cuando usted haga clic en él. Para evitar que este clic lo lleve a otro lugar, puede ingresar al sitio web mencionado en el correo electrónico en lugar de hacer clic manualmente en el enlace.
- Verifique los números de teléfono antes de llamar. Si recibe un correo electrónico de su compañía de software tributario o de su banco pidiéndole que verifique una transacción o que llame si no solicitó el mensaje, sospeche del número telefónico en el mensaje. Es fácil visitar el sitio web de una compañía y encontrar su número de servicio al cliente y llamar al número que aparece en el sitio web.

El mensaje clave de todos estos lineamientos es que normalmente no puede confiar en los contenidos de un correo electrónico. Puede pensar en los correos electrónicos de igual forma que el correo físico. Solo porque un sobre tiene como dirección del remitente la de la compañía del software tributario, eso no significa que ellos fueron quienes lo enviaron. También, cuando usted lee la carta, no hay ninguna garantía de que quien aparece como el remitente sea quien realmente escribió la carta. Cualquier persona puede escribir una carta, ponerla en un sobre, escribir una dirección de un remitente y meter el sobre en un buzón. Cuando usted recibe la carta, debe decidir si es legítima o no; el correo electrónico no es diferente en este sentido.

Guía para usar el software de seguridad

Una de las formas más importantes para proteger los datos de su sistema y de sus clientes es instalando seguridad para datos y usando software de seguridad en sus computadoras. Hay diferentes tipos de software de seguridad que usted necesita:

- Antivirus – detecta mal software, como el malware, que podría hacerle daño a una computadora.
- Antispyware – previene que el software no autorizado robe la información que está en una computadora o que es procesada por medio del sistema.
- Firewall – protege el flujo de datos. Un firewall bien configurado previene que la información deje su computadora o que ingrese en su computadora.
- Cifrado de discos – protege la información para que no sea robada de su computadora. Si un criminal se roba su computadora o si usted la tira o tira un disco, el cifrado protegerá la información para que no sea leída.

Los sistemas operativos modernos como Windows y MacOS vienen con estas funciones de seguridad. Es importante que usted no deshabilite las funciones de estas herramientas y que se familiarice con la forma en la cual operan.

También hay opciones de productos de terceros como Norton o McAfee. Estos productos cuentan con algunas funciones adicionales que usted puede investigar. Para obtener recomendaciones de productos, consulte a sus colegas, asociaciones profesionales, o, quienes cuentan con protección de un seguro contra robo de datos pueden consultar a su aseguradora.

Never select "security software" from a pop-up advertisement while surfing the web. Download security software only from the chosen vendor's site. Be sure if you purchase third-party security products that you buy them from a store you trust or at the manufacturer's website. Downloading free or discounted security software from an unknown website or store could be a trick to install spyware or other software that can compromise your computer or device. Any time you install software on your computer you should be sure you trust where it came from. Because when you install software on your computer, if that software is not legitimate, it can send information from your computer of what you do to an unintended recipient.

Set security software to update automatically. This step is critical to ensuring the software has the latest protections against emerging threats. For additional safety, ensure that your internet browser (Google, MS EDGE, Firefox, Safari, etc.) is set to update automatically so that it remains secure.

Create Strong Passwords

It is critical that all tax return preparers establish strong, unique passwords for all accounts, whether it's to access a device, tax software products, cloud storage, wireless networks, or encryption technology. Here's how to get started:

- Use a minimum of eight characters; longer is better.
- Use a combination of letters, numbers, and symbols (e.g., ABC, 123, !@#).
- Avoid personal information or common passwords; opt for phrases.
- Change default/temporary passwords that come with accounts or devices, including printers.
- Do not reuse passwords. Changing Bgood!17 to Bgood!18 is not good enough; use unique usernames and passwords for accounts and devices.
- Do not use your email address as your username if that is an option.
- Store any password list in a secure location such as a safe or locked file cabinet.
- Do not disclose your passwords to anyone for any reason.
- Use a password manager program to track passwords, but protect it with a strong password.

Whenever it is an option, a multi-factor authentication process for returning users should be used to access accounts. Most providers of tax software products for tax professionals offer two-factor. Use the most secure option available, not only for your tax software, but other products such as email accounts and storage provider accounts. An example of two-factor authentication: you must enter your credentials (username and password) plus a security code sent as a text to your mobile phone before you can access an account.

If hosting your own website, also consider some other form of multifactor authentication to further increase your login security. Taxpayers expect that you will require stronger forms of authentication like this two-factor authentication to access their personal information. They see it at their bank and if they create an account with the IRS. While it may seem that adding this feature will be a burden and turn people away, it actually builds trust with taxpayers as they will see that you are working to protect their information.

Nunca seleccione "software de seguridad" en un anuncio emergente al navegar por internet. Descargue software de seguridad solo del sitio web del vendedor escogido. Si compra productos de seguridad de terceros, asegúrese de comprarlos en una tienda en la cual confíe o en el sitio web del fabricante. Descargar software de seguridad gratuito o con descuentos de un sitio web o tienda desconocida podría ser un truco para instalar spyware u otro software que pueda comprometer a su computadora o dispositivo. Cada vez que instale software en su computadora debería asegurarse de confiar en el lugar de donde proviene. Ya que, cuando instala software en su computadora, si ese software no es legítimo puede enviarle a un receptor no deseado información de lo que usted hace en su computadora.

Configure el software de seguridad para que se actualice automáticamente. Este paso es importante para asegurarse de que el software cuente con lo último en protección contra amenazas emergentes. Para obtener seguridad adicional, asegúrese de que su navegador (Google, MS EDGE, Firefox, Safari, etc.) esté configurado para actualizarse automáticamente para que permanezca seguro.

Cree contraseñas seguras

Es importante que todos los preparadores de declaraciones de impuestos cuenten con contraseñas únicas y seguras para todas sus cuentas, ya sea para acceder a un dispositivo, a productos de software tributario, almacenamiento en la nube, redes inalámbricas o tecnología de cifrado. Así es como puede empezar:

- Use un mínimo de ocho caracteres; mientras más larga sea la contraseña, mejor.
- Use una combinación de letras, números y símbolos (ej.: ABC, 123, !@#).
- Evite usar información personal o contraseñas comunes; escoja frases.
- Cambie las contraseñas predeterminadas/temporales que vienen con las cuentas o dispositivos, incluyendo las impresoras.
- No use las mismas contraseñas en varios sitios. Cambiar Bgood!17 a Bgood!18 no es suficiente; use nombres de usuario y contraseñas únicas para las cuentas y dispositivos.
- No use su dirección de correo electrónico como su nombre de usuario si esa es una opción.
- Almacene cualquier lista de contraseñas en un lugar seguro como una caja fuerte o archivero cerrado bajo llave.
- No comparta sus contraseñas con nadie por ningún motivo.
- Use un programa administrador de contraseñas para guardar sus contraseñas, pero protéjalo con una contraseña segura.

Cuando sea posible, debe usar un proceso de autenticación de varios factores para que los usuarios accedan a las cuentas. La mayoría de los proveedores de software tributario para profesionales tributarios ofrecen autenticación de dos factores. Use la opción más segura que esté disponible, no solo para su software tributario, sino que también para otros productos como cuentas de correo electrónico y cuentas de almacenamiento de proveedores. Ejemplo de autenticación de dos factores: debe ingresar sus credenciales (nombre de usuario y contraseña) además de un código de seguridad enviado como mensaje de texto a su teléfono móvil antes de que pueda acceder a una cuenta.

Si usted está hospedando su propio sitio web, también considere otra forma de autenticación de varios factores para aumentar aún más la seguridad del inicio de sesión. Los contribuyentes esperan que usted requiera formas más seguras de autenticación como esta autenticación de dos factores para acceder a su información personal. Ellos ven que su banco lo hace y también lo ven cuando crean cuentas con el IRS. Si bien podría parecer que agregar esta función será una carga y ahuyentará a las personas, en realidad crea confianza entre los contribuyentes ya que ven que usted está esforzándose por proteger su información.

Securing Wireless Networks

Maintaining a wireless network used to attach computers or storage that handle taxpayer data is a great risk. With a wired network a criminal will need physical access to your network to connect to it. This means they would have to break into your office and use a wire to connect their computer to your networks. If you use a wireless network, they can see your network traffic from anywhere outside your office, perhaps even from inside a car in the parking lot. Many wireless networks offer data encryption or password security, but the encryptions or passwords are only effective to a point. In most cases a determined criminal can gain access to a wireless network, especially if you do not continuously maintain the security of the wireless network.

Failing to protect your wireless network makes the network or data vulnerable to attack or interception by cybercriminals. Thieves could be stealing your data without your knowledge. You can take these protective steps by reviewing your router manual. Here are basic steps to protect your wireless network:

- Change default administrative password of your wireless router; use a strong, unique password.
- Reduce the power (wireless range) so you are not broadcasting further than you need. Log into your router to WLAN settings, advanced settings and look for Transmit (TX) power. The lower the number the lower the power.
- Change the name of your router (Service Set Identifier - SSID) to something that is not personally identifying (e.g., BobsTaxService), and disable the SSID broadcast so that it cannot be seen by those who have no need to use your network.
- Use Wi-Fi Protected Access 2 (WPA-2), with the Advanced Encryption Standard (AES) for encryption.
- Do not use Wired-Equivalent Privacy (WEP) to connect your computers to the router; WEP is not considered secure.
- Do not use a public wi-fi (for example, at a coffee café or airport) to access business email or sensitive documents.

If firm employees must occasionally connect to unknown networks or work from home, establish an encrypted Virtual Private Network (VPN) to allow for a more secure connection. A VPN provides a secure, encrypted tunnel to transmit data between a remote user via the internet and the company network. If you are considering a VPN, many business internet routers have this feature built in. Do not download free VPN software onto your business computer; use only products from trusted vendors where you download directly from the vendor website.

Protecting Stored Client Data

Cybercriminals work hard through various tactics to penetrate your network or trick you into disclosing passwords. They may steal the data, hold the data for ransom, or use your own computers to complete and file fraudulent tax returns. Here are a few basic steps to protect client data stored on your systems:

- Use drive encryption to lock files and all devices; encrypted files require a password to open. Most computers can encrypt files and network-attached storage allow you to set it up with encryption.
- Backup encrypted copies of client data to external hard drives (USBs, CDs, DVDs) or use cloud storage; keep external drives in a secure location; encrypt data before uploading to the cloud.

Aseguramiento de redes inalámbricas

Mantener una red inalámbrica usada para conectar computadoras o almacenamiento con datos de los contribuyentes es un gran riesgo. Con una red alámbrica, un criminal necesitará tener acceso físico a su red para conectarse a ella. Eso significa que tendría que entrar a la fuerza a su oficina y usar un cable para conectar su computadora a la red. Si usa una red inalámbrica, puede ver el tráfico de su red en cualquier lugar fuera de su oficina. Tal vez incluso desde el interior de un automóvil en el estacionamiento. Muchas redes inalámbricas ofrecen cifrado de datos o seguridad para contraseñas, pero el cifrado o las contraseñas solo son efectivos hasta cierto punto. En la mayoría de los casos, alguien que se ha determinado que es un criminal puede obtener acceso a una red inalámbrica, especialmente si usted no mantiene continuamente la seguridad de la red inalámbrica.

No proteger su red inalámbrica hace que la red o los datos sean vulnerables a ataques o intercepción por parte de criminales cibernéticos. Los ladrones podrían estar robando sus datos sin su conocimiento. Usted puede tomar estos pasos de protección revisando el manual de su router. Acá hay unos pasos básicos para proteger su red inalámbrica:

- Cambie la contraseña predeterminada de forma administrativa para su router inalámbrico. Use una contraseña única y segura.
- Reduzca el poder (rango inalámbrico) para que no esté transmitiendo más lejos de lo que necesita. Inicie sesión en su router para ver la configuración WLAN, las configuraciones avanzadas y busque el poder de transmisión (TX). Mientras más bajo sea el número más bajo será el poder.
- Cambie el nombre de su router (Identificador de Conjunto de Servicio - SSID) a algo que no lo identifique personalmente (ej.: OficinaDeImpuestosDeBob) y deshabilite la transmisión del SSID para que no pueda ser visto por quienes no necesitan usar su red.
- Use Acceso Wi-Fi Protegido 2 (Wi-Fi Protected Access 2, WPA-2) con el Estándar de Cifrado Avanzado (Advanced Encryption Standard, AES) para el cifrado.
- No use la Privacidad Equivalente a Cableado (Wired-Equivalente Privacy, WEP) para conectar sus computadoras a su router; la opción WEP no es considerada segura.
- No use un Wi-Fi público (por ejemplo, en una cafetería o aeropuerto) para acceder a su correo electrónico de negocios o documentos delicados.

Si los empleados de la compañía deben conectarse ocasionalmente a redes desconocidas o si deben trabajar desde su hogar, establezca una Red Privada Virtual (Virtual Private Network, VPN) cifrada para tener una conexión más segura. Una VPN proporciona un túnel seguro y cifrado para transmitir datos entre un usuario remoto por medio de internet y la red de la compañía. Si está considerando una VPN, muchos routers de internet de los negocios cuentan con esta función incorporada. No descargue software gratuito para VPN en la computadora de su negocio. Use solo productos de vendedores confiables en donde descargue directamente del sitio web del vendedor.

Protegiendo los datos almacenados del cliente

Los criminales cibernéticos se esfuerzan usando varias tácticas para penetrar su red o engañarlo para divulgar contraseñas. Podrían robarse los datos, bloquearlos hasta que pague un rescate, o usar sus propias computadoras para llenar y presentar declaraciones de impuestos fraudulentas. Aquí hay unos pasos básicos para proteger los datos de los clientes almacenados en sus sistemas:

- Use cifrado de discos para proteger sus archivos y todos los dispositivos; los archivos cifrados requieren una contraseña antes de poder abrirse. La mayoría de las computadoras pueden cifrar archivos y los dispositivos de almacenamiento conectados a la red le permiten configurarlos con cifrado.
- Respalde copias cifradas de los datos de los clientes en discos duros externos (USB, CD, DVD) o en la nube. Mantenga los discos externos en un lugar seguro; cifre los datos antes de subirlos a la nube.

- Avoid inserting USB drives and external drives with client data into public computers.
- Avoid installing unnecessary software or applications to the business network; avoid offers for "free" software, especially security software, which is often a ruse by criminals; download software or applications only from official sites.
- Perform an inventory of devices where client tax data are stored, e.g., laptops, smart phones, tablets, external hard drives, etc.; inventory software used to process or send tax data, e.g., operating systems, browsers, applications, tax software, web sites, etc.
- Limit or disable internet access capabilities for devices that have stored taxpayer data.
- Delete all information from devices, hard drives, USBs (flash drives), printers, tablets, or phones before disposing of devices; some security software include a "shredder" that electronically destroys stored files.
- Physically destroy hard drives, tapes, USBs, CDs, tablets, or phones by crushing, shredding, or burning; shred or burn all documents containing taxpayer information before throwing away.

Part 1 Review Questions

To obtain the maximum benefit from this chapter, LTP recommends that you complete each of the following questions, and then compare them to the answers with feedback that immediately follow. Under governing self-study standards, vendors are required to present review questions intermittently throughout each self-study course.

These questions and explanations are not part of the final examination and will not be graded by LTP.

BPCCP1.1
Gramm-Leach-Bliley Act classifies tax return preparers as:

a. Financial institutions
b. Too big to fail
c. Subject to CFPB rules
d. Get an audit of your security program

BPCCP1.2
The Safeguards Rule requires tax return preparers to develop a(n) _____ information security plan.

a. written
b. NIST 800-53-based
c. modern
d. audited

BPCCP1.3
The Safeguards Rule requires that an individual does which of the following?

a. Designate one or more employees to coordinate an information security program
b. Develop a risk-based security program
c. Work with security professionals
d. Get an audit of your security program

- Evite insertar memorias USB y discos duros externos con datos de los clientes en computadoras públicas.
- Evite instalar software o aplicaciones no necesarios en la red del negocio; evite las ofertas de software "gratuito", especialmente el software de seguridad, lo cual a menudo es un engaño de los criminales; descargue software o aplicaciones solo de sitios oficiales.
- Realice un inventario de los dispositivos en donde se almacenan datos tributarios de los clientes, como laptops, teléfonos inteligentes, tabletas, discos duros externos, etc.; y del software para inventarios usado para procesar o enviar datos tributarios, ej.: sistemas operativos, navegadores, aplicaciones, software tributario, sitios web, etc.
- Limite o deshabilite las capacidades de acceso a internet para los dispositivos en donde se almacenan datos de los contribuyentes.
- Borre toda la información de los dispositivos, discos duros, USB (memorias flash), impresoras, tabletas o teléfonos antes de desechar los dispositivos; algún software de seguridad incluye una "trituradora" que destruye electrónicamente los archivos almacenados.
- Destruya físicamente los discos duros, cintas, USB, CDs, tabletas o teléfonos aplastando, triturando o quemándolos; triture o queme todos los documentos que contengan información de los contribuyentes antes de tirarlos.

Parte 1 Preguntas de repaso

Para obtener el máximo beneficio de este capítulo, LTP recomienda completar cada una de las siguientes preguntas y luego compararlas con las respuestas con los comentarios que siguen inmediatamente. Bajo las normas de autoestudio de gobierno, los proveedores están obligados a presentar preguntas de revisión intermitentemente a lo largo de cada curso de autoestudio.

Estas preguntas y explicaciones no forman parte del examen final y no serán calificadas por LTP.

BPCCP1.1
La Ley Gramm-Leach-Bliley clasifica a los preparadores de declaraciones de impuestos como:

a. Instituciones financieras
b. Demasiado grande para fracasar
c. Sujeto a las reglas de la CFPB
d. Obtenga una auditoría de su programa de seguridad

BPCCP1.2
La Regla de salvaguardias requiere que los preparadores de declaraciones de impuestos desarrollen un plan de seguridad de la información _____ a(n).

a. escrito
b. Nist 800-53 basado
c. moderno
d. Auditado

BPCCP1.3
La Regla de Salvaguardias exige que una persona haga, ¿cuál de las siguientes?

a. Designe a uno o más empleados para coordinar un programa de seguridad de la información
b. Desarrollar un programa de seguridad basado en el riesgo
c. Trabajar con profesionales de la seguridad
d. Obtenga una auditoría de su programa de seguridad

Part 1 Review Questions Answers

BPCCP1.1
Gramm-Leach-Bliley Act classifies tax return preparers as:

   a. **Financial institutions**
   b. Too big to fail
   c. Subject to CFPB rules
   d. Get an audit of your security program

Feedback: Review section *An Introduction to the Gramm-Leach Act & The Safeguard Rule.*

BPCCP1.2
The Safeguards Rule requires tax return preparers to develop a(n) _____ information security plan.

   a. **written**
   b. NIST 800-53-based
   c. modern
   d. audited

Feedback: Review section *Gramm-Leach Act & The Safeguard Rule & Basic Security Steps.*

BPCCP1.3
The Safeguards Rule requires that an individual does which of the following?

   a. **Designate one or more employees to coordinate an information security program**
   b. Develop a risk-based security program
   c. Work with security professionals
   d. Get an audit of your security program

Feedback: Review section *An Introduction to the Gramm-Leach Act & The Safeguard Rule.*

Part 2: Developing a Security Plan

The National Institute of Standards and Technology (NIST) was tasked by the Executive Branch to develop a set of information security standards for government agencies to follow to protect their systems. The guidance they developed is in use by most all federal government agencies and recently it was recommended that private industry, specifically critical infrastructure, begin to implement these standards.

Developing A Security Plan

Currently the IRS requires states that receive taxpayer information from the IRS to implement these standards. The major tax software companies that participate in the IRS Security Summit have all agreed to implement these standards. The Federal Financial Institutions Examination Council (FFIEC) that develops the requirements that the FDIC and NUCA place on banks and credit unions also adopted the NIST standards.

Parte 1 Respuestas a las preguntas de repaso

BPCCP1.1
La Ley Gramm-Leach-Bliley clasifica a los preparadores de declaraciones de impuestos como:

   a. **Instituciones financieras**
   b. Demasiado grande para fracasar
   c. Sujeto a las reglas de la CFPB
   d. Obtenga una auditoría de su programa de seguridad

Comentario: Revisa la sección *Una introducción a la Ley Gramm-Leach y la Regla de Salvaguardia.*

BPCCP1.2
La Regla de salvaguardias requiere que los preparadores de declaraciones de impuestos desarrollen un plan de seguridad de la información _____ a(n).

   a. **Escrito**
   b. Nist 800-53 basado
   c. moderno
   d. Auditado

Comentario: Revisa la sección *Ley Gramm-Leach y la Regla de Salvaguardia y pasos básicos de seguridad.*

BPCCP1.3
La Regla de Salvaguardias exige que una persona haga, ¿cuál de las siguientes?

   a. **Designe a uno o más empleados para coordinar un programa de seguridad de la información**
   b. Desarrollar un programa de seguridad basado en el riesgo
   c. Trabajar con profesionales de la seguridad
   d. Obtenga una auditoría de su programa de seguridad

Comentario: Revisa la sección *Una introducción a la Ley Gramm-Leach y la Regla de Salvaguardia.*

Parte 2: Desarrollo de un plan de seguridad

El Poder Ejecutivo le asignó al Instituto Nacional de Estándares y Tecnología (NIST) la tarea de desarrollar un conjunto de estándares de seguridad de la información que las agencias gubernamentales deben seguir para proteger sus sistemas. Lo que desarrollaron está siendo usado por la mayoría de las agencias del gobierno federal y recientemente se recomendó que la industria privada, especialmente la infraestructura crítica, empezara a implementar estos estándares.

Desarrollo de un plan de seguridad

Actualmente, el IRS requiere que estos estándares sean implementados por los estados que reciben información de los contribuyentes de parte del IRS. Las principales compañías de software tributario que participan en la Cumbre de Seguridad del IRS han acordado implementar estos estándares. El Consejo Federal de Examinación de Instituciones Financieras (FFIEC) que desarrolla los requisitos que la FDIC y la NUCA imponen en los bancos y cooperativas de crédito también adoptó los estándares NIST.

These NIST standards are becoming the default standard for protecting taxpayer data in the United States. They were first adopted by government agencies. Financial institution regulators began requiring that banks implement a NIST program or validating that their information security program meets NIST requirements. Now most critical infrastructure operators and providers also test their systems against the NIST requirements. Since the tax software companies have also started to use the NIST requirements to develop their security plans, it makes sense for tax return preparers to consider it for their own programs.

The standards can look quite intimidating as they are robust and designed for complex government agencies and big companies. If you remember, the Safeguards Rule requires that a security plan be appropriate to the company's size and complexity, so for most tax return preparers the implementation of the program is a lot less complex than how it looks.

The first step to building a security plan is to conduct a risk assessment. NIST provides special publication 800-30 that talks about how to conduct a risk assessment. The objective of this step is to produce a list of information security risks that can be prioritized by risk level and used to inform risk response decisions. Conducting risk assessments includes the following specific tasks:

- Identify threat sources that are relevant to organizations;
- Identify threat events that could be produced by those sources;
- Identify vulnerabilities within organizations that could be exploited by threat sources through specific threat events and the predisposing conditions that could affect successful exploitation;
- Determine the likelihood that the identified threat sources would initiate specific threat events and the likelihood that the threat events would be successful;
- Determine the adverse impacts to organizational operations and assets, individuals, other organizations, and the Nation resulting from the exploitation of vulnerabilities by threat sources (through specific threat events); and
- Determine information security risks as a combination of likelihood of threat exploitation of vulnerabilities and the impact of such exploitation, including any uncertainties associated with the risk determinations.

The specific tasks are presented in a sequential manner for clarity. However, in practice, some iteration among the tasks is both necessary and expected.

Once you have an idea and inventory of your risks in the risk assessment you can select and build the security controls that you plan to implement in your business. NIST provided a publication 800-53 that has a list of security controls. Not all the security controls are relevant or necessary for your business, but when you look at the controls and consider them relative to your business and risk assessment, you will be able to find the controls that are right for you and your business.

NIST broke the controls into control families. Those families are:

A. Access Control
B. Media Protection
C. Awareness and Training
D. Physical and Environmental Protection
E. Audit and Accountability
F. Planning

Mejores prácticas para contrarrestar la ciberdelincuencia

...NIST se están convirtiendo en el estándar predeterminado para proteger los ...los contribuyentes en los Estados Unidos. Fueron adoptados en un principio por las agencias gubernamentales. Los reguladores de instituciones financieras empezaron a requerir que los bancos implementaran un programa NIST o que validaran que su programa de seguridad de la información cumpliera con los requisitos NIST. Ahora la mayoría de los operadores y proveedores de infraestructura crítica también examinen sus sistemas para ver que cumplan con los requisitos NIST. Ya que las compañías de software tributario también empezaron a usar los requisitos NIST para desarrollar sus planes de seguridad, lo más lógico es que los preparadores de declaraciones de impuestos los consideren para sus propios programas.

Los estándares pueden parecer algo intimidatorios ya que son robustos y están diseñados para agencias gubernamentales complejas y compañías grandes. Si lo recuerda, la Regla de Salvaguardas requiere que un plan de seguridad sea apropiado para el tamaño y complejidad de la compañía. Entonces, para la mayoría de los preparadores de declaraciones de impuestos, la implementación del programa es mucho menos compleja de lo que parece.

El primer paso para construir un plan de seguridad es realizar una evaluación de riesgos. El NIST proporciona la publicación especial 800-30, la cual habla sobre cómo llevar a cabo una evaluación de riesgos. El objetivo de este paso es producir una lista de riesgos de seguridad de la información que pueden ser priorizados por nivel de riesgo y usados para informar las decisiones de respuesta a riesgos. Llevar a cabo evaluaciones de riesgo incluyen las siguientes tareas específicas:

- Identificar fuentes de amenazas que son relevantes para las organizaciones;
- Identificar eventos amenazadores que podrían ser producidos por dichas fuentes;
- Identificar vulnerabilidades dentro de las organizaciones que podrían ser explotadas por fuentes de amenazas por medio de eventos específicos de amenazas y las condiciones predisponentes que podrían afectar la explotación exitosa;
- Determinar la probabilidad de que las fuentes de amenazas identificadas inicien eventos específicos de amenazas y la probabilidad de que los eventos de amenazas sean exitosos;
- Determinar los impactos adversos a las operaciones y bienes organizacionales, individuos, otras organizaciones, y la Nación, resultando de la explotación de vulnerabilidades por parte de fuentes de amenazas (por medio de eventos específicos de amenazas); y
- Determinar los riesgos de seguridad de la información como una combinación de la probabilidad de explotación de amenazas de vulnerabilidades y el impacto de dicha explotación, incluyendo cualquier incertidumbre asociada con las determinaciones de riesgo.

Las tareas específicas están presentadas de forma secuencial por motivos de claridad. Sin embargo, en la práctica, la iteración entre las tareas es tanto necesaria como esperada.

Cuando tenga una idea y un inventario de sus riesgos en la evaluación de riesgos, puede seleccionar y construir los controles de seguridad que planea implementar en su negocio. El NIST proporcionó la publicación 800-53, la cual tiene una lista de controles de seguridad. No todos los controles de seguridad son relevantes o necesarios para su negocio, pero cuando mira los controles y los considera en relación con su negocio y evaluación de riesgos, podrá encontrar los controles correctos para usted y su negocio.

El NIST separó los controles en familias de controles. Esas familias son:

A. Control de acceso
B. Protección de medios
C. Conocimiento y entrenamiento
D. Protección física y ambiental
E. Auditoría y contabilidad
F. Planeación

G. Security Assessment and Authorization
H. Personnel Security
I. Configuration Management
J. Risk Assessment
K. Contingency Planning
L. System and Services Acquisition
M. Identification and Authentication
N. System and Communications Protection
O. Incident Response
P. System and Information Integrity
Q. Maintenance
R. Program Management

Each of the control families contain a number of controls that you can elect to implement in your business. In most cases you probably already do many of the things the controls select. For example, if you have employees you may already allow different employees to have access to different parts of your business. For example, some employees may be able to file tax returns, while others cannot. Another example is that some employees may have permission to charge or credit customer credit cards, but others may not. Selecting controls that are applicable to your business, documenting them, and then enforcing them in your business will make you more effective in protecting your customer's information and may help you to run your business.

Not every control is right for every business. If you take a risk-based approach to developing your security plan, you will find areas that need focus when you conduct your risk assessment. In fact, as you go through the controls in the NIST publication 800-53, you will find that a lot of them are not applicable to your business or the risks you have identified. This is why the IRS Publication 4557 is very helpful. The IRS selected a number of the controls from the control families they believe are most relevant to tax return preparers, and they listed them in checklist form in the publication.

If you read through the IRS Publication 4557 you should think about the checklist items and how they relate to your business. For example, a checklist item may be something you do in practice but you have not documented that practice into a procedure. You might also find that some checklist items are not part of how you protect taxpayer information. Most businesses, even large businesses, find themselves in these situations. The Safeguards Rule and the IRS require you to document in procedure how you comply with each of those checklist items.

If you do not currently implement the checklist item, then you need to either consider adding it to how you do business or explain why you do not intend to implement that practice. In general, you can determine that practice is not applicable to you. For example, if there are checklist items about using wireless internet, but you do not have wireless internet in your office, those checks are not applicable. You can also indicate that you have compensating controls in place. Compensating controls are things you may do that do not meet the letter of the control or checklist item, but achieve the same outcome. For example, if the checklist item requires that you secure information using a password, you could use other identifiers like a fingerprint scan or require a physical security key for access. The important part is that you document the areas where you are in compliance with the security controls and where you might choose not to follow the rule completely or where you find it does not apply to your business.

G. Evaluación de la seguridad y autorización
H. Seguridad del personal
I. Administración de la configuración
J. Evaluación de riesgo
K. Evaluación de la seguridad y autorización
L. Seguridad del personal
M. Administración de la configuración
N. Evaluación de riesgo
O. Respuesta a incidentes
P. Integridad de los sistemas y la información
Q. Mantenimiento
R. Administración del programa

Cada una de las familias de control contiene un número de controles que puede elegir para implementar en su negocio. En la mayoría de los casos, usted probablemente ya hace muchas de las cosas seleccionadas por los controles. Por ejemplo, si usted tiene empleados es posible que ya permita que diferentes empleados tengan acceso a diferentes partes de su negocio. Por ejemplo, algunos empleados podrían ser capaces de presentar declaraciones de impuestos, mientras que otros no pueden. Otro ejemplo es que algunos empleados podrían tener permiso para hacer cargos o créditos a las tarjetas de crédito de los clientes, y otros podrían no tenerlo. Seleccionar controles que aplican para su negocio, documentarlos y luego hacerlos cumplir en su negocio hará que usted sea más efectivo en la protección de la información de sus clientes y podría ayudarle a operar su negocio.

No todos los controles son apropiados para cada negocio. Si usted toma un enfoque basado en riesgos para desarrollar su plan de seguridad, encontrará áreas que necesitan un enfoque cuando usted realice su evaluación de riesgos. De hecho, conforme pasa por los controles en la publicación 800-53 del NIST, descubrirá que muchos de ellos no aplican a su negocio o a los riesgos que identificó. Es por lo que la Publicación 4557 del IRS es bastante útil. El IRS seleccionó un número de controles de las familias de control que creen que son los más relevantes para los preparadores de declaraciones de impuestos y las incluyeron en el formulario de verificación en la publicación.

Si lee la Publicación 4557 del IRS, debe pensar en los artículos en la lista de verificación y en cómo se relacionan con su negocio. Por ejemplo, un artículo en la lista de verificación podría ser algo que hace en la práctica, pero aún no ha documentado esa práctica en un procedimiento. También podría descubrir que algunos de los artículos en la lista de verificación no son parte de cómo usted protege la información de los contribuyentes. La mayoría de los negocios, incluso los grandes, se encuentran en estas situaciones. La Regla de Salvaguardas y el IRS requieren que usted documente en un procedimiento cómo cumple con cada uno de los artículos de la lista de verificación.

Si usted no implementa el artículo en la lista de verificación actualmente, entonces necesita considerar agregarlo a su forma de operar su negocio o explicar por qué no pretende implementar dicha práctica. En general, puede determinar que esa práctica no aplica para usted. Por ejemplo, si hay artículos en la lista de verificación sobre el uso de internet inalámbrico, pero usted no tiene internet inalámbrico en su oficina, eso no aplica para usted. También puede indicar que usted ha implementado controles de compensación. Los controles de compensación son cosas que usted podría hacer que no cumplen exactamente con el control o el artículo en la lista de verificación, pero que producen el mismo resultado. Por ejemplo, si el artículo de la lista de verificación requiere que usted asegure la información usando una contraseña, podría usar otros identificadores como una huella digital o podría requerir una llave física de seguridad para acceder. Lo importante es que documente las áreas en donde usted cumple con los controles de seguridad y en donde podría escoger no cumplir con la regla completamente o donde usted cree que la regla no aplica para su negocio.

Developing this documentation of the security controls will help you to meet the requirements in the Safeguards Rule to "identify and assess the risks to customer information in each relevant area of the company's operation, and evaluate the effectiveness of the current safeguards for controlling these risks." This will be a key part of the written information security program as required by the Safeguards Rule.

The Safeguards Rule also requires you to designate one or more employees to coordinate the information security program. You will want to make sure that whoever is designated has the technical knowledge of security and your business to coordinate the program. You will also need to communicate with this person or team regularly to make sure they have the resources and authority to implement the program. In some cases, the program may require that you change how you conduct part of your business or that you alter contracts with your vendors or technology providers, so it is very important that whoever you designate to coordinate the program have the authority to do so. Of course, you can designate yourself to do it.

Once you have the controls documented and an empowered individual to coordinate the program, you must test it. Some examples of testing the program include a tabletop exercise where you simulate one of the identified risks occurring and testing employees' reactions and responses relative to your policies and procedures. There are also services you can subscribe to that can test your company's adherence to the policies and procedures that you established.

The FTC guidance also requires that you pass these requirements to your vendors. Most vendors that store or process taxpayer data can provide you a statement that they too maintain safeguards as they handle your customer data and help you operate your business. In general, the best place to do this is with your contract. You should identify any vendors or service providers that have access to information about your customers or sensitive information about your business. You should ask them to explain to you how they protect the customer information that you share with them. This is important because your business may not survive if there is a data breach by one of your vendors. If your customers learn that you did not do everything to protect their data and criminals steal from their bank accounts or their tax refund, it will be hard for you to regain their trust or to obtain new customers. It is important that you write down how you plan to ensure that your vendors comply with the Safeguards Rule in your information security plan.

The last and most important part of your plan is for you to constantly evaluate your program. Each year doing taxes changes because the tax laws change. The technology around us is constantly changing and how criminals want to use stolen information change. Their tactics to trick people into releasing information change and so do the ways you protect the information. Regular review of your information security plan and program is the only way for you to stay ahead, and it is required under the Safeguards Rule.

The FTC on their website suggest you consider the following when developing your security plan, policies, and procedures:

- Checking references or doing background checks before hiring employees who will have access to customer information.
- Asking every new employee to sign an agreement to follow your company's confidentiality and security standards for handling customer information.
- Limiting access to customer information to employees who have a business reason to see it. For example, give employees who respond to customer inquiries access to customer files, but only to the extent they need it to do their jobs.

Desarrollar esta documentación de los controles de seguridad le ayudará a cumplir con los requisitos en la Regla de Salvaguardas para "identificar y evaluar los riesgos que sufre la información del cliente en cada área relevante de las operaciones de la compañía, y evaluar la efectividad de las salvaguardas actuales para el control de estos riesgos". Esto será una parte clave del programa escrito de seguridad de la información según lo requerido por la Regla de Salvaguardas.

La Regla de Salvaguardas también requiere que usted nombre a uno o más empleados para coordinar el programa de seguridad de información. Usted querrá asegurarse de que la persona designada cuente con el conocimiento técnico de seguridad y de su negocio para coordinar el programa. También necesitará comunicarse con dicha persona o equipo regularmente para asegurarse de que cuenten con los recursos y la autoridad para implementar el programa. En algunos casos, el programa podría requerir que cambie la forma en la que opera parte de su negocio o que altere contratos con sus vendedores o proveedores de tecnología, por lo que es muy importante que la persona a quien usted nombre para coordinar el programa tenga la autoridad para hacerlo. Por supuesto, usted puede nombrarse a usted mismo para hacerlo.

Cuando ya haya documentado los controles y tenga a un individuo facultado para coordinar el programa, debe probarlo. Algunos ejemplos de pruebas del programa incluyen un ejercicio de mesa donde simule uno de los riesgos identificados ocurriendo para evaluar las reacciones y respuestas de los empleados con respecto a sus políticas y procedimientos. También hay servicios a los cuales puede suscribirse para evaluar la adhesión de su compañía a las políticas y procedimientos que estableció.

La orientación de la FTC también requiere que les pase estos requisitos a sus vendedores. La mayoría de los vendedores que almacenan o procesan datos de los contribuyentes pueden proporcionarle una declaración diciendo que ellos también mantienen salvaguardas que usan al manejar los datos de sus clientes y que le ayudan a operar su negocio. En general, el mejor lugar para hacer esto es con su contrato. Debe identificar a cualquier vendedor o proveedor de servicio que tenga acceso a la información sobre sus clientes o información delicada sobre su negocio. Debe pedirles que le expliquen cómo protegen la información de los clientes que usted comparte con ellos. Esto es importante porque su negocio podría no sobrevivir si hay una filtración de datos con alguno de sus vendedores. Si sus clientes descubren que usted no hizo todo lo posible para proteger sus datos y los criminales roban dinero de sus cuentas bancarias o su declaración de impuestos, será difícil volver a ganar su confianza u obtener clientes nuevos. Es importante que escriba cómo planea asegurarse de que sus vendedores cumplan con la Regla de Salvaguardas en su plan de seguridad de la información.

La última parte y la parte más importante de su plan es que usted evalúe su plan constantemente. Cada año cambia la forma en que se preparan las declaraciones de impuestos porque las leyes cambian. La tecnología a nuestro alrededor está cambiando constantemente y la forma en la que los criminales quieren usar la información robada también cambia. Sus tácticas para engañar a las personas para entregar su información cambian, al igual que las formas en las que usted protege la información. Una revisión regular de su plan y programa de seguridad de la información es la única forma en la que podrá mantenerse en la vanguardia, y es requerido bajo la Regla de Salvaguardas.

La FTC sugiere en su sitio web que considere lo siguiente al desarrollar su plan, políticas y procedimientos de seguridad:

➢ Revisar referencias o hacer revisiones de antecedentes antes de contratar empleados que tengan acceso a la información de los clientes.
➢ Pedirle a cada empleado nuevo que firme un acuerdo para cumplir con los estándares de confidencialidad y seguridad de su compañía para el manejo de la información del cliente.
➢ Limitar el acceso a la información de los clientes para que solo pueda ser accedida por los empleados que tengan un motivo para verla. Por ejemplo, los empleados que deban responder a las preguntas de los clientes pueden tener acceso a los expedientes de los clientes, pero solo en la medida en que los necesiten para hacer su trabajo.

- Controlling access to sensitive information by requiring employees to use "strong" passwords that must be changed on a regular basis. (Tough-to-crack passwords require the use of at least six characters, upper- and lower-case letters, and a combination of letters, numbers, and symbols.)
- Using password-activated screen savers to lock employee computers after a period of inactivity.
- Developing policies for appropriate use and protection of laptops, PDAs, cell phones, or other mobile devices. For example, make sure employees store these devices in a secure place when not in use. Also, consider that customer information in encrypted files will be better protected in case of theft of such a device.
- Training employees to take basic steps to maintain the security, confidentiality, and integrity of customer information, including:
    - Locking rooms and file cabinets where records are kept;
    - Not sharing or openly posting employee passwords in work areas;
    - Encrypting sensitive customer information when it is transmitted electronically via public networks;
    - Referring calls or other requests for customer information to designated individuals who have been trained in how your company safeguards personal data; and
    - Reporting suspicious attempts to obtain customer information to designated personnel.
- Regularly reminding all employees of your company's policy — and the legal requirement — to keep customer information secure and confidential. For example, consider posting reminders about their responsibility for security in areas where customer information is stored, like file rooms.
- Developing policies for employees who telecommute. For example, consider whether or how employees should be allowed to keep or access customer data at home. Also, require employees who use personal computers to store or access customer data to use protections against viruses, spyware, and other unauthorized intrusions.
- Imposing disciplinary measures for security policy violations.
- Preventing terminated employees from accessing customer information by immediately deactivating their passwords and user names and taking other appropriate measures

Information Systems

Information systems include network and software design, and information processing, storage, transmission, retrieval, and disposal. Here are some suggestions on maintaining security throughout the life cycle of customer information, from data entry to data disposal:

- Know where sensitive customer information is stored and store it securely. Make sure only authorized employees have access. For example:
    - Ensure that storage areas are protected against destruction or damage from physical hazards, like fire or floods.
    - Store records in a room or cabinet that is locked when unattended.
    - When customer information is stored on a server or other computer, ensure that the computer is accessible only with a "strong" password and is kept in a physically-secure area.
    - Where possible, avoid storing sensitive customer data on a computer with an internet connection.
    - Maintain secure backup records and keep archived data secure by storing it off-line and in a physically-secure area.

- Controlar el acceso a información delicada requiriendo que los empleados usen contraseñas "seguras" que deben ser cambiadas regularmente (las contraseñas difíciles de descifrar requieren que use al menos seis caracteres, mayúsculas y minúsculas, y una combinación de letras, números y símbolos).
- Usar protectores de pantalla activados por contraseña para bloquear las computadoras de los empleados después de un período de inactividad.
- Desarrollar políticas para el uso apropiado y la protección de laptops, PDAs, teléfonos celulares u otros dispositivos móviles. Por ejemplo, asegúrese de que los empleados guarden estos dispositivos en un lugar seguro cuando no los estén usando. También considere que la información del cliente estará mejor protegida en archivos cifrados en caso de que alguien robe un dispositivo.
- Entrenar a los empleados para tomar los pasos básicos para mantener la seguridad, confidencialidad e integridad de la información de los clientes, incluyendo:
    - Cerrar las habitaciones y los archivadores en donde se guarden expedientes bajo llave;
    - No compartir o publicar de forma abierta las contraseñas de los empleados en las áreas de trabajo;
    - Cifrar la información delicada de los clientes cuando sea transmitida electrónicamente por medio de redes públicas;
    - Referir las llamadas u otras solicitudes de información de los clientes a los individuos designados que hayan sido entrenados sobre cómo su compañía salvaguarda los datos personales; y
    - Reportar intentos sospechosos de obtener información de los clientes al personal designado.
- Recordarles regularmente a todos los empleados sobre la política de su compañía — y el requisito legal — de mantener la información del cliente de forma segura y confidencial. Por ejemplo, considere publicar recordatorios sobre su responsabilidad de seguridad en las áreas en donde se almacena información de los clientes, como las salas de archivos.
- Desarrollar políticas para los empleados que practican el teletrabajo. Por ejemplo, considere en si o cómo los empleados deberían tener permitido acceder a los datos de los clientes desde su hogar. También requiera que los empleados que usan computadoras personales para almacenar o acceder a datos de los clientes usen protección contra virus, spyware y otras intromisiones no autorizadas.
- Imponer medidas disciplinarias para las violaciones de políticas de seguridad.
- Prevenir que los empleados despedidos accedan a la información de los clientes desactivando inmediatamente sus contraseñas y nombres de usuario y tomando otras medidas apropiadas.

Sistemas de información

Los sistemas de información incluyen diseño de redes y software, y procesamiento, almacenamiento, transmisión, recuperación y eliminación de información. Aquí hay algunas sugerencias sobre cómo mantener la seguridad en el ciclo de vida de la información de los clientes, desde el ingreso hasta la eliminación de datos:

- Sepa en dónde se almacena la información delicada del cliente y almacénela de forma segura. Asegúrese de que solo los empleados autorizados tengan acceso. Por ejemplo:
    - Asegúrese de que las áreas de almacenamiento estén protegidas contra la destrucción o el daño de peligros físicos como incendios o inundaciones.
    - Guarde los expedientes en una habitación o archivero que esté cerrado bajo llave cuando no estén bajo supervisión.
    - Cuando la información del cliente esté almacenada en un servidor o en otra computadora, asegúrese de que solo esté accesible usando una contraseña "segura" y que sea guardada en un área físicamente segura.
    - Cuando sea posible, evite almacenar datos delicados de los clientes en una computadora que esté conectada al internet.
    - Mantenga respaldos de seguridad y archive los datos de forma segura almacenándolos sin conexión y en un área físicamente segura.

- o Maintain a careful inventory of your company's computers and any other equipment on which customer information may be stored.
- ➤ Take steps to ensure the secure transmission of customer information. For example:
  - o When you transmit credit card information or other sensitive financial data, use a Secure Sockets Layer (SSL) or other secure connection, so that the information is protected in transit.
  - o If you collect information online directly from customers, make secure transmission automatic. Caution customers against transmitting sensitive data, like account numbers, via email or in response to an unsolicited email or pop-up message.
  - o If you must transmit sensitive data by email over the internet, be sure to encrypt the data.
- ➤ Dispose of customer information in a secure way and, where applicable, consistent with the FTC's Disposal Rule. For example:
  - o Consider designating or hiring a records retention manager to supervise the disposal of records containing customer information. If you hire an outside disposal company, conduct due diligence beforehand by checking references or requiring that the company be certified by a recognized industry group.
  - o Burn, pulverize, or shred papers containing customer information so that the information cannot be read or reconstructed.
  - o Destroy or erase data when disposing of computers, disks, CDs, magnetic tapes, hard drives, laptops, PDAs, cell phones, or any other electronic media or hardware containing customer information.
- ➤ Detecting and Managing System Failures. Effective security management requires your company to deter, detect, and defend against security breaches.
  - o That means taking reasonable steps to prevent attacks, quickly diagnosing a security incident, and having a plan in place for responding effectively. Consider implementing the following procedures:
- ➤ Monitoring the websites of your software vendors and reading relevant industry publications for news about emerging threats and available defenses.
- ➤ Maintaining up-to-date and appropriate programs and controls to prevent unauthorized access to customer information. Be sure to:
  - o check with software vendors regularly to get and install patches that resolve software vulnerabilities;
  - o use anti-virus and anti-spyware software that updates automatically;
  - o maintain up-to-date firewalls, particularly if you use a broadband internet connection or allow employees to connect to your network from home or other off-site locations;
  - o regularly ensure that ports not used for your business are closed; and
  - o promptly pass along information and instructions to employees regarding any new security risks or possible breaches.
- ➤ Using appropriate oversight or audit procedures to detect the improper disclosure or theft of customer information. It's wise to:
  - o keep logs of activity on your network and monitor them for signs of unauthorized access to customer information;
  - o use an up-to-date intrusion detection system to alert you of attacks;
  - o monitor both in- and out-bound transfers of information for indications of a compromise, such as unexpectedly large amounts of data being transmitted from your system to an unknown user; and
  - o insert a dummy account into each of your customer lists and monitor the account to detect any unauthorized contacts or charges.

- o Lleve un inventario detallado de las computadoras y otro equipo de su compañía en el cual se almacene información de los clientes.
- ➤ Tome los pasos necesarios para asegurar la transmisión segura de la información de los clientes. Por ejemplo:
  - o Cuando transmita información de tarjetas de crédito u otros datos financieros delicados, use un protocolo de Capa de Puertos Seguros (Secure Sockets Layer, SSL) u otra conexión segura para que la información esté protegida en tránsito.
  - o Si recopila información en línea directamente de los clientes, haga que la transmisión segura sea automática. Informe a los clientes que no deben transmitir datos delicados como números de cuentas por correo electrónico o en respuesta a un correo electrónico no solicitado o a un mensaje emergente.
  - o Si debe transmitir datos delicados por correo electrónico por internet, asegúrese de cifrar los datos.
- ➤ Elimine la información de los clientes de forma segura y, según sea el caso, de forma consistente con la Regla de Eliminación de la FTC. Por ejemplo:
  - o Considere nombrar o contratar a un administrador de retención de datos para que supervise la eliminación de los registros que contengan información de los clientes. Si contrata a una compañía externa de eliminación, realice la diligencia debida de antemano revisando las referencias o requiriendo que la compañía esté certificada por un grupo industrial reconocido.
  - o Queme, pulverice o triture los papeles que contengan información de los clientes para que la información no pueda ser leída o reconstruida.
  - o Destruya o borre los datos al desechar computadoras, discos, CDs, cintas magnéticas, discos duros, laptops, PDAs, teléfonos celulares o cualquier otro medio electrónico o hardware que contenga información de los clientes.
- ➤ Detectar y manejar las fallas del sistema. Una administración efectiva de la seguridad requiere que su compañía impida, detecte y se defienda en contra de las violaciones de la seguridad.
  - o Eso significa tomar los pasos razonables para prevenir ataques, diagnosticando rápidamente un incidente de seguridad y teniendo un plan para responder de forma efectiva. Considere implementar los siguientes procedimientos:
- ➤ Monitorear los sitios web de sus vendedores de software y leer publicaciones relevantes para la industria para encontrar noticias sobre amenazas emergentes y defensas disponibles.
- ➤ Mantener programas y controles actualizados y apropiados para prevenir el acceso no autorizado a la información de los clientes. Asegúrese de:
  - o consultar a los vendedores de software regularmente para obtener e instalar parches que resuelvan vulnerabilidades en el software;
  - o usar programas antivirus y antispyware que se actualicen automáticamente;
  - o mantener firewalls actualizados, especialmente si usa una conexión a internet de banda ancha o si permite que los empleados se conecten a su red desde su hogar o en otros lugares fuera de la oficina;
  - o asegurarse regularmente de que los puertos que no sean usados para su negocio estén cerrados; y
  - o pasarles información e instrucciones a los empleados oportunamente con respecto a cualquier riesgo de seguridad nuevo o cualquier posible falla de seguridad
- ➤ Usar procedimientos apropiados para la supervisión o auditoría para detectar la divulgación inapropiada o el robo de información de los clientes. Es bueno:
  - o llevar un registro de la actividad en su red y monitorearlos para detectar señales de acceso no autorizado a la información de los clientes;
  - o usar un sistema actualizado de detección de intromisiones que le alerte sobre ataques;
  - o monitorear las transferencias de información dentro y fuera de su sistema para detectar señales de riesgo, como la transmisión inesperada de grandes cantidades de información desde su sistema a un usuario desconocido; e
  - o insertar una cuenta ficticia en cada una de sus listas de clientes y monitorear la cuenta para detectar cualquier contacto o cargo no autorizado.

- Taking steps to preserve the security, confidentiality, and integrity of customer information in the event of a breach. If a breach occurs:
    - take immediate action to secure any information that has or may have been compromised. For example, if a computer connected to the internet is compromised, disconnect the computer from the internet;
    - preserve and review files or programs that may reveal how the breach occurred; and
    - if feasible and appropriate, bring in security professionals to help assess the breach as soon as possible.
- Considering notifying consumers, law enforcement, and/or businesses in the event of a security breach. For example:
    - notify consumers if their personal information is subject to a breach that poses a significant risk of identity theft or related harm;
    - notify law enforcement if the breach may involve criminal activity or there is evidence that the breach has resulted in identity theft or related harm;
    - notify the credit bureaus and other businesses that may be affected by the breach. See Information Compromise and the Risk of Identity Theft: Guidance for Your Business; and
    - check to see if breach notification is required under applicable state law.

Part 2 Review Questions

To obtain the maximum benefit from this chapter, LTP recommends that you complete each of the following questions, and then compare them to the answers with feedback that immediately follow. Under governing self-study standards, vendors are required to present review questions intermittently throughout each self-study course.

These questions and explanations are not part of the final examination and will not be graded by LTP.

BPCCP2.1
Which one of these is not a NIST security control family?

a. Awareness and Training
b. Physical and Environmental Protection
c. Maintenance
d. Program Management
e. Data Storage

BPCCP2.2
Which IRS publication is a guide for tax return preparers with checklist items and how they relate to your business?

a. 4557
b. 1075
c. 590
d. 463

> Tomar los pasos para preservar la seguridad, confidencialidad e integridad de la información del cliente en caso de una falla de seguridad. Si hay una falla de seguridad:
>   o tome acción inmediatamente para asegurar cualquier información que haya estado o que pueda estar comprometida. Por ejemplo, si una computadora conectada a internet se ve comprometida, desconecte la computadora del internet;
>   o guarde y revise los archivos o programas que podrían revelar cómo ocurrió la intromisión; y
>   o si es factible y apropiado, lleve a profesionales de seguridad para que le ayuden a evaluar la falla de seguridad tan pronto como sea posible.
> Considere en notificar a los clientes, fuerzas de seguridad pública y/o negocios en caso de una falla de seguridad. Por ejemplo:
>   o notifique a los clientes si su información personal está sujeta a una falla de seguridad que represente un riesgo significativo de robo de identidad o daños relacionados;
>   o notifique a las fuerzas de seguridad pública si la falla de seguridad podría involucrar actividad criminal o si hay evidencia de que la falla de seguridad resultó en robo de identidad o en daños relacionados;
>   o notifique a las agencias de información crediticia y a otros negocios que podrían verse afectados por la falla de seguridad. Vea Información Comprometida y el Riesgo de Robo de la Identidad: Orientación para su Negocio; y
>   o revise para ver si necesita enviar una notificación sobre la falla de seguridad bajo las leyes estatales vigentes.

Parte 2 Preguntas de repaso

Para obtener el máximo beneficio de este capítulo, LTP recomienda completar cada una de las siguientes preguntas y luego compararlas con las respuestas con los comentarios que siguen inmediatamente. Bajo las normas de autoestudio de gobierno, los proveedores están obligados a presentar preguntas de revisión intermitentemente a lo largo de cada curso de autoestudio.

Estas preguntas y explicaciones no forman parte del examen final y no serán calificadas por LTP.

BPCCP2.1
¿Cuál de ellos no es una familia de control de seguridad NIST?

   a. Sensibilización y formación
   b. Protección física y ambiental
   c. mantenimiento
   d. Gestión de programas
   e. Almacenamiento de datos

BPCCP2.2
¿Qué publicación del IRS es una guía para los preparadores de declaraciones de impuestos con artículos de lista de verificación y cómo se relacionan con su negocio?

   a. 4557
   b. 1075
   c. 590
   d. 463

BPCCP2.3

To have an effective security program, you must implement every control in the NIST Special Publication 800-53.

   a. False
   b. True

Part 2 Review Questions Answers

BPCCP2.1
Which one of these is not a NIST security control family?

   a. Awareness and Training
   b. Physical and Environmental Protection
   c. Maintenance
   d. Program Management
   e. Data Storage

Feedback: Review section *Developing a Security Plan.*

BPCCP2.2
Which IRS publication is a guide for tax return preparers with checklist items and how they relate to your business?

   a. 4557
   b. 1075
   c. 590
   d. 463

Feedback: Review section *Developing a Security Plan.*

BPCCP2.3

To have an effective security program, you must implement every control in the NIST Special Publication 800-53.

   a. False
   b. True

Feedback: Review section *Developing a Security Plan.*

Para tener un programa de seguridad eficaz, debe implementar todos los controles de la Publicación Especial NIST 800-53.

   a. Falso
   b. Cierto

Parte 2 Respuestas a las preguntas de repaso

BPCCP2.1
¿Cuál de ellos no es una familia de control de seguridad NIST?

   a. Sensibilización y formación
   b. Protección física y ambiental
   c. mantenimiento
   d. Gestión de programas
   e. **Almacenamiento de datos**

Comentario: Revisa la sección *Elaboración de un plan de seguridad.*

BPCCP2.2
¿Qué publicación del IRS es una guía para los preparadores de declaraciones de impuestos con artículos de lista de verificación y cómo se relacionan con su negocio?

   a. **4557**
   b. 1075
   c. 590
   d. 463

Comentario: Revisa la sección *Elaboración de un plan de seguridad.*

BPCCP2.3
Para tener un programa de seguridad eficaz, debe implementar todos los controles de la Publicación Especial NIST 800-53.

   a. **Falso**
   b. Cierto

Comentario: Revisa la sección *Elaboración de un plan de seguridad.*

Takeaways

With the increase of cyber hacking and identity theft, tax professionals need to guard clients sensitive information. The IRS has now mandated that the tax practitioner whether a single office or multiple offices have standards in place. This chapter covers the basic steps and procedures, additional research could be needed.

TEST YOUR KNOWLEDGE!
Go online to take a practice quiz.

Aportes

Con el aumento del hackeo cibernético y el robo de la identidad, los profesionales de impuestos necesitan proteger la información delicada de los clientes. El IRS ahora requiere que los profesionales tributarios, ya sean una sola oficina o varias oficinas, establezcan estándares de seguridad. Este capítulo cubre los pasos y procedimientos básicos. Es posible que necesite realizar investigación adicional.

¡PON A PRUEBA TUS CONOCIMIENTOS!
Ve en línea para tomar una prueba de práctica.

Chapter 3 Compiling Taxpayer Information

Introduction

This chapter explains the importance of interviewing the taxpayer. Each segment of the chapter will cover a section of Form 1040 with sample interview questions that are needed for the section discussed. The tax professional needs to understand the importance of knowledgeable questions to determine if the taxpayer is eligible to claim certain credits. Interview questions asked should be documented as well as the answers the taxpayer provided. Knowing basic tax law is essential.

Preparing tax returns is an art; knowing which questions to ask will help determine the best tax situation for the individual. Just imputing information into software does not prepare an accurate tax return. The saying is true: "garbage in, garbage out". Entering incorrect information so that the taxpayer receives a higher refund is not the best situation for you or the client. This chapter provides you with a brief overview of current year forms and sample questions to determine the best tax position for the taxpayer. Asking the taxpayer, the right questions from the beginning provides the tax preparer accurate answers needed to complete the tax return.

Objectives

By the end of this lesson, the student will have learned the following:

- Identify the various parts of Form 1040.
- Recognize items from each section.
- Understand the importance of asking questions to determine the best tax situation for the client.
- Memorize questions for each section to create an individual interviewing style.

Resources

Form 1040　　Schedule 1　Schedule 2　Schedule 3	Publication 17　Tax Topic 301, 303, 352	Instructions Form 1040　Eight Facts about Filing Status

Capítulo 3 Compilación de información del contribuyente

Introducción

Este capítulo explica la importancia de entrevistar al contribuyente. Cada segmento del capítulo cubrirá una sección del Formulario 1040 con ejemplos de preguntas de entrevista que se necesitan para la sección discutida. El profesional de impuestos debe comprender la importancia de las preguntas informadas para determinar si el contribuyente es elegible para reclamar ciertos créditos. Las preguntas de la entrevista deben documentarse, así como las respuestas que proporcionó el contribuyente. Es fundamental conocer la legislación tributaria básica.

La preparación de declaraciones de impuestos es un arte; saber qué preguntas hacer ayudará a determinar la mejor situación fiscal para la persona. La simple imputación de información al software no prepara una declaración de impuestos precisa. El dicho es cierto: "basura entra, basura sale". Ingresar información incorrecta para que el contribuyente reciba un reembolso mayor no es la mejor situación para usted o el cliente. Este capítulo le brinda una breve descripción de los formularios del año actual y ejemplos de preguntas para determinar la mejor posición fiscal para el contribuyente. Hacerle al contribuyente las preguntas correctas desde el principio le brinda al preparador de impuestos las respuestas precisas necesarias para completar la declaración de impuestos.

Objetivos

Al final de esta lección, el alumno habrá aprendido lo siguiente:

> Identificar las diferentes secciones del Formulario 1040.
> Reconocer los elementos de cada sección.
> Comprender la importancia de hacer preguntas para determinar la mejor situación fiscal para el cliente.
> Memorizar las preguntas de cada sección para crear un estilo de entrevista individual.

Recursos

Formulario 1040 Anexo 1 Anexo 2 Anexo 3	Publicación 17 Tema fiscal 301, 303, 352	Formulario de instrucciones 1040 Ocho hechos sobre el estado civil de declaración

Table of Contents / Índice

Introduction	110
Introducción	111
Part 1: Form 1040	114
Filing Status	114
Parte 1: Formulario 1040	115
Estado civil de declaración	115
General Information: Name, Address, and Taxpayer Identification Number	116
Información general: nombre, dirección y número de identificación	117
Standard Deduction	120
Dependents	120
Deducción estándar	121
Dependientes	121
Income Form 1040, Lines 1 - 15	122
Ingreso, Formulario 1040, líneas 1-15	123
Income Recordkeeping	124
Mantenimiento de registros de ingresos	125
Form 1040, page 2, lines 16 - 33	126
Refund	126
Formulario 1040, página 2, líneas 16 a 33	127
Reembolso	127
Amount Owed	128
Third Party Designee	128
Cantidad adeudada	129
Tercero designado	129
Signing Form 1040	130
Paid Preparer Use Only	130
Firma del formulario 1040	131
Solo para uso del preparador pagado	131
Form 1040-SR, for seniors.	132
Formulario 1040-SR, para personas mayores.	133
Part 1 Review Questions	134
Parte 1 Preguntas de repaso	135
Part 1 Review Questions Answers	138
Parte 1 Repuestas a las preguntas de repaso	139
Part 2: Schedule 1, 2, & 3	140
Adjustments and Deductions	140
Parte 2: Anexo 1, 2 y 3	141
Ajustes y deducciones	141
Form 1040, Schedule 1, Part I	142
Form 1040, Schedule 1, Part I	143
Parte I, Anexo 1 del Formulario 1040	144
Formulario 1040, Anexo 1, Parte II	145
Schedule 2: Additional Taxes	146
Schedule 2 Part II – Other Taxes	146
Anexo 2: Impuestos adicionales	147
Anexo 2 Parte II - Otros impuestos	147
Part 2 Review Questions	152
Parte 2 Preguntas de repaso	153
Part 2 Review Questions Answers	154
Parte 2 Respuestas a las preguntas de repaso	155
Part 3: Filing the Federal Tax Return	156

Why Everyone Needs to File 156
The Filing Process..156
Parte 3: Presentación de la declaración de impuestos federales 157
Por qué todo el mundo necesita presentar..157
El proceso para declarar 157
How to Assemble a Federal Tax Return 158
Where to File a Return 158
Cómo armar una declaración de impuestos federal 159
¿Dónde presentar una declaración?...159
When to File a Return 160
Filing Deadlines 160
¿Cuándo presentar una declaración?...161
Plazos de declaración 161
How to File a Return 162
Where to File a Return 162
Part 3 Review Questions 162
¿Cómo presentar una declaración?..163
¿Dónde presentar una declaración?...163
Parte 3 Preguntas de repaso...163
Part 3 Review Questions Answers 164
Parte 3 Respuestas a las preguntas de repaso 165
Part 4: What is an ITIN?..166
Who needs an ITIN? 166
Parte 4: ¿Qué es un ITIN?..167
¿Quién necesita un ITIN?..167
Reason to Apply for an ITIN 168
La razón para solicitar un ITIN. 169
Applying for an ITIN 170
Para solicitar un ITIN..171
Individual Applicants 172
Document Standards for Dependent Children 172
Documentation Needed...172
Solicitudes individuales 173
Documentos estándar para hijos dependientes...173
Documentos que necesita..173
Common Errors on Form W-7 174
Errores comunes en el Formulario W-7 175
ITIN Tax Related Exceptions 176
Excepciones tributarias relacionadas al ITIN 177
Student and Exchange Visitor Program 186
Programa de intercambio de visitantes 187
Aliens 188
Tax Return Compliance 188
Extranjeros 189
Cumplimiento con la declaración de impuestos...189
Part 4 Review Questions 190
Parte 4 Preguntas de repaso...191
Part 4 Review Questions Answers 192
Parte 4 Repuestas a las preguntas de repaso 193
Takeaways 194
Aportes..195

Part 1: Form 1040

The Tax Cuts and Jobs Act changed Form 1040 and the forms changed again in 2020. Six (6) schedules were used for the 2018 tax year filing, and for 2020 tax year filing there are 3 schedules.

The following sections are found on the 2020 Form 1040:

- Filing Status
- General Information such as:
  - Name
  - Address
  - Taxpayer Identification Number
- Standard Deduction Dependents
- Income
- Refund
- Amount You Owe
- Third Party Designee
- Sign Here
- Paid Preparer Use Only

Filing Status

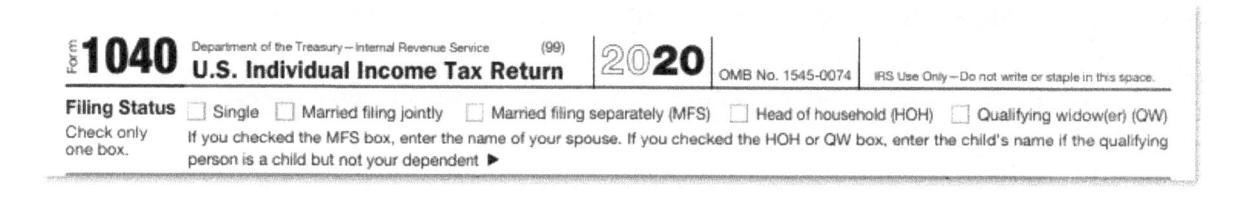

There are five filing status for the federal return:

- Single (S)
- Married filing jointly (MFJ)
- Married filing separately (MFS)
- Head of household (HH)
- Qualifying widow(er) (QW) also referred to surviving spouse (SS)

Parte 1: Formulario 1040

La Ley de Reducción de Impuestos y Empleos cambió el Formulario 1040 y los formularios cambiaron nuevamente en 2020. Se utilizaron seis (6) anexos para la declaración del año fiscal 2019, y 3 anexos para la declaración del año fiscal 2020.

Las siguientes secciones se encuentran en el Formulario 1040 de 2020:

- Estado civil de declaración
- Información general como:
   - Nombre
   - Dirección
   - Número de identificación del contribuyente
- Dependientes con deducción estándar
- Ingresos
- Reembolso
- Cantidad que adeuda
- Tercero designado
- Firme aquí
- Solo para el uso del preparador pagado

Estado civil de declaración

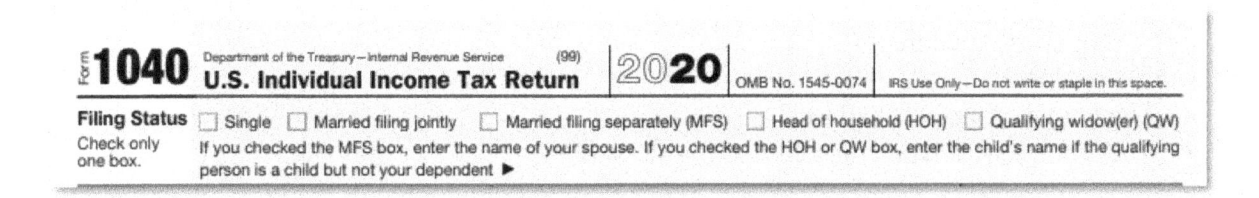

Existen cinco estados civiles de declaración federal:

- Soltero (S)
- Casado declarando conjuntamente (MFJ)
- Casado declarando por separado (MFS)
- Cabeza de familia (HH)
- Viudo(a) calificado (QW) también se refiere al cónyuge sobreviviente (SS)

Filing status is determined on the last day of the tax year. A detailed explanation of filing status will be discussed in a later chapter.

Interview Pointers

Below are sample questions to ask to determine a taxpayer's best filing status:

- Are you single?
- Are you married?
- Do you have children?
- Did the children live with you the entire year?
- How many months did the children live with you?
- What documentation do you have to prove the children lived with you?
- Does anyone else live in your house?
- Do you live with another taxpayer?

It is necessary that the tax professional determines the correct filing status by asking pertinent questions such as above.

General Information: Name, Address, and Taxpayer Identification Number

The reason to gather information from the taxpayer is to prepare an accurate tax return. Information collected verifies the taxpayer's identity and the taxpayer's spouse if filing jointly. The taxpayer will be glad you asked relevant questions to complete his or her tax return accurately. Following a straightforward interview process to gather taxpayer's information makes preparing the tax return easier and prevents misunderstanding between you and your client.

The following personal information is needed from the client:

- A current government-issued form of photo identification for the taxpayer and his or her spouse, if filing jointly.
- The taxpayer or spouse's SSN, ITIN, ATIN, or TIN.
- The following information for each dependent, if applicable:
  - SSN, ITIN, ATIN, or TIN.
  - Date of birth.
  - Current address.
  - Income.
- The taxpayer's current address.
- The amount of total income earned for the year.

If the taxpayer is filing Married Filing Jointly, gather the information listed below from both the taxpayer and spouse to complete the return. Make sure to ask the following information:

- Name of taxpayer and spouse.
- Social Security numbers or taxpayer identification numbers for all individuals listed on the tax return.
- Date of birth (DOB) for everyone on the tax return.
- Date of death (DOD), if the taxpayer or spouse died during the tax year.
- Current Address (you can use a PO Box). If the client uses a bank product, a physical address could be required. The address could be in a foreign country, but not for a bank product.

El estado civil para efectos de la declaración se determina el último día del año fiscal. En un capítulo posterior se analizará una explicación detallada del estado civil para efectos de la declaración.

Consejos para entrevistas

A continuación, se muestran ejemplos de preguntas para determinar el mejor estado civil para efectos de la declaración de un contribuyente:

- ¿Está soltero?
- ¿Está casado?
- ¿Tiene hijos?
- ¿Vivieron los hijos con usted todo el año?
- ¿Cuántos meses vivieron sus hijos con usted?
- ¿Qué documentación tiene para demostrar que los hijos vivieron con usted?
- ¿Alguien más vive en su casa?
- ¿Vive con otro contribuyente?

Es necesario que el profesional de impuestos determine el estado civil correcto al hacer preguntas pertinentes como las anteriores.

Información general: nombre, dirección y número de identificación del contribuyente

La razón para recopilar información del contribuyente es preparar una declaración de impuestos precisa. La información recopilada verifica la identidad del contribuyente y el cónyuge del contribuyente si presenta una declaración conjunta. El contribuyente se alegrará de que haya hecho preguntas relevantes para completar su declaración de impuestos con precisión. Seguir un proceso de entrevista sencillo para recopilar la información del contribuyente facilita la preparación de la declaración de impuestos y evita malentendidos entre usted y su cliente.

Se necesita la siguiente información personal del cliente:

- Una forma vigente de identificación con foto emitida por el gobierno para el contribuyente y su cónyuge, si presenta una declaración conjunta.
- El SSN, ITIN, ATIN o TIN del contribuyente o cónyuge.
- La siguiente información para cada dependiente, si corresponde:
    - SSN, ITIN, ATIN o TIN.
    - Fecha de nacimiento.
    - Dirección actual.
    - Ingresos.
- La dirección actual del contribuyente.
- La cantidad de ingresos totales obtenidos durante el año.

Si el contribuyente declara conjuntamente como casado, recopile la información que se indica a continuación tanto del contribuyente como del cónyuge para completar la declaración. Asegúrese de pedir la siguiente información:

- Nombre del contribuyente y cónyuge.
- Números del seguro social o números de identificación del contribuyente de todas las personas que figuran en la declaración de impuestos.
- Fecha de nacimiento (DOB) de todas las personas que figuran en la declaración de impuestos.
- Fecha de fallecimiento (DOD), si el contribuyente o cónyuge falleció durante el año fiscal.
- Dirección actual (puede utilizar un apartado postal). Si el cliente utiliza un producto bancario, se podría requerir una dirección física. La dirección puede estar en un país extranjero, pero no para un producto bancario.

Señor 1040 Says: Remember, always ask for an official document to verify a client's DOB or DOD.

The names of the taxpayer and spouse (if applicable) must match the names on their Social Security cards, Adoption Tax Identification Numbers (ATIN), or Individual Tax Identification Numbers (ITIN). If the couple has recently married and has not filed the name change with the Social Security Administration, the current name on the Social Security card must be used. If not, the return could be rejected when filing electronically. Taxpayers who do not have a Social Security Number (SSN) should apply for an SSN or an ITIN. When filing a federal return the Social Security Administration records are used to match all names, Social Security numbers, and date of birth, for everyone on the tax return.

The exception to this is when a taxpayer is filing his or her tax return with an ITIN; in these cases, the SSN on the W-2 most likely will not match.

When information is gathered, the tax preparer should make sure all W-2 forms match the taxpayer and spouse's Social Security numbers displayed on their Social Security cards. If not, the taxpayer must have the employer correct the tax document(s). Tax professionals need to ensure documents are accurate before filing the return.

Interview Pointers

Here are questions to ask regarding the taxpayers' personal information, which will help in determining changes from the prior year return and the current year filing status.

- Did you bring your Social Security card(s)?
- Did any personal changes occur (divorce, marriage, new dependents, deaths, etc.)?
- Did your name change?
- Did you get married?
- Did you get divorced?
- Was there a death in the family?
- Did you have a job change?
- Did you have any births during the year?
- Do you want to contribute $3.00 to the Presidential Election Campaign Fund?

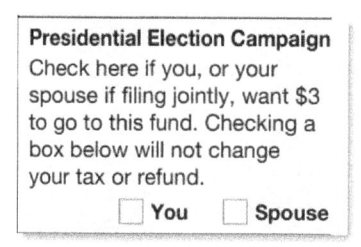

Presidential Election Campaign
Check here if you, or your spouse if filing jointly, want $3 to go to this fund. Checking a box below will not change your tax or refund.
☐ You   ☐ Spouse

The Presidential Election Campaign Fund helps pay for Presidential Election Campaigns. The fund is intended to reduce a candidate's dependence on large contributions from individuals and groups, and place candidates on an equal financial footing for the general election. The fund also helps pay for pediatric medical research. If the taxpayer wants $3 to go to the fund, check the box. If the taxpayer is filing a joint return, both taxpayers can have $3 each go to the fund. Checking the box does not affect the refund amount or the amount owed.

El señor 1040 dice: recuerde, siempre pida un documento oficial para verificar la fecha de nacimiento o deceso de un cliente.

Los nombres del contribuyente y del cónyuge (si corresponde) deben coincidir con los nombres en sus tarjetas del seguro social, números de identificación fiscal de adopción (ATIN) o números de identificación fiscal individual (ITIN). Si la pareja se ha casado recientemente y no ha presentado el cambio de nombre ante la Administración del Seguro Social, se debe usar el nombre actual en la tarjeta del seguro social. De lo contrario, la declaración podría rechazarse al presentarla electrónicamente. Los contribuyentes que no tienen un número de seguro social (SSN) deben solicitar un SSN o un ITIN. Al presentar una declaración federal, los registros de la Administración del Seguro Social se utilizan para coincidir con todos los nombres, números de seguro social y fecha de nacimiento de todas las personas que figuran en la declaración de impuestos.

La excepción a esto es cuando un contribuyente presenta su declaración de impuestos con un ITIN; en estos casos, el SSN en el W-2 probablemente no coincidirá.

Cuando se recopila información, el preparador de impuestos debe asegurarse de que todos los formularios W-2 coincidan con los números de seguro social del contribuyente y del cónyuge que aparecen en sus tarjetas del seguro social. De lo contrario, el contribuyente debe pedirle al empleador que corrija los documentos tributarios. Los profesionales de impuestos deben asegurarse de que los documentos sean precisos antes de presentar la declaración.

Consejos para entrevistas

A continuación, se incluyen preguntas sobre la información personal de los contribuyentes, que ayudarán a determinar los cambios de la declaración del año anterior y el estado civil del año actual.

- ¿Trajo su(s) tarjeta(s) del seguro social?
- ¿Se produjeron cambios personales (divorcio, matrimonio, nuevos dependientes, fallecimiento, etc.)?
- ¿Cambió su nombre?
- ¿Se casó?
- ¿Se divorció?
- ¿Murió algún familiar?
- ¿Tuvo un cambio de trabajo?
- ¿Tuvo algún parto durante el año?
- ¿Quiere aportar $3 al Fondo de Campaña de Elecciones Presidenciales?

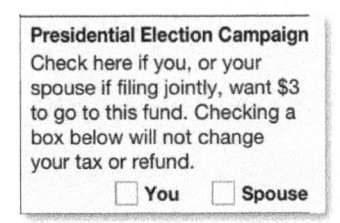

Presidential Election Campaign
Check here if you, or your spouse if filing jointly, want $3 to go to this fund. Checking a box below will not change your tax or refund.
☐ You ☐ Spouse

El Fondo de Campaña de Elecciones Presidenciales ayuda a pagar las campañas electorales presidenciales. El fondo está destinado a reducir la dependencia de un candidato de grandes contribuciones de individuos y grupos y coloca a los candidatos en igualdad de condiciones financieras en las elecciones generales. El fondo también ayuda a pagar la investigación médica pediátrica. Si el contribuyente quiere $3 para este fondo, marque la casilla. Si el contribuyente presenta una declaración conjunta, ambos contribuyentes pueden aportar $3 cada uno para el fondo. Marcar la casilla no afecta el monto del reembolso ni el monto adeudado.

Compiling Taxpayer Information

Standard Deduction

Standard deduction is based on the taxpayer's filing status. Itemized deduction is generally used when the taxpayer's deduction exceeds their standard deduction. Subtracting applicable deductions from the taxpayer's total income becomes the taxpayer's adjusted gross income.

The standard deduction amount depends on the taxpayer's filing status. Other factors that determine the amount of the allowable standard deduction are as follows:

- Is the taxpayer considered age 65 or older?
- Is the taxpayer blind?
- Is the taxpayer claimed as a dependent on another individual's tax return?

Blind taxpayers and taxpayers over the age of 65 each have an additional exemption that can be marked when filing status is determined.

Deduction amounts apply to most people and are for the current year's filing status.*

Filing Status and Standard Deduction	Tax Year 2019	Tax Year 2020	Tax Year 2021
Single	$12,200	$12,400	$12,550
Married Filing Jointly and Qualifying Widow(er)	$24,400	$24,800	$25,100
Married Filing Separately	$12,200	$12,550	$12,550
Head of Household	$18,350	$18,650	$18,800

*Do not use this chart if:

- The taxpayer was born before January 2, 1956.
- The taxpayer is blind.
- Someone else can claim the taxpayer or taxpayer's spouse as a dependent if filing status is MFJ.

Dependents

Basic information to collect is:

- Dependent(s) name (as it appears on the SSN, ATIN, or ITIN).
- DOB of the dependent(s).
- Relationship.

Note: If you prepare the tax return by hand, there is no place to enter the DOB (just remember that the dependent's age is important to calculate certain credits).

Deducción estándar

La deducción estándar se basa en el estado civil del contribuyente. La deducción detallada se usa generalmente cuando la deducción del contribuyente excede su deducción estándar. Restar las deducciones aplicables del ingreso total del contribuyente se convierte en el ingreso bruto ajustado del contribuyente.

El monto de la deducción estándar se basa en el estado civil del contribuyente. Otros factores que determinan el monto de la deducción estándar permitida son los siguientes:

- ¿Se considera al contribuyente de 65 años o más?
- ¿Está el contribuyente ciego?
- ¿Se reclama al contribuyente como dependiente en la declaración de impuestos de otra persona?

Los contribuyentes ciegos y los contribuyentes mayores de 65 años tienen cada uno una exención adicional que se puede marcar cuando se determina el estado civil para efectos de la declaración.

Estos montos de deducción se aplican a la mayoría de las personas y corresponden al estado civil del año en curso.*

Estado civil de declaración y deducción estándar	Año tributario 2019	Año tributario 2020	Año tributario 2021
Soltero	$12,200	$12,400	$12,550
Casado declarando conjuntamente y viudo/a calificado/a	$24,400	$24,800	$24,950
Casado declarando por separado	$12,200	$12,550	$12,550
Cabeza de familia	$18,350	$18,650	$18,800

*No use esta tabla si:

- El contribuyente nació antes del 2 de enero de 1956.
- El contribuyente es ciego.
- Alguien más puede reclamar al contribuyente o al cónyuge del contribuyente como dependiente si el estado civil es casado declarando de forma conjunta.

Dependientes

La información básica que se recopila es:

- Nombre del dependiente (como aparece en el SSN, ATIN o ITIN).
- Fecha de nacimiento del dependiente.
- Parentesco.

Nota: Si prepara la declaración de impuestos a mano, no hay lugar para ingresar la fecha de nacimiento (solo recuerde que la edad del dependiente es importante para calcular ciertos créditos).

Compiling Taxpayer Information

Only four lines are given for dependents. Mark the box and follow the instructions to add an additional sheet. When you prepare the tax return by hand, attach a statement with the required information for the dependents. When the return is prepared with software, the worksheet should be generated automatically. Make sure that the worksheet is attached to the tax return.

Interview Pointers

Here are questions to ask to determine if the taxpayer has qualifying dependents:

- Do you have any dependents?
- Did the dependents live with you?
- Did the dependents live with you the entire year?
- Do you have proof that the dependents live with you?
    - Lease agreement
    - School records
    - Medical records
- Do you have the dependents' SSN, ATIN, or ITIN documentation with you? If not, can you bring them in later so I can keep a copy for our records?
- What are the dependents' dates of birth?
- Can somebody else claim them as dependents?

Dependents will be studied in detail in a later chapter.

Income Form 1040, Lines 1 - 15

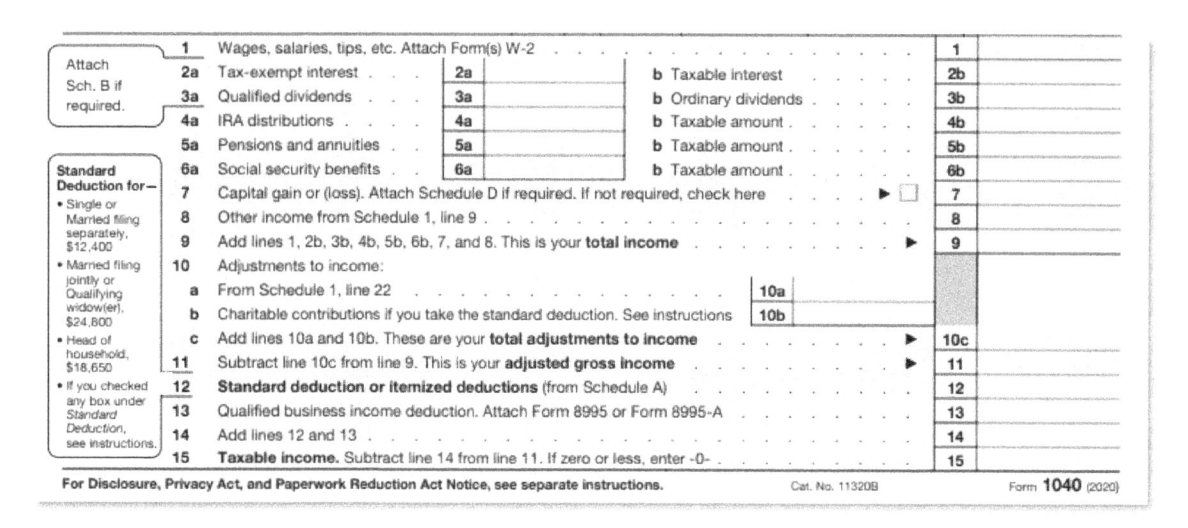

The tax information needed to complete this section includes all income for both the taxpayer and the spouse if Married Filing Jointly. Sources of income include:

- Form W-2 series
- Form 1099 series (INT, DIV, Misc., R, etc.)
- Social Security
- Standard deduction based on filing status
- Qualified business income (QBI) deduction (discussed later in the business chapter)

Wage income is reported on Form 1040, line 1. Interest is reported on Form 1040, line 2a and 2b. Qualified dividends are reported on Form 1040, line 3a and 3b. IRAs, pensions, and annuities are reported on Form 1040, line 4a – 4d. Social Security benefits are reported on Form 1040, line 5.

Solo dispone de cuatro líneas para dependientes. Marque la casilla y siga las instrucciones para agregar una hoja adicional. Cuando prepare la declaración de impuestos a mano, adjunte una declaración con la información requerida para los dependientes. Cuando la declaración se prepara con software, la hoja de trabajo debe generarse automáticamente. Asegúrese de que la hoja de trabajo esté adjunta a la declaración de impuestos.

Consejos para entrevistas

A continuación, se incluyen preguntas para determinar si el contribuyente tiene dependientes calificados:

- ¿Tiene dependientes?
- ¿Vivían los dependientes con usted?
- ¿Vivieron los dependientes con usted todo el año?
- ¿Tiene prueba de que los dependientes viven con usted?
    - Contrato de arrendamiento
    - Registros escolares
    - Registros médicos
- ¿Tiene el SSN, ATIN o ITIN de los dependientes con usted? Si no es así, ¿puede traerlos más tarde para que pueda guardar una copia para nuestros registros?
- ¿Cuáles son las fechas de nacimiento de los dependientes?
- ¿Puede alguien más reclamarlos como dependientes?

Los dependientes se estudiarán en detalle en un capítulo posterior.

Ingreso, Formulario 1040, líneas 1-15

La información tributaria necesaria para completar esta sección incluye todos los ingresos tanto del contribuyente como del cónyuge si es casado que presenta una declaración conjunta. Las fuentes de ingresos incluyen:

- Formulario de la serie W-2
- Serie de formularios 1099 (INT, DIV, Misc., R, etc.)
- Seguro social
- Deducción estándar basada en el estado civil para efectos de la declaración
- Deducción de ingresos comerciales calificados (QBI) (que se analiza más adelante en el capítulo comercial)

El ingreso salarial se declara en el Formulario 1040, línea 1. Los intereses se informan en el Formulario 1040, línea 2a y 2b. Los dividendos calificados se informan en el Formulario 1040, líneas 3a y 3b. Las cuentas IRA, pensiones y anualidades se informan en el Formulario 1040, línea 4a - 4d. Los beneficios del seguro social se informan en la línea 5 del Formulario 1040.

Income Recordkeeping

Both taxpayer and tax professional must keep copies of all Form W-2s, 1099-INT, and Form 1099-DIVs and other income documents with the client's tax return. If parents elect to claim their children's investment income, those forms should be kept as well.

Interest earned as a beneficiary of an estate or trust is generally taxable income. Taxpayers should receive a Schedule K-1 for their portion of the interest. A copy of the Schedule K-1 should be kept with the tax return as well.

If the taxpayer is a U.S. citizen or resident alien, he or she must report income from sources outside the United States unless the income is exempt from U.S. law. The need to report all sources of income applies to all amounts of both earned and unearned income. See Publication 54 for more information.

Interview Pointers

Here are questions to ask to determine the type of income the taxpayer received and what tax form or schedule will be used to report the income:

- Did you receive a W-2 or W-2G?
- How many jobs did you have last year?
- Did you receive any income not reported on a W-2?
- Did you have any gambling or lottery winnings?
- Did you earn any interest or dividends?
  - Checking account
  - Savings account
- Have an investment broker?
  - Savings bonds, CDs
- Did you receive Social Security Benefits or railroad retirement benefits?
- Did you receive a pension?
- Did you take a distribution from an IRA?
  - Roth or Traditional?
- Did you receive alimony income or separate maintenance payments? (Reported on Schedule 1, line 2a)
- Did you receive disability income?
- Did you receive rental income? (Reported on Schedule 1, line 5)
- Do you own a business? (When a taxpayer has a business, you must perform an extensive and thorough interview to ensure the taxpayer reports all income including cash payments received for work or services performed as well as all expenses. As a preparer, you must make sure you have the necessary knowledge on Schedule C to prepare the tax return correctly. Do your due diligence: use Schedule 1!).
- Did you receive Form1099-MISC or Form 1099-NEC?
- Did you receive Form 1099-K?
- Did you receive an education scholarship? (Reported on Schedule 1, line 8)
- Did you receive a refund from state taxes last year? (Reported on Schedule 1, line 1)
- Did you receive income from other sources such as prizes, jury duty pay, Schedule K-1, royalties, foreign income, etc.? (Reported on Schedule 1, line 8)
- Did you receive unemployment or paid family leave? (Reported on Schedule 1, line 7)
- Did you receive any other form of income whatsoever? (Reported on Schedule 1, line 8)

Mantenimiento de registros de ingresos

Tanto el contribuyente como el profesional de impuestos deben guardar copias de todos los formularios W-2, 1099-INT y 1099-DIV y otros documentos de ingresos con la declaración de impuestos del cliente. Si los padres optan por reclamar los ingresos por inversiones de sus hijos, esos formularios también deben conservarse.

Los intereses devengados como beneficiario de un patrimonio o fideicomiso generalmente son ingresos sujetos a impuestos. Los contribuyentes deben recibir un Anexo K-1 por su parte del interés. También se debe guardar una copia del Anexo K-1 con la declaración de impuestos.

Si el contribuyente es ciudadano estadounidense o extranjero residente, debe declarar ingresos de fuentes fuera de los Estados Unidos, a menos que los ingresos estén exentos de la ley estadounidense. La necesidad de informar todas las fuentes de ingresos se aplica a todos los montos de ingresos salariales y no salariales. Consulte la publicación 54 para más información.

Consejos para entrevistas

A continuación, se incluyen preguntas para determinar el tipo de ingresos que recibió el contribuyente y qué formulario o anexo de impuestos se utilizará para declarar los ingresos:

- ¿Recibió un formulario W-2 o W-2G?
- ¿Cuántos trabajos tuvo el año pasado?
- ¿Recibió algún ingreso que no se declaró en un W-2?
- ¿Tuvo alguna ganancia en juegos de azar o lotería?
- ¿Ganó intereses o dividendos?
  - Cuenta corriente
  - Cuenta de ahorros
- ¿Tiene un corredor de inversiones?
  - Bonos de ahorro, CD
- ¿Recibió beneficios del seguro social o beneficios de jubilación ferroviaria?
- ¿Recibió una pensión?
- ¿Recibió una distribución de una IRA?
  - ¿Roth o tradicional?
- ¿Recibió ingresos por pensión alimenticia o pagos de manutención por separado? (Declarado en el Anexo 1, línea 2a)
- ¿Recibió ingresos por discapacidad?
- ¿Recibió ingresos por alquiler? (Reportado en el Anexo 1, línea 5)
- ¿Tiene un negocio? (Cuando un contribuyente tiene un negocio, debe realizar una entrevista extensa y exhaustiva para asegurarse de que el contribuyente declare todos los ingresos, incluidos los pagos en efectivo recibidos por el trabajo o los servicios realizados, así como todos los gastos. Como preparador, debe asegurarse de tener los conocimientos sobre el Anexo C o el Anexo C-EZ para preparar la declaración de impuestos correctamente. ¡Haga su debida diligencia: use el Anexo 1!).
- ¿Recibió el Formulario 1099-MISC o el Formulario 1099-NEC?
- ¿Recibió el Formulario 1099-K?
- ¿Recibió una beca de educación? (Declarado en el Anexo 1, línea 8)
- ¿Recibió un reembolso de los impuestos estatales el año pasado? (Declarado en el Anexo 1, línea 8)
- ¿Recibió ingresos de otras fuentes tales como premios, pago por servicio de jurado, Anexo K-1, regalías, ingresos extranjeros, etc.? (Declarado en el Anexo 1, línea 8)
- ¿Recibió licencia por desempleo o familiar remunerada? (Declarado en el Anexo 1, línea 7)
- ¿Recibió alguna otra forma de ingreso? (Declarado en el Anexo 1, línea 8)

Compiling Taxpayer Information

More information on Schedule 1 will be found later in this chapter.

Form 1040, page 2, lines 16 - 33

This section reports information from other forms and schedules. Line 16 is the tax the individual will need to pay. This includes additional tax as well as the income tax. Line 33 reports the total payments made by the individual through withholding, estimated payments or from credits.

Line	Description	Amount
16	Tax (see instructions). Check if any from Form(s): 1 ☐ 8814 2 ☐ 4972 3 ☐ _____	16
17	Amount from Schedule 2, line 3	17
18	Add lines 16 and 17	18
19	Child tax credit or credit for other dependents	19
20	Amount from Schedule 3, line 7	20
21	Add lines 19 and 20	21
22	Subtract line 21 from line 18. If zero or less, enter -0-	22
23	Other taxes, including self-employment tax, from Schedule 2, line 10	23
24	Add lines 22 and 23. This is your **total tax**	24
25	Federal income tax withheld from:	
25a	Form(s) W-2	25a
25b	Form(s) 1099	25b
25c	Other forms (see instructions)	25c
25d	Add lines 25a through 25c	25d
26	2020 estimated tax payments and amount applied from 2019 return	26
27	Earned income credit (EIC)	27
28	Additional child tax credit. Attach Schedule 8812	28
29	American opportunity credit from Form 8863, line 8	29
30	Recovery rebate credit. See instructions	30
31	Amount from Schedule 3, line 13	31
32	Add lines 27 through 31. These are your **total other payments and refundable credits**	32
33	Add lines 25d, 26, and 32. These are your **total payments**	33

- If you have a qualifying child, attach Sch. EIC.
- If you have nontaxable combat pay, see instructions.

Refund

Refund	34	If line 33 is more than line 24, subtract line 24 from line 33. This is the amount you **overpaid**	34
	35a	Amount of line 34 you want **refunded to you.** If Form 8888 is attached, check here ☐	35a
Direct deposit? See instructions.	▶b	Routing number	▶c Type: ☐ Checking ☐ Savings
	▶d	Account number	
	36	Amount of line 34 you want **applied to your 2021 estimated tax** ▶ 36	

On Form 1040, page 2, if the amount on line 33 is more than the amount on line 24, the taxpayer may receive a refund reported on line 34. If the taxpayer is receiving a refund and would like to have the refund deposited directly into a checking or savings account, enter the taxpayer's routing and account numbers on lines 35b and 35d. The account type (savings or checking) must be marked on line 35c.

Check Line 36 if the taxpayer wants the refund to be applied to their estimated payments for the following tax year.

A taxpayer must file Form 8888 if he or she would like to receive their refund by paper check or to have it deposited into up to three different accounts. Make sure to check the box at the end of line 35a to show that the form is attached. Not all software companies support this form; taxpayers wanting to file Form 8888 would need to file a paper return via mail.

Interview Pointers

These questions determine how the taxpayer will receive their refund:

➢ Do you want the refund to be directly deposited into your checking or savings account?

Se encontrará más información sobre el Programa 1 más adelante en este capítulo.

Formulario 1040, página 2, líneas 16 a 33

Esta sección reporta información de otros formularios y horarios. La línea 16 es el impuesto que deberá pagar la persona natural. Esto incluye impuestos adicionales, así como el impuesto sobre la renta. La línea 33 declara el total de pagos realizados por la persona a través de retenciones, pagos estimados o de créditos.

Reembolso

En el Formulario 1040, página 2, si la cantidad en la línea 33 es mayor que la cantidad en la línea 24, el contribuyente puede recibir un reembolso declarado en la línea 34. Si el contribuyente está recibiendo un reembolso y desea que el reembolso se deposite directamente en una cuenta corriente o de ahorros, ingrese los números de cuenta y de ruta del contribuyente en las líneas 35b y 35d. El tipo de cuenta (ahorros o corriente) debe estar marcado en la línea 35c.

Marque la línea 36 si el contribuyente desea que el reembolso se aplique a sus pagos estimados para el siguiente año tributario.

Un contribuyente debe presentar el Formulario 8888 si desea recibir su reembolso mediante cheque en papel o que se lo deposite en hasta tres cuentas diferentes. Asegúrese de marcar la casilla al final de la línea 35a para mostrar que el formulario está adjunto. No todas las empresas de software admiten este formulario; los contribuyentes que deseen presentar el Formulario 8888 deberán presentar una declaración en papel por correo.

Consejos para entrevistas

Estas preguntas determinan cómo el contribuyente recibirá su reembolso:

> ➢ ¿Quiere que el reembolso se deposite directamente en su cuenta corriente o de ahorros?

- ➤ Do you want a paper check from the IRS?
  - ○ If so, is the address on your tax return current?
- ➤ Would you like to have your refund applied to next year's estimated payments? (Normally, you would ask this question to self-employed taxpayers who are receiving a refund; this could lower the estimated payments.)

Amount Owed

Form 1040, page 2, line 37: Amount a taxpayer owes.

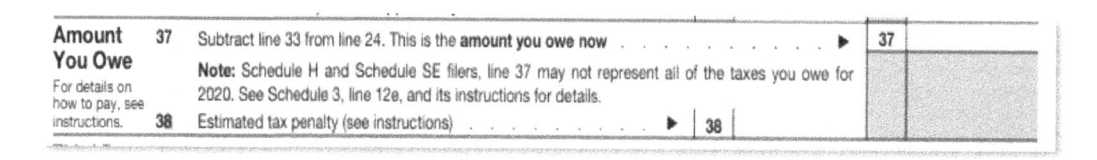

Amount You Owe	37	Subtract line 33 from line 24. This is the **amount you owe now** ▶	37	
For details on how to pay, see instructions.		Note: Schedule H and Schedule SE filers, line 37 may not represent all of the taxes you owe for 2020. See Schedule 3, line 12e, and its instructions for details.		
	38	Estimated tax penalty (see instructions) ▶	38	

Form 1040, page 2, line 38: The amount of penalty for not paying enough tax during the year.

This is reported using Form 2210, which should be attached to the return after completion.

Interview Pointers

These questions determine how the taxpayer will pay their balance due.

- ➤ Do you want to mail your balance due to the IRS?
- ➤ Do you want to pay your balance due on the EFTPS website?
- ➤ Do you want to pay your balance due with a credit card?

Third Party Designee

On Form 1040, page 2, is where the taxpayer would designate someone other than the preparer of the tax return.

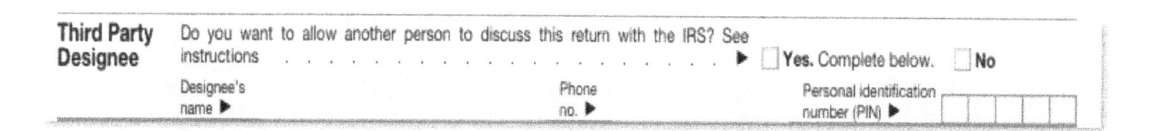

Third Party Designee	Do you want to allow another person to discuss this return with the IRS? See instructions ▶	☐ Yes. Complete below. ☐ No
	Designee's name ▶	Phone no. ▶	Personal identification number (PIN) ▶

Checking the yes box allows a third-party to talk on behalf of the taxpayer to provide certain information to the IRS. The authorization will automatically end no later than the filing due date for the current-year tax return (without extensions). For example, if the paid preparer is filing the tax return for tax year 2020 and the return is due on April 15, 2021, the authorization automatically expires on April 15, 2022.

A PIN (personal identification number) must be entered. PINs are not given or provided by any agency but are instead created by the third-party designee. However, whatever PIN is created must be kept and documented; this is what the IRS will ask for to verify they are talking to the correct third-party designee.

The IRS may call the designee to answer any questions that arise during the processing of the return. The designee may perform the following actions:

- ➤ ¿Quiere un cheque impreso del IRS?
  - o Si es así, ¿está actualizada la dirección en su declaración de impuestos?
- ➤ ¿Le gustaría que su reembolso se aplicara a los pagos estimados del próximo año? (Normalmente, haría esta pregunta a los contribuyentes que trabajan como independientes y que están recibiendo un reembolso; esto podría reducir los pagos estimados).

Cantidad adeudada

Formulario 1040, página 2, línea 37: Cantidad que adeuda un contribuyente.

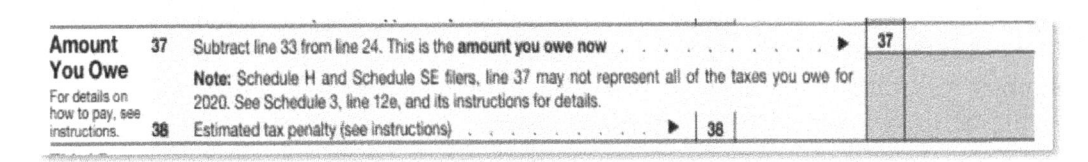

Formulario 1040, página 2, línea 38: El monto de la multa por no pagar suficientes impuestos durante el año.

Esto se informa utilizando el Formulario 2210, que debe adjuntarse a la declaración una vez completada.

Consejos para entrevistas

Estas preguntas determinan cómo pagará el contribuyente su saldo adeudado.

- ➤ ¿Quiere enviar su saldo adeudado al IRS?
- ➤ ¿Quiere pagar su saldo adeudado en el sitio web de EFTPS?
- ➤ ¿Quiere pagar su saldo adeudado con tarjeta de crédito?

Tercero designado

En el Formulario 1040, página 2, es donde el contribuyente designaría a alguien que no sea el preparador de la declaración de impuestos.

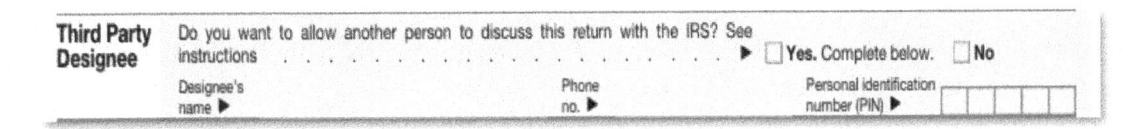

Marcar la casilla *sí* permite que un tercero hable en nombre del contribuyente para proporcionar cierta información al IRS. La autorización finalizará automáticamente a más tardar en la fecha límite de presentación de la declaración de impuestos del año en curso (sin prórrogas). Por ejemplo, si el preparador pagado presenta la declaración de impuestos para el año fiscal 2020 y la declaración vence el 15 de abril de 2021, la autorización vencerá automáticamente el 15 de abril de 2022.

Se debe ingresar un PIN (número de identificación personal). Los PIN no los proporciona ni suministra ninguna agencia, sino que los crea el tercero designado. Sin embargo, cualquier PIN que se cree debe guardarse y documentarse; esto es lo que solicitará el IRS para verificar que están hablando con el tercero designado correcto.

El IRS puede llamar a la persona designada para responder cualquier pregunta que surja durante el procesamiento de la declaración. La persona designada puede realizar las siguientes acciones:

Compiling Taxpayer Information

> ➢ Give information that is missing from the return to the IRS.
> ➢ Call the IRS for information that is missing from the tax return.
> ➢ Upon request, can receive copies of notices or transcripts related to the return.
> ➢ Can respond to certain IRS notices about math errors and the preparation of the return.

When checking the box, authorization is limited to matters concerning the processing of the tax return.

The preparer would use Form 8821, *Tax Information Authorization* if the taxpayer needed to authorize an individual or an organization to receive or inspect the taxpayer confidential tax return information but does not want to authorize an individual to represent the taxpayer before the IRS. If the taxpayer wanted to authorize an individual to receive or inspect their transcripts or confidential return information but does not want to authorize an individual to represent the taxpayer before the IRS, use Form 4506T, *Request for Transcript of Tax Return*.

Interview Pointers

The following questions determine if the taxpayer wants to authorize a third-party designee. Make sure you thoroughly understand what a third-party designee's responsibilities are.

> ➢ Would you like me to mark the box to be able to talk to the IRS regarding this return?
> ➢ Would you like to have another person talk to the IRS about your current year tax return?

Signing Form 1040

The taxpayer (and spouse if filing jointly) must sign the return in the section shown below from the second page of the 1040 form.

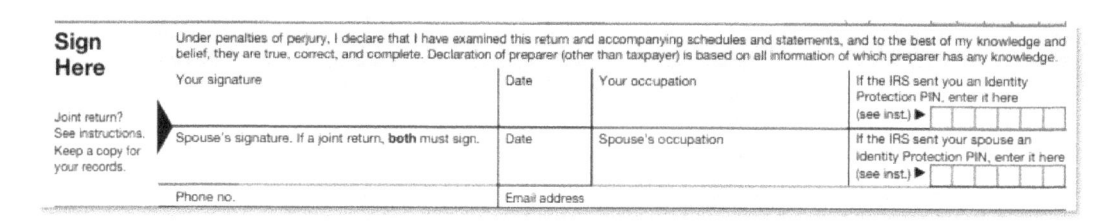

If either the taxpayer or spouse received an Identity Protection (IP) PIN from the IRS due to identity theft, the taxpayer must enter the number in the box provided. If both the taxpayer and spouse suffered from identity theft, only the taxpayer would enter the IP PIN. Make sure to enter the IP PIN on the correct line, if it was the spouse or taxpayer or both.

Paid Preparer Use Only

Compilación de información del contribuyente

> ➢ Proporcionar la información que falta en la declaración al IRS.
> ➢ Llamar al IRS para obtener la información que falta en la declaración de impuestos.
> ➢ Si lo solicita, puede recibir copias de avisos o transcripciones relacionadas con la declaración.
> ➢ Puede responder a ciertos avisos del IRS sobre errores matemáticos y la preparación de la declaración.

Al marcar la casilla, la autorización se limita a asuntos relacionados con la tramitación de la declaración de impuestos.

El preparador usaría el Formulario 8821, *Autorización de información fiscal* si el contribuyente necesita autorizar a una persona u organización para recibir o inspeccionar la información confidencial de la declaración de impuestos del contribuyente, pero no desea autorizar a una persona para representar al contribuyente ante el IRS. Si el contribuyente deseaba autorizar a una persona para recibir o inspeccionar sus transcripciones o información confidencial de la declaración, pero no desea autorizar a una persona para que represente al contribuyente ante el IRS, utilice el Formulario 4506T, *Solicitud de transcripción de declaración de impuestos*.

Consejos para entrevistas

Las siguientes preguntas determinan si el contribuyente desea autorizar a un tercero designado. Asegúrese de comprender a fondo cuáles son las responsabilidades de un tercero designado.

> ➢ ¿Le gustaría que marque la casilla para poder hablar con el IRS sobre esta declaración?
> ➢ ¿Le gustaría que otra persona hable con el IRS sobre su declaración de impuestos del año actual?

Firma del formulario 1040

El contribuyente (y su cónyuge si presentan una declaración conjunta) deben firmar la declaración en la sección que se muestra a continuación de la segunda página del formulario 1040.

Si el contribuyente o su cónyuge recibió un PIN de protección de identidad (IP) del IRS debido al robo de identidad, el contribuyente debe ingresar el número en el cuadro provisto. Si tanto el contribuyente como el cónyuge sufrieron robo de identidad, solo el contribuyente ingresaría el PIN de IP. Asegúrese de ingresar el PIN de IP en la línea correcta, si era el cónyuge, el contribuyente o ambos.

Solo para uso del preparador pagado

Compiling Taxpayer Information

Paid preparers must enter their PTIN, business name, business address, employer identification number (EIN), and business phone number. If the paid preparer is self-employed, he or she must check the box. The paid preparer must sign the return in the appropriate box; otherwise, the paid preparer could be charged a $50 penalty per return. This is a paid preparer penalty not a company penalty.

Form 1040-SR, for seniors.

The added benefit of Form 1040-SR is that it automatically calculates the higher standard deduction for seniors.

Señor 1040 Says: Remember, the additional exemption amount is only for taxpayer and spouse and is automatically added to the standard deduction.

Los preparadores pagados deben ingresar su PTIN, nombre comercial, dirección comercial, número de identificación del empleador (EIN) y número de teléfono comercial. Si el preparador pagado trabaja por cuenta propia, debe marcar la casilla. El preparador pagado debe firmar la declaración en la casilla correspondiente; de lo contrario, se le podría cobrar una multa de $50 por declaración. Esta es una multa pagada por preparador, no una multa de la compañía.

Formulario 1040-SR, para personas mayores.

El beneficio adicional del Formulario 1040-SR es que calcula automáticamente la deducción estándar más alta para las personas mayores.

El señor 1040 dice: recuerde, el monto de la exención adicional es solo para el contribuyente y el cónyuge y se agrega automáticamente a la deducción estándar.

When a taxpayer files Married filing separate and one spouse itemizes deductions, the other taxpayer must itemize their deductions even if their standard deduction gives the taxpayer a better tax break.

Interview Pointers

These questions determine if the taxpayer should use the standard or itemized deduction. For questions relating to home ownership, be aware that even though a taxpayer may own a home, it may be paid off and thus may not have enough deductions to itemize.

- Do you pay rent or own a home?
  - If a home is owned:
    - Did you pay mortgage interest?
    - Did you pay real estate taxes (property taxes)?
  - If a home was recently purchased:
    - Must see the buyers final closing statement
- Did you have medical expenses?
- Did you have debt from a mortgage or credit card canceled or forgiven by a commercial lender?
- Did you live in an area that was affected by a presidentially declared natural disaster?
  - If yes, where and when?
- Did you receive the First-Time Homebuyer Credit in 2008?
- Did you make any charitable contributions last year?
  - Were they cash or noncash?
  - Do you have receipts? Can you bring them to me so I can have a copy with your tax papers?
- Do you have medical insurance? (What the taxpayer pays out of pocket may be a deduction on Schedule A.)
- Did you receive Form 1095-A? (If so, the taxpayers' insurance premiums cannot be deducted on Schedule A.)
- Do you have an exemption granted by the Marketplace? (If so, you need that number to complete the tax return.)
- Did you take any higher education classes?
- Did you pay someone to care for your children? (Only ask if there are dependents on the return).

Part 1 Review Questions

To obtain the maximum benefit from this chapter, LTP recommends that you complete each of the following questions, and then compare them to the answers with feedback that immediately follow. Under governing self-study standards, vendors are required to present review questions intermittently throughout each self-study course.

Estas preguntas y explicaciones no forman parte del examen final y no serán calificadas por LTP.

Cuando un contribuyente presenta una declaración por separado y uno de los cónyuges detalla las deducciones, el otro contribuyente debe detallar sus deducciones incluso si su deducción estándar le da al contribuyente una mejor reducción de impuestos.

Consejos para entrevistas

Estas preguntas determinan si el contribuyente debe utilizar la deducción estándar o detallada. Para preguntas relacionadas con la propiedad de una vivienda, tenga en cuenta que, aunque un contribuyente pueda ser propietario de una vivienda, es posible que se pague y, por lo tanto, no tenga suficientes deducciones para detallar.

- ¿Paga alquiler o es dueño de una casa?
  - Si posee una casa:
    - ¿Pagó intereses hipotecarios?
    - ¿Pagó impuestos sobre bienes raíces (impuestos sobre la propiedad)?
  - Si se compró una casa recientemente:
    - Debe ver la declaración de cierre final del comprador
- ¿Tuvo gastos médicos?
- ¿Tuvo una deuda de una hipoteca o tarjeta de crédito cancelada o perdonada por un prestamista comercial?
- ¿Vivió en un área que fue afectada por un desastre natural declarado por el presidente?
  - Si es así, ¿dónde y cuándo?
- ¿Recibió el crédito para compradores de vivienda por primera vez en 2008?
- ¿Hizo alguna contribución benéfica el año pasado?
  - ¿Fueron en efectivo o no en efectivo?
  - ¿Tiene recibos? ¿Me los puede traer para que pueda tener una copia con sus documentos fiscales?
- ¿Tiene seguro médico? (Lo que el contribuyente paga de su bolsillo puede ser una deducción en el Anexo A.)
- ¿Recibió el Formulario 1095-A? (Si es así, las primas de seguro de los contribuyentes no se pueden deducir en el Anexo A).
- ¿Tiene una exención otorgada por el Mercado? (Si es así, necesita ese número para completar la declaración de impuestos).
- ¿Tomó alguna clase de educación superior?
- ¿Pagó a alguien para que cuidara a sus hijos? (Preguntar solo si hay dependientes en la planilla).

Parte 1 Preguntas de repaso

Para obtener el máximo beneficio de este capítulo, LTP recomienda completar cada una de las siguientes preguntas y luego compararlas con las respuestas con los comentarios que siguen inmediatamente. Bajo las normas de autoestudio de gobierno, los proveedores están obligados a presentar preguntas de revisión intermitentemente a lo largo de cada curso de autoestudio.

Estas preguntas y explicaciones no forman parte del examen final y no serán calificadas por LTP.

CTIP1.1
Which of the following is not a section on Form 1040?

a. Filing Status
b. Dependents
c. Income
d. Educator Expense

CTIP1.2
To confirm the taxpayer's identity, which of the following does not need to be collected?

a. Their expired government-issued photo identification.
b. Some documentation that confirms the taxpayer's current address.
c. The tax preparer should verify the Social Security number(s) for everyone on the tax return.
d. Date of birth.

CTIP1.3
When collecting information about dependents being claimed on a tax return, what is the basic information that is needed to be asked?

a. What is the dependent's nickname?
b. What is the dependent's relationship to the taxpayer?
c. What is the dependent's phone number?
d. What is the dependent's school address?

CTIP1.4
Which of the following does not need to be entered in the "Paid Preparer Use Only" section?

a. Preparer Tax Identification Number
b. Business Name
c. Business Address
d. IP PIN

CTIP1.5
What is the added benefit for using the Form 1040-SR?

a. Fonts size is automatically smaller.
b. The higher standard deduction is automatically added.
c. Paid preparers do not need to sign the return.
d. There are 4 pages instead of 2 pages for Form 1040-SR.

CTIP1.6
Kayla gave permission to Susan to check the box as her Third-party Designee. When will the authorization expire?

a. April 15, 2021
b. April 15, 2022
c. April 15, 2023
d. April 15, 2024

CTIP1.1
¿Cuál de las siguientes no es una sección del Formulario 1040?

    a. Estado civil de declaración
    b. Dependientes
    c. Ingreso
    d. Gastos de educador

CTIP1.2
Para confirmar la identidad del contribuyente, ¿cuál de las siguientes opciones no es necesaria recopilar?

    a. Su identificación con foto vencida emitida por el gobierno
    b. Alguna documentación que confirme la dirección actual del contribuyente
    c. El preparador de impuestos debe verificar el(los) número(s) de seguro social de todas las personas en la declaración de impuestos
    d. Fecha de nacimiento

CTIP1.3
Al recopilar información sobre los dependientes que se reclaman en una declaración de impuestos, ¿cuál es la información básica que se necesita preguntar?

    a. ¿Cuál es el apodo del dependiente?
    b. ¿Cuál es la relación del dependiente con el contribuyente?
    c. ¿Cuál es el número de teléfono del dependiente?
    d. ¿Cuál es la dirección de la escuela del dependiente?

CTIP1.4
¿Cuál de las siguientes opciones no debe ingresarse en la sección "Solo para uso del preparador pagado"?

    a. Número de identificación fiscal del preparador/
    b. Nombre comercial
    c. Dirección de negocios
    d. Número de identificación personal de IP

CTIP1.5
¿Cuál es el beneficio adicional para usar el Formulario 1040-SR?

    a. El tamaño de las letras es automáticamente menor.
    b. La deducción estándar más alta se añade automáticamente.
    c. Los preparadores pagados no necesitan firmar la devolución.
    d. Hay 4 páginas en lugar de 2 páginas para el Formulario 1040-SR.

CTIP1.6
Kayla le dio permiso a Susan para marcar la casilla como su designado de terceros. ¿Cuándo expirará la autorización?

    a. 15 de abril de 2021
    b. 15 de abril de 2022
    c. 15 de abril de 2023
    d. 15 de abril de 2024

Compiling Taxpayer Information

Part 1 Review Questions Answers

CTIP1.1
Which of the following is not a section on Form 1040?

   a. Filing Status
   b. Dependents
   c. Income
   d. Educator Expense

Feedback: Review section *The following sections are found on the 2020 Form 1040.*

CTIP1.2
To confirm the taxpayer's identity, which of the following does not need to be collected?

   a. Their expired government-issued photo identification.
   b. Some documentation that confirms the taxpayer's current address.
   c. The tax preparer should verify the Social Security number(s) for everyone on the tax return.
   d. Date of birth.

Feedback: Review section *General Information: Name, Address, and Identification Number.*

CTIP1.3
When collecting information about dependents being claimed on a tax return, what is the basic information that is needed to be asked?

   a. What is the dependent's nickname?
   b. What is the dependent's relationship to the taxpayer?
   c. What is the dependent's phone number?
   d. What is the dependent's school address?

Feedback: Review section *Dependents*.

CTIP1.4
Which of the following does not need to be entered in the "Paid Preparer Use Only" section?

   a. Preparer Tax Identification Number
   b. Business Name
   c. Business Address
   d. IP PIN

Feedback: Review section *Signing Form 1040*.

Parte 1 Repuestas a las preguntas de repaso

CTIP1.1
¿Cuál de las siguientes no es una sección del Formulario 1040?

  a. Estado civil de declaración
  b. Dependientes
  c. Ingreso
  d. Gastos de educador

Comentario: Revisa la sección de revisión *Las siguientes secciones se encuentran en el Formulario 1040 de 2020.*

CTIP1.2
Para confirmar la identidad del contribuyente, ¿cuál de las siguientes opciones no es necesaria recopilar?

  a. Su identificación con foto vencida emitida por el gobierno
  b. Alguna documentación que confirme la dirección actual del contribuyente
  c. El preparador de impuestos debe verificar el(los) número(s) de seguro social de todas las personas en la declaración de impuestos
  d. Fecha de nacimiento

Comentario: Revisa la sección *Información general: Nombre, dirección y número de identificación.*

CTIP1.3
Al recopilar información sobre los dependientes que se reclaman en una declaración de impuestos, ¿cuál es la información básica que se necesita preguntar?

  a. ¿Cuál es el apodo del dependiente?
  b. ¿Cuál es la relación del dependiente con el contribuyente?
  c. ¿Cuál es el número de teléfono del dependiente?
  d. ¿Cuál es la dirección de la escuela del dependiente?

Comentario: Revisa la sección *Dependientes.*

CTIP1.4
¿Cuál de las siguientes opciones no debe ingresarse en la sección "Solo para uso del preparador pagado"?

  a. Número de identificación fiscal del preparador/
  b. Nombre comercial
  c. Dirección de negocios
  d. Número de identificación personal de IP

Comentario: Revisa la sección *Firmar el Formulario 1040.*

CTIP1.5
What is the added benefit for using the Form 1040-SR?

a. Fonts size is automatically smaller.
b. The higher standard deduction is automatically added.
c. Paid preparers do not need to sign the return.
d. There are 4 pages instead of 2 pages for Form 1040-SR.

Feedback: Review section *Form 1040-SR for seniors.*

CTIP1.6
Kayla gave permission to Susan to check the box as her Third-party Designee. When will the authorization expire?

a. April 15, 2021
b. April 15, 2022
c. April 15, 2023
d. April 15, 2024

Feedback: Review section *Third Party Designee.*

Part 2: Schedule 1, 2, & 3

Instead of 6 Schedules that were needed in year 2020, the IRS has combined them into 3 for year 2021. Schedule 1 reports additional income and adjustments to income. Each schedule's form, if used, is attached to Form 1040; however, not every schedule is used for each taxpayer.

Adjustments and Deductions

So far we have discussed the percentage of your income that will be subject to taxation by the IRS, how that percentage is determined, and how your filing status affects the tax rate at different income levels. However, the amount of your income that percentage will be applied to can be reduced by items known as "adjustments" and "deductions". These do not lower your total tax bill, so if you end up owing $2,000 in taxes and receive an adjustment or deduction of $500, your tax bill is not lowered to $1,500. Instead, what is being lowered is the amount of income that is used to determine your tax rate.

For example, let's suppose a single woman made $10,000 in 2020. With this amount, $300 of her income would be subject to the 12% tax rate shown above. However, adjustments or deductions can lower the amount of her income that is used to decide her tax rate. If she received adjustments or deductions amounting to $500, then her taxable income (also referred to as "Adjusted Gross Income" or "AGI") would lower to $9,500, and she would not be taxed on that $300 because all of her income is now squarely within the 0% tax rate range due to her deductions.

Adjustments and deductions are often confused as they appear to function very similarly. The differences between the two will be explained in full throughout the course; but for now, the main difference you need to know is that Adjustments are used to lower your AGI before deductions are taken into account. This is important because your deduction amounts will be calculated based on that already-lowered AGI, meaning that the amount of adjustments to the income you might receive can directly affect the amount of deductions you can receive.

CTIP1.5
¿Cuál es el beneficio adicional para usar el Formulario 1040-SR?

   a. El tamaño de las letras es automáticamente menor.
   b. La deducción estándar más alta se añade automáticamente.
   c. Los preparadores pagados no necesitan firmar la devolución.
   d. Hay 4 páginas en lugar de 2 páginas para el Formulario 1040-SR.

Comentario: Revisa la sección *Formulario 1040-SR para personas de la tercera edad*.

CTIP1.6
Kayla le dio permiso a Susan para marcar la casilla como su designado de terceros. ¿Cuándo expirará la autorización?

   a. 15 de abril de 2021
   b. 15 de abril de 2022
   c. 15 de abril de 2023
   d. 15 de abril de 2024

Comentario: Revisa la sección *designación de terceros*.

Parte 2: Anexo 1, 2 y 3

En lugar de 6 Anexos que se necesitaban en el año 2020, el IRS los ha combinado en 3 para el año 2021. El Anexo 1 declara los ingresos adicionales y ajustes a los ingresos. El formulario de cada anexo, si se utiliza, se adjunta al formulario 1040; sin embargo, no se utilizan todos los anexos para cada contribuyente.

Ajustes y deducciones

Hasta ahora hemos discutido el porcentaje de sus ingresos que estarán sujetos a impuestos por parte del IRS, cómo se determina este porcentaje y cómo su estado de presentación afecta la tasa impositiva en diferentes niveles de ingresos. Sin embargo, el monto de sus ingresos a los que se aplicará ese porcentaje puede reducirse mediante artículos conocidos como "ajustes" y "deducciones". Estos no reducen su factura total de impuestos, por lo que si termina adeudando $2,000 en impuestos y recibe un ajuste o deducción de $500, su factura de impuestos no se reduce a $1,500. En cambio, lo que se está reduciendo es la cantidad de ingresos que se utiliza para determinar su tasa impositiva.

Por ejemplo, supongamos que una mujer soltera ganó $10,000 en 2020. Con esta cantidad, $300 de sus ingresos estarían sujetos a la tasa impositiva del 12% mostrada anteriormente. Sin embargo, los ajustes o deducciones pueden reducir el monto de sus ingresos que se utiliza para decidir su tasa impositiva. Si recibía ajustes o deducciones que ascendían a $500, entonces sus ingresos imponibles (también referidos como "Ingreso Bruto Ajustado" o "AGI") bajarían a $9,500, y no sería gravada sobre esos $300 porque todos sus ingresos están ahora directamente dentro del rango impositivo de 0% debido a sus deducciones.

Los ajustes y deducciones a menudo se confunden, ya que parecen funcionar de manera muy similar. Las diferencias entre ambos se explicarán en su totalidad a lo largo del curso; pero por ahora, la principal diferencia que debe saber es que los ajustes se utilizan para reducir su AGI antes de que se tomen en cuenta las deducciones. Esto es importante porque el monto de la deducción se calculará en función del AGI ya reducido, lo que significa que la cantidad de ajustes a los ingresos que podría recibir puede afectar directamente la cantidad de deducciones que puede recibir.

The government allows deductions, for the most part, for various types of expenses to help take the cost of maintaining your life into account when determining the amount of taxes that you owe. In other words, deductions exist to help make sure that you are being taxed on the amount of money you actually got to take home and keep after paying for all of the expenses that come with life rather than the total amount you were paid.

There are two main ways to calculate deductions: "standard" and "itemized". "Standard deductions" are set amounts of money that you will be allowed to deduct from your taxable income based on relatively simple conditions such as filing status. There is not much "wiggle room" within this amount and the standard deduction process is fairly generalized; typically, you either get the amount or you do not, and that is that. However, you can also "itemize" your deductions by taking each item or instance of medical and dental expense, taxes, interest, charitable contributions, and casualty and theft losses at a time, calculating the deduction amount for each individual instance, and then adding them up to calculate your total deduction amount. Taxpayers are typically free to choose to either itemize their deductions or take the standard deduction amounts, and they are encouraged to calculate both and then choose which option will save them more money.

Form 1040, Schedule 1, Part I

SCHEDULE 1 (Form 1040) Department of the Treasury Internal Revenue Service	**Additional Income and Adjustments to Income** ▶ Attach to Form 1040, 1040-SR, or 1040-NR. ▶ Go to www.irs.gov/Form1040 for instructions and the latest information.	OMB No. 1545-0074 **2020** Attachment Sequence No. 01
Name(s) shown on Form 1040, 1040-SR, or 1040-NR		Your social security number

Part I Additional Income

1	Taxable refunds, credits, or offsets of state and local income taxes	1	
2a	Alimony received	2a	
b	Date of original divorce or separation agreement (see instructions) ▶		
3	Business income or (loss). Attach Schedule C	3	
4	Other gains or (losses). Attach Form 4797	4	
5	Rental real estate, royalties, partnerships, S corporations, trusts, etc. Attach Schedule E	5	
6	Farm income or (loss). Attach Schedule F	6	
7	Unemployment compensation	7	
8	Other income. List type and amount ▶	8	
9	Combine lines 1 through 8. Enter here and on Form 1040, 1040-SR, or 1040-NR, line 8	9	

Additional income consists of the following items:

- ➢ Taxable refunds.
- ➢ Alimony received.
- ➢ Capital gains reported on Form 4797.
- ➢ Income or loss reported on Schedule C, E, or F.
- ➢ Unemployment and paid family leave.
- ➢ Other income such as hobby income.

Total income is the combination of all lines from Form 1040, Schedule 1, Part I. Some income reported on Schedule 1, line 3, 4, 5, and 6 could result in a negative number that is subtracted from the total income.

El gobierno permite deducciones, en su mayor parte, para varios tipos de gastos para ayudar a tomar en cuenta el costo de mantener su vida al determinar la cantidad de impuestos que debe. En otras palabras, existen deducciones para ayudar a asegurarse de que usted está siendo gravado sobre la cantidad de dinero que realmente tiene que llevar a casa y mantener después de pagar todos los gastos que vienen con la vida en lugar de la cantidad total que se le pagó.

Hay dos maneras principales de calcular las deducciones: "estándar" y "detalladas". Las "deducciones estándar" son cantidades fijas de dinero que se le permitirá deducir de sus ingresos imponibles en base a condiciones relativamente simples, como el estado de presentación. No hay mucho "margen de maniobra" dentro de esta cantidad y el proceso de deducción estándar está bastante generalizado; normalmente, se obtiene la cantidad o no, y esto es todo. Sin embargo, también puede "detallar" sus deducciones tomando cada artículo o instancia de gastos médicos y dentales, impuestos, intereses, contribuciones caritativas y pérdidas por accidentes y robos a la vez, calculando el monto de deducción para cada instancia individual, y luego agregándolos para calcular su monto total de deducción. Por lo general, los contribuyentes son libres de elegir detallar sus deducciones o tomar los montos estándar de deducción, y se les anima a calcular ambos y luego elegir qué opción les ahorrará más dinero.

Form 1040, Schedule 1, Part I

Los ingresos adicionales se componen de los siguientes conceptos:

- ➢ Reembolsos sujetos a impuestos.
- ➢ Pensión alimenticia recibida.
- ➢ Ganancias de capital informadas en el Formulario 4797.
- ➢ Ingresos o pérdidas declarados en el Anexo C, E o F.
- ➢ Licencia por desempleo y familiar remunerada.
- ➢ Otros ingresos, como ingresos por pasatiempos.

El ingreso total es la combinación de todas las líneas del Formulario 1040, Anexo 1, Parte I. Algunos ingresos declarados en el Anexo 1, líneas 3, 4, 5 y 6 podrían resultar en un número negativo que se resta del ingreso total.

Parte I, Anexo 1 del Formulario 1040

Part II	Adjustments to Income		
10	Educator expenses	10	
11	Certain business expenses of reservists, performing artists, and fee-basis government officials. Attach Form 2106	11	
12	Health savings account deduction. Attach Form 8889	12	
13	Moving expenses for members of the Armed Forces. Attach Form 3903	13	
14	Deductible part of self-employment tax. Attach Schedule SE	14	
15	Self-employed SEP, SIMPLE, and qualified plans	15	
16	Self-employed health insurance deduction	16	
17	Penalty on early withdrawal of savings	17	
18a	Alimony paid	18a	
b	Recipient's SSN ▶		
c	Date of original divorce or separation agreement (see instructions) ▶		
19	IRA deduction	19	
20	Student loan interest deduction	20	
21	Tuition and fees deduction. Attach Form 8917	21	
22	Add lines 10 through 21. These are your **adjustments to income.** Enter here and on Form 1040, 1040-SR, or 1040-NR, line 10a	22	

For Paperwork Reduction Act Notice, see your tax return instructions. Cat. No. 71479F   Schedule 1 (Form 1040) 2020

Adjusting one's income is not the same as filing Schedule A to itemize deductions; it is lowering the taxpayer's gross income to pay the least amount of tax, which consists of the following:

- Educator expense.
- Alimony paid (if the agreement was signed prior to December 31, 2018).
- Deductible part of self-employment tax.
- Sale of stocks or assets (if the taxpayer had a loss and not a gain on the sale).
- Contributing to an IRA, SEP, SIMPLE, and other qualified plans.

Interview Pointers

To determine a taxpayer's adjusted gross income (AGI) on line 11, the following must be asked:

- Did you pay alimony or separate maintenance payments?
- Were there any changes in your tax status from last year to this year?
- Do you have an IRA?
- What life changes did you have this year?
- Did you pay interest on any student loans?
- If the W-2 is from a school district: "I see that you have a W-2 from a school district. What do you do for the school district?"
    - Based on the answer you may be able to determine if the taxpayer qualifies for the educator expense.
- If the individual has more than one W-2: "I see that you have two different W-2s. Did you change jobs this year? If so, did you move? If so, how far is it from your old workplace to your new workplace?"
- If the W-2 is from the armed forces: "I see that you have a W-2 from the armed forces. Are you full-time or in the reserves?"

The taxpayer can choose to itemize deductions or use standard deductions to reduce their taxable income. Standard deductions are based on the taxpayer's filing status. Itemized deduction is generally used when the taxpayer's deduction exceeds their standard deduction. Subtracting applicable deductions from the taxpayer's total income becomes the taxpayer's adjusted gross income.

Formulario 1040, Anexo 1, Parte II

Part II	Adjustments to Income	
10	Educator expenses	10
11	Certain business expenses of reservists, performing artists, and fee-basis government officials. Attach Form 2106	11
12	Health savings account deduction. Attach Form 8889	12
13	Moving expenses for members of the Armed Forces. Attach Form 3903	13
14	Deductible part of self-employment tax. Attach Schedule SE	14
15	Self-employed SEP, SIMPLE, and qualified plans	15
16	Self-employed health insurance deduction	16
17	Penalty on early withdrawal of savings	17
18a	Alimony paid	18a
b	Recipient's SSN . . . . ▶	
c	Date of original divorce or separation agreement (see instructions) ▶	
19	IRA deduction	19
20	Student loan interest deduction	20
21	Tuition and fees deduction. Attach Form 8917	21
22	Add lines 10 through 21. These are your **adjustments to income.** Enter here and on Form 1040, 1040-SR, or 1040-NR, line 10a	22

For Paperwork Reduction Act Notice, see your tax return instructions. Cat. No. 71479F Schedule 1 (Form 1040) 2020

Ajustar los ingresos de una persona no es lo mismo que presentar el Anexo A para detallar las deducciones; está bajando el ingreso bruto del contribuyente para pagar la menor cantidad de impuestos, que consiste en lo siguiente:

- Gastos del educador.
- Pensión alimenticia pagada (si el contrato se firmó antes del 31 de diciembre de 2018).
- Parte deducible del impuesto sobre el trabajo por cuenta propia.
- Venta de acciones o activos (si el contribuyente tuvo una pérdida y no una ganancia sobre la venta).
- Contribuir a una IRA, SEP, SIMPLE y otros planes calificados.

Consejos para entrevistas

Para determinar el ingreso bruto ajustado (AGI) de un contribuyente en la línea 22, debe preguntar lo siguiente:

- ¿Pagó pensión alimenticia o pagos de manutención por separado?
- ¿Hubo cambios en su situación fiscal del año pasado a este año?
- ¿Tiene una IRA?
- ¿Qué cambios de vida tuvo este año?
- ¿Pagó intereses por algún préstamo estudiantil?
- Si el W-2 es de un distrito escolar: "Veo que tiene un W-2 de un distrito escolar. ¿Qué hace por el distrito escolar?"
    - Según la respuesta, es posible que pueda determinar si el contribuyente califica para el gasto del educador.
- Si la persona tiene más de un formulario W-2: "Veo que tiene dos formularios W-2 diferentes. ¿Cambió de trabajo este año? Si es así, ¿se mudó? Si es así, ¿qué distancia hay entre su antiguo lugar de trabajo y su nuevo lugar de trabajo?"
- Si el formulario W-2 es de las fuerzas armadas: "Veo que tiene un formulario W-2 de las fuerzas armadas. ¿Está a tiempo completo o en las reservas?"

El contribuyente puede optar por detallar las deducciones o utilizar las deducciones estándar para reducir sus ingresos imponibles. Las deducciones estándar se basan en el estado civil del contribuyente. La deducción detallada se usa generalmente cuando la deducción del contribuyente excede su deducción estándar. Restar las deducciones aplicables del ingreso total del contribuyente se convierte en el ingreso bruto ajustado del contribuyente.

The tax to be paid is determined by the taxpayer's taxable income. Tax tables are also based on taxable income, as well. The current year's tax tables can be found in the Form 1040 Instruction on the IRS website. Schedule 2 is used to report any additional tax that needs to be declared.

Schedule 2: Additional Taxes

Other Taxes is covered in detail in a later chapter.

Schedule 2 Part II – Other Taxes

Line 4: Self-employment tax. Schedule SE should be attached.

Line 5: Unreported social security and Medicare tax is reported. Either Form 4137 or Form 8919 should be attached.

Line 6: Additional tax on IRAs and other qualified retirement plans are reported. Form 5329 should be attached.

Line 7a: Household employment tax is reported; Schedule H must be attached. If any person who does household work—for example, babysitters in the taxpayer's home, nannies, health aides, maids, gardeners, and other domestic workers—has wages of $1,000 or more, the tax is reported on this line.

Line 7b: First-time homebuyer credit repayment; Form 5405 is used to report this and should be attached.

El impuesto a pagar está determinado por el ingreso gravable del contribuyente. Las tablas de impuestos también se basan en el ingreso gravable. Las tablas de impuestos del año actual se pueden encontrar en la Instrucción del Formulario 1040 en el sitio web del IRS. El Anexo 2 se utiliza para informar cualquier impuesto adicional que deba declararse.

Anexo 2: Impuestos adicionales

SCHEDULE 2 (Form 1040)
Department of the Treasury
Internal Revenue Service

Additional Taxes
▶ Attach to Form 1040, 1040-SR, or 1040-NR.
▶ Go to www.irs.gov/Form1040 for instructions and the latest information.

OMB No. 1545-0074
2020
Attachment Sequence No. 02

Name(s) shown on Form 1040, 1040-SR, or 1040-NR | Your social security number

Part I Tax

1	Alternative minimum tax. Attach Form 6251	1
2	Excess advance premium tax credit repayment. Attach Form 8962	2
3	Add lines 1 and 2. Enter here and on Form 1040, 1040-SR, or 1040-NR, line 17	3

Otros impuestos se tratan en detalle en un capítulo posterior

Anexo 2 Parte II - Otros impuestos

Part II Other Taxes

4	Self-employment tax. Attach Schedule SE	4
5	Unreported social security and Medicare tax from Form: a ☐ 4137 b ☐ 8919	5
6	Additional tax on IRAs, other qualified retirement plans, and other tax-favored accounts. Attach Form 5329 if required	6
7a	Household employment taxes. Attach Schedule H	7a
b	Repayment of first-time homebuyer credit from Form 5405. Attach Form 5405 if required	7b
8	Taxes from: a ☐ Form 8959 b ☐ Form 8960 c ☐ Instructions; enter code(s)	8
9	Section 965 net tax liability installment from Form 965-A ... 9	
10	Add lines 4 through 8. These are your **total other taxes.** Enter here and on Form 1040 or 1040-SR, line 23, or Form 1040-NR, line 23b	10

For Paperwork Reduction Act Notice, see your tax return instructions. Cat. No. 71478U Schedule 2 (Form 1040) 2020

Línea 4: Impuesto sobre el trabajo independiente Se debe adjuntar el Anexo SE.

Línea 5: Se declara la contribución al seguro social y al Medicare no declarada. Se debe adjuntar el Formulario 4137 o el Formulario 8919.

Línea 6: Se declaran impuestos adicionales sobre IRA y otros planes de jubilación calificados. Se debe adjuntar el formulario 5329.

Línea 7a: Se declara el impuesto sobre el empleo del hogar; debe adjuntarse el anexo H. Si alguna persona que realiza tareas domésticas, por ejemplo, niñeras en el hogar del contribuyente, nanas, asistentes de salud, mucamas, jardineros y otros empleados, tiene un salario de $1,000 o más, el impuesto se declara en esta línea.

Línea 7b: Reembolso del crédito de compra de vivienda por primera vez; el formulario 5405 se utiliza para declarar esto y debe adjuntarse.

Line 8: Some examples of other taxes are the following:

  a. Form 8959, *Additional Medicare Tax*
  b. Form 8960, *Net Investment Income Tax*
  c. Instructions; enter code(s)

See the Form 1040 Instructions on the official IRS website for a complete list of all the taxes reported here.

Line 9: This covers the IRC Section 965 net tax liability installment from Form 965-A, *Foreign Income Deferment* in the case of any controlled foreign corporation. This form is beyond the scope of this course.

Line 10: Add lines 4-8. This is the total amount of other taxes based on the taxpayer's situation.

Interview Pointers

These questions determine if the taxpayer will be paying other taxes:

- Did your childcare provider come to your house to babysit?
  - May need to file Schedule H.
- Did you withdraw money from your IRA or 401(k)? (Depending upon age and what the money was used for, it could result in an additional tax.)
  - How much did you withdraw?
  - What did you use it for?
- Did you have healthcare coverage for the entire year?
- Are you self-employed? (Ask this question if you are filing a Schedule C.)
  - Did you receive Form 1099-MISC?
  - Did you receive Form 1099-K?
- Did you or your spouse receive a first-time home buyer loan and are paying it back?
- Did you or your spouse receive Form 1095-A? (Did you purchase health insurance through an exchange?)
- Did you report all your tips to your employer? (Ask this question if you know the taxpayer is a server and there is an amount in box 7 of the W-2.)
- Did you have a foreign income? (May need to do more research with the IRS on the deferment; the answer to this question is beyond the scope of this course.)

Schedule 3: Additional Credits and Payments

Part I Nonrefundable Credits

Part I	Nonrefundable Credits	
1	Foreign tax credit. Attach Form 1116 if required	1
2	Credit for child and dependent care expenses. Attach Form 2441	2
3	Education credits from Form 8863, line 19	3
4	Retirement savings contributions credit. Attach Form 8880	4
5	Residential energy credits. Attach Form 5695	5
6	Other credits from Form: a ☐ 3800 b ☐ 8801 c ☐	6
7	Add lines 1 through 6. Enter here and on Form 1040, 1040-SR, or 1040-NR, line 20	7

Línea 8: Algunos ejemplos de otros impuestos son los siguientes:

　　a. *Formulario 8959, impuesto adicional al Medicare*
　　b. *Formulario 8960, Impuesto sobre la renta por inversiones netas*
　　c. Instrucciones; ingresar código(s)

Consulte las Instrucciones del Formulario 1040 en el sitio web oficial del IRS para obtener una lista completa de todos los impuestos declarados aquí.

Línea 9: Esto cubre la cuota de responsabilidad tributaria neta de la Sección 965 del IRC del Formulario 965-A, *Aplazamiento de Ingresos Extranjeros* en el caso de cualquier corporación extranjera controlada. Este formulario está fuera del alcance de este curso.

Línea 10: Sume las líneas 4-8. Este es el monto total de otros impuestos según la situación del contribuyente.

Consejos para entrevistas

Estas preguntas determinan si el contribuyente pagará otros impuestos:

- ¿Su proveedor de cuidado infantil vino a su casa a cuidar a sus hijos?
  - Es posible que deba presentar el Anexo H.
- ¿Retiró dinero de su IRA o 401(k)? (Dependiendo de la edad y para qué se usó el dinero, podría resultar en un impuesto adicional).
  - ¿Cuánto retiró?
  - ¿Para qué lo usó?
- ¿Tuvo cobertura médica durante todo el año?
- ¿Es trabajador independiente? (Haga esta pregunta si está presentando un Anexo C.)
  - ¿Recibió el Formulario 1099-MISC?
  - ¿Recibió el Formulario 1099-K?
- ¿Recibió usted o su cónyuge un préstamo para comprador de vivienda por primera vez y lo está pagando?
- ¿Recibió usted o su cónyuge el Formulario 1095-A? (¿Compró un seguro médico a través de un intercambio?)
- ¿Declaró todas sus propinas a su empleador? (Haga esta pregunta si sabe que el contribuyente es un servidor y hay una cantidad en la casilla 7 del W-2).
- ¿Tenía ingresos en el extranjero? (Es posible que deba investigar más con el IRS sobre el aplazamiento; la respuesta a esta pregunta está más allá del alcance de este curso).

Anexo 3: Créditos y pagos adicionales

Parte I Créditos no reembolsables

Part I	Nonrefundable Credits		
1	Foreign tax credit. Attach Form 1116 if required	1	
2	Credit for child and dependent care expenses. Attach Form 2441	2	
3	Education credits from Form 8863, line 19	3	
4	Retirement savings contributions credit. Attach Form 8880	4	
5	Residential energy credits. Attach Form 5695	5	
6	Other credits from Form: a ☐ 3800 b ☐ 8801 c ☐ _____	6	
7	Add lines 1 through 6. Enter here and on Form 1040, 1040-SR, or 1040-NR, line 20	7	

Schedule 3 is used to report non-refundable credits, federal tax payments, as well as refundable credits. Refundable credits are payments toward the taxpayer's tax liability; if the result is more than the tax, the excess is a refund to the taxpayer.

Form 1040, line 25 reports the amount of federal withholding from all income sources, such as W-2, Form 1099-R, unemployment compensation, etc. Earned income credit (EIC), the additional child tax credit and the refundable portion of the American opportunity credit are reported on Form 1040, lines 27-29.

Schedule 3 Part II: Other Payments and Refundable Credits

Part II	Other Payments and Refundable Credits		
8	Net premium tax credit. Attach Form 8962	8	
9	Amount paid with request for extension to file (see instructions)	9	
10	Excess social security and tier 1 RRTA tax withheld	10	
11	Credit for federal tax on fuels. Attach Form 4136	11	
12	Other payments or refundable credits:		
a	Form 2439	12a	
b	Qualified sick and family leave credits from Schedule(s) H and Form(s) 7202	12b	
c	Health coverage tax credit from Form 8885	12c	
d	Other:	12d	
e	Deferral for certain Schedule H or SE filers (see instructions)	12e	
f	Add lines 12a through 12e	12f	
13	Add lines 8 through 12f. Enter here and on Form 1040, 1040-SR, or 1040-NR, line 31	13	

For Paperwork Reduction Act Notice, see your tax return instructions. Cat. No. 71480G Schedule 3 (Form 1040) 2020

Line 8: Net premium tax credit, reported via an attached Form 8962.

Line 9: Amount paid with extension request.

Line 10: Report excess social security and tier I railroad retirement benefits here (SSA-1099).

Line 11: Used to report credit for federal tax on fuels used for a nontaxable purpose (for example, off-highway business use). Form 4136 is used to report this and must be attached.

Line 12: Credit(s) are reported on and filed using Forms 2439, or 8885; see Publication 525.

Add lines 8-12 and put the total on line 13; this is the total amount of payments.

Interview Pointers

These questions determine the taxpayer's total tax payments:

➢ Did you make any estimated payments during the tax year?
➢ Did you have last year's refund applied to the current tax year?
➢ Did you take any higher education classes?
➢ Did you pay any money along with the request to file an extension? (Only ask if the taxpayer filed an extension.)

El Anexo 3 se usa para declarar créditos no reembolsables, pagos de impuestos federales y créditos reembolsables. Los créditos reembolsables son pagos para la obligación tributaria del contribuyente; si el resultado es mayor que el impuesto, el exceso es un reembolso al contribuyente.

El Formulario 1040, línea 25 informa la cantidad de retención federal de todas las fuentes de ingresos, como W-2, Formulario 1099-R, compensación por desempleo, etc. El crédito por ingreso del trabajo (EIC), el crédito fiscal adicional por hijos y la porción reembolsable del Crédito de oportunidad estadounidense se declaran en el Formulario 1040, líneas 27-29.

Anexo 3 Parte II: Otros pagos y créditos reembolsables

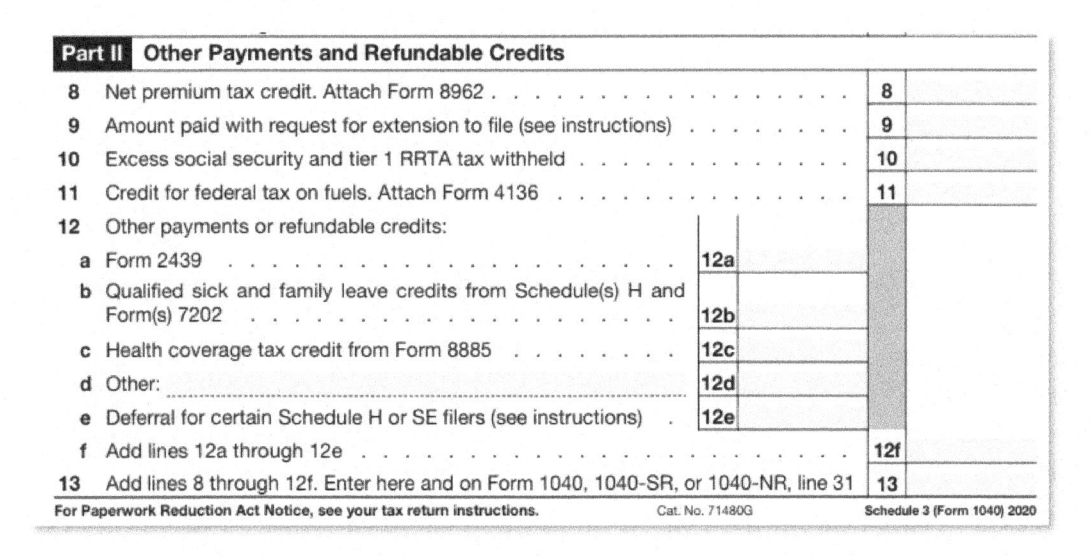

Part II	Other Payments and Refundable Credits		
8	Net premium tax credit. Attach Form 8962	8	
9	Amount paid with request for extension to file (see instructions)	9	
10	Excess social security and tier 1 RRTA tax withheld	10	
11	Credit for federal tax on fuels. Attach Form 4136	11	
12	Other payments or refundable credits:		
a	Form 2439	12a	
b	Qualified sick and family leave credits from Schedule(s) H and Form(s) 7202	12b	
c	Health coverage tax credit from Form 8885	12c	
d	Other:	12d	
e	Deferral for certain Schedule H or SE filers (see instructions)	12e	
f	Add lines 12a through 12e	12f	
13	Add lines 8 through 12f. Enter here and on Form 1040, 1040-SR, or 1040-NR, line 31	13	

For Paperwork Reduction Act Notice, see your tax return instructions. Cat. No. 71480G Schedule 3 (Form 1040) 2020

Línea 8: Crédito tributario neto de prima, reportado a través de un Formulario adjunto 8962.

Línea 9: Importe pagado con solicitud de extensión.

Línea 10: Reportar exceso de seguro social y beneficios de jubilación de ferrocarril de nivel I aquí (SSA-1099).

Línea 11: Se utiliza para reportar crédito por impuestos federales a los combustibles utilizados para un propósito no perecederos (por ejemplo, el uso de negocios fuera de la carretera). El Formulario 4136 se utiliza para informar de esto y debe adjuntarse.

Línea 12: Los créditos se informan y se presentan mediante los Formularios 2439, o 8885; véase la Publicación 525.

Sume las líneas 8-12 y coloque el total en la línea 13; este es el monto total de los pagos.

Consejos para entrevistas

Estas preguntas determinan los pagos totales de impuestos del contribuyente:

> ➤ ¿Hizo algún pago estimado durante el año fiscal?
> ➤ ¿Se aplicó el reembolso del año pasado al año fiscal actual?
> ➤ ¿Tomó alguna clase de educación superior?
> ➤ ¿Pagó algo de dinero junto con la solicitud para presentar una prórroga? (Solo pregunte si el contribuyente presentó una prórroga).

Señor 1040 Says: Make sure to do your due diligence for **all** tax returns with refundable credits.

Part 2 Review Questions

To obtain the maximum benefit from this chapter, LTP recommends that you complete each of the following questions, and then compare them to the answers with feedback that immediately follow. Under governing self-study standards, vendors are required to present review questions intermittently throughout each self-study course.

These questions and explanations are not part of the final examination and will not be graded by LTP.

CTIP2.1
Which of the following is not reported on Form 1040, Schedule 1, Part II?

a. Standard deduction
b. Taxable refunds
c. Alimony received
d. Other income

CTIP2.2
Which of the following is reported on Form 1040, Schedule 1, Part II?

a. Moving expenses for all taxpayers
b. Lifetime Learning credit
c. Educator expenses
d. Social Security benefits

CTIP2.3
Which of the following reports self-employment tax?

a. Schedule 1
b. Schedule C
c. Schedule 3
d. Schedule E

CTIP2.4
Which of the following is reported on Form 1040, Schedule 2, Part II?

a. Additional Medicare Tax
b. Net Investment Income Tax
c. Early withdrawal of an IRA
d. Unreported Social Security and Medicare tax

El señor 1040 dice: asegúrese de hacer su debida diligencia para todas las declaraciones de impuestos con créditos reembolsables.

Parte 2 Preguntas de repaso

Para obtener el máximo beneficio de este capítulo, LTP recomienda completar cada una de las siguientes preguntas y luego compararlas con las respuestas con los comentarios que siguen inmediatamente. Bajo las normas de autoestudio de gobierno, los proveedores están obligados a presentar preguntas de revisión intermitentemente a lo largo de cada curso de autoestudio.

Estas preguntas y explicaciones no forman parte del examen final y no serán calificadas por LTP.

CTIP2.1
¿Cuál de las siguientes opciones no se declara en la Parte II del Anexo 1 en el Formulario 1040?

a. Deducción estándar
b. Reembolsos sujetos a impuestos
c. Pensión alimenticia recibida
d. Otros ingresos

CTIP2.2
¿Cuál de las siguientes opciones se declara en la Parte II del Anexo 1 en el Formulario 1040?

a. Gastos de mudanza para todos los contribuyentes
b. Crédito de aprendizaje de por vida
c. Gastos de educador
d. Beneficios del seguro social

CTI2.3
¿Cuál de las siguientes opciones declara un impuesto sobre el trabajo independiente?

a. Anexo 1
b. Anexo C
c. Anexo 3
d. Anexo E

CTI2.4
¿Cuál de las siguientes opciones se declara en la Parte II del Anexo 2 en el Formulario 1040?

a. Impuesto adicional de Medicare
b. Impuesto sobre la renta por inversión neta
c. Retiro anticipado de una IRA
d. Impuesto del seguro social y Medicare no declarado

Compiling Taxpayer Information

CTIP2.5

Which of the following is not reported on Schedule 3?

a. Nonrefundable credits
b. Federal tax payments
c. Refundable credits
d. First time homebuyer credit

Part 2 Review Questions Answers

CTIP2.1

Which of the following is not reported on Form 1040, Schedule 1, Part II?

a. **Standard deduction**
b. Taxable refunds
c. Alimony received
d. Other income

Feedback: Review section *Form 1040, Schedule I, Part I.*

CTIP2.2

Which of the following is reported on Form 1040, Schedule 1, Part II?

a. Moving expenses for all taxpayers
b. Lifetime Learning credit
c. **Educator expenses**
d. Social Security benefits

Feedback: Review section *Form 1040, Schedule I, Part II.*

CTIP2.3

Which of the following reports self-employment tax?

a. **Schedule 1**
b. Schedule C
c. Schedule 3
d. Schedule E

Feedback: Review section *Form 1040, Schedule I, Part I.*

CTIP2.4

Which of the following is reported on Form 1040, Schedule 2, Part II?

a. Additional Medicare Tax
b. Net Investment Income Tax
c. **Early withdrawal of an IRA**
d. Unreported Social Security and Medicare tax

Feedback: Review section *Schedule 2, Part II – Other Taxes.*

CTI2.5
¿Cuál de las siguientes opciones no se declara en el Anexo 3?

 a. Créditos no reembolsables
 b. Pago fiscal federal
 c. Créditos reembolsables
 d. Crédito para compradores de vivienda por primera vez

Parte 2 Respuestas a las preguntas de repaso

CTIP2.1
¿Cuál de las siguientes opciones no se declara en la Parte II del Anexo 1 en el Formulario 1040?

 a. Deducción estándar
 b. Reembolsos sujetos a impuestos
 c. Pensión alimenticia recibida
 d. Otros ingresos

Comentario: Revisa la sección *Parte I, Anexo 1 del Formulario 1040.*

CTIP2.2
¿Cuál de las siguientes opciones se declara en la Parte II del Anexo 1 en el Formulario 1040?

 a. Gastos de mudanza para todos los contribuyentes
 b. Crédito de aprendizaje de por vida
 c. Gastos de educador
 d. Beneficios del seguro social

Comentario: Revisa la sección *Parte II, Anexo 1 del Formulario 1040.*

CTI2.3
¿Cuál de las siguientes opciones declara un impuesto sobre el trabajo independiente?

 a. Anexo 1
 b. Anexo C
 c. Anexo 3
 d. Anexo E

Comentario: Revisa la sección *Parte I, Anexo 1 del Formulario 1040.*

CTI2.4
¿Cuál de las siguientes opciones se declara en la Parte II del Anexo 2 en el Formulario 1040?

 a. Impuesto adicional de Medicare
 b. Impuesto sobre la renta por inversión neta
 c. Retiro anticipado de una IRA
 d. Impuesto del seguro social y Medicare no declarado

Comentario: Revisa la sección *Anexo 2, Parte II – Otros impuestos*

CTIP2.5
Which of the following is not reported on Schedule 3?

 a. Nonrefundable credits
 b. Federal tax payments
 c. Refundable credits
 d. First time homebuyer credit

Feedback: Review section *Schedule 3: Additional Credits and Payments.*

Part 3: Filing the Federal Tax Return

Once you have gathered all the required information and ensured its accuracy, it is time to file the return.

Why Everyone Needs to File

Every taxpayer in the United States needs to file their tax returns. If you earned income in the United States, you need to file no matter who you are. Even immigrants who are unauthorized to be or work in the United States need to file their taxes; the IRS even makes it very clear that the information provided for returns and filing are used for tax purposes only and are not intended to serve any other purpose. They do not share taxpayer information with any government immigration agency.

There are several reasons why everyone who earns income in the United States must file. First and foremost, it is required by law and failing to do so can result in the many different forms of penalties described later on in this chapter. Second, you will not know who owes whom unless you file; if you don't file, you will not receive any refund owed to you and any tax you may owe will simply accrue interest and penalties the longer it goes unpaid. Even if you do not make a sufficient amount of money to be required to file, you might still be able to acquire a refund. It is *always* within your best interest to file your taxes.

The Filing Process

Although the many, many details of filing returns can get extremely complicated, the major, overarching steps are fairly simple to understand.

To begin, gather all the information and materials you will need to complete the return. You will need any and all documented income for the previous tax year, which can include the following:

- Form W-2 or 1099-MISC.
- Any receipts, checks, or invoices for payments and expenses.
- Any other statements you may have received that show any other income you may have received (such as a statement reporting gambling winnings from a casino or interest from a bank).

Once these have been collected, choose how you are going to file and proceed. If you are doing it yourself, make sure you have the printed forms to mail to the IRS or a service or software to file them electronically online. If you are going to use a professional tax preparer, bring these along with the following pieces of documentations:

CTI2.5
¿Cuál de las siguientes opciones no se declara en el Anexo 3?

- a. Créditos no reembolsables
- b. Pago fiscal federal
- c. Créditos reembolsables
- **d. Crédito para compradores de vivienda por primera vez**

Comentario: Revisa la sección Anexo *3: Créditos y pagos adicionales*

Parte 3: Presentación de la declaración de impuestos federales

Una vez que haya reunido toda la información requerida y haya asegurado su exactitud, es el momento de presentar la declaración.

Por qué todo el mundo necesita presentar

Cada contribuyente en los Estados Unidos necesita presentar sus declaraciones de impuestos. Si obtuvo ingresos en los Estados Unidos, debe presentar sin importar quién sea. Incluso los inmigrantes que no están autorizados para ser o trabajar en los Estados Unidos necesitan presentar sus impuestos; el IRS incluso deja muy claro que la información proporcionada para las declaraciones y presentaciones se utilizan sólo con fines fiscales y no están destinados a servir a ningún otro propósito. No comparten información de los contribuyentes con ninguna agencia de inmigración del gobierno.

Hay varias razones por las que todos los que obtienen ingresos en los Estados Unidos deben presentar. En primer lugar, es requerido por la ley y no hacerlo puede dar lugar a las muchas formas diferentes de sanciones descritas más adelante en este capítulo. En segundo lugar, usted no sabrá quién debe a quién a menos que presente; si no presenta, no recibirá ningún reembolso que se le deba y cualquier impuesto que pueda deber simplemente acumulará intereses y sanciones cuanto más tiempo pase sin pagar. Incluso si usted no hace una cantidad suficiente de dinero para ser requerido para presentar, es posible que todavía pueda adquirir un reembolso. *Siempre* es de su mejor interés presentar sus impuestos.

El proceso para declarar

Aunque muchos, muchos detalles de las declaraciones de presentación pueden ser extremadamente complicados, los pasos principales y generales son bastante simples de entender.

Para empezar, recopile toda la información y los materiales que necesitará para completar la declaración. Necesitará todos y cada uno de los ingresos documentados para el año fiscal anterior, que pueden incluir lo siguiente:

- ➢ Formulario W-2 o 1099-MISC.
- ➢ Cualquier recibo, cheque o factura de pagos y gastos.
- ➢ Cualquier otro estado de cuenta que haya recibido que muestre cualquier otro ingreso que haya recibido (como un estado de cuenta que reporte ganancias de juegos de azar de un casino o intereses de un banco).

Una vez que se hayan recopilado, elija cómo va a presentar y proceder. Si lo está haciendo usted mismo, asegúrese de que tiene los formularios impresos para enviarlos por correo al IRS o a un servicio o software para presentarlos electrónicamente en línea. Si va a utilizar un preparador de impuestos profesional, tráelos junto con las siguientes piezas de documentación:

- ➤ Current driver's license or other form of government picture identification.
- ➤ Social Security card with SSN number or some other form of taxpayer ID.
- ➤ Full name, SSN, date of birth, or other equivalent of any dependents or spouse.

This is the bare minimum needed to begin the tax preparation process, although there are many other pieces of documentation that you may need to complete the process. Some tax software will help you figure out what else you might need, but not all of them will do so reliably. However, trained tax professionals will always be the most reliable way to ensure filing taxes correctly.

Once you have all the necessary materials, it is time to prepare the tax return for filing. These are the basic steps to filing a return:

- ➤ Add up all income to determine your gross income.
- ➤ Take any factors that might increase or decrease your taxable income into account to raise or lower the amount accordingly.
- ➤ Determine your filing status, tax rate, and gross tax liability. These will further alter your tax or refund amount.
- ➤ Subtract any credits you may qualify for from your tax liability.
- ➤ Calculate your final, net tax amount. If the amount is positive, you still have taxes that need to be paid. If the amount is negative, then you overpaid during the year and are due a refund from the IRS.

How to Assemble a Federal Tax Return

When assembling the return to be mailed to the IRS, make sure the attachment sequence order shown in the upper right-hand corner is in numerical order starting with Form 1040. If the taxpayer must attach supporting statements, the preparer must arrange them in the same order as the schedules and attach them at the end of the return. When mailing the return, attach a copy of Form(s) W-2, W-2G, and/or 1099-R to page 1 of the return.

```
OMB No. 1545-0074
2020
Attachment
Sequence No. 03
```
⬅

Where to File a Return

The IRS has 6 different regions for the taxpayer to file their individual tax return based on the state they live in. These regions are grouped by states. For example, the western district consists of Alaska, Arizona, California, Colorado, Hawaii, Idaho, New Mexico, Nevada, Oregon, Utah, Washington, and Wyoming.

There are often separate mailing addresses for returns with enclosed payments and for returns without. To find the correct address to use for mailing your federal return, use the link below:

https://www.irs.gov/filing/where-to-file-addresses-for-taxpayers-and-tax-professionals-filing-form-1040

Another option is to electronically file, or e-file, the tax return. This eliminates the need to mail in a physical paper return. This option is discussed further in the e-filing chapter.

- ➢ Licencia de conducir actual u otra forma de identificación de imagen del gobierno.
- ➢ Tarjeta del Número de Seguro Social u otra forma de identificación del contribuyente
- ➢ Nombre completo, SSN, fecha de nacimiento u otro equivalente de cualquier dependiente o cónyuge.

Este es el mínimo necesario para comenzar el proceso de preparación de impuestos, aunque hay muchas otras piezas de documentación que es posible que necesite completar el proceso. Algún software de impuestos le ayudará a averiguar qué más podría necesitar, pero no todos ellos lo harán de forma confiable. Sin embargo, los profesionales de impuestos capacitados siempre serán la forma más confiable de garantizar la presentación correcta de impuestos.

Una vez que tenga todos los materiales necesarios, es hora de preparar la declaración de impuestos para la presentación. Estos son los pasos básicos para presentar una declaración:

- ➢ Sume todos los ingresos para determinar sus ingresos brutos.
- ➢ Tenga en cuenta cualquier factor que pueda aumentar o disminuir sus ingresos imponibles para aumentar o reducir la cantidad en consecuencia.
- ➢ Determine su estado de presentación, tasa impositiva y responsabilidad fiscal bruta. Estos alterarán aún más su monto de impuestos o reembolso.
- ➢ Reste cualquier crédito para el que pueda calificar de su responsabilidad fiscal.
- ➢ Calcule su monto final de impuestos netos. Si la cantidad es positiva, todavía tiene impuestos que deben pagarse. Si el monto es negativo, entonces usted pagó en exceso durante el año y se le debe un reembolso del IRS.

Cómo armar una declaración de impuestos federal

Al armar la declaración que se enviará por correo al IRS, asegúrese de que el orden de la secuencia de los documentos adjuntos sea la que muestra en la esquina superior derecha esté en orden numérico, comenzando con el Formulario 1040. Si el contribuyente debe adjuntar declaraciones de respaldo, organícelas en el mismo orden que los anexos y adjúntelas al final de la declaración. Cuando envíe la declaración por correo, adjunte una copia de los Formularios W-2, W-2G y/o 1099-R a la página 1 de la declaración.

¿Dónde presentar una declaración?

El IRS tiene 6 regiones diferentes para que el contribuyente presente su declaración de impuestos individual según el estado en el que vive. Estas regiones están agrupadas por estados. Por ejemplo, el distrito occidental está formado por Alaska, Arizona, California, Colorado, Hawái, Idaho, Nuevo México, Nevada, Oregón, Utah, Washington y Wyoming.

A menudo hay direcciones de correo separadas para declaraciones con pagos adjuntos y para declaraciones sin pago. Para encontrar la dirección correcta para enviar su declaración federal por correo, use el enlace a continuación:

https://www.irs.gov/filing/where-to-file-addresses-for-taxpayers-and-tax-professionals-filing-form-1040

Otra opción es presentar la declaración de impuestos electrónicamente o a través de e-file. Esto elimina la necesidad de enviar una declaración impresa por correo. Esta opción se analiza con más detalle en el capítulo de declaración electrónica.

When to File a Return

The IRS states that, for tax returns and payments, the tax return must meet the "timely mailing/timely paying" rule: taxes owed must be paid by April 15th or the next business day if the 15th falls on a weekend or legal holiday, even if the taxpayer has successfully filed for an extension of time.

Filing Deadlines

Individual Tax Returns: Forms 1040 and 1040NR (Non-Resident)

- The first deadline was April 15, 2021. (The deadline was extended to May 17, 2021 and June 15, 2021 depending upon where the taxpayer lives)
- The extended deadline is October 15, 2021.

Partnership Returns: Form 1065

- The first deadline is March 15, 2021.
- The extended deadline is September 15, 2021.

Trust and Estate Income Tax Returns: Form 1041

- The first deadline is April 15, 2021.
- The extended deadline is October 2, 2021.

Note the change: extensions for fiduciary returns now last five-and-a-half months instead of only five months.

C-Corporation Returns: Form 1120

- The first deadline is April 15, 2021 for corporations on a calendar year; note the change of deadline.
- The extended deadline is October 15, 2021. Note the change of deadline; corporations are now permitted a six-month automatic extension.
- For corporations on a fiscal year other than the calendar year, the first deadline is the 15th day of the fourth month following the end of the corporation's fiscal year.
- EXCEPTION: for corporations with a fiscal year from July 1st to June 30th, the first deadline will remain September 15th (which is the 15th day of the third month following the end of the fiscal year) and the extended deadline will remain February 15th (five months after the first deadline) through the fiscal year ending on June 30, 2026.
- Starting with the fiscal year ending on June 30, 2017, the deadline moved to October 15th (the 15th day of the fourth month following the end of the tax year) and the extended deadline moves to March 15th (six months after the first deadline).

S-Corporation Returns: Form 1120S

- The first deadline is March 15, 2021 for corporations on a calendar year.
- The extended deadline is September 15, 2021.

¿Cuándo presentar una declaración?

El IRS establece que, para las declaraciones de impuestos y los pagos, la declaración de impuestos debe cumplir con la regla de "envío puntual/pago oportuno": los impuestos adeudados deben pagarse antes del 15 de abril o el siguiente día hábil, si el día 15 cae en un fin de semana o día festivo legal, incluso si el contribuyente ha presentado exitosamente una prórroga de tiempo.

Plazos de declaración

Declaraciones de impuestos individuales: Formularios 1040 y 1040NR (no residente)

- La primera fecha límite es el 15 de abril de 2021. (El plazo se amplió hasta el 17 de mayo de 2021 y el 15 de junio de 2021, dependiendo de dónde viva el contribuyente)
- El plazo extendido es el 15 de octubre de 2021.

Declaraciones de sociedades: Formulario 1065

- La primera fecha límite es el 15 de marzo de 2021.
- El plazo extendido es el 15 de septiembre de 2021.

Declaraciones de impuestos sobre la renta fiduciaria y patrimonial: formulario 1041

- La primera fecha límite es el 15 de abril de 2021.
- El plazo extendido es el 2 de octubre de 2021.

    Tenga en cuenta el cambio: las prórrogas para declaraciones fiduciarias ahora duran cinco meses y medio en lugar de solo cinco meses.

Declaraciones de sociedades anónimas C: Formulario 1120

- La primera fecha límite es el 15 de abril de 2021 para las sociedades anónimas en un año natural (observe el cambio de fecha límite).
- El plazo extendido es el 15 de octubre de 2021. Tenga en cuenta el cambio de fecha límite; a las sociedades anónimas ahora se les permite una prórroga automática de seis meses.
- Para las sociedades anónimas en un año fiscal que no sea el año natural, la primera fecha límite es el día 15 del cuarto mes siguiente al final del año fiscal de la sociedad anónima.
- EXCEPCIÓN: para las sociedades anónimas con un año fiscal del 1 de julio al 30 de junio, la primera fecha límite seguirá siendo el 15 de septiembre (que es el día 15 del tercer mes posterior al final del año fiscal) y el plazo extendido seguirá siendo el 15 de febrero (cinco meses después de la primera fecha límite) hasta el año fiscal que finaliza el 30 de junio de 2026.
- A partir del año fiscal que finaliza el 30 de junio de 2017, la fecha límite se trasladó al 15 de octubre (el día 15 del cuarto mes posterior al final del año fiscal) y el plazo extendido se traslada al 15 de marzo (seis meses después de la primera fecha límite).

Declaraciones de sociedad anónima S: Formulario 1120S

- El primer plazo es el 15 de marzo de 2021 para las sociedades anónimas en un año natural.
- El plazo extendido es el 15 de septiembre de 2021.

Foreign Bank Account Reports: FinCen Form 114

- The first deadline is April 15, 2021; note the change of deadline.
- The extended deadline is October 15, 2021. Note: this is the first time ever that extensions are available for Foreign Bank Account Reports (FBARs).
- Note that unlike tax returns, FBARs do not have a next-business-day rule if the deadline falls on a Saturday, a Sunday, or a legal holiday.

How to File a Return

The following methods can be used to file a tax return:

- Electronic filing (e-file).
- Private delivery service: FedEx, UPS, etc.
- United States Postal Service.

If a tax professional prepares 10 or more returns, they must e-file all returns. Electronically filed returns are given a postmark that includes the date and time of the return's electronic transmission.

Where to File a Return

The Internal Revenue Service has different regional centers for the taxpayer to file their paper federal tax return based on the state they live in.

Part 3 Review Questions

To obtain the maximum benefit from this chapter, LTP recommends that you complete each of the following questions, and then compare them to the answers with feedback that immediately follow. Under governing self-study standards, vendors are required to present review questions intermittently throughout each self-study course.

These questions and explanations are not part of the final examination and will not be graded by LTP.

CTIP3.1
When assembling the tax return for the client what is the best way to put the return together?

a. Just staple everything together as it comes from the printer.
b. Use the sequence number that is found on the top right hand of all other forms except the 1040.
c. Mail the state return with your federal return.
d. Make sure the supporting documents are added at the end in sequential order.

CTIP3.2
Which method is not used to file a tax return?

a. Electronic filing
b. Private delivery service
c. United States Post Office
d. Fax the return to the local IRS Office

Informes de cuentas bancarias extranjeras: Formulario 114 de FinCen

> ➢ La primera fecha límite es el 15 de abril de 2021; tenga en cuenta el cambio de fecha límite.
> ➢ El plazo extendido es el 15 de octubre de 2021. Nota: esta es la primera vez que las prórrogas están disponibles para los informes de cuentas bancarias extranjeras (FBAR).
> ➢ Tenga en cuenta que, a diferencia de las declaraciones de impuestos, los FBAR no tienen una regla del siguiente día hábil si la fecha límite cae en sábado, domingo o día festivo legal.

¿Cómo presentar una declaración?

Los siguientes métodos se pueden utilizar para presentar una declaración de impuestos:

> ➢ Declaración electrónica (e-file)
> ➢ Servicio de entrega privada: FedEx, UPS, etc.
> ➢ Servicio de correo postal de los Estados Unidos

Si un profesional de impuestos prepara 10 o más declaraciones, debe presentar todas las declaraciones electrónicamente. Las declaraciones electrónicas presentadas reciben un matasellos que incluye la fecha y la hora en que se transmitió electrónicamente.

¿Dónde presentar una declaración?

El Servicio de Rentas Internas tiene diferentes centros regionales para que el contribuyente presente su declaración de impuestos federal impresa según el estado en el que vive.

Parte 3 Preguntas de repaso

Para obtener el máximo beneficio de este capítulo, LTP recomienda completar cada una de las siguientes preguntas y luego compararlas con las respuestas con los comentarios que siguen inmediatamente. Bajo las normas de autoestudio de gobierno, los proveedores están obligados a presentar preguntas de revisión intermitentemente a lo largo de cada curso de autoestudio.

Estas preguntas y explicaciones no forman parte del examen final y no serán calificadas por LTP.

CTIP3.1

Al ensamblar la declaración de impuestos para el cliente, ¿cuál es la mejor manera de juntar la declaración?

a. Simplemente grapa todo junto cuando viene de la impresora.
b. Utilice el número de secuencia que se encuentra en la parte superior derecha de todos los demás formularios excepto el 1040.
c. Envíe por correo la declaración del estado con su declaración federal.
d. Asegúrese de que los documentos auxiliares se agregan al final en orden secuencial.

CTIP3.2

¿Qué método no se utiliza para presentar una declaración de impuestos?

a. Presentación electrónica
b. Servicio de entrega privada
c. Oficina de Correos de los Estados Unidos
d. Envíe por fax el regreso a la Oficina local del IRS

Compiling Taxpayer Information

CTIP3.3

Kayla gave permission to Susan to check the box as her Third-party Designee. When will the authorization expire?

a. April15, 2021
b. April 15, 2022
c. April 15, 2023
d. April 15, 2024

CTIP3.4

Which of the following do you need from the taxpayer to prepare their return?

a. All income documents
b. Determine taxpayer filing status
c. Correct address for mailing the tax return
d. Mail the payment due on October 15th

Part 3 Review Questions Answers

CTIP3.1

When assembling the tax return for the client what is the best way to put the return together?

a. Just staple everything together as it comes from the printer.
b. Use the sequence number that is found on the top right hand of all other forms except the 1040.
c. Mail the state return with your federal return.
d. Make sure the supporting documents are added at the end in sequential order.

Feedback: Review section *How to Assemble a Federal Tax Return*.

CTIP3.2

Which method is not used to file a tax return?

a. Electronic filing
b. Private delivery service
c. United States Post Office
d. Fax the return to the local IRS Office

Feedback: Review section *How to File a Return*.

CTIP3.3

For tax year 2020 when is the individual tax return due?

a. March 15, 2021
b. February 12, 2021
c. October 15, 2021
d. April 15, 2021

Feedback: Review section *Filing Deadlines*.

CTIP3.3
Kayla le dio permiso a Susan para marcar la casilla como su designado de terceros. ¿Cuándo expirará la autorización?

   a. 15 de abril de 2021
   b. 15 de abril de 2022
   c. 15 de abril de 2023
   d. 15 de abril de 2024

CTIP3.4
¿Cuál de los siguientes necesita del contribuyente para preparar su declaración?

   a. Todos los documentos de ingresos
   b. Determinar el estado de presentación de los contribuyentes
   c. Dirección correcta para enviar por correo la declaración de impuestos
   d. Envíe por correo el pago adeudado el 15 de octubre

Parte 3 Respuestas a las preguntas de repaso

CTIP3.1
Al ensamblar la declaración de impuestos para el cliente, ¿cuál es la mejor manera de juntar la declaración?

   a. Simplemente grapa todo junto cuando viene de la impresora.
   b. Utilice el número de secuencia que se encuentra en la parte superior derecha de todos los demás formularios excepto el 1040.
   c. Envíe por correo la declaración del estado con su declaración federal.
   d. Asegúrese de que los documentos auxiliares se agregan al final en orden secuencial.

Comentario: Revisa la sección *Cómo armar una declaración de impuestos federal*.

CTIP3.2
¿Qué método no se utiliza para presentar una declaración de impuestos?

   a. Presentación electrónica
   b. Servicio de entrega privada
   c. Oficina de Correos de los Estados Unidos
   d. Envíe por fax el regreso a la Oficina local del IRS

Comentario: Revisa la sección *Cómo presentar una declaración de impuestos*.

CTIP3.3
Kayla le dio permiso a Susan para marcar la casilla como su designado de terceros. ¿Cuándo expirará la autorización?

   a. 15 de abril de 2021
   b. 15 de abril de 2022
   c. 15 de abril de 2023
   d. 15 de abril de 2024

Comentario: Revisa la sección *Fechas de vencimiento de la declaración de impuestos*.

CTIP3.4
Which of the following do you need from the taxpayer to prepare their return?

   a. **All income documents.**
   b. Determine taxpayer filing status.
   c. Correct address for mailing the tax return.
   d. Mail the payment due on October 15th

Feedback: Review section *The Filing Process*.

Part 4: What is an ITIN?

An ITIN is a tax processing number, issued by the IRS, for certain resident and nonresident aliens, their spouses, and their dependents. It is a nine-digit number beginning with the number 9. The ITIN range was expanded on April 13, 2011, to include "90" as the middle digits (70 to 88, 90-92, and 94-99) and is formatted like an SSN. The IRS started issuing ITINs in 1996 and required foreign individuals to use an ITIN as their unique identification number on federal tax returns. With ITINs, taxpayers can be effectively identified, and their tax returns processed efficiently.

ITINs play a critical role in the tax administration process and assist with the collection of taxes from foreign nationals, nonresident aliens, and others who have filing or payment obligations under U.S. tax law. Even when other institutions might use ITINs for other purposes, the IRS states that:

> ITINs are for federal tax reporting only and are not intended to serve any other purpose. IRS issues ITINs to help individuals comply with the U.S. tax laws, and to provide a means to efficiently process and account for tax returns and payments for those not eligible for social security numbers (SSNs).

Only individuals who have a valid filing requirement, a withholding requirement, or are filing a U.S. federal income tax return to claim a refund of over-withheld tax are eligible to receive an ITIN. The ITIN does not provide Social Security benefits, is not valid for identification outside of the tax system and does not change immigration status. The ITIN holder enters their ITIN in the space provided for the SSN when completing and filing their federal income tax return.

Who needs an ITIN?

All tax returns (Form 1040), statements, and other related tax documents used to file a tax report require a taxpayer identification number. If an individual does not qualify for a Social Security number, then the individual must apply for an ITIN.

Individuals who may need an ITIN include:

- A nonresident alien individual eligible to obtain the benefits of a reduced rate of withholding under an income tax treaty.
- A nonresident alien not eligible for an SSN required to file a U.S. tax return or filing a U.S. tax return only to claim a refund.
- A nonresident alien not eligible for an SSN electing to file a joint tax return with a spouse who is a U.S. citizen or resident alien.

CTIP3.4
¿Cuál de los siguientes necesita del contribuyente para preparar su declaración?

    a. Todos los documentos de ingresos
    b. Determinar el estado de presentación de los contribuyentes
    c. Dirección correcta para enviar por correo la declaración de impuestos
    d. Envíe por correo el pago adeudado el 15 de octubre

Comentario: Revisa la sección *Proceso para declarar*.

Parte 4: ¿Qué es un ITIN?

Un ITIN es un número de procesamiento, emitido por el IRS, a ciertos extranjeros residentes y no-residentes, sus cónyuges y sus dependientes. Es un número de nueve dígitos que comienza con el número 9. La serie de ITIN se extendió el 13 de abril de 2011 para incluir el "90" como dígito medio (70 a 88, 90-92, y 94-99) y tiene un formato parecido al del SSN. El IRS comenzó a emitir ITIN en 1996 y exige que las personas extranjeras usen un ITIN como su número de identificación distintivo en su declaración de impuestos federal. Con el ITIN, se pueden identificar a los contribuyentes en forma efectiva y procesar sus declaraciones de impuestos eficientemente.

El ITIN juega un papel crítico en el proceso administrativo tributario y ayuda en la recaudación de impuestos de extranjeros, extranjeros no-residentes y otros que deben declarar o pagar sus obligaciones tributarias bajo la ley tributaria estadounidense. Es posible que otras instituciones usen el ITIN para otros propósitos; sin embargo, el IRS declara que:

> El propósito de los ITIN es sólo para reportar los impuestos federales y no tienen otro propósito. El IRS emite los ITIN para ayudar a que las personas puedan cumplir con las leyes de impuestos estadounidenses y para proveer una manera eficiente para procesar y contabilizar las declaraciones de impuestos y los pagos de aquellos que no son elegibles para Números de Seguro Social (SSN).

Solamente las personas que no tienen un requisito válido para declarar, para retener impuestos o para presentar una declaración federal de impuestos estadounidense para reclamar un reembolso de un sobrecargo en retenciones de impuestos son elegibles para recibir un ITIN. El ITIN no provee beneficios de seguro social, no es válido como identificación fuera del sistema tributario y no cambia el estatus migratorio de las personas. Las personas que tienen un ITIN ingresan su ITIN en el espacio proveído para el SSN cuando completen su declaración de impuestos federal.

¿Quién necesita un ITIN?

Todas las declaraciones de impuestos (1040, 1040-A y 1040EZ), declaraciones por escrito u otros documentos tributarios relacionados que se usan para presentar un reporte tributario necesitan un número de identificación de contribuyente. Si una persona no califica para un número de seguro social, entonces la persona debe solicitar un ITIN.

Las personas que deben solicitar un ITIN incluyen:

➢ Un/a extranjero/a no-residente elegible para obtener beneficios de una tarifa reducida de retenciones de impuestos bajo un tratado tributario de ingresos
➢ Un/a extranjero/a no-residente, no elegible para un SSN, que debe presentar una declaración de impuestos estadounidense o que la presenta para reclamar un reembolso.
➢ Un extranjero no-residente, no elegible para un SSN, que elige presentar una declaración de impuestos en conjunto con su cónyuge, un/a ciudadano/a estadounidense o extranjero/a residente

- A U.S. resident alien who files a U.S. tax return but is not eligible for an SSN.
- An alien individual, claimed as a spouse for an exemption on a U.S. tax return, who is not eligible for an SSN.
- An alien individual, who is not eligible for a SSN, claimed as a dependent on another person's U.S. tax return.
- A nonresident alien student, professor, or researcher filing a U.S. tax return or claiming an exception to the tax return filing requirement who is not eligible for an SSN.

Reason to Apply for an ITIN

A nonresident alien must apply for an ITIN to report earned income and claim the tax treaty benefits he or she qualifies for:

Box a. This box would be checked for certain nonresident aliens who must get an ITIN to claim certain tax treaty benefits whether they file a tax return or not. If box a is checked, then check box h as well. Enter on the dotted line next to box h the exceptions that relate to the taxpayer's situation.

Box b. Nonresident alien filing a U.S. tax return.

This category includes:

1. A nonresident alien who must file a U.S. tax return to report income directly or indirectly connected with the conduct of a trade or business in the United States.
2. A nonresident alien who is filing a U.S. tax return only to get a refund.

Box c. U.S. resident alien (based on the number of days present in the United States) filing a U.S. tax return.

Box c would be checked for a foreign individual living in the United States, who does not have permission to work from the USCIS and is ineligible for an SSN, but may still have a filing requirement.

Box d. Dependent of a U.S. citizen/resident alien.

Box d would be checked for an individual who can be claimed as a dependent on a U.S. tax return and is not eligible to get an SSN. Dependents of U.S. military personnel are exempt from the requirements of submitting original documents or certified copies of identifying documents, but a standard copy is required. A copy of the U.S. military ID is required, or the applicant must be applying from an overseas APO/FPO address.

Box e. Spouse of a U.S. citizen/resident alien.

This category includes:

1. A resident or nonresident alien spouse who is not filing a U.S. tax return (including a joint return) and who is not eligible to get an SSN, but who as a spouse, is claimed as an exemption.
2. A resident or nonresident alien electing to file a U.S. tax return jointly with a spouse who is a U.S. citizen or resident alien.

- Un/a extranjero/a residente estadounidense que declara, pero no es elegible para un SSN
- Un/a extranjero/a, que reclama a su cónyuge como exención en una declaración de impuestos estadounidense, que no es elegible para un SSN
- Un/a extranjero/a, no elegible para el SSN, que es reclamado/a como dependiente en la declaración de impuestos estadounidense de otra persona, y
- Un/a estudiante, profesor/a o investigador/a extranjero/a, no-residente, que presenta una declaración estadounidense o que reclama una excepción al requisito para presentar una declaración de impuestos, que no es elegible para un SSN

La razón para solicitar un ITIN.

Un/a extranjero/a no-residente debe tener un ITIN para reclamar un beneficio de un tratado tributario:

Casilla a. Se marca para ciertos extranjeros no-residentes que reciben un ITIN para reclamar ciertos beneficios de un tratado tributario si presentan o no una declaración de impuestos. Si marca la *casilla a*, entonces marque la *casilla h* también. Ponga las excepciones relacionadas a la situación del contribuyente en la línea en puntos al lado de la *casilla h*.

Casilla b. Para extranjeros no-residentes que presentan una declaración de impuestos estadounidense.

Esa categoría incluye:

1. Un extranjero no-residente que debe presentar una declaración de impuestos estadounidense para reportar ingreso conectado, directa o indirectamente, con un oficio o negocio en EU
2. Un extranjero no-residente que presenta una declaración de impuestos estadounidense por un reembolso

Casilla c. Un/a extranjero/a residente estadounidense (basado en los días que se encuentra en EU) que presentan una declaración de impuestos estadounidense

La *casilla c* se marca para los extranjeros que viven en Estado Unidos, que no tienen permiso para trabajar de USCIS y no son elegibles para un SSN, pero que aún tienen el requisito para declarar.

Casilla d. Dependiente de ciudadanos/residentes de estadounidenses.

La *casilla d* se marca para una persona que puede ser reclamada como dependiente en una declaración de impuestos de estadounidense y no es elegible para un SSN. Los dependientes del personal militar estadounidense están exentos del requisito que exige los documentos originales o de copies certificadas de los documentos de identidad, pero deben presentar una copia estándar. Se debe adjuntar una copia de la tarjeta de identificación militar o se envía la solicitud de una dirección APO/FPO en el extranjero.

Box e. Esta casilla es para el/la cónyuge de un ciudadano estadounidense/residente extranjero

Esta categoría incluye:

1. Un/a cónyuge extranjero/a residente o no-residente que no presenta una declaración de impuestos en estadounidense (incluyendo una declaración en conjunto) y que no es elegible para un SSN, pero que, como cónyuge, se le reclama como exención.
2. **Un/a extranjero/a residente o no-residente que elige presentar una declaración de impuestos estadounidense con su cónyuge que es ciudadano estadounidense o extranjero residente**

A spouse or a person in the U.S. military is exempt from submitting original documents or certified copies of identifying documents, but a standard copy will be required. A copy of a U.S. military ID will be required, or the applicant must be applying from an overseas APO/FPO address

Box f. Nonresident alien student, professor, or researcher filing a U.S. tax return or *claiming an exception.*

Box f is checked if the individual applicant has not abandoned his/her residence in a foreign country and who is a bona fide student, professor, or researcher coming temporarily to the United States solely to attend classes at a recognized institution of education, to teach, or to perform research.

If this box is checked, complete lines 6c and 6g and provide a passport with a valid U.S. visa. If the applicant is present in the U.S. on a work-related visa (F-1, J-1, or M-1), but will not be employed (applicant's presence in the U.S. is study-related), attach a letter from the DSO (Designated School Official) or RO (Responsible Officer) instead of applying with the SSA for a SSN. The letter must state clearly that the applicant will not be securing employment while in the U.S. and their presence here is solely study-related. This letter can be submitted with the applicant's Form W-7 in lieu of the denial letter from the SSA.

Box g. Dependent/spouse of a nonresident alien holding a U.S. visa.

Box g is checked when the individual can be claimed as a dependent or a spouse on a U.S. tax return and is unable or not eligible to get an SSN and has entered the U.S. with a nonresident alien who holds a U.S. visa. If this box is checked, be sure to include a copy of the visa with the W-7 application.

Box h. Other.

If box h is checked, it is because boxes a-g do not apply to the applicant. Be sure to describe in detail the reason for requesting an ITIN and attach all supporting documents.

Applying for an ITIN

Use Form W-7 or W-7(SP) (Español) to apply for an ITIN. After completing W-7 application, attach it to a valid federal tax return, unless the taxpayer qualifies for an exception.

The taxpayer must file Form W-7 with the current year tax return. If the tax professional is helping the taxpayer fill out the form, make sure to use the most current form. Look at the bottom of the form and see the revision date. The ITIN application should be mailed to the following address:

Internal Revenue Service
Austin Service Center
ITIN Operation
PO Box 149342
Austin, TX 78714-9342

Un/a cónyuge o persona en el ejército estadounidense está exenta de presentar documentos originales o copias certificadas de los documentos, pero debe presentar una copia estándar. Debe adjuntar una copia de la credencial de identificación militar o la solicitud debe venir de una dirección APO/FPO en el extranjero.

Casilla f. Para estudiantes, profesores o investigadores extranjeros no-residentes que presentan una declaración de impuestos estadounidense o que *reclaman una excepción.*

La casilla f se marca si el/la solicitante no ha abandonado la residencia en un país extranjero y es un estudiante, profesor o investigador de originario de dicho país que está temporalmente a Estados Unidos para tomar clases, enseñar o realizar investigaciones en una institución educativa reconocida.

Si se marca esta casilla, complete las líneas 6c y 6g, y presente su pasaporte con su visa estadounidense válida. Si el solicitante está presente en EU con una visa de trabajo (F-1, J-1 o M-1), pero no estará empleado (la presencia del solicitante en EU está relacionada al estudio), adjunte una carta del DSO (Funcionario Escolar Designado) o su RO (Funcionario Responsable) en lugar de solicitar a la SSA un SSN. La carta debe declarar claramente que el solicitante no tendrá empleo mientras se encuentre en EU y su presencia aquí está completamente relacionada a sus estudios académicos. Puede presentar esta carta con su solicitud W-7 en lugar de la carta de negación del SSA.

Casilla g. Para dependiente/cónyuge de un extranjero no-residente que tiene una visa estadounidense.

La *casilla g* se marca cuando la persona puede ser reclamada como dependiente o cónyuge en una declaración de impuestos estadounidense y no puede, o no es elegible, para recibir un SSN y entró a EU con un extranjero no-residente que tiene una visa estadounidense. Si esta casilla se marca, asegúrese de que incluye una copia de la visa con la solicitud W-7.

Casilla h: Otro

Si se marca la *casilla h*, es porque las *casillas a-g* no aplican al solicitante. Asegúrese de describir en detalle la razón por la que pide un ITIN y adjunte todos los documentos de apoyo.

Para solicitar un ITIN

Use el Formulario W-7 o el W-7SP (español) para solicitar un ITIN. Después de completar una solicitud W-7, adjúntela a una declaración de impuestos federal validad, a menos que el/la contribuyente califique para una excepción.

El/la contribuyente debe presentar el Formulario W-7 con la declaración de impuestos más reciente. Si el/la profesional en impuestos está ayudando al contribuyente a rellenar el formulario, asegúrese de usar el formulario más actualizado. Revise la fecha de revisión al pie de la hoja. Envíe la solicitud del ITIN por correo a la siguiente dirección.

Internal Revenue Service
Austin Service Center
ITIN Operation
PO Box 149342
Austin, TX 78714-9342

When mailing the application and documentation, make sure to get some sort of confirmation that the tax return was delivered. If the W-7 application was mailed using USPS, then do a certify return receipt, then a green card will come back with the name of the individual who signed for the mail, as well as the day it was delivered. If you use another service, make sure to get a tracking number to check online when the package was delivered.

The ITIN number is issued by mail, and the Austin processing center is the IRS office that issues the numbers. The taxpayer can apply any time for the W-7. If the application is filed after the return's due date, the taxpayer may owe penalties and/or interest. To avoid this, file the current year tax return timely.

Individual Applicants

For individuals applying directly to the IRS for an ITIN, original documents or copies certified by the issuing agency are required. The IRS will accept only original identification documents or certified copies of these documents from the issuing agency with the Form W-7 and federal tax return attached.

Document Standards for Dependent Children

To adequately substantiate identity and foreign status and assist in ensuring the integrity of important child tax credits, dependent ITIN applications will continue to require original documents or copies certified by the issuing agency. Dependent ITIN applications submitted to the IRS by CAAs will continue to require attachment of original documents or copies certified by the issuing agency. For children under six, one of the documents can include original medical records. For school-age children, the documentation can include original, current year school records such as a report card.

If the ITIN is for a dependent, the documentation must prove that the dependent is a U.S. national or a resident of the United States, Mexico, Canada, Republic of Korea (South Korea), or India. However, if you are living abroad and have adopted, or have had legally placed a foreign child in your home pending an adoption, that child may be eligible for an ITIN. If the dependent is a minor, the documentation must establish the relationship between the dependent and the representative signing the application on the dependent's behalf. Documentation could include a birth certificate, adoption papers, or other court-appointed papers showing legal guardianship. In the case of dependents that are residents of the Republic of Korea (South Korea) or India, refer to Publication 519, *U.S. Tax Guide for Aliens*, for additional documentation that may be required.

Documentation Needed

The IRS requires original documentation, and one of the documents must include a recent photograph. The identity documents are needed to both verify the applicant's foreign status and the applicant's identity. The following is a list of current original documentation that can be used:

Cuando envíe por correo la solicitud y los documentos, asegúrese de recibir un acuse de recibido cuando la declaración de impuestos fue entregada. Si la solicitud W-7 se envía por USPS, entonces pida un recibo de entrega certificado, se le enviará una tarjeta verde con el nombre de la persona que firmó y la fecha de la entrega del envío. Si usó otro servicio, asegúrese de que le dan un número de rastreo para revisar en línea si, y cuándo, se entregó el paquete.

El número ITIN se envía por correo y el centro de procesamiento de Austin es la oficina del IRS que emite los números. El/La contribuyente puede solicitar el W-7 en cualquier momento. Si la solicitud se presenta después de la fecha de vencimiento de la declaración, se le puede imponer sanciones y/o intereses. Para evitar esto, presente a tiempo la declaración del año en curso.

Solicitudes individuales

Las personas que solicitan un ITIN directamente al IRS, deben enviar los documentos originales o las copias certificadas de la agencia que las emite. El IRS sólo aceptará documentos de identificación originales o copias certificadas de estos documentos de la agencia que los emite con la declaración de impuestos federal y el Formulario W-7 adjuntos.

Documentos estándar para hijos dependientes

Para comprobar adecuadamente la identidad, estatus extranjero y para mantener la integridad de los créditos tributarios por menores, las solicitudes de ITIN para dependientes deben llevar adjuntos los documentos originales o copias certificadas de estos documentos de la agencia que los emite. Las solicitudes de ITIN para dependientes que un/a CAA presenta al IRS deben llevar adjuntos los documentos originales o las copias certificadas por la agencia que emite dichos documentos. Para menores de seis años, uno de los documentos que se debe incluir es el archivo médico original. Para los hijos en edad escolar, incluya los registros escolares del año en curso, como su reporte de calificaciones.

Si el ITIN es para un dependiente, los documentos deben probar que el/la dependiente es nacionalizado o residente de EU, México, Canadá, República de Corea (Corea del Sur) o la India. Sin embargo, si vive en el extranjero y adopta, o ha puesto un menor extranjero legalmente en su hogar esperando los resultados de la adopción, este menor puede ser elegible para un ITIN. Si el/la dependiente es un menor, el documento debe establecer la relación entre el dependiente y el/la representante que firma la solicitud por el/la dependiente. La documentación puede incluir un acta de nacimiento, los documentos de adopción u otros documentos designados por la corte que señalen la tutoría legal. Para más información en el caso de dependientes que son residentes de la República de Corea (Corea del Sur) o de la India, vea la Publicación 519, *Guía tributaria estadounidense para extranjeros*.

Documentos que necesita.

El IRS exige documentos originales y uno debe incluir una fotografía reciente. Los documentos de identidad son necesarios para ambos, verificar el estatus extranjero y al solicitante. La siguiente es una lista actualizada de los documentos de identidad que se pueden usar:

Compiling Taxpayer Information

- Passport (standalone document)
- U.S. Citizenship and Immigration Services (USCIS) photo identification
- U.S. state identification card
- U.S. driver's license
- U.S. military identification card
- National identification card
- Visa issued by U.S. Department of State
- Foreign driver's license
- Foreign military identification card
- Foreign voter's registration card
- Civil birth certificate
- Medical records (for dependent applicants under age 6)
- School records (for dependent applicants under age 14, under age 18 if student)

The IRS heard from stakeholders that it was difficult, in some instances, for individuals to be without documents such as passports for extended periods of time. Thus, the IRS determined that other outlets will be available to review original documentation. As part of this effort, while original documents or copies certified by the issuing agency are still required for most applicants, there will be more options and flexibility for people applying for an ITIN.

These options provide alternatives to mailing passports and other original documents to the IRS.

Supporting Documentation	Can be used to establish	
	Foreign status	Identity
Passport (the only standalone document)	X	X
U.S. Citizenship and Immigration Services (USCIS) Photo identification	X	X
Visa issued by U.S. Department of State	X	X
U.S. driver's license		X
U.S. military identification card		X
Foreign driver's license		X
Foreign military identification card	X	X
National identification card (must be current and contain name, photograph, address, date of birth, and expiration date)	X	X
U.S. state identification card		X
Foreign voter's registration card	X	X
Civil birth certificate	X*	X
Medical records (valid only for dependents under age 6)	X*	X
School records (valid only for dependents under age 14 (under age 18 if a student))	X*	X

*Can be used to establish foreign status only if they are foreign documents.

Common Errors on Form W-7

Always make sure that you input the correct information; double check each document and Form W-7 for errors.

- ➢ Pasaporte (documento que puede mantenerse por sí mismo)
- ➢ Identificación con foto de ciudadano estadounidense o del Servicio de Inmigración (USCIS)
- ➢ Credencial de identificación estatal estadounidense
- ➢ Licencia de conducir estadounidense
- ➢ Credencial de identificación militar estadounidense
- ➢ Credencial de identificación nacional
- ➢ Visa emitida por el Departamento del Estado estadounidense
- ➢ Licencia de conducir extranjera
- ➢ Tarjeta de identificación militar extranjera
- ➢ Credencial de elector extranjera
- ➢ Acta de nacimiento
- ➢ Registros médicos (para solicitudes de dependientes menores de 6 años)
- ➢ Archivos escolares (solicitantes dependientes menores de 14 años y menores de 18 si son estudiantes)

El IRS escuchó de los interesados que en ciertas circunstancias era difícil que las personas permanecieran sin los documentos, como el pasaporte, por un largo periodo de tiempo. Por lo tanto, el IRS determinó que habrá otras formas de revisar los documentos originales disponibles. Como parte de este esfuerzo, aunque la mayoría de los solicitantes aún deben presentar los documentos originales o copias certificadas por la agencia que las emite, habrá otras opciones y flexibilidad para que las personas soliciten un ITIN.

Estas opciones proveerán alternativas para enviar por correo los pasaportes y otros documentos originales al IRS.

Documentos de apoyo	Se puede usar para establecer	
	Estatus de extranjero	Identidad
Pasaporte (el único documento que puede mantenerse por sí mismo)	X	X
Una identificación de ciudadano estadounidense o del Servicio de Inmigración (USCIS) con foto	X	X
Visa emitida por el Departamento del Estado estadounidense	X	X
Licencia de conducir estadounidense		X
Tarjeta de identificación militar estadounidense		X
Licencia de conducir extranjera		X
Tarjeta de identificación militar extranjera	X	X
Tarjeta de identificación nacional (debe ser actual y tener el nombre, la foto, el domicilio, la fecha de nacimiento y la fecha de vencimiento)	X	X
Tarjeta de identificación estatal estadounidense		X
Credencial electoral extranjera	X	X
Acta de nacimiento	X*	X
Archivos médicos (válidos sólo para dependientes menores de 6 años)	X*	X
Archivos escolares (válido sólo para dependientes menores de 14 años, y para menores de 18 si son estudiantes)	X*	X

*Se pueden usar para establecer estatus extranjero solamente si son documentos extranjeros.

Errores comunes en el Formulario W-7

Asegúrese siempre de que ingresa la información correcta, revise dos veces cada documento y el Formulario W-7 para evitar errores.

Name Mismatch

This is the number one reason ITIN applications are rejected. Make sure the W-7 applications have the same name that is on the tax return being submitted. If an individual is helping a taxpayer complete the Form W-7 application, make sure not to abbreviate the applicant's name, use initials, or leave off the second last name on the tax return or W-7 application. The IRS employee is trained to match the names with the tax return and the W-7 application.

W-2 Issues

Many taxpayers who need an ITIN work under a different name and a different Social Security number. When the W-7 application is submitted with a tax return, the names on the W-2s should match the application. The IRS wants to make sure that the W-2 income reported is the income the person earned. Remember the purpose of the ITIN is for foreign individuals to report their income. The tricky issue is to get the W-2 to match the legal name. Taxpayers who need an ITIN do not want to ask their employer to change their records for fear of being dismissed for submitting inaccurate information.

Date of Entry

Another common mistake is leaving the date of entry line on the passport empty. This does not allow the IRS employee to match the taxpayer's date of entry with beginning work history. For example, submit documents that establish when they began working and the type of work they have been doing; this will help the ITIN reviewer tie in the date entered and when work began.

Passport Rejection

The most common reason the IRS rejects passports is because they are not signed. The IRS will not accept an original passport that is not signed. Everyone entering the U.S. with a passport must sign it. Some countries do not allow children to sign passports, such as India; the IRS is still working on a solution to this.

ITIN Tax Related Exceptions

Exception 1: Third Party Withholding on Passive Income

This exception may apply if the taxpayer is the recipient of partnership income, interest income, annuity income, rental income, or other passive income that is subject to third party withholding or covered by tax treaty benefits.

Individuals eligible to claim Exception 1 include:	Submit the following documentation to claim Exception 1:
1a: Individuals who are partners of a U.S. or foreign partnership that invests in the United States and owns assets that generate income subject to IRS information reporting and federal tax withholding requirements.	1a: A copy of the portion of the partnership or LLC agreement displaying the partnership's employer identification number and showing that the partner in the partnership is conducting business in the United States.

No coincide el nombre

Esta es la principal razón por la que se rechazan las solicitudes de ITIN. Asegúrese de que la solicitud W-7 lleva el mismo nombre que utilizó en la declaración de impuestos. Si se abrevian los nombres, se usan iniciales o se deja en blanco el segundo apellido en la declaración de impuestos o en la solicitud W-7, los empleados del IRS no saben si es la misma persona en la solicitud y en la declaración de impuestos.

Situaciones con el W-2

Muchos contribuyentes que necesitan un ITIN trabajan bajo un nombre y un seguro social diferentes. Cuando se presenta la solicitud W-7 con la declaración de impuestos, los nombres en el W-2 deben coincidir con los de la solicitud. El IRS quiere asegurarse de que la persona que reporta el ingreso del W-2, reporta el ingreso que en realidad ganó. Recuerde, el propósito del ITIN es para que los extranjeros reporten su ingreso. La complicación del asunto es que el nombre en el W-2 coincida con el nombre legal. Las personas que necesitan un ITIN no quieren pedir a sus empleadores que cambien su archivo por miedo a ser despedidas por presentar información imprecisa.

Fecha de entrada

Se presentan solicitudes con fechas de entrada, pero necesitan otros documentos importantes. Por ejemplo, hay que presentar documentos que establezcan el día que comenzó y el tipo de trabajo que ha estado haciendo; esto ayudará que el evaluador del ITIN concuerde la fecha de entrada con la fecha en que comenzó a trabajar.

Rechazo del pasaporte

La razón más común por la que el IRS rechaza un pasaporte es porque no está firmado. El IRS no acepta un pasaporte original sin firma. Todas las personas que entran a Estados Unidos deben tener su pasaporte firmado. Algunos países no les permiten que los niños firmen su pasaporte, como la India; el IRS aún está buscando una solución para esto.

Excepciones tributarias relacionadas al ITIN

Excepción 1: retención de impuestos de ingreso pasivo de terceros

Esta excepción se puede aplicar si el/la contribuyente recibe ingreso de una sociedad colectiva, de interés, de anualidades, de alquiler o ingreso pasivo que está sujeto a las retenciones de impuestos de terceros o cubierto por beneficios de un tratado tributario.

Personas elegibles para reclamar la excepción 1 incluyen:	**Documentos necesarios para presentar el reclamo de la excepción 1:**
1a: personas que son socios en una sociedad colectiva que mantiene inversiones en Estados Unidos y que es propietaria de bienes que generan ingreso sujeto a información que se reporta al IRS y a las retenciones de impuestos que exige la ley federal de impuestos	1a: una copia de la parte del acuerdo de la sociedad colectiva o de la LLC que muestra el número de identificación de empleador de la sociedad colectiva y que muestre que la sociedad colectiva realiza su negocio en Estados Unidos.

1b: Individuals who have opened an interest-bearing bank deposit account that generates income that is effectively connected with their U.S. trade or business and is subject to IRS information reporting and/or federal tax withholding. 1c: Individuals who are "resident aliens" for tax purposes and have opened an interest-bearing bank deposit that generates income subject to IRS information reporting and/or federal tax withholding. 1d: Individuals who are receiving distributions during the current tax year of income such as pensions, annuities, rental income, royalties, dividends, etc., and are required to provide an ITIN to the withholding agent for the purposes of tax withholding and/or reporting requirements. A withholding agent could be an investment company, insurance company, or a financial institution.	1b: A signed letter from the bank on its official letterhead, displaying the W-7 applicant's name has opened an individual deposit account that is subject to IRS information reporting and/or federal tax withholding on the interest generated during the current tax year. 1c: A signed letter from the bank on its official letterhead, displaying the applicant's name and stating that they have opened an individual deposit account that is subject to IRS information reporting and/or federal tax withholding on the interest generated during the current tax year. 1d: A signed letter or documentation from the withholding agent, on official letterhead, showing the names and verifying that an ITIN is required to make distributions during the current tax year that are subject to IRS information reporting and/or federal tax withholding.

Exception 2: Other Income

This exception may apply if:

1. Taxpayer is claiming the benefits of a U.S. income tax treaty with a foreign country and the taxpayer received any of the following:
    a. Wages, salary, compensation, and honoraria payments
    b. Scholarships, fellowships, and grants
    c. Gambling winnings
2. The taxpayer is receiving taxable scholarship, fellowship, or grant income, but not claiming the benefits of an income tax treaty

Individuals eligible to claim Exception 2 include:	**Submit the following documentation to claim Exception 2:**
2a: Individuals claiming the benefits of a tax treaty who: ➢ Are either exempt or subject to a reduced rate of withholding of tax on wages, salary, compensation, and honoraria payments ➢ Will submit Form 8233 to the payer of the income	2a: ➢ A letter of employment from the payer of the income ➢ A copy of the employment contract ➢ A letter requesting their presence for a speaking engagement

1b: personas que han abierto una cuenta de depósito bancaria de intereses que genera ingreso de interés ligada efectivamente a su oficio o negocio en EU y que está sujeto a la información que se reporta al IRS y/o a la retención de impuestos federales 1c: las personas que son "extranjeros residentes" para propósitos tributarios y que abrieron una cuenta de depósito de interés que genera ingreso sujeto a información que se reporta al IRS y/o a las retenciones de impuestos federales 1d: las personas que recibieron distribuciones durante el año tributario en curso como pensiones, anualidades, ingreso de alquileres, regalías, dividendos, etc., y que debe proveer un ITIN al agente de retenciones para propósitos de retenciones de impuestos y/o los requisitos para reportar. El agente de retenciones puede ser una compañía de inversiones, compañía de seguros o una institución financiera.	1b: una carta firmada por el banco en su membrete oficial que muestre que el nombre del solicitante de la W-7 abrió una cuenta de depósito individual de interés que está sujeta a la información que se reporta al IRS y/o a las retenciones de impuestos federales en los intereses que genera durante el año tributario en curso. 1c: una carta firmada por el banco en su membrete oficial que muestre el nombre del solicitante y declare que ha abierto una cuenta individual de depósito de interés que está sujeta a la información que se reporta al IRS y/o a retenciones de impuestos federales en los intereses que genera durante el año en curso. 1d: una carta firmada o documento de un agente de retenciones de impuesto, en un membrete oficial que muestre los nombres y verifique que se necesita un ITIN para hacer las distribuciones durante el año tributario en curso que están sujetos a la información del IRS que se reporta y/o a las retenciones de impuestos federales.

Excepción 2: otro ingreso

Esta excepción puede aplicar si:

1. El/La contribuyente está reclamando los beneficios de un tratado tributario sobre ingreso estadounidense con un país extranjero y el/la contribuyente recibe cualquier de los siguientes:
    a. Honorarios, salarios, compensación y pagos honorarios
    b. Becas, becas de investigación y subsidios
    c. Ganancias de apuestas
2. El/la contribuyente ha recibido ingreso sujeto a impuestos de becas, becas de investigación y subsidios, pero no reclama los beneficios de un tratado de impuestos sobre ingreso

Las personas que son elegibles para reclamar la Excepción 2 incluyen:	Los documentos necesarios que se deben presentar para reclamar la excepción 2:
2a: las personas que reclaman los beneficios de un tratado tributario que: ➢ Están exentas o sujetas a una tarifa reducida de las retenciones de impuestos en honorarios, salarios, compensación y pagos honoríficos ➢ Presentarán el Formulario 8223 al que paga el ingreso	2a: ➢ Una carta de empleo de la persona que paga el ingreso ➢ Una copia del contrato de empleo ➢ Una carta que pide su presencia para el acuerdo oral

Compiling Taxpayer Information

	along with: ➢ Evidence (information) on the Form W-7 that the applicant is entitled to claim the benefits of a tax treaty ➢ A copy of the completed withholding agent's portion of Form 8233 attached to Form W-7 and a letter from the Social Security Administration (SSA), stating that the individual is ineligible to receive a Social Security number. If the individual is present in the U.S. and receiving honoraria payments, he/she does not have to get a letter of denial from the SSA. A letter from the authorized school official stating the purpose of the visit and that the individual will be receiving payment in the form of an honoraria will be enough.
2b. Scholarships, Fellowships, and Grants 2b: Individuals claiming the benefit of a tax treaty who: ➢ Are either exempt from or subject to a reduced rate of tax on their income from scholarships, fellowships, or grants (foreign students, scholars, professors, researchers, foreign visitors, or any other individual ➢ Who will submit Form W-8BEN to the withholding agent **2b. Scholarships, Fellowships, and Grants from Student and Exchange Visitor Program (SEVP) approved colleges/university/institutions**	**2b:** ➢ A letter or official notification from the college or university awarding the noncompensatory scholarship, fellowship, or grant ➢ A copy of a contract with a college, university, or educational institution **along with:** ➢ A copy of the individual passport showing the valid visa issued by the U.S. Department of State ➢ Evidence (information) on Form W-7 that the individual is entitled to claim the benefits of a tax treaty ➢ A copy of Form W-8BEN that was submitted to the withholding agent ➢ A letter from the SSA stating the individual is ineligible to receive a Social Security number. If the individual is a student on an F-1, J-1, or M-1 visa who will not be working while studying in the United States, then they will not have to apply for an SSN. The individual will be permitted to provide a letter from the DSO or RO stating that they will not be employed in the U.S. or receive any type of income from personal services.

	junto con: ➢ Evidencia (información) en el Formulario W-7 que el solicitante tiene derecho a reclamar los beneficios de un tratado tributario ➢ Una copia del total de la parte del Formulario 8223 del agente de retenciones adjunta al Formulario W-7 y una carta de la Administración del Seguro Social (SSA), declarando que la persona no es elegible para recibir un número de seguro social Si la persona está presente en EU y recibió pagos de honorarios, no debe tener una carta de rechazo del SSA. Una carta del funcionario escolar autorizado donde declarar el propósito de la visita y que la persona recibirá pagos honorarios será suficiente.
2b. Becas, becas de investigación y subsidios 2b: las personas que reclaman el beneficio de un tratado tributario que: ➢ Están exentas de o sujetas a una tarifa reducida de impuestos del ingreso de becas, becas de investigación o subsidios (estudiantes extranjeros, eruditos, profesores, investigadores, visitantes extranjeros o cualquier otra persona) ➢ Presentarán el Formulario W-8BEN al agente de retenciones **2b. Becas, becas de investigación y subsidios de estudiante del programa de intercambio de visitantes (SEVP) de colegios/universidades/ instituciones aprobados** 2b: las personas que reclaman el beneficio de un tratado tributario y que presentan el Formulario W-8BEN al agente de retenciones.	2b. ➢ Una carta o notificación oficial de un colegio o universidad que otorga una beca no-compensatoria, beca de investigación o subsidio ➢ Una copia del contrato con un colegio, universidad o institución educativa **junto con:** ➢ Una copia del pasaporte individual que muestre la visa válida emitida por el Departamento del Estado de EU ➢ Evidencia (información) en el Formulario W-7 que la persona tiene el derecho de reclamar los beneficios de un tratado tributario ➢ Una copia del Formulario W-8BEN que se presentó al agente de retención de impuesto ➢ Una carta del SSA donde declara que la persona no es elegible para recibir un número de seguro social Si la persona es estudiante con una visa F-1, J-1 o M-1 que no estará trabajando mientras estudia en Estados Unidos, entonces no tiene que solicitar una SSN. A la persona se le permitirá presentar una carta del DSO o RO donde declara que no le darán empleo en EU ni recibirá ningún tipo de ingreso por servicios personales

2b: Individuals claiming the benefit of a tax treaty and who will be submitting Form W-8 BEN to the withholding agent:	2b: Certification letter for supporting identification documents. The certification letter must: ➢ Be on original, official college, university, or institution letterhead with a verifiable address ➢ Provide applicant's full name and Student Exchange Visitor's information ➢ Include the SEVIS number ➢ Certify the applicants' registration in the SEVIS program ➢ Certify that the student presented an unexpired passport, visa, or other identification documents for review ➢ List the identification documents provided to verify identity and foreign status ➢ Be signed and dated by a SEVIS official, Principal Designated School Official (DSO), Designated School Official, Responsible Officer (RO), or Alternate Responsible Officer of a certified school exchange program with a verifiable contact telephone number Copies of documents must be attached to verify the applicant's identity and foreign status from the approved list of documents for Form W-7.
2c: Individuals receiving noncompensatory income from scholarships, fellowships, or grants (that is, foreign students, scholars, professors, researchers, or any other individual) that is subject to IRS information reporting and/or withholding requirements during the current year.	2c: ➢ A letter or official notification from the educational institution (that is, college or university) awarding the noncompensatory scholarship, fellowship, or grant ➢ A copy of a contract with a college, university, or educational institution **along with:** ➢ A copy of their passport showing the valid visa issued by the U.S. Department of State

2b: las personas que reclaman el beneficio de un tratado tributario y que presentan el Formulario W-8BEN al agente de retenciones.	2b: una carta de certificación como documento de identificación de apoyo. La carta de certificación debe: ➢ En un membrete original y oficial de un colegio, universidad o institución con una dirección que se pueda verificar ➢ Proveer el nombre del solicitante y la información del estudiante de intercambio ➢ Incluir el número de SEVIS ➢ Certificar la registración del solicitante en el programa SEVIS ➢ Certificar que el estudiante presentó un pasaporte, visa u otro documento de identificación no vencido para la revisión ➢ Enlistar los documentos de identificación proveídos para verificar la identidad y estatus extranjeros ➢ Estar firmada y fechada por el funcionario de SEVIS, un Funcionario Principal Designado de la Escuela (DSO), el Funcionario Designado de la Escuela, el Funcionario Responsable (RO), por el Funcionario Responsable Alternativo o un programa de intercambio escolar certificado con un número de teléfono que se pueda verificar
2c: las personas que reciben ingreso no-compensatorio de becas, becas de investigación o subsidios (esto es, estudiantes extranjeros, eruditos, profesores, investigadores o cualquier otra persona) que esté sujeto a la información que se reporta al IRS y/o al requisito de las retenciones de impuestos durante el año en curso.	verificar la identidad y estatus extranjero del solicitante, de la l la lista aprobada de documentos para el Formulario W7 2c: ➢ Una carta o una notificación oficial de la institución educativa (ya sea un colegio o universidad) que otorga una beca no-compensatoria, beca de investigación o subsidio ➢ Una copia de un contrato con un colegio, universidad o institución educacional **junto con:** ➢ Una copia del pasaporte que muestra la visa válida emitida por el Departamento del Estado Estadounidense

	➢ A letter from the DSO or RO stating that they are receiving noncompensatory income from scholarships, fellowships, or grants that is subject to IRS information reporting and/or federal tax withholding requirements during the current year (this letter must be attached to Form W-7 or the application for an ITIN will be denied ➢ A letter from the SSA stating that the individual is ineligible to receive a Social Security number
2d: Nonresident aliens visiting the U.S. who: ➢ Have gambling winnings ➢ Are claiming the benefits of a tax treaty for an exempt or reduced rate of federal tax withholding on the income Will utilize the services of a gaming official as an IRS ITIN Acceptance Agent	2d: Form W-7 must be submitted through the services of an appropriate gaming official serving as an IRS ITIN Acceptance Agent to apply for an ITIN under Exception 2(d). If the individual does not secure the services of a gaming official, the individual may still file Form 1040NR at the end of the tax year with Form W-7 attached and a copy of Form 1042-S displaying the amount of tax withheld. The Form 1040NR return should also display the tax treaty article number and country under which the individual is claiming the treaty benefits.

Exception 3: Third Party Reporting of Mortgage Interest

If the ITIN applicant has a home mortgage loan on real property that they own in the United States, that is subject to third party reporting of mortgage interest. Information returns applicable to exception 3 may include Form 1098, *Mortgage Interest Statement.*

If the applicant is eligible to claim exception 3, the applicant must submit documentation showing evidence of a home mortgage loan. Evidence would include a copy of the contract or sale or similar documentation.

Exception 4: Third Party Withholding-dispositions by a Foreign Person of United States Real Property Interest

This exception may apply if the individual is a party to a disposition of a U.S. real property interest by a foreign person, which is generally subject to withholding by the transferee or buyer (withholding agent). If the applicant uses this exception with their information return, one of the following may be included:

➢ Form 8288, *U.S. Withholding Tax Return Dispositions by Foreign Persons of U.S. Real Property Interests.*
➢ Form 8288-A, *Statement of Withholding on Dispositions by Foreign Persons of U.S. Real Property Interests.*

	➢ Una carta del DSO o RO donde declara que recibirán ingreso no-compensativo de becas, becas de investigación o subsidios que están sujetos a la información que se reporta al IRS y/o a los requisitos de retenciones de impuestos federales durante el año tributario en curso (esta carta se debe adjuntar al Formulario W-7 o se negará la solicitud del ITIN) ➢ Una carta del SSA donde declara que la persona no es elegible para recibir un número de seguro social
2d: los extranjeros no-residentes que visitan EU que: ➢ Tienen ganancias de apuestas ➢ Están reclamando los beneficios de un tratado tributario por una exención o una tarifa reducida de impuestos federales en las retenciones de impuestos sobre ingreso ➢ Utilizarán los servicios de un funcionario de juegos como un Agente de Aceptación de ITIN del IRS	2d: el Formulario W-7 se debe presentar a través de los servicios de un funcionario de juegos apropiado que sirve como Agente de Aceptación de ITIN del IRS para solicitar un ITIN bajo la excepción 2(d). Si la persona no asegura los servicios de un funcionario de juegos, tal vez aún pueda presentar el Formulario 1040NR al final del año tributario con el Formulario W-7 adjunto y una copia del Formulario 1042-S donde muestra la cantidad de los impuestos retenidos. La declaración de impuestos en el Formulario 1040NR también debe mostrar el número del artículo del tratado tributario y el país bajo el que la persona reclama el beneficio del tratado.

Excepción 3: interés hipotecario que reporta el tercero.

Si el/la solicitante del ITIN tiene un préstamo hipotecario de vivienda en una propiedad real en Estado Unidos de la que es propietario/a, que está sujeta al reporte de interés hipotecario de un tercero. La declaración informativa que aplica a la excepción 3 puede incluir el Formulario 1098, *Declaración de interés hipotecario*.

Si el/la solicitante es elegible para reclamar la excepción 3, debe presentar documentos que muestren evidencia de un préstamo hipotecario de vivienda. La evidencia puede incluir la copia del contrato, venta o documentos similares.

Excepción 4: retenciones-disposiciones de un tercero por una persona extranjera del Interés de una Propiedad Real estadounidense

Esta excepción se puede aplicar si la persona es parte de una disposición de interés de bienes raíces estadounidenses por una persona extranjera, la cual está generalmente sujeta a retenciones de impuestos de un cesionario o comprador (agente de retenciones). Si el/la solicitante usa esta excepción con su declaración informativa, se debe incluir uno de los siguientes:

➢ El Formulario 8288, *Disposiciones de las retenciones de impuestos en la declaración de impuestos, por extranjeros, del interés en propiedad inmobiliaria estadounidense*
➢ Formulario 8288-A, *Declaración de retenciones de impuestos en disposiciones de extranjeros del interés en propiedad inmobiliaria estadounidense*

> Form 8288-B and a copy of the contract of the sale, *Application for Withholding Certificate for Dispositions by Foreign Persons of U.S. Real Property Interests.*

For the seller of the property, copies of Forms 8288 and 8288-A submitted by the buyer should be attached to Form W-7

Exception 5: Treasury Decision (TD) 9363

This exception may apply if the taxpayer has an IRS reporting requirement under TD-9363 and is submitting Form W-7 with Form 13350.

If the applicant is eligible for this exception, Form 13350 should be submitted with the W-7 application along with a letter from their employer on corporate letterhead stating they have been designated as the person responsible for ensuring compliance with IRS information reporting requirements.

Student and Exchange Visitor Program

The Student and Exchange Visitor Program (SEVP)-approved institutions for nonresident alien students and exchange visitors and their dependents classified under section 101(a)(15)(F), (M) or (J) of the Immigration and Nationality Act {8U.S.C. 1101(a)(15) (F), (M), or (J)}: A certification letter is required for each Form W-7 application; primary, associated secondary (spouse), and dependents.

The certification letter from a SEVP-approved institution serves as a substitute for submission of original supporting identification documents with Form W-7. The letter must:

> - Be on original, official college, university, or institution letterhead with a verifiable address
> - Provide the applicant's full name and Student and Exchange Visitor Information System (SEVIS) number
> - Certify the applicant's registration in SEVIS
> - Certify that the student presented an unexpired passport, visa, or other identification documents provided for review
> - List the identification documents provided to verify identity and foreign status
> - Be signed and dated by a SEVIS official
>   - Principal Designated School Official (PDSO)
>   - Designated School Official (DSO)
>   - Responsible Officer (RO)
>   - Alternative Responsible Officer (ARO)
> - Attach copies of documents used to verify the applicant's identity and foreign status from the approved list of supporting documents that can be attached to Form W-7 (passports must include a copy of a valid visa issued by the U.S. Department of State)
> - Attach a copy of DS-2019, *Certificate of Eligibility for Exchange Visitor Status* (J-1 status) and/or a copy of the 1-20 *Certificate for Non-Immigrant Student Status.*
> - Attach a copy of Form W-8BEN submitted to the withholding agent
> - Form W-7 must include the treaty country and article number that supports claiming a tax treaty benefit
> - Include a letter from the DSO or RO stating that the applicant will not be securing employment in the U.S. or receiving any type of income from personal services

> Formulario 8288-B y una copia del contrato de venta, *Solicitud para el certificado de retenciones de disposiciones de extranjeros del interés en propiedad inmobiliaria estadounidense*

Se deben adjuntar al Formulario W-7 las copias de los Formularios 8288 y 8288-A que presenta el comprador, para el que vende la propiedad.

Excepción 5: decisión del tratado (TD) 9363

Esta excepción puede aplicarse si el/la contribuyente tiene un requisito para declarar del IRS bajo el TD 9363 y está presentando el Formulario W-7 con el Formulario 13350.

Si el/la solicitante es elegible para esta excepción, debe presentar el Formulario 13350 con la solicitud W-7 junto con la carta de su empleador con un membrete corporativo declarando que se ha designado como persona responsable de asegurar el cumplimiento de los requisitos del IRS para reportar la información.

Programa de intercambio de visitantes

El Programa de Intercambio de Estudiantes Visitantes (SEVP)-de instituciones aprobadas para estudiantes extranjeros no-residentes y visitantes de intercambio y sus dependientes clasificados bajo la sección 10(a)(15)(F), (M) o (J) de la Ley Nacional de Inmigración {8U.S.C. 1101(a)(15)(F), (M), o (J)}: deben presentar una carta certificada por cada solicitud W-7; para el/la principal, segunda asociada (cónyuge) y sus dependientes.

La carta de certificación del SEVP de las instituciones aprobadas que sirven como un substituto para presentar los documentos de identificación de apoyo originales con el Formulario W-7. La carta debe:

> - Ir en un membrete oficial de un colegio, universidad o institución con una dirección verificable
> - Mostrar el nombre completo del solicitante y el número del sistema de información de estudiante y visitante de intercambio (SEVIS)
> - Certificar la registración del solicitante en el SEVIS
> - Certificar que el/la estudiante presentó un pasaporte, visa u otros documentos de identificación no vencidos para su verificación
> - Lista de documentos de identificación que presentó para verificar la identidad y estatus extranjero
> - Estar firmados y fechados por un funcionario del SEVIS
>   - Funcionario Principal Designado de la Escuela (PDSO)
>   - Funcionario Designado de la Escuela (DSO)
>   - Funcionario Responsable (RO)
>   - Funcionario Responsable Alternativo (ARO)
> - Adjuntar copias de los documentos que se usaron para verificar la identidad y estatus extranjero del solicitante de la lista de documentos de apoyo aprobados que se pueden adjuntar al Formulario W-7 (los pasaportes deben incluir una copia de una visa válida emitida por el Departamento del Estado)
> - Adjunte una copia del DS-2019, *Certificado de elegibilidad para el estatus del visitante extranjero (estatus J-1)* y/o una copia del 1-20 *Certificado del estatus de estudiante no-inmigrante*
> - Adjunte una copia del Formulario W-8BEN que presentó al agente de retenciones
> - El Formulario W-7 debe incluir el país del tratado y el número del artículo que apoya el reclamo de un beneficio del tratado tributario
> - Incluya una carta del DSP o RO declarando que no se le asegura empleo al solicitante en EU ni que recibirá cualquier tipo de ingreso por servicios personales.

If the student is on an F-1, J-1, or M-1 visa and will not be working while studying in the U.S., they will not have to apply for an SSN. The student will be permitted to provide a letter from the DSO or RO stating that they will not be securing employment in the United States or receiving any type of income from personal services.

Aliens

Determining if a taxpayer is a resident, nonresident, or dual-status alien dictates whether and how the taxpayer must file a return.

Resident Alien

The taxpayer is a resident alien of the United States for tax purposes if he/she meets either the "green card test" or the "substantial presence test" for the current calendar tax year. If the taxpayer has been a resident for the entire year, he/she must file a tax return following the same rules that apply to a U.S. citizen. See Publication 519.

Nonresident alien

A nonresident alien is one who has not passed the green card test or the substantial presence test. Tax forms are different for the nonresident alien. For example, there are only 3 options for filing status on Form 1040NR: Single, Married Filing Separately, and Qualifying Widow(er).

Dual-status Alien

Aliens who make a change from nonresident alien to resident alien or from resident alien to nonresident alien are considered a dual-status alien. Different rules apply for each part of the year the taxpayer is a nonresident or a resident alien.

Publication 519 will help in determining the taxpayer's alien status. This topic is not covered in depth in this textbook.

Tax Return Compliance

The IRS is enhancing compliance activities relating to certain credits, including the child tax credit. The changes will improve the ability of the IRS to review returns claiming this credit, including those returns utilizing ITINs for dependents. For example, additional residency information will be required on Schedule 8812, Child Tax Credit, to ensure eligibility criteria for the credit is met.

Information derived from the ITIN process will be better utilized in the refund verification process. New pre-refund screening filters were put in place to flag returns for audits that claim questionable refundable credits. Increased compliance resources will also be deployed to address questionable returns in this area. As part of these overall efforts, ITIN holders may be asked to revalidate their ITIN status as part of certain audits to help ensure the numbers are used appropriately.

Expiration of ITINs

ITINs not used on a federal return at least once during the past three years will no longer be valid. ITINs started expiring in 2016.

Si el estudiante tiene una visa F-1, J-1 o M-1 y no va a trabajar mientras estudia en EU, no tendrá que solicitar un SSN. Al estudiante se le permitirá que presente una carta del DSO o del RO donde se declara que no le asegurarán empleo en Estados Unidos ni que recibirá cualquier tipo de ingreso por servicios personales.

Extranjeros

Determinar si el/la contribuyente es residente, no-residente o extranjero con doble residencia determina si debe declarar y cómo debe presentar su declaración de impuestos.

Extranjero residente

El/La contribuyente es un extranjero residente de Estados Unidos para propósitos tributarios si cumple con la prueba de la "tarjeta verde" o la prueba de "presencia substancial" para el año regular actual. Si el/la contribuyente ha sido residente por todo el año, debe presentar su declaración de impuestos siguiendo las mismas reglas que aplican a un ciudadano estadounidense. Para más información, lea la Publicación 519.

Extranjero no-residente

Un extranjero no-residente es aquel que no pasa la prueba de la tarjeta verde o la prueba de presencia substancial. Las reglas y los formularios tributarios que se utilizan son diferentes para los extranjeros no-residentes que para extranjeros residentes y ciudadanos estadounidenses.

Extranjero con doble residencia

Los extranjeros que cambian de extranjero no-residente a extranjero residente, o de extranjero residente a extranjero no-residente son considerados como extranjeros con doble residencia. Se aplican diferentes reglas para cada parte del año en que el/la contribuyente es no-residente y para cuando es residente.

La Publicación 519 le ayudará a determinar el estado de residencia del contribuyente extranjero. Este tema no es parte de este libro de texto.

Cumplimiento con la declaración de impuestos

El IRS está mejorando las actividades de cumplimiento relacionadas a ciertos créditos, incluyendo el crédito tributario por menores. Los cambios mejoraran la habilidad del IRS para revisar las declaraciones de impuestos que reclaman este crédito, incluyendo las declaraciones que reclaman dependientes con ITIN. Por ejemplo, habrá que presentar más información sobre la residencia en el Anexo 8812, *Crédito tributario por menores*, para asegurar que se cumple con el criterio de elegibilidad.

La información que resulte del proceso del ITIN se utilizará mejor en el proceso de verificación del reembolso. Al comenzar la temporada del 2013, se pusieron nuevos filtros de revisión de reembolsos para alertar sobre auditorías a declaraciones que reclamen créditos reembolsables cuestionables. También habrá un incremento en los recursos de cumplimiento para tratar declaraciones cuestionables en esta área. Como parte de estos esfuerzos, se pedirá que los titulares de ITIN revaliden su estatus para asegurar que los números se usen apropiadamente.

Expiración de los ITIN.

Al comenzar el 1º de enero de 2017, los ITIN que no se usaron en una declaración de impuestos federal por lo menos una vez durante los pasados tres años ya no serán válidos. Los ITIN se comenzaron a vencer en 2016.

The uniform policy applies to any ITIN, regardless of when it was issued. Only about a quarter of the 21 million ITINs issued since the program began in 1996 are being used on tax returns. The new policy will ensure that anyone who legitimately uses an ITIN for tax purposes can continue to do so, while at the same time resulting in the likely eventual expiration of millions of unused ITINs.

Part 4 Review Questions

To obtain the maximum benefit from this chapter, LTP recommends that you complete each of the following questions, and then compare them to the answers with feedback that immediately follow. Under governing self-study standards, vendors are required to present review questions intermittently throughout each self-study course.

These questions and explanations are not part of the final examination and will not be graded by LTP.

CTIP4.1
Which of the required supporting documents for ITIN applications is a standalone document?

  a. Passport
  b. U.S. Citizenship and Immigration Services (USCIS) photo identification
  c. National identification card
  d. Foreign driver's license
  e. Foreign voter's registration card

CTIP4.2
Which of the following is not a common error found when processing an application for an ITIN?

  a. Name does not match the name on the tax return
  b. Date of entry is not entered
  c. Passport is not signed
  d. W-2s match the name on the application

CTIP4.3
Which of the following is not a common error on Forms W-7?

  a. Name mismatch
  b. No date of entry
  c. Unsigned passports
  d. Incompleted acceptance agent information

CTIP4.4
Preparers must determine how taxpayer must file his/her tax return based on which of the following?

  a. If he/she is a resident alien
  b. If he/she is a nonresident alien
  c. If he/she is a dual-status alien
  d. All the options are correct

La regla nueva y más uniforme aplica a cualquier ITIN, sin importar cuando se emitió. Sólo un cuarto de los 21 millones de ITIN que se emitieron desde que el programa comenzó en 1996 se han usado en declaraciones tributarias. La nueva regla asegurará que cualquier persona que use un ITIN legítimamente para propósitos tributarios podrá seguir haciéndolo, de igual forma, se espera que millones de ITIN que no se usan caduquen.

Parte 4 Preguntas de repaso

Para obtener el máximo beneficio de este capítulo, LTP recomienda completar cada una de las siguientes preguntas y luego compararlas con las respuestas con los comentarios que siguen inmediatamente. Bajo las normas de autoestudio de gobierno, los proveedores están obligados a presentar preguntas de revisión intermitentemente a lo largo de cada curso de autoestudio.

Estas preguntas y explicaciones no forman parte del examen final y no serán calificadas por LTP.

CTIP4.1
¿Cuál de los documentos requeridos para la solicitud del ITIN es un documento independiente?

a. Pasaporte
b. Identificación con foto de los Servicios de Ciudadanía e Inmigración de EE.UU. (USCIS, por sus derechos de autor)
c. Tarjeta nacional de identificación
d. Licencia de conducir extranjera
e. Credencial de elector extranjero

CTIP4.2
¿Cuál de los siguientes no es un error común encontrado al procesar una solicitud para un ITIN?

a. El nombre no coincide con el nombre de la declaración de impuestos
b. La fecha de entrada no se introduce
c. El pasaporte no está firmado
d. Los W-2 coinciden con el nombre de la aplicación

CTIP4.3
¿Cuál de los siguientes no es un error común en los Formularios W-7?

a. Desajuste de nombres
b. Sin fecha de entrada
c. Pasaportes sin firmar
d. Información incompleta del agente de aceptación

CTIP4.4
Los preparadores deben determinar cómo el contribuyente debe presentar su declaración de impuestos en función de, ¿cuál de los siguientes?

a. Si es un extranjero residente
b. Si es un extranjero no residente
c. Si es un extranjero de doble estatus
d. Todas las opciones son correctas

CTIP4.5
The taxpayer is a resident alien of the United States for tax purposes if he/she meets which of the following tests?

1. The "green card" test
2. The "Quarterly Test"
3. The "substantial presence test"

a. 1 Only
b. 2 & 3 Only
c. 3 Only
d. 1 & 3

Part 4 Review Questions Answers

CTIP4.1
Which of the required supporting documents for ITIN applications is a standalone document?

a. Passport
b. U.S. Citizenship and Immigration Services (USCIS) photo identification
c. National identification card
d. Foreign driver's license
e. Foreign voter's registration card

Feedback: Review section *Documentation needed.*

CTIP4.2
Which of the following is not a common error found when processing an application for an ITIN?

a. Name does not match the name on the tax return
b. Date of entry is not entered
c. Passport is not signed
d. W-2s match the name on the application

Feedback: Review section *Common Errors on Form W-7.*

CTIP4.3
Which of the following is not a common error on Forms W-7?

a. Name mismatch
b. No date of entry
c. Unsigned passports
d. Incompleted acceptance agent information

Feedback: Review section *Common Errors on Form W-7.*

CTIP4.5
El contribuyente se considera un extranjero residente de los Estados Unidos con fines fiscales si cumple, ¿con cuál de las siguientes pruebas?

1. La prueba de la "tarjeta verde"
2. La "prueba trimestral"
3. La "prueba de presencia sustancial"

a. 1 Solamente
b. 2 & 3 solamente
c. 3 Solamente
d. 1 & 3

Parte 4 Repuestas a las preguntas de repaso

CTIP4.1
¿Cuál de los documentos requeridos para la solicitud del ITIN es un documento independiente?

  a. Pasaporte
  b. Identificación con foto de los Servicios de Ciudadanía e Inmigración de EE.UU. (USCIS, por sus derechos de autor)
  c. Tarjeta nacional de identificación
  d. Licencia de conducir extranjera
  e. Credencial de elector extranjero

Comentario: Revisa la sección *Documentación necesaria.*

CTIP4.2
¿Cuál de los siguientes no es un error común encontrado al procesar una solicitud para un ITIN?

a. El nombre no coincide con el nombre de la declaración de impuestos
b. La fecha de entrada no se introduce
c. El pasaporte no está firmado
d. Los W-2 coinciden con el nombre de la aplicación

Comentario: Revisa la sección *Errores comunes en el Formulario W-7.*

CTIP4.3
¿Cuál de los siguientes no es un error común en los Formularios W-7?

a. Desajuste de nombres
b. Sin fecha de entrada
c. Pasaportes sin firmar
d. Información incompleta del agente de aceptación

Comentario: Revisa la sección *Errores comunes en el Formulario W-7.*

CTIP4.4

Preparers must determine how taxpayer must file his/her tax return based on which of the following?

   a. If he/she is a resident alien
   b. If he/she is a nonresident alien
   c. If he/she is a dual-status alien
   d. All the options are correct

Feedback: Review section *Aliens*.

CTIP4.5

The taxpayer is a resident alien of the United States for tax purposes if he/she meets which of the following tests?

   1. The "green card" test
   2. The "Quarterly Test"
   3. The "substantial presence test"

   a. 1 Only
   b. 2 & 3 Only
   c. 3 Only
   d. 1 & 3

Feedback: Review section *Aliens*.

Takeaways

Knowing tax law and gathering the necessary information to satisfy the due diligence knowledge requirement is just the beginning of becoming a great tax preparer. What truly marks a successful career is applying this knowledge correctly to a tax return; this is the paramount responsibility of a tax professional. Knowing the tax law and how to apply each law to each individual situation is the puzzle that the tax professional must solve for the rest of their career. Every situation is different, and the tax professional must learn how to put the pieces of the puzzle together to prepare an accurate tax return.

TEST YOUR KNOWLEDGE!
Go online to take a practice quiz.

CTIP4.4
Los preparadores deben determinar cómo el contribuyente debe presentar su declaración de impuestos en función de, ¿cuál de los siguientes?

   a. Si es un extranjero residente
   b. Si es un extranjero no residente
   c. Si es un extranjero de doble estatus
   d. Todas las opciones son correctas

Comentario: Revisa la sección *Extranjeros*.

CTIP4.5
El contribuyente se considera un extranjero residente de los Estados Unidos con fines fiscales si cumple, ¿con cuál de las siguientes pruebas?

   1. La prueba de la "tarjeta verde"
   2. La "prueba trimestral"
   3. La "prueba de presencia sustancial"

   a. 1 Solamente
   b. 2 & 3 solamente
   c. 3 Solamente
   d. 1 & 3

Comentario: Revisa la sección *Extranjeros*.

Aportes

Conocer la legislación fiscal y recopilar la información necesaria para satisfacer el requisito de conocimientos de diligencia debida es solo el comienzo para convertirse en un gran preparador de impuestos. Lo que verdaderamente marca una carrera exitosa es aplicar este conocimiento correctamente a una declaración de impuestos; esta es la responsabilidad primordial de un profesional de impuestos. Conocer la ley tributaria y cómo aplicar cada ley a cada situación individual es el rompecabezas que el profesional tributario debe resolver durante el resto de su carrera. Cada situación es diferente y el profesional de impuestos debe aprender a armar las piezas del rompecabezas para preparar una declaración de impuestos precisa.

¡PON A PRUEBA TUS CONOCIMIENTOS!
Ve en línea para tomar una prueba de práctica.

Chapter 4 Filing Status, Dependents and Deductions

Introduction

This chapter will present an overview of the Tax Cuts and Jobs Act standard deduction and what circumstances permit taxpayers to claim a higher standard deduction. You will also learn what an exemption is, what exemptions each of the filing statuses can claim, and how to identify a qualifying dependent.

Objectives

At the end of this lesson the student will be able to do the following:

- Recognize how to determine the standard deduction.
- Understand who qualifies for the higher standard deduction.
- Explain the qualifying child test requirements.
- Identify the difference between a qualifying child and a qualifying relative.
- Describe the difference between custodial and noncustodial parents.
- List the five filing statuses.
- Recall the requirements for each filing status.
- Identify types of income to determine support.
- Recognize the requirements to claim a qualifying dependent.

Resources

Form 1040	Publication 17	Instructions Form 1040
Form 2120	Publication 501	Instructions Form 2120
Form 8332	Publication 555	Instructions Form 8332
	Tax Topic 352, 851, 857, 858	

Capítulo 4 Estado civil, dependientes y deducciones

Introducción

Este capítulo presentará una descripción general de la deducción estándar de la Ley de Reducción de Impuestos y Empleos y las circunstancias que permiten a los contribuyentes reclamar una deducción estándar más alta. También aprenderá qué es una exención, qué exenciones puede reclamar cada uno de los estados civiles de declaración y cómo identificar a un dependiente calificado.

Objetivos

Al final de esta lección, el alumno podrá hacer lo siguiente:

➢ Reconocer cómo determinar la deducción estándar.
➢ Entender quién califica para la deducción estándar más alta.
➢ Explicar los requisitos de prueba para hijos calificados.
➢ Identificar la diferencia entre un menor y un familiar calificado.
➢ Describir la diferencia entre padres con custodia y sin custodia.
➢ Identificar los cinco estados civiles de declaración.
➢ Recordar los requisitos para cada estado civil de declaración.
➢ Identificar los tipos de ingreso para determinar la manutención.
➢ Reconocer los requisitos para reclamar un dependiente calificado.

Fuentes

Formulario 1040	Publicación 17	Instrucciones Formulario 1040
Formulario 2120	Publicación 501	Instrucciones Formulario 2120
Formulario 8332	Publicación 555	Instrucciones Formulario 8332
	Tema fiscal 352, 851, 857, 858	

Table of Contents / Índice

Introduction	196
Introducción	197
Part 1: Deductions	200
Standard Deductions	200
Parte 1: Deducciones	201
Deducciones Estándar	201
Standard Deduction for Most People	202
Standard Deduction for Age 65 and Older or Blind	202
Deducción estándar para la mayoría de las personas	203
Deducción estándar para personas de 65 años, mayores o ciegos	203
Standard Deduction for Dependents	208
Deducción estándar para dependientes	209
Part 1 Review Questions	210
Part 1 Review Questions Answers	210
Parte 1 Preguntas de repaso	211
Parte 1 Respuestas a las preguntas de repaso	211
Part 2: Dependent Filing Requirements	212
Qualifying Child	212
Parte 2 Requisitos de declaración como dependiente	213
Hijo calificado	213
Dependent Exemptions	216
Exenciones de dependientes	217
Dependency Rules	222
Reglas de dependencia	223
Part 2 Review Questions	228
Parte 2 Preguntas de repaso	229
Part 2 Review Questions Answers	232
Parte 2 Respuestas a las preguntas de repaso	233
Part 3: Member of Household or Relationship Test	236
Relatives Who Do Not Have to Live with the Taxpayer to be Consider a Member of Household or Relation Test	236
Adopted Child	236
Joint Return	236
Temporary Absence	236
Parte 3 Prueba de miembro del hogar o parentesco	237
Familiares que no tienen que vivir con el contribuyente para ser considerados miembros del hogar o prueba de parentesco	237
Hijo adoptado	237
Declaración conjunta	237
Ausencia temporal	237
Death or Birth	238
Local Law Violated	238
Cousin	238
Gross Income Test	238
Muerte o nacimiento	239
Infracción de la ley local	239
Primo	239
Prueba de ingreso bruto	239
Qualifying Relative Support Test	240
Armed Forces Dependency Allotments	240
Tax-Exempt Income	240

Estado civil, dependientes y deducciones

Prueba de manutención relativa calificada	241
Asignaciones de dependencia de las Fuerzas Armadas	241
Ingresos exentos de impuestos	241
Social Security Benefits for Determining Support	242
Support Provided by the State (Welfare, Food Stamps, Housing, etc.)	242
Beneficios del Seguro Social para determinar la manutención	243
Manutención brindada por el estado (asistencia social, cupones de alimentos, vivienda, etc.)	243
Total Support	246
Manutención total	247
Multiple Support Agreement (Form 2120)	248
Deceased Taxpayers	248
Acuerdo de manutención múltiple (formulario 2120)	249
Contribuyentes fallecidos	249
Allowances for a Surviving Spouse	250
Inherited Property	250
Income in Respect of the Decedent	250
Deductions in Respect of the Decedent	250
Part 3 Review Questions	250
Subsidios para un cónyuge sobreviviente	251
Propiedad heredada	251
Ingresos con respecto al difunto	251
Deducciones con respecto al difunto	251
Parte 3 Preguntas de repaso	251
Part 3 Review Question Answers	254
Parte 3 Respuestas a las preguntas de repaso	255
Part 4: The Five Filing Status and Practice Worksheets	256
Parte 4 Hojas de trabajo de los cinco estados civiles de declaración y la práctica	257
Single (S)	258
Head of Household (HH)	258
Soltero (S)	259
Cabeza de familia (HH)	259
Married Filing Jointly (MFJ)	262
Casado declarando conjuntamente (MFJ)	263
Married Filing Separately (MFS)	264
Casado declarando por separado (MFS)	265
Qualifying Widow(er) (QW) with Dependent Child	266
Community Property and Income	266
Viudo calificado (QW) con hijo dependiente	267
Bienes gananciales e ingresos	267
Determining the Correct Federal Filing Status	268
Determinación del estado civil de declaración correcto	269
Exemptions and Suspensions	278
Rules for Dependent Exemptions	278
Part 4 Review Questions	278
Exenciones y suspensiones	279
Reglas para exenciones de dependientes	279
Parte 4 Preguntas de repaso	279
Part 4 Review Questions Answers	280
Takeaways	280
Parte 4 Respuestas a las preguntas de repaso	281
Aportes	281

Filing Status, Dependents and Deductions

Part 1: Deductions

There are two types of deductions available to taxpayers: standard deductions and itemized deductions. The total amount of deductions is subtracted from the taxpayer's adjusted gross income to reduce the tax liability of the taxpayer. However, taxpayers cannot use both types and must choose only one. As such, a tax professional should use the process that reduces a taxpayer's tax liability the most.

Itemized deductions are certain personal expenses that have been specifically designated as itemized deductions to help taxpayers burdened by those expenses. The standard deduction is a pre-determined dollar amount based on the taxpayer's filing status. Standard deductions do not require taxpayers to save receipts for actual personal expenses such as medical bills, charitable contributions, and certain deductible taxes.

Generally, taxpayers have the option to choose the method that gives them the lowest tax liability, but this is not always the case. The standard deduction is not always an option for every taxpayer. In cases like these (for example, if the taxpayer's standard deduction amount is zero), it is best to check if itemizing deductions would benefit the taxpayer. Furthermore, taxpayers are required to itemize deductions in these situations:

- A taxpayer is married, filing a separate return, and his or her spouse itemizes deductions.
- The taxpayer is filing a tax return for a short tax year because of a change in his or her annual accounting period.
- The taxpayer is a nonresident or dual-status alien during the year. The taxpayer is considered a dual-status alien if he or she was both a nonresident and a resident alien during the year. If the nonresident alien is married to a U.S. citizen or resident alien at the end of the year, the nonresident alien or the resident alien can choose to be treated as a U.S. resident.

Itemized deductions are discussed further in another chapter. See Publication 519 for more information.

Standard Deductions

Standard deduction amount varies depending on the taxpayer's filing status. Other factors that determine the amount of the allowable standard deduction are as follows:

- Is the taxpayer considered age 65 or older?
- Is the taxpayer blind?
- Is the taxpayer claimed as a dependent on another individual's tax return?

Parte 1: Deducciones

Hay dos tipos de deducciones disponibles para los contribuyentes: deducciones estándar y deducciones detalladas. El monto total de las deducciones se resta del ingreso bruto ajustado del contribuyente para reducir la obligación tributaria del contribuyente. Sin embargo, los contribuyentes no pueden usar ambos tipos y deben elegir solo uno. Como tal, un profesional de impuestos debe utilizar el proceso que reduce al máximo la obligación tributaria del contribuyente.

Las deducciones detalladas son ciertos gastos personales que han sido específicamente designados como deducciones detalladas para ayudar a los contribuyentes a cargar con esos gastos. La deducción estándar es una cantidad predeterminada en dólares basada en el estado civil de declaración del contribuyente. Las deducciones estándar no requieren que los contribuyentes guarden los recibos de los gastos personales reales, como facturas médicas, contribuciones caritativas y ciertos impuestos deducibles.

Generalmente, los contribuyentes tienen la opción de elegir el método que les da la obligación tributaria más baja, pero no siempre es así. La deducción estándar no siempre es una opción para todos los contribuyentes. En casos como estos (por ejemplo, si el monto de la deducción estándar del contribuyente es cero), es mejor verificar si el contribuyente se beneficiaría de detallar las deducciones. Además, los contribuyentes deben detallar las deducciones en estas situaciones:

> - El contribuyente está casado, presenta una declaración por separado y su cónyuge detalla las deducciones.
> - El contribuyente está presentando una declaración de impuestos por un año tributario corto debido a un cambio en su período contable anual.
> - El contribuyente es un extranjero no residente o de doble estado durante el año. El contribuyente se considera un extranjero de doble estado si fue un extranjero no residente y residente durante el año. Si el extranjero no residente está casado con un ciudadano estadounidense o extranjero residente al final del año, el extranjero no residente o el extranjero residente pueden elegir ser tratados como residentes estadounidenses.

Las deducciones detalladas se analizan más adelante en otro capítulo. Consulte la publicación 519 para más información.

Deducciones Estándar

El monto de la deducción estándar varía según el estado civil de declaración del contribuyente. Otros factores que determinan el monto de la deducción estándar permitida son los siguientes:

> - ¿Se considera el contribuyente de 65 años o más?
> - ¿Está el contribuyente ciego?
> - ¿Se reclama al contribuyente como dependiente en la declaración de impuestos de otra persona?

Filing Status, Dependents and Deductions

Standard Deduction for Most People

These deduction amounts apply to most people and are for the current year's filing status.*

Filing Status and Standard Deduction	Tax Year 2019	Tax Year 2020	Tax Year 2021
Single	$12,200	$12,400	$12,550
Married Filing Jointly and Qualifying Widow(er)	$24,400	$24,800	$25,100
Married Filing Separately	$12,200	$12,400	$12,550
Head of Household	$18,350	$18,650	$18,800

*Do not use this chart if:

- The taxpayer was born before January 2, 1956.
- The taxpayer is blind.
- Someone else can claim the taxpayer or taxpayer's spouse as a dependent if filing status is MFJ.

Example 1: It is tax year 2020, and Lilly is 26-years-old, has never been married, and does not have children or other dependents. Lilly will file a tax return using the Single filing status. Looking at the above chart, her standard deduction will be $12,400.

Example 2: Using example 1 with one change: Lilly is now married. She and her husband plan to file a joint return. Lilly and her husband will use the standard deduction. Their standard deduction, as shown on the chart, will be $24,800.

Example 3: Using example 2 with additional changes: Lilly and her husband have a son who was born during the tax year. Lilly and her husband have decided to file separate tax returns. Since they are still married and living together, they must use the MFS filing status. As per the chart, Lilly's standard deduction will be $12,400.

Example 4: Using example 2 with additional changes: Lilly and her husband divorced during the tax year. Lilly now has sole custody of her son and is eligible to file using the Head of Household filing status, making her standard deduction $18,650 according to the chart.

Standard Deduction for Age 65 and Older or Blind

A higher standard deduction is allowed for taxpayers aged 65 or older by the end of the tax year. A taxpayer is considered age 65 on the date of their 65th birthday as well as the date immediately beforehand.

Example: Frank turned 65 on January 1, 2021. Thus, he is also considered to have been 65 on the day before his birthday, December 31, 2020. Because the information used to file a return is whatever information was true on the last day of the year being filed, Frank is considered 65 for all of 2020 and for the tax return can take the higher standard deduction amount granted to a person aged 65 or older.

Deducción estándar para la mayoría de las personas

Estos montos de deducción se aplican a la mayoría de las personas y corresponden al estado civil del año en curso.*

Estado Civil de Declaración y Deducción Estándar	Año Tributario 2019	Año Tributario 2020	Año Tributario 2021
Soltero	$12,200	$12,400	$12,550
Casado Declarando Conjuntamente y Viudo/a Calificado/a	$24,400	$24,800	$25,100
Casado declarando por separado	$12,200	$12,400	$12,550
Cabeza de Familia	$18,350	$18,650	$18,800

*No use esta tabla si:

- El contribuyente nació antes del 2 de enero de 1956.
- El contribuyente es ciego.
- Alguien más puede reclamar al contribuyente o al cónyuge del contribuyente como dependiente si el estado civil es casado declarando de forma conjunta.

Ejemplo 1: Es el año tributario 2020 y Lilly tiene 26 años, nunca se ha casado y no tiene hijos u otras personas a su cargo. Lilly presentará una declaración de impuestos utilizando el estado civil Soltera. Según la tabla anterior, su deducción estándar será de $12,400.

Ejemplo 2: Usando el ejemplo 1 con un cambio: Lilly ahora está casada. Ella y su esposo planean presentar una declaración conjunta. Lilly y su esposo usarán la deducción estándar. Su deducción estándar, como se muestra en la tabla, será de $ 24,800.

Ejemplo 3: Usando el ejemplo 2 con cambios adicionales: Lilly y su esposo tienen un hijo que nació durante el año tributario. Lilly y su esposo han decidido presentar declaraciones de impuestos por separado. Como todavía están casados y viven juntos, deben usar el estado civil casados declarando por separado. Según la tabla, la deducción estándar de Lilly será de $12,400.

Ejemplo 4: Usando el ejemplo 2 con cambios adicionales: Lilly y su esposo se divorciaron durante el año tributario. Lilly ahora tiene la custodia exclusiva de su hijo y es elegible para presentar una declaración con el estado civil de Cabeza de familia, haciendo su deducción estándar de $18,650 según la tabla.

Deducción estándar para personas de 65 años, mayores o ciegos

Se permite una deducción estándar más alta para los contribuyentes de 65 años o mayores al final del año tributario. Se considera que un contribuyente tiene 65 años en la fecha de su 65 cumpleaños, así como el día inmediatamente anterior.

Ejemplo: Frank cumplió 65 años el 1 de enero de 2021. Por lo tanto, también se considera que tenía 65 años el día antes de su cumpleaños, 31 de diciembre de 2020. Debido a que la información utilizada para presentar una declaración es cualquier información fidedigna el último día del año que se declara, la edad de Frank se considera 65 años para todo 2020 y para su declaración de impuestos del puede tomar el monto de deducción estándar más alto otorgado a una persona de 65 años de edad o mayor.

Filing Status, Dependents and Deductions

A higher standard deduction is also allowed for taxpayers who are considered blind on the last day of the year. If the taxpayer is partially blind, he or she must get an official statement from a licensed eye physician (either an optometrist or an ophthalmologist) stating that the taxpayer's field of vision is not more than twenty degrees or that the taxpayer cannot see better than 20/200 in their best eye even with glasses or contact lenses.

If the examining physician determines that the eye condition will never improve beyond its limits, the physician must include this fact in his or her statement. If the vision can be corrected beyond these limits solely through use of contact lenses that can only be worn briefly due to pain, infection, or ulcers, the taxpayer is then entitled to take the higher standard deduction if he or she otherwise qualifies. This statement should be kept with the rest of the taxpayer's records.

The higher standard deduction is also allowed for the spouse of a taxpayer who is age 65 or older or blind under the following circumstances:

➢ The taxpayer and their spouse file a joint return.
➢ The taxpayer files a separate return, the spouse had no gross income, and an exemption for the spouse could not be claimed by another taxpayer.

If the taxpayer is a dependent on another tax return and was born before January 2, 1956 or is blind, multiply the amount of the additional standard deduction by $1,650 if that taxpayer is Single. If both the taxpayer and the spouse are being claimed as dependents by someone else, multiply the amount of the additional standard deduction by $1,300.

2020 Standard Deduction Worksheet for People Born Before January 2, 1956 or Blind

Check the correct number of boxes below, then proceed to the chart.

1. Taxpayer — Born before January 2, 1956 ☐ Blind ☐
2. Spouse, if claiming exemption — Born before January 2, 1956 ☐ Blind ☐

Total number of boxes checked _____

If filing status is:	And the number in the blank above is:	Standard Deduction is:
Single	1. 2.	$14,050 $15,700
Married Filing Jointly or Qualifying Widow(er) with Dependent Child (Use 1 & 2)	1. 2. 3. 4.	$26,100 $27,400 $28,700 $30,000
Married Filing Separately	1. 2. 3. 4.	$13,700 $15,000 $16,300 $17,600
Head of Household	1. 2.	$20,300 $21,950

Estado civil, dependientes y deducciones

También se permite una deducción estándar más alta para los contribuyentes que se consideran ciegos el último día del año. Si el contribuyente está parcialmente ciego, debe obtener una declaración oficial de un oftalmólogo con licencia (ya sea un optometrista u oftalmólogo) que indique que el campo de visión del contribuyente no es superior a veinte grados o que el contribuyente no puede ver más allá de 20/200 en su ojo con mejor vista incluso con anteojos o lentes de contacto.

Si el médico examinador determina que la condición ocular nunca mejorará más allá de sus límites, el médico debe incluir este hecho en su declaración. Si la visión se puede corregir más allá de estos límites únicamente mediante el uso de lentes de contacto que solo se pueden usar brevemente debido a dolor, infección o úlceras, el contribuyente tiene derecho a tomar la deducción estándar más alta si de alguna manera califica. Esta declaración debe mantenerse con el resto de los registros del contribuyente.

La deducción estándar más alta también se permite para el cónyuge de un contribuyente mayor de 65 años o ciego en las siguientes circunstancias:

➤ El contribuyente y su cónyuge presentan una declaración conjunta.
➤ El contribuyente presenta una declaración por separado, el cónyuge no tuvo ingresos brutos y otro contribuyente no podía reclamar una exención para el cónyuge.

Si el contribuyente es dependiente de otra declaración de impuestos y nació antes del 2 de enero de 1956 o es ciego, multiplique el monto de la deducción estándar adicional por $1,650 si ese contribuyente es soltero. Si tanto el contribuyente como el cónyuge están siendo incluidos como dependientes por otra persona, multiplique el monto de la deducción estándar adicional por $1,300.

Hoja de cálculo de deducción estándar de 2020 para personas nacidas antes del 2 de enero de 1956 o ciegas

Marque la cantidad correcta de casillas a continuación, luego consulte la tabla.		
1. Contribuyente Nacido antes del 2 de enero de 1956 ☐ Ciego ☐		
2. Cónyuge, si reclama la exención Nacido antes del 2 de enero de 1956 ☐ Ciego ☐		

Número total de casillas marcadas

Si el estado civil de declaración es:	Y el número en el espacio en blanco arriba es:	La deducción estándar es:
Soltero	1. 2.	$14,050 $15,700
Casado declarando conjuntamente o viudo(a) calificado(a) con hijo dependiente (Use 1 y 2)	1. 2. 3. 4.	$26,100 $27,400 $28,700 $30,000
Casado declarando por separado	1. 2. 3. 4.	$13,700 $15,000 $16,300 $17,600
Cabeza de Familia	1. 2.	$20,300 $21,950

Filing Status, Dependents and Deductions

2021 Standard Deduction Worksheet for People Born Before January 2, 1957 or Blind

Check the correct number of boxes below, then proceed to the chart.

1. Taxpayer   Born before January 2, 1957 ☐ Blind ☐
2. Spouse, if claiming exemption   Born before January 2, 1957 ☐ Blind ☐

Total number of boxes checked _____

If filing status is:	And the number in the blank above is:	Standard Deduction is:
Single	1. 2.	$14,200 $15,850
Married Filing Jointly or Qualifying Widow(er) with Dependent Child (Use 1 & 2)	1. 2. 3. 4.	$26,400 $27,700 $29,000 $30,300
Married Filing Separately	1. 2. 3. 4.	$13,850 $15,150 $16,450 $17,750
Head of Household	1. 2.	$20,450 $22,100

Señor 1040 Says: If the taxpayer is MFS and his or her spouse itemizes or is a dual-status alien, the taxpayer **cannot** take the standard deduction. The taxpayer *must* itemize their deductions.

Example 1: For tax year 2020, David and his wife Nancy are both over age 65. They are required to file a tax return and will file MFJ. Neither is blind. Thus, they will use the standard deduction.

    Standard deduction for MFJ taxpayers: $24,800
    Additional standard deduction for MFJ, 65+ $ 3,300 ($1,650 × 2)
    Total standard deduction: $28,100

Example 2: The scenario is the same as example 1 but with one change: Nancy is legally blind. The couple will file MFJ and use the standard deduction.

    Standard deduction for MFJ taxpayers: $24,800
    Additional standard deduction for MFJ, blind $ 1,300
    Additional standard deduction for MFJ, 65+ $ 3,300 ($1,650 × 2)
    Total standard deduction: $29,400

Example 3: It is tax year 2020, and David, Nancy's husband, died two years ago. Nancy is over age 65, legally blind, and is required to file a return. In this situation, she would file using the Single filing status and use the standard deduction with the additional standard deductions for being blind and over the age of 65. As she is not a dependent or married, the additional standard deductions are not modified by any multipliers.

Estado civil, dependientes y deducciones

Hoja de trabajo estándar de deducción de 2021 para personas nacidas antes del 2 de enero de 1957 o ciegas

Marque el número correcto de casillas a continuación, luego proceda al gráfico.		
3. Contribuyente nacido entes del 2 de enero de 1957 ☐ Ciego ☐		
4. Cónyuge, si reclama exención Nacido antes del 2 de enero de 1957 ☐ Ciego ☐		
Número total de casillas marcadas ___		
Si el estado tributario es:	Y el número en el espacio en blanco anterior es:	Deducción estándar:
Soltero/a	1. 2.	$14,200 $15,850
Casados declarando en conjunto o viudos calificados con un dependiente menor (Use 1 & 2)	1. 2. 3. 4.	$26,400 $27,700 $29,000 $30,300
Casados declarando por separados	1. 2. 3. 4.	$13,850 $15,150 $16,450 $17,750
Cabeza de familia	1. 2.	$20,450 $22,100

Señor 1040 Dice: Si el contribuyente es MFS y su cónyuge detalla o es un extranjero de doble estatus, el contribuyente no **puede** tomar la deducción estándar. El contribuyente *debe* detallar sus deducciones.

Ejemplo 1: Para el año fiscal 2020, David y su esposa Nancy tienen más de 65 años. Están obligados a presentar una declaración de impuestos y lo harán como casados declarando conjuntamente. Ninguno es ciego. Por lo tanto, utilizarán la deducción estándar.

    Deducción estándar para contribuyentes MFJ: $24,800
    Deducción estándar adicional para MFJ, 65+ $ 3,300 ($1,650 × 2)
    Deducción estándar total: $28,100

Ejemplo 2: El escenario es el mismo que en el ejemplo 1 pero con un cambio: Nancy es legalmente ciega. La pareja declarará como MFJ y utilizará la deducción estándar.

    Deducción estándar para contribuyentes MFJ: $24,800
    Deducción estándar adicional para MFJ, ciego $1,300
    Deducción estándar adicional para MFJ, 65+ $3,300 ($1,650 × 2)
    Deducción estándar total: $29,400

Ejemplo 3: Es el año tributario 2020, y David, el esposo de Nancy, murió hace dos años. Nancy tiene más de 65 años, es legalmente ciega y debe presentar una declaración. En esta situación, ella presentaría el formulario como soltera y utilizaría la deducción estándar con las deducciones estándar adicionales por ser ciega y tener más de 65 años. Como no es dependiente ni casada, las deducciones estándar adicionales no son modificadas por ningún multiplicador.

Standard deduction for single taxpayers:	$ 12,400
Additional standard deduction for single, blind	$ 1,300
Additional standard deduction for single, 65+	$ 1,650
Total standard deduction:	$ 15,350

Standard Deduction for Dependents

The standard deduction amount is generally limited if the taxpayer is claimed as a dependent on someone else's return. If a taxpayer has been claimed as a dependent, the claimed taxpayer's standard deduction amount is limited to either $1,100 or the taxpayer's earned income amount for the year plus $350 if it does not exceed the regular standard deduction amount, whichever is greater. If the taxpayer is age 65 or older or blind, he or she may still be eligible for a higher standard deduction even if claimed as a dependent.

For the purposes of the standard deduction, earned income consists of salaries, wages, tips, professional fees, and all other monetary amounts received for any work the taxpayer performed. To calculate the standard deduction correctly, scholarships or fellowship grants must be included in the gross income. See Publication 970 for more information on what qualifies as a scholarship or fellowship grant.

2020 Standard Deduction Worksheet for Dependents

Use this worksheet only if someone can claim an exemption for the taxpayer or for his or her spouse if MFJ.*

1. Enter the taxpayer's earned income (defined below). If none, enter a zero.	1. $
2. Additional amount	2. $350
3. Add lines 1 and 2	3. $
4. Minimum standard deduction	4. $1,100
5. Enter the larger of line 3 or line 4	5. $
6. Enter the amount shown below for taxpayer's filing status. 　　Single or MFS: $12,400 　　MFJ or QW(er): $24,800 　　Head of Household: $18,350	6. $
7. Standard deduction 　　a. Enter the smaller of line 5 or line 6. If born after January 1, 1955, and not blind, stop here. This is the standard deduction. Otherwise, go to line 7b.	7a. $
b. If born before January 2, 1956, or blind, multiply the number of checked boxes on Form 1040, by $1,300 ($1,650 if Single or Head of household).	7b. $
c. Add lines 7a and 7b. Enter the total here and on Form 1040 or Form 1040-SR, line 9.	7c. $

Deducción estándar para contribuyentes solteros:	$ 12,400
Deducción estándar adicional para soltero, ciego	$ 1,300
Deducción estándar adicional para soltero, mayor de 65 años	$ 1,650
Deducción estándar total:	$ 15,350

Deducción estándar para dependientes

El monto de deducción estándar generalmente está limitado si el contribuyente puede ser reclamado como dependiente en la declaración de otra persona. Si un contribuyente ha sido reclamado como dependiente, el monto de la deducción estándar del contribuyente reclamado se limita a $1,100 o al monto del ingreso del trabajo del contribuyente para el año más $350 si no excede el monto de la deducción estándar regular, lo que sea mayor. Si el contribuyente tiene 65 años o más o es ciego, puede ser elegible para una deducción estándar más alta, incluso si se reclama como dependiente.

A los efectos de la deducción estándar, el ingreso del trabajo consiste en sueldos, salarios, propinas, honorarios profesionales y todos los demás montos monetarios recibidos por cualquier trabajo realizado por el contribuyente. Para calcular la deducción estándar correctamente, las becas o subvenciones de becas deben incluirse en el ingreso bruto. Consulte la Publicación 970 para obtener más información sobre lo que califica como beca o subvenciones de becas.

Hoja de cálculo de deducción estándar de 2020 para dependientes

Use esta hoja de cálculo solo si alguien puede reclamar una exención para el contribuyente o para su cónyuge en caso de que sea MFJ.*

1. Coloque los ingresos del trabajo del contribuyente (que se definen a continuación). Si no hay ninguno, ingrese un cero.	1. $
2. Monto adicional	2. $350
3. Sume las líneas 1 y 2	3. $
4. Deducción estándar mínima	4. $1,100
5. Ingrese el mayor de la línea 3 o línea 4	5. $

6. Ingrese la cantidad que se muestra a continuación para el estado civil de declaración del contribuyente.
    Soltero o MFS: $12,400
    MFJ o QW: $24,800
    Cabeza de familia: $18,350
	6. $

7. Deducción estándar a. Ingrese el monto más bajo de la línea 5 o línea 6. Si nació después del 1 de enero de 1955 y no es ciego, deténgase aquí. Esta es la deducción estándar. De lo contrario, pase a la línea 7b.	7a. $
b. Si nació antes del 2 de enero de 1956 o es ciego, multiplique el número de casillas marcadas en el Formulario 1040 por $1,300 ($1,650 si es Soltero o Cabeza de familia).	7b. $
c. Sume las líneas 7a y 7b. Ingrese el total aquí y en el Formulario 1040 o Formulario 1040-SR, línea 9.	7c. $

*Earned income includes wages, salaries, tips, professional fees, and other compensation received for personal services performed. It also includes any amount received as a taxable scholarship or fellowship grant.

Part 1 Review Questions

To obtain the maximum benefit from this chapter, LTP recommends that you complete each of the following questions, and then compare them to the answers with feedback that immediately follow. Under governing self-study standards, vendors are required to present review questions intermittently throughout each self-study course.

These questions and explanations are not part of the final examination and will not be graded by LTP.

FSDDP1.1
Which of the following best describes standard deduction?

a. Standard deduction is a yearly pre-determined dollar amount.
b. Standard deduction includes certain expenses that require the taxpayer to save receipts to determine the amount he or she can deduct.
c. Standard deduction is the amount of the taxpayer's charitable contribution.
d. Standard deduction is only for taxpayers who are married.

FSDDP1.2
Samuel, filing single, is 64-years-old, and is legally blind. What would be his standard deduction for tax year 2020?

a. $12,200
b. $12,400
c. $13,650
d. $14,050

Part 1 Review Questions Answers

FSDDP1.1
Which of the following best describes standard deduction?

a. Standard deduction is a yearly pre-determined dollar amount.
b. Standard deduction includes certain expenses that require the taxpayer to save receipts to determine the amount he or she can deduct.
c. Standard deduction is the amount of the taxpayer's charitable contribution.
d. Standard deduction is only for taxpayers who are married.

Feedback: Review section *Part I: Deductions*.

*Los ingresos del trabajo incluyen sueldos, salarios, propinas, honorarios profesionales y otras remuneraciones recibidas por servicios personales realizados. También incluye cualquier cantidad recibida como una beca o subvenciones de becas imponibles.

Parte 1 Preguntas de repaso

Para obtener el máximo beneficio de este capítulo, LTP recomienda completar cada una de las siguientes preguntas y luego compararlas con las respuestas con los comentarios que siguen inmediatamente. Bajo las normas de autoestudio de gobierno, los proveedores están obligados a presentar preguntas de revisión intermitentemente a lo largo de cada curso de autoestudio.

Estas preguntas y explicaciones no forman parte del examen final y no serán calificadas por LTP.

FSDDP1.1
¿Cuál de las siguientes opciones describe mejor la deducción estándar?

   a. La deducción estándar es una cantidad predeterminada en dólares anual
   b. La deducción estándar incluye ciertos gastos que requieren que el contribuyente guarde los recibos para determinar la cantidad que puede deducir
   c. La deducción estándar es el monto de la contribución caritativa del contribuyente
   d. La deducción estándar es solo para contribuyentes casados

FSDDP1.2
Samuel, soltero, tiene 64 años y es legalmente ciego. ¿Cuál sería el monto de su deducción estándar?

   a. $12,200
   b. $12,400
   c. $13,650
   d. $14,050

Parte 1 Respuestas a las preguntas de repaso

FSDDP1.1
¿Cuál de las siguientes opciones describe mejor la deducción estándar?

   a. La deducción estándar es una cantidad predeterminada en dólares anual
   b. La deducción estándar incluye ciertos gastos que requieren que el contribuyente guarde los recibos para determinar la cantidad que puede deducir
   c. La deducción estándar es el monto de la contribución caritativa del contribuyente
   d. La deducción estándar es solo para contribuyentes casados

Comentario: Revisa la sección *Parte I: Deducciones*.

Filing Status, Dependents and Deductions

FSDDP1.2

Samuel, filing single, is 64-years-old, and is legally blind. What would be his standard deduction for tax year 2020?

  a. $12,200
  b. $12,400
  c. $13,650
  d. $14,050

Feedback: Review section *Standard Deduction for Age 65 and Older or Blind.*

Part 2: Dependent Filing Requirements

If a parent (or someone else) can claim a person as a dependent and if any of the situations listed below apply, the dependent must file a return. Income that qualifies as "unearned income" includes taxable interest, dividends, capital gains, unemployment compensation, taxable Social Security, pensions, annuities, and distributions of unearned income from a trust. Income that qualifies as "earned income" includes wages, tips, taxable scholarships, and fellowship grants.

The term "dependent" is defined as a qualifying child or relative, which will be explained below.

Caution: If gross income is $4,300 or more, generally the taxpayer cannot be claimed as a dependent unless the taxpayer is under age 19 or a full-time student under the age of 24. For lodging, it is the fair rental value of the lodging. Expenses that are not directly related to any one member of a household, such as food, must be divided between the total members of the household. For example, the food bill for the year was $17,200. There are four members of the household, so $17,200 must be divided by four to become $4,300 per member of the household.

Qualifying Child

There are five tests that must be met for a child to be considered a qualifying dependent of the taxpayer. Do not confuse this test with the Dependent Exemptions qualifications. The five tests are:

- Relationship
- Age
- Residency
- Support
- Joint Return

Relationship Test

To meet this test, a child must be the taxpayer's:

- son or daughter,
- stepchild,
- eligible foster child,
- brother or sister,
- half-brother or half-sister,
- stepbrother or stepsister,
- or a descendant of any of these (for example, the taxpayer's grandchild).

FSDDP1.2

Samuel, soltero, tiene 64 años y es legalmente ciego. ¿Cuál sería el monto de su deducción estándar?

  a. $12,200
  b. $12,400
  c. $13,650
  d. $14,050

Comentario: Revisa la sección *Deducción estándar para mayores de 65 años o ciegos*.

Parte 2 Requisitos de declaración como dependiente

Si un padre (u otra persona) puede reclamar a una persona como dependiente y se aplica alguna de las situaciones que se describen a continuación, el dependiente debe presentar una declaración. Los ingresos que califican como "ingresos no salariales" incluyen intereses gravables, dividendos, ganancias de capital, indemnización por desempleo, seguro social imponible, pensiones, anualidades y distribuciones de ingresos no salariales de un fideicomiso. Los ingresos que califican como "ingresos del trabajo" incluyen salarios, propinas, becas y subvenciones de becas imponibles.

El término "dependiente" se define como un hijo o familiar calificado, que se describirá a continuación.

Precaución: Si el ingreso bruto es de $4,300 o más, generalmente el contribuyente no puede ser reclamado como dependiente a menos que el contribuyente sea menor de 19 años o un estudiante a tiempo completo menor de 24 años.

Para el alojamiento, es el valor justo de alquiler del alojamiento. Los gastos que no están directamente relacionados con ningún miembro de un hogar, como los alimentos, deben dividirse entre el total de miembros del hogar. Por ejemplo, los gastos de alimentos para el año fueron $17,200. Hay cuatro miembros del hogar, por lo tanto, $17,200 deben dividirse entre cuatro para convertirse en $4,300 por miembro del hogar.

Hijo calificado

Existen cinco pruebas que se deben cumplir para que un hijo sea considerado el dependiente calificado del contribuyente. No confunda esta prueba con las calificaciones de Exenciones de dependientes. Las cinco pruebas son:

  ➢ Parentesco
  ➢ Edad
  ➢ Residencia
  ➢ Manutención
  ➢ Declaración conjunta

Prueba de parentesco

Para cumplir con esta prueba, un hijo debe tener las siguientes características:

  ➢ hijo o hija,
  ➢ hijastro,
  ➢ hijo de crianza elegible,
  ➢ hermano o hermana,
  ➢ medio hermano o media hermana,
  ➢ hermanastro o hermanastra,
  ➢ o un descendiente de cualquiera de estos (por ejemplo, el nieto del contribuyente).

Filing Status, Dependents and Deductions

An adopted child is always treated as the taxpayer's own child. The term "adopted child" includes a child who was lawfully placed with the taxpayer for legal adoption.

A foster child is an individual who is placed with the taxpayer by an authorized placement agency or by judgment, decree, or other order of any court of competent jurisdiction.

Age Test

To meet this test, a child must be one of the following:

- A student.
- Under the age of 19 at the end of the year.
- A student under the age of 24 at the end of the year.
- Younger than the taxpayer or spouse if filing a joint return.
- Permanently and totally disabled at any time during the year, regardless of age.

Example 1: Mr. and Mrs. Swift have Jonathon, Mr. Swift's brother, living with them. Jonathon, age 23, is a full-time student. Mr. and Mrs. Swift are both 21-years-old. Even though he is a student, Jonathon cannot be their dependent since he is older than both.

Example 2: Mr. and Mrs. Swift have Jonathon, Mr. Swift's brother, living with them. Jonathon, age 23, is a full-time student. Mr. and Mrs. Swift are both 25-years-old. Jonathon can be their dependent since he is younger than both, if all the other tests are met.

Additional Qualifying Child Rules

To qualify as a child of a taxpayer, the following conditions must also be met:

- The child must have lived with the taxpayer for more than half of the year, though some exceptions may apply.
- The child must not have provided more than half of his or her own support for the year.
- If the child meets the rules to be a qualifying child of more than one person, the taxpayer must be the person most entitled to claim the child as a qualifying child. This will be explained in full in the "Special Rule for a Qualifying Child of More than One Person" section later in this chapter.

Qualifying Relative

To be considered a qualifying relative, the following conditions must be met:

- The person cannot be the qualifying child of the taxpayer or anyone else.
- The person must be only one of these things:
  - Be related to the taxpayer in one of the ways listed under "Relatives Who Do Not Have to Live with the Taxpayer".
  - Live with the taxpayer all year as a member of his or her household. This relationship must not violate local law.
- The person's gross income for the year must be less than $4,150. Exceptions apply.
- The taxpayer must provide more than half of the person's total support for the year. Exceptions apply.

Un hijo adoptado siempre se trata como el hijo del contribuyente. El término "hijo adoptado" incluye a un niño que fue colocado legalmente con el contribuyente para su adopción legal.

Un hijo de crianza es una persona que se coloca con el contribuyente por una agencia de colocación autorizada o por sentencia, decreto u otra orden de cualquier tribunal de jurisdicción competente.

Prueba de edad

Para cumplir con esta prueba, un hijo debe ser uno de los siguientes:

- Un estudiante
- Ser menor de 19 años al final de año.
- Ser un estudiante menor de 24 años al final del año.
- Ser más joven que el contribuyente o el cónyuge si presenta una declaración conjunta.
- Tener alguna discapacidad permanente y total en cualquier momento durante el año, independientemente de la edad.

Ejemplo 1: El Sr. y la Sra. Swift tienen a Jonathon, el hermano del Sr. Swift, viviendo con ellos. Jonathon, de 23 años, es un estudiante a tiempo completo. El Sr. y la Sra. Swift tienen 21 años. A pesar de que es estudiante, Jonathon no puede ser dependiente de ellos, ya que es mayor que ambos.

Ejemplo 2: El Sr. y la Sra. Swift tienen a Jonathon, el hermano del Sr. Swift, viviendo con ellos. Jonathon, de 23 años, es un estudiante a tiempo completo. El Sr. y la Sra. Swift tienen 25 años. Jonathon puede ser su dependiente ya que es más joven que ambos si se cumplen todas las demás pruebas.

Reglas adicionales para hijos calificados

Para calificar como hijo de un contribuyente, también se deben cumplir las siguientes condiciones:

- El hijo debe haber vivido con el contribuyente durante más de la mitad del año, aunque pueden aplicarse algunas excepciones.
- El hijo no debe haber proporcionado más de la mitad de su propia manutención durante el año.
- Si el hijo cumple con las reglas para ser un hijo calificado de más de una persona, el contribuyente debe ser la persona con más derecho a reclamar al hijo como hijo calificado. Esto se explicará en su totalidad en la sección "Regla especial para un hijo calificado de más de una persona" más adelante en este capítulo.

Familiar calificado

Para ser considerado un familiar calificado, se deben cumplir las siguientes condiciones:

- La persona no puede ser el hijo calificado del contribuyente o cualquier otra persona.
- La persona debe presentar solo una de las siguientes alternativas:
  - Estar relacionado con el contribuyente en una de las formas descritas en "Familiares que no tienen que vivir con el contribuyente".
  - Vivir con el contribuyente todo el año como miembro de su hogar. Esta relación no debe infringir la ley local.
- El ingreso bruto de la persona para el año debe ser inferior a $4,150. Aplican excepciones.
- El contribuyente debe proporcionar más de la mitad de la manutención total de la persona para el año. Aplican excepciones.

Filing Status, Dependents and Deductions

Dependent Exemptions

A taxpayer can claim a qualifying child or a qualifying relative as a dependent if the following three tests are met:

- Dependent taxpayer test.
- Joint return test.
- Citizen or resident test.

Dependent Taxpayer Test

If the taxpayer can be claimed as a dependent by another person, the taxpayer cannot claim anyone else as a dependent on their own. This applies even if the taxpayer has a qualifying child or a qualifying relative; the taxpayer still cannot claim that individual as a dependent.

If the taxpayer is filing a joint return and the spouse can be claimed as a dependent by someone else, the taxpayer and spouse cannot claim any dependents on their joint return.

Joint Return Test

Generally, the taxpayer cannot claim a married person as a dependent when filing a joint return. The joint return test does not apply if the dependent and the spouse file a joint return to claim a refund.

Example 1: April, age 17, is married to Joe, age 18, and they live with April's parents. Both April and Joe have some earned income but are not required to file a return. The only reason for them to file a joint return is to get a refund on the taxes withheld. April's parents may be able to claim them both if all other tests are met.

Example 2: Aaron, age 18, lived with his parents while his wife was in the military. His parents supported him. His wife Mackenzie earned $25,000 for the year. Aaron and Mackenzie will file a joint return. Aaron cannot be a dependent on his parents' return because he and his wife filed jointly and Mackenzie's income is too high.

Full-Time Student

Taxpayers may receive additional deductions for qualifying costs to dependents who are full-time students. A full-time student is a student who is enrolled for the number of hours or courses the school considers to be full-time attendance.

To qualify as a student, the taxpayer's dependent must be one of the following during some part of each of any five calendar months of the year (the five calendar months do not need to be consecutive):

- A full-time student at a school that has a regular teaching staff, course of study, and regularly enrolled student body at the school.
- A student taking a full-time, on-farm training course given by a school as described above or by a state, county, or local government agency.

Exenciones de dependientes

Un contribuyente puede reclamar un hijo calificado o un familiar calificado como dependiente si se cumplen las siguientes tres pruebas:

- ➢ Prueba de contribuyente dependiente.
- ➢ Prueba de declaración conjunta.
- ➢ Prueba de ciudadano o residente.

Prueba de contribuyente dependiente

Si el contribuyente puede ser reclamado como dependiente por otra persona, no puede reclamar a nadie más como dependiente por su cuenta. Esto aplica incluso si el contribuyente tiene un hijo calificado o un familiar calificado; el contribuyente aún no puede reclamar a esa persona como dependiente.

Si el contribuyente está presentando una declaración conjunta y el cónyuge puede ser reclamado como dependiente por otra persona, el contribuyente y el cónyuge no pueden reclamar ningún dependiente en su declaración conjunta.

Prueba de declaración conjunta

Generalmente, el contribuyente no puede reclamar a una persona casada como dependiente al presentar una declaración conjunta. La prueba de declaración conjunta no se aplica si el dependiente y el cónyuge presentan una declaración conjunta para reclamar un reembolso.

Ejemplo 1: April, de 17 años, está casada con Joe, de 18 años, y viven con los padres de April. Tanto April como Joe tienen algunos ingresos del trabajo, pero no están obligados a presentar una declaración. La única razón para que presenten una declaración conjunta es para obtener un reembolso de los impuestos retenidos. Los padres de April podrán reclamarlos a ambos si se cumplen todas las demás pruebas.

Ejemplo 2: Aaron, de 18 años, vivía con sus padres mientras su esposa estaba en el ejército. Sus padres lo mantuvieron. Su esposa, Mackenzie, ganó $25,000 al año. Aaron y Mackenzie presentarán una declaración conjunta. Aaron no puede ser dependiente de la declaración de sus padres porque él y su esposa presentaron una declaración conjunta y los ingresos de Mackenzie son demasiado altos.

Estudiante a tiempo completo

Los contribuyentes pueden recibir deducciones adicionales por los costos que califican para los dependientes que son estudiantes a tiempo completo. Un estudiante a tiempo completo es un estudiante que está matriculado por la cantidad de horas o cursos que la escuela considera asistencia a tiempo completo.

Para calificar como estudiante, el dependiente del contribuyente debe tener una de las siguientes características durante una parte de cada uno de cinco meses calendario cualquiera del año (los cinco meses calendario no necesitan ser consecutivos):

- ➢ Un estudiante a tiempo completo en una escuela que tiene un personal docente regular, un curso de estudio y un cuerpo estudiantil inscrito regularmente en la escuela.
- ➢ Un estudiante que asiste a un curso de capacitación a tiempo completo en un sitio y el cual es impartido por una escuela como se describe anteriormente o por una agencia gubernamental estatal, del condado o local.

For the purposes of the full-time student deduction, a "school" can be an elementary school, junior or senior high school, college, university, or a technical, trade, or mechanical school. However, on-the-job training courses, correspondence schools, or online schools do not count as qualifying schools.

Vocational high school students who work on "co-op" jobs in the private industry as part of a school's regular course of classroom study and practical training are considered full-time students for the purposes of the deduction.

Permanently and Totally Disabled

The taxpayer's child is permanently and totally disabled if both apply:

➢ The child cannot engage in any substantial gainful activity because of a physical or mental condition.
➢ A doctor determines the condition has lasted or can be expected to last continuously for at least a year or can lead to death.

Citizen and Residency Tests

To meet these tests, the taxpayer's child must have lived with the taxpayer for more than half of the year. Additionally, the taxpayer cannot claim a person as a dependent unless that person is a U.S. citizen, U.S. resident, U.S. national, or a resident of Canada or Mexico. However, there are exceptions to these requirements for certain adopted children, temporary absences, children who were born or died during the year, kidnapped children, and children of divorced or separated parents.

A Child's Citizenship and Place of Residence

Generally, a child's citizenship and residency are determined by the citizenship and residency of his or her parents. If the taxpayer was a U.S. citizen when his or her child was born, the child may be a U.S. citizen even if the other parent was a nonresident alien and the child was born in a foreign country. If so, the citizen test is met.

Foreign students brought to this country under a qualified international education exchange program and placed in American homes for a temporary period are generally not U.S. residents and will not meet the test. The taxpayer cannot claim them as a dependent. However, if the taxpayer provided a home for a foreign student, the taxpayer may be able to take a charitable contribution deduction. Go to the official IRS website and see "Expenses Paid for Student Living with You" in Publication 526, *Charitable Contributions*, for more information. A U.S. national is an individual who, although not a U.S. citizen, owes his or her allegiance to the United States. U.S. nationals include American Samoans and Northern Mariana Islanders who chose to become U.S. nationals instead of U.S. citizens.

The taxpayer's home can be any location where he or she regularly lives. The taxpayer does not need a traditional home. For example, if a child lived with the taxpayer for more than half of the year in one or more homeless shelters, the child meets the residency test.

A los efectos de la deducción estudiantil a tiempo completo, una "escuela" puede ser una escuela primaria, secundaria o preparatoria, una universidad o una escuela técnica, comercial o mecánica. Sin embargo, los cursos de capacitación en el trabajo, las escuelas por correspondencia o las escuelas en línea no cuentan como escuelas calificadas.

Los estudiantes de secundaria profesionales en trabajos "cooperativos" en la industria privada como parte del curso regular de estudio y capacitación práctica de una escuela se consideran estudiantes a tiempo completo a los efectos de la deducción.

Discapacidad permanente y total

El hijo del contribuyente está permanente y totalmente discapacitado si ambas condiciones aplican:

- El hijo no puede participar en ninguna actividad sustancial y lucrativa debido a una condición mental.
- Un médico determina que la condición ha durado o se puede esperar que dure de forma continua durante al menos un año o que pueda resultar en la muerte.

Pruebas de ciudadanía y residencia

Para cumplir con estas pruebas, el hijo del contribuyente debe haber vivido con el contribuyente durante más de la mitad del año. Además, el contribuyente no puede reclamar a una persona como dependiente a menos que sea ciudadano estadounidense, residente estadounidense, nacional estadounidense o residente de Canadá o México. Sin embargo, hay excepciones a estos requisitos para ciertos hijos adoptados, ausencias temporales, hijos que nacieron o murieron durante el año, hijos secuestrados e hijos de padres divorciados o separados.

Ciudadanía y lugar de residencia de un hijo

Generalmente, la ciudadanía y la residencia de un hijo están determinadas por la ciudadanía y la residencia de sus padres. Si el contribuyente era ciudadano estadounidense cuando nació su hijo, el hijo puede ser ciudadano estadounidense incluso si el otro padre era un extranjero no residente y el hijo nació en un país extranjero. Si es así, se cumple la prueba ciudadana.

Los estudiantes extranjeros traídos a este país bajo un programa de intercambio educativo internacional calificado y colocados en hogares estadounidenses por un período temporal generalmente no son residentes de los EE. UU. y no cumplirán con la prueba. El contribuyente no puede reclamarlos como dependientes. Sin embargo, si el contribuyente proporcionó un hogar para un estudiante extranjero, puede tomar una deducción de contribución caritativa. Visite el sitio web oficial del IRS y consulte "Gastos pagados por estudiantes que viven con usted" en la Publicación 526, *Contribuciones de caridad*, para obtener más información. Un nacional estadounidense es una persona que, aunque no es ciudadano estadounidense, debe su lealtad a los Estados Unidos. Los ciudadanos estadounidenses incluyen samoanos estadounidenses e isleños de las Marianas del Norte que optaron por convertirse en nacionales estadounidenses en lugar de ciudadanos estadounidenses.

La casa del contribuyente puede ser cualquier lugar donde él o ella viva regularmente. El contribuyente no necesita una casa tradicional. Por ejemplo, si un hijo vivió con el contribuyente durante más de la mitad del año en uno o más refugios para personas sin hogar, el hijo cumple con la prueba de residencia.

Filing Status, Dependents and Deductions

The Adopted Child Exception

If the taxpayer is a U.S. citizen who legally adopted a child who is not a U.S. citizen or U.S. national, the citizen test is met if the child lived with the taxpayer as a member of the taxpayer's household all year. This also applies if the child was lawfully placed with the taxpayer for legal adoption.

Temporary Absence Exceptions

The taxpayer's child is considered to have lived with him or her during periods of time when one or both are temporarily absent due to special circumstances such as the following:

- Illness
- Education
- Business
- Vacation
- Military service
- Detention in a juvenile facility

Exceptions for Stillborn Children and Children Born Alive

A child who was born or who died during the year is treated as having lived with the taxpayer the entire year while he or she was alive. The same is true if the child lived with the taxpayer all year except for any required hospital stay following birth.

The taxpayer cannot claim a stillborn child as a dependent but may be able to claim an exemption for a child who was born alive during the year but died shortly after, even if the child only lived for a moment. State or local law must treat the child as having been born alive.

There must be proof of a live birth shown by an official document, such as a birth certificate. The child must be a qualifying child or qualifying relative and meet all the other tests to be claimed as a dependent.

Kidnapped Children

A kidnapped child can meet the residency test if the following statements are true:

- The child is presumed by law enforcement authorities to have been kidnapped by someone who is not a member of the taxpayer's family or the child's family.
- The child lived with the taxpayer for more than half of the year on the year prior to the date of the kidnapping.
- In the year of the child's return, the child lived with the taxpayer for more than half of the part of the year following the date of the child's return.

This treatment applies until the child is returned; however, the last year this treatment can apply is the earlier of the two following situations:

- The year there is a determination that the child is dead.
- The year the child would have reached age 18.

Excepción del hijo adoptado

Si el contribuyente es un ciudadano estadounidense que adoptó legalmente a un hijo que no es ciudadano o nacional estadounidense, la prueba de ciudadanía se cumple si el hijo vivió con el contribuyente como miembro del hogar del contribuyente durante todo el año. Esto también se aplica si el hijo fue colocado legalmente con el contribuyente para su adopción legal.

Excepciones de ausencia temporal

Se considera que el hijo del contribuyente ha vivido con él o ella durante períodos cuando uno o ambos están ausentes temporalmente debido a circunstancias especiales, tales como:

- Enfermedad
- Educación
- Negocios
- Vacaciones
- Servicio militar
- Detención en un centro juvenil

Excepciones para hijos nacidos muertos e hijos nacidos vivos

Un hijo que nació o murió durante el año se considera que ha vivido con el contribuyente todo el año mientras estuvo vivo. Lo mismo sucede si el hijo vivió con el contribuyente todo el año excepto por cualquier hospitalización requerida después del nacimiento.

El contribuyente no puede reclamar a un hijo muerto como dependiente, pero puede reclamar una exención para un hijo que nació vivo durante el año, pero murió poco después, incluso si el hijo solo vivió por un momento. La ley estatal o local debe tratar al hijo como si hubiera nacido vivo.

Debe haber una prueba de un nacimiento vivo que se muestre en un documento oficial, como un certificado de nacimiento. El hijo debe ser un hijo o un familiar calificados y cumplir con todas las otras pruebas para ser reclamado como dependiente.

Hijos secuestrados

Un hijo secuestrado puede cumplir con la prueba de residencia si las siguientes afirmaciones son ciertas:

- Las autoridades policiales presumen que el hijo fue secuestrado por alguien que no es miembro de la familia del contribuyente o de la familia del hijo.
- El hijo vivió con el contribuyente durante más de la mitad del año en el año anterior a la fecha del secuestro.
- En el año de la declaración del hijo, el hijo vivió con el contribuyente durante más de la mitad de la parte del año siguiente a la fecha de la declaración del hijo.

Este tratamiento se aplica hasta que el hijo sea devuelto; sin embargo, el último año que puede aplicarse este tratamiento es la primera de las dos situaciones siguientes:

- El año en que se determina que el hijo está muerto.
- El año en que el hijo habría cumplido los 18 años.

Dependency Rules

Children of Parents Who Live Apart, Divorce, or Separate

In most cases, a child will be treated as the dependent of the custodial parent. A child will be treated as the qualifying child of his or her noncustodial parent if all the following apply:

A. The parents were any of the following:
    (1) Divorced or legally separated under a decree of divorce or separate maintenance,
    (2) Separated under a written separation agreement,
    (3) Living apart for the last six months of the year, whether married or not;
B. The child received over half of the support for the year from the parents;
C. The child is in the custody of one or both parents for more than half of the year;
D. If either of the following is true:
    (1) The custodial parent signed a written declaration stating that the custodial parent will not claim the child as a dependent for the current year, and the noncustodial parent attaches the written declaration to his or her return.
    (2) A pre-1985 decree of divorce, separate maintenance, or written separation agreement, which applies to 2020, states that the noncustodial parent can claim the child as a dependent and will provide at least $600 for the support of the child during the year.

If all 4 of the statements are true, the noncustodial parent can only do the following:

➢ Claim the child as a dependent.
➢ Claim the child as a qualifying child for the child tax credit or the credit for other dependents.

If all 4 statements are true and the custodial parent signs Form 8332 or some similar statement that states he or she will not claim the child as a dependent for 2020, this does not allow the noncustodial parent to claim the child for earned income credit (EIC). The custodial parent or another eligible taxpayer can claim the child for the earned income credit.

Custodial vs. Noncustodial Parent

The "custodial parent" is the parent with whom the child lived for the greater part of the year. The other parent is the "noncustodial parent". If the parents divorced or separated during the year and if the child lived with both parents before the separation, the custodial parent is the one with whom the child lived for the greater part of the rest of the year.

A child is treated as living with a parent for a night if the child sleeps as follows:

➢ At the parent's home, whether the parent is present or not.
➢ In the company of the parent when the child does not sleep at a parent's home (for example, going on vacation).

This special rule for divorced or separated parents also applies to parents who never married and lived apart for the last six months of the year.

If the child lived with each parent for an equal amount of nights, the parent with the higher adjusted gross income (AGI) is the custodial parent. If the child is emancipated under state law, the child is treated as having not lived with either parent.

Reglas de dependencia

Hijos de padres que viven aparte, divorciados o separados

En la mayoría de los casos, un hijo será tratado como dependiente del padre con custodia. Un hijo será tratado como el hijo calificado de su padre sin custodia si se aplican todas las siguientes condiciones:

1) Los padres cumplen cualquiera de las siguientes condiciones:
    (1) Divorciados o separados legalmente bajo un decreto de divorcio o manutención por separado,
    (2) Están separados bajo un acuerdo de separación por escrito,
    (3) Viven aparte durante los últimos seis meses del año, casados o no;
2) El hijo recibió más de la mitad de la manutención para el año de parte de los padres;
3) El hijo está bajo la custodia de uno o ambos padres durante más de la mitad del año;
4) Si alguna de las siguientes condiciones se cumple:
    (1) El padre con custodia firmó una declaración por escrito indicando que el padre con custodia no reclamará al hijo como dependiente para el año en curso, y el padre sin custodia adjunta la declaración por escrito a su declaración.
    (2) Un decreto de divorcio, manutención por separado o acuerdo de separación por escrito previo a 1985 que aplica en 2020, siempre que el padre sin custodia pueda reclamar al hijo como dependiente y proporcione al menos $600 para la manutención del hijo durante el año.

Si las cuatro afirmaciones son verdaderas, el padre sin custodia solo puede hacer lo siguiente:

> Reclamar al hijo como dependiente.
> Reclamar al hijo como hijo calificado para el crédito tributario por hijos o el crédito para otros dependientes.

Si las 4 declaraciones son verdaderas y el padre con custodia firma el Formulario 8332 o alguna declaración similar que indique que no reclamará al hijo como dependiente para 2020, esto no permite que el padre sin custodia reclame al hijo para obtener un crédito por ingreso del trabajo (EIC). El padre con custodia u otro contribuyente elegible puede reclamar al hijo por el crédito por ingreso del trabajo.

Padre con custodia versus padre sin custodia

El "padre con custodia" es el padre con quien el hijo vivió durante la mayor parte del año. El otro padre es el "padre sin custodia". Si los padres se divorciaron o se separaron durante el año y el hijo vivió con ambos padres antes de la separación, el padre con custodia es aquel con quien el hijo vivió la mayor parte del resto del año.

Se considera que un hijo vive con un padre por una noche si duerme de la siguiente manera:

> En la casa del padre, esté presente o no.
> En compañía del padre cuando el hijo no duerme en la casa de un padre (por ejemplo, de vacaciones).

Esta regla especial para padres divorciados o separados también se aplica a los padres que nunca se casaron y vivieron separados durante los últimos seis meses del año.

Si el hijo vivió con cada padre por la misma cantidad de noches, el padre con el ingreso bruto ajustado (AGI) más alto es el padre con custodia. Si el hijo es emancipado bajo la ley estatal, se trata al hijo como si no hubiera vivido con ninguno de los padres.

Written Declaration Form 8332

The custodial parent should use Form 8332 to make the written declaration to release the exemption to the noncustodial parent. If the custodial parent has more than one dependent, a separate form should be used for each child. The exemption can have the following conditions:

- Be released for one year.
- Have specified years (for example, alternate years).
- Be designated for all future years, as specified in the declaration.
- Can revoke the release from the noncustodial parent.

If the custodial parent released his or her claim to the exemption for the child for any future year, Form 8332 must be attached to each future year that the taxpayer can claim the exemption. If the return is filed electronically, Form 8332 should be filed with the tax return. Tax professionals should keep copies of Form 8332 for their records.

> *Señor 1040 Says*: The household of the divorced or separated parent, who has been given legal and physical custody by a court order, is the child's principal place of residency. Make sure to ask the taxpayer qualifying questions when they add a dependent that is not a newborn baby.

Support Tests to be a Qualifying Child

NOTE: In the following sections, you may feel that the subject is the same as some of the prior content. However, even though some of the material may seem similar, its purpose is different. The following section explains how to determine support of the qualifying child.

Majority Support

The total amount of support that a taxpayer provides for a proposed dependent must be determined before the taxpayer can claim a qualifying child or qualifying relative. Total support includes amounts spent to provide food, lodging, clothing, education, medical and dental care, recreation, transportation, and similar necessities. Generally, the amount of an item of support is the amount of the expense incurred by providing the item.

To meet the support test successfully, the child cannot have provided more than half of his or her own support for the year. This test is different from the support test to be a qualifying relative. To determine whether they meet the test, the taxpayer should complete the "Keeping Up a Home" section found in Publication 501 (Worksheet 1). Note that a scholarship received by a child who is a full-time student is not counted toward determining whether the child provided more than half of his or her own support.

Foster Care Payments and Expenses

Payments received as a foster parent from a placement agency for the support of the child are considered support provided by the agency. If the agency is state or county-based, provided payments are considered support from the state or county for the child.

Formulario de declaración escrita 8332

El padre con custodia debe usar el Formulario 8332 para hacer una declaración por escrito a fin de liberar la exención al padre sin custodia. Si el padre con custodia tiene más de un dependiente, se debe usar un formulario separado para cada hijo. La exención puede tener las siguientes condiciones:

- Si se ha liberado por un año.
- Tener años específicos (por ejemplo, años alternos).
- Ser designado para todos los años futuros, como se especifica en la declaración.
- Revocar la liberación del padre sin custodia.

Si el padre con custodia liberó su reclamo de la exención para el hijo para cualquier año futuro, se debe adjuntar el Formulario 8332 a cada año futuro en que el contribuyente pueda reclamar la exención. Si la declaración se presenta electrónicamente, el Formulario 8332 debe presentarse junto con la declaración de impuestos. Los profesionales de impuestos deben conservar copias del Formulario 8332 para sus registros.

El señor 1040 dice: El hogar del padre divorciado o separado, a quien la orden judicial ha otorgado la custodia legal y física, es el lugar principal de residencia del hijo. Asegúrese de hacer preguntas de calificación al contribuyente cuando agregue un dependiente que no sea un bebé recién nacido.

Pruebas de manutención para ser un hijo calificado

NOTA: En las siguientes secciones, puede notar que el tema es idéntico a algunos de los contenidos anteriores. Sin embargo, aunque parte del material pueda parecer similar, su propósito es diferente. La siguiente sección explica cómo determinar la manutención del hijo calificado.

Manutención mayoritaria

La cantidad total de manutención que un contribuyente proporciona para un dependiente propuesto debe determinarse antes de que el contribuyente pueda reclamar un hijo calificado o un familiar calificado. La manutención total incluye las cantidades que se utilizaron para proporcionar alimentos, alojamiento, ropa, educación, atención médica y odontológica, recreación, transporte y necesidades similares. Generalmente, el monto de un artículo de manutención es el monto del gasto incurrido al proporcionar el artículo.

Para cumplir con la prueba de manutención con éxito, el hijo no puede haber proporcionado más de la mitad de su propia manutención durante el año. Esta prueba es diferente de la prueba de manutención para ser un familiar calificado. Para determinar si cumplen con la prueba, el contribuyente debe completar la sección "Mantenimiento de la vivienda" que se encuentra en la Publicación 501 (Hoja de cálculo 1). Tenga en cuenta que una beca recibida por un hijo que es estudiante a tiempo completo no se cuenta para determinar si el hijo proporcionó más de la mitad de su propia manutención.

Pagos y gastos de cuidado de crianza temporal

Los pagos recibidos como padre de crianza temporal de una agencia de colocación para la manutención del hijo se consideran manutención proporcionada por la agencia. Si la agencia es estatal o pertenece al condado, los pagos se consideran como manutención del estado o condado para el hijo.

Filing Status, Dependents and Deductions

Joint Return Test to be a Qualifying Child

To meet this test, the child cannot file a joint return for the year. The exception to this rule is if the taxpayer's child and the child's spouse are not required to file a tax return but choose to file a return jointly anyway solely in order to claim a refund.

Special Rule for a Qualifying Child of More Than One Person

Sometimes, a child meets the relationship, age, residency, and support tests to be a qualifying child for more than one person. Even if an individual is a qualifying child of several people, only one claimant (a person attempting to claim something) can claim the child as his or her qualifying child.

If a taxpayer and one or more others have the same qualifying child, it is up to them to decide who will get to treat the child as a qualifying child. The chosen person will then take all the following tax benefits based on the qualifying child (provided the person is eligible for each benefit):

- The child tax credit,
- Head of Household filing status (if they are not married to another individual),
- The credit for the child and dependent care expenses,
- The earned income credit,
- The exclusion from income for dependent expense.

Once an individual has claimed the child, no one else will be able to take any benefits based on the qualifying child; additionally, the benefits cannot be divided between taxpayers. Since benefits cannot be divided between taxpayers, it is not uncommon for the involved individuals to be unable to decide who will claim the qualifying child. If two or more taxpayers attempt to claim the child, the IRS will determine who will be able to claim the child based on the Tie-breaker Rules.

Tie-Breaker Rules

To determine which claimant will get the child as a qualifying child, the following rules apply:

- If both claimants are the parents and if they file a joint return, they can claim the child as a qualifying child. Even if there are other qualified claimants, the child cannot be the qualifying child of another person.
- If only one claimant is the child's parent, the child will be the parent's qualifying child.
- If both claimants are parents and they do not file a joint return, the IRS will treat the child as a qualifying child of the parent whom the child lived with longest during the year.
- If one of the above does not resolve the dispute, then the IRS will treat the child as the qualifying child of the claimant with the highest AGI for the year. This rule will also be used as a tiebreaker in the following instances:
  - If the child lived with each of his two parents for the same amount of time.
  - If no parent can claim the child as a qualifying child.
  - If a parent can claim the child as a qualifying child, but no parent claims the child.

Prueba de declaración conjunta para ser un hijo calificado

Para cumplir con esta prueba, el hijo no puede presentar una declaración conjunta para el año. La excepción a esta regla es si el hijo del contribuyente y el cónyuge del hijo no están obligados a presentar una declaración de impuestos, sino que eligen de todos modos presentar una declaración conjunta únicamente para reclamar un reembolso.

Regla especial para un hijo calificado de más de una persona

En ocasiones, un hijo cumple con las pruebas de parentesco, edad, residencia y manutención para ser un hijo calificado para más de una persona. Incluso si una persona es un hijo calificado de varias personas, solo un reclamante (una persona que intenta reclamar algo) puede reclamar al hijo como su hijo calificado.

Si un contribuyente y una o varias personas tienen el mismo hijo calificado, depende de ellos decidir quién tratará al hijo como un hijo calificado. La persona elegida tomará todos los siguientes beneficios fiscales en función del hijo calificado (siempre que la persona sea elegible para cada beneficio):

- El crédito tributario por hijos,
- Estado civil de declaración de cabeza de familia (si no están casados con otra persona),
- El crédito por el hijo y los gastos de cuidado de dependientes,
- El crédito por ingreso del trabajo,
- La exclusión del ingreso por gastos de dependientes.

Una vez que una persona ha reclamado al hijo, nadie más podrá tomar ningún beneficio basado en el hijo calificado; además, los beneficios no se pueden dividir entre los contribuyentes. Como los beneficios no se pueden dividir entre los contribuyentes, no es raro que las personas involucradas no puedan decidir quién reclamará al hijo calificado. Si dos o más contribuyentes intentan reclamar al hijo, el IRS determinará quién podrá reclamar al hijo de acuerdo con las Reglas de desempate.

Reglas de desempate

Para determinar qué reclamante recibirá al hijo como hijo calificado, se aplican las siguientes reglas:

- Si ambos reclamantes son los padres y si presentan una declaración conjunta, pueden reclamar al hijo como hijo calificado. Incluso si hay otros reclamantes calificados, el hijo no puede ser un hijo calificado de otra persona.
- Si solo uno de los reclamantes es el padre del hijo, el hijo será el hijo calificado del padre.
- Si ambos reclamantes son padres y no presentan una declaración conjunta, el IRS tratará al hijo como hijo calificado del padre con quien vivió durante más tiempo durante el año.
- Si uno de los puntos anteriores no resuelve la controversia, entonces el IRS tratará al hijo como el hijo calificado del solicitante con el AGI más alto del año. Esta regla también se utilizará como desempate en los siguientes casos:
  - Si el hijo vivió con cada uno de sus dos padres por la misma cantidad de tiempo.
  - Si ningún padre puede reclamar al hijo como calificado.
  - Si un padre puede reclamar al hijo como calificado, pero ningún padre lo reclama.

Filing Status, Dependents and Deductions

Qualifying Relative

There are four tests that must be met for a person to be a qualifying relative:

- Not a Qualifying Child Test.
- Member of Household or Relationship Test.
- Gross Income Test.
- Support Test.

Unlike a qualifying child, a qualifying relative can be any age. There is no age test for a qualifying relative. A child is not the taxpayer's qualifying relative if the child is the taxpayer's qualifying child or the qualifying child of anyone else.

Not a Qualifying Child Test

A child who is not the qualifying child of another taxpayer may qualify as the taxpayer's qualifying relative if the child's parent (or any other person for whom the child is defined as a qualifying child) is not required to file an income tax return or only files a return in order to get a refund of income tax withheld or estimated tax paid.

Child in Canada or Mexico

A child living in a foreign country cannot be claimed as a dependent unless the child is a U.S. citizen, U.S. resident alien, or U.S. national. However, a taxpayer may be able to claim their child as a dependent if the child lives in Canada or Mexico, even if the child is not a U.S. citizen, resident alien, or national.

Even if a child fails the residency test due to not living with the taxpayer, it is still possible the child could be claimed as the taxpayer's dependent if the gross income and support tests are met. If the individual that the taxpayer's child lives with has no U.S. income and is not a U.S. citizen, the individual is not a U.S. taxpayer. This means that the child is not a qualifying child of any other taxpayer and can thus be claimed as a dependent.

Part 2 Review Questions

To obtain the maximum benefit from this chapter, LTP recommends that you complete each of the following questions, and then compare them to the answers with feedback that immediately follow. Under governing self-study standards, vendors are required to present review questions intermittently throughout each self-study course.

Estas preguntas y explicaciones no forman parte del examen final y no serán calificadas por LTP.

Estado civil, dependientes y deducciones

Familiar calificado

Hay cuatro pruebas que deben cumplirse para que una persona sea un familiar calificado:

- ➢ Prueba de hijo no calificado.
- ➢ Prueba de miembro del hogar o parentesco.
- ➢ Prueba de ingreso bruto.
- ➢ Prueba de manutención.

A diferencia de un hijo calificado, un familiar calificado puede ser de cualquier edad. No hay prueba de edad para un familiar calificado. Un hijo no es el familiar calificado del contribuyente si es el hijo calificado del contribuyente o el hijo calificado de cualquier otra persona.

Prueba de hijo no calificado

Un hijo que no es el hijo calificado de otro contribuyente puede calificar como familiar calificado del contribuyente si el padre (o cualquier otra persona para quien el hijo se define como un hijo calificado) no está obligado a presentar una declaración de impuestos o solo presenta una declaración para obtener un reembolso del impuesto sobre la renta retenido o el impuesto estimado pagado.

Hijo en Canadá o México

Un hijo que vive en un país extranjero no puede ser reclamado como dependiente a menos que sea un ciudadano estadounidense, un extranjero residente estadounidense o nacional estadounidense. Sin embargo, un contribuyente puede reclamar a su hijo como dependiente si el hijo vive en Canadá o México, incluso si el hijo no es ciudadano estadounidense, extranjero residente o nacional.

Incluso si un hijo no pasa la prueba de residencia por no vivir con el contribuyente, aún es posible que el hijo pueda ser reclamado como dependiente del contribuyente si se cumplen las pruebas de ingresos brutos y de manutención. Si la persona con la que vive el hijo del contribuyente no tiene ingresos estadounidenses y no es ciudadano estadounidense, la persona no es contribuyente estadounidense. Esto significa que el hijo no es un hijo calificado de ningún otro contribuyente y, por lo tanto, puede ser reclamado como dependiente.

Parte 2 Preguntas de repaso

Para obtener el máximo beneficio de este capítulo, LTP recomienda completar cada una de las siguientes preguntas y luego compararlas con las respuestas con los comentarios que siguen inmediatamente. Bajo las normas de autoestudio de gobierno, los proveedores están obligados a presentar preguntas de revisión intermitentemente a lo largo de cada curso de autoestudio.

Estas preguntas y explicaciones no forman parte del examen final y no serán calificadas por LTP.

Filing Status, Dependents and Deductions

FSDDP2.1
Perla is 65-years-old, and her income is $12,600. She claims she has a qualifying dependent living with her. Which of the following questions would you ask to determine her filing status?

1. How is the qualifying dependent related to you?
2. How old is the qualifying child?
3. How much income did the qualifying dependent earn?
4. Can the child be a qualifying child of another taxpayer?

   a. 1 and 4
   b. 2 and 3
   c. 1, 2, and 4
   d. 1, 2, 3, and 4

FSDDP2.2
Which of the following temporary absences will not allow the taxpayer to claim the qualifying child or qualifying relative as a dependent?

   a. Illness
   b. Education
   c. Military service
   d. Dependent of another taxpayer

FSDDP2.3
Tyler, age 27, is single and lives with his parents Sharon and Rory. Tyler was unable to work due to a temporary medical condition. He received $4,250 for a speaking engagement. Can Sharon and Rory claim Tyler as a dependent?

   a. Yes
   b. No

FSDDP2.4
Trini is single, 18-years-old, and a full-time student. She works part time and lives at home with her parents. Her W-2 shows $4,000 in box 1. Can Trini's parents claim her as a dependent on their tax return?

   a. Yes
   b. No

FSDDP2.5
Alma must meet five tests to claim Freddy as a dependent. Which of the following is not one of the tests?

   a. Residency
   b. Relationship
   c. Disability Test
   d. Joint Return Test

FSDDP2.1

Perla tiene 65 años y sus ingresos son de $12,600. Afirma que tiene un dependiente calificado que vive con ella. ¿Cuál de las siguientes preguntas haría para determinar su estado civil a efectos de la declaración?

1. ¿Qué parentesco guarda el dependiente calificado con usted?
2. ¿Qué edad tiene el hijo calificado?
3. ¿Cuántos ingresos obtuvo el dependiente calificado?
4. ¿Puede el hijo ser hijo calificado de otro contribuyente?

a. 1 y 4
b. 2 y 3
c. 1, 2, y 4
d. 1, 2, 3, y 4

FSDDP2.2

¿Cuál de las siguientes ausencias temporales no permitirá al contribuyente reclamar al un menor y un familiar calificado como dependiente?

a. Enfermedad
b. Educación
c. Servicio militar
d. Dependiente de otro contribuyente

FSDDP2.3

Tyler, de 27 años, es soltero y vive con sus padres Sharon y Rory. Tyler no pudo trabajar debido a una condición médica temporal. Recibió $4,250 por un discurso. ¿Pueden Sharon y Rory reclamar a Tyler como dependiente?

a. Sí
b. No

FSDDP2.4

Trini es soltera, tiene 18 años y es estudiante a tiempo completo. Trabaja a tiempo parcial y vive en casa con sus padres. Su formulario W-2 muestra $ 4,000 en la casilla 1. ¿Pueden los padres de Trini reclamarla como dependiente en su declaración de impuestos?

a. Sí
b. No

FSDDP2.5

Alma debe cumplir cinco pruebas para reclamar a Freddy como dependiente. ¿Cuál de las siguientes no es una de las pruebas?

a. Residencia
b. Parentesco
c. Prueba de discapacidad
d. Prueba de declaración conjunta

Filing Status, Dependents and Deductions

FSDDP2.6
Which scenario describes custodial parent?

a. Ezra lives with his dad 300 days a year, and only sees his mother on school holidays.
b. David and Maria have joint custody of their children.
c. Cara and her daughter Joyce live with her parents, and Joyce is on her grandparent's insurance.
d. Eli is 18-years-old and has a full-time job and still lives with his parents.

FSDDP2.7
Danelle is the noncustodial parent and would like to claim her children on her current year tax return. What does Jake need to do so Danelle can claim the children?

a. Jake would need to file first by filing Form 1040 and claim the children.
b. Jake would need to sign Form 8332 and give to Danelle to file with her tax return.
c. Jake would need to revoke Form 8332 and give to his tax preparer.
d. Jake would still be able to claim his children even if Danelle does.

Part 2 Review Questions Answers

FSDDP2.1
Perla is 65-years-old, and her income is $12,600. She claims she has a qualifying dependent living with her. Which of the following questions would you ask to determine her filing status?

1. How is the qualifying dependent related to you?
2. How old is the qualifying child?
3. How much income did the qualifying dependent earn?
4. Can the child be a qualifying child of another taxpayer?

a. 1 and 4
b. 2 and 3
c. 1, 2, and 4
d. **1, 2, 3, and 4**

Feedback: Review section *Qualifying Child*.

FSDDP2.2
Which of the following temporary absences will not allow the taxpayer to claim the qualifying child or qualifying relative as a dependent?

a. Illness
b. Education
c. Military service
d. **Dependent of another taxpayer**

Feedback: Review section *Temporary Absence Exceptions*.

FSDDP2.6
¿Qué escenario describe al padre con custodia?

   a. Ezra vive con su padre 300 días al año y solo ve a su madre durante las vacaciones escolares
   b. David y María tienen la custodia compartida de sus hijos
   c. Cara y su hija Joyce viven con sus padres y Joyce está asegurada por sus abuelos
   d. Eli tiene 18 años, tiene un trabajo de tiempo completo y aún vive con sus padres

FSDDP2.7
Danelle es la madre sin custodia y le gustaría reclamar a sus hijos en su declaración de impuestos del año actual. ¿Qué debe hacer Jake para que Danelle pueda reclamar a los hijos?

   a. Jake tendría que presentar primero el formulario 1040 y reclamar a los hijos
   b. Jake tendría que firmar el formulario 8332 y dárselo a Danelle para que lo presente junto con su declaración de impuestos
   c. Jake tendría que revocar el Formulario 8332 y dárselo a su preparador de impuestos
   d. Jake aún podría reclamar a sus hijos incluso si Danelle lo hace

Parte 2 Respuestas a las preguntas de repaso

FSDDP2.1
Perla tiene 65 años y sus ingresos son de $12,600. Afirma que tiene un dependiente calificado que vive con ella. ¿Cuál de las siguientes preguntas haría para determinar su estado civil a efectos de la declaración?

   1. ¿Qué parentesco guarda el dependiente calificado con usted?
   2. ¿Qué edad tiene el hijo calificado?
   3. ¿Cuántos ingresos obtuvo el dependiente calificado?
   4. ¿Puede el hijo ser hijo calificado de otro contribuyente?

   a. 1 y 4
   b. 2 y 3
   c. 1, 2, y 4
   d. 1, 2, 3, y 4

Comentario: Revisa la sección *Menores calificados*.

FSDDP2.2
¿Cuál de las siguientes ausencias temporales no permitirá al contribuyente reclamar al un menor y un familiar calificado como dependiente?

   a. Enfermedad
   b. Educación
   c. Servicio militar
   d. Dependiente de otro contribuyente

Comentario: Revisa la sección *Exención por ausencia temporal*.

Filing Status, Dependents and Deductions

FSDDP2.3
Tyler, age 27, is single and lives with his parents Sharon and Rory. Tyler was unable to work due to a temporary medical condition. He received $4,250 for a speaking engagement. Can Sharon and Rory claim Tyler as a dependent?

　a. Yes
　b. No

Feedback: Review section *Qualifying Child.*

FSDDP2.4
Trini is single, 18-years-old, and a full-time student. She works part time and lives at home with her parents. Her W-2 shows $4,000 in box 1. Can Trini's parents claim her as a dependent on their tax return?

　c. Yes
　d. No

Feedback: Review section *Qualifying Child.*

FSDDP2.5
Alma must meet five tests to claim Freddy as a dependent. Which of the following is not one of the tests?

　a. Residency
　b. Relationship
　c. Disability Test
　d. Joint Return Test

Feedback: Review section *Qualifying Child.*

FSDDP2.6
Which scenario describes custodial parent?

　a. Ezra lives with his dad 300 days a year, and only sees his mother on school holidays.
　b. David and Maria have joint custody of their children.
　c. Cara and her daughter Joyce live with her parents, and Joyce is on her grandparent's insurance.
　d. Eli is 18-years-old and has a full-time job and still lives with his parents.

Feedback: Review section *Custodial vs. Noncustodial Parent.*

FSDDP2.7
Danelle is the noncustodial parent and would like to claim her children on her current year tax return. What does Jake need to do so Danelle can claim the children?

　a. Jake would need to file first by filing Form 1040 and claim the children.
　b. Jake would need to sign Form 8332 and give to Danelle to file with her tax return.
　c. Jake would need to revoke Form 8332 and give to his tax preparer.
　d. Jake would still be able to claim his children even if Danelle does.

Feedback: Review section *Written Declaration Form 8332.*

FSDDP2.3
Tyler, de 27 años, es soltero y vive con sus padres Sharon y Rory. Tyler no pudo trabajar debido a una condición médica temporal. Recibió $4,250 por un discurso. ¿Pueden Sharon y Rory reclamar a Tyler como dependiente?

  a. Sí
  b. No

Comentario: Revisa la sección *Menores calificados.*

FSDDP2.4
Trini es soltera, tiene 18 años y es estudiante a tiempo completo. Trabaja a tiempo parcial y vive en casa con sus padres. Su formulario W-2 muestra $ 4,000 en la casilla 1. ¿Pueden los padres de Trini reclamarla como dependiente en su declaración de impuestos?

  a. Sí
  b. No

Comentario: Revisa la sección *Menores calificados.*

FSDDP2.5
Alma debe cumplir cinco pruebas para reclamar a Freddy como dependiente. ¿Cuál de las siguientes no es una de las pruebas?

  a. Residencia
  b. Parentesco
  c. Prueba de discapacidad
  d. Prueba de declaración conjunta

Comentario: Revisa la sección *Menores calificados.*

FSDDP2.6
¿Qué escenario describe al padre con custodia?

  a. Ezra vive con su padre 300 días al año y solo ve a su madre durante las vacaciones escolares
  b. David y María tienen la custodia compartida de sus hijos
  c. Cara y su hija Joyce viven con sus padres y Joyce está asegurada por sus abuelos
  d. Eli tiene 18 años, tiene un trabajo de tiempo completo y aún vive con sus padres

Comentario: Revisa la sección *Padres con custodia y padres sin custodia.*

FSDDP2.7
Danelle es la madre sin custodia y le gustaría reclamar a sus hijos en su declaración de impuestos del año actual. ¿Qué debe hacer Jake para que Danelle pueda reclamar a los hijos?

  a. Jake tendría que presentar primero el formulario 1040 y reclamar a los hijos
  b. Jake tendría que firmar el formulario 8332 y dárselo a Danelle para que lo presente junto con su declaración de impuestos
  c. Jake tendría que revocar el Formulario 8332 y dárselo a su preparador de impuestos
  d. Jake aún podría reclamar a sus hijos incluso si Danelle lo hace

Comentario: Revisa la sección *Declaración por escrito del Formulario 8332.*

Part 3: Member of Household or Relationship Test

To meet this test, either of the following must be true:

- The person lived with the taxpayer all year as a member of the taxpayer's household.
- If the person did not live with the taxpayer all year, he or she must be related to the taxpayer in one of the ways listed in the next section of the chapter.

If at any time during the year the person was the taxpayer's spouse, that person cannot be the taxpayer's qualifying relative.

Relatives Who Do Not Have to Live with the Taxpayer to be Consider a Member of Household or Relation Test

A person related to the taxpayer in any of the following ways does not have to live with the taxpayer all year as a member of the taxpayer's household to meet this test:

- The taxpayer's child, stepchild, eligible foster child, or any descendant thereof (e.g., a grandchild).
- The taxpayer's brother, sister, half-brother, half-sister, stepbrother, or stepsister.
- The taxpayer's father, mother, grandparent, any other direct ancestor, or stepfather or stepmother, but **not** a foster parent.
- A son or daughter of the taxpayer's brother, sister, half-brother, or half-sister.
- A brother or sister of the taxpayer's father or mother.
- The taxpayer's son-in-law, daughter-in-law, father-in-law, mother-in-law, brother-in-law, or sister-in-law.

Any of these relationships that were established by marriage do not end by death or divorce.

Adopted Child

An adopted child is always treated as the taxpayer's own child. The term "adopted child" includes a child who was lawfully placed with the taxpayer for legal adoption.

Joint Return

If the taxpayer files a joint return, the qualifying relative does not have to be related to the spouse who provides support. For example, Sal and Julie are married. Julie's uncle received more than half of his support from Sal. Julie's uncle could be Sal's qualifying relative, even though he does not live with Sal. However, if Sal and Julie file separate tax returns, Julie's uncle is a qualifying relative only if he lives with Sal all year as a member of Sal and Julie's household.

Temporary Absence

A qualifying relative is considered to have lived with the taxpayer as a member of the taxpayer's household during periods of time when either the taxpayer or spouse is absent due to special circumstances such as:

Parte 3 Prueba de miembro del hogar o parentesco

Para cumplir con esta prueba, debe existir cualquiera de las siguientes condiciones:

> - La persona vivió con el contribuyente todo el año como miembro de su hogar.
> - Si la persona no vivió con el contribuyente durante todo el año, debe estar relacionada con el contribuyente en una de las formas mencionadas en la siguiente sección del capítulo.

Si en algún momento durante el año la persona era el cónyuge del contribuyente, esa persona no puede ser el familiar calificado del contribuyente.

Familiares que no tienen que vivir con el contribuyente para ser considerados miembros del hogar o prueba de parentesco

Una persona relacionada con el contribuyente en cualquiera de las siguientes formas no tiene que vivir con el contribuyente todo el año como miembro de su hogar para cumplir con esta prueba:

> - El hijo, hijastro, hijo de crianza elegible del contribuyente o cualquier descendiente del mismo (por ejemplo, un nieto).
> - El hermano, la hermana, el medio hermano, la media hermana, el hermanastro o la hermanastra del contribuyente.
> - El padre, la madre, el abuelo, cualquier otro antepasado directo, o padrastro o madrastra del contribuyente, pero **no** un padre de crianza temporal.
> - Un hijo o hija del hermano, hermana, medio hermano o media hermana del contribuyente.
> - Un hermano o hermana del padre o madre del contribuyente.
> - El yerno, la nuera, el suegro, la suegra, el cuñado o la cuñada del contribuyente.

Cualquiera de estas relaciones que se establecieron por matrimonio no termina con la muerte o el divorcio.

Hijo adoptado

Un hijo adoptado siempre se trata como el hijo del contribuyente. El término "hijo adoptado" incluye a un niño que fue colocado legalmente con el contribuyente para su adopción legal.

Declaración conjunta

Si el contribuyente presenta una declaración conjunta, el familiar calificado no tiene que estar relacionado con el cónyuge que brinda la manutención. Por ejemplo, Sal y Julie están casados. El tío de Julie recibió más de la mitad de su manutención de Sal. El tío de Julie podría ser el familiar calificado de Sal, a pesar de que él no vive con Sal. Sin embargo, si Sal y Julie presentan declaraciones de impuestos por separado, el tío de Julie es un familiar calificado solo si vive con Sal todo el año como miembro de la familia de Sal y Julie.

Ausencia temporal

Se considera que un familiar calificado ha vivido con el contribuyente como miembro de la familia del contribuyente durante los períodos en que el contribuyente o el cónyuge están ausentes debido a circunstancias especiales como:

Filing Status, Dependents and Deductions

- Illness
- Education
- Business
- Vacation
- Military service

Even if the person has been placed in a nursing home to receive medical care for an indefinite period, the absence can be considered temporary.

Death or Birth

A person who died during the year meets the test if he or she had lived with the taxpayer as a member of the household until his or her death. The same is true if a child was born during the year and lived with the taxpayer.

Local Law Violated

A person does not meet this test if at any time during the year the relationship between the taxpayer and that person violates local law.

Example: David's girlfriend Alicia lived with him as a member of his household all year. However, David's relationship with Alicia violated the laws of the state where he lives because she was married to someone else. Therefore, Alicia does not meet the member of the household or the relationship test, and David cannot claim her as a dependent.

Cousin

A cousin is a descendant of a brother or a sister of the taxpayer's mother or father. If the cousin lives with the taxpayer all year as a member of the taxpayer's household, the cousin can meet the member of household relationship test.

Gross Income Test

To meet this test, a person's gross income for the year must be less than $4,300. "Gross income" is any and all non-tax-exempt revenue that comes in the form of money, property, or services including gross receipts (sales) from rental property, certain scholarships and fellowship grants, all taxable unemployment compensation, and a partner's share of the gross (not net) income from a partnership. Certain social security benefits that are tax-exempt income are not considered gross income (See Publication 501).

Disabled Dependent Working at a Sheltered Workshop

For the purposes of the gross income test, gross income does not include income received for services provided at a sheltered workshop by an individual who is permanently and totally disabled at any time during the year. Some conditions apply; the availability of medical care at the workshop must be the main reason for the individual's presence there, and the income must come solely from activities at the workshop that are incidental to medical care. A "sheltered workshop" is a school that does the following:

- Provides special instruction or training designated to alleviate the individual's disability.
- Is operated by certain tax-exempt organizations or by a state, U.S. possession, political subdivision of a state or possession of the U.S., or the District of Columbia.

- ➤ Enfermedad
- ➤ Educación
- ➤ Negocios
- ➤ Vacaciones
- ➤ Servicio militar

Incluso si la persona ha sido ingresada en un centro de cuidados para recibir atención médica por un período indefinido, la ausencia puede considerarse temporal.

Muerte o nacimiento

Una persona que murió durante el año cumple con la prueba si él o ella había vivido con el contribuyente como miembro de la familia hasta su muerte. Lo mismo es cierto si un hijo nació durante el año y vivió con el contribuyente.

Infracción de la ley local

Una persona no cumple con esta prueba si en algún momento durante el año la relación entre el contribuyente y esa persona viola la ley local.

Ejemplo: La novia de David, Alicia, vivió con él como miembro de su hogar todo el año. Sin embargo, la relación de David con Alicia violó las leyes del estado donde vive porque ella estaba casada con otra persona. Por lo tanto, Alicia no cumple con la prueba de miembro del hogar o de parentesco, y David no puede reclamarla como dependiente.

Primo

Un primo es descendiente de un hermano o una hermana de la madre o el padre del contribuyente. Si el primo vive con el contribuyente durante todo el año como miembro del hogar del contribuyente, el primo puede cumplir con la prueba de parentesco del miembro del hogar.

Prueba de ingreso bruto

Para cumplir con esta prueba, el ingreso bruto de una persona para el año debe ser inferior a $4,300. "Ingresos brutos" son todos los ingresos no exentos de impuestos que se obtienen en forma de dinero, propiedad o servicios, incluyendo los ingresos brutos (ventas) de la propiedad de alquiler, ciertas becas y subvenciones de becas, todas las remuneraciones imponibles por desempleo, y una participación de un socio del ingreso bruto (no neto) de una sociedad. Ciertos beneficios de seguro social que son ingresos exentos de impuestos no se consideran ingresos brutos (consulte la Publicación 501).

Dependiente discapacitado en un taller de trabajo protegido

A los efectos de la prueba de ingresos brutos, el ingreso bruto no incluye los ingresos recibidos por los servicios prestados en un taller de trabajo protegido por una persona que está permanente y totalmente discapacitada en cualquier momento durante el año. Se aplican algunas condiciones; la disponibilidad de atención médica en el taller debe ser la razón principal de la presencia de la persona allí, y los ingresos deben provenir únicamente de las actividades en el taller que son incidentales a la atención médica. Un "taller de trabajo protegido" es una escuela que hace lo siguiente:

- ➤ Proporciona instrucción especial o capacitación designada para aliviar la discapacidad de la persona.
- ➤ Es operado por ciertas organizaciones exentas de impuestos o por un estado, posesión de los EE. UU., subdivisión política de un estado o posesión de los EE. UU. o el Distrito de Columbia.

Filing Status, Dependents and Deductions

Qualifying Relative Support Test

The taxpayer determines whether he or she has provided more than half of a relative's total support by using Worksheet 1 in Publication 501 to compare the amount the taxpayer contributed to their support with the entire amount of support the person received from all sources. This includes any support the relative provided from his or her own funds. A taxpayer's own funds are not considered support unless they are used exclusively for this purpose.

Example: Robin is retired and lives with her adult son, Ryan. She has received $2,400 in Social Security benefits and $300 in interest. She paid $2,000 for lodging and $400 for recreation and put $300 in her savings account. Even though Robin received a total of $2,700, she only spent $2,400 for her support, and Ryan spent more than $2,400 for his mother's support and received no other support, so Ryan has provided more than half of Robin's support.

Taxpayers cannot include any support that is paid for by the child with the child's own wages in their own contribution to the child's support, even if the taxpayer paid the wages.

In determining a person's total support, include tax-exempt income, savings, and borrowed amounts used to support that person. Tax-exempt income includes certain social security benefits, welfare benefits, nontaxable life insurance proceeds, armed forces family allotments, nontaxable pensions, and tax-exempt interest.

Support is calculated for the year in which it was paid. The taxpayer cannot use support that was paid in 2019 for 2020. A taxpayer's support is still calculated on a calendar year even if he or she uses a fiscal-year accounting method.

Armed Forces Dependency Allotments

If the government contributes a certain amount of support and if the taxpayer has a portion of his or her income taken out of their wages, the total amount is deemed as half of their support. If the portion is used to support individuals other than the ones the taxpayer has previously claimed, those individuals could qualify as dependents as well.

Example: Doug is in the Armed Forces. He authorizes an allotment to his widowed mother, Debbie, and she uses it to support herself and her brother, Doug's uncle. If the portion that Doug gives her is more than half of their support, Doug can claim Debbie and his uncle as dependents.

Military housing allowances that are tax-exempt are treated as dependency allotments in figuring the support test.

Tax-Exempt Income

When calculating a person's total support, be sure to include tax-exempt income, savings, and borrowed amounts that were used to support the qualifying relative. Though tax-exempt income includes all of the following, we are only emphasizing the first two, which are the most common:

- Certain social security benefits.
- Welfare benefits.
- Nontaxable life insurance proceeds.
- Armed forces family allotments.

Prueba de manutención relativa calificada

El contribuyente determina si él o ella ha brindado más de la mitad de la manutención total de un familiar utilizando la Hoja de cálculo 1 en la Publicación 501 para comparar la cantidad que el contribuyente aportó a su manutención con la cantidad total de manutención que la persona recibió de todas las fuentes. Esto incluye cualquier manutención que el familiar proporcionó de sus propios fondos. Los fondos propios de un contribuyente no se consideran manutención a menos que se utilicen exclusivamente para este propósito.

Ejemplo: Robin está jubilada y vive con su hijo adulto, Ryan. Ha recibido $2,400 en beneficios del Seguro Social y $300 en intereses. Pagó $2,000 por alojamiento y $400 por recreación y puso $300 en su cuenta de ahorros. A pesar de que Robin recibió un total de $2,700, solo gastó $2,400 por su manutención, y Ryan gastó más de $2,400 por la manutención de su madre y no recibió ninguna otra manutención, por lo que Ryan ha brindado más de la mitad de la manutención de Robin.

Los contribuyentes no pueden incluir ninguna manutención pagada por el hijo con el salario del hijo en su propia contribución a la manutención del hijo, incluso si el contribuyente pagó el salario.

Al determinar la manutención total de una persona, incluya los ingresos exentos de impuestos, los ahorros y los montos prestados utilizados para mantener a esa persona. El ingreso exento de impuestos incluye ciertos beneficios de seguro social, prestaciones sociales, los ingresos del seguro de vida no gravables, las asignaciones familiares de las fuerzas armadas, las pensiones no gravables y los intereses exentos de impuestos.

La manutención se calcula para el año en que se pagó. El contribuyente no puede usar la manutención que se pagó en 2019 para 2020. La manutención de un contribuyente todavía se calcula en un año calendario incluso si él o ella utiliza un método de contabilidad de año fiscal.

Asignaciones de dependencia de las Fuerzas Armadas

Si el gobierno aporta una cierta cantidad de manutención y si el contribuyente tiene una parte de sus ingresos descontada de su salario, la cantidad total se considera como la mitad de su manutención. Si la porción se usa para mantener a personas distintas de las que el contribuyente ha reclamado anteriormente, esas personas también podrían calificar como dependientes.

Ejemplo: Doug está en las Fuerzas Armadas. Él autoriza una asignación a su madre viuda, Debbie, y ella la usa para mantenerse a sí misma y a su hermano, el tío de Doug. Si la parte que Doug le da es más de la mitad de su manutención, Doug puede reclamar a Debbie y su tío como dependientes.

Las asignaciones de vivienda militar que están exentas de impuestos se tratan como asignaciones de dependencia al calcular la prueba de manutención.

Ingresos exentos de impuestos

Al calcular la manutención total de una persona, asegúrese de incluir los ingresos exentos de impuestos, los ahorros y los montos prestados que se utilizaron para la manutención del pariente calificado. Aunque el ingreso exento de impuestos incluye todo lo siguiente, solo resaltaremos los dos primeros, que son los más comunes:

- ➢ Ciertos beneficios del seguro social.
- ➢ Prestaciones sociales.
- ➢ Ingresos del seguro de vida no imponible.
- ➢ Asignaciones familiares de las Fuerzas Armadas.

- Nontaxable pensions.
- Tax-exempt interest.

Example: Danelle is Jose's brother's daughter (Jose's niece), and she lives with Jose. Danelle has taken out a student loan of $2,500 to pay her college tuition. Jose has provided $2,000 for Danelle's support. Jose is unable to claim an exemption for Danelle because, due to her loan, he has not provided more than half of her support.

Social Security Benefits for Determining Support

If a husband and wife each received benefits that were paid by one check made out to both, the total amount is divided equally between each spouse and counted as having provided support for each of them, unless they can show otherwise. If a child receives Social Security benefits and uses them toward his or her own support, it is considered support provided by the child.

Support Provided by the State (Welfare, Food Stamps, Housing, etc.)

Benefits provided by the state to a needy person are generally considered support provided by the state. However, payments based on the needs of the recipient will not be considered as used entirely for that person's support if it is shown that part of the payments were not used for that purpose.

Payments received for the support of a foster child from a child placement agency are considered support provided by the agency, not the foster parents. In the same way, payments received for the support of a foster child from a state or county agency is considered support provided by the state or county, not the foster parents.

The taxpayer must pay more than half of the cost of an individual's support to claim him or her as a qualifying relative. Expenses can include rent, mortgage interest payments, repairs, real estate taxes, utilities, insurance on the home, and food eaten in the home. Costs do not include clothing, education, medical treatment, vacations, life insurance, or the rental value of the home the taxpayer owns.

If the taxpayer receives payments from Temporary Assistance for Needy Families (TANF) or any other public assistance programs to help him or her pay rent or pay for upkeep on the home, those payments cannot be included as money the taxpayer paid. However, they must be included in the total cost of keeping up the home that is used to figure out whether the taxpayer paid over half of the cost of living expenses when attempting to determine who is head of household or has a stronger claim on a dependent.

Example: Tammy spent $700 of her own money and $300 of her TANF support to pay for upkeep of the home she and her dependents live in. The $300 she received from TANF does not count as support from Tammy to any of her dependents, but it does count toward the total upkeep amount ($1,000) used to determine head of household and claimant strength.

Use the following blank worksheet to determine if the dependent is a qualifying relative of the taxpayer's household for the two upcoming examples.

> Pensiones no tributables.
> Intereses exentos de impuestos.

Ejemplo: Danelle es la hija del hermano de José (la sobrina de José), y vive con José. Danelle ha tomado un préstamo estudiantil de $2,500 para pagar su matrícula universitaria. José ha proporcionado $2,000 para la manutención de Danelle. José no puede reclamar una exención para Danelle porque, debido a su préstamo, no ha proporcionado más de la mitad de su manutención.

Beneficios del Seguro Social para determinar la manutención

Si un esposo y una esposa recibieron beneficios que fueron pagados por un cheque hecho a ambos, el monto total se divide en partes iguales entre cada cónyuge y se cuenta como haber brindado manutención para cada uno de ellos, a menos que puedan demostrar lo contrario. Si un hijo recibe beneficios del Seguro Social y los usa para su propio sustento, se considera manutención brindada por el hijo.

Manutención brindada por el estado (asistencia social, cupones de alimentos, vivienda, etc.)

Los beneficios proporcionados por el estado a una persona necesitada generalmente se consideran manutención proporcionada por el estado. Sin embargo, los pagos basados en las necesidades del destinatario no se considerarán utilizados por completo para la manutención de esa persona si se demuestra que parte de los pagos no se usaron para ese propósito.

Los pagos recibidos por la manutención de un hijo de crianza temporal de una agencia de colocación de niños se consideran manutención brindada por la agencia, no por los padres de crianza temporal. Del mismo modo, los pagos recibidos por la manutención de un hijo de crianza de parte de una agencia de colocación de niños se consideran manutención brindada por la agencia, no por los padres de crianza temporal.

El contribuyente debe pagar más de la mitad del costo de la manutención de una persona para reclamarla como familiar calificado. Los gastos pueden incluir alquiler, pagos de intereses hipotecarios, reparaciones, impuestos inmobiliarios, servicios públicos, seguro en el hogar y alimentos que se consumen en el hogar. Los costos no incluyen ropa, educación, tratamiento médico, vacaciones, seguro de vida o el valor de alquiler de la casa que posee el contribuyente.

Si el contribuyente recibe pagos de Asistencia Temporal para Familias Necesitadas (TANF) o cualquier otro programa de asistencia pública para ayudarlo a pagar el alquiler o el mantenimiento de la vivienda, esos pagos no pueden incluirse como dinero que pagó el contribuyente. Sin embargo, deben incluirse en el costo total del mantenimiento de la vivienda que se utiliza para determinar si el contribuyente pagó más de la mitad de los gastos de costo de vida al intentar determinar quién es el cabeza de familia o si tiene un reclamo más fuerte sobre un dependiente.

Ejemplo: Tammy gastó $700 de su propio dinero y $300 de su manutención de TANF para pagar el mantenimiento de la casa en la que viven ella y sus dependientes. Los $300 que recibió de TANF no cuentan como manutención de Tammy para ninguno de sus dependientes, pero sí cuentan para el monto de mantenimiento total ($1,000) utilizado para determinar el cabeza de familia y la capacidad del reclamante.

Use la siguiente hoja de cálculo en blanco para determinar si el dependiente es un familiar calificado del hogar del contribuyente para los dos ejemplos siguientes.

Filing Status, Dependents and Deductions

Example 1: Scenario

Mary Vega (age 37) and her daughter, Sierra (age 9), lived with Mary's aunt all year. Using the following information, determine if Mary paid more than half of her support. If the total amount paid by Mary is less than the amount paid by her aunt, Mary and her daughter are qualifying relatives of her aunt.

Expenses paid by Mary:		Expenses paid by Mary's aunt:	
Electric	$2,149	Mortgage interest	$3,202
Water	$480	Property taxes	$798
Repairs	$1,500	Food eaten in the house	$600
Food eaten in the house	$2,600	Property insurance	$280
Telephone	$576		

Cost of Keeping a Household

	Amount Paid by Taxpayer	Total Costs
Property taxes	$_____	$_____
Mortgage interest expense	$_____	$_____
Rent	$_____	$_____
Utility charges	$_____	$_____
Repairs/maintenance	$_____	$_____
Property insurance	$_____	$_____
Food consumed on the premises	$_____	$_____
Other household expenses	$_____	$_____
TOTALS	$_____	$_____
Subtract total amount taxpayer paid		(_____)
Amount others paid		$_____

Example 1: Answers

Cost of Keeping a Household

	Amount Paid by Taxpayer (Mary)	Total Costs
Property taxes	$_____	$798
Mortgage interest expense	$_____	$3,202
Rent	$_____	$_____
Utility charges	$3,205	$3,205
Repairs/maintenance	$1,500	$1,500
Property insurance	$_____	$280
Food consumed on the premises	$2,600	$3,200
Other household expenses	$_____	$_____
TOTALS	**$7,305**	**$12,185**
Minus total amount taxpayer paid		**($7,305)**
Amount others paid		**$4,880**

If the total amount paid by Mary is more than the amount paid by her aunt, Mary meets the requirement of paying more than half the cost of keeping up the home. ***Mary paid more than 50% of her support; therefore, she would not be claimed as a qualifying relative on her aunt's tax return.***

Ejemplo 1: Escenario

Mary Vega (37 años) y su hija Sierra (9 años) vivieron con la tía de Mary todo el año. Usando la siguiente información, determine si Mary pagó más de la mitad de su manutención. Si el monto total pagado por Mary es menor que el monto pagado por su tía, Mary y su hija son familiares calificados de su tía.

Gastos pagados por Mary:		Gastos pagados por la tía de Mary:	
Electricidad	$2,149	Intereses hipotecarios	$3,202
Agua	$480	Impuestos a la propiedad	$798
Refacción	$1,500	Alimentos que se comen en la casa	$600
Alimentos que se comen en la casa	$2,600	Seguro de propiedad	$280
Teléfono	$576		

Costo de mantener un hogar

	Monto pagado por el contribuyente	Costos totales
Impuestos a la propiedad	$_____	$_____
Gastos por intereses hipotecarios	$_____	$_____
Alquiler	$_____	$_____
Cargos por servicios públicos	$_____	$_____
Reparaciones y mantenimiento	$_____	$_____
Seguro de propiedad	$_____	$_____
Alimentos consumidos en el inmueble	$_____	$_____
Otros gastos del hogar	$_____	$_____
TOTALES	$_____	$_____
Reste el monto total pagado por el contribuyente		(_____)
Cantidad que otros pagaron		$_____

Ejemplo 1: Respuestas

Costo de mantener un hogar

	Monto pagado por el contribuyente (Mary)	Costos totales
Impuestos a la propiedad	$_____	$798
Gastos por intereses hipotecarios	$_____	$3,202
Alquiler	$_____	$_____
Cargos de servicios públicos	$3,205	$3,205
Reparaciones y mantenimiento	$1,500	$1,500
Seguro de propiedad	$_____	$280
Alimentos consumidos en el inmueble	$2,600	$3,200
Otros gastos del hogar	$_____	$_____
TOTAL	**$7,305**	**$12,185**
Menos el monto total pagado por el contribuyente		**($7,305)**
Cantidad que otros pagaron		**$4,800**

Si el monto total pagado por Mary es mayor que el monto pagado por su tía, Mary cumple con el requisito de pagar más de la mitad del costo del mantenimiento de la vivienda. *Mary pagó más del 50% de su manutención; por lo tanto, no sería reclamada como familiar calificado en la declaración de impuestos de su tía.*

Filing Status, Dependents and Deductions

Example 2: Scenario

Steven Renwick (age 27) and his cousin, Sasha Sweet (age 21), lived together all year. Use the following information to determine if Steven can claim Sasha as a dependent. Sasha receives $550 per month from TANF to help pay for the rent.

Expenses paid by Steven (taxpayer)		Expenses paid by Sasha	
Electric	$1,200	Rent	$6,600
Food eaten in the home	$6,100	Repairs	$661
Telephone	$800	Food eaten in the home	$965
Water	$325		
Renters insurance	$1,200		

Cost of Keeping a Household

	Amount Paid by Taxpayer	Total Costs
Property taxes	$_____	$_____
Mortgage interest expense	$_____	$_____
Rent	$_____	$_____
Utility charges	$_____	$_____
Repairs/maintenance	$_____	$_____
Property insurance	$_____	$_____
Food consumed on the premises	$_____	$_____
Other household expenses	$_____	$_____
TOTALS	$_____	$_____
Minus total amount taxpayer paid		(_____)
Amount others paid		$_____

Example 2: Answers

Cost of Keeping a Household

	Amount Paid by Taxpayer (Steven)	Total Costs
Property taxes	$_____	$_____
Mortgage interest expense	$_____	$_____
Rent	$_____	$6,600
Utility charges	$2,325	$2,325
Repairs/maintenance	$_____	$661
Property insurance	$_____	$_____
Food consumed on the premises	$6,100	$965
Other household expenses	$1,200	$_____
TOTALS	**$9,625**	**$10,551**
Minus total amount taxpayer paid		($9,625)
Amount others paid		$926

Steven has paid more than 50% of Sasha's support; he can claim her as his qualifying relative.

Total Support

When calculating to determine total support for a qualifying relative, the following items are not included in the calculation:

Estado civil, dependientes y deducciones

Ejemplo 2: Escenario

Steven Renwick (27 años) y su prima, Sasha Sweet (21 años), vivieron juntos todo el año. Use la siguiente información para determinar si Steven puede reclamar a Sasha como dependiente. Sasha recibe $550 por mes de TANF para ayudar a pagar el alquiler.

Gastos pagados por Steven (contribuyente)		Gastos pagados por Sasha	
Electricidad	$1,200	Alquiler	$6,600
Alimentos que se comen en casa	$6,100	Refacción	$661
Teléfono	$800	Alimentos que se comen en casa	$965
Agua	$325		
Seguro para inquilinos	$1,200		

Costo de mantener un hogar

	Monto pagado por el contribuyente	Costos totales
Impuestos a la propiedad	$_____	$_____
Gastos por intereses hipotecarios	$_____	$_____
Alquiler	$_____	$_____
Cargos por servicios públicos	$_____	$_____
Reparaciones y mantenimiento	$_____	$_____
Seguro de propiedad	$_____	$_____
Alimentos consumidos en el inmueble	$_____	$_____
Otros gastos del hogar	$_____	$_____
TOTALES	**$_____**	**$_____**
Menos el monto total pagado por el contribuyente		(_____)
Cantidad que otros pagaron		$_____

Ejemplo 2: Respuestas

Costo de mantener un hogar

	Monto pagado por el contribuyente (Steven)	Costos totales
Impuestos a la propiedad	$_____	$_____
Gastos por intereses hipotecarios	$_____	$_____
Alquiler	$_____	$6,600
Cargos de servicios públicos	$2,325	$_____
Reparaciones y mantenimiento	$_____	$661
Seguro de propiedad	$_____	$_____
Alimentos consumidos en el inmueble	$6,100	$965
Otros gastos del hogar	$1,200	$_____
TOTAL	**$9,625**	**$8,226**
Menos el monto total pagado por el contribuyente		($9,625)
Cantidad que otros pagaron		$-1,399.00

Steven ha pagado más del 50% de la manutención de Sasha; él puede reclamarla como su familiar calificado.

Manutención total

Al calcular para determinar la manutención total para un familiar calificado, los siguientes elementos no se incluyen en el cálculo:

- Federal, state, and local income taxes paid by the individual out of their personal income.
- Social Security and Medicare tax paid individually.
- Life insurance premiums.
- Funeral expenses.
- Scholarships received by the student's relative or child.
- Survivors' and Dependents' Educational Assistance payments used for the support of the child.

Total support does include food, lodging, clothing, education, medical and dental care, recreation, transportation, and other daily provisions.

Multiple Support Agreement (Form 2120)

Generally, the taxpayer must provide more than half of a qualifying relative's total support during the calendar year. However, if two or more people provided support but no one individual provided more than half of the individual's total support, the taxpayers may be able to file Form 2120, *Multiple Support Agreement*. A multiple support agreement is a document signed by the various taxpayers providing support that states which of the individuals will be able to claim the qualifying relative as a dependent. The agreement identifies the taxpayers who agreed not to claim the exemption and must be attached to the return of the taxpayer claiming the exemption.

Each member of such a group, including whichever individual is claiming the exemption, must provide at least more than 10% of the support. To qualify for claiming the dependency exemption, the individual must also obtain the consent of the other members of the support group. Signed consents do not need to be filed with the IRS; however, they must be kept with the taxpayer's records and be available as proof of eligibility to claim the person as a dependent.

Members of the group may decide who is entitled to the dependency exemption on a year-by-year basis. The exemption does not have to be allocated to the taxpayer providing the most support; however, the person claiming the exemption must provide more than 10% of the total support, and the group must collectively provide more than 50%. Again, the group cannot claim someone as a collective; only one individual from the group can claim the qualifying child or relative.

Example: Carlos, Lydia, Ernest, and Caroline provided the entire support for their mother, Emma. Carlos provided 45%, Lydia provided 35%, and Ernest and Caroline provided 10% each. Since Caroline and Ernest provide only 10% of the support (not more than 10% as required), neither can claim an exemption for Emma, nor do they have to sign the statement. Only Lydia and Carlos qualify to claim an exemption for Emma, and whoever does not claim the exemption must sign Form 2120 or a similar statement agreeing not to take Emma as an exemption.

Deceased Taxpayers

The same filing requirements apply to a decedent (someone who has died) as apply to any other taxpayer. Write the word "Deceased," the decedent's name, and the date of death across the top of the return. Only report the items of income that the decedent actually or constructively received before death. Likewise, only deduct the expenses the decedent paid before death. If the decedent was the taxpayer's dependent prior to death, the full exemption amount can be claimed.

Estado civil, dependientes y deducciones

- ➢ Impuestos federales, estatales y locales sobre la renta pagados por el individuo con sus ingresos personales.
- ➢ El Seguro Social y el impuesto de Medicare se pagan individualmente.
- ➢ Primas de seguros de vida.
- ➢ Gastos de funeral.
- ➢ Becas recibidas por el familiar o hijo del estudiante.
- ➢ Pagos de Asistencia Educativa para Sobrevivientes y Dependientes utilizados para la manutención del hijo.

La manutención total incluye alimentos, alojamiento, ropa, educación, atención médica y odontológica, recreación, transporte y necesidades similares.

Acuerdo de manutención múltiple (formulario 2120)

Por lo general, el contribuyente debe proporcionar más de la mitad de la manutención total de un familiar calificado durante el año calendario. Sin embargo, si dos o más personas brindaron manutención, pero ninguna persona proporcionó más de la mitad de la manutención total de la persona, los contribuyentes pueden presentar el Formulario 2120, *Acuerdo de Manutención Múltiple*. Un acuerdo de manutención múltiple es un documento firmado por los diversos contribuyentes que brindan manutención y que establece cuáles de las personas podrán reclamar al familiar calificado como dependiente. El acuerdo identifica a los contribuyentes que aceptaron no reclamar la exención y debe adjuntarse a la declaración del contribuyente que reclama la exención.

Cada miembro de dicho grupo, incluyendo la persona que reclama la exención, debe proporcionar al menos más del 10% de la manutención. A fin de calificar para reclamar la exención por dependencia, la persona también debe obtener el consentimiento de los otros miembros del grupo de manutención. Los consentimientos firmados no necesitan ser presentados ante el IRS; sin embargo, deben mantenerse con los registros del contribuyente y estar disponibles como prueba de elegibilidad para reclamar a la persona como dependiente.

Los miembros del grupo pueden decidir quién tiene derecho a la exención de dependencia año por año. La exención no tiene que asignarse al contribuyente que brinda la mayor manutención; sin embargo, la persona que reclama la exención debe proporcionar más del 10% de la manutención total, y el grupo debe proporcionar colectivamente más del 50%. Nuevamente, el grupo no puede reclamar a alguien como colectivo; solo una persona del grupo puede reclamar al hijo o familiar calificado.

Ejemplo: Carlos, Lydia, Ernest y Caroline brindaron toda la manutención a su madre, Emma. Carlos proporcionó el 45%, Lydia proporcionó el 35%, y Ernest y Caroline proporcionaron el 10% cada uno. Dado que Caroline y Ernest proporcionan solo el 10% de la manutención (no más del 10% según se requiera), no pueden reclamar una exención por Emma, ni tienen que firmar la declaración. Solo Lydia y Carlos califican para reclamar una exención por Emma, y quien no reclame la exención debe firmar el Formulario 2120 o una declaración similar acordando no tomar a Emma como exención.

Contribuyentes fallecidos

Se aplican los mismos requisitos de declaración a un difunto (alguien que ha fallecido) que a cualquier otro contribuyente. Escriba la palabra "Fallecido", el nombre del difunto y la fecha de fallecimiento en la parte superior de la declaración. Solo declare los ingresos que el difunto recibió de manera real o constructiva antes de la muerte. Asimismo, solo deduzca los gastos que el difunto pagó antes de la muerte. Si el difunto era dependiente del contribuyente antes de la muerte, se puede reclamar el monto total de la exención.

Filing Status, Dependents and Deductions

If a personal representative (an executor, administrator, or anyone who oversees the decedent's property) has been appointed, that person should sign the return. If the spouse is acting as the personal representative, write "filed as surviving spouse" in the signature location. If someone other than the spouse is claiming a refund for a decedent, the representative should file Form 1310, *Statement of Person Claiming Refund Due to a Deceased Taxpayer*, with the return. Either way, a final return must be filed for the decedent.

Allowances for a Surviving Spouse

If the taxpayer's spouse died during the current tax year and he or she does not remarry in the year the decedent died, the surviving spouse may file a joint return for the year of death, generally allowing him or her to claim the spouse's exemption.

Inherited Property

Property the taxpayer received as a gift, bequest, or inheritance is not included as income and is not taxable. However, if the inherited property produces income such as interest or rent, that income is taxable.

Income in Respect of the Decedent

Income in respect of the decedent includes all gross income that the decedent had a right to receive and was not includable in the decedent's final return. If the estate acquires the right to receive income from the decedent, the income is reported in the decedent's estate's return (Form 1041) by tax year received rather than in the decedent's final return. If the income is not reported on Form 1041, then the person to whom the estate properly distributes the income will report the revenue. However, if someone acquires the direct right to the income without needing to go through the estate, then that person will have to report the income.

Deductions in Respect of the Decedent

Deductions in respect of the decedent are items such as business expenses, interest, taxes, or income-producing expenses for which the decedent was liable but that were not deductible on the decedent's final tax return. When these items are paid, the decedent's estate can deduct them, or if the estate is not liable for the expenses, the individual who acquired the decedent's property due to death is subject to the tax liability.

Part 3 Review Questions

To obtain the maximum benefit from this chapter, LTP recommends that you complete each of the following questions, and then compare them to the answers with feedback that immediately follow. Under governing self-study standards, vendors are required to present review questions intermittently throughout each self-study course.

Estas preguntas y explicaciones no forman parte del examen final y no serán calificadas por LTP.

Estado civil, dependientes y deducciones

Si se ha designado un representante personal (un albacea, administrador o cualquier persona que supervise la propiedad del difunto), esa persona debe firmar la declaración. Si el cónyuge actúa como representante personal, escriba "presentado como cónyuge sobreviviente" en la ubicación de la firma. Si alguien que no sea el cónyuge está reclamando un reembolso por un difunto, el representante debe presentar el Formulario 1310, *Declaración de la persona que reclama el reembolso debido a un contribuyente fallecido*, junto con la declaración. De cualquier manera, se debe presentar una declaración final para el difunto.

Subsidios para un cónyuge sobreviviente

Si el cónyuge del contribuyente falleció durante el año tributario actual y no se vuelve a casar en el año en que falleció, el cónyuge sobreviviente puede presentar una declaración conjunta por el año de la muerte, lo que generalmente le permite reclamar la exención del cónyuge.

Propiedad heredada

La propiedad que el contribuyente recibe como donación, legado o herencia no se incluye en los ingresos y no es gravable. Sin embargo, si la propiedad heredada genera ingresos como intereses o alquileres, esos ingresos son gravables.

Ingresos con respecto al difunto

Los ingresos con respecto al difunto incluyen todos los ingresos brutos que el difunto tenía derecho a recibir y no se incluyeron en la declaración final del difunto. Si el patrimonio adquiere el derecho de recibir ingresos del difunto, el ingreso se informa en la declaración del patrimonio del difunto (Formulario 1041) por año tributario recibido en lugar de colocarlo en la declaración final del difunto. Si el ingreso no se declara en el Formulario 1041, entonces la persona a quien el patrimonio distribuye adecuadamente el derecho a recibir el ingreso tendrá que declarar el ingreso. No obstante, si alguien adquiere el derecho directo a los ingresos sin necesidad de pasar por el patrimonio, entonces esa persona tendrá que declarar los ingresos.

Deducciones con respecto al difunto

Las deducciones con respecto al difunto son partidas como gastos comerciales, intereses, impuestos o gastos que generan ingresos por los cuales el difunto era responsable pero que no eran deducibles en la declaración final de impuestos del difunto. Cuando se pagan estas partidas, el patrimonio del difunto puede deducirlos, o si el patrimonio no es responsable de los gastos, la persona que adquirió la propiedad del difunto debido a la muerte está sujeta a la obligación tributaria.

Parte 3 Preguntas de repaso

Para obtener el máximo beneficio de este capítulo, LTP recomienda completar cada una de las siguientes preguntas y luego compararlas con las respuestas con los comentarios que siguen inmediatamente. Bajo las normas de autoestudio de gobierno, los proveedores están obligados a presentar preguntas de revisión intermitentemente a lo largo de cada curso de autoestudio.

Estas preguntas y explicaciones no forman parte del examen final y no serán calificadas por LTP.

Filing Status, Dependents and Deductions

FSDDP3.1
James is filing head of household for the current tax year. Which person related to James must live with him the entire tax year?

   a. Peyton, his daughter, is away at college as a full-time student.
   b. Fernando, his cousin, lives with him and is a full-time student at the local junior college.
   c. Taylor, his mother who lives in her home and James supports 100%.
   d. Ezra, who is his grandson by marriage and is a full-time student he supports.

FSDDP3.2
Which scenario best describes the treatment of an adopted child?

   a. Manny and Victoria adopted her niece's son at birth. Victoria passed away and Manny is still considered the father of the adopted child.
   b. Joel and Susan are godparents for Joel's cousin Joshua. Joshua has lived with them the entire year.
   c. Andres and Stephanie are filing married filing joint and still live with Stephanie's parents.
   d. Josue and Sandra are supporting his daughter, Sydney, who lives with her mother. Josue would like to claim Sydney as their dependent.

FSDDP3.3
Mercedes is a disabled individual and a qualifying relative of her sister Mary. Which of the following is not included in Mercedes' gross income test to be Mary's qualifying dependent?

   a. Child away at school, working part time.
   b. Disabled dependent working at a sheltered workshop.
   c. Mother on Social Security benefits.
   d. Grandchild who babysits.

FSDDP3.4
Lisa and Larry were married with two qualifying dependents. Larry died in August of 2020. What would be Lisa's best filing status for 2020?

   a. Head of household
   b. Single
   c. Married filing jointly
   d. Qualifying widow(er) with dependent child

FSDDP3.5
Ted is single, 18-years-old, and a full-time student. He works part-time and lives at home with his parents year-round. His W-2 shows $4,000 in box 1. Can Ted's parents claim him as a dependent on their tax return?

   a. Yes
   b. No

FSDDP3.1
James está declarando como cabeza de familia para el año fiscal actual. ¿Qué persona relacionada con James debe vivir con él todo el año fiscal?

    a. Peyton, su hija, está en la universidad como estudiante a tiempo completo
    b. Fernando, su primo, vive con él y es estudiante a tiempo completo en la universidad local
    c. Taylor, su madre, que vive en su casa y James la mantiene al 100%
    d. Ezra, quien es su nieto por matrimonio y es un estudiante de tiempo completo al que apoya

FSDDP3.2
¿Qué escenario describe mejor el tratamiento de un hijo adoptado?

    a. Manny y Victoria adoptaron al hijo de su sobrina al nacer. Victoria falleció y Manny todavía se considera el padre del hijo adoptado
    b. Joel y Susan son los padrinos de Joshua, el primo de Joel. Joshua ha vivido con ellos todo el año
    c. Andrés y Stephanie están presentando una declaración de matrimonio conjunta y todavía viven con los padres de Stephanie
    d. Josué y Sandra mantienen a su hija, Sydney, que vive con su madre. A Josué le gustaría reclamar a Sydney como su dependiente.

FSDDP3.3
Mercedes es una persona discapacitada y pariente calificada de su hermana Mary. ¿Cuál de los siguientes no está incluido en la prueba de ingresos brutos de Mercedes para ser dependiente calificado de Mary?

    a. Hijo en la escuela, trabajando a tiempo parcial
    b. Dependiente discapacitado que trabaja en un taller de trabajo protegido
    c. Madre con beneficios del Seguro Social.
    d. Nieto que cuida niños

FSDDP3.4
Lisa y Larry estaban casados y tenían dos dependientes calificados. Larry murió en agosto de 2020. ¿Cuál sería el mejor estado civil de Lisa para 2020?

    a. Cabeza de familia
    b. Soltera
    c. Casada declarando conjuntamente
    d. Viuda calificada con hijo dependiente

FSDDP3.5
Ted es soltero, tiene 18 años y es estudiante a tiempo completo. Trabaja a tiempo parcial y vive en casa con sus padres durante todo el año. Su formulario W-2 muestra $4,000 en la casilla 1. ¿Pueden los padres de Ted reclamarlo como dependiente en su declaración de impuestos?

    a. Sí
    b. No

Filing Status, Dependents and Deductions

Part 3 Review Question Answers

To obtain the maximum benefit from this chapter, LTP recommends that you complete each of the following questions, and then compare them to the answers with feedback that immediately follow. Under governing self-study standards, vendors are required to present review questions intermittently throughout each self-study course.

These questions and explanations are not part of the final examination and will not be graded by LTP.

FSDDP3.1
James is filing head of household for the current tax year. Which person related to James must live with him the entire tax year?

   a. Peyton, his daughter, is away at college as a full-time student.
   b. **Fernando, his cousin, lives with him and is a full-time student at the local junior college.**
   c. Taylor, his mother who lives in her home and James supports 100%.
   d. Ezra, who is his grandson by marriage and is a full-time student he supports.

Feedback: Review section *Cousin*.

FSDDP3.2
Which scenario best describes the treatment of an adopted child?

   a. **Manny and Victoria adopted her niece's son at birth. Victoria passed away and Manny is still considered the father of the adopted child.**
   b. Joel and Susan are godparents for Joel's cousin Joshua. Joshua has lived with them the entire year.
   c. Andres and Stephanie are filing married filing joint and still live with Stephanie's parents.
   d. Josue and Sandra are supporting his daughter, Sydney, who lives with her mother. Josue would like to claim Sydney as their dependent.

Feedback: Review section *Adopted Child*.

FSDDP3.3
Mercedes is a disabled individual and a qualifying relative of her sister Mary. Which of the following is not included in Mercedes' gross income test to be Mary's qualifying dependent?

   a. Child away at school, working part time.
   b. **Disabled dependent working at a sheltered workshop.**
   c. Mother on Social Security benefits.
   d. Grandchild who babysits.

Feedback: Review section *Disabled Dependent Working at a Sheltered Workshop*.

Estado civil, dependientes y deducciones

Parte 3 Respuestas a las preguntas de repaso

Para obtener el máximo beneficio de este capítulo, LTP recomienda completar cada una de las siguientes preguntas y luego compararlas con las respuestas con los comentarios que siguen inmediatamente. Bajo las normas de autoestudio de gobierno, los proveedores están obligados a presentar preguntas de revisión intermitentemente a lo largo de cada curso de autoestudio.

Estas preguntas y explicaciones no forman parte del examen final y no serán calificadas por LTP.

FSDDP3.1
James está declarando como cabeza de familia para el año fiscal actual. ¿Qué persona relacionada con James debe vivir con él todo el año fiscal?

   a. Peyton, su hija, está en la universidad como estudiante a tiempo completo
   b. Fernando, su primo, vive con él y es estudiante a tiempo completo en la universidad local
   c. Taylor, su madre, que vive en su casa y James la mantiene al 100%
   d. Ezra, quien es su nieto por matrimonio y es un estudiante de tiempo completo al que apoya

Comentario: Revisa la sección *Primo*.

FSDDP3.2
¿Qué escenario describe mejor el tratamiento de un hijo adoptado?

   a. Manny y Victoria adoptaron al hijo de su sobrina al nacer. Victoria falleció y Manny todavía se considera el padre del hijo adoptado
   b. Joel y Susan son los padrinos de Joshua, el primo de Joel. Joshua ha vivido con ellos todo el año
   c. Andrés y Stephanie están presentando una declaración de matrimonio conjunta y todavía viven con los padres de Stephanie
   d. Josué y Sandra mantienen a su hija, Sydney, que vive con su madre. A Josué le gustaría reclamar a Sydney como su dependiente.

Comentario: Revisa la sección *Menores adoptado/a*.

FSDDP3.3
Mercedes es una persona discapacitada y pariente calificada de su hermana Mary. ¿Cuál de los siguientes no está incluido en la prueba de ingresos brutos de Mercedes para ser dependiente calificado de Mary?

   a. Hijo en la escuela, trabajando a tiempo parcial
   b. Dependiente discapacitado que trabaja en un taller de trabajo protegido
   c. Madre con beneficios del Seguro Social.
   d. Nieto que cuida niños

Comentario: Revisa la sección *Dependiente discapacitado trabajando en un taller protegido*.

Filing Status, Dependents and Deductions

FSDDP3.4

Lisa and Larry were married with two qualifying dependents. Larry died in August of 2020. What would be Lisa's best filing status for 2020?

    a. Head of household
    b. Single
    c. Married filing jointly
    d. Qualifying widow(er) with dependent child

Feedback: Review section *Allowance for Surviving Spouse*.

FSDDP3.5

Ted is single, 18-years-old, and a full-time student. He works part-time and lives at home with his parents year-round. His W-2 shows $4,000 in box 1. Can Ted's parents claim him as a dependent on their tax return?

    a. Yes
    b. No

Feedback: Review section *Gross Income Test*.

Part 4: The Five Filing Status and Practice Worksheets

At first glance, filing status seems simple to determine. After all, isn't it basically whether a person is married, and how married couples want to file their returns? Despite how simple it may seem, it can quickly get complicated. For example, what do you do when more than one filing status applies to a taxpayer? Publication 17 and Publication 501 shows us that the correct answer is to choose the status that lowers the amount of tax for the taxpayer the most. It is vital that tax professionals know the answers to questions like this and understand the details of each filing status so they can help their clients to the best of their ability. But don't worry; this chapter will help you do just that.

A filing status is a category used to determine filing requirements, standard deduction, correct tax, and a taxpayer's eligibility for certain credits and deductions. The five federal filing statuses are as follows:

- Single (S)
- Married Filing Jointly (MFJ)
- Married filing separately (MFS)
- Head of Household (HH)
- Qualifying widow(er) (QW) with a dependent child

Each individual filing status' requirements are used to determine which filing status the taxpayer should use to file their current tax return. Although the taxpayer may prefer to use a different filing status that would give him or her a higher refund, the tax professional needs to understand that the guidelines the IRS and individual states have configured are there for a reason. Using a filing status that gives the taxpayer a higher refund could be interpreted as filing a fraudulent tax return, which could potentially cause the tax professional to be permanently barred from preparing tax returns.

FSDDP3.4

Lisa y Larry estaban casados y tenían dos dependientes calificados. Larry murió en agosto de 2020. ¿Cuál sería el mejor estado civil de Lisa para 2020?

- a. Cabeza de familia
- b. Soltera
- **c. Casada declarando conjuntamente**
- d. Viuda calificada con hijo dependiente

Comentario: Revisa la sección *Suministros para el/la cónyuge sobreviviente*.

FSDDP3.5

Ted es soltero, tiene 18 años y es estudiante a tiempo completo. Trabaja a tiempo parcial y vive en casa con sus padres durante todo el año. Su formulario W-2 muestra $4,000 en la casilla 1. ¿Pueden los padres de Ted reclamarlo como dependiente en su declaración de impuestos?

- **a. Sí**
- b. No

Comentario: Revisa la sección *Prueba de ingreso bruto*.

Parte 4 Hojas de trabajo de los cinco estados civiles de declaración y la práctica

A primera vista, el estado civil de declaración parece simple de determinar. Después de todo, ¿no se trata básicamente de si una persona está casada y cómo las parejas casadas quieren presentar sus declaraciones? A pesar de lo simple que pueda parecer, puede complicarse rápidamente. Por ejemplo, ¿qué hace cuando se aplica más de un estado civil a un contribuyente? La Publicación 17 y la Publicación 501 nos muestran que la respuesta correcta es elegir el estado que más reduce la cantidad de impuestos para el contribuyente. Es indispensable que los profesionales de impuestos conozcan las respuestas a preguntas como esta y comprendan los detalles de cada estado civil para que puedan ayudar a sus clientes lo mejor que puedan. Pero no se preocupe; este capítulo le ayudará a hacer precisamente eso.

Un estado civil de declaración es una categoría utilizada para determinar los requisitos de declaración, la deducción estándar, el impuesto correcto y la elegibilidad del contribuyente para ciertos créditos y deducciones. Los cinco estados civiles declaración federal son los siguientes:

- ➢ Soltero (S)
- ➢ Casado declarando conjuntamente (MFJ)
- ➢ Casado declarando por separado (MFS)
- ➢ Cabeza de familia (HH)
- ➢ Viudo calificado (QW) con un hijo dependiente

Los requisitos de cada estado civil individual se utilizan para determinar cuál estado civil de declaración debe utilizar el contribuyente para presentar su declaración de impuestos actual. Aunque el contribuyente puede preferir usar un estado civil de declaración diferente que le otorgaría un reembolso más alto, el profesional de impuestos debe comprender que las directrices que el IRS y los estados individuales han configurado están allí por alguna razón. El uso de un estado civil de declaración que le otorgue al contribuyente un reembolso más alto podría interpretarse como la presentación de una declaración de impuestos fraudulenta, lo que potencialmente podría causar que el profesional de impuestos tenga prohibido permanentemente preparar declaraciones de impuestos.

Filing Status, Dependents and Deductions

Determining the proper filing status must be done before you can determine if the taxpayer needs to file a tax return. Filing statuses are contingent on the taxpayer's marital status; state law sets the standards that determine whether a taxpayer is single, married, or legally separated under a divorce or separate maintenance decree.

Single (S)

The taxpayer must file Single (S) if he or she meets any of the following criteria on December 31st of the tax year being filed:

- Is unmarried on the last day of the year.
- Is legally separated by divorce or separate maintenance decree.
- Does not qualify for another filing status.

A taxpayer is generally considered unmarried for the whole year if, on the last day of the current tax year, the taxpayer is unmarried or legally separated from his or her spouse under a divorce or separate maintenance decree. A divorced taxpayer is considered unmarried for the entire year if the divorce was finalized on, by, or before the last day of the year being filed. If the divorce was strictly only for tax purposes and if the taxpayers remarry the next year, the couple will need to file a joint return for both tax years. State law governs whether a taxpayer is married or legally separated under a divorce or separate maintenance decree, so reference your state laws to find out how it works where you prepare taxes.

If the marriage has been annulled (a legal action that means the marriage never existed in the eyes of the law), both taxpayers are unmarried even if a joint tax return was filed. In that case the taxpayers would need to file an amended return as Single or Head of Household for all years affected.

A widow(er) may file Single if he or she was widowed before January 1st of the current tax year and did not remarry before the end of the same tax year. However, the taxpayer may qualify for a different filing status that might lower the tax liability further.

Head of Household (HH)

The taxpayer must file Head of Household (HH) if he or she meets any of the following criteria on December 31st of the tax year being filed:

- The taxpayer must be considered unmarried on the last day of the year.
- A qualifying child or relative lived in the home for more than half the year (there are exceptions for temporary absences). Children of divorced or separated parents, or of parents who lived apart, can be claimed based on the residency test in most cases.
- The taxpayer paid for more than half the cost of keeping up the home for the tax year.

Keeping Up a Home

To qualify for the Head of Household filing status, a taxpayer must pay more than half of the cost for maintaining a household. Expenses can include rent, mortgage interest payments, repairs, real estate taxes, insurance on the home, utilities, and food eaten in the home. Costs do not include clothing, education, medical treatment, vacations, life insurance, and the rental value of the home the taxpayer owns.

Se debe determinar el estado civil de declaración adecuado antes de que pueda determinar si el contribuyente debe presentar una declaración de impuestos. Los estados civiles de declaración dependen del estado civil del contribuyente. La ley estatal establece los estándares que determinan si un contribuyente es soltero, casado o legalmente separado en virtud de un divorcio o un decreto de manutención por separado

Soltero (S)

El contribuyente debe declarar como Soltero si cumple alguno de los criterios que se mencionan a continuación al 31 de diciembre del año tributario en que declara:

> - Es soltero el último día del año.
> - Está separado legalmente por divorcio o decreto de manutención por separado.
> - No califica para otro estado civil de declaración

Un contribuyente generalmente se considera soltero durante todo el año si, en el último día del año tributario actual, el contribuyente no está casado o está legalmente separado de su cónyuge en virtud de un divorcio o un decreto de mantenimiento por separado. Un contribuyente divorciado se considera soltero durante todo el año si el divorcio se finalizó el último día del año de la declaración o antes. Si el divorcio fue estrictamente solo para fines fiscales y si los contribuyentes se vuelven a casar el próximo año, la pareja deberá presentar una declaración conjunta para ambos años fiscales. La ley estatal rige si un contribuyente está casado o legalmente separado en virtud de un decreto de divorcio o manutención por separado; por ende, al preparar los impuestos debe consultar las leyes de su estado para conocer cómo funciona.

Si el matrimonio ha sido anulado (una acción legal que implica que el matrimonio nunca existió ante los ojos de la ley), ambos contribuyentes no están casados, incluso si se presentó una declaración de impuestos conjunta. En ese caso, los contribuyentes tendrían que presentar una declaración enmendada como Soltero o Cabeza de familia por todos los años afectados.

Un viudo puede declarar como Soltero si enviudó antes del 1 de enero del año tributario actual y no se volvió a casar antes del final del mismo año tributario. Sin embargo, el contribuyente puede calificar para un estado civil diferente que podría reducir aún más la obligación tributaria.

Cabeza de familia (HH)

El contribuyente debe declarar como Cabeza de familia si cumple con alguno de los criterios que se mencionan a continuación al 31 de diciembre del año fiscal que se declara:

> - El contribuyente debe considerarse soltero el último día del año.
> - Un hijo o familiar calificado vivió en el hogar durante más de la mitad del año (hay excepciones por ausencias temporales). En la mayoría de los casos, los hijos de padres divorciados o separados, o de padres que vivían separados, se pueden reclamar basándose en la prueba de residencia.
> - El contribuyente pagó más de la mitad del costo del mantenimiento de la vivienda para el año tributario.

Mantenimiento de la vivienda

Para calificar para el estado civil de cabeza de familia, un contribuyente debe pagar más de la mitad del costo para mantener una vivienda. Los gastos pueden incluir alquiler, pagos de intereses hipotecarios, reparaciones, impuestos sobre bienes inmuebles, seguro en el hogar, servicios públicos y alimentos que se consumen en el hogar. Los costos no incluyen ropa, educación, tratamiento médico, vacaciones, seguro de vida o el valor de alquiler de la vivienda que posee el contribuyente.

If the taxpayer receives payments from Temporary Assistance for Needy Families (TANF) or any other public assistance programs to pay rent or upkeep on the home, those payments cannot be included as money the taxpayer paid. However, they must be included in the total cost of keeping up the home to figure whether the taxpayer paid over half of the cost.

Differences Between Filing Head of Household and Single

The difference between filing Single and filing Head of Household is whether the unmarried taxpayer keeps up a home for a Qualifying Person. To qualify to register as Head of Household, there must first be a household to be the head of, and for there to be a household, there must first be a group of individuals that live together and are of qualifying relation to be considered a family unit. If these specifications do not apply to the taxpayer's living situation, the taxpayer must file Single.

A taxpayer would file Single rather than Head of Household in the following situations:

- The taxpayer lives alone. Although he is technically the head person in his home because he is the only person who lives there, there is no household to be the head of, and he thus must file Single.
- The taxpayer lives within a household but does not qualify to be its head. Whether it's because he doesn't provide a sufficient percentage of support or for another reason, although he is in a household, he is not its head and thus would file Single.
- If a taxpayer has a qualifying dependent but lives within a household without qualifying as Head of Household, he or she would file Single with a Dependent instead of Head of Household.

Example 1: Tyler lives alone in a house in the suburbs. No one else lives with him. He files Single, because even though he is the "head" of his house, there is no household or group of individuals that live together of qualifying relation to be considered a family unit.

Example 2: Joseph and four of his friends live in a house they rent together and split all of the costs of living evenly amongst themselves. Assuming none of them are married or in a registered domestic partnership, they will all file Single since none of them provide more than 50% of support for the house to qualify as a Head of Household. The group does not possess sufficient qualifying relationships to be considered a family unit and cannot be considered a household; therefore, in this situation there is neither a head nor a household. All taxpayers must file Single.

Example 3: Barry and his son Don live with Barry's parents, Henry and Nora, who make $350,000 annually. Barry makes $27,840 a year as a part-time educational aide; does not provide more than 50% percent of support for the household; yet does provide more than 50% of support for his son Don. Barry must file Single with a Dependent for the following reasons:

- He is a member of a household but is not its head because he provides too little support; thus, he would not file as Head of Household.
- He is unmarried and not in a registered domestic partnership; thus, he would file Single even with a dependent.
- Don is Barry's qualifying dependent because Don is Barry's child and Barry provides more than 50% of Don's support; thus, he would file Single with a dependent.

Si el contribuyente recibe pagos de Asistencia Temporal para Familias Necesitadas (TANF) o cualquier otro programa de asistencia pública para ayudarlo a pagar el alquiler o el mantenimiento de la vivienda, esos pagos no pueden incluirse como dinero que pagó el contribuyente. Sin embargo, deben incluirse en el costo total del mantenimiento de la vivienda que se utiliza para determinar si el contribuyente pagó más de la mitad de los costos.

Diferencias entre declarar como cabeza de familia o soltero

La diferencia entre declarar como soltero o cabeza de familia se basa en si el contribuyente soltero mantiene un hogar para una persona calificada. A fin de calificar para registrarse como Cabeza de familia, primero debe haber una familia de la cual ser la cabeza, y para que haya una familia, primero debe haber un grupo de personas que vivan juntas y que tengan un parentesco calificado para ser considerados una unidad familiar. Si estas especificaciones no se aplican a la situación de vida del contribuyente, este debe presentar una declaración como soltero.

Un contribuyente declararía como soltero en lugar de cabeza de familia en las siguientes situaciones:

- El contribuyente vive solo. Aunque técnicamente es el cabeza de la familia en su hogar, porque es la única persona que vive allí, no hay familia de la que pueda ser la cabeza, por lo que debe declarar como Soltero.
- El contribuyente vive dentro de una familia, pero no califica para ser cabeza de familia. Ya sea porque no proporciona un porcentaje suficiente de manutención o por otra razón, aunque está en una familia, no es su cabeza y, por lo tanto, declararía como soltero.
- Si un contribuyente tiene un dependiente calificado, pero vive dentro de un hogar sin calificar como cabeza de familia, él o ella declararía como soltero con un dependiente en lugar de Cabeza de familia.

Ejemplo 1: Tyler vive solo en una casa en los suburbios. Nadie más vive con él. Él declarara como soltero, porque a pesar de que es el "cabeza" de su hogar, no hay una familia o grupo de individuos que vivan juntos de parentesco calificado para ser considerado una unidad familiar.

Ejemplo 2: Joseph y cuatro de sus amigos viven en una casa que alquilan juntos y dividen todos los costos de vida de manera equitativa entre ellos. Suponiendo que ninguno de ellos esté casado o en unión de hecho registrada, todos declararán como solteros, ya que ninguno de ellos proporciona más del 50% de manutención del hogar para calificar como Cabeza de familia. El grupo no posee suficiente parentesco de calificación para ser considerado una unidad familiar y no puede ser considerado un hogar; por lo tanto, en esta situación no hay ni una cabeza ni una familia. Todos los contribuyentes deben declarar como soltero.

Ejemplo 3: Barry y su hijo Don viven con los padres de Barry, Henry y Nora, quienes ganan $350,000 al año. Barry gana $27,840 al año como asistente educativo a tiempo parcial; no aporta más del 50% por ciento de la manutención para el hogar; sin embargo, brinda más del 50% de la manutención a su hijo Don. Barry debe declarar como soltero con un Dependiente por los siguientes motivos:

- Es miembro de una familia, pero no es su cabeza porque proporciona muy poca manutención; por lo tanto, no declararía como cabeza de familia.
- Es soltero y no está en una unión de hecho registrada; por lo tanto, declararía como soltero incluso con un dependiente.
- Don es el dependiente calificado de Barry porque Don es el hijo de Barry y Barry proporciona más del 50% de la manutención de Don; por lo tanto, declararía como soltero con un dependiente.

Married Filing Jointly (MFJ)

The taxpayer must file Married Filing Jointly (MFJ) if he or she meets any of the following criteria on December 31st of the tax year being filed:

- Taxpayers are married and filing a joint return even if one had no income or deductions.
- Taxpayers are living together in a common-law marriage that is recognized in the state where the taxpayers now live, or in the state where the common-law marriage began.
- Taxpayers are married and living apart but are not legally separated under a decree of divorce or separate maintenance.
- A spouse died during the tax year, and the taxpayer did not remarry before the end of the tax year.
- If a spouse died during the current tax year, and the taxpayer remarried before the end of the tax year, the taxpayer and his or her new spouse may file MFJ. A tax return must still be filed for the deceased spouse, and, in this instance, the decedents' filing status would be MFS for the tax year.

Revenue Ruling 2013-17 states that same-sex couples will be treated as married for all federal purposes, including income, gift, and estate taxes. The ruling applies to all federal tax provisions where marriage is a factor, including filing status, claiming a person as a dependent, dependency exemptions, taking the standard deduction, employee benefits, contributing to an IRA, and claiming the earned income tax credit (EITC) or child tax credit (CTC).

Innocent Spouse

Married taxpayers often choose to file a joint tax return due to the benefits the filing status permits them. However, both taxpayers are jointly and individually responsible for any tax, interest, or penalty due on a joint tax return. Even after a couple separates or divorces, a former spouse could be held responsible for amounts due on previously filed joint returns for which they should not be liable and may not even know anything about.

In this instance, said taxpayer might be able to claim that he or she is an "innocent spouse": an individual who was not aware of a position claimed on a tax return by their other half that resulted in a liability for understatement of income filed on the joint return. In this situation, the innocent spouse can file for relief using Form 8857 to try to prove that they were not aware of the position on the return. The IRS will review the request for relief, come to a decision, and respond with their ruling. The taxpayer may appeal the decision if they find the ruling unacceptable.

To be eligible for the relief, the taxpayer must meet the following criteria:

- Must have filed a joint return with an erroneous understatement of tax responsibility relating directly to their spouse.
- Must have no knowledge of the error.
- Once the error has been identified, the IRS must agree that it is fair to relieve the taxpayer of the tax penalties.
- The taxpayer must apply for relief within two years of the IRS initial collections notice.

Estado civil, dependientes y deducciones

Casado declarando conjuntamente (MFJ)

El contribuyente debe declarar conjuntamente como casado si cumple con alguno de los criterios que se mencionan a continuación al 31 de diciembre del año tributario que declara:

> - Los contribuyentes están casados y presentan una declaración conjunta incluso si uno no tuviera ingresos ni deducciones.
> - Los contribuyentes viven juntos en una unión de hecho que se reconoce en el estado donde ahora viven los contribuyentes, o en el estado donde comenzó la unión de hecho.
> - Los contribuyentes están casados y viven separados, pero no están legalmente separados por decreto de divorcio o manutención por separado.
> - El cónyuge falleció durante el año tributario y el contribuyente no se volvió a casar antes del final del año tributario actual.
> - Si el cónyuge falleció durante el año tributario actual, y el contribuyente se volvió a casar antes del final del año tributario, el contribuyente y su nuevo cónyuge pueden declarar de forma conjunta como casados. Todavía debe presentarse una declaración de impuestos para el cónyuge fallecido y, en este caso, el estado civil del difunto sería casado declarando por separado para el año tributario.

La Norma de Ingresos 2013-17 establece que las parejas del mismo sexo serán tratadas como casadas para todos los propósitos federales, incluyendo los impuestos sobre la renta, las donaciones y el patrimonio. La decisión se aplica a todas las disposiciones de impuestos federales en las que el matrimonio es un factor, incluido el estado civil para presentar una declaración, reclamar a una persona como dependiente, exenciones de dependencia, tomar la deducción estándar, beneficios para empleados, contribuir a una cuenta IRA y reclamar el crédito tributario por ingreso del trabajo (EITC) o crédito tributario por hijos (CTC).

Cónyuge inocente

Los contribuyentes casados a menudo eligen presentar una declaración de impuestos conjunta debido a los beneficios que el estado civil les permite. Sin embargo, ambos contribuyentes son responsables conjunta e individualmente de cualquier impuesto, interés o multa adeudada en una declaración de impuestos conjunta. Incluso después de que una pareja se separe o divorcie, un excónyuge podría ser considerado responsable de los montos adeudados en declaraciones conjuntas presentadas anteriormente por las cuales no deberían ser responsables y que quizás incluso desconozcan.

En este caso, dicho contribuyente podría reclamar que es un "cónyuge inocente": una persona que no estaba al tanto de una posición reclamada en una declaración de impuestos por su otra mitad que resultó en una responsabilidad por subestimación de los ingresos presentados en la declaración conjunta. En esta situación, el cónyuge inocente puede solicitar desagravio utilizando el Formulario 8857 para tratar de probar que no estaba al tanto de la posición en la declaración. El IRS revisará la solicitud de reparación, tomará una decisión y responderá con su decisión. El contribuyente puede apelar la decisión si considera que la decisión es inaceptable.

A fin de ser elegible para el desagravio, el contribuyente debe cumplir con las siguientes condiciones:

> - Debe haber presentado una declaración conjunta con una subestimación errónea de la responsabilidad fiscal relacionada directamente con su cónyuge.
> - No debe tener conocimiento del error.
> - Una vez que se ha identificado el error, el IRS debe aceptar que es justo eximir al contribuyente de las sanciones fiscales.
> - El contribuyente debe solicitar el alivio dentro de los dos años posteriores al aviso de recaudación inicial del IRS.

Example: Robert and Debbie were married and filed joint returns for tax year 2018 & 2019. Debbie, who didn't know much about taxes and usually let her husband handle the finances, simply signed the tax return when Robert told her to, never questioning the man she thought she could implicitly trust. However, after their divorce was finalized on May 15, 2020, Debbie received a letter from the IRS demanding penalties and interest. Alarmed, Debbie found a tax preparer who helped her discover that her ex-husband Robert had illegally claimed business expenses on their personal 2018 tax returns, causing significant penalties and interest to accrue for filing a fraudulent return. The tax preparer correctly advised her to file Form 8857 to apply for relief on the 2018 & 2019 tax return based on her lack of knowledge.

Spousal Abandonment

"Spousal abandonment" and "innocent spouse" are two separate tax implications. Spousal abandonment occurs when the abandoning spouse has left his or her family with no intention of returning or having responsibility for his or her family. In a legal context, failing to provide for a dependent, ailing spouse, or a minor child could be considered criminal spousal abandonment. Separation with no intent of reconciling is not spousal abandonment. Spousal abandonment often requires the abandoned spouse to file a separate return and receive all the unfavorable tax consequences that come with it. For example, the taxpayer must use the Tax Rate Schedule for married taxpayers filing separately. To mitigate such harsh treatment, Congress enacted provisions commonly referred to as the "abandoned spouse rules" which allow married taxpayers to file as Head of Household to bypass the tax consequences of married filing separate.

Married Filing Separately (MFS)

A married taxpayer, whether living together or apart, may choose to file Married Filing Separately (MFS) if any of the following apply:

- If he or she wants to be responsible for their own tax liability.
- If it results in less tax than they would owe on a joint return. Taxpayers who consider MFS should be advised that this filing status has limitations in deductions, adjustments, and credits.

Taxpayers who elect to file MFS must enter their spouse's full name and Social Security number or ITIN in the spaces provided and are also generally subject to the following special rules:

- Tax rates are generally higher.
- They cannot take adoption credits.
- They cannot take education credits.
- They cannot claim earned income credit.
- They cannot deduct student loan interest.
- Capital loss deduction may be limited to $1,500.
- They must itemize deductions if their spouse itemizes deductions.
- Unless they lived apart the entire year, they cannot take credit for the elderly or disabled.
- Individual retirement account (IRA) contributions may be limited due to income amount.
- Interest can't be excluded from qualified U.S. savings bonds for higher education expenses.
- The child tax credit and the retirement savings account may be reduced at income levels half of those filing MFJ.

Ejemplo: Robert y Debbie se casaron y presentaron declaraciones conjuntas para el año tributario 2018. Debbie, que no sabía mucho sobre impuestos y generalmente permitía que su esposo manejara las finanzas, simplemente firmó la declaración de impuestos cuando Robert se lo indicó, sin cuestionar nunca al hombre en el que creía que podía confiar implícitamente. Sin embargo, después de que su divorcio se finalizó el 15 de mayo de 2020, Debbie recibió una carta del IRS exigiendo multas e intereses. Alarmada, Debbie encontró a un preparador de impuestos que la ayudó a descubrir que su exesposo, Robert, había reclamado ilegalmente gastos comerciales en sus declaraciones personales de impuestos de 2018, lo que causó importantes multas e intereses por presentar una declaración fraudulenta. El preparador de impuestos le aconsejó correctamente que presentara el Formulario 8857 para solicitar desagravio en la declaración de impuestos de 2018 debido a su desconocimiento.

Abandono Conyugal

El "abandono conyugal" y el "cónyuge inocente" son dos conceptos separados. El abandono conyugal ocurre cuando un cónyuge abandona a su familia sin intención de regresar o tener la responsabilidad de su familia. En un contexto legal, el incumplimiento de cuidar de un dependiente, un cónyuge enfermo o un hijo menor podría considerarse un abandono conyugal penal. No se considera abandono conyugal la separación sin intención de conciliar. El abandono conyugal a menudo requiere que el cónyuge abandonado presente una declaración por separado y reciba todas las consecuencias fiscales desfavorables que ello conlleva. Por ejemplo, el contribuyente debe usar el Anexo de Tasa impositiva para contribuyentes casados que presenten declaraciones por separado. Para mitigar un tratamiento riguroso, el Congreso promulgó disposiciones comúnmente conocidas como las "normas del cónyuge abandonado" que permiten a los contribuyentes casados declarar como cabeza de familia para evitar las consecuencias fiscales de declarar como casado por separado.

Casado declarando por separado (MFS)

Un contribuyente casado, ya sea que viva con o sin su cónyuge, puede tener el estado civil casado declarando por separado (MFS) si se cumple alguno de los siguientes requisitos:

- Si quiere ser responsable de su propia obligación tributaria.
- Si resulta en menos impuestos de lo que deberían en una declaración conjunta. Es necesario notificar a los contribuyentes que consideran usar el estado civil casado declarando por separado, que este tiene limitaciones en las deducciones, ajustes y créditos.

Los contribuyentes que opten por declarar como MFS deben ingresar el nombre completo y el número de Seguro social o ITIN de su cónyuge en los espacios provistos y generalmente están sujetos también a las siguientes reglas especiales:

- Las tasas impositivas son generalmente más altas.
- No pueden tomar créditos de adopción.
- No pueden tomar créditos de educación.
- No pueden reclamar crédito por ingreso del trabajo.
- No pueden deducir intereses de préstamos estudiantiles.
- La deducción por pérdida de capital puede estar limitada a $1,500.
- Deben detallar las deducciones si su cónyuge detalla las deducciones.
- A menos que hayan vivido separados todo el año, no pueden tomar créditos por las personas mayores o discapacitadas.
- Las contribuciones de la cuenta de jubilación individual (IRA) pueden estar limitadas debido al monto del ingreso.
- Los intereses no pueden excluirse de los bonos de ahorro de los EE. UU. calificados para gastos de educación superior.
- El crédito tributario por hijos y la cuenta de ahorros para la jubilación pueden reducirse a niveles de ingresos, que es la mitad del de las personas que declaran como MFJ.

- ➢ They may be required to include more Social Security or railroad retirement benefits in taxable income (unless the couple lived apart the entire year).
- ➢ Generally, they cannot take credit for childcare or dependent-care expenses; the amount that can be excluded from income under an employer's dependent-care assistance program is limited to $2,500 (instead of $5,000 if filing MFJ).

If the taxpayers live in a community property state and file separate returns, the laws of the state in which the taxpayers reside govern whether they have community property income or separate property income for federal tax purposes. See Publication 555 for more information.

Qualifying Widow(er) (QW) with Dependent Child

The taxpayer can file as a Qualifying Widow(er) (QW) with Dependent Child if he or she meets any of the following criteria on December 31st of the tax year being filed:

- ➢ The taxpayer was entitled to file a joint return with his or her spouse for the tax year in which the spouse died (whether the taxpayer actually filed a joint return or not).
- ➢ The taxpayer did not remarry before the end of the tax year.
- ➢ The taxpayer has a dependent child who qualifies as his or her dependent for the tax year.
- ➢ The taxpayer paid more than half the cost of keeping up a home that was the main home for the taxpayer and the dependent child for the entire year.

For the tax year in which the spouse died, the taxpayer can file MFJ or QW. If the taxpayer still meets the requirements, the taxpayer can choose to file as QW with a dependent child for the next two years. If the taxpayer has not remarried and still has a qualifying dependent child living with them after two years, the taxpayer's filing status would change to Head of household.

Example: John's wife died in 2018. John has not remarried and has continued to keep up a home with his qualifying children, Riley and Galvan. For tax year 2018, John filed MFJ. In 2019 and 2020, he would continue to qualify to file as QW if Riley and Galvan are still qualifying dependents. Starting in tax year 2021, however, if John still has qualifying children and has not remarried, he would not be able to file as a Qualifying widower with dependent children and would instead qualify to file as Head of Household.

Community Property and Income

Community property states treat property acquired by a husband and wife after marriage as owned by them "in community." In other words, if a wife purchases property under her name before she was married, it is considered to be hers alone; but if it was purchased after her marriage, then it is considered to be the property of both herself and her spouse, even if the property is only under her name.

The community property states (Arizona, California, Idaho, Louisiana, Nevada, New Mexico, Texas, Washington, and Wisconsin) each handle community property tax liability differently. When preparing state taxes for a community property state the tax professional does not personally live in, he or she should take extra care to research before preparing the return to ensure he or she fully understands these differences. Alaska is an equitable property state, it allows couples to choose community property rules or a community property agreement or community trust. Wisconsin divorce laws contain a presumption that all marital property should be equally divided between the divorcing spouses.

- ➢ Se les puede exigir que incluyan más beneficios de jubilación del Seguro Social o del ferrocarril en los ingresos gravables (a menos que la pareja haya vivido separada todo el año).
- ➢ En general, no pueden tomar crédito por gastos de cuidado infantil o cuidado de dependientes; el monto que puede excluirse de los ingresos en virtud del programa de asistencia para el cuidado de dependientes de un empleador está limitado a $2,500 (en lugar de $5,000 si es casado declarando de forma conjunta).

Si los contribuyentes viven en un estado de bienes gananciales y presentan declaraciones separadas, las leyes del estado en el que residen los contribuyentes rigen si tienen ingresos de bienes gananciales o ingresos de propiedad separados para fines de impuestos federales. Consulte la Publicación 555 para más información.

Viudo calificado (QW) con hijo dependiente

El contribuyente puede declarar como viudo calificado (QW) con hijo dependiente si cumple con alguno de los siguientes criterios al 31 de diciembre del año tributario que se declara:

- ➢ El contribuyente tenía derecho a presentar una declaración conjunta con el cónyuge para el año tributario en el que falleció el cónyuge (independientemente de que el contribuyente haya presentado o no una declaración conjunta).
- ➢ El contribuyente no volvió a casarse antes del final del año tributario.
- ➢ El contribuyente tiene un hijo dependiente que califica como dependiente del contribuyente para el año tributario.
- ➢ El contribuyente pagó más de la mitad del costo de mantenimiento de la vivienda que fue la vivienda principal para el contribuyente y el hijo dependiente durante todo el año.

Para el año tributario en el que falleció el cónyuge, el contribuyente puede usar el estado civil casado declarando de forma conjunta o viudo calificado. Si el contribuyente aún cumple con los requisitos, puede optar por declarar como viudo calificado con un hijo dependiente durante los próximos dos años. Si el contribuyente no se ha vuelto a casar y aún tiene un hijo dependiente calificado que vive con ellos después de dos años, el estado civil del contribuyente cambiaría a cabeza de familia.

Ejemplo: La esposa de John murió en 2018. John no se ha vuelto a casar y ha seguido manteniendo un hogar con sus hijos calificados, Riley y Galvan. Para el año tributario 2018, John utilizó el estado civil MFJ. En 2019 y 2020, continuaría calificando para declarar como viudo calificado si Riley y Galvan siguen siendo dependientes calificados. Sin embargo, a partir del año tributario 2021, si John todavía tiene hijos calificados y no se ha vuelto a casar, no podría declarar como viudo calificado con hijos dependientes y, en cambio, calificaría para declarar como cabeza de familia.

Bienes gananciales e ingresos

Los estados de bienes gananciales tratan la propiedad adquirida por el esposo y la esposa después del matrimonio como propiedad de ellos "en comunidad". En otras palabras, si una esposa compra propiedades bajo su nombre antes de casarse, se considera que es solo de ella; pero si se compró después de su matrimonio, se considera propiedad de ella y de su cónyuge, incluso si la propiedad está solo a su nombre.

Cada uno de los estados de bienes gananciales (Arizona, California, Idaho, Luisiana, Nevada, Nuevo México, Texas, Washington y Wisconsin) maneja la responsabilidad del impuesto a los bienes gananciales de manera diferente. Al preparar los impuestos estatales para un estado de bienes gananciales en el que el profesional de impuestos no vive personalmente, debe tener especial cuidado en la investigación antes de preparar la declaración para asegurarse de que comprende completamente estas diferencias. Alaska es un estado de propiedad equitativa, permite a las parejas elegir reglas de bienes gananciales o un acuerdo de bienes gananciales o fideicomiso comunitario. Las leyes de divorcio de Wisconsin contienen la presunción de que todos los bienes matrimoniales deben dividirse por igual entre los cónyuges que se divorcian.

Filing Status, Dependents and Deductions

There are also exceptions to community property rules that the tax preparer must know. For example, property acquired before marriage or inherited by one spouse during a marriage is considered a separate property of that spouse. In Arizona, California, Nevada, New Mexico, Washington, and Wisconsin, any income from these separate properties is also considered separate income; therefore, if the spouses are filing separately, the income would not be shared and would be reported on that owner's return. This is referred to as the "California Rule." Conversely, in Idaho, Louisiana, and Texas, income from separate properties is still considered community income; thus, if the spouses are filing separately, the income would be shared between them on their separate returns. This is called the "Texas Rule."

According to §66 of the Internal Revenue Code (IRC), when spouses are living apart, the spouse who earned the income will keep it. Living apart entails the following:

➢ They are married to each other.
➢ They lived apart for an entire tax year.
➢ They did not file a joint return.
➢ One or both have earned income, none of which is transferred between them.

Individuals who meet all the above requirements must follow the rules below to cover the reporting of income on their separate returns:

➢ Earned income (other than trade, business, or partnership income) is treated as income of the spouse who rendered the personal services.
➢ Trade or business income is treated as the taxpayer's income unless the spouse substantially exercises control and management of the entire business.
➢ Community income derived from the separate property owned by one spouse is treated as the income of the owner.

All other community income is taxed in accordance with the applicable community property laws. See Code §897(a).

Señor 1040 Says: Remember, assistance given by TANF to pay for rent must be included in the total cost of keeping up a home.

Determining the Correct Federal Filing Status

The following scenarios are based on the information you have been studying so far. Determine the best answer for each question.

1. James, age 19, works full time, and his W-2 shows $17,000 in box 1. He claims that his 14-year-old sister lived with him all year long. He tells you that his mother and brother have lived in the same household all year long. His mother's income is $32,000. James wants to claim his sister as his dependent. Based on the information provided, which of the following scenarios best describes James' filing status?

También hay excepciones a las reglas de bienes gananciales que el preparador de impuestos debe conocer. Por ejemplo, los bienes adquiridos antes del matrimonio o heredados por un cónyuge durante un matrimonio se consideran una propiedad separada de ese cónyuge. En Arizona, California, Nevada, Nuevo México, Washington y Wisconsin, cualquier ingreso de estos bienes propios también se considera ingreso separado; por lo tanto, si los cónyuges presentan una declaración por separado, los ingresos no se compartirán y se informarán en la declaración del propietario. Esto se conoce como la "Regla de California". Por el contrario, en Idaho, Luisiana y Texas, los ingresos de bienes propios todavía se consideran ingresos gananciales; por lo tanto, si los cónyuges presentan su declaración por separado, los ingresos se compartirían entre ellos en sus declaraciones separadas. Esto se conoce como la "Regla de Texas".

De acuerdo con el §66 del Código de Rentas Internas (IRC), cuando los cónyuges viven separados, el cónyuge que obtuvo el ingreso lo mantendrá. Vivir separados implica lo siguiente:

- Están casados.
- Vivieron separados durante todo un año tributario.
- No presentaron una declaración conjunta.
- Uno o ambos tienen ingresos del trabajo, ninguno de los cuales se transfiere entre ellos.

Las personas que cumplen con todos los requisitos anteriores deben cumplir las siguientes reglas para cubrir el informe de ingresos en sus declaraciones separadas:

- Los ingresos del trabajo (que no sean de actividades o negocios o de sociedades) se tratan como ingresos del cónyuge que prestó los servicios personales.
- Los ingresos de actividad o negocios se tratan como los ingresos del contribuyente a menos que el cónyuge ejerza sustancialmente el control y la gestión de todo el negocio.
- Los ingresos gananciales derivados de los bienes propios de un cónyuge se tratan como ingresos del propietario.

Todos los demás ingresos gananciales se gravan de acuerdo con las leyes de bienes gananciales aplicables. Consulte la sección §897(a)

El señor 1040 dice: Recuerde, la asistencia brindada por TANF para pagar el alquiler debe incluirse en el costo total de mantenimiento de la vivienda.

Determinación del estado civil de declaración correcto

Los siguientes escenarios se basan en la información que ha estado estudiando hasta ahora. Determine la mejor respuesta para cada pregunta.

1. James, de 19 años, trabaja a tiempo completo, y su formulario W-2 muestra $17,000 en la casilla 1. Afirma que su hermana de 14 años vivió con él todo el año. Él le dice que su madre y su hermano han vivido en la misma casa durante todo el año. Los ingresos de su madre son 32,000 dólares. James quiere reclamar a su hermana como su dependiente. Según la información proporcionada, ¿cuál de los siguientes escenarios describe mejor el estado civil de declaración de James?

a. James will file Single and claim his sister as a dependent.
b. James will file Single with no dependents.
c. James will file Head of Household and claim his sister as a dependent.
d. James does not have to file a tax return because his mother will claim him as a dependent.

Feedback: James is unable to claim his sister since his mother lives in the same home, and she has the higher income. James is not a dependent on his mother's return since his income is $17,000. James will file Single with no dependents,

2. Linda, age 56, works full time and her W-2 shows $27,000 in box 1. She tells you that her 22-year-old daughter, Julie, was a full-time student until she graduated in June. Julie lived with her until November when she got married. Linda wants to claim Julie as her dependent. Linda tells you that Julie and Todd filed a joint return to receive their federal withholding. Their total income was less than $6,000. Based on the information provided, which of the following scenarios best describes Linda's filing status?

a. Linda will file Head of Household without Julie as her dependent.
b. Linda will file Head of Household and claim Julie as her dependent.
c. Linda will file Single with no dependents.
d. Linda will file Single with Julie as her dependent.

Feedback: Linda can claim Julie as her dependent since Julie meets the residency requirements, the relationship requirements, and the joint return test. Therefore, Linda's filing status would be Head of Household. Linda will file Head of Household and claim Julie as her dependent.

3. Javier, age 45, and Janice, age 42, support Javier's uncle, Chris, who does not live with them. Javier gives Chris $500 per month for support. Which of the following questions must you ask Javier to determine if Chris is their dependent?

1. How much and what kind of income did Chris receive?
2. Can any other taxpayer claim Chris as a dependent?
3. Do you have documentation that shows your support?
4. Does Chris have any dependents?

a. All the questions must be asked
b. 3 and 4
c. 1 and 2
d. 1, 2, and 3

Feedback: To make sure the taxpayer can claim a relative as a dependent, the tax professional must ask certain questions to determine if the relative is a Qualifying Relative. All the questions need to be asked. The following Qualifying Relative Checklist will help determine additional questions to ask:

➢ The person cannot be a qualifying child of the taxpayer or of someone else.
➢ The person must be either of the following:
  o Related to the taxpayer in one of the ways listed under "Relatives Who Do Not Have to Live with the Taxpayer."
  o Living with the taxpayer all year as a member of his or her household. This relationship must not violate local law.

a. James declarará como soltero y reclamará a su hermana como dependiente
b. James declarará como soltero sin dependientes
c. James declarará como cabeza de familia y reclamará a su hermana como dependiente
d. James no tiene que presentar una declaración de impuestos porque su madre lo reclamará como dependiente

Comentarios: James no puede reclamar a su hermana ya que su madre vive en la misma casa y ella tiene los ingresos más altos. James no es dependiente en la declaración de su madre ya que su ingreso es de $17,000.

2. Linda, de 56 años, trabaja a tiempo completo y su formulario W-2 muestra $27,000 en la casilla 1. Ella le indica que su hija de 22 años, Julie, era estudiante a tiempo completo hasta que se graduó en junio. Julie vivió con ella hasta noviembre cuando se casó. Linda quiere reclamar a Julie como su dependiente. Linda le dice que Julie y Todd presentaron una declaración conjunta para recibir su retención federal. Sus ingresos totales fueron menos de $6,000. Según la información proporcionada, ¿cuál de los siguientes escenarios describe mejor el estado civil de declaración de Linda?

a. Linda declarará como cabeza de familia sin Julie como su dependiente
b. Linda declarará como cabeza de familia y reclamará a Julie como su dependiente
c. Linda declarará como soltera sin dependientes
d. Linda declarará como soltera con Julie como su dependiente

Comentarios: Linda puede reclamar a Julie como su dependiente ya que Julie cumple con los requisitos de residencia, los requisitos de parentesco y la prueba de declaración conjunta. Por lo tanto, el estado civil de Linda sería cabeza de familia.

3. Javier, de 45 años, y Janice, de 42, mantienen al tío de Javier, Chris, que no vive con ellos. Javier le da a Chris $500 al mes para manutención. ¿Cuál de las siguientes preguntas debe hacerle a Javier para determinar si Chris es su dependiente?

1. ¿Cuánto y qué tipo de ingresos recibió Chris?
2. ¿Puede algún otro contribuyente reclamar a Chris como dependiente?
3. ¿Tiene documentación que muestre su manutención?
4. ¿Tiene Chris algún dependiente?

a. Todas las preguntas deben hacerse
b. 3 y 4
c. 1 y 2
d. 1, 2 y 3

Comentarios: Para asegurarse de que el contribuyente pueda reclamar a un familiar como dependiente, el profesional de impuestos debe hacer ciertas preguntas para determinar si se trata de un familiar calificado. La siguiente lista de verificación de familiar calificado le ayudará a determinar preguntas adicionales que puede hacer:

➢ La persona no puede ser el hijo calificado del contribuyente o cualquier otra persona.
➢ La persona debe ser cualquiera de los siguientes:
  o Tener algún parentesco con el contribuyente en una de las formas descritas en "Familiares que no tienen que vivir con el contribuyente".
  o Vivir con el contribuyente todo el año como miembro de su hogar. Este parentesco no debe infringir la ley local.

Filing Status, Dependents and Deductions

- ➤ The person's gross income for the year must be less than $4,150. Exceptions apply.
- ➤ The taxpayer must provide more than half of the person's total support for the year.

4. Jonathan, age 37, wants to claim his mother as a dependent on his tax return. His mother receives Social Security benefits of $22,000. Jonathan's W-2 box 1 shows $22,000. Based on the information provided, which of the following scenarios best describes Jonathan's filing status?

   a. Jonathan will file Single and claim his mother as a dependent.
   b. Jonathan will file Single with no dependents.
   c. Jonathan will file Head of Household and claim his mother as a dependent.
   d. Jonathan does not have to file a tax return because his mother will claim him as a dependent.

Feedback: Jonathan is unable to claim his mother since he did not provide more than 50% of her support due to his mother's Social Security benefits. Jonathan will file Single with no dependents.

5. Mia, age 28, has a son Bobby, age 6. They have lived all year with Mia's mother. Mia has a full-time job and is a full-time student. Box 1 of her W-2 shows $19,000. Mia's mother, Billie, wants to claim Bobby as her dependent. Billie's W-2 has $12,000 in box 1. Mia provides all the support for Bobby. Based on the information provided, which of the following scenarios best describes Mia's filing status?

   a. Mia will file Single with no dependent.
   b. Billie will file Head of Household and claim Bobby.
   c. Mia will file Head of Household and claim Bobby as her dependent.
   d. Billie will file Head of Household and claim Mia and Bobby as her dependents, since they live with her.

Feedback: Billie is unable to claim either Mia or Bobby since Mia makes more than Billie does. Mia can file Head of Household since she provides 100% of Bobby's support. Billie is not able to claim Mia or Bobby, since she made less income than Mia. Mia will file Head of Household and claim Boddy as her dependent.

6. Esperanza, age 19, is a full-time student and has a part-time job. Esperanza and her daughter Elissa, age 3, live with Esperanza's parents. Esperanza's W-2 box 1 shows $4,000 in income. Esperanza's parents' combined income is $75,000. Both Esperanza and Elissa are on her parents' medical insurance. Based on the information provided, which of the following scenarios best describes Esperanza's filing status?

   a. Esperanza will file Single with no dependent.
   b. Esperanza will file Single, as a dependent, on another return, with no dependent.
   c. Esperanza will file Head of Household and claim Elissa as a dependent.
   d. Esperanza will file Single and claim Elissa as a dependent.

Feedback: Esperanza and Elissa are both dependents on Esperanza's parents' tax return because her parents provided the majority of support for both Esperanza and her daughter. Because Esperanza only earned $4,000 on her W-2, which is below the requirement to file, she will only file a tax return to receive her federal tax withholding back (if applicable). Esperanza will file Single, as a dependent, on another return with no dependent.

> El ingreso bruto de la persona para el año debe ser inferior a $4,150. Aplican excepciones.
> El contribuyente debe proporcionar más de la mitad de la manutención total de la persona para el año. Aplican excepciones.

4. Jonathan, de 37 años, quiere reclamar a su madre como dependiente en su declaración de impuestos. Su madre recibe beneficios del Seguro Social por $22,000. La casilla 1 del formulario W-2 de Jonathan muestra $22,000. Según la información proporcionada, ¿cuál de los siguientes escenarios describe mejor el estado civil de declaración de Jonathan?

   a. Jonathan declarará como soltero y reclamará a su madre como dependiente
   b. Jonathan declarará como soltero sin dependientes
   c. Jonathan declarará como cabeza de familia y reclamará a su madre como dependiente
   d. Jonathan no tiene que presentar una declaración de impuestos porque su madre lo reclamará como dependiente

Comentarios: Jonathan no puede reclamar a su madre porque no proporcionó más del 50% de su manutención debido a los beneficios del Seguro Social de su madre.

5. Mia, de 28 años, tiene un hijo, Bobby, de 6 años. Han vivido todo el año con la madre de Mia. Mia tiene un trabajo a tiempo completo y es estudiante a tiempo completo. La casilla 1 de su formulario W-2 muestra $19,000. La madre de Mia, Billie, quiere reclamar a Bobby como su dependiente. El formulario W-2 de Billie tiene $12,000 en la casilla 1. Mia brinda toda la manutención para Bobby. Según la información proporcionada, ¿cuál de los siguientes escenarios describe mejor el estado civil de declaración de Mia?

   a. Mia declarará como soltera sin dependientes
   b. Billie declarará como cabeza de familia y reclamará a Bobby
   c. Mia declarará como cabeza de familia y reclamará a Bobby como su dependiente
   d. Billie declarará como cabeza de familia y reclamará a Mia y Bobby como sus dependientes, ya que viven con ella

Comentarios: Billie no puede reclamar a Mia ni a Bobby ya que Mia gana más que Billie. Mia puede declarar como cabeza de familia, ya que proporciona el 100% de la manutención de Bobby. Billie no puede reclamar a Mia o Bobby, ya que obtuvo menos ingresos que Mia.

6. Esperanza, de 19 años, es estudiante a tiempo completo y tiene un trabajo de medio tiempo. Esperanza y su hija Elissa, de 3 años, viven con los padres de Esperanza. La casilla 1 del formulario W-2 de Esperanza muestra $4,000 en ingresos. El ingreso combinado de los padres de Esperanza es de $75,000. Tanto Esperanza como Elissa están en el seguro médico de sus padres. Según la información proporcionada, ¿cuál de los siguientes escenarios describe mejor el estado civil de declaración de Esperanza?

   a. Esperanza declarará como soltera sin dependientes
   b. Esperanza declarará como soltera, como dependiente, en otra declaración, sin dependientes
   c. Esperanza declarará como cabeza de familia y reclamará a Elissa como dependiente
   d. Esperanza declarará como soltera y reclamará a Elissa como dependiente

Comentarios: Esperanza y Elissa son dependientes en la declaración de impuestos de los padres de Esperanza porque sus padres proporcionaron la mayoría de la manutención tanto para Esperanza como para su hija. Debido a que Esperanza solo ganó $4,000 en su formulario W-2, que está por debajo del requisito para declarar, solo presentará una declaración de impuestos para recibir su retención de impuestos federales (si corresponde).

Filing Status, Dependents and Deductions

7. Colton and Brittney are legally married. They have a separation agreement and have been living apart since November 2020. They filed a joint return for 2019. Their daughter Mika lives 100% with Brittney. Brittney's earned income is $46,000. Colton's earned income is $31,000. Colton wants to claim Mika as his dependent for tax year 2020. Based on the information provided, which of the following scenarios best describes what must happen for Colton to be able to claim Mika?

   a. Colton can file Head of Household and claim Mika since she is his daughter.
   b. Colton must have Brittney sign Form 8332 to be able to claim Mika.
   c. Mika can choose which parent she wants to claim her.
   d. Brittney will file Head of Household and claim Mika since her income is higher than Colton's, and Mika has lived with her 100% of the time.

Feedback: Colton will not be able to claim Mika unless Brittney signs Form 8332. Mika has lived with Brittney 100% and Brittney's earned income is more than Colton's. Tie-breaker rules could also help in determining filing status and who can claim Mika. Colton must have Brittney sign Form 8332 to be able to claim Mika. To determine which person can claim the child as a qualifying child, the following rules apply:

> - If the parents file jointly, they can both claim the child as a qualifying child.
> - If only one taxpayer is the child's parent, the child is the qualifying child of the parent.
> - If the parents do not file a joint return, the IRS will treat the child as a qualifying child of the parent whom the child lived with for the longest time during the year. If the child lived with each parent for the same amount of time, the IRS will treat the child as the qualifying child of the parent with the highest AGI for the year.
> - If no parent can claim the child as a qualifying child, the child is treated as the qualifying child of the person with the highest AGI for the year.
> - If a parent can claim the child as a qualifying child but no parent claims the child, the child is treated as the qualifying child of the person with the highest AGI for the year, but only if that person's AGI is higher than the highest AGI of any of the child's parents who can claim the child.

8. Pedro and Celeste are legally married and have two children. Celeste does not want to pay for Pedro's back taxes and self-employment tax. Pedro has his own business. Celeste owned the house prior to their marriage. Celeste's W-2 box 1 shows $150,000. Pedro's gross income from his Schedule C is $15,000. Based on the information provided, which of the following scenarios best describes Pedro and Celeste's filing status?

   a. Pedro should file as Head of Household with the two children and Celeste should file Single.
   b. Celeste should file as Head of Household with the two children and Pedro should file Single.
   c. Pedro and Celeste could both file Married Filing Separately and then decide who claims the children and the deductions.
   d. Pedro and Celeste don't have to file a tax return since they can't decide how to file.

Feedback: A married taxpayer may choose MFS if the any of the following applies:

> - If he or she is married, living together, or apart.
> - If he or she wants to be responsible for his or her own tax liability.

7. Colton y Brittney están legalmente casados. Tienen un acuerdo de separación y han estado viviendo separados desde noviembre de 2020. Presentaron una declaración conjunta para 2019. Su hija Mika vive exclusivamente con Brittney. El ingreso del trabajo de Brittney es de $46,000. El ingreso del trabajo de Colton es de $31,000. Colton quiere reclamar a Mika como su dependiente para el año tributario 2020. Según la información proporcionada, ¿cuál de los siguientes escenarios describe mejor lo que debe suceder para que Colton pueda reclamar a Mika?

   a. Colton puede declarar como cabeza de familia y reclamar a Mika ya que ella es su hija
   b. Colton le pide a Brittney que firme el Formulario 8332 para poder reclamar a Mika
   c. Mika puede elegir qué padre quiere reclamarla
   d. Brittney declarará como cabeza de familia y reclamará a Mika ya que sus ingresos son más altos que los de Colton, y Mika ha vivido con ella el 100% del tiempo

Comentarios: Colton no podrá reclamar a Mika a menos que Brittney firme el Formulario 8332. Mika ha vivido con Brittney a tiempo completo y los ingresos del trabajo de Brittney son superiores a los de Colton. Las reglas de desempate también podrían ayudar a determinar el estado civil y quién puede reclamar a Mika. Para determinar qué persona puede reclamar al hijo como hijo calificado, se aplican las siguientes reglas:

➢ Si los padres presentan una declaración conjunta, ambos pueden reclamar al hijo como hijo calificado.
➢ Si solo un contribuyente es el padre del hijo, este último es el hijo calificado del padre.
➢ Si los padres no presentan una declaración conjunta, el IRS tratará al hijo como un hijo calificado del padre con quien el hijo vivió más tiempo durante el año. Si el hijo vivió con ambos padres por la misma cantidad de tiempo, el IRS lo tratará como el hijo calificado del padre con el AGI más alto en el año.
➢ Si ninguno de los padres puede reclamar al hijo como hijo calificado, este es tratado como el hijo calificado de la persona con el AGI más alto en el año.
➢ Si uno de los padres puede reclamar al hijo como hijo calificado, pero ninguno lo reclama, el hijo es tratado como el hijo calificado de la persona con el AGI más alto para el año, pero solo si el AGI de esa persona es superior al AGI más alto de cualquiera de los padres del hijo que puede reclamarlo.

8. Pedro y Celeste están legalmente casados y tienen dos hijos. Celeste no quiere pagar los impuestos atrasados y el impuesto sobre el trabajo independiente de Pedro. Pedro tiene su propio negocio. Celeste era dueña de la casa antes de su matrimonio. La casilla 1 del formulario W-2 de Celeste muestra $150,000. El ingreso bruto de Pedro de su Anexo C es de $15,000. Según la información proporcionada, ¿cuál de los siguientes escenarios describe mejor el estado civil de Pedro y Celeste?

   a. Pedro debe declarar como cabeza de familia con los dos hijos y Celeste debe declarar como soltera
   b. Celeste debe declarar como cabeza de familia con los dos hijos y Pedro debe declarar como soltero
   c. Pedro y Celeste podrían usar el estado civil casado declarando por separado y luego decidir quién reclama a los hijos y las deducciones
   d. Pedro y Celeste no tienen que presentar una declaración de impuestos ya que no pueden decidir cómo presentarla

Comentarios: Un contribuyente casado puede elegir el estado de declaración MFS si se aplica cualquiera de las siguientes condiciones:

➢ Si está casado, vive con su cónyuge o están separados.
➢ Si quiere ser responsable de su propia obligación tributaria.

Filing Status, Dependents and Deductions

> If it results in less tax than he or she would owe on a joint return; however, taxpayers who consider MFS should be advised that this filing status has severe limitations in deductions, adjustments, and credits.

Pedro and Celest could both file Married Filing Separately and then decide who claims the children and the deductions.

9. Peter, age 21, and his son Paul lived with his parents the entire year. His W-2 box 1 shows $4,050. Peter is a full-time student. Peter would like to file on his own and claim his son, Paul. Peter and his son are both on his parents' medical insurance. His parents, Roberto and Melissa, have a combined income of $175,000. Based on the information provided, which of the following scenarios best describes Peter's filing status?

   a. Peter will file Single and be a dependent on his parents return.
   b. Peter will file Single and be a dependent on another return and claim Paul as a dependent.
   c. Roberto and Melissa will file Married Filing Joint and claim Peter and Paul as dependents.
   d. Peter will file Single on his own return and declare he is a dependent on another return, and Roberto and Melissa will file Married Filing Joint and claim Peter and Paul as their dependents.

Feedback: The taxpayer should pay more than half of the cost of keeping up a home for the year, but Peter has not provided more than 50% for his and his son's support, which means he cannot claim Paul as his dependent. Peter will file Single on his own return and declare he is a dependent on another return, and Roberto and Melissa will file Married Filing Joint and claim Peter and Paul as their dependents.

10. Fernando and Tabitha are legally married (Tabitha has an ITIN) and they have three children with SSNs. Tabitha is a stay-at-home mom, and Fernando's W-2 box 1 shows $29,000. Fernando and his family live with his brother Charles. Based on the information provided, which of the following scenarios best describes Fernando and Tabitha's filing status?

   a. Fernando and Tabitha will file Married Filing Jointly and claim all three children as dependents.
   b. Fernando will file as Head of Household and claim Tabitha and his three children as dependents.
   c. Fernando will file single and let Charles claim the others as dependent.
   d. Charles will claim Fernando and his family as dependents since they all live with him.

Feedback: Even though Tabitha has an ITIN, this does not eliminate her from the tax return. Fernando and Tabitha are legally married. Fernando and Tabitha are not dependents on Charles' tax return just because the family lives there. Similarly, since neither Fernando and Tabitha nor Charles provide more than 50% of support for each other, neither would claim the other as a dependent. Fernando and Tabitha will file Married Filing Jointly and claim all there children as dependents.

> Si resulta en menos impuestos de los que adeudaría en una declaración conjunta; sin embargo, se debe notificar a los contribuyentes que consideran el MFS que este estado civil tiene limitaciones severas en deducciones, ajustes y créditos.

Pedro y Celest podrían presentar la presentación de casados por separado y luego decidir quién reclama a los niños y las deducciones.

9. Peter, de 21 años, y su hijo Paul vivieron con sus padres todo el año. La casilla 1 de su formulario W-2 muestra $4,050. Peter es un estudiante a tiempo completo. A Peter le gustaría declarar por su cuenta y reclamar a su hijo, Paul. Peter y su hijo están cubiertos por el seguro médico de sus padres. Sus padres, Roberto y Melissa, tienen un ingreso combinado de $175,000. Según la información proporcionada, ¿cuál de los siguientes escenarios describe mejor el estado civil de declaración de Peter?

    a. Peter declarará como soltero y será dependiente en la declaración de sus padres
    b. Peter declarará como soltero y será dependiente en otra declaración y reclamará a Paul como dependiente
    c. Peter y Melissa declararán conjuntamente como casados y reclamarán a Peter y Paul como dependientes
    d. Peter declarará como soltero en su propia declaración e indicará que es dependiente de otra declaración y Roberto y Melissa presentarán una declaración conjunta y reclamarán a Peter y Paul como sus dependientes

Comentarios: El contribuyente debe pagar más de la mitad del costo de mantener una casa durante el año, pero Peter no ha proporcionado más del 50% por el apoyo de él y su hijo, lo que significa que no puede reclamar a Paul como su dependiente. Peter presentará a Single a su propia declaración y declarará que es dependiente de otra declaración, y Roberto y Melissa presentarán Casados declarando en conjunto y reclamarán a Peter y Paul como sus dependientes.

10. Fernando y Tabitha están legalmente casados (Tabitha tiene un ITIN) y tienen tres hijos con SSN. Tabitha es madre y ama de casa, y la casilla 1 del formulario W-2 de Fernando muestra $29,000. Fernando y su familia viven con su hermano Charles. Según la información proporcionada, ¿cuál de los siguientes escenarios describe mejor el estado civil de declaración de Fernando?

    a. Fernando y Tabitha presentarán una declaración como casados declarando conjuntamente y reclamarán a los tres hijos como dependiente
    b. Fernando declarará como cabeza de familia y reclamará a Tabitha y sus tres hijos como dependientes
    c. Fernando declarará como soltero y dejará que Charles reclame a los demás como dependientes
    d. Charles reclamará a Fernando y su familia como dependientes ya que todos viven con él

Comentarios: Aunque Tabitha tiene un ITIN, esto no la exime de la declaración de impuestos. Fernando y Tabitha están legalmente casados. Fernando y Tabitha no dependen de la declaración de impuestos de Charles solo porque la familia vive allí. De manera similar, dado que ni Fernando, Tabitha o Charles proporcionan más del 50% de la manutención mutua, ninguno se consideraría dependiente.

Filing Status, Dependents and Deductions

Exemptions and Suspensions

Due to the passing of the Tax Cuts and Jobs Act in 2017, the exemption has been suspended for tax years **2018 to 2025**. Though there may not be a filing requirement for the federal portion of a return currently, a taxpayer might still have a filing requirement for the state and, in the future, potentially for the federal return as well.

Similar to a deduction, a personal exemption reduces the amount of income that can be used to compute tax liability. Unlike deductions, however, an exemption is simply a set amount of reduction that is freely granted to the taxpayer for each individual listed on the return; an exemption can generally be claimed for the taxpayer himself, his or her spouse, and any qualifying dependents. The total amount of reduction provided from any personal exemptions prior to tax year 2017 goes on Form 1040, line 42 and on Form 1040A, line 26. Form 1040EZ, line 5 is the sum of the total standard deduction amount added of the personal exemption amount.

Rules for Dependent Exemptions

> ➢ The taxpayer cannot claim any dependents if he or she files a joint return or could be claimed as a dependent by another taxpayer.
> ➢ The taxpayer cannot claim a married person who files a joint return as a dependent unless the joint return is only a claim for a refund and there would be no tax liability for either spouse on separate returns.
> ➢ The taxpayer cannot claim a person as a dependent unless the individual is a U.S. citizen, a U.S. resident, a U.S. national, or a resident of Canada or Mexico for some part of the year; there are exceptions to this rule, but they are beyond the scope of this course.
> ➢ A taxpayer cannot claim a person as a dependent unless that person is his or her qualifying child or qualifying relative.

The taxpayer is allowed one exemption for each person claimed on the tax return. The taxpayer can claim an exemption for a dependent even if the dependent files a tax return.

Part 4 Review Questions

To obtain the maximum benefit from this chapter, LTP recommends that you complete each of the following questions, and then compare them to the answers with feedback that immediately follow. Under governing self-study standards, vendors are required to present review questions intermittently throughout each self-study course.

These questions and explanations are not part of the final examination and will not be graded by LTP.

FSDDP4.1
For tax year 2020 (prepared in 2021) what is the federal standard deduction for Maria who is filing head of household?

a. $12,400
b. $25,300
c. $24,800
d. $18,350

Exenciones y suspensiones

Debido a la aprobación de la Ley de Reducción de Impuestos y Empleos en 2017, la siguiente información ha sido suspendida para los años tributarios de **2018 a 2025.** Aunque puede que no exista un requisito de la parte federal de una declaración en la actualidad, un contribuyente aún podría tener un requisito de declaración para el estado y, en el futuro, posiblemente también para la declaración federal.

Similar a una deducción, una exención personal reduce la cantidad de ingresos que se pueden usar para calcular la obligación tributaria. Sin embargo, a diferencia de las deducciones, una exención es simplemente una cantidad establecida de reducción que se otorga libremente al contribuyente por cada persona que figura en la declaración; generalmente se puede reclamar una exención para el mismo contribuyente, su cónyuge y cualquier dependiente calificado. La cantidad total de reducción proporcionada de cualquier exención personal antes del año tributario 2017 se coloca en el Formulario 1040, línea 42 y en el Formulario 1040A, línea 26. La línea 5 en el Formulario 1040EZ es la suma del monto total de deducción estándar sumado al total del monto de exención personal.

Reglas para exenciones de dependientes

- El contribuyente no puede reclamar ningún dependiente si presenta una declaración conjunta o si otro contribuyente puede reclamarlo como dependiente.
- El contribuyente no puede reclamar a una persona casada que presente una declaración conjunta como dependiente a menos que la declaración conjunta sea solo un reclamo de reembolso y no haya responsabilidad fiscal para ninguno de los cónyuges en declaraciones separadas.
- El contribuyente no puede reclamar a una persona como dependiente a menos que la persona sea un ciudadano de los EE. UU., residente de los EE. UU., nacional de los EE. UU. o residente de Canadá o México durante alguna parte del año. Hay excepciones a esta regla, pero están fuera del alcance de este curso.
- Un contribuyente no puede reclamar a una persona como dependiente a menos que sea su hijo calificado o familiar calificado.

Al contribuyente se le permite una exención por cada persona reclamada en la declaración de impuestos. El contribuyente puede reclamar una exención para un dependiente incluso si el dependiente presenta una declaración de impuestos.

Parte 4 Preguntas de repaso

Para obtener el máximo beneficio de este capítulo, LTP recomienda completar cada una de las siguientes preguntas y luego compararlas con las respuestas con los comentarios que siguen inmediatamente. Bajo las normas de autoestudio de gobierno, los proveedores están obligados a presentar preguntas de revisión intermitentemente a lo largo de cada curso de autoestudio.

Estas preguntas y explicaciones no forman parte del examen final y no serán calificadas por LTP.

FSDDP4.1

Para el año tributario 2020 (preparado en 2021), ¿cuál es la deducción estándar federal para María que presenta la declaración como cabeza de familia?

   a. $12,400
   b. $25,300
   c. $24,800
   d. $18,350

Filing Status, Dependents and Deductions

FSDDP4.2

Which of the following is not a federal filing status?

a. Single
b. Married filing separately
c. Head of household
d. Married filing single

Part 4 Review Questions Answers

FSDDP4.1

For tax year 2020 (prepared in 2021) what is the federal standard deduction for Maria who is filing head of household?

a. $12,400
b. $25,300
c. $24,800
d. $18,350

Feedback: Review section *Standard Deduction for Most People*.

FSDDP4.2

Which of the following is not a federal filing status?

a. Single
b. Married filing separately
c. Head of household
d. Married filing single

Feedback: Review section The five Filing Status and Practice Worksheets

Takeaways

The tax professional must understand filing statuses and ask questions that will determine the correct filing status for their client. Clients might tell the tax preparer that their filing status is Head of Household because a friend told them to do so; however, it is the tax preparer's responsibility to perform a thorough interview and complete the paid tax preparer's Due Diligence Form 8867. A taxpayer's filing status determines the tax liability of the taxpayer and many tax credits, so make sure to claim the correct filing status. Tax Topic 303 has a checklist of the most common errors on a tax return. "What is My Filing Status?" is on the list. In fact, the IRS has created an interactive tax assistant to answer questions relating to determining filing status. "What was your marital status on the last day of the year?" is the first question in the interactive tax assistant (ITA). Be aware of the consequences of doing this wrong, and make sure you do your due diligence to get it right.

FSDDP4.2
¿Cuál de los siguientes no es un estado civil de declaración federal?

   a. Soltero
   b. Casado declarando por separado
   c. Cabeza de familia
   d. Casado declarando como soltero

Parte 4 Respuestas a las preguntas de repaso

FSDDP4.1
Para el año tributario 2020 (preparado en 2021), ¿cuál es la deducción estándar federal para María que presenta la declaración como cabeza de familia?

   a. $12,400
   b. $25,300
   c. $24,800
   d. $18,350

Comentario: Revisa la sección *deducción estándar para la mayoría de la gente.*

FSDDP4.2
¿Cuál de los siguientes no es un estado civil de declaración federal?

   a. Soltero
   b. Casado declarando por separado
   c. Cabeza de familia
   d. Casado declarando como soltero

Comentario: Revisa la sección *Los cinco estados civiles y la hoja de trabajo.*

Aportes

El profesional de impuestos debe comprender los estados civiles de declaración y hacer preguntas que determinen el estado civil de declaración correcto para su cliente. Los clientes pueden decirle al preparador de impuestos que su estado civil es Cabeza de familia porque un amigo les dijo que lo hicieran; sin embargo, es responsabilidad del preparador de impuestos realizar una entrevista exhaustiva y completar el formulario de diligencia debida del preparador de impuestos pagado. El estado civil de un contribuyente determina la responsabilidad tributaria del contribuyente y muchos créditos fiscales, así que asegúrese de reclamar el estado civil correcto. El tema fiscal 303 tiene una lista de verificación de los errores más comunes en una declaración de impuestos. "¿Cuál es mi estado civil de declaración?" está en la lista. De hecho, el IRS ha creado un asistente tributario interactivo para responder preguntas relacionadas con la determinación del estado civil de declaración. "¿Cuál era su estado civil el último día del año?" es la primera pregunta en el asistente tributario interactivo (ITA). Tenga en cuenta las consecuencias de hacer esto mal y asegúrese de hacer su debida diligencia para hacerlo bien.

Understanding how to determine a qualifying child or a qualifying relative is important to preparing an accurate tax return. Knowledge of tax law is imperative; the tax professional cannot afford to rely on software to prepare an accurate tax return. Make sure the individual qualifies to be the taxpayer's dependent by understanding the rules for a qualifying child and a qualifying relative. Knowledge of the taxpayer's situation is key to preparing an accurate tax return. Not asking enough questions is not an excuse that the IRS will accept if the tax return is audited.

TEST YOUR KNOWLEDGE!
Go online to take a practice quiz.

Comprender cómo determinar un hijo calificado o un familiar calificado es importante para preparar una declaración de impuestos precisa. El conocimiento del derecho tributario es imperativo; el profesional de impuestos no puede permitirse confiar en el software para preparar una declaración de impuestos precisa. Asegúrese de que la persona califique para ser dependiente del contribuyente al comprender las reglas para un un menor y un familiar calificado. El conocimiento de la situación del contribuyente es clave para preparar una declaración de impuestos precisa. No hacer suficientes preguntas no es una excusa que el IRS aceptará si se audita la declaración de impuestos.

¡PON A PRUEBA TUS CONOCIMIENTOS!
Ve en línea para tomar una prueba de práctica.

Chapter 5 Income

Introduction

The IRS has the authority to tax all income from whatever source it is derived. This includes compensation for services, gains from dispositions of property, interest and dividends, rent and royalties, pensions and annuities, gambling winnings, and even illegal activities. All such income a person receives is collectively referred to as "worldwide income." However, not all money or property is taxable or subject to tax. This chapter will cover the different types of taxable and nontaxable income and show you where and how to report such wages on a professionally prepared tax return. A tax professional must recognize the different kinds of taxable income, tax-exempt income, and other income included in Schedule 1, line 21, and must know how to figure out the taxable percentage on Social Security benefits.

Objectives

At the end of this lesson, the student will be able to do the following:

- Explain "worldwide income".
- Understand where to report wages and other compensation.
- Differentiate earned vs. unearned income.
- Identify where income is reported.

Resources

Form W-2	Publication 15-B	Instructions Form W-2
Form W-2G	Publication 505	Instructions Form W-2G
Form 1099-G	Publication 525	Instructions Form 4070
Form 1099-Q	Publication 531	Instructions Form 1099-Q
Form 1099-R	Publication 1244	Instructions Form 1099-R
Form RRB-1099	Publication 554	Instructions RRB-1099
Form SSA-1099	Publication 575	Instructions Form SSA-1099
Form 4070	Publication 590 A & B	Instructions Form 5329
Form 4070A	Publication 915	Instructions Form 8606
Form 5329	Publication 939	Tax Topics 411, 412, 413, 417, 418, 419, 420, 421, 451, 557, 558
Form 8606	Schedule D	

Capítulo 5 Ingresos

Introducción

El IRS tiene la autoridad para gravar todos los ingresos de cualquier fuente que se derive. Esto incluye la remuneración por servicios, ganancias por disposiciones de propiedad, intereses y dividendos, alquileres y regalías, pensiones y anualidades, ganancias de juego e incluso actividades ilegales. Todos los ingresos que recibe una persona se denominan colectivamente "ingresos globales". Sin embargo, no todo el dinero o propiedad es gravable o sujeto a impuestos. Este capítulo cubrirá los diferentes tipos de ingresos gravables y no gravables y le mostrará dónde y cómo declarar dichos salarios en una declaración de impuestos preparada profesionalmente. Un profesional de impuestos debe reconocer los diferentes tipos de ingresos gravables, ingresos exentos de impuestos y *otros ingresos* incluidos en el Anexo 1, línea 21, y debe saber cómo calcular el porcentaje imponible sobre los beneficios del Seguro Social.

Objetivos

Al final de esta lección, el estudiante podrá:

> - Explicar los "ingresos globales".
> - Entender dónde declarar los salarios y otras remuneraciones.
> - Diferenciar los ingresos del trabajo vs ingresos no salariales.
> - Identificar en dónde se declara el ingreso.

Fuentes

Formulario W-2	Publicación 15-B	Formulario de Instrucciones W-2
Formulario W-2G	Publicación 505	Formulario de Instrucciones W-2G
Formulario 1099-G	Publicación 525	Formulario de Instrucciones 4070
Formulario 1099-Q	Publicación 531	Formulario de Instrucciones 1099-Q
Formulario 1099-R	Publicación 1244	Formulario de Instrucciones 1099-R
Formulario RRB-1099	Publicación 554	Instrucciones RRB-1099
Formulario SSA-1099	Publicación 575	Formulario de Instrucciones SSA-1099
Formulario 4070	Publicación 590 A y B	Formulario de Instrucciones 5329
Formulario 4070A	Publicación 915	Formulario de Instrucciones 8606
Formulario 5329	Publicación 939	Temas de impuestos 411, 412, 413, 417, 418, 419, 420, 421, 451, 557, 558
Formulario 8606	Anexo D	

Table of Contents / Índice

Introduction	284
Introducción	285
Part 1: Form W-2	288
How to Read the W-2	288
The Lettered Boxes of Form W-2	288
Parte 1: Formulario W-2	289
Cómo leer el W2	289
Las casillas de letras del formulario W-2	289
The Numbered Boxes of Form W-2	290
Las casillas enumeradas del Formulario W2	291
Box 2 through Box 11	292
Casilla 2 hasta casilla 11	293
Box 12: Codes.	298
Casilla 12: Códigos	299
Box 14 through Box 20	304
Casilla 14 hasta casilla 20	305
Part 1 Review Questions	306
Part 1 Review Questions Answers	306
Parte 1 Preguntas de repaso	307
Parte 1 Respuestas a las preguntas de repaso	307
Part 2: Income	308
Tax Withholding	308
Parte 2: Ingreso	309
Retenciones de impuestos	309
2020 Form W-4	310
Formulario W-4 2020	311
Exemption from Withholding	314
Exención de retención	315
Household Workers Withholding	316
Form 1040, Page 1, lines 1 - 7	316
Retención de trabajadores domésticos	317
Líneas 1 – 7 de la página 1 del Formulario 1040	317
Line 12a: Tax on Lump-Sum Distributions	320
Línea 12a: Impuesto sobre distribuciones de suma global	321
Schedule 1	322
Anexo 1	323
Part 2 Review Questions	332
Parte 2 Preguntas de repaso	333
Part 2 Review Questions Answers	336
Parte 2 Respuestas a las preguntas de repaso	337
Part 3: Activity Not for Profit	338
Parte 3: Actividad sin fines de lucro	339
Hobby Income	340
Miscellaneous Types of Other Income	340
Ingreso de pasatiempo	341
Tipos de otros ingresos misceláneos	341
Other Types of Taxable Income	342
Otros tipos de ingresos gravables	343
Part 3 Review Questions	352
Part 3 Review Questions Answers	352
Parte 3 Preguntas de repaso	353

Ingreso

Parte 3 Respuestas a las preguntas de repaso	353
Part 4: Fringe Benefits	354
Parte 4: Beneficios complementarios	355
Cafeteria Plans	356
Planes de beneficios flexibles	357
Adoption Assistance	358
Dependent Care Assistance	358
Asistencia para la adopción	359
Asistencia para el cuidado de dependientes	359
Group-Term Life Insurance	360
Health Savings Accounts (HSAs)	360
Seguro de vida a plazo de grupo	361
Cuentas de ahorro para la salud (HSA)	361
Employee Stock Options	362
Holiday Gifts	362
Retirement Plan Contributions	362
Transportation	362
Opción de acciones para empleaos	363
Regalos de días festivos	363
Contribuciones a planes de jubilación	363
Transportación	363
Other Fringe Benefits	364
Otros beneficios complementarios	365
Nontaxable Income	368
Ingreso no gravable	369
Part 4 Review Questions	372
Parte 4 Preguntas de repaso	373
Part 4 Review Questions Answers	374
Parte 4 Respuestas a las preguntas de repaso	375
Takeaways	376
Aportes	377

Income

Part 1: Form W-2

If a taxpayer is an employee, she should receive a Form W-2 from her employer that shows the wages the taxpayer earned in exchange for services performed. A W-2 is a tax form created by employers that details the earnings and government withholdings of their employees for a given tax year. A tax year's W-2 should be distributed to the employees by the end of the first month after the tax year ends; for example, W-2s for tax year 2020 should have been delivered before the end of January 31, 2021. A taxpayer will receive a W-2 from each employer he or she is employed by and should present each W-2 they have received to their tax professional. Most taxpayers will only receive one W-2; it is possible to receive more than one if a taxpayer has worked multiple jobs during a given tax year. If employees notice an error on their Form W-2, they should notify their employer and request a corrected Form W-2 before filing their taxes. Tax professionals will use the information provided on a W-2 to help determine their client's earned income for the year. The total amount of wages is reported on line 1 of Form 1040. Wages include salaries, vacation allowances, bonuses, commissions, and fringe benefits. Compensation includes everything received in payment for personal services.

How to Read the W-2

Below is a W-2 that an employee receives from his employer. It is important for the tax professional to know what is reported on each line of the W-2 so that he or she will know how to use the information provided in the form when preparing the employee's tax return.

The Lettered Boxes of Form W-2

Box a: Employee's Social Security Number

The Social Security number should match the number shown on the employee's Social Security card. If the Social Security number is incorrect, the employee should notify the employer and request a corrected Form W-2.

Parte 1: Formulario W-2

Si un contribuyente es un empleado, debe recibir un Formulario W-2 de su empleador que muestre los salarios que el contribuyente ganó a cambio de los servicios prestados. Un W-2 es un formulario de impuestos creado por los empleadores para detallar las ganancias y las retenciones del gobierno de sus empleados para un año tributario determinado. El formulario W-2 de un año tributario debe distribuirse a los empleados al final del primer mes después de que finalice el año tributario; por ejemplo, los formularios W-2 para el año fiscal 2020 deberían haberse entregado antes del final del 31 de enero de 2021. Un contribuyente recibirá un formulario W-2 de cada empleador para el que esté empleado y deberá presentar cada formulario W-2 que haya recibido a su profesional de impuestos. La mayoría de los contribuyentes solo recibirán un W-2; pero un contribuyente puede recibir más de un formulario si ha sido empleado en varios trabajos durante un año fiscal determinado. Si los empleados detectan un error en su Formulario W-2, deben notificar a su empleador y solicitar un Formulario W-2 corregido antes de declarar sus impuestos. Los profesionales de impuestos utilizarán la información provista en un formulario W-2 para ayudar a determinar los ingresos del trabajo de sus clientes para el año. El monto total de los salarios se declara en la línea 1 del Formulario 1040. Los salarios incluyen sueldos, subsidios por vacaciones, bonificaciones, comisiones y beneficios complementarios. La remuneración incluye todo lo recibido en pago por servicios personales.

Cómo leer el W2

A continuación, se muestra un formulario W-2 que un empleado recibe de su empleador. Es importante que el profesional de impuestos sepa lo que se declara en cada línea del formulario W-2 para que sepa cómo usar la información provista en el formulario al preparar la declaración de impuestos del empleado.

Las casillas de letras del formulario W-2

Casilla a: Número de seguro social del empleado

El número de Seguro Social debe coincidir con el número que se muestra en la tarjeta de Seguro Social del empleado. Si el número de Seguro Social es incorrecto, el empleado debe notificar al empleador y solicitar un Formulario W-2 corregido.

Income

Note: ITINs are not replacements for Social Security numbers. ITINs are only available to resident and nonresident aliens ineligible for U.S. employment that need identification for tax purposes. Under normal circumstances, ITIN holders cannot receive a W-2 because they lack an SSN, but it is possible for an ITIN holder to receive a W-2 through the use of an illicit SSN. When entering the W-2 information into software for these clients, make sure that the SSN does not auto-populate into box a, because this is where the ITIN number needs to go.

Box b: Employer Identification Number (EIN)

This box shows the employer identification number (EIN) assigned to the employer by the IRS. EINs consist of two digits and a dash followed by seven more digits, as seen in this example: 00-0000000.

Box c: Employer's Name, Address, and ZIP Code

This entry should be the same as the information shown on the employer's Form 941, 943, or CT-1.

Box d: Control Number

Though it is often left blank, this box can be used by employers to distinguish between individual W-2s whenever needed. For example, if an employer has multiple employees with the same first and last names, they can distinguish between them by using control numbers.

Boxes e and f: Employee's Name and Address

The taxpayer's name should match the name as shown on the Social Security card (first, middle initial, and last). The taxpayer's name may be different if the taxpayer has recently married, divorced, or had a name change of any kind. The taxpayer's address should include the number, street, apartment and suite number, or a P.O. Box number if mail is not delivered to a street address.

The Numbered Boxes of Form W-2

Box 1: Wages, tips, and other compensation

Box 1 of the W-2

Shows the total taxable wages, tips, and other compensation paid to the employee during the year before any payroll deductions or tax withholdings were subtracted.

The following items are included in the total amount provided in box 1:

> ➤ Total wages and bonuses (including signing bonuses, prizes, and awards) paid to employee during the year.
> ➤ Total noncash payments, including certain fringe benefits.
> ➤ Total tips reported by the employee to the employer; allocated tips are not reported in this box.
> ➤ Certain employee business expense reimbursements.

Nota: los ITIN no son reemplazos de los números de Seguro Social. Los ITIN solo están disponibles para extranjeros residentes y no residentes no elegibles para empleo en los EE. UU. que necesiten identificación a efectos fiscales. En circunstancias normales, los titulares de ITIN no pueden recibir un formulario W-2 porque no poseen un SSN, pero es posible que un titular de ITIN reciba un formulario W-2 mediante el uso de un SSN ilícito. Al ingresar la información del W-2 en el software para estos clientes, asegúrese de que el SSN no se complete automáticamente en la casilla a, porque aquí es donde debe ir el número ITIN.

Casilla b: Número de identificación del empleador (EIN)

Esta casilla muestra el número de identificación del empleador (EIN) asignado al empleador por el IRS. Los EIN consisten en dos dígitos y un guion seguidos de siete dígitos más, como se ve en este ejemplo: 00-0000000.

Casilla c: Nombre, dirección y código postal del empleador.

Este dato debe ser idéntico al que se muestra en los formularios 941, 943 o CT-1 del empleador.

Casilla d: Número de control

Aunque a menudo se deja en blanco, los empleadores pueden utilizar esta casilla para distinguir entre formularios W-2 individuales cuando sea necesario. Por ejemplo, si un empleador tiene varios empleados con el mismo nombre y apellido, pueden distinguirlos usando números de control.

Casillas e y f: Nombre y dirección del empleado

El nombre del contribuyente debe coincidir con el nombre que se muestra en la tarjeta de Seguro Social (primer nombre, inicial del segundo nombre y apellido). El nombre del contribuyente puede ser diferente si el contribuyente se ha casado, divorciado o ha tenido un cambio de nombre de cualquier tipo recientemente. La dirección del contribuyente debe incluir el número, calle, apartamento y número de suite, o un número de apartado postal, si el correo no se entrega a una dirección postal.

Las casillas enumeradas del Formulario W2

Casilla 1: Salarios, propinas y otras remuneraciones

Casilla 1 del formulario W-2

Muestra el total de salarios, propinas y otras remuneraciones gravables pagadas al empleado durante el año antes de que se haya sustraído la deducción o retenciones de impuestos.

Los siguientes elementos están incluidos en el monto total provisto en la casilla 1:

➢ Salario total y bonos (incluidos bonos de firma, premios y gratificaciones) pagados a los empleados durante el año.
➢ Pagos totales no monetarios, incluyendo ciertos beneficios complementarios.
➢ Propinas totales declaradas por el empleado al empleador; las propinas asignadas no se declaran en esta casilla.
➢ Ciertos reembolsos de gastos comerciales de los empleados.

- An S corporation's cost of accident and health insurance premiums for a shareholder with 2% or more of the company.
- Taxable benefits from a section 125 cafeteria plan if the employee chooses cash.
- Employee contributions to an Archer MSA.
- Contributions to an Archer MSA from an employer if included in the employee's income.
- Employer contributions for qualified long-term care services to the extent that such coverage is provided through flexible spending plans or similar arrangements.
- Taxable portion of the cost of group-term insurance of more than $50,000.
- Unless excludable under an education assistance program, payments for non-job-related education expenses or for payments under a nonaccountable plan.
- The amount included as wages because the employer paid the employee's share of Social Security and Medicare taxes.
- Designated Roth contributions made under a section 401(k) plan, a section 403(b) salary reduction agreement, or a governmental section 457(b) plan.
- Distributions to an employee or former employee from a nonqualified deferred compensation plan (NQDC) or a nongovernmental section 457(b) plan.
- Amounts included as income under an NQDC (nonqualified deferred compensation) plan because of section 409A.
- Amounts includable in income under section 457(f) because the amounts are no longer subject to a substantial risk of forfeiture.
- Payments to statutory employees who are subject to Social Security and Medicare taxes but are not subject to federal income tax withholding must be shown in box 1 as "other compensation".
- Cost of current insurance protection under a compensatory split-dollar life insurance arrangement.
- Employee contributions to a health savings account (HSA).
- Contributions to an HSA from an employer if included in the employee's income.
- Nonqualified moving expenses and expense reimbursement.
- Payments made to former employees while they are on active duty in the armed forces or other uniformed services.
- All other compensation, including certain scholarships and fellowship grants; other compensation includes taxable amounts paid to the employee from which federal income tax was not withheld. An employer may decide to use another Form W-2 to show an employee's compensation apart from their earned wages based on their bookkeeping practices.

Box 2 through Box 11

Box 2: Federal Income Tax Withheld

Shows the total federal income tax withheld from the employee's wages for the year. Parachute payments include compensation for certain covered employees and could be taxed at 20%. The 20% excise tax withheld on excess parachute payments is included as well.

If steps 2-4 apply to the taxpayer, then the individual would complete the steps otherwise skip to step 5.

- El costo de las primas de seguro médico y de accidentes de las sociedades anónimas S proporcionadas para el accionista con 2% o más de la compañía.
- Beneficios gravables de un plan de beneficios flexibles de la sección 125 si el empleado elige efectivo.
- Contribuciones de los empleados a un Archer MSA.
- Contribuciones a un Archer MSA de un empleador si se incluyen en los ingresos del empleado.
- Las contribuciones del empleador para servicios calificados de atención a largo plazo en la medida en que dicha cobertura se brinde a través de planes de gastos flexibles o arreglos similares.
- Parte gravable del costo del seguro grupal de más de $50.000.
- A menos que sea excluible bajo un programa de asistencia educativa, pagos por gastos de educación no relacionados con el trabajo o pagos bajo un plan no contable.
- La cantidad incluida como salario, ya que el empleador pagó la parte del empleado de los impuestos del Seguro Social y Medicare.
- Contribuciones designadas de Roth hechas bajo un plan de la sección 401(k), un acuerdo de reducción de salario de la sección 403(b) o un plan gubernamental de la sección 457(b).
- Distribuciones a un empleado o exempleado de un plan de compensación diferida no calificado (NQDC) o un plan no gubernamental de la sección 457(b).
- Cantidades incluidas como ingresos bajo un plan NQDC (remuneración diferida no calificada) debido a la sección 409A.
- Montos incluidos en los ingresos bajo la sección 457(f), debido a que los montos ya no están sujetos a un riesgo sustancial de pérdida.
- Los pagos a los empleados estatutarios que están sujetos a los impuestos del Seguro Social y de Medicare pero que no están sujetos a la retención del impuesto federal sobre la renta se deben mostrar en la casilla 1 como "otra remuneración".
- Costo de la protección del seguro actual bajo un acuerdo compensatorio de seguro de vida dividido en dólares.
- Contribuciones de los empleados a una cuenta de ahorro para la salud (HSA).
- Contribuciones a una HSA del empleador si se incluye en el ingreso del empleado.
- Gastos de mudanza no calificados y reembolso de gastos.
- Pagos hechos a exempleados mientras están en servicio activo en las fuerzas armadas u otros servicios uniformados.
- Todas las demás remuneraciones, incluidas ciertas becas y subvenciones de becas; otra remuneración incluye cantidades gravables pagadas al empleado de las cuales no se retuvo el impuesto federal sobre la renta. Un empleador puede decidir usar otro Formulario W-2 para mostrar la remuneración de un empleado además de sus salarios ganados en función de sus prácticas de contabilidad.

Casilla 2 hasta casilla 11

Casilla 2: Impuesto federal sobre la renta retenido

Muestra el impuesto federal sobre la renta total retenido de los salarios del empleado para el año. Los pagos de paracaídas son una compensación para ciertos empleados cubiertos y podrían estar sujetos a un impuesto del 20%. También se incluye el impuesto al consumo del 20% retenido en los pagos de paracaídas en exceso.

Si los pasos 2-4 se aplican al contribuyente, entonces el individuo completaría los pasos de lo contrario saltaría al paso 5.

Income

Step 2 is used if the taxpayer has multiple jobs.
Step 3 is used if the taxpayer and spouse combined income is less than $400,000, if the taxpayer is single with income less than $200,000, and claims a qualifying child under the age of 17.
Step 4 is used when the taxpayer has other income that would affect their W-2 withholding, such as interest earned and dividend distributions.

If the taxpayer claims itemized deductions, and/or extra withholding deducted from each pay period, this action could influence the withholding amount.

Box 3: Social Security Wages

Shows the total amount of non-tip wages that will be used to figure the taxpayer's Social Security pay-in and pay-out amounts. The total of boxes 3 and 7 cannot exceed the Social Security yearly pay-in limit of $128,400.

Box 4: Social Security Tax Withheld

Determined using the combined total of boxes 3 and 7, this box shows the total employee Social Security tax withholding (not the employer share), which is determined by multiplying the taxing percentage (6.2%) against the Social Security wage limit of $137,700 for 2020. The Social Security Administration sets the Social Security wage limit every year and can also change the taxed percentage, though they rarely do.

Box 5: Medicare Wages and Tips

The wages and tips subject to Medicare tax are determined using the same method as the Social Security tax in boxes 3 and 7 except that there is no wage base limit for Medicare tax.

Box 6: Medicare Tax Withheld

This box shows the total employee Medicare tax withheld. The tax withholding percentage is 1.45%. Medicare tax withholdings are determined from the employee's total income amount in box 1.

Example: Ryan's total wages for 2020 was $140,000; thus, this is the amount reported in box 1. Because $140,000 exceeds the 2020 Social Security yearly pay-in limit, $137,700 will be the amount shown in box 3. Box 4 is determined by multiplying the amount in box 3 by the taxing percentage of 6.2%, meaning the amount shown in box 4 is $8,537.40. Since the wages and tips subject to Medicare tax has no wage base limit, the amount reported in box 5 will simply be Ryan's total wages for 2020 ($140,000), the same as in box 1. Box 6 is determined by multiplying the amount in box 5 by the Medicare tax withholding percentage of 1.45%, meaning the amount shown in box 6 will be $2,030. Thus, the amounts reported in the boxes will appear as follows:

   Box 1: $140,000
   Box 3: $137,700
   Box 4: $8,537.40
   Box 5: $140,000
   Box 6: $2,030

El paso 2 se utiliza si el contribuyente tiene varios trabajos.

El paso 3 se utiliza si los ingresos combinados del contribuyente y cónyuge son inferiores a $400,000, si el contribuyente es soltero con ingresos inferiores a $200,000, y reclama un hijo calificado menor de 17 años.

El paso 4 se utiliza cuando el contribuyente tiene otros ingresos que afectarían su retención W-2, como los intereses ganados y las distribuciones de dividendos.

Si el contribuyente reclama deducciones detalladas y/o retención adicional deducida de cada período de pago, esta acción podría influir en el monto de retención.

Casilla 3: Salarios del Seguro Social

Muestra el monto total de los salarios sin propina que se utilizarán para calcular los montos de pago y desembolso del Seguro Social del contribuyente. El total de las casillas 3 y 7 no puede exceder el límite anual de pago del Seguro Social de $128.400.

Casilla 4: Impuesto al seguro social retenido

Se determina usando el total combinado de las casillas 3 y 7, esta casilla muestra la retención total del impuesto al Seguro Social de los empleados (no la parte del empleador), que se determina multiplicando el porcentaje de impuestos (6.2%) con el límite salarial del Seguro Social de $137.700 para 2020. La Administración del Seguro Social establece el límite salarial del Seguro Social cada año y también puede cambiar el porcentaje gravado, aunque rara vez lo hacen.

Casilla 5: Salarios y propinas de Medicare

Los salarios y las propinas sujetas al impuesto de Medicare se determinan utilizando el mismo método que el impuesto del Seguro Social en las casillas 3 y 7, excepto que no hay un límite de base salarial para el impuesto de Medicare.

Casilla 6: Impuesto de Medicare retenido

Esta casilla muestra el total de impuestos retenidos de Medicare para empleados. El porcentaje de retención de impuestos es 1,45%. Las retenciones de impuestos de Medicare se determinan a partir del monto total de ingresos del empleado en la casilla 1.

Ejemplo: el salario total de Ryan para 2020 fue de $140.000; por lo tanto, esta es la cantidad declarada en la casilla 1. Debido a que $140.000 exceden el límite anual de pago del Seguro Social de 2020, $137.700 será la cantidad que se muestra en la casilla 3. La casilla 4 se determina multiplicando el monto en la casilla 3 por el porcentaje de impuestos del 6,2%, lo que significa que el monto que se muestra en la casilla 4 es $8.537,40. Dado que los salarios y las propinas sujetas al impuesto de Medicare no tienen un límite de base salarial, la cantidad declarada en la casilla 5 simplemente será el salario total de Ryan para 2020 ($140.000), lo mismo que en la casilla 1. La casilla 6 se determina multiplicando el monto de la casilla 5 por el porcentaje de retención de impuestos de Medicare de 1,45%, lo que significa que el monto que se muestra en la casilla 6 será de $2.030. Por lo tanto, las cantidades declaradas en las casillas aparecerán de la siguiente manera:

Casilla 1: $140.000
Casilla 3: $137.700
Casilla 4: $8.537,40
Casilla 5: $140.000
Casilla 6: $2.030

Income

Federal Insurance Contributions Act (FICA) is the money taken out of workers' paychecks to pay the Social Security retirement income and Medicare. The employer and employee portion of the Social Security and Medicare tax is also referred to as FICA. The amount of FICA payments depends on the taxpayer's income. Consider the following scenarios:

Alberto earns $50,000 for tax year 2020, so his FICA contributions would be $3,825. $3,100 is his Social Security portion and $725 for Medicare.

$$\$50,000 \times 6.2\% = \$3,100 \quad \$50,000 \times 1.45\% = \$725 \quad \$3,100 + \$725 = \$3,825$$

Ezra earns $250,000 for tax year 2020; he would pay $12,612.40. He would pay 6.2% on the first $137,700 for Social Security ($8,537.40), then 1.45% on the first $200,000 earned for Medicare ($2,900) and the additional 2.35% for earning $250,000, which is $1,175.

$$\$137,700 \times 6.2\% = \$8,537.40$$
$$\$200,000 \times 1.45\% = \$2,900$$
$$\$50,000 \times 2.35\% = \$1,175$$
$$\$8,537 + \$2,900 + \$1,175 = \$12,612.40$$

Box 7: Social Security Tips

This box shows the tips the employee reported to the employer, which is not included in box 3. The combined amount of boxes 3 and 7 is used to figure Social Security tax and should exceed the maximum yearly Social Security wage base limit.

Box 8: Allocated Tips

Shows tips allocated to the employee. Allocated tips will be discussed further on in this chapter. The amount in box 8 is not included in the amounts in boxes 1, 3, 5, or 7.

Box 9: Verification Code

If the employer is participating in the W-2 Verification Code pilot, the code numbers are in this box. Apart from this, box 9 will be left blank.

Box 10: Dependent Care Benefits

Shows the total dependent-care benefits under a dependent-care assistance program (section 129) paid for or incurred by the employer for the employee. This amount will also include the fair market value (FMV) of employer-provided or employer-sponsored day-care facilities and the amounts paid or incurred in a section 125 cafeteria plan. All amounts paid or incurred are reported in this box, regardless of any employee forfeitures, including those exceeding the $5,000 exclusion.

Box 11: Nonqualified Plans

The purpose of box 11 is for the SSA to determine if any part of the amount reported in boxes 1, 3, or 5 was earned in a prior year. The SSA uses this information to verify that it has properly applied the Social Security earnings test and paid the correct amount of benefits. Box 11 shows a distribution to an employee from a nonqualified plan or a nongovernmental section 457 plan, and this amount is also reported in box 1.

La Ley Federal de Contribuciones al Seguro (FICA) es el dinero extraído de los cheques de pago de los trabajadores para pagar los ingresos de jubilación del Seguro Social y Medicare. La parte del empleador y empleado del impuesto del Seguro Social y Medicare también se conoce como FICA. El monto de los pagos de FICA depende de los ingresos del contribuyente. Considere los siguientes escenarios:

Alberto gana $50.000 para el año fiscal 2020, por lo que sus contribuciones a FICA serían de $3.825. $3.100 es su parte del Seguro Social y $725 para Medicare.

$$\$50.000 \times 6,2\% = \$3.100 \quad \$50.000 \times 1,45\% = \$725 \quad \$3.100 + 725 = \$3.825$$

Ezra gana $250.000 para el año fiscal 2020; él pagaría $12.612,40. Pagaría 6,2% por los primeros $137.700 para el Seguro Social ($8.537,40); luego 1,45% por los primeros $200.000 ganados por Medicare ($2.900) y el 2,35% adicional por ganar $250.000, que es $1.175.

$$\$137.700 \times 6,2\% = \$8.537,40$$
$$\$200.000 \times 1,45\% = \$2.900$$
$$\$50.000 \times 2,35\% = \$1.175$$
$$\$8.537 + \$2.900 + \$1.175 = \$12.612,40.$$

Casilla 7: Propinas de Seguro Social

Esta casilla muestra las propinas que el empleado declaró al empleador, que no está incluida en la casilla 3. Las cantidades combinadas de las casillas 3 y 7 se utilizan para calcular el impuesto del Seguro Social y deben exceder el límite máximo anual de la base salarial del Seguro Social.

Casilla 8: Propinas asignadas

Muestra las propinas asignadas al empleado. Las propinas asignadas se discutirán más adelante en este capítulo. La cantidad en la casilla 8 no está incluida en las cantidades en las casillas 1, 3, 5 o 7.

Casilla 9: Código de verificación

Si el empleador participa en el piloto del Código de verificación W-2, los números de código se encuentran en esta casilla. Aparte de esto, la casilla 9 se dejará en blanco.

Casilla 10: Beneficios de cuidado de dependientes

Muestra los beneficios totales de cuidado de dependientes bajo un programa de asistencia de cuidado de dependientes (sección 129) pagado o incurrido por el empleador para el empleado. Esta cantidad también incluirá el valor justo de mercado (FMV) de las instalaciones de guardería provistas o patrocinadas por el empleador y las cantidades pagadas o incurridas en un plan de beneficios flexibles de la sección 125. Todos los montos pagados o incurridos se declaran en esta casilla, independientemente de las confiscaciones de los empleados, incluidas las que exceden la exclusión de $5.000.

Casilla 11: Planes no calificados

El propósito de la casilla 11 es que la SSA determine si alguna parte de la cantidad declarada en las casillas 1, 3 o 5 se ganó en un año anterior. La SSA utiliza esta información para verificar que ha aplicado correctamente la prueba de ingresos del Seguro Social y ha pagado la cantidad correcta de beneficios. La casilla 11 muestra una distribución a un empleado desde un plan no calificado o un plan no gubernamental de la sección 457, y esta cantidad también se declara en la casilla 1.

Income

Box 12: Codes.

Box 12 consists of "sub-boxes" 12a, 12b, 12c, and 12d

Though sometimes left completely blank, these boxes are used as needed when specific, uncommon items need to be reported to the taxpayer by their employer for tax purposes. Each "sub-box" consists of a small space followed by a line and a larger space. If used, the employer will place a letter in the small place that designates one of the codes explained below, with the code's corresponding amount placed in the larger space. Which "sub-box" a code is placed in and what order they are shown in means nothing. No more than four codes can be entered in box 12.

Code A: Uncollected Social Security or RRTA tax on tips. Shows the employee's Social Security or Railroad Retirement Tax Act (RRTA) tax on all the employee's tips that the employer could not collect because the employee did not have enough funds from which to deduct the tax. This amount is not included in box 4.

Code B: Uncollected Medicare tax on tips (but not Additional Medicare Tax). Shows the employee's Medicare tax or RRTA Medicare tax on tips that the employer could not collect because the employee did not have enough funds from which to deduct the tax. This amount is not included in the total shown in box 6.

Code C: Taxable cost of group-term life insurance over $50,000. Shows the taxable cost of group-term life insurance coverage over $50,000 provided to the employee (including a former employee). This amount is included in box 1 and 3 up to the Social Security wage limit.

Code D: Elective deferrals to a section 401(k) cash or deferred arrangement. Shows deferrals under a SIMPLE retirement account that is part of a section 401(k) arrangement. This amount is included in box 3 but not box 1.

Code E: Elective deferrals under a section 403(b) salary reduction agreement. This amount is included in box 3 but not box 1.

Code F: Elective deferrals under a section 408(k)(6) salary reduction SEP. This amount is included in box 3 but not box 1.

Code G: Elective deferrals and employer contributions (including non-elective deferrals) to any governmental or nongovernmental section 457(b) deferred compensation plan. This amount is included in box 3 but not box 1.

Code H: Elective deferrals to a section 501(c)(18)(D) tax-exempt organization plan. This amount is included in box 1 as wages.

Code J: Nontaxable sick pay. Shows any sick pay not included in income (not shown in boxes 1, 3, and 5) because the employee contributed to the sick-pay plan. Not included are nontaxable disability payments made directly to the state.

Code K: 20% excise tax on excess golden parachute payments.

Ingreso

Casilla 12: Códigos

La casilla 12 consta de "casillas de subcategorías" 12a 12a, 12b, 12c y 12d.

Aunque a veces se dejan completamente en blanco, estas casillas se usan según sea necesario cuando los elementos específicos y poco comunes deben ser declarados al contribuyente por su empleador para fines fiscales. Cada " casillas de subcategorías" consiste en un espacio pequeño seguido de una línea y un espacio más grande. Si se usa, el empleador colocará una letra en el lugar pequeño que designa uno de los códigos explicados a continuación, con la cantidad correspondiente del código colocada en el espacio más grande. No importa en qué" casillas de subcategorías " se coloca un código y en qué orden se muestran. No se pueden ingresar más de cuatro códigos en la casilla 12.

Código A: Impuesto no cobrado del Seguro Social o RRTA sobre propinas. Muestra el impuesto de la Ley Fiscal del Seguro Social o de Jubilación Ferroviaria (RRTA) del empleado en todas las propinas del empleado que el empleador no pudo cobrar porque el empleado no tenía fondos suficientes para deducir el impuesto. Esta cantidad no está incluida en la casilla 4.

Código B: Impuesto de Medicare no cobrado sobre propinas (pero no impuesto adicional de Medicare). Muestra el impuesto de Medicare del empleado o el impuesto de RRTA Medicare en las propinas que el empleador no pudo cobrar porque el empleado no tenía fondos suficientes para deducir el impuesto. Esta cantidad no está incluida en el total que se muestra en la casilla 6.

Código C: Costo gravable del seguro de vida a término colectivo de más de $50.000. Muestra el costo gravable del seguro de vida a término colectivo de más de $50.000 brindado al empleado (incluido un exempleado). Este monto se incluye en las casillas 1 y 3 hasta el límite salarial del Seguro Social.

Código D: Aplazamientos electivos a una sección 401(k) en efectivo o arreglo diferido. Muestra aplazamientos bajo una cuenta de jubilación SIMPLE que es parte de un acuerdo de la sección 401(k). Esta cantidad se incluye en la casilla 3 pero no en la casilla 1.

Código E: Aplazamientos electivos bajo un acuerdo de reducción de salario de la sección 403(b). Esta cantidad se incluye en la casilla 3 pero no en la casilla 1.

Código F: Aplazamientos electivos bajo un SEP de reducción salarial de la sección 408(k)(6). Esta cantidad se incluye en la casilla 3 pero no en la casilla 1.

Código G: Aplazamientos electivos y contribuciones del empleador (incluidos aplazamientos no electivos) a cualquier plan gubernamental o no gubernamental del plan de indemnización diferida de la sección 457(b). Esta cantidad se incluye en la casilla 3 pero no en la casilla 1.

Código H: Aplazamientos electivos a un plan de organización exento de impuestos de la sección 501(c)(18)(D). Esta cantidad se incluye en la casilla 1 como salario.

Código J: Pago de licencia por enfermedad no gravable. Muestra cualquier pago de licencia por enfermedad no incluido en el ingreso (no se muestra en las casillas 1, 3 y 5) porque el empleado contribuyó al plan de pago por enfermedad. No se incluyen los pagos por discapacidad no gravables hechos directamente al estado.

Código K: Impuesto al consumo del 20% sobre pagos de paracaídas dorado en exceso.

Code L: Business expense reimbursements under an accountable plan are excluded from the employee's gross income. An employer will use this code to report the excess portion of paid reimbursements for employee business expenses, but only if the expense was calculated using a per diem or mileage allowance.

Code M: If the taxpayer is a former employee of the business that provided the W-2, uncollected Social Security or RRTA tax on cost of group-term life insurance over $50,000 will be shown here.

Code N: If the taxpayer is a former employee of the business that provided the W-2, uncollected Medicare tax on the taxable cost of group-term life insurance over $50,000 (but not Additional Medicare Tax) will be shown here.

Code P: Excludable moving expense reimbursements paid directly to employee. Shows the total moving expense reimbursements paid directly to the employee for qualified (deductible) moving expenses. The total for moving expense reimbursement is not included in boxes 1, 3, or 5. Effective for tax years 2018 through 2025, these reimbursements only apply to members of the U.S. Armed Forces on active duty.

Code Q: Nontaxable combat pay. Shows nontaxable combat pay.

Code R: Employer contributions to an Archer MSA. If used, the tax professional must use Form 8853 to report the amount and attach the form to the return.

Code S: Employee salary reduction contributions under a section 408(p) SIMPLE (not included in box 1). This amount is included in box 3 but not box 1.

Code T: Adoption benefits (not included in box 1). If Code T is used, the tax professional must complete Form 8839 to determine which amounts of the benefits are taxable and nontaxable.

Code V: Income from the exercise of non-statutory stock options(s). Include the amount up to the Social Security wage base on this box in boxes 1, 3, and 5.

Code W: Employer contributions to a health savings account (HSA) including amounts contributed using a section 125 cafeteria plan. Tax professionals will use Form 8889 to report the amount and then attach the form to the client's return.

Code Y: Deferrals under a section 409A nonqualified deferred compensation plan.

Code Z: Income under a section 409A on a nonqualified deferred compensation plan that fails to satisfy section 409A is shown here. This amount is also included in box 1 of the W-2, but the amount shown here will be subject to an additional tax when reported on Form 1040.

Code AA: Designated Roth contributions under a section 401(k) plan. The amount shown here is separate from the elective deferrals shown using code D. This amount is included in box 3 but not box 1.

Código L: Los reembolsos de gastos comerciales bajo un plan contable están excluidos de los ingresos brutos del empleado. Un empleador utilizará este código para declarar la parte excedente de los reembolsos pagados por los gastos comerciales de los empleados, pero solo si el gasto se calculó utilizando una indemnización por kilómetros.

Código M: Si el contribuyente es un exempleado de la empresa que proporcionó el W-2, aquí se mostrarán los impuestos no cobrados del Seguro Social o RRTA sobre el costo del seguro de vida a término colectivo de más de $50.000.

Código N: Si el contribuyente es un exempleado de la empresa que proporcionó el W-2, aquí se mostrarán los impuestos no cobrados de Medicare sobre el costo imponible del seguro de vida grupal de más de $50.000 (pero no el impuesto adicional de Medicare).

Código P: Reembolsos de gastos de mudanza excluibles pagados directamente al empleado. Muestra los reembolsos totales de gastos de mudanza pagados directamente al empleado por gastos de mudanza calificados (deducibles). El total del reembolso de gastos de mudanza no se incluye en las casillas 1, 3 o 5. En vigencia para los años fiscales 2018 a 2025, estos reembolsos solo se aplican a los miembros de las Fuerzas Armadas de los EE. UU. en servicio activo.

Código Q: Pago por combate no gravable. Muestra el pago de combate no gravable.

Código R: Contribuciones del empleador a un Archer MSA. Si se usa, el profesional de impuestos debe usar el Formulario 8853 para notificar el monto y adjuntar el formulario a la declaración.

Código S: Contribuciones de reducción de salario de empleados bajo una sección 408(p) SIMPLE (no incluida en la casilla 1). Esta cantidad se incluye en la casilla 3 pero no en la casilla 1.

Código T: Beneficios de adopción (no incluidos en la casilla 1) Si se usa el Código T, el profesional de impuestos debe completar el Formulario 8839 para determinar qué montos de los beneficios son gravables y no gravables.

Código V: Ingresos por el ejercicio de opciones de acciones no reglamentaria. Incluya el monto hasta la base salarial del Seguro Social en esta casilla en las casillas 1, 3 y 5.

Código W: Contribuciones del empleador a una cuenta de ahorro para la salud (HSA), incluidas las cantidades aportadas utilizando un plan de beneficios flexibles de la sección 125. El profesional de impuestos debe usar el Formulario 8889 para notificar el monto y adjuntar el formulario a la declaración.

Código Y: Aplazamientos bajo un plan de remuneración diferida no calificado de la sección 409A.

Código Z: Aquí se muestran los ingresos bajo una sección 409A de un plan de compensación diferida no calificado que no cumple con la sección 409A. Este monto también se incluye en la casilla 1 del formulario W-2, pero el monto que se muestra aquí estará sujeto a un impuesto adicional cuando se declare en el Formulario 1040.

Código AA: Contribuciones designadas de Roth hechas bajo un plan de la sección 401(k). La cantidad que se muestra aquí es independiente de los aplazamientos electivos que se muestran con el código D. Esta cantidad se incluye en la casilla 3 pero no en la casilla 1.

Income

Code BB: Designated Roth contributions under a section 403(b) plan. The amount shown here is separate from the elective deferrals shown using code E. This amount is included in box 3 but not box 1.

Code DD: Cost of employer-sponsored health coverage. The amount reported with this code is nontaxable.

Code EE: Roth contribution under a governmental section 457(b) plan. The amount shown here is separate from the elective deferrals shown using code G. This amount is included in box 3 but not box 1.

Code FF: Permitted benefits under a Qualified Small Employer Health Reimbursement Arrangement (QSEHRA). This code is used to report the total amount of permitted benefits under a QSEHRA. For 2020 the maximum amount of an eligible employee is $5,050 or $10,250 for family members.

Code GG: Income from qualified equity grants under section 83(i). The amount included here is a part of the total gross wages reported in box 1.

Code HH: Aggregate deferrals under section 83(i) elections as of the close of the calendar year. Report the total amount of income deferred under section 83(i).

Box 13: Statutory Employee, Retirement Plan, and Third-Party Sick Pay

There are three boxes that can be checked on Box 13: Statutory Employee, Retirement Plan, and Third-Party Sick Pay. If the "Retirement plan" box is checked, special limits may apply to the amount of traditional IRA contributions that can be deducted. See Publication 590.

Statutory Employee

This box is checked for statutory employees whose earnings are subject to Social Security and Medicare taxes but are not subject to federal income tax withholding. Do not check this box for common-law employees. There are workers who are independent contractors under the common-law rules but are treated as employees by statute. The following are considered statutory employees:

- A driver who is an agent or is paid on commission and distributes beverages (other than milk), meat, vegetables, fruit, bakery products, or who picks up and delivers laundry or dry cleaning.
- A full-time life insurance sales agent whose principal business activity (primarily for one life insurance company) is selling life insurance, annuity contracts, or both.
- If the employer furnished specifications for the work to be done, an individual who works at home on materials or goods that the employer supplied, which must be returned to the employer or to a person the employer has named.
- A full-time traveling or city salesperson who works on the employer's behalf and turns in orders to the employer from wholesalers, retailers, contractors, and operators of hotels, restaurants, or other similar establishments. The goods sold must be merchandise for resale or supplies for use in the buyers' business operations. The work performed for the employer must be the salesperson's principal business activity.

For more information regarding statutory and common-law employees, see Publication 15-A, section 1.

Código BB: Contribuciones designadas de Roth hechas bajo un plan de la sección 403(k). La cantidad que se muestra aquí es independiente de los aplazamientos electivos que se muestran con el código E. Esta cantidad se incluye en la casilla 3 pero no en la casilla 1.

Código DD: Costo de la cobertura de salud patrocinada por el empleador. La cantidad declarada con este código no está sujeta a impuestos.

Código EE: Contribuciones designadas de Roth hechas bajo un plan de la sección 457(k). La cantidad que se muestra aquí es independiente de los aplazamientos electivos que se muestran con el código G. Esta cantidad se incluye en la casilla 3 pero no en la casilla 1.

Código FF: Beneficios permitidos en virtud de un Acuerdo de reembolso de salud para pequeños empleadores calificados (QSEHRA). Este código se usa para declarar la cantidad total de beneficios permitidos bajo un QSEHRA. Para 2020, la cantidad máxima de un empleado elegible es de $5.050 o $10.250 para miembros de la familia.

Código GG: Ingresos de subvenciones de capital calificadas bajo la sección 83(i) La cantidad incluida aquí es parte del salario bruto total declarado en la casilla 1.

Código HH: Aplazamientos agregados según las elecciones de la sección 83(i) al cierre del año natural. Declare la cantidad total de ingresos diferidos según la sección 83(i).

Casilla 13: Empleado estatutario, plan de jubilación y pago por enfermedad de terceros

Hay tres casillas que se pueden marcar en la casilla 13: empleado estatutario, plan de jubilación y pago por enfermedad de terceros. Si la casilla "Plan de jubilación" está marcada, se pueden aplicar límites especiales al monto de las contribuciones tradicionales de IRA que se pueden deducir. Consulte la Publicación 590.

Empleado Estatutario

Esta casilla está marcada para los empleados estatutarios cuyas ganancias están sujetas a los impuestos del Seguro Social y Medicare, pero no están sujetas a la retención del impuesto federal sobre la renta. No marque esta casilla para empleado de hecho. Hay trabajadores que son contratistas independientes según las normas de derecho consuetudinario, pero son tratados como empleados estatutarios. Los siguientes son considerados empleados estatutarios:

- Un conductor que es un agente o recibe un pago por comisión y distribuye bebidas (que no sean leche), carne, verduras, frutas, productos de panadería o que recoge y entrega la ropa o la limpieza en seco.
- Un agente de ventas de seguros de vida a tiempo completo cuya actividad comercial principal (fundamentalmente para una compañía de seguros de vida) es la venta de seguros de vida, contratos de anualidades o ambos.
- Si el empleador proporcionó especificaciones para el trabajo a realizar, una persona que trabaja en casa con materiales o bienes que el empleador suministró y que deben devolverse al empleador o a una persona que el empleador haya nombrado.
- Un vendedor ambulante o municipal a tiempo completo que trabaja en nombre del empleador y entrega los pedidos al empleador de mayoristas, minoristas, contratistas y operadores de hoteles, restaurantes u otros establecimientos similares. Los bienes vendidos deben ser mercancía para reventa o suministros para su uso en la operación comercial del comprador. El trabajo realizado para el empleador debe ser la principal actividad comercial del vendedor.

Para obtener más información sobre los empleados estatutarios y de hecho, consulte la Publicación 15-A, sección 1.

Income

Retirement Plan

This box will be checked if the employee was an "active participant" (for any part of the year) in any of the following:

- A qualified pension, profit-sharing, or stock bonus plan described in section 401(a), including a 401(k) plan.
- An annuity plan described in section 403(a).
- An annuity contract or custodial account described in section 403(b).
- A simplified employee pension (SEP) plan described in section 408(k).
- A SIMPLE retirement account described in section 408(p).
- A trust described in section 501(c)(18).
- A plan for federal, state, or local government employees or by an agency or instrumentality thereof, other than a section 457(b) plan.

Generally, an employee is an active participant if covered by:

- A defined benefit plan for any tax year in which he or she is eligible to participate.
- A defined contribution plan for any tax year that employer or employee contributions (or forfeitures) are added to his or her account.

Third-Party Sick Pay

This box will be checked only if the individual is covered by a third-party sick-pay provider's program. Sick pay can include both short- and long-term benefits. See Publication 15-A for more information.

Box 14 through Box 20

Box 14: Other.

The amount found in box 14 is reported in box 1 and includes miscellaneous items (like the lease value of a vehicle provided to an employee), which must be reported here or in a separate statement to the employee. The employer may also use this box for any other information he or she may want to give to the employee. Examples include withheld state disability insurance taxes, union dues, uniform payments, deducted health insurance premiums, nontaxable income, educational assistance payments, parsonage allowance, and utilities for a member of the clergy.

In addition, the employer may enter the following contributions to a pension plan:

- Non-elective employer contributions made on behalf of an employee.
- Voluntary after-tax contributions (but not designated Roth contributions) that are deducted from an employee's pay.
- Required employee contributions.
- Employer matching contributions.

Boxes 15 through 20

State and local income tax information. These boxes are used to report state and local income tax information, which will vary from state to state. Tax professionals will need to do outside research to make sure they know what they will need to do for their individual state.

Plan de Jubilación

Esta casilla se marcará si el empleado fue un "participante activo" (durante cualquier parte del año) en cualquiera de los siguientes:

- Un plan de pensión calificada, participación en los beneficios o bonificación de acciones descrito en la sección 401(a), incluido un plan 401(k).
- Un plan de anualidad descrito en la sección 403(a).
- Un contrato de anualidad o cuenta de custodia descrita en la sección 403(b).
- Un plan de pensión de empleado simplificado (SEP) descrito en la sección 408(k).
- Una cuenta de jubilación SIMPLE descrita en la sección 408(p).
- Un fideicomiso descrito en la sección 501(c)(18).
- Un plan para empleados del gobierno federal, estatal o local o por una agencia o instrumentalidad del mismo, que no sea un plan de la sección 457(b).

Generalmente, un empleado es un participante activo si está cubierto por:

- Un plan de beneficios definidos para cualquier año fiscal en el que sea elegible para participar.
- Un plan de contribución definido para cualquier año fiscal en el que las contribuciones (o caducidades) de los empleados o el empleador se agregan a su cuenta.

Pago por enfermedad de terceros

Esta casilla se marcará solo si la persona está cubierta por un programa de proveedor de pago por enfermedad de terceros. El pago por enfermedad puede incluir beneficios a corto y largo plazo. Consulte la publicación 15-A para más información.

Casilla 14 hasta casilla 20

Casilla 14: Otro.

El monto de la casilla 14 se declara en la casilla 1 e incluye elementos diversos (como el valor de arrendamiento de un vehículo proporcionado a un empleado), que se deben declarar aquí o en una declaración separada al empleado. El empleador también puede usar esta casilla para cualquier otra información que quiera darle al empleado. Los ejemplos incluyen impuestos retenidos del seguro de discapacidad del estado, cuotas sindicales, pagos de uniformes, primas deducidas del seguro médico, ingresos no gravables, pagos de asistencia educativa, subsidio de caso patronal y servicios públicos para un miembro del clero.

Además, el empleador puede ingresar las siguientes contribuciones a un plan de pensiones:

- Contribuciones no electivas del empleador hechas en nombre de un empleado.
- Contribuciones voluntarias después de impuestos (pero no contribuciones Roth designadas) que se deducen del pago de un empleado.
- Contribuciones requeridas de los empleados.
- Contribuciones equivalentes del empleador.

Casillas 15 a 20

Información del impuesto sobre la renta estatal y local. Estas casillas se utilizan para declarar la información del impuesto sobre la renta estatal y local, que variará de estado a estado. Los profesionales de impuestos deberán realizar una investigación externa para asegurarse de saber lo que deberán hacer para su estado individual.

Income

Again, if the employee notices an error on Form W-2, he or she should notify his or her employer and request a corrected Form W-2.

Part 1 Review Questions

To obtain the maximum benefit from this chapter, LTP recommends that you complete each of the following questions, and then compare them to the answers with feedback that immediately follow. Under governing self-study standards, vendors are required to present review questions intermittently throughout each self-study course.

These questions and explanations are not part of the final examination and will not be graded by LTP.

IP1.1
When should the taxpayer receive their W-2's?

a. W-2's should be mailed by January 31 of the current tax year.
b. W-2's should be in the taxpayer's possession by January 31 of the current tax year.
c. W-2's should be in the taxpayer's possession by February 1 of the current tax year.
d. W-2's needs to be emailed to all employees by January 31 of the current tax year.

IP1.2
Which of the following best describes what is not reported in box 1 of the W-2?

a. Box 1 reports total wages.
b. Box 1 reports allocated tips.
c. Box 1 reports all compensation.
d. Box 1 reports noncash payments.

Part 1 Review Questions Answers

IP1.1
When should the taxpayer receive their W-2's?

a. W-2's should be mailed by January 31 of the current tax year.
b. W-2's should be in the taxpayer's possession by January 31 of the current tax year.
c. W-2's should be in the taxpayer's possession by February 1 of the current tax year.
d. W-2's needs to be emailed to all employees by January 31 of the current tax year.

Feedback: Review section *Form W2*

IP1.2
Which of the following best describes what is not reported in box 1 of the W-2?

a. Box 1 reports total wages.
b. Box 1 reports allocated tips.
c. Box 1 reports all compensation.
d. Box 1 reports noncash payments.

Feedback: Review section *Box 1 of the W2*.

Nuevamente, si el empleado observa un error en el Formulario W-2, debe notificar a su empleador y solicitar un Formulario W-2 corregido.

Parte 1 Preguntas de repaso

Para obtener el máximo beneficio de este capítulo, LTP recomienda completar cada una de las siguientes preguntas y luego compararlas con las respuestas con los comentarios que siguen inmediatamente. Bajo las normas de autoestudio de gobierno, los proveedores están obligados a presentar preguntas de revisión intermitentemente a lo largo de cada curso de autoestudio.

Estas preguntas y explicaciones no forman parte del examen final y no serán calificadas por LTP.

IP1.1
¿Cuándo debe el contribuyente recibir sus formularios W-2?

   a. Los W-2 deben enviarse por correo antes del 31 de enero del año tributario actual
   b. Los W-2 deben llegar al contribuyente antes del 31 de enero del año tributario actual
   c. Los W-2 deben llegar al contribuyente antes del 1 de febrero del año tributario actual
   d. Los W-2 deben enviarse por correo antes del 31 de enero del año tributario actual

I1.2
¿Cuál de las siguientes opciones describe mejor lo que no se informa en la casilla 1 del formulario W-2?

   a. La casilla 1 informa el total de los salarios
   b. La casilla 1 informa las propinas asignadas
   c. La casilla 1 informa toda la remuneración
   d. La casilla 1 informa los pagos no monetarios

Parte 1 Respuestas a las preguntas de repaso

IP1.1
¿Cuándo debe el contribuyente recibir sus formularios W-2?

   a. Los W-2 deben enviarse por correo antes del 31 de enero del año tributario actual
   b. Los W-2 deben llegar al contribuyente antes del 31 de enero del año tributario actual
   c. Los W-2 deben llegar al contribuyente antes del 1 de febrero del año tributario actual
   d. Los W-2 deben enviarse por correo antes del 31 de enero del año tributario actual

Comentario: Revisa la sección *Formulario W2*.

I1.2
¿Cuál de las siguientes opciones describe mejor lo que no se informa en la casilla 1 del formulario W-2?

   a. La casilla 1 informa el total de los salarios
   b. La casilla 1 informa las propinas asignadas
   c. La casilla 1 informa toda la remuneración
   d. La casilla 1 informa los pagos no monetarios

Comentario: Revisa la sección *Casilla 1 del Formulario W2*.

Part 2: Income

Although most of your clients will probably only have employer-provided income to report via a W-2, this is only one type of income and one way to report it. The IRS has the authority to tax all income from whatever source it is derived. This includes compensation for services, gains from dispositions of property, interest and dividends, rent and royalties, pensions and annuities, gambling winnings, and even illegal activities. All such income a person receives is collectively referred to as "worldwide income." However, not all money or property is taxable or subject to tax.

There are two major types of income: *earned income* and *unearned income*. Earned income is income the taxpayer received for working and includes the following types of income:

- Wages, salaries, tips, and other types of taxable employee pay.
- Net earnings from self-employment.
- Gross income received as a statutory employee.
- Union strike benefits.
- Long-term disability benefits received prior to reaching the minimum retirement age.

Unearned income is any amount received indirectly and not as a direct repayment of any services rendered or work provided. Unearned income includes:

- Interest and dividends.
- Pensions and annuities.
- Social Security and railroad retirement benefits (including disability benefits).
- Alimony and child support.
- Welfare benefits.
- Workers' compensation benefits.
- Unemployment compensation.
- Income while an inmate.
- Workfare payments (see Publication 596 for a definition).

Tax Withholding

Income tax is withheld from employee compensation; the amount of income tax the employer withholds is based on two factors:

- The amount one earns in each payroll period.
- The information provided to the employer when the employee completes Form W-4.

Parte 2: Ingreso

Aunque la mayoría de sus clientes probablemente solo tendrán un ingreso provisto por el empleador para declarar a través de un formulario W-2, este es solo un tipo de ingreso y solo una forma de declararlo. El IRS tiene la autoridad para gravar todos los ingresos de cualquier fuente que se derive. Esto incluye la remuneración por servicios, ganancias por disposiciones de propiedad, intereses y dividendos, alquileres y regalías, pensiones y anualidades, ganancias de juego e incluso actividades ilegales. Todos los ingresos que recibe una persona se denominan colectivamente "ingresos globales". Sin embargo, no todo el dinero o propiedad es gravable o sujeto a impuestos.

Existen dos tipos principales de ingresos: *ingresos del trabajo* e *ingresos no salariales*. Los ingresos del trabajo son ingresos que el contribuyente recibió por trabajar e incluye los siguientes tipos de ingresos:

- Sueldos, salarios, propinas y otros tipos de salarios de empleados sujetos a impuestos.
- Ingresos netos del trabajo como independiente.
- Ingresos brutos recibidos como empleado estatutario.
- Beneficios de huelga sindical.
- Beneficios por discapacidad a largo plazo recibidos antes de alcanzar la edad mínima de jubilación.

Los ingresos no salariales es cualquier cantidad recibida indirectamente y no como un reembolso directo de cualquier servicio prestado o trabajo proporcionado. Los ingresos no salariales incluyen los siguientes:

- Intereses y dividendos.
- Pensiones y anualidades.
- Seguro social y beneficios de jubilación ferroviaria (incluyendo beneficios por discapacidad).
- Pensión alimenticia y manutención infantil.
- Prestaciones sociales.
- Beneficios de indemnización por accidente laboral.
- Indemnización por desempleo.
- Ingresos mientras que se encuentra recluido.
- Pagos del programa de trabajo fomentado por el gobierno (para una definición, consulte la publicación 596)

Retenciones de impuestos

El impuesto sobre la renta se retiene de la remuneración al empleado, y la cantidad de impuesto sobre la renta que el empleador retiene se basa en dos cosas:

- La cantidad que el empleado gana en cada período de nómina.
- La información provista al empleador cuando el empleado completa el Formulario W-4.

Income

2020 Form W-4

If steps 2-4 apply to the taxpayer, then the individual would complete the steps otherwise skip to step 5.

Step 2 is used if the taxpayer has multiple jobs.
Step 3 is used if the taxpayer and spouse combined income is less than $400,000, if the taxpayer is single with income less than $200,000, and claims a qualifying child under the age of 17.
Step 4 is used when the taxpayer has other income that would affect their W-2 withholding, such as interest earned and dividend distributions.

If the taxpayer claims itemized deductions, and/or extra withholding deducted from each pay period, this action could influence the withholding amount.

Formulario W-4 2020

Form **W-4**	**Employee's Withholding Certificate**	OMB No. 1545-0074
Department of the Treasury Internal Revenue Service	▶ Complete Form W-4 so that your employer can withhold the correct federal income tax from your pay. ▶ Give Form W-4 to your employer. ▶ Your withholding is subject to review by the IRS.	**2020**

Step 1: Enter Personal Information

(a) First name and middle initial | Last name | (b) Social security number

Address

City or town, state, and ZIP code

▶ Does your name match the name on your social security card? If not, to ensure you get credit for your earnings, contact SSA at 800-772-1213 or go to www.ssa.gov.

(c) ☐ Single or Married filing separately
☐ Married filing jointly (or Qualifying widow(er))
☐ Head of household (Check only if you're unmarried and pay more than half the costs of keeping up a home for yourself and a qualifying individual.)

Complete Steps 2–4 ONLY if they apply to you; otherwise, skip to Step 5. See page 2 for more information on each step, who can claim exemption from withholding, when to use the online estimator, and privacy.

Step 2: Multiple Jobs or Spouse Works

Complete this step if you (1) hold more than one job at a time, or (2) are married filing jointly and your spouse also works. The correct amount of withholding depends on income earned from all of these jobs.

Do **only one** of the following.

(a) Use the estimator at *www.irs.gov/W4App* for most accurate withholding for this step (and Steps 3–4); **or**

(b) Use the Multiple Jobs Worksheet on page 3 and enter the result in Step 4(c) below for roughly accurate withholding; **or**

(c) If there are only two jobs total, you may check this box. Do the same on Form W-4 for the other job. This option is accurate for jobs with similar pay; otherwise, more tax than necessary may be withheld . . . . . ▶ ☐

TIP: To be accurate, submit a 2020 Form W-4 for all other jobs. If you (or your spouse) have self-employment income, including as an independent contractor, use the estimator.

Complete Steps 3–4(b) on Form W-4 for only ONE of these jobs. Leave those steps blank for the other jobs. (Your withholding will be most accurate if you complete Steps 3–4(b) on the Form W-4 for the highest paying job.)

Step 3: Claim Dependents

If your income will be $200,000 or less ($400,000 or less if married filing jointly):

Multiply the number of qualifying children under age 17 by $2,000 ▶ $ _____

Multiply the number of other dependents by $500 . . . . ▶ $ _____

Add the amounts above and enter the total here . . . . **3** $ _____

Step 4 (optional): Other Adjustments

(a) **Other income (not from jobs).** If you want tax withheld for other income you expect this year that won't have withholding, enter the amount of other income here. This may include interest, dividends, and retirement income . . . . **4(a)** $ _____

(b) **Deductions.** If you expect to claim deductions other than the standard deduction and want to reduce your withholding, use the Deductions Worksheet on page 3 and enter the result here . . . . **4(b)** $ _____

(c) **Extra withholding.** Enter any additional tax you want withheld each **pay period** . **4(c)** $ _____

Si los pasos 2 a 4 se aplican al contribuyente, entonces la persona completará los pasos; de lo contrario, avance al paso 5.

El Paso 2 se usa si el contribuyente tiene múltiples trabajos.
El Paso 3 se usa si el ingreso combinado del contribuyente y su cónyuge es menos de $400,000. Si el contribuyente es soltero con ingresos menores de $200,000 y reclama un hijo calificado menor de 17 años.
El paso 4 se usa cuando el contribuyente quiere la retención para otros ingresos, como intereses acumulados y distribuciones de dividendos. Si el contribuyente está reclamando deducciones detalladas, o tiene retenciones adicionales de cada periodo de pago.

Si el contribuyente reclama deducciones detalladas y/o retención adicional deducida de cada período de pago, esta acción podría influir en el monto de retención.

Income

Prior to TCJA Form W-4, Employee's Withholding Allowance Certificate, included four types of information that an employer would use to figure the taxpayer's withholding. Some payroll companies (private or commercial) are still using the old system to calculate tax withholding. The following would apply to the prior Form W-4:

1. Whether to withhold at the single rate or at the lower married rate.
2. How many withholding allowances the taxpayer claims; each allowance reduces the amount withheld.
3. Whether the taxpayer wants an additional amount withheld.
4. Whether the taxpayer is claiming an exemption from withholding in 2020.

The taxpayer must complete Form W-4 to determine the amount of withholding to claim. It is the taxpayer's responsibility to determine the correct withholding.

The taxpayer should evaluate his or her Form W-4 annually and provide employer(s) with a new Form W-4 as needed. If the taxpayer wants to withhold from pensions or annuities, use a W-4P.

In most situations, the tax withheld from the taxpayer's pay will be close to the tax figured on the return if one of the following applies:

➢ The taxpayer accurately completes Form W-4.
➢ The taxpayer changes Form W-4 when their tax situation changes.

The worksheets provided with the W-4 do not account for all possible situations, and thus the taxpayer may not have the correct amount withheld. This is most likely to happen in the following situations:

1. The taxpayer is married, and both the taxpayer and spouse work.
2. The taxpayer has more than one job at a time.
3. The taxpayer has nonwage income such as interest, dividends, alimony, unemployment compensation, or self-employment income, rental income, or capital gains.
4. The taxpayer will owe additional amounts with the tax return such as self-employment tax or household employment tax.
5. The taxpayer's withholding is based on an obsolete Form W-4 for a substantial part of the year.
6. The taxpayer works only part of the year.
7. The taxpayer has changed the number of withholding allowances during the year.

If the taxpayer has income from two or more jobs at the same time, put all allowances on one W-4 but split allowances between the jobs. Withholding will usually be more accurate when all allowances are claimed on Form W-4 for the highest-paying job and zero allowances are claimed on the others.

The taxpayer can claim all allowances with one employer and none with the other, or he or she can divide them between the two. See Publication 505 for more information.

If both the taxpayer and the spouse are employed and expected to file a joint return, they should figure their withholding allowance using their combined income, adjustments, deductions, exemptions and credits. They can divide their total allowances any way they want, but they cannot claim an allowance that the other spouse has also claimed.

El Formulario W-4 anterior al TCJA, Certificado de exención de retención del empleado, incluía cuatro tipos de información que un empleador usará para calcular la retención del contribuyente. Algunas empresas de nómina (privadas o comerciales) todavía utilizan el antiguo sistema para calcular la retención de impuestos. Los siguientes enunciados aplicarían al antiguo Formulario W-4:

➢ Si se retiene a la tarifa de soltero o a la tarifa más baja de casado.
➢ La cantidad de deducciones de retenciones que reclama el contribuyente; cada exención reduce la cantidad retenida.
➢ Si el contribuyente desea la retención de una cantidad adicional.
➢ Si el contribuyente está reclamando una exención de retención en 2020.

El contribuyente debe completar el Formulario W-4 para determinar el número de deducciones de retenciones para reclamar. Es responsabilidad del contribuyente determinar el número correcto de deducciones.

El contribuyente debe evaluar su Formulario W-4 anualmente y proporcionar a los empleadores un nuevo Formulario W-4 según sea necesario. El Formulario W-4 tiene hojas de cálculo para ayudar al contribuyente a determinar cuántas deducciones de retenciones se reclamarán. Si el contribuyente desea hacer retenciones de las pensiones o anualidades, use un formulario W-4P. El contribuyente debe especificar un estado civil de declaración y el número de deducciones de retenciones. No se puede solicitar un monto específico en dólares.

En la mayoría de las situaciones, el impuesto retenido del pago del contribuyente estará cerca del impuesto que figura en la declaración si se aplica uno de los siguientes:

➢ El contribuyente completa con precisión el Formulario W-4.
➢ El contribuyente cambia el Formulario W-4 cuando modifica su situación fiscal.

Las hojas de cálculo proporcionadas con el formulario W-4 no tienen en cuenta todas las situaciones posibles y, por lo tanto, el contribuyente puede no tener la cantidad correcta retenida. Es más probable que esto suceda en las siguientes situaciones:

1. El contribuyente está casado y tanto el contribuyente como el cónyuge trabajan.
2. El contribuyente tiene más de un trabajo a la vez.
3. El contribuyente tiene ingresos no salariales tales como intereses, dividendos, pensión alimenticia, indemnización por desempleo o ingresos por trabajo como independiente, ingresos por alquiler o ganancias de capital.
4. El contribuyente deberá cantidades adicionales con la declaración de impuestos, como el impuesto sobre el trabajo independiente o el impuesto sobre el empleo doméstico.
5. La retención del contribuyente se basa en un formulario W-4 obsoleto durante una parte sustancial del año.
6. El contribuyente trabaja solo parte del año.
7. El contribuyente ha cambiado el número de deducciones de retenciones durante el año.

Si el contribuyente tiene ingresos de dos o más trabajos al mismo tiempo, coloque todas las deducciones en un formulario W-4 pero divida las exenciones entre los trabajos. La retención generalmente será más precisa cuando todas las deducciones se reclaman en el Formulario W-4 para el trabajo que mejor paga y se reclaman cero exenciones en los demás.

El contribuyente puede reclamar todas sus deducciones con un empleador y ninguno con el otro, o puede dividirlos entre los dos. Consulte la publicación 505 para más información.

Si tanto el contribuyente como el cónyuge están empleados y desean presentar una declaración conjunta, deben calcular su exención de retención utilizando sus ingresos, ajustes, deducciones, exenciones y créditos combinados. Pueden dividir sus exenciones totales de la forma que deseen, pero no pueden reclamar una deducción que el otro cónyuge también ha reclamado.

Income

Exemption from Withholding

If a taxpayer had no tax liability in the previous year and fully expects to have no tax liability in the coming year, he or she can write "Exempt" in box 7 of the form W-4 and choose not to have any tax withheld from their income. If the taxpayer claims exemption from withholding, the exemption applies only to income tax and not to Social Security or Medicare tax.

The taxpayer may claim exemption for the current tax year if the following apply:

> The taxpayer had a right to a refund of all federal income tax withheld because the taxpayer had no tax liability the previous year.
> The taxpayer expects a refund of all federal income tax withheld because he or she expects to have no tax liability for the current year.

The employer must send the IRS a copy of the taxpayer's Form W-4 if the taxpayer claims to be exempt from withholding and if the taxpayer's pay is expected to usually be more than $200 a week. If the taxpayer does not qualify for the exemption, the IRS will send both the taxpayer and the taxpayer's employer a written notice.

If the taxpayer claims to be exempt on the W-4 but the situation changes so that he or she must pay income tax after all, the taxpayer must file a new Form W-4 within 10 days of the change. If the taxpayer claims to be exempt in 2020 but expects to owe income tax for 2021, the taxpayer should file a new Form W-4 as soon as possible. An exemption is valid for one year. The taxpayer must provide the employer with a new Form W-4 yearly by February 15th of each year to continue the exemption.

The taxpayer is also required to complete and file a new Form W-4 with the employer within 10 days in the following cases:

> The taxpayer was claiming to be married and becomes divorced.
> Any event occurs that decreases the number of withholding allowances the taxpayer can claim.

Señor 1040 Says: Students are not automatically exempt from tax withholding.

If the taxpayer wishes to change his or her W-4 during the year, the employer must put the new Form W-4 into effect no later than the start of the first payroll period ending on or after the 30th day after the taxpayer turned in his or her new Form W-4. If the taxpayer's change is for the next year, the new form will not take place until the next year.

Exención de retención

Si un contribuyente no tuvo ninguna obligación tributaria en el año anterior y espera no tener ninguna obligación tributaria en el próximo año, puede escribir "Exento" en la casilla 7 del formulario W-4 y optar por no retener ningún impuesto de sus ingresos. Si el contribuyente reclama la exención de retención, la exención se aplica solo al impuesto sobre la renta y no al impuesto del Seguro Social o Medicare.

El contribuyente puede reclamar la exención para el año fiscal actual si se aplica lo siguiente:

> ➢ El contribuyente tenía derecho a un reembolso de todos los impuestos federales sobre la renta retenidos porque el contribuyente no tenía obligación tributaria el año anterior.
> ➢ El contribuyente espera un reembolso de todos los impuestos federales sobre la renta retenidos porque espera no tener obligación tributaria para el año en curso.

El empleador debe enviar al IRS una copia del Formulario W-4 del contribuyente si el contribuyente declara estar exento de retención y se espera que el pago del contribuyente sea generalmente superior a $200 por semana. Si el contribuyente no califica para la exención, el IRS enviará al contribuyente y al empleador del contribuyente un aviso por escrito.

Si el contribuyente declara estar exento en el formulario W-4 pero la situación cambia de modo que debe pagar el impuesto sobre la renta después de todo, el contribuyente debe presentar un nuevo Formulario W-4 dentro de los 10 días posteriores al cambio. Si el contribuyente afirma estar exento en 2020 pero espera adeudar el impuesto sobre la renta para 2021, debe presentar un nuevo Formulario W-4 tan pronto como sea posible. Una exención es válida por un año. El contribuyente debe proporcionar al empleador un nuevo Formulario W-4 anualmente antes del 15 de febrero de cada año para continuar con la exención.

El contribuyente también debe completar y presentar un nuevo Formulario W-4 con el empleador dentro de los 10 días en los siguientes casos:

> ➢ El contribuyente afirmaba estar casado y se divorcia.
> ➢ Se produce cualquier evento que disminuya el número de deducciones de retenciones que el contribuyente puede reclamar.

El señor 1040 dice: los estudiantes no están exentos automáticamente de la retención de impuestos.

Si el contribuyente desea cambiar su W-4 durante el año, el empleador debe poner en vigencia el nuevo Formulario W-4 a más tardar al inicio del primer período de nómina que finaliza el día 30 o después, posteriormente a que el contribuyente entregue su nuevo Formulario W-4. Si el cambio del contribuyente es para el próximo año, el nuevo formulario no tendrá lugar hasta el próximo año.

Income

Household Workers Withholding

If a taxpayer paid an employee $2,100 or more in cash wages for 2020, the taxpayer must report and pay Social Security and Medicare taxes on all the wages. A household worker is an employee who performs household work in a private home, local college club, or local fraternity or sorority chapter. Tax is withheld only if the taxpayer has asked the employer to do so. If the taxpayer does not have enough tax withheld, he or she must make estimated payments. To be able to file the appropriate forms to have the taxes withheld, the employer of the household worker must obtain an employer identification number by submitting a SS-4 EIN Application to the IRS. The taxpayer needs to employ an individual that can legally work in the United States. The employee needs to complete Form I-9, and the employer needs to verify the information and give the employee a W-2.

Form 1040, Page 1, lines 1 - 7

The following picture shows which form is used to report which line(s) of income. All income is reported based on the tax form the taxpayer receives and the form used to report it.

	1	Wages, salaries, tips, etc. Attach Form(s) W-2				1	W-2
Attach Sch. B if required.	2a	Tax-exempt interest	2a	Form 1099-INT	b Taxable interest	2b	Form 1099-INT
	3a	Qualified dividends	3a	Form 1099-DIV	b Ordinary dividends	3b	Form 1099-DIV
	4a	IRA distributions	4a	Form 1099-R	b Taxable amount	4b	Form 1099-R
	5a	Pensions and annuities	5a	Form 1099-R	b Taxable amount	5b	Form 1099-R
Standard Deduction for—	6a	Social security benefits	6a	SSA 1099	b Taxable amount	6b	SSA 1099
	7	Capital gain or (loss). Attach Schedule D if required. If not required, check here ▶ ☐				7	

Line 1: Wages and Other Compensation

If the taxpayer is an employee, the taxpayer should receive Form W-2 showing the wages he or she earned in exchange for services performed. A W-2 is a tax form created by employers to detail earnings and government withholdings for a given tax year. The W-2 should be distributed to the employees by the end of January for the prior tax year. The tax professional uses the W-2 to determine his or her client's earned income for the year. A taxpayer will receive a W-2 from each employer the individual is employed by; usually, this means a taxpayer will only receive one W-2, but taxpayers could have multiple W-2s to report for the current tax year if they worked more than one job at any point during the year.

The total amount of wages is reported on line 1 of Form 1040. Wages include salaries, vacation allowances, bonuses, commissions, and fringe benefits. Compensation includes everything received in payment for personal services.

Line 4: IRA Distributions

Any money received from a traditional IRA is a distribution and must be reported as income in the year it was received. On Form 1040, report the nontaxable distribution on line 4 and report the taxable distributions on line 4b. Distributions from a traditional IRA are taxed as ordinary income. Not all distributions will be taxable if the taxpayer made nondeductible contributions. Complete Form 8606 to report the taxable and nontaxable portions of the IRA distribution.

The following distributions are not subject to the early withdrawal penalty:

➢ A rollover from one IRA to another.

Retención de trabajadores domésticos

Si un contribuyente pagó a un empleado $2.100 o más en salarios en efectivo para 2020, el contribuyente debe declarar y pagar los impuestos del Seguro Social y Medicare sobre todos los salarios. Un trabajador doméstico es un empleado que realiza tareas domésticas en un hogar privado, un club universitario local o un capítulo local de fraternidad o hermandad. El impuesto se retiene solo si el contribuyente le ha pedido al empleador que lo haga. Si el contribuyente no tiene suficientes impuestos retenidos, debe realizar pagos estimados. A fin de poder presentar los formularios apropiados para que se retengan los impuestos, el empleador del trabajador doméstico debe obtener un número de identificación de empleador presentando una solicitud SS-4 EIN al IRS. El contribuyente debe emplear a una persona que pueda trabajar legalmente en los Estados Unidos. El empleado debe completar el Formulario I-9, y el empleador debe verificar la información y darle al empleado un formulario W-2.

Líneas 1 – 7 de la página 1 del Formulario 1040

La imagen a continuación muestra qué formulario se usa para declarar cierta línea de ingresos. Todos los ingresos se declaran en función del formulario de impuestos que recibe el contribuyente y el formulario utilizado para declararlo.

Attach Sch. B if required.	1	Wages, salaries, tips, etc. Attach Form(s) W-2				1	W-2
	2a	Tax-exempt interest	Form 1099-INT	b	Taxable interest	2b	Form 1099-INT
	3a	Qualified dividends	Form 1099-DIV	b	Ordinary dividends	3b	Form 1099-DIV
	4a	IRA distributions	Form 1099-R	b	Taxable amount	4b	Form 1099-R
	5a	Pensions and annuities	Form 1099-R	b	Taxable amount	5b	Form 1099-R
Standard Deduction for—	6a	Social security benefits	SSA 1099	b	Taxable amount	6b	SSA 1099
	7	Capital gain or (loss). Attach Schedule D if required. If not required, check here ▶ ☐				7	

Línea 1: Salarios y otra remuneración

Si el contribuyente es un empleado, debe recibir el Formulario W-2 que muestra los salarios que ganó a cambio de los servicios prestados. Un W-2 es un formulario de impuestos creado por los empleadores para detallar las ganancias y las retenciones del gobierno para un año tributario determinado. El W-2 debe distribuirse a los empleados a finales de enero para el año tributario anterior. El profesional de impuestos usa el formulario W-2 para determinar el ingreso del trabajo de su cliente para el año. Un contribuyente recibirá un formulario W-2 de cada empleador por el cual la persona está empleada; por lo general, esto significa que un contribuyente solo recibirá un formulario W-2, pero los contribuyentes podrían tener múltiples formularios W-2 para declarar el año tributario actual si trabajan en más de un trabajo en cualquier momento durante el año.

El monto total de los salarios se declara en la línea 1 del Formulario 1040. Los salarios incluyen sueldos, subsidios por vacaciones, bonificaciones, comisiones y beneficios complementarios. La remuneración incluye todo lo recibido en pago por servicios personales.

Línea 4: Distribuciones IRA

Cualquier dinero recibido de una cuenta IRA tradicional es una distribución y debe declararse como ingreso en el año en que se recibió. En el Formulario 1040, declare la distribución no gravable en la línea 4 y declare las distribuciones imponibles en la línea 4b. Las distribuciones de una cuenta IRA tradicional se gravan como ingresos ordinarios. No todas las distribuciones estarán sujetas a impuestos si el contribuyente realizó contribuciones no deducibles. Complete el Formulario 8606 para declarar las partes gravables y no sujetas a impuestos de la distribución de la cuenta IRA.

Las siguientes distribuciones no están sujetas a multa por retiro anticipado:

➢ Una reinversión de una cuenta IRA a otra.

Income

- ➤ Tax-free withdrawals of contributions.
- ➤ The return of nondeductible contributions.

These funds will be reported as received, but the taxable portion will be reduced or eliminated.

Normal IRA distributions are usually fully taxable because contributions to the IRA account were fully tax-deferred when they were originally contributed. Form 5329, *Additional Taxes on Qualified Plans*, is not required if the early withdrawal penalty is the only reason for using the form. This penalty is in addition to any tax due on the distributions, though some exceptions to it exist.

Line 5a: Social Security

The Social Security system was designed to provide supplemental monthly benefits to taxpayers who contributed to the system. It is indexed for inflation, provides Medicare benefits, disability, and certain death insurance, and is reported on Form SSA-1099 based on the amount listed in Box 5 of W-2. Taxpayers also have the option to have federal taxes withheld from Social Security.

Social Security benefits are not taxable if income does not exceed these base amounts:

- ➤ $25,000: If Single, Head of Household, or Qualifying widow(er).
- ➤ $25,000: If Married Filing Separately and he or she lived apart from spouse the entire year.
- ➤ $32,000: If Married Filing Jointly.
- ➤ $0: If Married Filing Separately and lived with spouse at some time during the year.

Line 5b: How Much Is Taxable?

50% taxable: If the income plus half of the Social Security benefits is more than the above stated base amounts, up to half of the benefits must be included as taxable income. The following are base amounts for the applicable filing statuses:

- ➤ $25,000–$34,000: Single, Head of Household, Qualifying widow(er), and Married Filing Separately and lived apart from spouse
- ➤ $32,000–$44,000: Married Filing Jointly
- ➤ $0: Married Filing Separately and lived with spouse

85% taxable: For taxpayers who file MFS and live with their spouse, 85% of their benefits will always be taxable. If the income plus half the benefits is more than the following adjusted base amounts, up to 85% of the benefits must be included as taxable income.

- ➤ $34,000: Single, Head of Household, or Qualifying widow(er)
- ➤ $34,000: Married Filing Separately and lived apart from spouse for entire year
- ➤ $44,000: Married Filing Jointly
- ➤ $0: Married Filing Separately and lived with spouse at any time during the tax year

Most taxpayers assume they will not be taxed if their income falls below the base amount, but they fail to include tax-exempt interest or half of their Social Security income when determining the amount.

> Retiros de contribuciones libres de impuestos.
> La declaración de contribuciones no deducibles.

Estos fondos se declararán como recibidos, pero la porción sujeta a impuestos se reducirá o eliminará.

Las distribuciones normales de IRA por lo general son totalmente gravables porque las contribuciones a la cuenta IRA fueron totalmente diferidas de impuestos cuando se aportaron originalmente. No se requiere el Formulario 5329, *Impuestos adicionales sobre planes calificados,* si la multa por retiro anticipado es la única razón para usar el formulario. Esta multa es adicional a cualquier impuesto sobre las distribuciones, aunque existen algunas excepciones.

Línea 5a: Seguro Social

El sistema de seguro social fue diseñado para proporcionar beneficios mensuales complementarios a los contribuyentes que contribuyeron al sistema. Está indexado por inflación, proporciona beneficios de Medicare, seguro de discapacidad y seguro por fallecimiento, y se declara en el Formulario SSA-1099 según la cantidad que se indica en la casilla 5 del formulario W-2. Los contribuyentes también tienen la opción de que se retengan los impuestos federales del seguro social.

Los beneficios del Seguro Social no están sujetos a impuestos si los ingresos no exceden estos montos básicos:

> $25.000: si es soltero, cabeza de familia o viuda(o) calificada(o).
> $25.000: si está casado declarando por separado y el contribuyente vivió separado de su cónyuge todo el año.
> $32.000: si está casado declarando conjuntamente.
> $0: si está casado declarando por separado y vivió con su cónyuge en algún momento del año.

Línea 5b: ¿Qué cantidad es imponible?

50% imponible: si el ingreso más la mitad de los beneficios de seguro social es mayor que los montos de base mencionados anteriormente, hasta la mitad de los beneficios deben incluirse como ingresos gravables. A continuación, se indican algunos montos de base para los estados civiles de declaración correspondientes:

> $25.000–$34.000: soltero, cabeza de familia, viudo(a) calificado(a) y casado declarando por separado y vivió separado del cónyuge.
> $32.000–$44.000: casado declarando conjuntamente
> $0: casado declarando por separado y vivió con su cónyuge

85% imponible: para los contribuyentes que declaran como MFS y vivieron con su cónyuge, el 85% de sus beneficios siempre será gravable. Si el ingreso más la mitad de los beneficios es mayor que los siguientes montos base ajustados, se debe incluir hasta el 85% de los beneficios como ingreso gravable.

> $34.000: soltero, cabeza de familia o viudo(a) calificado(a).
> $34.000: casado declarando por separado y que vivió separado de su cónyuge durante todo el año.
> $44.000: casado declarando conjuntamente
> $0: casado declarando por separado y que vivió con su cónyuge en cualquier momento durante el año tributario.

La mayoría de los contribuyentes asume que no serán gravados si sus ingresos caen por debajo del monto base, pero no incluyen los intereses exentos de impuestos o la mitad de sus ingresos del Seguro Social al determinar el monto.

Income

Example: Napoleon and Ilene file a joint return. Both are over the age of 65 and have received Social Security benefits during the current tax year. In January, Napoleon's Form SSA-1099 showed benefits of $7,500 in box 5. Ilene's Form SSA-1099 showed a net benefit of $3,500 in box 5. Napoleon received a taxable pension of $20,800 and interest income of $500, which was tax exempt. Their benefits are not taxable for the current year because their income is not more than the base amount of $32,000.

Any benefit repayments made during the current year would be subtracted from the gross benefits received. It does not matter whether the repayment was for a benefit received in the current year or in an earlier year; it only matters what year the repayment was received.

Social Security and Equivalent Railroad Retirement Benefits (Tier 1)

The taxpayer should receive Form SSA-1099 from the SSA, which reports the total amount of Social Security benefits paid in box 3. Box 4 of the form shows the amount of any benefits that were repaid from a prior year. Railroad retirement benefits that should be treated as Social Security benefits are reported on Form RRB-1099.

Railroad Retirement Benefits

Railroad Retirement Benefits (RRB) is a benefits program that began before Social Security; its recipients are not covered under Social Security because they receive more money than they would have under the SSA. Tier 1 benefits are reported to the taxpayer on Form RRB 1099, are equivalent to Social Security benefits, and they are treated as such. Tier 1 benefits are reported to the IRS on Form 1040, Line 5b.

Tier 2 benefits are above the Social Security equivalent and are treated like pensions, allowing retirees to receive both tier 1 and tier 2 benefits. As with other pensions, the "cost" they invested is recovered tax-free. It is usually necessary to use the simplified method to figure the taxable portion of tier 2 benefits. In order to use the *Simplified Method Worksheet*, the tax preparer must know the age of the taxpayer, how many payments were received in the tax year, and how much has been recovered tax-free since 1986. When the taxpayer has recovered his or her cost, the entire tier 2 benefit becomes taxable.

The difference between Form RRB 1099 for tier 1 and tier 2 is that the form for tier 1 is known simply as Form RRB 1099. Tier 2 is a retirement; therefore, it has the letter "R" following the 1099 (Form RRB 1099-R).

Line 12a: Tax on Lump-Sum Distributions

A qualified lump-sum distribution is a distribution or payment in one tax year of the entire balance of the participants' funds, but only if the participant was born before January 2, 1936. Form 4972 is used to calculate the tax on a qualified lump-sum distribution that was received in the current tax year. There are two formulas that are used to figure the tax: the 20% capital gain election and the 10-year tax option. The tax is paid only once and not over a 10-year period. The formulas are used to calculate an independent tax that could result in a lower tax than if the entire distribution was treated as ordinary income. Distributions that do not qualify for the 20% capital gain election or the 10-year tax option are as follows:

> ➤ The part of the distribution not rolled over if the distribution is partially rolled over to another qualified plan or an IRA.

Ingreso

Ejemplo: Napoleón e Ilene presentan una declaración conjunta. Ambos tienen más de 65 años y han recibido beneficios del Seguro Social durante el año fiscal actual. En enero, el Formulario SSA-1099 de Napoleón mostró beneficios de $7.500 en la casilla 5. El Formulario SSA-1099 de Ilene mostró un beneficio neto de $3.500 en la casilla 5. Napoleón recibió una pensión gravable de $20.800 y un ingreso por intereses de $500, que estaba exento de impuestos. Sus beneficios no son gravables para el año en curso porque sus ingresos no superan el monto base de $32.000.

Cualquier reembolso de beneficios realizado durante el año en curso se restaría de los beneficios brutos recibidos. No importa si el reembolso fue por un beneficio recibido en el año en curso o en un año anterior; solo importa en qué año se recibió el reembolso.

Seguro social y beneficios equivalentes de jubilación ferroviaria (Nivel 1)

El contribuyente debe recibir el Formulario SSA-1099 de la SSA, que declara el monto total de los beneficios del seguro social pagados en la casilla 3. La casilla 4 del formulario muestra la cantidad de los beneficios que se pagaron de un año anterior. Los beneficios de jubilación ferroviaria que deben tratarse como beneficios del seguro social se declaran en el formulario RRB-1099.

Beneficios de jubilación ferroviaria

Los Beneficios de Jubilación Ferroviaria (RRB) es un programa de beneficios que comenzó antes del Seguro Social; sus beneficiarios no están cubiertos por el Seguro Social porque reciben más dinero del que tendrían en virtud de la SSA. Los beneficios del Nivel 1 se informan al contribuyente en el Formulario RRB 1099, son equivalentes a los beneficios del Seguro Social y se tratan como tales. Los beneficios del Nivel 1 se declaran al IRS en el Formulario 1040, Línea 5b.

Los beneficios del Nivel 2 están por encima del equivalente del Seguro Social y se tratan como pensiones, lo que permite a los jubilados recibir beneficios tanto del nivel 1 como del nivel 2. Al igual que con otras pensiones, el "costo" que invirtieron se recupera libre de impuestos. Por lo general, es necesario utilizar el método simplificado para calcular la parte imponible de los beneficios del nivel 2. Para utilizar la *hoja de cálculo del método simplificado*, el preparador de impuestos debe conocer la edad del contribuyente, cuántos pagos se recibieron en el año fiscal y cuánto se ha recuperado libre de impuestos desde 1986. Cuando el contribuyente ha recuperado su costo, todo el beneficio de nivel 2 queda sujeto a impuestos.

La diferencia entre el formulario RRB 1099 para el nivel 1 y el nivel 2 es que el formulario para el nivel 1 se conoce simplemente como el formulario RRB 1099. El nivel 2 es una jubilación; por lo tanto, tiene la letra "R" después del 1099 (Formulario RRB 1099-R).

Línea 12a: Impuesto sobre distribuciones de suma global

Una distribución de suma global calificada es una distribución o pago en un año tributario del saldo total de los fondos de los participantes, pero solo si el participante nació antes del 2 de enero de 1936. El formulario 4972 se utiliza para calcular el impuesto sobre una distribución de suma global calificada que se recibió en el año tributario actual. Existen dos fórmulas que se utilizan para calcular el impuesto: la elección de ganancia de capital del 20% y la opción de impuesto de 10 años. El impuesto se paga solo una vez y no durante un período de 10 años. Las fórmulas se utilizan para calcular un impuesto independiente que podría resultar en un impuesto más bajo que en el caso de que toda la distribución se trate como un ingreso ordinario. Las distribuciones que no califican para la elección de ganancia de capital del 20% o la opción tributaria de 10 años son las siguientes:

> ➢ La parte de la distribución no transferida si la distribución se transfiere parcialmente a otro plan calificado o una cuenta IRA.

- Any distribution if an earlier election to use either the 5 or 10-year tax option had been made after 1986 for the same plan participant.
- U.S. Retirement Plan Bonds distributed with the lump sum.
- A distribution made during the first 5 tax years that included the participant in the plan, unless it was paid because the participant died.
- The current actuarial value of any annuity contract included in the lump sum, Form 1099-R, box 8, shows the total amount, which is used to calculate the tax on the distribution as ordinary income.
- A distribution that is subject to penalties under IRC §72(m)(5)(A), but only if it is to an individual who owns at least 5% of the company.
- A distribution from an IRA.
- A distribution from a tax shelter annuity from a section 403(b) plan.
- A distribution of the redemption proceeds of bonds rolled over tax free from a qualified bond purchase plan to a qualified pension plan.
- A distribution from a qualified plan, but only if the participant or the participant's surviving spouse previously received an eligible rollover distribution from the same plan or another plan of the employer. The distribution must be combined with the first plan to meet the lump-sum distribution rules.
- A distribution from a qualified plan that received a rollover from an IRA after 2001, a governmental section 457 plan, or a section 403(b) tax shelter annuity on behalf of the plan participant.
- A distribution from a qualified plan that received a rollover after 2001 from another qualified plan on behalf of that plan participant's surviving spouse.
- A corrective distribution of excess deferrals, excess contributions, excess aggregate contributions, or excess annual additions.
- A lump-sum credit or payment under the alternative annuity option from the Federal Civil Service Retirement System or the Federal Employees' Retirement System.

Only one Form 4972 can be attached to the current Form 1040 or Form 1040NR for each plan participant. If there are multiple distributions in the same tax year, combine all distributions on one form. If the election is made for a deceased participant, it will not affect the taxpayer who is filing for the decedent. For more information, see Instructions Form 4972.

Schedule 1

	SCHEDULE 1 (Form 1040) — Additional Income and Adjustments to Income	OMB No. 1545-0074 2020
	Department of the Treasury Internal Revenue Service — ► Attach to Form 1040, 1040-SR, or 1040-NR. ► Go to www.irs.gov/Form1040 for instructions and the latest information.	Attachment Sequence No. 01
	Name(s) shown on Form 1040, 1040-SR, or 1040-NR	Your social security number

Part I Additional Income

1	Taxable refunds, credits, or offsets of state and local income taxes	1
2a	Alimony received	2a
b	Date of original divorce or separation agreement (see instructions) ►	
3	Business income or (loss). Attach Schedule C	3
4	Other gains or (losses). Attach Form 4797	4
5	Rental real estate, royalties, partnerships, S corporations, trusts, etc. Attach Schedule E	5
6	Farm income or (loss). Attach Schedule F	6
7	Unemployment compensation	7
8	Other income. List type and amount ►	8
9	Combine lines 1 through 8. Enter here and on Form 1040, 1040-SR, or 1040-NR, line 8	9

Ingreso

- Cualquier distribución si se realizó una elección anterior para usar la opción tributaria de 5 o 10 años después de 1986 para el mismo participante del plan.
- Bonos del Plan de Jubilación de los EE. UU. distribuidos con la suma global.
- Una distribución realizada durante los primeros 5 años tributarios en que el participante estaba en el plan, a menos que se haya pagado porque el participante falleció.
- El valor actuarial actual de cualquier contrato de anualidad incluido en la suma global, Formulario 1099-R, casilla 8, muestra el monto total, el cual se utiliza para calcular el impuesto sobre la distribución como ingreso ordinario.
- Una distribución que está sujeta a penalidades según IRC §72(m)(5)(A), pero solo si es a un individuo que posee al menos el 5% de la compañía.
- Una distribución de una cuenta IRA.
- Una distribución de una anualidad de amparo tributario de un plan de la sección 403(b).
- Una distribución de la amortización de reembolso de los bonos transferidos sobre impuestos libres de un plan de compra de bonos calificado a un plan de pensión calificado.
- Una distribución de un plan calificado, pero solo si el participante o el cónyuge sobreviviente del participante recibió previamente una distribución de transferencia elegible del mismo plan u otro plan del empleador. La distribución debe combinarse con el primer plan para cumplir con las reglas de distribución de suma global.
- Una distribución de un plan calificado que recibió una transferencia de una cuenta IRA después de 2001, un plan gubernamental de la sección 457 o una anualidad de amparo tributario de la sección 403(b) en nombre del participante del plan.
- Una distribución de un plan calificado que recibió una transferencia después de 2001 de otro plan calificado en nombre del cónyuge sobreviviente del participante del plan.
- Una distribución correctiva de aplazamientos en exceso, contribuciones en exceso, contribuciones agregadas en exceso o adiciones anuales en exceso.
- Un crédito de suma global o un pago en virtud de la opción de anualidad alternativa del Sistema Federal de Jubilación del Servicio Civil o el Sistema Federal de Jubilación de Empleados.

Solo se puede adjuntar un Formulario 4972 al Formulario 1040 actual o Formulario 1040NR para cada participante del plan. Si existen varias distribuciones en el mismo año fiscal, combine todas las distribuciones en un formulario. Si la elección se realiza para un participante fallecido, no afectará al contribuyente que declara por el difunto. Para más información, consulte el Formulario de Instrucciones 4972.

Anexo 1

SCHEDULE 1 (Form 1040)
Department of the Treasury
Internal Revenue Service

Additional Income and Adjustments to Income
▶ Attach to Form 1040, 1040-SR, or 1040-NR.
▶ Go to www.irs.gov/Form1040 for instructions and the latest information.

OMB No. 1545-0074
2020
Attachment Sequence No. 01

Name(s) shown on Form 1040, 1040-SR, or 1040-NR | Your social security number

Part I Additional Income

1	Taxable refunds, credits, or offsets of state and local income taxes	1
2a	Alimony received	2a
b	Date of original divorce or separation agreement (see instructions) ▶	
3	Business income or (loss). Attach Schedule C	3
4	Other gains or (losses). Attach Form 4797	4
5	Rental real estate, royalties, partnerships, S corporations, trusts, etc. Attach Schedule E	5
6	Farm income or (loss). Attach Schedule F	6
7	Unemployment compensation	7
8	Other income. List type and amount ▶	8
9	Combine lines 1 through 8. Enter here and on Form 1040, 1040-SR, or 1040-NR, line 8	9

Income

Line 1: State Tax Refunds

If the taxpayer claimed the state income taxes they paid as either an itemized or business deduction in the prior tax year, he or she must report the state income tax refund (part of the state taxes claimed in the previous year) as income in the year it was received. If the state income tax refund is taxable, report it on Form 1040, Schedule 1, line 1. Tax refunds are reported to the taxpayer on Form 1099-G, not to be confused with unemployment, which is also reported on the same form number. The state sends Form 1099-G to all refund recipients by January 31st of the current year.

To understand how a state income tax refund may be taxable, the tax professional must understand the "tax benefit rule," which states the following:

> If a taxpayer recovers an amount that was deducted or credited against tax in a previous year, the recovery must be included in income to the extent that the deduction or credit reduced the tax liability in the earlier year. However, if no tax benefit was derived from a prior year deduction or credit, the recovery does not have to be included as income.

Recovery of Items Previously Deducted

A recovery is a return of an amount the taxpayer deducted or took a credit for in a prior year. The most common recoveries are state tax refunds, reimbursements, and rebates of deductions itemized on Schedule A (Form 1040). The taxpayer may also have recoveries of nonitemized deductions (such as payments on previously deducted bad debts) and recoveries of items for which the taxpayer previously claimed a tax credit. Taxpayers who used a deduction or credit to reduce their tax liability in the previous year must include those reductions as income on their current tax return.

Line 2: Alimony

Alimony is a payment or series of payments to a spouse or former spouse required under a divorce or separation instrument that must meet certain requirements. Alimony payments are deductible by the payer and are includable as income by the recipient. Alimony received should be reported on Form 1040, Schedule 1, line 11. Alimony paid should be deducted as an adjustment on Form 1040, Schedule 1, line 31a. The Tax Cuts and Jobs Act changed the alimony rule; alimony will no longer be an adjustment to income or a source of income if the divorce or separation agreement was completed after December 31, 2018.

Payments are alimony if *all* the following are true:

- Payments are required by a divorce or separation agreement.
- The taxpayer and the recipient spouse do not file a joint return.
- Payments are in cash (including checks or money orders).
- Payments are not designated in the instrument as "not alimony."
- Spouses are legally separated under a decree of divorce or separate maintenance agreement and are not members of the same household.
- Payments are not required after the death of the recipient spouse.
- Payments are not designated as child support.

Línea 1: Reembolso de impuestos estatales

Si el contribuyente reclamó los impuestos estatales sobre la renta que pagó como una deducción detallada o comercial en el año fiscal anterior, debe declarar el reembolso del impuesto estatal sobre la renta (parte de los impuestos estatales reclamados en el año anterior) como ingreso en el año en que fue recibido. Si el reembolso del impuesto sobre la renta estatal está sujeto a impuestos, notifíquelo en el Formulario 1040, Anexo 1, línea 1. Los reembolsos de impuestos se notifican al contribuyente en el Formulario 1099-G, que no debe confundirse con el desempleo, que también se notifica en el mismo número de formulario. El estado envía el Formulario 1099-G a todos los beneficiarios del reembolso antes del 31 de enero del año en curso.

Para comprender cómo un reembolso del impuesto sobre la renta estatal puede estar sujeto a impuestos, el profesional de impuestos debe comprender la "regla de beneficios fiscales", que establece lo siguiente:

> Si un contribuyente recupera un monto que fue deducido o acreditado contra impuestos en un año anterior, la recuperación debe incluirse en los ingresos en la medida en que la deducción o crédito reduzca la obligación tributaria en el año anterior. Sin embargo, si no se obtuvo ningún beneficio fiscal de una deducción o crédito del año anterior, la recuperación no tiene que incluirse como ingreso.

Recuperación de conceptos previamente deducidos

Una recuperación es un rembolso por una cantidad que el contribuyente dedujo o tomó de un crédito en un año anterior. Las recuperaciones más comunes son reembolsos de impuestos estatales, reintegros y rebajas de deducciones detalladas en el Anexo A (Formulario 1040). El contribuyente también puede tener recuperaciones de deducciones no detalladas (como pagos de deudas incobrables deducidas previamente) y recuperaciones de artículos para los cuales el contribuyente reclamó previamente un crédito fiscal. Los contribuyentes que usaron una deducción o crédito para reducir su obligación tributaria en el año anterior deben incluir esas reducciones como ingresos en su declaración de impuestos actual.

Línea 2: Pensión alimenticia

La pensión alimenticia es un pago o una serie de pagos a un cónyuge o excónyuge requerido en virtud de un divorcio o instrumento de separación que debe cumplir con ciertos requisitos. Los pagos de pensión alimenticia son deducibles por el pagador y se incluyen como ingresos por el beneficiario. La pensión recibida debe declararse en el Formulario 1040, Anexo 1, línea 11. La pensión alimenticia pagada se debe deducir como un ajuste en el Formulario 1040, Anexo 1, línea 31a. La Ley de Reducción de Impuestos y Empleos modificó la regla de pensión alimenticia; la pensión alimenticia ya no será un ajuste a los ingresos o una fuente de ingresos si el acuerdo de divorcio o separación se completa después del 31 de diciembre de 2018.

Los pagos son pensión alimenticia si se cumplen *todas* las siguientes condiciones:

- Los pagos son requeridos por un acuerdo de divorcio o separación.
- El contribuyente y el cónyuge receptor no presentan una declaración conjunta.
- Los pagos son en efectivo (incluidos cheques o giros postales).
- Los pagos no se designan en el instrumento como "no pensión alimenticia".
- Los cónyuges están legalmente separados según un decreto de divorcio o un acuerdo de mantenimiento por separado y no son miembros del mismo hogar.
- No se requieren pagos después de la muerte del cónyuge receptor.
- Los pagos no están designados como manutención de los hijos.

Income

Payments are not alimony if *any* of the following are true:

- Payments are designated as child support.
- A noncash property settlement.
- Payments that are the spouse's part of community property income.
- Used for property upkeep of the alimony payer's house.

These payments are neither deductible by the payer nor includable in income by the recipient.

For additional information regarding rules for payments under a pre-1985 instrument, see Publication 504: *Divorced or Separated Individuals.*

Payments made by cash, check, or money order for the taxpayer's spouse's medical expenses, rent, utilities, mortgage, taxes, tuition, etc., are considered third-party payments. If the payments are made on behalf of the taxpayer's spouse under the terms of the divorce or separation agreement, they may be considered alimony.

If the payer must pay all mortgage payments (both principal and interest) on a jointly-owned home and if the payments otherwise qualify, he or she may deduct one-half of the payments as alimony payments. The spouse will report one-half as alimony received.

The deductibility of real estate taxes and insurance depend on how the title is held. Additional research may be needed to determine how to handle the taxpayer's situation.

Example: In November 1984, Kael and Braxton executed a written separation agreement. In February 1985, a decree of divorce was substituted for the written separation agreement. The decree of divorce did not change the terms for the alimony that Kael had to pay Braxton because it is treated as having executed before 1985 because the terms of the alimony are still the same as the original agreement made in 1984. Alimony payments under this decree are not subject to the rules for payments under instruments after 1984.

Alimony Recapture Rule

If the amount of alimony paid by the taxpayer decreases or terminates within the first three calendar years, the payments may be subject to the recapture rule. If the taxpayer is subject to the rule, he will include a portion of the previously deducted alimony payments as income in the third year. The spouse would then be entitled to deduct previously included alimony that was received as income in the same year. The three-year period begins with the first calendar year in which the payer makes a qualifying alimony payment under a decree of divorce or separate maintenance or a written separation agreement. No further discussion of alimony recapture will be covered in this course.

Line 3: Business Income or Loss

Use Schedule C for business income if you operated a business, or if you practice your profession as a sole proprietor. An activity will qualify as a business if the primary purpose for engaging in such activity is for income or profit and if the proprietor is continually and regularly involved in such activity. You will get in-depth information on how to prepare Schedule C in the Business Income chapter.

Los pagos no son pensión alimenticia si se cumple *cualquiera* de las siguientes opciones:

- ➢ Los pagos se designan como manutención infantil.
- ➢ Un acuerdo de propiedad no monetario.
- ➢ Los pagos que son parte del ingreso de los bienes gananciales del cónyuge.
- ➢ Se utilizó para el mantenimiento de la casa del pagador de la pensión alimenticia.

Estos pagos no son deducibles por el pagador ni incluidos en los ingresos por el beneficiario.

Para obtener información adicional sobre las reglas para pagos bajo un instrumento anterior a 1985, consulte la Publicación 504: *Personas divorciadas o separadas:*

Los pagos realizados en efectivo, cheque o giro postal por los gastos médicos, alquiler, servicios públicos, hipotecas, impuestos, matrícula, etc. del cónyuge del contribuyente se consideran pagos de terceros. Si los pagos se realizan en nombre del cónyuge del contribuyente en virtud de los términos del acuerdo de divorcio o separación, pueden considerarse pensión alimenticia.

Si el pagador debe cubrir todos los pagos de la hipoteca (tanto el principal como los intereses) en una casa de propiedad conjunta y si los pagos califican, puede deducir la mitad de los pagos como pagos de pensión alimenticia. El cónyuge declarará la mitad de la pensión alimenticia recibida.

La deducción de los impuestos y el seguro de bienes inmuebles depende de cómo se mantenga el título. Puede ser necesaria una investigación adicional para determinar cómo manejar la situación del contribuyente.

Ejemplo: en noviembre de 1984, Kael y Braxton firmaron un acuerdo de separación por escrito. En febrero de 1985, un decreto de divorcio fue sustituido por el acuerdo de separación por escrito. El decreto de divorcio no cambió los términos de la pensión alimenticia que Kael tuvo que pagarle a Braxton, porque se considera que se celebró antes de 1985, ya que los términos de la pensión alimenticia siguen siendo los mismos que el acuerdo original hecho en 1984. Los pagos de pensión alimenticia bajo este decreto no están sujetos a las reglas para pagos bajo instrumentos después de 1984.

Regla de recuperación de pensión alimenticia

Si el monto de la pensión alimenticia pagada por el contribuyente disminuye o termina dentro de los primeros tres años naturales, los pagos pueden estar sujetos a la regla de recuperación. Si el contribuyente está sujeto a la regla, incluirá una parte de los pagos de pensión alimenticia deducidos previamente como ingresos en el tercer año. El cónyuge tendría derecho a deducir la pensión alimenticia previamente incluida que se recibió como ingreso en el mismo año. El período de tres años comienza con el primer año natural en el que el pagador realiza un pago de pensión alimenticia calificado bajo un decreto de divorcio o manutención por separado o un acuerdo de separación por escrito. No extenderemos la discusión sobre la recuperación de la pensión alimenticia en este curso.

Línea 3: Ingreso o pérdida empresarial

Use el Anexo C para los ingresos comerciales si opera un negocio o ejerce su profesión como empresa individual. Una actividad calificará como negocio si el propósito principal para participar en dicha actividad es para obtener ingresos o ganancias y si el propietario está involucrado continua y regularmente en dicha actividad. Obtendrá información detallada sobre cómo preparar el Anexo C en el capítulo Ingresos Comerciales.

Income

Line 4: Capital Gains and Losses

Use Schedule D to report capital gains and losses. Use Form 4797 to report other capital gains and losses not reported on Schedule D, line 13. Use Schedule D to figure out the overall gain and loss from transactions reported on Form 8949 and to report gain from Form 2439 or 622 or Part I of Form 4797. You will review more in-depth information on how to report capital gains and losses and on how to prepare Schedule D in the Capital Gains and Loss chapter.

Line 5: Rental Income Form 1040

To report income or loss from rental real estate, royalties, partnerships, S corporations, estates, trusts, and residual interests in Real Estate Mortgage Investment Conduits (REMICs), use Schedule E. Rental income is any payment received for the use or occupation of real estate or personal property. Payment received by the taxpayer is reportable. More information about Schedule E will be found in the Business Income chapter.

Line 7: Unemployment Compensation

Unemployment compensation is taxable, and the taxpayer may elect to have those taxes withheld for income tax purposes. To make this choice, the taxpayer must complete Form W-4V, *Voluntary Withholding Request*. The recipient of unemployment compensation will receive Form 1099-G to report the income.

If the taxpayer had to repay unemployment compensation for a prior year because they received unemployment while employed, he or she would subtract the total amount repaid for the year from the total amount received and enter the difference on Form 1040, Schedule 1, line 7. On the dotted line, next to the entry on the tax return, write "Repaid" and enter the amount repaid.

Paid Medical Family Leave

Paid family leave is an element of a state disability insurance program, and workers covered by State Disability Insurance (SDI) are also covered for this benefit. The maximum claim is six weeks; this is reported as unemployment on the individual's tax return. In some states, paid family leave and unemployment are reported on separate forms. Be aware of how individual states report the two. Both are considered a form of unemployment compensation that must be reported on Form 1040, Schedule 1, line 7.

Señor 1040 Says: A good tax professional may have to add the totals of paid family leave with unemployment to report the correct amount of unemployment.

Line 8: Other Income

Use Form 1040, Schedule 1, line 8, to report any income not reported on the previous lines of the tax return or schedules. If necessary, attach a statement to give the required details concerning the income. The type of income should be identified on the dotted line.

Ingreso

Línea 4: Ganancias y pérdidas de capital

Use el Anexo D para declarar las ganancias y pérdidas de capital. Use el Formulario 4797 para declarar otras ganancias y pérdidas de capital que no se informan en el Anexo D, línea 13. Use el Anexo D para calcular la ganancia y pérdida general de las transacciones declaradas en el Formulario 8949 y para declarar la ganancia del Formulario 2439 o 622 o la Parte I del Formulario 4797. Revisará información más detallada sobre cómo declarar las ganancias y pérdidas de capital y cómo preparar el Anexo D en el capítulo Ganancias y pérdidas de capital.

Línea 5: Ingreso de alquiler, Formulario 1040

Para declarar ingresos o pérdidas de bienes inmuebles de alquiler, regalías, sociedades, sociedades anónimas S, propiedades, fideicomisos e intereses residuales en Conductos de Inversión Hipotecaria Inmobiliaria (REMIC), use el Anexo E. Los Ingresos de alquiler son cualquier pago recibido por el uso u ocupación de bienes inmuebles o propiedad personal. El pago recibido por el contribuyente se puede declarar. Encontrará más información sobre el Anexo E en el capítulo Ingresos comerciales.

Línea 7: compensación de desempleo

La indemnización por desempleo está sujeta a impuestos, y el contribuyente puede optar por retener esos impuestos a efectos del impuesto sobre la renta. Para hacer esta elección, el contribuyente debe completar el Formulario W-4V, *Solicitud de retención voluntaria*. El destinatario de la indemnización por desempleo recibirá el Formulario 1099-G para declarar los ingresos.

Si el contribuyente tuviera que reembolsar la indemnización por desempleo del año anterior porque recibió la indemnización mientras estaba empleado, restaría el monto total reembolsado del año del monto total recibido e ingresará la diferencia en el Formulario 1040, Anexo 1, línea 7. En la línea punteada, al lado del espacio en la declaración de impuestos, escriba "Reintegrado" e ingrese el monto pagado.

Licencia médica familiar remunerada

La licencia familiar remunerada es un elemento de un programa estatal de seguro por discapacidad, y los trabajadores cubiertos por el Seguro de Discapacidad del Estado (SDI) también están cubiertos por este beneficio. El reclamo máximo es de seis semanas; esto se declara como desempleo en la declaración de impuestos de personas naturales. En algunos estados, las licencias familiares remuneradas y el desempleo se declaran en formularios separados. Tenga en cuenta cómo los estados individuales declaran los dos. Ambos se consideran una forma de indemnización por desempleo que debe declararse en el Formulario 1040, Anexo 1, línea 7.

El señor 1040 dice: un buen profesional de impuestos puede tener que agregar los totales de licencia familiar remunerada con desempleo para declarar la cantidad correcta de desempleo.

Línea 8: Otro ingreso

Use el Formulario 1040, Anexo 1, línea 8, para declarar cualquier ingreso no declarado en las líneas anteriores de la declaración de impuestos o los anexos. Si es necesario, adjunte una declaración para dar los detalles requeridos sobre el ingreso. El tipo de ingreso debe identificarse en la línea punteada.

Income

Examples of other income are:

- Hobby income.
- Awards.
- Gambling winnings, including the lottery and raffles.
- Prizes.
- Jury duty pay.
- Alaska Permanent Fund dividend.
- Taxable distributions from a Coverdell education savings account (ESA) or a qualified tuition program (QTP); see Publication 970 for more information.
- Reimbursements or other amounts received in repayment for items deducted in an earlier year; for example, medical expenses, real estate taxes, or home mortgage interest.
- Form 1099-C (cancellation of personal debt).
- Loss on certain corrective distributions of excess deferrals.
- Dividends on insurance policies if they exceed the total of all net premiums paid.
- Recapture of charitable contributions.
- Taxable portions of disaster relief payments.
- Bartering.
- Sales parties at which the taxpayer is the host or hostess.
- Taxable distributions on insurance policies.
- Not-for-profit rental income.
- Itemized deduction recoveries.
- Private unemployment fund.
- Union benefits paid to an unemployed member.
- Bribes.

See Publication 525 for more information.

Señor 1040 Says: Do not include income from Form 1099-MISC, *Nonemployee Compensation*; that information generally goes on Schedule C.

Gambling Winnings

There are two types of withholding on gambling winnings: regular gambling withholding and backup withholding. Regular gambling is withheld at a flat 24% rate from certain kinds of gambling. Gambling winnings of more than $5,000 (not including the wager) from the following sources are subject to income tax withholding:

1. Any sweepstakes, wagering pools (including payments made to winners of poker tournaments), or lotteries.
2. Any other winnings if the proceeds are at least 300 times the amount of the bet.

Regular gambling withholdings are calculated on the total amount of gross proceeds (winnings minus the amount wagered). Generally, the 24% withholding is not withheld from bingo, keno, or slot machines. It does not matter how the taxpayer is paid for the winnings; payments could be in cash, in property, or as an annuity. Winnings not paid in cash are taken into account at their fair market value. The taxpayer may have to provide the payer his or her Social Security number to avoid withholding.

Ejemplos de otro ingreso son:

- Ingreso por pasatiempo.
- Gratificaciones.
- Ganancias de juego, incluida la lotería y las rifas.
- Premios.
- Pago del servicio de jurado.
- Dividendo del Fondo Permanente de Alaska.
- Distribuciones gravables de una cuenta de ahorros para educación Coverdell (ESA) o un programa de matrícula calificado (QTP); consulte la Publicación 970 para más información.
- Reembolsos u otros montos recibidos como reembolso por elementos deducidos en un año anterior; por ejemplo, gastos médicos, impuestos inmobiliarios o intereses hipotecarios.
- Formulario 1099-C (cancelación de deuda personal).
- Pérdida en ciertas distribuciones correctivas de diferimientos en exceso.
- Dividendos en pólizas de seguro si exceden el total de todas las primas netas pagadas.
- Recuperación de contribuciones caritativas.
- Porciones imponibles de los pagos de ayuda por desastre.
- Trueque.
- Partes de ventas en las que el contribuyente es el anfitrión o la anfitriona.
- Distribuciones gravables en pólizas de seguros.
- Ingresos de alquiler sin fines de lucro.
- Recuperaciones de deducción detalladas.
- Fondo privado de desempleo.
- Prestaciones sindicales pagadas a un miembro desempleado.
- Sobornos.

Consulte la publicación 525 para más información.

El señor 1040 dice: no incluya los ingresos del Formulario 1099-MISC, *Compensación para no empleados*; esa información generalmente va en el Anexo C.

Ganancias de juego

Hay dos tipos de retención en las ganancias de juego: retención regular de juego y retención de respaldo. El juego regular se retiene a una tasa fija del 24% de ciertos tipos de juego. Las ganancias de juego de más de $5.000 (sin incluir la apuesta) de las siguientes fuentes están sujetas a la retención del impuesto sobre la renta:

3. Cualquier sorteo, grupos de apuestas (incluidos los pagos realizados a los ganadores de torneos de póquer) o loterías.
4. Cualquier otra ganancia si los ingresos son al menos 300 veces el monto de la apuesta.

Las retenciones regulares de juego se calculan sobre la cantidad total de ingresos brutos (ganancias menos la cantidad apostada). En general, la retención del 24% no se retiene de bingo, keno o máquinas tragamonedas. No importa cómo se paga al contribuyente por las ganancias; los pagos pueden ser en efectivo, en bienes o como una anualidad. Las ganancias no pagadas en efectivo se toman en cuenta a su valor razonable de mercado. El contribuyente puede tener que proporcionarle al pagador su número de Seguro Social para evitar la retención.

Income

Gambling winnings are reported to the taxpayer by the gambling organization (such as a casino) on Form W-2G, which shows both the amount won and withheld. The tax withheld (box 4) is reported with all other federal income tax withholding on Form 1040, page 2, line 17. "Backup" withholding on gambling winnings occurs when the payee does not give the payer his or her Social Security number. The withholding rate will be 30% and applies to winnings in excess of $600.

Part 2 Review Questions

To obtain the maximum benefit from this chapter, LTP recommends that you complete each of the following questions, and then compare them to the answers with feedback that immediately follow. Under governing self-study standards, vendors are required to present review questions intermittently throughout each self-study course.

These questions and explanations are not part of the final examination and will not be graded by LTP.

IP2.1
What is the maximum taxable amount of Social Security?

   a. 85%
   b. 35%
   c. 10%
   d. 25%

Las ganancias de los juegos se declaran al contribuyente por la organización de juego (como un casino) en el Formulario W-2G, que muestra tanto la cantidad ganada como la retenida. El impuesto retenido (casilla 4) se declara con todas las demás retenciones del impuesto federal sobre la renta en el Formulario 1040, página 2, línea 17. La retención "de respaldo" en las ganancias del juego ocurre cuando el beneficiario no le da al pagador su número de Seguro Social. La tasa de retención será del 30% y se aplica a ganancias superiores a $600.

Parte 2 Preguntas de repaso

Para obtener el máximo beneficio de este capítulo, LTP recomienda completar cada una de las siguientes preguntas y luego compararlas con las respuestas con los comentarios que siguen inmediatamente. Bajo las normas de autoestudio de gobierno, los proveedores están obligados a presentar preguntas de revisión intermitentemente a lo largo de cada curso de autoestudio.

Estas preguntas y explicaciones no forman parte del examen final y no serán calificadas por LTP.

IP2.1
¿Cuál es la cantidad gravable máxima del Seguro Social?

    a. 85%
    b. 35%
    c. 10%
    d. 25%

Income

IP2.2

Which of the following circumstance does not require a taxpayer to change their W-4 within 10 days?

a. Daniel divorced his wife in March and has been filing separate tax returns for the past 2 years.
b. Jake and Danelle had a new baby in February.
c. Karina began supporting her mother in January.
d. Gigi and David got married in May.

IP2.3

Which of the following could be a taxable event, if a credit was taken in the prior tax year?

a. Repayment of a personal loan
b. State income tax paid
c. Real estate tax payments
d. Bad debt

IP2.4

Which of the following income is taxable?

a. Workers' compensation
b. Welfare and other public assistance benefits
c. Veterans' benefits
d. Alimony (prior to December 31, 2018)

IP2.5

Which of the following is taxable on the federal return?

a. Unemployment
b. Paid family leave
c. Child support
d. Unemployment and paid family leave

IP2.6

Marlene paid $4,000 for real estate taxes on her rental property at 1850 Happy Street, Jersey City, New Jersey. She paid $6,850 of real estate taxes on her primary residence. Marlene has household employees for whom she paid Social Security taxes of $1,300 and state income taxes of $2,500. What amount of real estate tax will Marlene deduct on her Schedule E?

a. $14,650
b. $6,850
c. $4,000
d. $1,300

Ingreso

IP2.2

¿Cuál de las siguientes circunstancias no requiere que un contribuyente cambie su W-4 dentro de los 10 días?

a. Daniel se divorció de su esposa en marzo y ha estado presentando declaraciones de impuestos por separado durante los últimos 2 años
b. Jake y Danelle tuvieron un nuevo bebé en febrero
c. Karina comenzó a mantener a su madre en enero
d. Gigi y David se casaron en mayo

IP2.3

¿Cuál de las siguientes opciones podría ser un hecho gravable, si se tomó un crédito en el año fiscal anterior?

a. Reembolso de un préstamo personal
b. Impuesto sobre la renta del estado pagado
c. Pagos del impuesto sobre los bienes inmuebles
d. Deudas incobrables

IP2.4

¿Cuál de los siguientes es ingreso sujeto a impuestos?

a. Compensación de trabajadores
b. Welfare y otros beneficios de asistencia pública
c. Beneficio de veteranos
d. Pensión alimenticia

IP2.5

¿Cuál de las siguientes opciones es gravable en la declaración federal?

a. Desempleo
b. Licencia Familiar Remunerada
c. Manutención de los hijos
d. Licencia por desempleo y familiar remunerada

IP2.6

Marlene pagó $4.000 por impuestos sobre bienes inmuebles en su propiedad de alquiler en 1850 Happy Street, Jersey City, Nueva Jersey. Pagó $6.850 en impuestos sobre bienes inmuebles en su residencia principal. Marlene tiene empleados domésticos por los que pagó impuestos del Seguro Social de $1.300 e impuestos sobre la renta del estado de $2.500. ¿Qué cantidad de impuesto sobre los bienes inmuebles deducirá Marlene en su Anexo E?

a. $14.650
b. $6.850
c. $4.000
d. $1.300

IP2.7

Sophia won a $21,000 jackpot from Wild Bill's in Atlantic City. She did not provide her SSN to the casino. What would the casino do before it pays Sophia her money?

a. Withhold 21%
b. Withhold 25%
c. Withhold 30%
d. Withhold 28%

Part 2 Review Questions Answers

IP2.1
What is the maximum taxable amount of Social Security?

a. 85%
b. 35%
c. 10%
d. 25%

Feedback: Review section *Line 5b: How Much Is Taxable?* Under Schedule 1

IP2.2
Which of the following circumstance does not require a taxpayer to change their W-4 within 10 days?

a. Daniel divorced his wife in March and has been filing separate tax returns for the past 2 years.
b. Jake and Danelle had a new baby in February.
c. Karina began supporting her mother in January.
d. Gigi and David got married in May.

Feedback: Review section *Exemption from Withholding*, under Schedule 1.

IP2.3
Which of the following could be a taxable event, if a credit was taken in the prior tax year?

a. Repayment of a personal loan
b. State income tax paid
c. Real estate tax payments
d. Bad debt

Feedback: Review section *Line 1: State Tax Refunds*, under Schedule 1.

IP2.4
Which of the following income is taxable?

a. Workers' compensation
b. Welfare and other public assistance benefits
c. Veterans' benefits
d. Alimony (prior to December 31, 2018)

Feedback: Review section *Line 2: Alimony*, under Schedule 1.

IP2.7
Sophia ganó un premio mayor de $21.000 de Wild Bill's en Atlantic City. Ella no proporcionó su SSN al casino. ¿Qué haría el casino antes de pagarle a Sophia su dinero?

   a. Retener el 21%
   b. Retener el 25%
   c. Retener el 30%
   d. Retener el 28%

Parte 2 Respuestas a las preguntas de repaso

IP2.1
¿Cuál es la cantidad gravable máxima del Seguro Social?

   a. 85%
   b. 35%
   c. 10%
   d. 25%

Comentario: Revisa la sección Línea 5: ¿Cuánto está sujeto a impuestos?; bajo Anexo 1.

IP2.2
¿Cuál de las siguientes circunstancias no requiere que un contribuyente cambie su W-4 dentro de los 10 días?

   a. Daniel se divorció de su esposa en marzo y ha estado presentando declaraciones de impuestos por separado durante los últimos 2 años
   b. Jake y Danelle tuvieron un nuevo bebé en febrero
   c. Karina comenzó a mantener a su madre en enero
   d. Gigi y David se casaron en mayo

Comentario: Revisa la sección *Exención por retención de impuestos; bajo Anexo 1.*

IP2.3
¿Cuál de las siguientes opciones podría ser un hecho gravable, si se tomó un crédito en el año fiscal anterior?

   a. Reembolso de un préstamo personal
   b. Impuesto sobre la renta del estado pagado
   c. Pagos del impuesto sobre los bienes inmuebles
   d. Deudas incobrables

Comentario: Revisa la sección *Línea 1: Reembolso tributario estatal; bajo Anexo 1.*

IP2.4
¿Cuál de los siguientes es ingreso sujeto a impuestos?

   a. Compensación de trabajadores
   b. Welfare y otros beneficios de asistencia pública
   c. Beneficio de veteranos
   d. Pensión alimenticia

Comentario: Revisa la sección *Línea 2: Pensión alimenticia; bajo Anexo 1.*

Income

IP2.5
Which of the following is taxable on the federal return?

a. Unemployment
b. Paid family leave
c. Child support
d. Unemployment and paid family leave

Feedback: Review section *Line 7: Unemployment Compensation,* under Schedule 1.

IP2.6
Marlene paid $4,000 for real estate taxes on her rental property at 1850 Happy Street, Jersey City, New Jersey. She paid $6,850 of real estate taxes on her primary residence. Marlene has household employees for whom she paid Social Security taxes of $1,300 and state income taxes of $2,500. What amount of real estate tax will Marlene deduct on her Schedule E?

a. $14,650
b. $6,850
c. $4,000
d. $1,300

Feedback: Review section *Line 5: Rental Income Form 1040,* under Schedule 1.

IP2.7
Sophia won a $21,000 jackpot from Wild Bill's in Atlantic City. She did not provide her SSN to the casino. What would the casino do before it pays Sophia her money?

a. Withhold 21%
b. Withhold 25%
c. Withhold 30%
d. Withhold 28%

Feedback: Review section *Gambling Winnings,* under Schedule 1.

Part 3: Activity Not for Profit

Income received through activities from which the taxpayer does not expect to make a profit (such as money made from a hobby) must be reported on Form 1040, Schedule 1, line 8. Deductions for the business or investment activity cannot offset other income. To determine if the taxpayer is carrying on an activity for profit, you must consider the following factors:

➢ The taxpayer carries on the activity in a businesslike manner.
➢ The time and effort put into the activity indicate the taxpayer intended to make a profit.
➢ Losses are due to circumstances beyond the taxpayer's control.
➢ Methods of operation were changed to improve profitability.
➢ The taxpayer or the taxpayer's advisor(s) have the knowledge needed to carry on the activity as a successful business.
➢ The taxpayer was successful in making a profit in similar activities in the past.
➢ The activity makes a profit in some years.
➢ The taxpayer can expect to make a future profit from the appreciation of the assets used in the activity.
➢ The taxpayer depends on the income for his or her livelihood.

IP2.5
¿Cuál de las siguientes opciones es gravable en la declaración federal?

   a. Desempleo
   b. Licencia Familiar Remunerada
   c. Manutención de los hijos
   d. Licencia por desempleo y familiar remunerada

Comentario: Revisa la sección *Línea 7: compensación de desempleo; bajo Anexo 1*.

IP2.6
Marlene pagó $4.000 por impuestos sobre bienes inmuebles en su propiedad de alquiler en 1850 Happy Street, Jersey City, Nueva Jersey. Pagó $6.850 en impuestos sobre bienes inmuebles en su residencia principal. Marlene tiene empleados domésticos por los que pagó impuestos del Seguro Social de $1.300 e impuestos sobre la renta del estado de $2.500. ¿Qué cantidad de impuesto sobre los bienes inmuebles deducirá Marlene en su Anexo E?

   a. $14.650
   b. $6.850
   c. $4.000
   d. $1.300

Comentario: Revisa la sección *Línea 5: Ingreso de alquiler, Formulario 1040; bajo Anexo 1*.

IP2.7
Sophia ganó un premio mayor de $21.000 de Wild Bill's en Atlantic City. Ella no proporcionó su SSN al casino. ¿Qué haría el casino antes de pagarle a Sophia su dinero?

   a. Retener el 21%
   b. Retener el 25%
   c. Retener el 30%
   d. Retener el 28%

Comentario: Revisa la sección *Ganancias de apuestas; bajo la Anexo 1*.

Parte 3: Actividad sin fines de lucro

Los ingresos recibidos a través de actividades de las cuales el contribuyente no espera obtener ganancias (como el dinero obtenido de un pasatiempo) se deben declarar en el Formulario 1040, Anexo 1, línea 8. Las deducciones por el negocio o la actividad de inversión no pueden compensar otros ingresos. Para determinar si el contribuyente realiza una actividad con fines de lucro, debe considerar los siguientes factores:

   ➢ El contribuyente realiza la actividad de manera profesional.
   ➢ El tiempo y el esfuerzo invertidos en la actividad indican que el contribuyente tiene la intención de obtener ganancias.
   ➢ Las pérdidas se deben a circunstancias fuera del control del contribuyente.
   ➢ Se cambiaron los métodos de operación para mejorar la rentabilidad.
   ➢ El contribuyente o el(los) asesor(es) del contribuyente tienen el conocimiento necesario para llevar a cabo la actividad como un negocio exitoso.
   ➢ El contribuyente tuvo éxito en obtener ganancias en actividades similares en el pasado.
   ➢ La actividad obtiene ganancias en algunos años.
   ➢ El contribuyente puede esperar obtener un beneficio futuro de la apreciación de los activos utilizados en la actividad.
   ➢ El contribuyente depende de los ingresos para su sustento.

Income

An activity is presumed to be carried on for profit if it produced a profit in at least three of the last five years, including the current year. Activities that consist of breeding, training, showing, or racing horses are presumed to be carried on for profit if they produced a profit in at least two of the last seven years. The activity must be substantially the same for each year within the period, and the taxpayer has a profit when the gross income from the activity exceeds the deductions.

Not for profit income could include income from a hobby or rental income from tangible property; both are reported on Form 1040, Schedule 1, line 8. Rental income not for profit is beyond the scope of this course (See Publication 527).

Hobby Income

Hobby income is one example of an activity not for profit; however, a hobby can become a business. The ability to claim losses on a hobby have been suspended until 2026 due to the Tax Cuts and Jobs Act (TCJA). In order to show the IRS that an activity is a business, the taxpayer should maintain the following:

- Comprehensive record keeping.
- A separate business checking account for the income.
- Separate credit cards for business and personal purchases.
- Logbook(s) to keep records of business and personal use of such items as computers, charter boats, camcorders, etc.
- Required licenses, insurance, certifications, etc.
- If operated from home, keeping a separate phone line for business use.
- An attempt to make a profit.
- Research on market trends or technology related to the taxpayer's business.
- If the taxpayer has employees, the taxpayer must file forms to report employment taxes (See Publication 15, Circular E, *Employer's Tax Guide* for more info). Employment taxes include the following items:
  - Social Security and Medicare.
  - Federal income tax withholding.
  - Federal unemployment (FUTA) tax.

Miscellaneous Types of Other Income

Bartering is an exchange of property or services. Goods and services acquired through bartering must be included as income at the value they held when they were received.

Scholarship prizes won in a contest are not considered to be scholarships or fellowships if the taxpayer is not required to use them for educational purposes. The prize amounts are reported as income on Form 1040, Schedule 1, line 8 (other income) whether or not they are used for educational purposes.

Hosts or Hostesses of parties or events where sales are made must report received gifts or gratuities as income on Form 1040, Schedule 1, line 8.

Señor 1040 Says: Meals are subject to the 50% limit.

Se presume que una actividad se lleva a cabo con fines de lucro si produjo un beneficio en al menos tres de los últimos cinco años, incluido el año en curso. Se presume que las actividades que consisten en criar, entrenar, exhibir o correr caballos se llevan a cabo con fines de lucro si produjeron un beneficio en al menos dos de los últimos siete años. La actividad debe ser sustancialmente la misma para cada año dentro del período, y el contribuyente tiene una ganancia cuando el ingreso bruto de la actividad excede las deducciones.

Los ingresos sin fines de lucro pueden incluir ingresos de un pasatiempo o ingresos por alquiler de bienes tangibles; ambos se declaran en el Formulario 1040, Anexo 1, línea 8. Los ingresos por alquiler sin fines de lucro están fuera del alcance de este curso (ver la Publicación 527).

Ingreso de pasatiempo

El ingreso por pasatiempo es un ejemplo de una actividad sin fines de lucro; sin embargo, un pasatiempo puede convertirse en un negocio. La capacidad de reclamar pérdidas en un pasatiempo ha sido suspendida hasta el 2026 debido a la Ley de Reducción de Impuestos y Empleos (TCJA). Para mostrar al IRS que una actividad es un negocio, el contribuyente debe mantener lo siguiente:

- Mantenimiento integral de registros.
- Una cuenta corriente comercial separada para los ingresos.
- Tarjetas de crédito separadas para negocios y compras personales.
- Libro(s) de registro para mantener registros del uso personal y comercial de artículos como computadoras, botes de alquiler, videocámaras, etc.
- Licencias requeridas, seguros, certificaciones, etc.
- Si se opera desde su casa, mantenga una línea telefónica separada para uso comercial.
- Un intento de obtener un beneficio.
- Investigación sobre tendencias del mercado o tecnología relacionada con el negocio del contribuyente.
- Si el contribuyente tiene empleados, debe presentar formularios para declarar los impuestos de empleo (consulte la Publicación 15, Circular E, *Guía de impuestos del empleador para obtener más información*). Los impuestos de empleo incluyen los siguientes elementos:
    - Seguro Social y Medicare.
    - Retención de impuestos federales.
    - Impuesto federal de desempleo (FUTA).

Tipos de otros ingresos misceláneos

El trueque es un intercambio de bienes o servicios. Los bienes y servicios adquiridos a través del trueque deben incluirse como ingresos al valor que tenían cuando fueron recibidos.

Los premios de becas ganados en un concurso no se consideran becas o subsidios si el contribuyente no está obligado a utilizarlos con fines educativos. Los montos de los premios se declaran como ingresos en el Formulario 1040, Anexo 1, línea 8 (otros ingresos), ya sea que se utilicen o no con fines educativos.

Los anfitriones o anfitrionas de fiestas o eventos donde se realicen ventas deben declarar las donaciones o propinas recibidas como ingresos en el Formulario 1040, Anexo 1, línea 8.

El señor 1040 dice: las comidas están sujetas al límite del 50%.

Income

Other Types of Taxable Income

Taxable income is more than just earned wages; it can include several sources that may be overlooked. Some of these taxable income types will be reported on a W-2, but others may be reported to the taxpayer on a 1099MISC.

Advance Commission and Other Earnings

If the taxpayer received an advance commission or some other amount for services to be performed in the future, that amount is included as income in the year received. If the taxpayer repays unearned commission in the same year as was received, then the amount included in income is reduced by the repayment. If the repayment will be in a later year, then the taxpayer would deduct the repayment on Schedule A as an itemized deduction. This cannot be done if the taxpayer does not, or cannot, itemize their deductions.

Back Pay

If a taxpayer receives a settlement or judgment for back pay, it is included in their income. Back pay is treated as wages in the year paid, not the year it was supposed to have been paid. If a settlement was reached in 2018 for pay that should have been given in 2015, and the back pay is given in 2020, then the back pay is reported as income for tax year 2020, not 2015 or 2018.

Payments made to the taxpayer for damages, unpaid life insurance premiums, and unpaid health insurance premiums are reported to the taxpayer on Form W-2. There are special rules on how to report these wages to the Social Security Administration, and those guidelines are not covered in this course. See ssa.gov for more information.

Employee Achievement Awards

Employee achievement awards received for outstanding work are included in the employee's income and should be reported on the W-2. These include prizes such as vacation trips for meeting sales goals. If the prize or reward received is a good or service, include the fair market value of the goods and services in the income. If the employee receives tangible personal property as an award for length of service or a safety achievement, then the value of the award is generally excluded from income unless the compensation is cash, a gift certificate, or some equivalent item. The amount that can be excluded is limited to no more than $1,600 ($400 for awards that are non-qualified plans) or the employer's cost of the award if less than the maximum.

Other items such as the value of a turkey, ham, or other nominally valued items given to an employee must be included as income. The amount of compensation required to be reported is the gross amount prior to any deductions for taxes withheld.

Prepaid income, in most cases, is included as compensation in the year the taxpayer received the income. If the taxpayer is on the accrual method of accounting, the income is reported when it is earned in the performance of the services.

Otros tipos de ingresos gravables

Los ingresos gravables son más que solo salarios ganados; puede incluir varias fuentes que pueden pasarse por alto. Algunos de estos tipos de ingresos gravables serán declarados en un formulario W-2, pero otros pueden ser declarados al contribuyente en un 1099MISC.

Comisión anticipada y otras ganancias

Si el contribuyente recibió una comisión anticipada o algún otro monto por los servicios que se realizarán en el futuro, ese monto se incluye como ingreso en el año recibido. Si el contribuyente reembolsa la comisión no ganada en el mismo año en que se recibió, la cantidad incluida en los ingresos se reduce por el reembolso. Si el reembolso será en un año posterior, entonces el contribuyente deduciría el reembolso en el Anexo A como una deducción detallada. Esto no se puede hacer si el contribuyente no detalla o no puede detallar sus deducciones.

Pago retroactivo

Si un contribuyente recibe un acuerdo o sentencia por pago retroactivo, este se incluye en sus ingresos. El pago retroactivo se trata como salarios en el año pagado, no el año en que se suponía que se había pagado. Si se llegó a un acuerdo en 2018 por el pago que debería haberse otorgado en 2015, y el pago retroactivo se otorga en 2020; entonces, el pago retroactivo se declara como ingreso para el año fiscal 2020, no 2015 o 2018.

Los pagos realizados al contribuyente por daños, primas de seguro de vida no pagadas y primas de seguro de salud no pagadas se declaran al contribuyente en el Formulario W-2. Existen reglas especiales sobre cómo declarar estos salarios a la Administración del Seguro Social, y esas directrices no están cubiertas en este curso. Consulte ssa.gov para más información.

Premios a los logros de los empleados

Los bonos y premios recibidos por trabajos sobresalientes o por la duración del servicio se incluyen en los ingresos del empleado y se deben declarar en su W-2. Estos incluyen premios como viajes de vacaciones por cumplir los objetivos de ventas. Si el premio o recompensa recibida es un bien o servicio, incluya el valor justo de mercado de los bienes y servicios en los ingresos. Si el empleado recibe bienes personales tangibles como un premio por la duración del servicio o un logro de seguridad, entonces el valor de la gratificación generalmente se excluye de los ingresos a menos que la remuneración sea en efectivo, un certificado de donación o algún artículo equivalente. El monto que se puede excluir está limitado a no más de $1.600 ($400 para gratificaciones que no son planes calificados) o el costo de la gratificación del empleador si es inferior al máximo.

Otros conceptos como el valor de un pavo, jamón u otros conceptos con valor nominal entregados a un empleado deben incluirse como ingresos. El monto de la remuneración requerida para ser declarado es el monto bruto antes de cualquier deducción por impuestos retenidos.

El ingreso pagado por anticipado, en la mayoría de los casos, se incluye como compensación en el año en que el contribuyente recibió el ingreso. Si el contribuyente sigue el método contable de acumulación, los ingresos se declaran cuando se obtienen en el desempeño de los servicios.

Income

Government Cost-of-Living Allowances

Cost-of-living allowances are generally included in income if the employee was a federal civilian or a federal court employee. Allowances and differentials that increase basic pay as an incentive for taking a less desirable post of duty are part of the employee's compensation and must be included in income. See Publication 516 for more information.

Relocation for Temporary Work Assignment

If an employee is away from his regular place of work on a temporary work assignment, certain travel expenses that are reimbursed or paid directly by the employer with an accountable plan may be excluded from wages. Generally, a temporary work assignment is in one location and lasts for one year or less.

Severance Pay

When an employee receives a severance package, any payment for the cancellation of his or her employment contract is included in the employee's income. A severance package is considered wages and is subject to Social Security and Medicare taxes.

Sick Pay

Pay received from an employer while the employee is sick or injured is part of the employee's salary or wages. Taxpayers must include sick pay benefits in their income that are received from any of the following sources:

- A welfare fund.
- A state sickness or disability fund.
- An association of employers or employees.
- An insurance company if the employer paid for the plan.

If the employee paid the premiums on an accident or health insurance policy, the benefits received under the policy are not taxable.

Sick pay is intended to replace regular wages while an employee is unable to work due to injury or illness. Payments received from the employer or an agent of the employer that qualify as sick pay must have federal withholding, just as any other wage compensation. Payments under a plan in which the employer does not participate (i.e., the taxpayer paid all the premiums) are not considered sick pay and are not taxable.

Sick pay does not include any of the following payments:

- Disability retirement payments.
- Workers' compensation.
- Payments to public employees as workers' compensation.
- Medical expense payments.
- Payments unrelated to absences from work.

Subsidios gubernamentales por costo de vida

Los subsidios por costo de vida generalmente se incluyen en los ingresos si el empleado era un empleado civil federal o un empleado de un tribunal federal. Los subsidios y diferenciales que aumentan el salario básico como un incentivo para tomar un puesto de trabajo menos deseable son parte de la remuneración del empleado y deben incluirse en los ingresos. Consulte la publicación 516 para más información.

Reubicación para asignación de trabajo temporal

Si un empleado está fuera de su lugar de trabajo habitual en una asignación de trabajo temporal, ciertos gastos de viaje que el empleador reembolsa o paga directamente con un plan responsable pueden excluirse de los salarios. En general, una asignación de trabajo temporal se aplica a un lugar y dura un año o menos.

Indemnización por Despido

Cuando un empleado recibe una indemnización por despido, todos los pagos por la cancelación de su contrato de trabajo se incluyen en los ingresos del empleado. Un paquete de indemnización por despido se considera salario gravable y está sujeto a impuestos del seguro social y Medicare.

Pago de Licencia por Enfermedad

El pago recibido de un empleador mientras el empleado está enfermo o lesionado es parte del salario o sueldo del empleado. Los contribuyentes deben incluir los beneficios de pago de licencia por enfermedad en sus ingresos que se reciben de cualquiera de las siguientes fuentes:

- Un fondo de asistencia social.
- Un fondo estatal de enfermedad o discapacidad.
- Una asociación de empleadores o empleados.
- Una compañía de seguros si el empleador pagó por el plan.

Si el empleado pagó las primas de una póliza de seguro de salud o accidente, los beneficios recibidos bajo la póliza no son gravables.

El pago por enfermedad está destinado a reemplazar los salarios regulares mientras un empleado no puede trabajar debido a una lesión o enfermedad. Los pagos recibidos del empleador o un agente del empleador que califican como pago por enfermedad deben tener una retención federal, al igual que cualquier otra compensación salarial. Los pagos bajo un plan en el que el empleador no participa (es decir, el contribuyente pagó todas las primas) no se consideran pagos por enfermedad y no están sujetos a impuestos.

El pago por enfermedad no incluye ninguno de los siguientes pagos:

- Beneficios de jubilación y discapacidad.
- Indemnización por accidente laboral.
- Pagos a empleados públicos como indemnización por accidente laboral.
- Pagos de gastos médicos.
- Pagos no relacionados con ausencias laborales.

Income

> *Señor 1040 Says:* Do not report any amounts as income that were reimbursed for medical expenses that were incurred after the plan was established.

Tips and Gratuities

All tips (also called gratuities) received are income, subject to federal income tax, and must be reported to employers regardless of whether they were received directly or indirectly via a tip-splitting pool, a tip-pooling arrangement, or some other method. Noncash tips, such as tickets, passes, or other items of value must also be reported to employers. The market value of the item is counted as income and subject to tax, although the taxpayer does not pay Social Security or Medicare taxes on them. The IRS states that all tips received from customers must be included as income regardless of what an employer considers to be a tip; an employer's characterization of a payment as a "tip" is not determinative for withholding purposes.

Employees who receive tips should keep daily records of the tips received. A daily report will help the employee when it comes to filing his or her tax return. Employees should do the following:

- Report tips accurately to their employer.
- Report all tips accurately on their tax return.
- Provide their tip income report if their tax return is ever audited.

There are two ways to keep a daily tip log. Employees can:

- Write information about their tips in a tip diary.
- Keep copies of documents that show their tips.

> *Señor 1040 Says:* The taxpayer can use Publication 1244 to track their daily tips totals and amount reported to their employer.

This daily record should be kept with tax and other personal records. The daily tip report should include:

- The date and time of work.
- Cash tips received directly from customers or other employees.
- Credit and debit card charges that customers paid directly to the employer.
- Total tips paid out to other employees through tip pools or tip splitting.
- The value of noncash tips received, such as tickets, passes, etc.

El señor 1040 dice: no declare ninguna cantidad como ingreso que fue reembolsado por gastos médicos incurridos después de que se estableció el plan.

Propinas y Gratificaciones

Todas las propinas (también llamadas gratificaciones) recibidas son ingresos y están sujetas al impuesto federal sobre la renta, y deben declararse a los empleadores, independientemente de si se recibieron directa o indirectamente a través de una agrupación de división de propinas, un acuerdo de agrupación de propinas o algún otro método. Las propinas que no sean en efectivo, como boletos, pases u otros artículos de valor, también deben declararse a los empleadores. El valor de mercado del artículo se cuenta como ingresos y está sujeto a impuestos, aunque el contribuyente no paga el seguro social o los impuestos de Medicare sobre ellos. El IRS establece que todas las propinas recibidas de los clientes deben incluirse como ingresos, independientemente de lo que un empleador considere una propina; la caracterización de un pago de un empleador como una "propina" no es determinante para fines de retención.

Los empleados que reciben propinas deben mantener registros diarios de las mismas. Un registro diario ayudará al empleado a la hora de presentar su declaración de impuestos. Los empleados deben hacer lo siguiente:

> - Declarar propinas a su empleador con precisión.
> - Declarar todas las propinas con precisión en su declaración de impuestos.
> - Proporcionar su declaración de ingreso de propinas si alguna vez se audita su declaración de impuestos.

Existen dos formas de mantener un registro diario de propinas. Los empleados pueden:

> - Escribir información sobre sus propinas en un diario de propinas.
> - Conservar copias de los documentos que muestren sus propinas.

El señor 1040 dice: el contribuyente puede usar la Publicación 1244 para hacer un seguimiento del total de sus propinas diarias y la cantidad declarada a su empleador.

Este registro diario debe mantenerse con impuestos y otros registros personales. El registro diario de propinas debe incluir:

> - La fecha y hora de trabajo.
> - Propinas en efectivo recibidas directamente de los clientes u otros empleados.
> - Cargos por tarjeta de crédito y débito que los clientes pagan directamente al empleador.
> - Propina total pagada a otros empleados a través de grupos de propinas o división de propinas.
> - El valor de las propinas no monetarias recibidas, como boletos, pases, etc.

Income

If $20 worth of tips or more are received per month from one employer, they must be reported to the taxpayer's employer on Form 4070: *Employee's Report of Tips to Employer*. Just like with normal earned wages, the employer will withhold Social Security, Medicare, federal taxes, and state taxes from the employee's reported tips based on the total amount of the employee's regular wages and reported tips. Form 4070 should be filed with the employer no later than the 10th of each month. If the 10th of the month falls on a Saturday, Sunday, or legal holiday, the due date to report tips becomes the next business day. Tips not reported to the employer are still required to be reported as income on Form 1040. If the taxpayer fails to report tips, the taxpayer may be subject to a penalty equal to 50% of the Social Security and Medicare taxes or railroad retirement tax owed on unreported tips. This penalty amount is in addition to the taxes owed; although the taxpayer can try to avoid this penalty by attaching a statement to the return showing he or she had a reasonable cause for not reporting tips to the employer. The taxpayer must use Form 4137: *Social Security Tax on Unreported Tip Income*, to report unreported tips to the IRS.

Service charges that are added to the customer's bill and paid to the employee are treated as wages, not tips. Taxpayers should not include service charges in their tip diary. The absence of any of the following factors creates doubt as to whether a payment is a tip and indicates that the payment may be a service charge:

- The payment must be made free from obligation.
- The customer must have an unrestricted right to determine the amount.
- The payment should not be subject to negotiation or dictated by employer policy.
- The customer has the right to determine who receives the payment.

Example: *Fish 'n' Chips for You* specifies that an 18% service charge will be added to bills with parties of six or more. Julio's bill included the service charge for food and beverages for the party of eight he served. Under these circumstances, Julio did not have the unrestricted right to determine the amount of payment because it was dictated by *Fish 'n' Chips for You*. The 18% charge is not a tip; it is distributed to the employees as wages. Julio would not include that amount in his tip diary.

Employees who work in an establishment that must allocate tips to its employees or who fail to earn or report an amount of tips that is equal to at least 8% of the total amount of their gross receipts are subject to "allocated tips", in which case the employer will assign them (or "allocate") additional tips to ensure they reach the 8% minimum. Allocated tips are calculated by adding the tips reported by all employees from food and drink sales (this does not include carryout sales or sales with a service charge of 10% or more). The employee's share is then determined using his or her sales or his or her hours worked.

Allocated tips are shown separately in box 8 of Form W-2 and are reported as wages on Form 1040, line 7. Social Security and Medicare taxes have not been taken out of allocated tips, but since they are still subject to them, they must be reported on Form 4137: *Social Security Tax on Unreported Tip Income*. Employers must also report them by filing Form 8027: *Employer's Annual Information Return of Tip Income and Allocated Tips*. The purpose of Form 4137 is to calculate the Social Security and Medicare tax on tips that were not reported to the taxpayer's employer. Once calculated, report the amount of unreported Social Security and Medicare tax on Form 1040, Schedule 4, line 58 and check box a on that line.

Ingreso

Si se reciben $20 de propinas o más por mes de un empleador, se deben declarar al empleador del contribuyente en el Formulario 4070: *Registro del empleado sobre propinas para el empleador.* Al igual que con los salarios devengados de manera habitual, el empleador retendrá los impuestos de del Seguro Social, Medicare, federales y estatales de las propinas declaradas por el empleado en función de la cantidad total de los salarios regulares y las propinas declaradas. El formulario 4070 debe presentarse al empleador a más tardar el décimo día de cada mes. Si el día 10 del mes cae sábado, domingo o feriado legal, la fecha de vencimiento para declarar las propinas se convertirá en el siguiente día hábil. Las propinas no declaradas aún deben ser declaradas como ingresos en el Formulario 1040. Si el contribuyente no declara las propinas, puede estar sujeto a una multa equivalente al 50% de los impuestos de Seguro Social y Medicare, o impuestos de jubilación ferroviaria adeudados en las propinas no declaradas. Este monto de la multa se suma a los impuestos adeudados, aunque el contribuyente puede tratar de evitar esta multa adjuntando un informe a la declaración que demuestre que él o ella tuvo una causa razonable para no declarar las propinas al empleador. El contribuyente debe utilizar el Formulario 4137: *Impuesto del Seguro Social sobre el ingreso de propinas no declarados*, para declarar propinas no declaradas al IRS.

Los cargos por servicio que se agregan a la factura del cliente y se pagan al empleado se tratan como salarios, no propinas. Los contribuyentes no deben incluir cargos por servicios en su registro de propinas. La ausencia de cualquiera de los siguientes factores crea dudas sobre si un pago es una propina e indica que el pago puede ser un cargo por servicio:

- El pago debe hacerse libre de obligación.
- El cliente debe tener un derecho sin restricciones para determinar la cantidad.
- El pago no debe estar sujeto a negociación o dictado por la política del empleador.
- El cliente tiene el derecho de determinar quién recibe el pago.

Ejemplo: *Fish 'n' Chips for You* especifica que se agregará un cargo por servicio del 18% a las facturas con partes de seis o más. La factura de Julio incluía el cargo por servicio de alimentos y bebidas para la fiesta de ocho personas a quienes servía. Bajo estas circunstancias, Julio no tenía el derecho ilimitado para determinar el monto del pago porque fue dictado por *Fish 'n' Chips for You.* El cobro del 18% no es una propina; se distribuye a los empleados como salario. Julio no incluiría esa cantidad en su registro de propinas.

Los empleados que trabajan en un establecimiento que debe asignar propinas a sus empleados o que no ganan ni declaran una cantidad de propinas equivalente a por lo menos el 8% de la cantidad total de sus ingresos brutos están sujetos a "propinas asignadas", en cuyo caso el empleador les asignará propinas adicionales para asegurar que alcancen el 8% mínimo. Las propinas asignadas se calculan agregando las propinas declaradas de todos los empleados sobre las ventas de alimentos y bebidas (esto no incluye ventas de transferencias o ventas con un cargo por servicio del 10% o más). La parte del empleado se determina luego utilizando sus ventas o sus horas trabajadas.

Las propinas asignadas se muestran en la casilla 8 del Formulario W-2 y deben declararse como salarios en el Formulario 1040, línea 7. Los impuestos del Seguro Social y de Medicare no se han deducido de las propinas asignadas, pero como todavía están sujetos a ellas, deben declararse en el Formulario 4137: *Impuesto al Seguro Social sobre los ingresos de propinas no declarados.* Los empleadores también deben declararlos presentando el Formulario 8027: *Declaración de la información anual del empleador sobre los ingresos de las propinas y las propinas asignadas.* El propósito del Formulario 4137 es calcular el impuesto del Seguro Social y Medicare sobre las propinas que no se informan al empleador del contribuyente. Una vez calculada, declare la cantidad de impuestos del Seguro Social y Medicare no declarados en el Formulario 1040, Anexo 4, línea 58 y marque la casilla a en esa línea.

Disability Income

Disability income is the amount paid to an employee under the employee or employer's insurance or pension plan (under some plans, employees can also contribute) while the employee is absent from work due to a disability. Disability income reported as wages on Form W-2 is taxable, but income attributable to employee contributions would not be taxable. If the employee pays for the entire cost of the accident or health plan, he or she should not include any amount received as income. If the premiums of a health or accident plan were paid through a cafeteria plan, and the amount of the premium was not included as taxable income, then it is assumed that the employer paid the premiums, and the disability benefits are taxable.

If a taxpayer retires using disability payments before reaching the minimum retirement age of 59½, the payments will be treated as wages until the taxpayer reaches the minimum retirement age. Once a taxpayer is over the age of 59½, their disability payments will be taxed as a pension and not as regular income. Tax professionals should not confuse disability income (which may be taxable) with workers' compensation (which may not be taxable) for those who are injured at work.

Señor 1040 Says: The minimum retirement age is 59½ or the age at which the taxpayer could first receive an annuity or pension if he or she was not disabled. The taxpayer must report all his or her taxable disability payments until the taxpayer reaches the minimum retirement age.

Clergy

Clergy are the formal leaders within certain religious groups. The roles and functions of clergy members vary amongst different religious traditions, but these usually involve presiding over specific rituals and teaching religious doctrines and practices.

If the taxpayer is a member of the clergy, offerings and fees received for marriages, baptisms, funerals, masses, etc., are included as income in addition to his salary. If the offering is made to the religious institution, it is not taxable to the member of the clergy. If he is a member of a religious organization, and if he gives his outside earnings to the organization, he must still include the earnings in his income. However, he may be entitled to a charitable contribution deduction for the amount he paid to the organization.

Special rules for housing allowances apply to members of the clergy. Under these rules, the taxpayer does not include in his income the rental value of a home (including utilities) or a housing allowance provided to him as a part of his pay. However, the exclusion cannot be more than the least of the following amounts:

- The exact amount used to provide or rent a home.
- The fair market rental value of the home (including furnishings, utilities, etc.).
- The amount officially designated (in advance of payment) as a rental or housing allowance.
- An amount that represents reasonable pay for services.

Ingreso por discapacidad

El ingreso por discapacidad es la cantidad pagada a un empleado bajo el plan de seguro o pensión del empleado o empleador (bajo algunos planes, el empleado también puede hacer contribuciones) mientras el empleado está ausente del trabajo debido a una discapacidad. Los ingresos por discapacidad declarados como salarios en el Formulario W-2 son gravables, pero los ingresos atribuibles a las contribuciones de los empleados no estarán sujetos a impuestos. Si el empleado paga el costo total del accidente o plan de salud, no debe incluir ninguna cantidad recibida como ingreso. Si las primas de un plan de salud o accidente se pagaron a través de un plan de beneficios flexibles, y el monto de la prima no se incluyó como ingreso gravable, entonces se asume que el empleador pagó las primas y los beneficios por discapacidad son gravables.

Si un contribuyente se jubila utilizando los pagos por discapacidad antes de alcanzar la edad mínima de jubilación de 59 años y medio, los pagos se tratarán como salarios hasta que el contribuyente alcance la edad mínima de jubilación. Una vez que un contribuyente supera los 59 años y medio, sus pagos por discapacidad se gravarán como una pensión y no como un ingreso regular. Los profesionales de impuestos no deben confundir los ingresos por discapacidad (que pueden estar sujetos a impuestos) con la indemnización por accidente laboral (que pueden no estar sujetos a impuestos) para aquellos que se lesionan en el trabajo.

El señor 1040 dice: la edad mínima de jubilación es 59 años y medio o la edad a la que el contribuyente podría recibir primero una anualidad o pensión si no estuviera discapacitado. El contribuyente debe declarar todos sus pagos por discapacidad imponibles hasta que alcance la edad mínima de jubilación.

Clero

El clero son los líderes formales dentro de ciertos grupos religiosos. Los roles y funciones de los miembros del clero varían entre las diferentes tradiciones religiosas, pero generalmente implican presidir rituales específicos y enseñar doctrinas y prácticas religiosas.

Si el contribuyente es miembro del clero, las ofrendas y honorarios recibidos por matrimonios, bautizos, funerales, misas, etc., se incluyen como ingresos además de su salario. Si la ofrenda se hace a la institución religiosa, no está sujeta al impuesto del miembro del clero. Si es miembro de una organización religiosa, y si entrega sus ganancias externas a la organización, aún debe incluir las ganancias en sus ingresos. Sin embargo, puede tener derecho a una deducción de contribución caritativa por el monto que pagó a la organización.

Se aplican reglas especiales para subsidios de vivienda a los miembros del clero. Según estas reglas, el contribuyente no incluye en sus ingresos el valor de alquiler de una casa (incluidos los servicios públicos) o un subsidio de vivienda que se le proporciona como parte de su paga. Sin embargo, la exclusión no puede ser mayor que la menor de las siguientes cantidades:

- ➤ La cantidad exacta utilizada para proporcionar o alquilar una casa.
- ➤ El valor justo de alquiler de la casa en el mercado (incluidos muebles, servicios públicos, etc.).
- ➤ La cantidad designada oficialmente (antes del pago) como alquiler o subsidio de vivienda.
- ➤ Un monto que representa un pago razonable por los servicios.

Income

The home or allowance must be provided as compensation for the taxpayer's duties as an ordained, licensed, or commissioned minister. However, the rental value of the home or the housing allowance as earnings from self-employment is included on Schedule SE (Form 1040), *Self-Employment Tax*. Taxation of clergy income is beyond the scope of this course. For more information, see Publication 517.

If parents make the election to report their child's income, they would report the income on Form 8814. The tax rate may be higher with this election. For more information, see Instructions Form 8814 and Publication 929.

Part 3 Review Questions

To obtain the maximum benefit from this chapter, LTP recommends that you complete each of the following questions, and then compare them to the answers with feedback that immediately follow. Under governing self-study standards, vendors are required to present review questions intermittently throughout each self-study course.

These questions and explanations are not part of the final examination and will not be graded by LTP.

IP3.1
Reverend Alex performs marriages and is paid from the offering for the performance. Are the offerings taxable to Alex?

  a. Yes, they are, because all offerings are taxable.
  b. No, they are not, because it was given from the church members and not the offerings.
  c. Yes, they are, because he performed the marriage and was given the offering.
  d. No, they are not, because he is a clergy man.

IP3.2
Which of the following is taxable income?

  a. Workers' compensation
  b. Welfare benefits
  c. Veterans benefits
  d. Disability reported on Form W-2

Part 3 Review Questions Answers

IP3.1
Reverend Alex performs marriages and is paid from the offering for the performance. Are the offerings taxable to Alex?

  a. **Yes, they are, because all offerings are taxable.**
  b. No, they are not, because it was given from the church members and not the offerings.
  c. Yes, they are, because he performed the marriage and was given the offering.
  d. No, they are not, because he is a clergy man.

Feedback: Review section *Clergy*.

El hogar o el subsidio se deben proporcionar como compensación por los deberes del contribuyente como ministro ordenado, licenciado o comisionado. Sin embargo, el valor del alquiler de la vivienda o el subsidio de vivienda como ingresos del trabajo como independiente se incluye en el Anexo SE (Formulario 1040), *Impuesto sobre el trabajo independiente*. La imposición de los ingresos del clero está fuera del alcance de este curso. Para obtener más información, consulte la Publicación 517.

Si los padres eligen declarar los ingresos de sus hijos, informarán los ingresos en el Formulario 8814. La tasa impositiva puede ser más alta con esta elección. Para más información, consulte el Formulario de Instrucciones 8814.

Parte 3 Preguntas de repaso

Para obtener el máximo beneficio de este capítulo, LTP recomienda completar cada una de las siguientes preguntas y luego compararlas con las respuestas con los comentarios que siguen inmediatamente. Bajo las normas de autoestudio de gobierno, los proveedores están obligados a presentar preguntas de revisión intermitentemente a lo largo de cada curso de autoestudio.

Estas preguntas y explicaciones no forman parte del examen final y no serán calificadas por LTP.

IP3.1

El reverendo Alex realiza matrimonios y se le paga con la ofrenda por su participación. ¿Las ofrendas están sujetas a impuestos para Alex?

a. Sí, lo están, porque todas las ofrendas están sujetas a impuestos
b. No, no lo están, porque fue dado por los miembros de la iglesia y no por las ofrendas
c. Sí, lo están, porque él celebró el matrimonio y recibió la ofrenda
d. No, no lo están, porque es un clérigo

IP3.2

¿Cuál de las siguientes opciones es el ingreso gravable?

a. Indemnización por accidente laboral
b. Prestaciones sociales
c. Prestaciones para veteranos
d. Discapacidad declarada en el Formulario W-2

Parte 3 Respuestas a las preguntas de repaso

IP3.1

El reverendo Alex realiza matrimonios y se le paga con la ofrenda por su participación. ¿Las ofrendas están sujetas a impuestos para Alex?

a. Sí, lo están, porque todas las ofrendas están sujetas a impuestos
b. No, no lo están, porque fue dado por los miembros de la iglesia y no por las ofrendas
c. Sí, lo están, porque él celebró el matrimonio y recibió la ofrenda
d. No, no lo están, porque es un clérigo

Comentario: Revisa la sección *Clérigo*.

IP3.2
Which of the following is taxable income?

   a. Workers' compensation
   b. Welfare benefits
   c. Veterans benefits
   d. Disability reported on Form W-2

Feedback: Review section *Disability Income.*

Part 4: Fringe Benefits

A fringe benefit is any benefit provided by an employer to individuals in addition to their normal compensation. A person who performs services for the employer does not have to be an employee; he or she can be an independent contractor, partner, or director. The employer is the provider of the fringe benefit if it is provided for services performed for the employer, and the person who performs services for the employer is the recipient of the fringe benefit.

Fringe benefits received from an employer are considered compensation and are taxable and must be included in income unless tax law specifically excludes the benefits or the taxpayer paid fair market value for the benefit (in which it would no longer be a provision from the employer or a fringe benefit). The employer usually determines the amount of the fringe benefits and includes this amount in the employee's W-2. The total value of the fringe benefits should be shown in box 12. The employer is the provider of the benefit even if a customer of the employer provided the services. The employee who is the recipient of the benefit must report the fringe benefit as income.

Employers can report noncash fringe benefits in box 1 of the W-2 (with a notation in box 14) using one of the two following accounting periods:

> The general rule, under which benefits are reported for a full calendar year (January 1st through December 31st).
> The special accounting period rule, under which benefits provided during the last two months of the calendar year (or any shorter period) are treated as being paid during the following calendar year.

Example 1: Smith's Enterprises has provided Frank Jones and Courtney Keys noncash fringe benefits since 2015 and reports some of them to the IRS using the special accounting period rule. To report the value of those provided benefits on their W-2s, Smith's Enterprises will count November and December of 2020 and January through October of 2021 as one calendar year.

Employers do not have to use the same accounting period for each fringe benefit they provide, but they must use whichever accounting period they choose for every person who receives the benefit. The employee must use the same accounting period as his or her employer to report taxable noncash fringe benefits.

IP3.2
¿Cuál de las siguientes opciones es el ingreso gravable?

   a. Indemnización por accidente laboral
   b. Prestaciones sociales
   c. Prestaciones para veteranos
   d. Discapacidad declarada en el Formulario W-2

Comentario: Revisa la sección *Ingreso por discapacidad.*

Parte 4: Beneficios complementarios

Un beneficio complementario es cualquier beneficio proporcionado por un empleador a personas naturales además de su remuneración regular. Una persona que realiza servicios para el empleador no tiene que ser un empleado; puede ser un contratista independiente, socio o director. El empleador es el proveedor del beneficio adicional si se proporciona para los servicios prestados para el empleador, y la persona que presta servicios para el empleador es el destinatario del beneficio adicional.

Los beneficios adicionales recibidos de un empleador se consideran remuneración y están sujetos a impuestos y deben incluirse en los ingresos a menos que la ley tributaria excluya específicamente los beneficios o que el contribuyente pague un valor justo de mercado por el beneficio (en el cual ya no sería una provisión del empleador o un beneficio adicional). El empleador generalmente determina la cantidad de los beneficios adicionales e incluye esta cantidad en el formulario W-2 del empleado. El valor total de los beneficios adicionales debe mostrarse en la casilla 12. El empleador es el proveedor del beneficio incluso si un cliente del empleador proporcionó los servicios. El empleado que recibe el beneficio debe declarar el beneficio adicional como ingreso.

Los empleadores pueden declarar los beneficios adicionales no monetarios en la casilla 1 del W-2 (con una anotación en la casilla 14) utilizando uno de los dos períodos contables siguientes:

   ➢ La regla general, según la cual los beneficios se informan durante un año natural completo (del 1 de enero al 31 de diciembre).
   ➢ La regla del período contable especial, según la cual los beneficios proporcionados durante los últimos dos meses del año natural (o cualquier período más corto) se tratan como beneficios pagados durante el siguiente año natural.

Ejemplo 1: Smith's Enterprises ha proporcionado beneficios adicionales no monetarios de Frank Jones y Courtney Keys desde 2015 y declara algunos de ellos al IRS utilizando la regla especial del período contable. Para declarar el valor de los beneficios proporcionados en sus W-2, Smith's Enterprises contará noviembre y diciembre de 2020 y enero a octubre de 2021 como un año natural.

Los empleadores no tienen que usar el mismo período contable para cada beneficio adicional que brinden, pero deben usar el período contable que elijan para cada persona que recibe el beneficio. El empleado debe usar el mismo período contable que su empleador para declarar los beneficios adicionales no monetarios gravables.

Example 2: Smith's Enterprises provided employee discounts and athletic facilities as fringe benefits to both Frank Jones and Courtney Keys. The company can report each fringe benefit using a different accounting rule, but no matter what rule they use for each benefit, the fringe benefit must be reported the same way for both Frank and Courtney. In other words, the company can report the employee discounts using the general rule and the athletic facilities using the special accounting period rule, but they cannot report athletic facilities under the general rule for Courtney and then report them under the special accounting period rule for Frank.

Cafeteria Plans

Cafeteria plans are a type of benefit package consisting entirely of fringe benefits; most are written flexible spending arrangement plans that allow employees to choose between receiving cash or taxable benefits instead of certain qualified benefits that are excluded from wages. Generally, a cafeteria plan does not include any plan that offers a benefit that defers pay, but a cafeteria plan can include a qualified 401(k) plan as a benefit. Qualified benefits under a cafeteria plan can include the following:

- Accident and health benefits (but not Archer medical savings accounts or long-term care insurance).
- Adoption assistance.
- Dependent care assistance.
- Group-term life insurance coverage.
- Health savings accounts (HSAs). Distributions from an HSA may be used to pay eligible long-term care insurance premiums or qualified long-term care services in addition to unreimbursed medical expenses.

Excluded fringe benefits are not subject to federal income tax withholding; in most cases, they are not subject to Social Security, Medicare, or federal unemployment tax (FUTA) and aren't reported on Form W-2. A cafeteria plan cannot include the following benefits:

- Archer medical savings accounts (MSAs).
- Athletic facilities.
- *De minimis* (minimal) benefits.
- Educational assistance (including scholarships or fellowships; see Publication 970, *Tax Benefits for Education*, for more info).
- Employee discounts.
- Employer-provided cell phones.
- Lodging on the business premises.
- Meals.
- No-additional-cost services.
- Retirement planning services.
- Transportation (commuting) benefits.
- Tuition reduction.
- Working condition benefits.

The following are some of the possible fringe benefits that can be included under the cafeteria plan.

Ejemplo 2: Smith's Enterprises proporcionó descuentos para empleados e instalaciones deportivas como beneficios adicionales tanto para Frank Jones como para Courtney Keys. La compañía puede declarar cada beneficio adicional utilizando una regla de contabilidad diferente, pero no importa qué regla utilicen para cada beneficio, el beneficio adicional debe declararse de la misma manera tanto para Frank como para Courtney. En otras palabras, la compañía puede declarar los descuentos para empleados usando la regla general y las instalaciones deportivas utilizando la regla del período contable especial, pero no pueden declarar las instalaciones deportivas según la regla general para Courtney y luego declararlos bajo la regla del período contable especial para Frank.

Planes de beneficios flexibles

Los planes de beneficios flexibles son un tipo de paquete de beneficios que consiste completamente en beneficios complementarios; la mayoría son planes de arreglos de gastos flexibles escritos que permiten a los empleados elegir entre recibir efectivo o beneficios gravables en lugar de ciertos beneficios calificados que están excluidos de los salarios. En general, un plan de beneficios flexibles no incluye ningún plan que ofrezca un beneficio que difiera el pago, pero un plan de beneficios flexibles puede incluir un plan 401(k) calificado como un beneficio. Los beneficios calificados bajo un plan beneficios flexibles pueden incluir lo siguiente:

- Accidentes y beneficios de salud (pero no cuentas de ahorro médico de Archer o seguro de atención a largo plazo).
- Asistencia de adopción.
- Asistencia de cuidado de dependientes.
- Cobertura de seguro de vida a término colectivo.
- Cuentas de ahorro para la salud (HSA). Las distribuciones de una HSA se pueden usar para pagar las primas elegibles del seguro de atención a largo plazo o los servicios de atención calificados a largo plazo además de los gastos médicos no reembolsados.

Los beneficios adicionales excluidos no están sujetos a la retención del impuesto federal sobre la renta; en la mayoría de los casos, no están sujetos al Seguro Social, Medicare o el impuesto federal de desempleo (FUTA) y no se declaran en el Formulario W-2. Un plan de beneficios flexibles no puede incluir los siguientes beneficios:

- Cuentas de ahorro médico Archer (MSA).
- Instalaciones deportivas.
- *Beneficios de minimis* (mínimos).
- Asistencia educativa (incluidas becas o subvenciones; consulte la Publicación 970, *Beneficios fiscales para la educación*, para obtener más información).
- Descuentos para empleados.
- Teléfonos celulares provistos por el empleador.
- Alojamiento en locales comerciales.
- Comidas.
- Servicios sin costo adicional.
- Servicios de planificación de la jubilación.
- Beneficios de transporte (desplazamientos).
- Reducción de matrícula.
- Condiciones de trabajo beneficios.

A continuación, se mencionan algunos de los posibles beneficios adicionales que se pueden incluir en el plan de beneficios flexibles.

Income

Adoption Assistance

Adoption assistance is considered a benefit when it meets the following requirements:

- ➤ The plan must benefit the employees who qualify under the rules set up by the employer, and the rules cannot give special treatment or perks to highly compensated employees or their dependents.
- ➤ The plan does not pay more than 5% of its payments during the year to shareholders, owners, their spouses, or their dependents.
- ➤ The employer gives reasonable notice of the adoption plan to all eligible employees.
- ➤ Employees provide substantiation that the payments or the reimbursements are used for qualifying expenses.

A highly compensated employee is an employee who meets either of the following tests:

- ➤ The employee was a 5% owner at any time during the year or the preceding year.
- ➤ The employee received more than $120,000 in pay for the preceding year.

The second test listed above can be ignored if the employee was not in the top 20% of the employees' pay ranking for the preceding year. All payments or reimbursements made under the adoption assistance program must be excluded from wages subject to federal income tax withholding.

All qualifying adoption assistance expenses paid or reimbursed by the employer must be reported in box 12 of the employee's Form W-2. Code *T* is used to identify the amount. This credit is nonrefundable. Nonrefundable credits lower the taxpayer's tax liability. See Publication 15-B for more information.

Dependent Care Assistance

If the employer provides dependent care assistance under a qualified plan, the taxpayer may be able to exclude the amount from income. Dependent care benefits include the following:

- ➤ Amounts the employer paid directly to the care provider.
- ➤ The fair market value of the care in a day-care facility provided or sponsored by the employer.

The amount that can be excluded is limited to the least of these:

- ➤ The total amount of dependent care benefits received for the year.
- ➤ The total amount of the qualified expenses incurred during the year.
- ➤ The taxpayer's earned income.
- ➤ The spouse's earned income (if filing MFJ).
- ➤ $5,000 ($2,500 if MFS).

The amounts paid are reported on Form W-2, box 10. To claim the exclusion, the taxpayer would complete Part III of Form 2441: *Child and Dependent Care Expenses*.

Asistencia para la adopción

La asistencia para la adopción se considera un beneficio cuando cumple con los siguientes requisitos:

- El plan debe beneficiar a los empleados que califican bajo las reglas establecidas por el empleador, y las reglas no pueden dar un tratamiento especial o beneficios a los empleados altamente remunerados o sus dependientes.
- El plan no paga más del 5% de sus pagos durante el año a los accionistas, propietarios, sus cónyuges o sus dependientes.
- El empleador da un aviso razonable del plan de adopción a todos los empleados elegibles.
- Los empleados confirman que los pagos o reembolsos se utilizan para gastos calificados.

Un empleado altamente remunerado es un empleado que cumple cualquiera de las siguientes pruebas:

- El empleado era propietario del 5% en cualquier momento durante el año actual o el anterior.
- El empleado recibió más de $120.000 en pago durante el año anterior.

La segunda prueba mencionada anteriormente puede ignorarse si el empleado no estaba en el 20% superior de la clasificación salarial de los empleados del año anterior. Todos los pagos o reembolsos realizados bajo el programa de asistencia de adopción deben excluirse de los salarios sujetos a la retención del impuesto federal sobre la renta.

Todos los gastos de asistencia de adopción calificados pagados o reembolsados por el empleador deben declararse en la casilla 12 del Formulario W-2 del empleado. El código *T* se usa para identificar la cantidad. Este crédito no es reembolsable. Los créditos no reembolsables reducen la obligación tributaria del contribuyente. Consulte la publicación 15-B para más información.

Asistencia para el cuidado de dependientes

Si el empleador brinda asistencia de cuidado de dependientes bajo un plan calificado, el contribuyente puede excluir el monto de los ingresos. Los beneficios de cuidado de dependientes incluyen lo siguiente:

- Montos que el empleador pagó directamente al proveedor de cuidados.
- El valor justo de mercado de la atención en un centro de cuidado diurno proporcionado o auspiciado por el empleador.

La cantidad que puede excluirse se limita a la menor de las siguientes:

- La cantidad total de los beneficios de cuidado de dependientes recibidos durante el año.
- El monto total de gastos calificados incurridos durante el año.
- Los ingresos del trabajo del contribuyente.
- Los ingresos del trabajo del cónyuge (si es casado declarando conjuntamente).
- $5.000 ($2.500 si es casado declarando por separado).

Los montos pagados se declaran en el Formulario W-2, casilla 10. Para reclamar la exclusión, el contribuyente completaría la Parte III del Formulario 2441: *Gastos de cuidado de hijos y dependientes*.

Income

> *Señor 1040 Says*: Individuals who provide childcare in their own home are considered self-employed and should report their income on Schedule C. If the childcare is provided in the child's home, they are considered employees and should receive a W-2 from the child's parent or guardian, who should report the caretaker's income on Schedule H.

Group-Term Life Insurance

Generally, group-term insurance coverage provided by an employer (current or former) to his or her employees is not included as income up to the cost of $50,000 after being reduced by any amount the employee paid toward the purchase of the insurance.

If the coverage is worth more than $50,000, the employee must include the amount of money that the employer-provided insurance is costing his or her employer as the employee's personal income. If the employer provided more than $50,000 of coverage, the amount to be included as income is reported as part of the employee's wages in boxes 1, 3, and 5 of Form W-2. It is also shown separately in box 12 with code C on the W-2.

Some exceptions apply for life insurance coverage that meets the following conditions:

- The employer provided a general death benefit that is not included in income.
- The employer provided it to a group of employees (generally 10 or more employees).
- The employer provided an amount of insurance to each employee based on a formula that prevents individual selection.
- The employer provided the insurance under a policy that was directly or indirectly carried. Even if the employer did not pay any of the cost, the employer is considered to carry it since the employer arranged for payment of its cost by the employees and charged at least one employee less than, and one employee more than, the cost of their insurance.

Group-term insurance that is payable on the death of the employee, employee's spouse, or dependent, and with a payment amount of less than $2,000, is considered a *de minimis* benefit.

The following types of insurance plans are not group-term insurance:

- Insurance that does not provide general death benefits such as travel insurance or only provides accidental death benefits.
- Life insurance on the life of the employee's spouse or dependent.
- Insurance provided under a policy that provides a permanent benefit (an economic value that extends more than 1 year, unless certain requirements are met). See Internal Revenue Code (IRC) section 1.79-1 for more information.

Health Savings Accounts (HSAs)

A Health Savings Account (HSA) is a form of pretax savings account set up to help you set aside and save up money to pay for medical costs. If the taxpayer is an eligible individual, HSA contributions can be made by the employer, the taxpayer, or any of the taxpayer's family members.

El señor 1040 dice: las personas que brindan cuidado infantil en su propio hogar se consideran trabajadores independientes y deben declarar sus ingresos en el Anexo C. Si el cuidado infantil se brinda en el hogar del niño, se consideran empleados y deben recibir un formulario W-2 del padre o tutor del niño, quién debe declarar los ingresos del cuidador en el Anexo H.

Seguro de vida a plazo de grupo

En general, la cobertura del seguro de vida a término colectivo proporcionada por un empleador (actual o anterior) a sus empleados no se incluye como ingreso hasta el costo de $50.000 después de ser reducido por cualquier cantidad que el empleado pagó por la compra del seguro.

Si la cobertura vale más de $50.000, el empleado debe incluir la cantidad de dinero que el seguro provisto por el empleador le está costando a su empleador como el ingreso personal del empleado. Si el empleador proporcionó más de $50.000 de cobertura, el monto que se incluirá como ingreso se informa como parte del salario del empleado en las casillas 1, 3 y 5 del Formulario W-2. También se muestra por separado en la casilla 12 con el código C en el W-2.

Se aplican algunas excepciones para la cobertura de seguro de vida que cumpla con las siguientes condiciones:

- El empleador proporcionó un beneficio por fallecimiento general que no está incluido en los ingresos.
- El empleador proporcionó el seguro a un grupo de empleados (generalmente 10 o más empleados).
- El empleador proporcionó una cantidad de seguro a cada empleado basándose en una fórmula que impide la selección individual.
- El empleador proporcionó el seguro bajo una póliza que se aplicaba directa o indirectamente. Incluso si el empleador no pagó ninguno de los costos, se considera que dispone del mismo, ya que el empleador arregló el pago de su costo por los empleados y cobró, al menos a un empleado, menos del costo de su seguro y, al menos a un empleado, más del costo de su seguro.

El seguro de vida a término colectivo que se paga a la muerte del empleado al cónyuge o dependiente del empleado, y con el monto de pago inferior a $2.000 se considerado un beneficio de *minimis*.

Los siguientes tipos de planes de seguro no se considera seguro a término colectivo:

- Seguro que no proporciona beneficios generales por fallecimiento, como un seguro de viaje o que solo brinda beneficios por fallecimiento accidental.
- Seguro de vida sobre la vida del cónyuge o dependiente del empleado.
- Seguro proporcionado bajo una póliza que brinda un beneficio permanente (un valor económico que se extiende más de 1 año, a menos que se cumplan ciertos requisitos). Consulte el Código de Impuestos Internos (IRC) sección 1.79-1 para más información.

Cuentas de ahorro para la salud (HSA)

Una cuenta de ahorro para la salud (HSA) es una forma de cuenta de ahorro antes de impuestos configurada para ayudarlo a apartar y ahorrar dinero para pagar los costos médicos. Si el contribuyente es un individuo elegible, el empleador, el contribuyente o cualquiera de los miembros de la familia del contribuyente pueden hacer contribuciones a la HSA.

Contributions made by the employer are not included in income. Distributions from the HSA that are used to pay for qualified medical expenses are included in income. Contributions to the account are used to pay current or future medical expenses of the account owner, spouse, and any qualified dependent.

Contributions by a partnership to a bona fide partner's HSA are not considered to be contributions by an employer. The contributions are treated as a distribution of money and thus are not included in the partner's gross income.

If the contributions by the partnership are for the partner's services rendered, they are treated as guaranteed payments that are included in the partner's gross income.

Contributions by an S corporation to a 2% shareholder-employee's HSA for services rendered are treated as guaranteed payments and are included in the shareholder-employee's gross income. The shareholder-employee may deduct the contribution made to the shareholder-employee's HSA. For more information, see Publication 969.

Employee Stock Options

There are three kinds of stock options:

- Incentive stock options.
- Employee stock purchase plan options.
- Non-statutory (non-qualified) stock options.

The employer must report excess of the fair market value (FMV) of the stock received, and will be reported in box 12 with the code *V*. For more information about employee stock options, see Internal Revenue Code (IRC) section 1.83-7, §421, §422, and §423 and related regulations.

Holiday Gifts

If the employer provides nominal-value holiday gifts such as a turkey or ham, they do not have to be included in the employees' income. If the employer gives the employee cash, a gift certificate, or a similar item that can be exchanged for cash, the gift is compensation and must be included in the employee's income.

Retirement Plan Contributions

The employer's contributions to a qualified retirement plan for an employee are not included as income at the time contributed. If the employer pays into a nonqualified plan for the employee, those contributions are included in income. If a client is unsure if their retirement plan qualifies, they should ask their employer.

Transportation

If an employer provides a qualified transportation fringe benefit, a certain amount may be excluded from income. Providing any of the below can be a qualified transportation fringe benefit:

- A transit pass.
- Qualified parking.

Las contribuciones hechas por el empleador no están incluidas en los ingresos. Las distribuciones de la HSA que se utilizan para pagar los gastos médicos calificados se incluyen en los ingresos. Las contribuciones a la cuenta se utilizan para pagar los gastos médicos actuales o futuros del propietario de la cuenta, su cónyuge y cualquier dependiente calificado.

Las contribuciones de una sociedad a la HSA de un socio de buena fe no se consideran contribuciones de un empleador. Las contribuciones se tratan como una distribución de dinero y, por lo tanto, no se incluyen en el ingreso bruto del socio.

Si las contribuciones de la sociedad son para los servicios prestados del socio, se tratan como pagos garantizados que se incluyen en los ingresos brutos del socio.

Las contribuciones de una sociedad anónima S a una HSA del accionista-empleado del 2% para los servicios prestados se tratan como pagos garantizados y se incluyen en los ingresos brutos del accionista-empleado. El accionista-empleado puede deducir el aporte hecho a la HSA del accionista-empleado. Para obtener más información, consulte la Publicación 969.

Opción de acciones para empleaos

Existen tres tipos de opciones sobre acciones:

- Opciones de acciones de incentivos.
- Opciones de plan de compra de acciones para empleados.
- Opciones de acciones no reglamentarias (no calificadas).

El empleador debe declarar el exceso del valor justo de mercado (FMV) de las acciones recibidas, y se declarará en la casilla 12 con el código *V*. Para obtener más información sobre las opciones de acciones de los empleados, consulte la sección 1.83-7 del Código de Impuestos Internos (IRC), §421, §422 y §423 y regulaciones relacionadas.

Regalos de días festivos

Si el empleador proporciona obsequios festivos de valor nominal como un pavo o jamón, no es necesario que se incluyan en los ingresos de los empleados. Si el empleador le da al empleado dinero en efectivo, un certificado de regalo o un artículo similar que se puede cambiar por dinero en efectivo, el regalo se considera una compensación y se incluye como ingreso del empleado.

Contribuciones a planes de jubilación

Las contribuciones del empleador a un plan de jubilación calificado para un empleado no se incluyen como ingresos al momento de la contribución. Si el empleador paga un plan no calificado para el empleado, esas contribuciones se incluyen en los ingresos. Si un cliente no está seguro si su plan de jubilación califica, debe preguntarle a su empleador.

Transportación

Si un empleador proporciona un beneficio complementario de transporte calificado, una cierta cantidad puede excluirse de los ingresos. Proporcionar cualquiera de las siguientes opciones puede ser un beneficio complementario de transporte calificado:

- Un pase de tránsito.
- Estacionamiento calificado.

> Transportation in a commuter highway vehicle (must seat at least 6 adults) between the taxpayer's home and workplace.

Cash reimbursements by an employer for these expenses under a bona fide reimbursement arrangement are also excludable. However, cash reimbursement for a transit pass is excludable only if a voucher or similar item that can be exchanged only for a transit pass is not readily available for direct distribution to the taxpayer.

The exclusion for commuter highway vehicle transportation and transit pass fringe benefits cannot be more than a total of $265 a month, regardless of the total value of both benefits.

The exclusion for the qualified parking fringe benefit cannot be more than $265 a month, regardless of its value. For benefits with a value higher than the limit, the excess must be included as income.

If the benefits have a value that is more than these limits, the excess is included as income.

Other Fringe Benefits

The following fringe benefits are not included under the cafeteria plan.

Athletic Facilities

The value of an employee's on-site use of a gym or another athletic facility operated by the employer can be excluded from the employee's income. The gym must be primarily used by employees, their spouses, and their dependent children. However, if the employer pays for a fitness program provided to the employee that is off-site at a hotel or athletic club, the value of the program is included as income.

De Minimis Fringe Benefits

If an employer provides its employees with a product or service, and the cost of it is so small that it would be unreasonable for the employer to account for it, the value is not included in the employee's income. These are *de minimis* fringe benefits. Generally, the value of these benefits, such as discounts at company cafeterias, cab fares when working overtime, and company picnics, are not included in the employee's income.

While many of the *de minimis* fringe benefits are typically not included in an employee's gross income, in most circumstances, the employer is allowed a deduction for costs incurred. Any cash benefit or its equivalent (such as the use of a company credit card) cannot be excluded as a *de minimis* benefit under any circumstance.

Educational Assistance

If the taxpayer received educational assistance benefits from his or her employer under a qualified educational assistance program, up to $5,250 of eligible assistance can be excluded yearly, in which case it would not be included on the W-2 or be a part of a return. However, if the education was not work-related or if the taxpayer is a highly compensated employee, the assistance from the employer may be taxable (Publication 970).

An employee who meets either of the following tests is a highly compensated employee:

> Transporte en un vehículo interurbano (debe estar tripulado al menos por 6 adultos) entre el hogar y el lugar de trabajo del contribuyente.

También se excluyen los reembolsos en efectivo de un empleador por estos gastos en virtud de un acuerdo de reembolso de buena fe. Sin embargo, el reembolso en efectivo por un pase de tránsito es excluible solo si un comprobante o artículo similar que se puede cambiar solo por un pase de tránsito no está disponible para su distribución directa al contribuyente.

La exclusión para los beneficios complementarios del transporte de vehículos de carretera y el pase de tránsito no puede ser superior a un total de $265 al mes, independientemente del valor total de ambos beneficios.

La exclusión para el beneficio adicional de estacionamiento calificado no puede ser superior a $265 al mes, independientemente de su valor. Para los beneficios con un valor superior al límite, el exceso debe incluirse como ingreso.

Si los beneficios tienen un valor superior a estos límites, el exceso se incluye como ingreso.

Otros beneficios complementarios

Los siguientes beneficios adicionales no están incluidos en el plan de beneficios flexibles.

Instalaciones deportivas

El valor del uso en sitio por parte del empleado de un gimnasio u otra instalación deportiva operada por el empleador puede excluirse de los ingresos del empleado. El gimnasio debe ser utilizado principalmente por los empleados, sus cónyuges y sus hijos dependientes. Sin embargo, si el empleador paga por un programa de acondicionamiento físico proporcionado al empleado que se encuentra fuera del sitio en un hotel o club deportivo, el valor del programa se incluye como ingreso.

Beneficios complementarios de minimis

Si un empleador proporciona a sus empleados un producto o servicio, y el costo del mismo es tan bajo que no sería razonable que el empleador lo contabilice, el valor no se incluye en los ingresos del empleado. Estos son beneficios complementarios *de minimis*. En general, el valor de estos beneficios, como los descuentos en las cafeterías de la compañía, las tarifas de taxi cuando trabaja horas extras y las comidas campestres de la compañía, no se incluyen en los ingresos del empleado.

Si bien muchos de los beneficios complementarios de *minimis* por lo general no se incluyen en el ingreso bruto de un empleado, en la mayoría de las circunstancias, al empleador se le permite una deducción por los costos incurridos. Cualquier beneficio en efectivo o su equivalente (como el uso de una tarjeta de crédito de la compañía) no puede excluirse como un beneficio de minimis bajo ninguna circunstancia.

Asistencia educativa

Si el contribuyente recibió beneficios de asistencia educativa de su empleador bajo un programa calificado de asistencia educativa, se pueden excluir hasta $5.250 de beneficios elegibles anualmente, en cuyo caso no se incluiría en el W-2 ni formaría parte de una declaración. Sin embargo, si la educación no estaba relacionada con el trabajo o si el contribuyente es un empleado altamente remunerado, la asistencia del empleador puede ser gravable (Publicación 970).

Un empleado altamente remunerado es un empleado que cumple cualquiera de las siguientes pruebas:

Income

> ➤ The employee was a 5% owner at any time during the year or the preceding year.
> ➤ The employee received more than $120,000 in pay for the preceding year.

The second test listed above can be ignored if the employee was not in the top 20% of the employees' pay ranking for the preceding year. All payments or reimbursements made under the adoption assistance program must be excluded from wages subject to federal income tax withholding.

A student in a degree-program can exclude amounts received from a qualified scholarship or fellowship. Excludable income from a qualified scholarship or fellowship is any amount received that is used for the following:

> ➤ Tuition and fees to enroll at or attend an eligible educational institution.
> ➤ Fees, books, and equipment required for courses at the eligible educational institution.

Payments received for services required as a condition of receiving a scholarship or fellowship grant must be included in the taxpayer's income, even if the services are required of all students for the degree. Amounts used for room and board do not qualify for the exclusion. This includes amounts received for teaching and research. Include these payments on Form 1040, line 1.

Employee Discounts

The exclusion applies to a price reduction given to the employee for property or services offered to the customer in the ordinary course of the line of business. The discount does not apply to discounts given on real property or discounts on personal property of a kind commonly held for investment, such as stocks and bonds.

Employer-Provided Cell Phones

The value of an employer-provided cell phone that is provided primarily for non-compensatory business reasons is excludable from an employee's income as a working condition. Personal use of an employer-provided cell phone is excludable from an employee's income as a *de minimis* fringe benefit.

Employer-Provided Lodging and Meals

Do not include the value of meals and lodging the employer provided at no charge to the taxpayer and the taxpayer's family as income, if the following conditions are met:

The meals are:

> ➤ Furnished on the business premises of the employer.
> ➤ Furnished for the convenience of the employer.

The lodging is:

> ➤ Furnished on the business premises of the employer.
> ➤ Furnished for the convenience of the employer.
> ➤ A condition of employment (the taxpayer must accept the lodging to properly perform his or her duties).

> El empleado era propietario del 5% en cualquier momento durante el año actual o el anterior.
> El empleado recibió más de $120.000 en pago durante el año anterior.

La segunda prueba mencionada anteriormente puede ignorarse si el empleado no estaba en el 20% superior de la clasificación salarial de los empleados del año anterior. Todos los pagos o reembolsos realizados bajo el programa de asistencia de adopción deben excluirse de los salarios sujetos a la retención del impuesto federal sobre la renta.

Un estudiante en un programa de grado puede excluir las cantidades recibidas de una beca o subvención calificada. El ingreso excluible de una beca o subvención calificada es cualquier cantidad recibida que se utiliza para lo siguiente:

> Matrícula y aranceles para inscribirse o asistir a una institución educativa elegible.
> Cuotas, libros y equipos necesarios para los cursos en la institución educativa elegible.

Los pagos recibidos por los servicios requeridos como condición para recibir una beca o subvención deben incluirse en los ingresos del contribuyente, incluso si se requieren los servicios de todos los estudiantes para obtener el título. Los montos utilizados para alojamiento y comida no califican para la exclusión. Esto incluye las cantidades recibidas para la enseñanza y la investigación. Incluya estos pagos en el Formulario 1040, línea 1.

Descuentos para empleados

La exclusión se aplica a una reducción de precio otorgada al empleado por bienes o servicios ofrecidos al cliente en el curso ordinario de la línea de negocios. El descuento no se aplica a descuentos otorgados en bienes inmuebles o descuentos en bienes personales de un tipo comúnmente mantenido para inversión, como acciones y bonos.

Teléfonos celulares provistos por el empleador

El valor de un teléfono celular proporcionado por el empleador que se suministra principalmente por razones comerciales no compensatorias es excluible de los ingresos de un empleado como condición de trabajo. El uso personal de un teléfono celular suministrado por el empleador está excluido de los ingresos de un empleado como un beneficio adicional *de minimis*.

Alojamiento y comidas provistas por el empleador

No incluya el valor de las comidas y el alojamiento que el empleador proporcionó sin cargo para el contribuyente y la familia del contribuyente como ingresos, si se cumplen las siguientes condiciones:

Las comidas son:

> Suministradas en los locales comerciales del empleador.
> Suministradas para la conveniencia del empleador.

El alojamiento es:

> Suministrado en los locales comerciales del empleador.
> Suministrado para la conveniencia del empleador.
> Una condición de empleo (el contribuyente debe aceptar el alojamiento para realizar adecuadamente sus deberes).

Income

The taxpayer does not include as income the value of meals, or meal money, that qualifies as a *de minimis* fringe benefit.

No-Additional-Cost Services

The value of services received from one's employer for free, at no cost, or for a reduced price is not included in the taxpayer's income if the employer does the following:

➤ Offers the same service for sale to customers in the ordinary course of the line of business in which the employee works.
➤ Does not have a substantial additional cost (including any sales income given up) to provide the employee with the service (regardless of what the employee paid for the service).

No-additional-cost services are excess capacity services, such as tickets for airlines, buses, or trains, hotel rooms, or telephone services provided for free or at a reduced price to employees working in that line of service.

Example: Amanda is employed as a flight attendant for a company that owns both an airline and a hotel chain. The employer allows Amanda to take free personal flights if there is an unoccupied seat and to stay in any of the company's hotels for free if there is an unoccupied room. What would and wouldn't be included as income?

Explanation: The value of the personal flight isn't included in her income because there is no cost involved in letting her take a seat that would have remained unoccupied anyway. However, if the company allowed Amanda to reserve her seat, then the value of the ticket would be included as income because the company can no longer sell that seat and has lost the potential revenue that they could have gained from it. However, this potential loss or gain isn't a factor with the hotel room; since Amanda does not work in the hotel side of the business, the value of the hotel room would be included as income either way.

Nontaxable Income

Although it may seem like taxes are collected on all income, there are several types of income that are exempt from taxation because of the nature of the reason behind the payment.

Child Support

Taxpayers who receive child support payments do not report the payments as income. Payments designed to be child support should be defined in legal documents such as divorce or separation agreements or the child custody paperwork.

Workers' Compensation

Amounts received as workers' compensation for an occupational sickness or injury are fully exempt from tax if they are paid under a workers' compensation act or some similar statute. The exemption also applies to the taxpayer's survivors. This exception does not apply to retirement plan benefits received based on age, length of service, or prior contributions to the plan, even if the taxpayer retired because of an occupational sickness or injury.

El contribuyente no incluye como ingreso el valor de las comidas, o el dinero de las comidas, que califica como un beneficio complementario *de minimis*.

Servicios sin costo adicional.

El valor de los servicios recibidos del empleador de forma gratuita, sin costo o por un precio reducido no se incluye en los ingresos del contribuyente si el empleador hace lo siguiente:

> ➢ Ofrece el mismo servicio para la venta a los clientes en el curso normal de la línea de negocio en la que trabaja el empleado.
> ➢ No tiene un costo adicional sustancial (incluidos los ingresos por ventas entregados) para proporcionar el servicio al empleado (independientemente de lo que el empleado pagó por el servicio).

Los servicios sin costo adicional son servicios de exceso de capacidad, como boletos para aerolíneas, autobuses o trenes, habitaciones de hotel o servicios telefónicos ofrecidos de forma gratuita o a precio reducido para los empleados que trabajan en esa línea de servicio.

Ejemplo: Amanda está empleada como azafata de una compañía propietaria de una aerolínea y una cadena hotelera. El empleador le permite a Amanda tomar vuelos personales gratuitos si hay un asiento desocupado y quedarse en cualquiera de los hoteles de la compañía de forma gratuita si hay una habitación desocupada. ¿Qué se incluiría y no se incluiría como ingreso?

Explicación: el valor del vuelo personal no está incluido en sus ingresos porque no hay ningún costo involucrado en dejarla tomar un asiento que, de todos modos, habría permanecido desocupado. Sin embargo, si la compañía permitió que Amanda reservara su asiento, entonces el valor del boleto se incluiría como ingreso porque la compañía ya no puede vender ese asiento y ha perdido los ingresos potenciales que podrían haber obtenido de él. Sin embargo, esta pérdida o ganancia potencial no es un factor con la habitación del hotel; como Amanda no trabaja en el negocio hotelero, el valor de la habitación del hotel se incluiría como ingreso de cualquier manera.

Ingreso no gravable

Si bien puede parecer que se recaudan impuestos sobre todos los ingresos, existen varios tipos de ingresos que están exentos de impuestos debido a la naturaleza del motivo del pago.

Manutención de menores

Los contribuyentes que reciben pagos de manutención infantil no declaran los pagos como ingresos. Los pagos diseñados para la manutención infantil deben definirse en documentos legales como los acuerdos de divorcio o separación o el papeleo de custodia de los hijos.

Compensación de trabajadores

Los montos recibidos como indemnización por accidente laboral por una enfermedad o lesión ocupacional están completamente exentos de impuestos si se pagan bajo una ley de indemnización por accidente laboral o un estatuto similar. La exención también se aplica a los sobrevivientes del contribuyente. Esta excepción no se aplica a los beneficios del plan de jubilación recibidos en base a la edad, la duración del servicio o las contribuciones anteriores al plan, incluso si el contribuyente se jubiló debido a una enfermedad o lesión ocupacional.

Income

If the taxpayer returns to work after qualifying for workers' compensation, payments received while assigned to light duties are taxable. Report these payments as wages on line 7 of Form 1040.

Income paid under a statute that provides benefits only to employees with service-connected disabilities could be considered workers' compensation or disability for pension. The rest is taxable as annuity or pension income. If a taxpayer dies and his or her survivor benefits from the pension, the workers' compensation remains exempt from tax.

Welfare and Other Public Assistance Benefits

Benefit payments made by a public welfare fund to individuals with disabilities (such as blindness) should not be included as income. Welfare or public assistance payments from a state fund for the victims of a crime should not be included in the victims' income. Do not deduct medical expenses that are reimbursed by such a fund. Any welfare payments obtained fraudulently are not tax-exempt and must be included as income.

Veterans' Benefits

Veterans' benefits paid under any law, regulation, or administrative practice administered by the Department of Veterans Affairs (VA) should not be included as income.

For veterans and their families, the following benefits are not taxable:

- Education, training, and subsistence allowances.
- Disability compensation and pension payments for disabilities paid either to veterans or their families.
- Grants for homes designed for wheelchair living.
- Grants for motor vehicles for veterans who lost their sight or the use of their limbs.
- Veterans' insurance proceeds and dividends paid either to veterans or to their beneficiaries, including the proceeds of a veteran's endowment policy paid before death.
- Interest on insurance dividends left on deposit with Veterans Affairs.
- Benefits under a dependent-care assistance program.
- The death gratuity paid to a survivor of a member of the armed forces who died after September 10, 2001.
- Payments made under the compensated work therapy program.
- Any bonus payment by a state or political subdivision because of services in a combat zone.

Volunteers

Living allowances provided to Peace Corps volunteers for housing, utilities, household supplies, food, and clothing are exempt from tax.

However, the following items do not fulfill basic living requirements and thus must be included as income and reported as wages:

- Allowances paid to the spouse and minor children while the taxpayer was a volunteer leader training in the United States.

Si el contribuyente regresa a trabajar después de calificar para la indemnización por accidente laboral, los pagos recibidos están sujetos a impuestos mientras están asignados a derechos ligeros. Declare estos pagos como salarios en la línea 7 del Formulario 1040.

Los ingresos pagados según un estatuto que proporciona beneficios solo a los empleados con discapacidades relacionadas con el servicio podrían considerarse indemnización por accidente laboral o discapacidad para la pensión. El resto es gravable como ingresos de anualidad o pensión. Si un contribuyente muere y su sobreviviente se beneficia de la pensión, la indemnización por accidente laboral queda exenta de impuestos.

Bienestar social y otros beneficios de asistencia publica

Los pagos de beneficios realizados por un fondo de bienestar público a personas con discapacidades (como la ceguera) no deben incluirse como ingresos. Los pagos de asistencia pública o asistencia social de un fondo estatal para las víctimas de un delito no deben incluirse en los ingresos de las víctimas. No deduzca los gastos médicos reembolsados por dicho fondo. Cualquier pago de asistencia social obtenido de manera fraudulenta no está exento de impuestos y debe incluirse como ingreso.

Beneficios de veteranos

Los beneficios para veteranos pagados bajo cualquier ley, regulación o práctica administrativa gestionada por el Departamento de Asuntos de Veteranos (VA) no deben incluirse como ingresos.

Para los veteranos y sus familias, los siguientes beneficios no están sujetos a impuestos:

- ➢ Educación, capacitación y subsidios de subsistencia.
- ➢ Indemnización por discapacidad y pagos de pensión por discapacidad hechos a veteranos o sus familias.
- ➢ Subvenciones para hogares diseñados para vivir en silla de ruedas.
- ➢ Subvenciones para vehículos de motor para veteranos que perdieron la vista o el uso de sus extremidades.
- ➢ Los ingresos y dividendos del seguro de veteranos pagados a los veteranos o a sus beneficiarios, incluidos los ingresos de la póliza de subvención de un veterano pagados antes de la muerte.
- ➢ Intereses sobre dividendos de seguros depositados en Asuntos de Veteranos.
- ➢ Beneficios bajo un programa de asistencia para dependientes.
- ➢ La gratificación por defunción pagada a un sobreviviente de un miembro de las fuerzas armadas que murió después del 10 de septiembre de 2001.
- ➢ Pagos realizados bajo el programa de terapia laboral remunerada.
- ➢ Cualquier pago de bonificación por un estado o subdivisión política debido a los servicios en una zona de combate.

Voluntarios

Los subsidios de vivienda proporcionados a los voluntarios del Cuerpo de Paz para vivienda, servicios públicos, suministros para el hogar, alimentos y ropa están exentos de impuestos.

Sin embargo, los siguientes elementos no cumplen con los requisitos básicos de vida y, por lo tanto, deben incluirse como ingresos y declararse como salarios:

- ➢ Los subsidios pagados al cónyuge y a los hijos menores mientras el contribuyente era un líder voluntario que se capacitaba en los Estados Unidos.

Income

- ➤ Living allowances designated by the director of the Peace Corps as basic compensation; these allowances are for personal items such as domestic help, laundry and clothing maintenance, entertainment and recreation, transportation, and other miscellaneous expenses.
- ➤ Leave allowances.
- ➤ Readjustment allowances or termination payments.

How to Read the Tax Tables

Tax tables are charts that show how much tax is charged per income amount for each of the federal filing statuses. Tax tables apply to income that is less than $100,000 and each filing status has a separate table. If the taxpayer's income is over $100,000, then the tax is calculated differently.

To read the tax table, you must find the income range your client's income amount falls between and then look along the line until you come to your client's filing status. If a client's income is the exact amount of one of the ranges, always round up and use the higher tax amount. Tax tables are found in the Form 1040 Instructions. Tax tables can also be accessed through the IRS website.

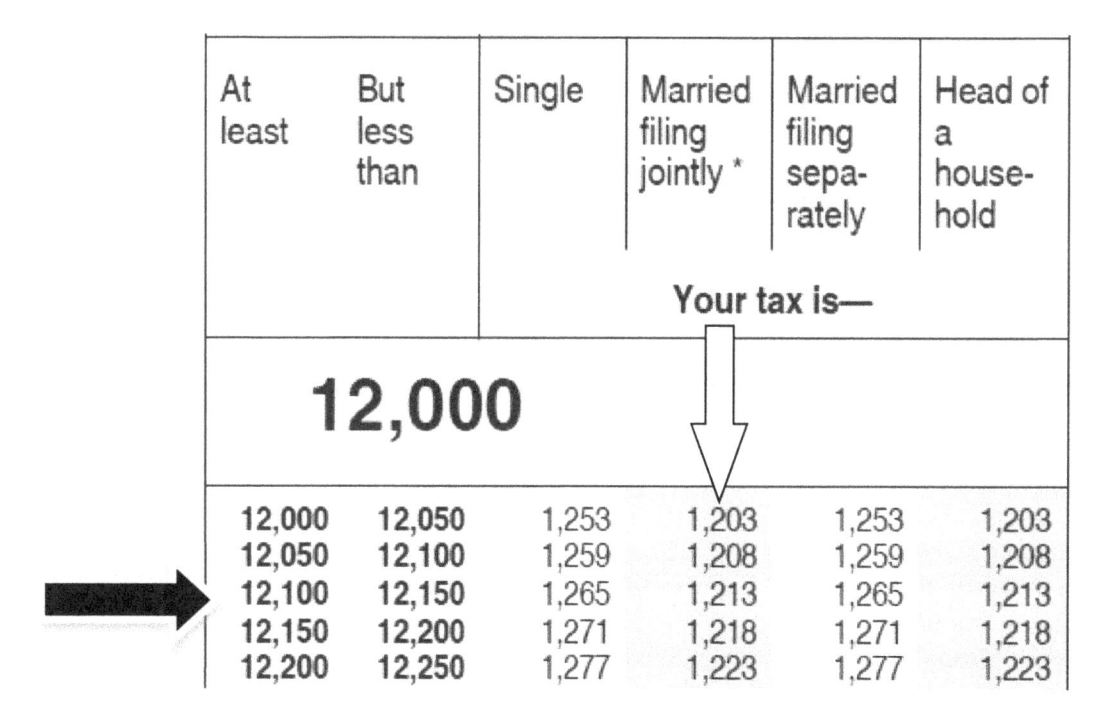

At least	But less than	Single	Married filing jointly *	Married filing separately	Head of a household
			Your tax is—		
12,000					
12,000	12,050	1,253	1,203	1,253	1,203
12,050	12,100	1,259	1,208	1,259	1,208
12,100	12,150	1,265	1,213	1,265	1,213
12,150	12,200	1,271	1,218	1,271	1,218
12,200	12,250	1,277	1,223	1,277	1,223

The tax tables are not used by the following:

- ➤ Estates or trusts.
- ➤ Individuals claiming the exclusion for foreign tax credits.
- ➤ Taxpayers who file a short-period return.
- ➤ Taxpayers whose income exceeds $100,000.

Part 4 Review Questions

To obtain the maximum benefit from this chapter, LTP recommends that you complete each of the following questions, and then compare them to the answers with feedback that immediately follow. Under governing self-study standards, vendors are required to present review questions intermittently throughout each self-study course.

➢ Subsidio para gastos de manutención por el director del Cuerpo de Paz como compensación básica; estos subsidios son para artículos personales como ayuda doméstica, lavandería y mantenimiento de ropa, entretenimiento y recreación, transporte y otros gastos varios.
➢ Subsidios por licencia.
➢ Subsidios de reajuste o pagos por despido.

Cómo leer la tables tributarias

Las tablas de impuestos son cuadros que muestran la cantidad de impuesto que se cobra por monto de ingreso para cada estado civil de declaración. Las tablas de impuestos se aplican a los ingresos que son inferiores a $100.000 y cada estado civil tiene una tabla separada. Si el ingreso del contribuyente es superior a $100.000, entonces el impuesto se calcula de manera diferente.

Para leer la tabla de impuestos, debe encontrar el rango de ingresos entre el monto de ingresos de su cliente y luego mirar a lo largo de la línea hasta llegar al estado civil de declaración de su cliente. Si el ingreso de un cliente es la cantidad exacta de uno de los rangos, siempre redondee y use la cantidad de impuestos más alta. Las tablas de impuestos se encuentran en las Instrucciones del Formulario 1040. También se puede acceder a las tablas de impuestos a través del sitio web del IRS.

At least	But less than	Single	Married filing jointly *	Married filing separately	Head of a household
			Your tax is—		
12,000					
12,000	12,050	1,253	1,203	1,253	1,203
12,050	12,100	1,259	1,208	1,259	1,208
12,100	12,150	1,265	1,213	1,265	1,213
12,150	12,200	1,271	1,218	1,271	1,218
12,200	12,250	1,277	1,223	1,277	1,223

Las tablas de impuestos no se utilizan en los siguientes casos:

➢ Patrimonio o fideicomisos.
➢ Personas naturales que reclaman la exclusión por crédito fiscal extranjero.
➢ Contribuyentes que presentan una declaración a corto plazo.
➢ Contribuyentes cuyos ingresos exceden los $100.000.

Parte 4 Preguntas de repaso

Para obtener el máximo beneficio de este capítulo, LTP recomienda completar cada una de las siguientes preguntas y luego compararlas con las respuestas con los comentarios que siguen inmediatamente. Bajo las normas de autoestudio de gobierno, los proveedores están obligados a presentar preguntas de revisión intermitentemente a lo largo de cada curso de autoestudio.

Income

These questions and explanations are not part of the final examination and will not be graded by LTP.

IP4.1
Which of the following best describes fringe benefits?

   a. Employer provided employee birthday lunch is considered a fringe benefit.
   b. Employer provided a plaque for continuous service to their faithful employees.
   c. Employer provided air fare for their employees to work at a different location for 3 days.
   d. Employer provider benefits to their employees in addition to their normal compensation.

IP4.2
Which of the following is not included in a Cafeteria plan?

   a. Archer medical savings account
   b. Adoption assistance
   c. Group-term life insurance
   d. Dependent care assistance

IP4.3
Which of the following is nontaxable income?

   a. Child support
   b. Social Security benefits
   c. Fringe benefits
   d. Earned income

Part 4 Review Questions Answers

IP4.1

Which of the following best describes fringe benefits?

   a. Employer provided employee birthday lunch is considered a fringe benefit.
   b. Employer provided a plaque for continuous service to their faithful employees.
   c. Employer provided air fare for their employees to work at a different location for 3 days.
   d. Employer provider benefits to their employees in addition to their normal compensation.

Feedback: Review section *Fringe Benefits*.

IP4.2
Which of the following is not included in a Cafeteria plan?

   a. Archer medical savings account
   b. Adoption assistance
   c. Group-term life insurance
   d. Dependent care assistance

Feedback: Review section *Cafeteria Plan*.

Estas preguntas y explicaciones no forman parte del examen final y no serán calificadas por LTP.

IP4.1
¿Cuál de las siguientes opciones describe mejor los beneficios complementarios?

   a. El almuerzo de cumpleaños del empleado proporcionado por el empleador se considera un beneficio adicional
   b. El empleador proporcionó una placa de servicio continuo a sus empleados confiables
   c. El empleador proporcionó tarifa aérea para que sus empleados trabajaran en un lugar diferente durante 3 días
   d. Beneficios del proveedor del empleador para sus empleados además de su remuneración regular

IP4.2
¿Cuál de las siguientes opciones no está incluida en el plan de beneficios flexibles?

   a. Cuenta de Ahorros Médicos Archer
   b. Asistencia de adopción
   c. Seguro de vida a término colectivo
   d. Asistencia de cuidado de dependientes

IP4.3
¿Cuál de las siguientes opciones es el ingreso no gravable?

   a. Manutención de los hijos
   b. Beneficios del Seguro Social
   c. Beneficios complementarios
   d. Ingresos del trabajo

Parte 4 Respuestas a las preguntas de repaso

IP4.1
¿Cuál de las siguientes opciones describe mejor los beneficios complementarios?

   a. El almuerzo de cumpleaños del empleado proporcionado por el empleador se considera un beneficio adicional
   b. El empleador proporcionó una placa de servicio continuo a sus empleados confiables
   c. El empleador proporcionó tarifa aérea para que sus empleados trabajaran en un lugar diferente durante 3 días
   d. Beneficios del proveedor del empleador para sus empleados además de su remuneración regular

Comentario: Revisa la sección *Beneficios complementarios.*

IP4.2
¿Cuál de las siguientes opciones no está incluida en el plan de beneficios flexibles?

   a. Cuenta de Ahorros Médicos Archer
   b. Asistencia de adopción
   c. Seguro de vida a término colectivo
   d. Asistencia de cuidado de dependientes

Comentario: Revisa la sección *Plan de cafetería.*

Income

IP4.3
Which of the following is nontaxable income?

   a. **Child support**
   b. Social Security benefits
   c. Fringe benefits
   d. Earned income

Feedback: Review section *Nontaxable Income*.

Takeaways

Gross income, or "worldwide income," includes all income received from any source not specifically excluded. In this chapter, we discussed basic examples of gross income including compensation for services, rents, and annuities.

If the taxpayer repays an amount that was included in an earlier year as income, the taxpayer may be able to deduct the amount repaid from income for the year in which it was repaid. If the amount repaid is more than $3,000, the taxpayer may be able to take a credit against his or her tax for the year in which it was repaid. This credit is taken on Schedule A, so the taxpayer must have enough deductions to itemize. Being able to deduct the credit has been suspended by the TCJA from after December 31, 2017 to December 25, 2025. Generally, the taxpayer can claim a deduction or credit only if the repayment qualifies as an expense or loss incurred in the taxpayer's business or in a for-profit transaction.

Any individual with taxable compensation may be eligible to contribute to a traditional IRA. In the taxable year in which an individual turns 70½, he or she cannot make future contributions to a traditional IRA. The individual may be able to contribute to a Roth IRA, establish a new traditional IRA, or fund the new IRA with funds transferred from either another traditional IRA or an employer-sponsored qualified retirement plan.

TEST YOUR KNOWLEDGE!
Go online to take a practice quiz.

IP4.3
¿Cuál de las siguientes opciones es el ingreso no gravable?

   a. Manutención de los hijos
   b. Beneficios del Seguro Social
   c. Beneficios complementarios
   d. Ingresos del trabajo

Comentario: Revisa la sección *Ingreso no sujeto a impuestos*.

Aportes

El ingreso bruto, o "ingreso global", incluye todos los ingresos recibidos de cualquier fuente no excluida específicamente. En este capítulo, discutimos ejemplos básicos de ingresos brutos, incluida la remuneración por servicios, alquileres y anualidades.

Si el contribuyente reembolsa un monto que se incluyó en un año anterior como ingreso, puede deducir el monto reembolsado de los ingresos del año en que fue reembolsado. Si el monto pagado es superior a $3.000, el contribuyente puede tomar un crédito contra su impuesto para el año en que fue pagado. Este crédito se toma en el Anexo A, por lo que el contribuyente debe tener suficientes deducciones para detallar. El TCJA ha suspendido la posibilidad de deducir el crédito después del 31 de diciembre de 2017 al 25 de diciembre de 2025. En general, el contribuyente puede reclamar una deducción o crédito solo si el reembolso califica como un gasto o pérdida incurrida en el negocio del contribuyente o en una transacción con fines de lucro.

Cualquier persona natural con remuneración gravable puede ser elegible para contribuir a una IRA tradicional. En el año contributivo en el que una persona cumple 70 años y medio, no puede hacer aportes futuros a una cuenta IRA tradicional. La persona puede contribuir a una Roth IRA, establecer una nueva IRA tradicional o financiar la nueva IRA con fondos transferidos de otra IRA tradicional o de un plan de jubilación calificado auspiciado por el empleador.

¡PON A PRUEBA TUS CONOCIMIENTOS!
Ve en línea para tomar una prueba de práctica.

Chapter 6 Interest and Dividends

Introduction

Any interest or dividends can be taxable income if they are credited to the taxpayer's account and can be withdrawn. This chapter will cover the exceptions to this rule and show which interest and dividends are not taxable income and which expenses can be deducted on the taxpayer's Schedule A if the taxpayer itemizes.

Objectives

At the end of this lesson the student will be able to do the following:

- Identify the different types of interest income.
- Recognize which tax forms report interest income.
- List which dividends are reported as interest.
- Understand the different types of savings bonds.
- Explain where to report dividend income.
- Understand when Schedule B is required to be filed with the tax return.
- Indicate how to report interest and dividend income on the tax return.

Resources

Form 1099-B	Publication 17	Instructions Form 1099-INT
Form 1099-INT	Publication 514	Instructions Form 1099-DIV
Form 1099-DIV	Publication 550	Instructions Form 1099-OID
Form 1099-OID	Publication 929	Instructions Form 8615
Form 8615	Publication 4078	Instructions Form 8814
Form 8814	Tax Topic 403, 404, 553	Instructions Form 8815
Form 8815	Schedule B	Instructions Form 8818
Form 8818	Instructions Schedule B	Instructions Form 8960
Form 8960		

Capítulo 6 Intereses y dividendos

Introducción

Cualquier interés o dividendo puede ser un ingreso gravable si se acredita a la cuenta del contribuyente y se puede retirar. Este capítulo cubrirá las excepciones a esta regla y mostrará qué intereses y dividendos no son ingresos sujetos a impuestos y qué gastos pueden deducirse en el Anexo A del contribuyente si el contribuyente detalla.

Objetivos

Al final de esta lección, el alumno podrá hacer lo siguiente:

> Identificar los diferentes tipos de ingresos por intereses.
> Reconocer qué formularios de impuestos reportan ingresos por intereses.
> Enumerar qué dividendos se informan como intereses.
> Comprender los diferentes tipos de bonos de ahorro.
> Explicar dónde declarar los ingresos por dividendos.
> Comprender cuándo se debe presentar el Anexo B con la declaración de impuestos.
> Indicar cómo declarar los ingresos por intereses y dividendos en la declaración de impuestos.

Fuentes

Formulario 1099-B	Publicación 17	Instrucciones formulario 1099-INT
Formulario 1099-INT	Publicación 514	Instrucciones formulario 1099-DIV
Formulario 1099-DIV	Publicación 550	Instrucciones formulario 1099-OID
Formulario 1099-OID	Publicación 929	Instrucciones formulario 8615
Formulario 8615	Publicación 4078	Instrucciones formulario 8814
Formulario 8814	Tema fiscal 403, 404, 553	Instrucciones formulario 8815
Formulario 8815	Anexo B	Instrucciones formulario 8818
Formulario 8818	Instrucciones Anexo B	Instrucciones formulario 8960
Formulario 8960		

Table of Contents / Índice

Introduction	378
Introducción	379
Part 1: Interest	382
Constructively Received	382
Underreported Interest and Dividends	382
Parte 1: Interés	383
Recibido constructivamente	383
Intereses y dividendos no declarados	383
Backup Withholding	384
Accounts and Payee-Identifying Numbers	384
Truncating	384
Certification	384
Retención adicional	385
Cuentas y números de identificación del beneficiario	385
Truncada	385
Certificación	385
Number and Certification	386
Form 1099-INT	386
Número y certificación	387
Formulario 1099-INT	387
When to Report Interest Income	390
Taxable Interest	390
¿Cuándo informar los ingresos por intereses?	391
Interés tributable	391
Miscellaneous Types of Interest	392
Tipos de interés misceláneos	393
Usurious Interest	394
Interest Income on Frozen Deposits	394
Interés usurario	395
Ingresos por intereses sobre depósitos congelados	395
Interest and Community Property States	396
Net Investment Income Tax (NIIT)	396
Estados de interés y estados de bienes gananciales	397
Impuesto Sobre la Renta Por Inversiones Netas (NIIT)	397
Tax-Exempt Interest	398
Below-Market Loans	398
Intereses exentos de impuestos	399
Préstamos por debajo del mercado	399
Life Insurance	400
Government Bonds	400
Series EE and Series E Bonds	400
Series I Bonds	400
Seguro de vida	401
Bonos del gobierno	401
Bonos de las series EE y E	401
Bonos Serie I	401
Series H and HH Bonds	402
Municipal Bonds	402
Bonos Series H y HH	403
Bonos municipales	403
State or Local Government Obligations	404

    Part 1 Review Questions 404
    Obligaciones del gobierno local o estatal..405
    Parte I Preguntas de Repaso 405
    Part 1 Review Questions Answers 408
    Parte 1 Respuestas a las preguntas de Repaso 409
Part 2: Dividend Income..414
    Qualified Dividends Form 1040, line 3a..414
    Ordinary Dividends Form 1040, line 3b 414
    Dividends That Are Really Interest 414
    Dividends Used to Buy More Stock...414
    Parte 2: Ingresos por dividendos 415
    Form 1099-DIV: Reporting Dividend Income...416
    Money Market Funds 420
    Capital Gains Distributions 422
    Return of Capital 422
    Liquidating Distributions 422
    Exempt-Interest Dividends..424
    Dividends on Insurance Policies 424
    Dividends on Veterans' Insurance Policies..424
    Patronage Dividends 424
    Child's Interest and Dividend Income 424
    Savings Accounts with the Parent as Trustee 426
    Part 2 Review Questions 426
    Parte 2 Preguntas de Repaso 427
    Part 2 Review Questions Answers 428
    Parte 2 Respuestas a las preguntas de Repaso 429
Part 3: FATCA Filing Requirements of Certain Foreign Financial Institutions (FFIs) 430
    Form 8938 430
    Domestic Taxpayer 430
    Foreign Taxpayer 430
    Parte 3: Estado civil tributario en FATCA, ciertas instituciones financieras extranjeras
    (FFI) 431
    Cancellation of Debt 434
    When is a Debt Canceled? 436
    Form 1099-C 438
    Who Must File Form 1099-C? 440
    Student Loan Indebtedness 442
    Form 1099-A: Acquisition or Abandonment of Secured Property 442
    How to Read Form 1099-A 442
    Part 3 Review Questions 444
    Parte 3 Preguntas de Repaso 445
    Part 3 Review Questions Answers 446
    Parte 3 Respuestas a las preguntas de Repaso 447
Takeaways 448
Aportes..449

Part 1: Interest

Interest is a cost created by those who lend money (lenders) that is charged to the people they lent money to (borrowers). A taxpayer will pay interest whenever he or she borrows money and will earn money whenever he or she lends or deposits money, such as into a bank account. Certain interest is taxable income if it is credited to the taxpayer's account and can be withdrawn. Interest is typically not calculated based on the original amount of borrowed money (called the principal) but is instead usually determined by multiplying a predetermined percentage point by the total amount of money currently owed to the lender by the borrower. For example, John borrowed $5,000 at a 5% interest rate. Although his principal was $5,000, after making several payments, he now owes $4,365, making his interest payment for the month 5% of $4,365, or $218.25.

Taxpayers should always keep a list showing their sources of income. For example, all Forms 1099-INT and Forms 1099-DIV should be kept with their yearly tax return. If parents elect to claim the investment income of their child, those forms should be kept with their tax returns as well. Interest earned as a beneficiary of an estate or trust is generally taxable income. Taxpayers should receive a Schedule K-1 for their portion of the interest. A copy of the Schedule K-1 should be kept with the tax return as well.

Constructively Received

Interest is constructively received when it is credited to the taxpayer's account or made available to the taxpayer; the taxpayer does not need to have physical possession of the money. The taxpayer is considered to have received interest, dividends, or other earnings from any deposit, bank accounts, savings, loans, similar financial institution, or life insurance policy when the income has been credited to the taxpayer's account and becomes subject to withdrawal.

Income is constructively received on the deposit or account even if the taxpayer must do any of the following:

- Make withdrawals in multiples of even amounts.
- Give notice of a withdrawal before making the withdrawal.
- Withdraw all or part of the account to be able to withdraw the earnings.
- Pay a penalty on early withdrawals unless the interest received on an early withdrawal or redemption is substantially less than the interest payable at maturity of the account.

Under the *accrual method*, interest income is reported when the income is earned, whether it was received or not. Interest is earned over the life of the debt. With *coupon bonds*, interest is taxable the year the coupon becomes due and payable; it does not matter when the coupon payment is mailed.

Underreported Interest and Dividends

The taxpayer may be considered to have underreported interest and dividends if either of the following has been determined:

- The taxpayer failed to include any part of a reportable interest or dividend payment.
- The taxpayer was required to file a return and include a reportable interest or dividend payment on the tax return and the taxpayer failed to do so.

Parte 1: Interés

El interés es un costo creado por quienes prestan dinero (prestamistas) que se cobra a las personas a quienes se les presta dinero (prestatarios). Un contribuyente pagará intereses cada vez que pida dinero prestado y ganará dinero cuando preste o deposite dinero, como en una cuenta bancaria. Ciertos intereses son ingresos gravables si se acreditan en la cuenta del contribuyente y se pueden retirar. Por lo general, el interés no se calcula en función de la cantidad original de dinero prestado (llamado capital), sino que se determina generalmente multiplicando un punto porcentual predeterminado por la cantidad total de dinero que el prestatario debe actualmente al prestamista. Por ejemplo, John pidió prestados $5,000 a una tasa de interés del 5%. A pesar de que su capital era de $5,000, después de realizar varios pagos, ahora debe $4,365, pagando los intereses del mes 5% de $ 4,365, o $ 218.25.

Los contribuyentes siempre deben mantener una lista que muestre sus fuentes de ingresos. Por ejemplo, todos los formularios 1099-INT y 1099-DIV deben conservarse con su declaración anual de impuestos. Si los padres eligen reclamar los ingresos por inversiones de su hijo, esos formularios también deben conservarse con sus declaraciones de impuestos. Los intereses devengados como beneficiario de un patrimonio o fideicomiso generalmente son ingresos sujetos a impuestos. Los contribuyentes deben recibir un Anexo K-1 por su parte del interés. También se debe guardar una copia del Anexo K-1 con la declaración de impuestos.

Recibido constructivamente

El interés se recibe de manera constructiva cuando se acredita a la cuenta del contribuyente o se pone a disposición del contribuyente; el contribuyente no necesita tener posesión física del dinero. Se considera que el contribuyente ha recibido intereses, dividendos u otras ganancias de cualquier depósito, cuenta bancaria, ahorro, préstamo, institución financiera similar o póliza de seguro de vida cuando los ingresos se han acreditado a la cuenta del contribuyente y están sujetos a retiro.

Los ingresos se reciben de manera constructiva en el depósito o la cuenta, incluso si el contribuyente debe hacer lo siguiente:

- Hacer retiros en múltiplos de cantidades pares.
- Notificar un retiro antes de realizarlo.
- Retirar la totalidad o parte de la cuenta para poder retirar las ganancias.
- Pagar una multa por retiros anticipados a menos que los intereses recibidos por un retiro o reembolso anticipado sean sustancialmente menores que los intereses pagaderos al vencimiento de la cuenta.

Bajo el *método de devengo*, los ingresos por intereses se declaran cuando se obtienen los ingresos, ya sea que se hayan recibido o no. Los intereses se ganan durante la vida de la deuda. Con los *bonos con cupón*, los intereses están sujetos a impuestos el año en que el cupón vence y es pagadero; no importa cuándo se envía el pago del cupón.

Intereses y dividendos no declarados

Se puede considerar que el contribuyente no ha declarado intereses y dividendos si se ha determinado alguna de las siguientes situaciones:

- El contribuyente no incluyó ninguna parte de un pago de dividendos o intereses declarables.
- El contribuyente debía presentar una declaración e incluir un pago de dividendos o intereses declarables en la declaración de impuestos y el contribuyente no lo hizo.

Interest and Dividends

Backup Withholding

Interest income is generally not subject to regular withholding, but it may be subject to the backup withholding rate of 28% in the following situations:

- ➢ The taxpayer did not give the income provider his or her TIN (taxpayer identification number) in the required manner.
- ➢ The IRS notifies the income provider that the TIN is incorrect.
- ➢ The taxpayer is required to certify that he or she is not subject to backup withholding but fails to do so.
- ➢ The IRS notifies the income provider to start withholding on interest and dividends because the taxpayer has underreported interest or dividends on the taxpayer's tax return.

There are civil and criminal penalties for giving false information to avoid backup withholding. The civil penalty is $500; the criminal penalty upon conviction is a penalty of up to $1,000, imprisonment for up to one year, or both. If backup withholding is deducted from the interest income, the income provider, (or payer), must give the taxpayer Form 1099-INT to indicate the amount that was withheld.

Accounts and Payee-Identifying Numbers

Banks and other financial institutions pay certain kinds of income when an account or an investment has been opened. When opening the account, the individual is required by federal law to provide his or her SSN to any financial institution or individual who needs the information to make a return, statement, or any other form of document. For instance, when opening a joint account, the primary SSN must be provided.

Example: Gina and her son, Trenton, opened a joint account with Trenton's birthday money. Trenton's SSN would be given to the bank, and his name would appear on the account first. If the primary SSN is not given to the payer, the account holder (Trenton) would have to pay a $50 penalty for each incident.

Truncating

A payer identification number is any number issued by a government agency for the purpose of identification, including Social Security numbers (SSN), individual tax identification numbers (ITIN), employer identification numbers (EIN), taxpayer identification numbers (TIN), and adoption identification numbers (ATIN). Anyone issuing documents containing taxpayer identification information may truncate payee-identifying numbers by replacing the first 5 numbers of payer identification numbers with an X or * (XXX-XX-0000 or ***-**-1111, for example). This can be done on payee statements such as Forms 1097, 1098, 1099, 3921, 9322, and 5498, but it may not be done on Form W-2G.

Certification

For new accounts paying interest or dividends, the taxpayer must certify under penalty of perjury that his or her SSN is correct and that he or she is not subject to backup withholding. The payer will give the taxpayer Form W-9: *Request for Taxpayer Identification.*

Intereses y dividendos

Retención adicional

Los ingresos por intereses generalmente no están sujetos a retenciones regulares, pero pueden estar sujetos a la tasa de retención adicional del 28% en las siguientes situaciones:

> - El contribuyente no le dio al proveedor de ingresos su TIN (número de identificación del contribuyente) de la manera requerida.
> - El IRS notifica al proveedor de ingresos que el TIN es incorrecto.
> - Se requiere que el contribuyente certifique que no está sujeto a retención adicional, pero no lo hace.
> - El IRS le notifica al proveedor de ingresos que comience a retener intereses y dividendos porque el contribuyente tiene intereses o dividendos no declarados en su declaración de impuestos.

Existen multas civiles y penales por dar información falsa para evitar la retención de respaldo. La multa civil es de $500; la multa penal tras la condena es de hasta $1,000, encarcelamiento de hasta un año, o ambos. Si la retención adicional se deduce de los ingresos por intereses, el proveedor de ingresos (o pagador) debe proporcionar al contribuyente el Formulario 1099-INT para indicar la cantidad que se retuvo.

Cuentas y números de identificación del beneficiario

Los bancos y otras instituciones financieras pagan ciertos tipos de ingresos cuando se abre una cuenta o una inversión. Al abrir la cuenta, la ley federal requiere que el individuo proporcione su SSN a cualquier institución financiera o persona natural que necesite la información para hacer una declaración o cualquier otra forma de documento. Por ejemplo, al abrir una cuenta conjunta, se debe proporcionar el SSN principal.

Ejemplo: Gina y su hijo, Trenton, abrieron una cuenta conjunta con el dinero del cumpleaños de Trenton. El número de Seguro Social de Trenton se le daría al banco, y su nombre aparecería primero en la cuenta. Si no se le da el SSN primario al pagador, el titular de la cuenta (Trenton) tendría que pagar una multa de $50 por cada incidente.

Truncada

Un número de identificación del pagador es cualquier número emitido por una agencia gubernamental con el propósito de identificación, incluidos los números de Seguro Social (SSN), los números de identificación fiscal individual (ITIN), los números de identificación del empleador (EIN), los números de identificación del contribuyente (TIN) y números de identificación de la adopción (ATIN). Cualquier persona que emita documentos que contengan información de identificación del contribuyente puede truncar los números de identificación del beneficiario reemplazando los primeros 5 números de identificación del pagador con una X o * (XXX-XX-0000 o ***-**-1111, por ejemplo). Esto se puede hacer en los estados de cuenta del beneficiario, como los formularios 1097, 1098, 1099, 3921, 9322 y 5498, pero no se puede hacer en el formulario W-2G.

Certificación

Para las cuentas nuevas que pagan intereses o dividendos, el contribuyente debe certificar bajo pena de perjurio que su SSN es correcto y que no está sujeto a retención adicional. El pagador le dará al contribuyente el formulario W-9: *Solicitud de identificación de contribuyente*.

Interest and Dividends

Number and Certification

If the taxpayer fails to make this certification, backup withholding will begin immediately on the taxpayer's new account or investment.

If the taxpayer has been notified by a payer that backup withholding will be deducted from the taxpayer's interest or dividend income because the taxpayer did not provide a correct SSN or EIN, the taxpayer can stop the withholding by following the instructions given to him or her by the payer. A payer is the one who administers the account, such as the bank.

Form 1099-INT

This form is provided to taxpayers by companies such as banks or investment companies (in much the same way as W-2s are issued by employers) for informational purposes to be entered on the taxpayers' current year tax return.

Interest is generally reported on Form 1099-INT or a substitute statement. Form 1099-INT shows the interest earned for the year but is not attached to the tax return. Some interest is not reported on Form 1099-INT, yet it must still be reported on the tax return. For example, if Samantha received interest from the partnership that she is a member of, her interest would be reported to her on the Schedule K-1 that she received. A substitute statement can come from an individual payer and not a large institution and must contain all the information found on Form 1099-INT.

As with any form that is reported with the taxpayer's name, address, and taxpayer identification number (TIN), make sure the information is correct.

Número y certificación

Si el contribuyente no realiza esta certificación, la retención adicional comenzará inmediatamente en la nueva cuenta o inversión del contribuyente.

Si el contribuyente ha sido notificado por un pagador de que la retención adicional se deducirá de los intereses del contribuyente o de los ingresos por dividendos porque el contribuyente no proporcionó un SSN o EIN correcto, el contribuyente puede detener la retención siguiendo las instrucciones que le haya dado el pagador. Un pagador es quien administra la cuenta, como el banco.

Formulario 1099-INT

Este formulario es proporcionado a los contribuyentes por compañías como bancos o compañías de inversión (de la misma manera que los W-2 son emitidos por los empleadores) con fines informativos para que se ingresen en la declaración de impuestos del año en curso de los contribuyentes.

Los intereses generalmente se informan en el Formulario 1099-INT o en una declaración sustituta. El formulario 1099-INT muestra los intereses devengados durante el año, pero no se adjunta a la declaración de impuestos. Algunos intereses no se declaran en el Formulario 1099-INT, sin embargo, aún se deben informar en la declaración de impuestos. Por ejemplo, si Samantha recibió interés de la sociedad de la que es miembro, su interés se le informará en el Anexo K-1 que recibió. Un estado de cuenta sustituto puede provenir de un pagador individual y no de una institución grande y debe contener toda la información que se encuentra en el Formulario 1099-INT.

Al igual que con cualquier formulario que se informa con el nombre, la dirección y el número de identificación del contribuyente (TIN) del contribuyente, asegúrese de que la información sea correcta.

Interest and Dividends

Box 1: Reports interest income paid to the recipient that is not included in box 3. Form 1099-INT is issued for earned interest of $10 or more.

Box 2: Reports interest or principal that was forfeited because of an early withdrawal penalty. Do not reduce the amount in box 1 by the amount forfeited. The amount in box 2 is reported on Form 1040, Schedule 1, line 17 since this action will adjust the taxpayer's tax liability.

Box 3: Reports interest from U.S. Savings Bonds and Treasury obligations (another word used for bonds). For a covered security that is taxable and was acquired at a premium, see Box 12. The amount in this box may or may not be taxable. See Publication 550.

Box 4: Reports federal income tax withheld. If a TIN (taxpayer identification number) was not given to the payer, the payer is required to withhold at a 28% rate on the amount in box 1.

Box 5: Investment expenses for a single-class real estate mortgage investment conduit (REMIC) only. The amount is also included in box 1.

Box 6: Reports foreign taxes paid.

Box 7: Shows the foreign country or U.S. possession to which any foreign taxes were paid.

Box 8: Shows tax-exempt interest paid to the person's account during the calendar year. This amount may be subject to backup withholding.

Box 9: Specified private activity bond interest is shown here. Specified Private Activity Bonds are defined in section 141 and issued after Aug 7, 1986.

Box 10: This box shows the value of a taxable or tax-exempt covered security acquired with a market discount, but only if the taxpayer made an election under section 1278(b) to include the market discount in income as it accrues. The taxpayer must notify the payer of the election in writing [certain restrictions apply, see Regulations section 1.6045-1(n)(5)].

Box 11: Bond premium. A taxable covered security other than a U.S. Treasury obligation acquired at a premium.

Box 12: For a U.S. Treasury obligation that is a covered security. Shows the amount of premium amortization allocable to the interest payment(s).

Box 13: Bond Premiums on Tax-Exempt Bonds. If you report a tax-exempt covered security acquired at a premium, the amount entered is the bond premium amortization that is allocable to the interest paid during the year.

Box 14: Tax-Exempt and Tax Credit Bond CUSIP Number. The CUSIP is entered for single bonds or accounts containing a single bond.

Box 15-17: State's information. These boxes designate where the taxpayer lives as well as any state in which the taxpayer may have earned the income.

Casilla 1: Informa los ingresos por intereses pagados al destinatario que no están incluidos en la casilla 3. El formulario 1099-INT se emite por intereses devengados de $10 o más.

Casilla 2: Informa los intereses o capital que se perdieron debido a una multa por retiro anticipado. No reduzca la cantidad en la casilla 1 por la cantidad perdida. La cantidad en la casilla 2 se declara en el Formulario 1040, Anexo 1, línea 17 ya que esta acción ajustará la obligación tributaria del contribuyente.

Casilla 3: Informa el interés de los bonos de ahorro de los EE. UU. y las obligaciones del Tesoro (otra palabra utilizada para los bonos). Para un valor cubierto que está sujeto a impuestos y se adquirió con una prima, consulte la casilla 12. La cantidad en esta casilla puede estar sujeta a impuestos o no. Consulte la Publicación 550.

Casilla 4: Informa el impuesto sobre la renta federal retenido. Si no se le entregó un TIN (número de identificación del contribuyente) al pagador, el pagador debe retener a una tasa del 28% sobre la cantidad en la casilla 1.

Casilla 5: Gastos de inversión para un conducto de inversión hipotecaria inmobiliaria de clase única (REMIC) únicamente. La cantidad también se incluye en la casilla 1.

Casilla 6: Informa los impuestos extranjeros pagados.

Casilla 7: Muestra el país extranjero o la posesión de los EE. UU. al que se pagaron impuestos extranjeros.

Casilla 8: Muestra los intereses exentos de impuestos pagados a la cuenta de la persona durante el año calendario. Esta cantidad puede estar sujeta a una retención adicional.

Casilla 9: Aquí se muestra el interés específico de los bonos de actividad privada. Los bonos de actividad privada especificada se definen en la sección 141 y se emiten después del 7 de agosto de 1986.

Casilla 10: Esta casilla muestra un valor cubierto sujeto a impuestos o exento de impuestos adquirido con un descuento de mercado, pero solo si el contribuyente hizo una elección en virtud de la sección 1278(b) para incluir el descuento de mercado en los ingresos a medida que se acumulan. El contribuyente debe notificar al pagador de la elección por escrito [se aplican ciertas restricciones, consulte la sección 1.6045-1(n)(5) de los Reglamentos].

Casilla 11: Prima de bono. Un valor cubierto sujeto a impuestos que no sea una obligación del Tesoro de los EE. UU. adquirido con una prima.

Casilla 12: Para una obligación del Tesoro de los EE. UU., que es un valor cubierto. Muestra el monto de la amortización de la prima imputable al pago de intereses.

Casilla 13: Primas de bonos sobre bonos exentos de impuestos. Si declara un valor cubierto exento de impuestos adquirido con una prima, la cantidad ingresada es la amortización de la prima del bono que se puede asignar a los intereses pagados durante el año.

Casilla 14: Número CUSIP del Bono de Crédito Fiscal y Exento de Impuestos. El CUSIP se ingresa para bonos simples o cuentas que contienen un bono simple.

Casillas 15-17: Información del estado. Estas casillas indican dónde vive el contribuyente, así como cualquier estado en el que el contribuyente puede haber obtenido los ingresos.

Interest and Dividends

[Form 1099-INT (2021) Interest Income — blank form showing boxes: Payer info, Payer's RTN, 1 Interest income, 2 Early withdrawal penalty, 3 Interest on U.S. Savings Bonds and Treas. obligations, 4 Federal income tax withheld, 5 Investment expenses, 6 Foreign tax paid, 7 Foreign country or U.S. possession, 8 Tax-exempt interest, 9 Specified private activity bond interest, 10 Market discount, 11 Bond premium, 12 Bond premium on Treasury obligations, 13 Bond premium on tax-exempt bond, 14 Tax-exempt and tax credit bond CUSIP no., 15 State, 16 State identification no., 17 State tax withheld]

Señor 1040 Says: Make sure that the year on Form 1099-INT is the year that you are preparing the tax return for. It is important to verify the year on all documents that report income to the taxpayer to ensure that the income being reported is for the correct tax year.

When to Report Interest Income

Interest income is reported based on the accounting method the taxpayer is using to report his or her income. If taxpayers use the cash method, they generally report their interest income in the year in which it was actually or constructively received. However, there are special rules for reporting the discount on certain debt instruments such as U.S. savings bonds and original issue discount (OID).

Taxable Interest

Taxable interest is reported using Schedule B and includes interest received from bank accounts, loans made to others, and interest from other sources. The taxpayer could be the payer or the recipient of the interest. Examples of sources of interest are as follows:

- Banks.
- Credit unions.
- Government entities (federal and state).
- Certificates of deposit (CDs).
- Life insurance.
- Installment sales.

Intereses y dividendos

[Form 1099-INT 2021 - Interest Income]

El señor 1040 dice: Asegúrese de que el año en el Formulario 1099-INT sea el año para el que está preparando la declaración de impuestos. Es importante verificar el año en todos los documentos que declaran los ingresos al contribuyente para asegurarse de que los ingresos que se informan corresponden al año fiscal correcto.

¿Cuándo informar los ingresos por intereses?

Los ingresos por intereses se informan con base en el método contable que el contribuyente está usando para informar sus ingresos. Si los contribuyentes utilizan el método de efectivo, generalmente declaran sus ingresos por intereses en el año en que se recibieron de manera real o implícita. Sin embargo, existen reglas especiales para informar el descuento en ciertos instrumentos de deuda, como los bonos de ahorro de los EE. UU. y el descuento de emisión original (OID).

Interés tributable

Los intereses gravables se declaran utilizando el Anexo B e incluyen los intereses recibidos de cuentas bancarias, préstamos hechos a terceros e intereses de otras fuentes. El contribuyente puede ser el pagador o el receptor de los intereses. Algunos ejemplos de fuentes de interés son los siguientes:

- Bancos.
- Cooperativas de crédito.
- Entidades gubernamentales (federal y estatal).
- Certificados de depósito (CD).
- Seguro de vida.
- Ventas a plazos.

Interest and Dividends

Certificates of Deposit (CDs) and Other Deferred Interest Accounts

Certificates of deposit and other deferred interest accounts may pay interest earned at fixed intervals of one year or less during the term of the account. Interest is generally reported when it has been received or entitled to have been received. Accounts that mature in one year or less and pay interest in a single payment are still reported in the year earned. If the interest is subject to an early withdrawal penalty before the deferred interest account has matured, the account holder may have to pay a penalty. This amount is reported in box 2 of Form 1099-INT.

Example: Noah deposited $5,000 with his community bank and borrowed $5,000 from the bank to make up the $10,000 minimum deposit required to buy a six-month certificate of deposit. The certificate earned $575 at maturity in 2020. Noah received only $265, which represented the $575 earned in interest minus the $310 interest that was charged on the loan. The bank will issue Form 1099-INT for $575 earned interest and issue a statement showing the $310 of interest paid.

Gifts for Opening Accounts

The fair market value of any gift of goods or services received for opening an account or making a long-term deposit in a savings institution may have to be reported as interest income and should be reported in the year received. For deposits of less than $5,000, gifts or services valued at more than $10 must be reported as interest income. For deposits of $5,000 or more, gifts valued at more than $20 must be reported as interest income. The value of the gift is determined by the cost to the financial institution. Services include the value of free checking or free checks. These gifts should be reported on Form 1099-INT.

Example: Parker opened a savings account with $900 at the local credit union. He received a calculator that was valued at $15. The account earned $20 in interest for the year. The credit union should issue Parker's Form 1099-INT to report $35 of interest for the year.

Interest on Insurance Dividends

Interest on insurance dividends left on deposit with an insurance company that can be withdrawn annually is taxable to the taxpayer in the year that it is credited to the taxpayer's account.

Prepaid Insurance Premiums

Any increase in the value of prepaid insurance premiums, advance premiums, or premium deposit funds is interest and must be reported if applied to the payment of premiums due on insurance policies or made available for withdrawal.

U.S. Obligations

Interest on U.S. obligations (U.S. Treasury bills, notes, or bonds) is taxable at the federal level, but exempt from taxation in most states. Make sure to know if your state taxes the interest.

Miscellaneous Types of Interest

Interest on Tax Refunds: Interest received on tax refunds is taxable income.

Interest on Condemnation Award: If the condemning authority pays interest for a delay in payment, the interest is taxable.

Certificados de depósito (CD) y otras cuentas de interés diferido

Los certificados de depósito y otras cuentas de interés diferido pueden pagar intereses devengados a intervalos fijos de un año o menos durante el plazo de la cuenta. Por lo general, los intereses se declaran cuando se han recibido o se tiene derecho a recibirlos. Las cuentas que vencen en un año o menos y pagan intereses en un solo pago aún se declaran en el año en que se ganan. Si el interés está sujeto a una multa por retiro anticipado antes de que la cuenta de interés diferido haya vencido, es posible que el titular de la cuenta tenga que pagar una multa. Esta cantidad se declara en la casilla 2 del Formulario 1099-INT.

Ejemplo: Noah depositó $5,000 en el banco de su comunidad y pidió prestados $5,000 del banco para completar el depósito mínimo de $10,000 requerido para comprar un certificado de depósito de seis meses. El certificado ganó $575 al vencimiento en 2020. Noah recibió solo $265, lo que representa los $575 ganados en intereses menos los $310 de interés que se cobraron por el préstamo. El banco emitirá el Formulario 1099-INT por $575 de interés devengado y emitirá un estado de cuenta mostrando los $310 de interés pagado.

Donaciones por apertura de cuentas

El valor justo de mercado de cualquier donación de bienes o servicios recibida para abrir una cuenta o hacer un depósito a largo plazo en una institución de ahorro puede tener que declararse como ingresos por intereses y debería declararse en el año recibido. Para depósitos de menos de $5,000, los obsequios o servicios valorados en más de $10 deben declararse como ingresos por intereses. Para depósitos de $5,000 o más, los obsequios valorados en más de $20 deben declararse como ingresos por intereses. El valor del obsequio está determinado por el costo para la institución financiera. Los servicios incluyen el valor de la cuenta corriente o cheques gratuitos. Estos obsequios deben declararse en el Formulario 1099-INT.

Ejemplo: Parker abrió una cuenta de ahorros con $900 en la cooperativa de crédito local. Recibió una calculadora valorada en $15. La cuenta ganó $20 en intereses durante el año. La cooperativa de ahorro y crédito debe emitir el Formulario 1099-INT de Parker para declarar $35 de interés para el año.

Intereses sobre dividendos de seguros

Los intereses sobre los dividendos de seguros que se dejan en depósito en una compañía de seguros y que pueden retirarse anualmente están sujetos a impuestos para el contribuyente en el año en que se acreditan en la cuenta del contribuyente.

Primas de seguro prepagadas

Cualquier aumento en el valor de las primas de seguro prepagadas, primas anticipadas o fondos de depósito de primas es interés y debe declararse si se aplica al pago de las primas adeudadas en las pólizas de seguro o si está disponible para retiro.

Obligaciones de los EE. UU.

Los intereses de las obligaciones estadounidenses (letras, pagarés o bonos del Tesoro de los EE. UU.) están sujetos a impuestos a nivel federal, pero están exentos de impuestos en la mayoría de los estados. Asegúrese de saber si su estado grava los intereses.

Tipos de interés misceláneos

Intereses sobre reembolsos de impuestos: Los intereses recibidos en reembolsos de impuestos son ingresos imponibles.

Intereses sobre reembolsos de impuestos: Los intereses recibidos sobre los reembolsos de impuestos son ingresos gravables.

Interest and Dividends

Installment Sale Payments: If a contract for the sale or exchange of property provides deferred payments, it usually provides interest that is payable with each payment, and that interest is taxable.

Interest on Annuity Contract: Accumulated interest on an annuity contract sold prior to the maturity date is taxable.

Usurious Interest

Usury is the practice of making unethical or immoral monetary loans that unfairly enrich the lender. A loan could be considered usurious because of excessive or abusive (usurious) interest rates. This interest is taxable unless state law automatically changes the payment to principal.

Interest Income on Frozen Deposits

A frozen deposit is when the taxpayer cannot withdraw any part of the deposit for the following reasons:

> ➢ The financial institution is bankrupt or insolvent (a state of financial distress where assets may be sold to pay off the debt).
> ➢ The state where the institution is located has placed limits on withdrawals because other financial institutions in the state are bankrupt or insolvent.

If a deposit is frozen, the taxpayer would exclude the interest from gross income. The amount of interest that can be excluded is the interest that was credited on the frozen deposits minus the sum of:

> ➢ The net amount withdrawn from these deposits during the year.
> ➢ The amount that could have been withdrawn at the end of the year, not reduced by any penalty for premature withdrawals of a time deposit. A time deposit is an interest-bearing bank deposit, such as a certificate of deposit (CD), that has a specified date of maturity. The funds in these accounts must be held for a fixed term and include the understanding that the depositor (taxpayer) can make a withdrawal only by a specific date, unless a penalty is paid.

If the taxpayer receives Form 1099-INT for interest on deposits that were frozen at the end of 2020, the excluded interest is treated as having been credited to the taxpayer's account in the year it can be withdrawn. A frozen bank account is a sure sign that a creditor or debt collector has obtained a court judgment against the taxpayer (or taxpayer joint account holder).

Example: Susan was credited $100 of interest in her frozen account during the year. Susan withdrew $80 but could not withdraw any more at the end of the year because she owes a debt to the bank. Susan must include the $80 as income because it was constructively received, but she can exclude the $20 from income because that was the portion that was frozen. Susan will claim the $20 as income in the year she is able to withdraw the interest because the debt she owed has been paid.

Pagos de venta a plazos: Si un contrato de venta o permuta de propiedad prevé pagos diferidos, generalmente proporciona intereses que se pagan con cada pago y esos intereses están sujetos a impuestos.

Intereses sobre el contrato de anualidad: El interés acumulado en un contrato de anualidad vendido antes de la fecha de vencimiento está sujeto a impuestos.

Interés usurario

La usura es la práctica de hacer préstamos monetarios poco éticos o inmorales que enriquecen injustamente al prestamista. Un préstamo podría considerarse usurario debido a tasas de interés excesivas o abusivas (usureras). Este interés está sujeto a impuestos a menos que la ley estatal cambie automáticamente el pago al principal.

Ingresos por intereses sobre depósitos congelados

Un depósito congelado es cuando el contribuyente no puede retirar ninguna parte del depósito por las siguientes razones:

> ➤ La institución financiera está en bancarrota o insolvente (un estado de dificultades financieras en el que los activos pueden venderse para pagar la deuda).
> ➤ El estado donde se encuentra la institución ha puesto límites a los retiros porque otras instituciones financieras en el estado están en bancarrota o insolventes.

Si se congela un depósito, el contribuyente excluiría los intereses del ingreso bruto. El monto de interés que se puede excluir es el interés que se acreditó sobre los depósitos congelados menos la suma de:

> ➤ El monto neto retirado de estos depósitos durante el año.
> ➤ La cantidad que podría haberse retirado al final del año, no reducida por ninguna penalidad por retiros prematuros de un depósito a plazo. Un depósito a plazo es un depósito bancario que devenga intereses, como un certificado de depósito (CD), que tiene una fecha de vencimiento específica. Los fondos en estas cuentas deben mantenerse por un plazo fijo e incluir el entendimiento de que el depositante (contribuyente) puede hacer un retiro solo en una fecha específica, a menos que se pague una multa.

Si el contribuyente recibe el Formulario 1099-INT por intereses sobre depósitos que fueron congelados a fines de 2020, el interés excluido se trata como si hubiera sido acreditado en la cuenta del contribuyente en el año en que se puede retirar. Una cuenta bancaria congelada es una señal segura de que un acreedor o cobrador de deudas ha obtenido una sentencia judicial contra el contribuyente (o el titular de la cuenta conjunta del contribuyente).

Ejemplo: A Susan se le acreditaron $100 de interés en su cuenta congelada durante el año. Susan retiró $80 pero no pudo retirar más al final del año porque tiene una deuda con el banco. Susan debe incluir los $80 como ingresos porque se recibieron de manera constructiva, pero puede excluir los $20 de los ingresos porque esa fue la parte que se congeló. Susan reclamará los $20 como ingresos en el año en que pueda retirar los intereses porque la deuda que tenía se ha pagado.

Interest and Community Property States

If a taxpayer lives in a community property state and receives an interest or dividend distribution, one-half of the distribution is considered to be received by each spouse. If the taxpayer and spouse file MFS, each must report one-half of the distribution on their separate returns. If the distribution is not considered community property under state law, each taxpayer must report his or her separate distributions.

Example: Johanna and Jacob are filing MFS, and they have a joint money market account. Under state law, half the income belongs to Johanna and the other half belongs to Jacob. Each would report half of the income.

Net Investment Income Tax (NIIT)

Reported using Form 8960, NIIT is a 3.8% tax on the lesser of net investment income or the excess of the taxpayer's modified adjusted gross income amount that is over the filing status threshold. NIIT generally includes income and gain from passive activities. For the purposes of the NIIT, a passive activity, as defined by §469 of the Internal Revenue Code, includes rental activity whether the taxpayer materially participated or not. The activity must also be a trade or business as defined under §162 of the Internal Revenue Code and be non-passive before the income can be excluded from NIIT. Individuals who have NIIT and modified adjusted gross income (MAGI) over the following thresholds will owe 3.8%:

Filing Status	Threshold Amount
Married filing jointly	$250,000
Married filing separately	$125,000
Single	$200,000
Head of Household (with qualifying person)	$200,000
Qualifying widow(er) with dependent child	$250,000

Taxpayers should be aware that these threshold amounts are not indexed for inflation. If an individual is exempt from Medicare taxes, he or she may still be subject to NIIT if the taxpayer has NIIT and the modified adjusted gross income is over the applicable thresholds.

Unless these items result from the ordinary course of a trade or business that is neither a passive activity nor a trade or business of trading in financial instruments or commodities, investment income includes: gross income from interest, dividends, capital gains, rental and royalty income, nonqualified annuities, income from businesses involved in the trading of financial instruments or commodities, and income from businesses that are passive activities to the taxpayer. Net investment income tax does not include distributions from a qualified retirement plan, wages, unemployment compensation, operating income from a non-passive business, Social Security, alimony, tax-exempt interest, self-employment income, or Alaska Permanent Fund distributions.

The Alaska Permanent Fund is a dividend that is paid to all qualifying residents of Alaska. The dividend is based upon a five-year average of the Permanent Fund's performance, which is based on the stock market and other factors. The dividend is taxable on the recipients' federal tax returns.

Estados de interés y estados de bienes gananciales

Si un contribuyente vive en un estado de propiedad comunitaria y recibe una distribución de intereses o dividendos, se considera que la mitad de la distribución es recibida por cada cónyuge. Si el contribuyente y el cónyuge tienen el estado civil casado declarando por separado, cada uno debe declarar la mitad de la distribución en sus declaraciones por separado. Si la distribución no se considera bienes gananciales según la ley estatal, cada contribuyente debe declarar sus distribuciones por separado.

Ejemplo: Johanna y Jacob están casados declarando por separado y tienen una cuenta conjunta del mercado monetario. Según la ley estatal, la mitad de los ingresos pertenecen a Johanna y la otra mitad a Jacob. Cada uno declararía la mitad de los ingresos.

Impuesto Sobre la Renta Por Inversiones Netas (NIIT)

Declarado mediante el Formulario 8960, el NIIT es un impuesto del 3.8% sobre el menor de los ingresos de inversiones netas o el exceso del monto de ingreso bruto ajustado modificado del contribuyente que supera el límite de estado civil de declaración. El NIIT generalmente incluye ingresos y ganancias de actividades pasivas. Para los fines del NIIT, una actividad pasiva, según lo definido por la sección 469 del Código de Rentas Internas, incluye la actividad de alquiler, ya sea que el contribuyente haya participado materialmente o no. La actividad también debe ser una actividad o negocio tal como se define en la sección 162 del Código de Rentas Internas y no debe ser pasiva antes de que los ingresos puedan ser excluidos del NIIT. Las personas naturales que tengan NIIT e ingresos brutos ajustados modificados (MAGI) sobre los siguientes límites adeudarán un 3.8%:

Estado Civil Tributario	**Cantidad límite**
Casados declarando en conjunto	$250,000
Casados declarando por separado	$125,000
Soltero	$200,000
Cabeza de familia (con un dependiente calificado)	$200,000
Viudo/a con un menor calificado	$250,000

Los contribuyentes deben ser conscientes de que estos montos límites no están indexados por inflación. Si una persona está exenta de los impuestos de Medicare, puede estar sujeta a NIIT si el contribuyente tiene NIIT y el ingreso bruto ajustado modificado está por encima de los límites aplicables.

A menos que estos elementos resulten del curso ordinario de una actividad o negocio que no sea una actividad pasiva ni un comercio o negocio de negociación de instrumentos financieros o materias primas, los ingresos por inversiones incluyen ingresos brutos de intereses, dividendos, ganancias de capital, alquileres y regalías, anualidades no calificadas, ingresos de negocios involucrados en el comercio de instrumentos financieros o materias primas, e ingresos de negocios que son actividades pasivas para el contribuyente. El impuesto sobre la renta por inversiones netas no incluye las distribuciones de un plan de jubilación calificado, salarios, compensación por desempleo, ingresos de operación de un negocio no pasivo, seguro social, pensión alimenticia, intereses exentos de impuestos, ingresos de trabajo independiente o distribuciones del Fondo Permanente de Alaska.

El Fondo Permanente de Alaska es un dividendo que se paga a todos los residentes de Alaska calificados. El dividendo se basa en un promedio de cinco años del rendimiento del Fondo Permanente, que se basa en el mercado de valores y otros factores. El dividendo es gravable en las declaraciones de impuestos federales de los beneficiarios.

Interest and Dividends

The net investment income tax will not apply to any amount of gain that is excluded from gross income for regular income tax purposes. The pre-existing statutory exclusion in IRC §121 exempts the first $250,000 (or $500,000 in the case of a married couple filing jointly) of gain recognized on the sale of a principal residence from gross income for regular income tax purposes and, thus, from the NIIT. For more information on NIIT, go to www.irs.gov and see the FAQs for the NIIT.

The following gains are examples of items that are taken into consideration when computing NIIT:

➤ Gains from sale of stocks, bonds, and mutual funds.
➤ Capital gain distributions from mutual funds.
➤ Gain from the sale of investment real estate, including the gain on the sale of a second home that is not the taxpayer's primary residence.
➤ A gain from the sale of interest in partnerships and S corporations (to the extent that the partner or shareholder was a passive owner).

Distributions are considered when determining the modified adjusted gross income threshold. Distributions from a nonqualified retirement plan are included in net investment income. Form 8960 will be filed if the taxpayer has net investment income tax. For more information, refer to IRS Regulation Sections 1.1411-1 through 1.1411-10.

Tax-Exempt Interest

Certain types of interest income are tax-exempt and are reported on Form 1040, line 2a. Interest paid by state and local governments are exempt from federal taxation but may be taxable at the state level. The fact that this interest is tax-exempt does not mean that it is not reported; tax-exempt interest must be reported. Tax-exempt interest is included when determining how much Social Security could be taxable to the taxpayer and spouse.

Taxpayers are required to use Schedule B if any of the following are true:

➤ The taxpayer received over $1,500 of taxable interest or ordinary dividends.
➤ The taxpayer received interest from a seller-financed mortgage and the buyer used the property as a personal residence.
➤ The taxpayer received interest or ordinary dividends.
➤ The taxpayer had a financial interest in, or signature authority over, a financial account in a foreign trust.
➤ The taxpayer accrued interest from a bond.
➤ The taxpayer is reducing the interest income on a bond by the amortizable bond premium.
➤ The taxpayer is reporting original issue discount (OID) in an amount less than the amount on Form 1099-OID.
➤ The taxpayer is claiming the exclusion of interest from U.S. savings bonds series EE or I issued after 1989.

Below-Market Loans

A below-market loan generally has no interest charged; however, it can charge interest at a rate that is lower than the federal rate.

El impuesto sobre la renta por inversiones netas no se aplicará a ninguna cantidad de ganancia que se excluya de los ingresos brutos para fines del impuesto sobre la renta regular. La exclusión legal preexistente en IRC §121 exime los primeros $250,000 (o $500,000 en el caso de una pareja casada que declara conjuntamente) de la ganancia reconocida de la venta de una residencia principal del ingreso bruto para propósitos regulares de impuestos sobre la renta y, por lo tanto, del NIIT. Para obtener más información sobre el NIIT, vaya a www.irs.gov y vea las Preguntas frecuentes para el NIIT.

Las siguientes ventajas son ejemplos de elementos que se tienen en cuenta al calcular el NIIT:

> Ganancias por venta de acciones, bonos y fondos mutuos.
> Distribuciones de ganancias de capital de fondos mutuos.
> Ganancia de la venta de bienes raíces de inversión, incluyendo la ganancia de la venta de una segunda vivienda que no es la residencia principal del contribuyente.
> Una ganancia de la venta de participaciones en sociedades y sociedades anónimas S (en la medida en que el socio o accionista era un propietario pasivo).

Las distribuciones se consideran al determinar el límite de ingreso bruto ajustado modificado. Las distribuciones de un plan de jubilación no calificado se incluyen en el ingreso de inversión neta. El formulario 8960 se presentará si el contribuyente tiene un impuesto sobre la renta por inversiones netas. Para obtener más información, consulte las Secciones 1.1411-1 a 1.1411-10 del Reglamento del IRS.

Intereses exentos de impuestos

Ciertos tipos de ingresos por intereses están exentos de impuestos y se declaran en la línea 2a del Formulario 1040. Los intereses pagados por los gobiernos estatales y locales están exentos de impuestos federales, pero pueden estar sujetos a impuestos a nivel estatal. El hecho de que este interés esté exento de impuestos no significa que no se declare. Los intereses exentos de impuestos se incluyen al determinar cuánto podría estar sujeto a impuestos del Seguro Social para el contribuyente y el cónyuge.

Los contribuyentes deben usar el Anexo B si se cumple alguna de las siguientes condiciones:

> El contribuyente recibió más de $1,500 de intereses gravables o dividendos ordinarios.
> El contribuyente recibió intereses de una hipoteca financiada por el vendedor y el comprador utilizó la propiedad como residencia personal.
> El contribuyente recibió intereses o dividendos ordinarios.
> El contribuyente tenía un interés financiero o autoridad para firmar una cuenta financiera en un fideicomiso extranjero.
> El contribuyente acumuló intereses de un bono.
> El contribuyente está reduciendo los ingresos por intereses de un bono mediante la prima amortizable del bono.
> El contribuyente está declarando el descuento de emisión original (OID) en una cantidad menor que la cantidad en el Formulario 1099-OID.
> El contribuyente reclama la exclusión de intereses de los bonos de ahorro de los EE. UU., Serie EE o I emitidos después de 1989.

Préstamos por debajo del mercado

Un préstamo por debajo del mercado generalmente no tiene intereses; sin embargo, puede cobrar intereses a una tasa menor que la tasa federal.

Interest and Dividends

Life Insurance

Life insurance proceeds paid to the taxpayer as a beneficiary or as the insured person are not normally taxable. If the taxpayer receives the proceeds in installments, the taxpayer must report part of each installment payment as interest.

If the taxpayer leaves life insurance proceeds on deposit with an insurance company under an agreement to pay interest only, the interest paid is taxable.

If the taxpayer purchases an annuity with life insurance proceeds, the annuity payments received are taxed as a pension, and annuity income from a nonqualified plan is not taxed as interest income.

Government Bonds

A government bond is a debt security issued by the government to support government spending. This section will give an overview of the most common federal government bonds. If the taxpayer purchases a government bond for a discount when interest has been defaulted or when interest has accrued and has not been paid, the transaction is considered as "trading a bond flat." The defaulted or unpaid interest is not income and is not taxable to the taxpayer. When an interest payment is received, it reduces the capital of the remaining cost of the bond. Interest that accrues after the date of purchase is taxable interest for the year received or accrued.

Interest for a bond can be reported in one of two ways. First, the taxpayer can elect to pay the interest as it is accrued. In this case, the taxpayer would pay taxes on the interest each year. Taxpayers who use the accrual basis must report interest as it accrues. They cannot postpone reporting interest until they receive it or until the bonds mature. The second option is the cash method in which taxes on the savings bonds are paid when they are redeemed or when the bond has matured. If this option is selected, the taxpayer would report all the interest in the year the bond is redeemed.

Series EE and Series E Bonds

Series EE and series E bonds are issued at a discount and sold for less than the face value of the bond. The buyer makes money by holding them to the bond's maturity date, at which point the face value is paid to the taxpayer. Series EE bonds were first offered in January 1980 and have a 30-year maturity period. Before July 1980, series E bonds were issued. The original 10-year maturity period of series E has been extended to 40 years for bonds issued before December 1965 and to 30 years for bonds issued after November 1965. Both paper series EE and E bonds were issued at a discount. Electronic bonds are issued at face value. Paper savings bonds are no longer sold at financial institutions. Owners of paper series EE bonds can convert them to electronic bonds. These converted electronic bonds do not retain the denomination listed on the paper certificate but are posted at their purchase price with accrued interest.

Series I Bonds

Series I bonds were first offered in 1998. These are inflation-indexed bonds issued at their face amount with a maturity period of 30 years. The face value plus all accrued interest is payable at maturity.

If the taxpayer uses the cash method of reporting income, he or she can report the interest on his or her series EE, series E, and series I bonds using one of the following two methods:

Seguro de vida

Los ingresos del seguro de vida pagados al contribuyente como beneficiario o asegurado normalmente no están sujetos a impuestos. Si el contribuyente recibe el producto en cuotas, debe declarar parte de cada pago de cuota como intereses.

Si el contribuyente deja el producto del seguro de vida en depósito con una compañía de seguros en virtud de un acuerdo de pago de intereses únicamente, el interés pagado está sujeto a impuestos.

Si el contribuyente compra una anualidad con los ingresos del seguro de vida, los pagos de la anualidad recibidos se gravan como pensión y los ingresos por anualidades de un plan no calificado no se gravan como ingresos por intereses.

Bonos del gobierno

Un bono del gobierno es un título de deuda emitido por el gobierno para respaldar el gasto público. Esta sección le dará una descripción general de los bonos del gobierno federal más comunes. Si el contribuyente compra un bono del gobierno con un descuento cuando los intereses se han incumplido o cuando los intereses se han acumulado y no se han pagado, la transacción se considera como "negociar un bono fijo". Los intereses en mora o impagos no son ingresos y no están sujetos a impuestos para el contribuyente. Cuando se recibe un pago de intereses, se reduce el capital del costo restante del bono. Los intereses que se devengan después de la fecha de compra son intereses gravables para el año recibido o devengado.

El interés por un bono se puede declarar de dos formas. Primero, el contribuyente puede elegir pagar los intereses a medida que se devengan. En este caso, el contribuyente pagaría impuestos sobre los intereses cada año. Los contribuyentes que usan la base devengada deben declarar los intereses a medida que se devengan. No pueden posponer la declaración del interés hasta que lo reciban o hasta que los bonos vencen. La segunda opción es el método en efectivo en el que los impuestos sobre los bonos de ahorro se pagan cuando se canjean o cuando el bono ha vencido. Si se selecciona esta opción, el contribuyente declarará todos los intereses en el año en que se canjea el bono.

Bonos de las series EE y E

Los bonos de la serie EE y la serie E se emiten con descuento y se venden por menos del valor nominal del bono. El comprador gana dinero manteniéndolos hasta la fecha de vencimiento del bono, momento en el que se paga el valor nominal al contribuyente. Los bonos de la serie EE se ofrecieron por primera vez en enero de 1980 y tienen un período de vencimiento de 30 años. Antes de julio de 1980, se emitieron bonos serie E. El período de vencimiento original de 10 años de la serie E se ha ampliado a 40 años para los bonos emitidos antes de diciembre de 1965 y a 30 años para los bonos emitidos después de noviembre de 1965. Tanto los bonos impresos de las series EE como E se emitieron con descuento. Los bonos electrónicos se emiten a su valor nominal. Los bonos de ahorro impresos ya no se venden en instituciones financieras. Los propietarios de bonos de la serie EE impresos pueden convertirlos en bonos electrónicos. Estos bonos electrónicos convertidos no retienen la denominación que figura en el certificado impreso, pero se registran a su precio de compra con intereses devengados.

Bonos Serie I

Los bonos Serie I se ofrecieron por primera vez en 1998. Se trata de bonos indexados a la inflación emitidos a su valor nominal con un plazo de vencimiento de 30 años. El valor nominal más todos los intereses devengados se paga al vencimiento.

Si el contribuyente utiliza el método en efectivo para declarar ingresos, puede declarar los intereses de sus bonos serie EE, serie E y serie I utilizando uno de los dos siguientes métodos:

Interest and Dividends

> ➢ Method 1: Postpone reporting the interest earned until either the year in which the bonds were cashed or disposed of, or the year the bonds mature, whichever is earliest.
> ➢ Method 2: Choose to report the increase in redemption value as interest earned each year.

The taxpayer must use the same method for all series EE, series E, and series I bonds they own. If method 2 is not used, method 1 must be used. If the taxpayer wants to change from method 1 to method 2, the taxpayer does not need the permission of the IRS. However, if the taxpayer wants to change from method 2 to method 1, permission must be requested by attaching a statement with the following information to the tax return for the year of the change:

> ➢ "131" printed or typed at the top of the statement.
> ➢ The taxpayer's name and Social Security number written beneath "131."
> ➢ The year the change was requested (beginning and ending dates).
> ➢ Identification and information from the savings bonds for which the change is being requested.
> ➢ The statement includes the following:
>   o All interest received on any bonds acquired during or after the year of change when it is realized upon disposition, redemption, or final maturity, whichever is earliest.
>   o All interest on the bonds acquired before the year of the change when the interest is realized upon disposition, redemption, or final maturity; whichever is earliest, with the exception of interest already reported in prior years.

Taxpayers may file an automatic extension on their tax returns to give them more time to file the paperwork. On the statement, the following should be typed: "Filed pursuant to section 301.9100-2(b)." To qualify for the extension, the original tax return should have been filed by the required due date (normally April 15th) based on the type of tax return being filed. See Publication 550 for more information.

Series H and HH Bonds

Series H and HH bonds are issued at face value. Interest is paid twice a year and must be reported when received. Series H bonds have a maturity period of 30 years. Series HH bonds were first offered in 1980 and were last offered in August 2004. Series H bonds are treated the same way as series HH. Series HH bonds mature at 20 years. The last series H bonds matured in 2009, and the last series HH bonds will mature in 2024.

Señor 1040 Says: Interest on U.S. savings bonds is exempt from state and local taxes. Form 1099-INT will indicate the amount of interest that is earned for U.S. savings bonds in box 3.

Municipal Bonds

State and local governments issue municipal bonds to provide funding for capital improvement projects. Municipal bonds are not taxable by the federal government. Not all states or localities tax municipal bond interest income. Some states and localities tax all municipal bond interest, while others tax municipal bond interest income from other states or localities only.

- Método 1: Posponer la notificación de los intereses devengados hasta el año en que se cobraron o enajenaron los bonos o el año en que vencen los bonos, lo que ocurra primero.
- Método 2: Elija declarar el aumento en el valor de rescate como intereses devengados cada año.

El contribuyente debe utilizar el mismo método para todos los bonos serie EE, serie E y serie I que posea. Si no utiliza el método 2, debe utilizar el método 1. Si el contribuyente desea cambiar del método 1 al método 2, no necesita el permiso del IRS. Sin embargo, si el contribuyente desea cambiar del método 2 al método 1, debe solicitar el permiso adjuntando una declaración con la siguiente información a la declaración de impuestos del año del cambio:

- "131" impreso o escrito a máquina en la parte superior de la declaración.
- El nombre del contribuyente y el número de Seguro Social escrito debajo de "131".
- El año en que se solicitó el cambio (fechas de inicio y finalización).
- Identificación e información de los bonos de ahorro para los que se solicita el cambio.
- La declaración incluye lo siguiente:
  - Todos los intereses recibidos sobre cualquier bono adquirido durante o después del año de cambio cuando se realiza en el momento de la disposición, rescate o vencimiento final, lo que ocurra primero.
  - Todos los intereses sobre los bonos adquiridos antes del año del cambio cuando el interés se realiza al momento de la disposición, rescate o vencimiento final; lo que ocurra primero, con la excepción de los intereses ya declarados en años anteriores.

Los contribuyentes pueden presentar una prórroga automática en sus declaraciones de impuestos para darles más tiempo para presentar la documentación. En la declaración, se debe escribir lo siguiente: "Presentado de conformidad con la sección 301.9100-2(b)". Para calificar para la prórroga, la declaración de impuestos original debe haber sido presentada antes de la fecha de vencimiento requerida (normalmente el 15 de abril) según el tipo de declaración de impuestos que se presenta. Consulte la Publicación 550 para obtener más información.

Bonos Series H y HH

Los Bonos series H y HH se emiten a su valor nominal. Los intereses se pagan dos veces al año y se deben reportar cuando se reciben. Los bonos de la Serie H tienen un plazo de vencimiento de 30 años. Los bonos de la serie HH se ofrecieron por primera vez en 1980 y se ofrecieron por última vez en agosto de 2004. Los bonos de la serie H se tratan de la misma manera que la serie HH. Los bonos serie HH tienen vencimiento a 20 años. Los últimos bonos de la serie H vencieron en 2009 y los últimos bonos de la serie HH vencerán en 2024.

El señor 1040 dice: Los intereses de los bonos de ahorro de los EE. UU. están exentos de impuestos estatales y locales. El formulario 1099-INT indicará la cantidad de interés que se gana por los bonos de ahorro de los EE. UU. en la casilla 3.

Bonos municipales

Los gobiernos estatales y locales emiten bonos municipales para proporcionar fondos para proyectos de mejora de capital. Los bonos municipales no están sujetos a impuestos por el gobierno federal. No todos los estados o localidades gravan los ingresos por intereses de bonos municipales. Algunos estados y localidades gravan todos los intereses de bonos municipales, mientras que otros gravan los ingresos por intereses de bonos municipales de otros estados o localidades únicamente.

Interest and Dividends

State or Local Government Obligations

Interest received on a state or local government obligation is generally not taxable. The issuer should tell the receiver if the interest is taxable or not and then give the receiver a periodic statement showing the tax treatment of the obligation. If the obligation was invested through a trust, a fund, or other organization, that issuer should provide that information.

Even if the interest may not be subject to income tax, the receiver may have to report capital gains or losses when the obligation is sold.

Part 1 Review Questions

To obtain the maximum benefit from this chapter, LTP recommends that you complete each of the following questions, and then compare them to the answers with feedback that immediately follow. Under governing self-study standards, vendors are required to present review questions intermittently throughout each self-study course.

These questions and explanations are not part of the final examination and will not be graded by LTP.

IDP1.1
Which of the following is not the best description of constructively received income?

a. Amanda received an interest payment on December 31 but did not put it into the bank until Jan 2.
b. Andres earned money from his employer for the prior year. He did not pick the money up until the following year.
c. Karina received an early penalty withdrawal that was substantially less than what she would have earned if she left the money in the account until maturity.
d. Kevin had some bond payments credited to his account on January 1. He did not withhold the payment until April 15.

IDP1.2
Where would interest earned be reported on Form 1099INT?

a. Box 1
b. Box 2
c. Box 4
d. Box 8

IDP1.3
Where would exempt interest earned be reported on Form 1099INT?

a. Box 1
b. Box 2
c. Box 6
d. Box 8

Obligaciones del gobierno local o estatal

Los intereses recibidos por una obligación del gobierno local o estatal generalmente no están sujetos a impuestos. El emisor debe decirle al receptor si el interés está sujeto a impuestos o no y luego entregarle al receptor una declaración periódica que muestre el tratamiento fiscal de la obligación. Si la obligación se invirtió a través de un fideicomiso, un fondo u otra organización, ese emisor debe proporcionar esa información.

Incluso si el interés puede no estar sujeto al impuesto sobre la renta, el receptor puede tener que informar las ganancias o pérdidas de capital cuando se vende la obligación.

Parte I Preguntas de Repaso

Para obtener el máximo beneficio de este capítulo, LTP recomienda completar cada una de las siguientes preguntas y luego compararlas con las respuestas con los comentarios que siguen inmediatamente. Bajo las normas de autoestudio de gobierno, los proveedores están obligados a presentar preguntas de revisión intermitentemente a lo largo de cada curso de autoestudio.

Estas preguntas y explicaciones no forman parte del examen final y no serán calificadas por LTP.

IDP1.1
¿Cuál de las siguientes no es la mejor descripción del ingreso recibido constructivamente?

a. Amanda recibió un pago de intereses el 31 de diciembre, pero no lo ingresó en el banco hasta el 2 de enero
b. Andrés ganó dinero de su empleador durante el año anterior. No recogió el dinero hasta el año siguiente
c. Karina recibió un retiro anticipado de la multa que fue sustancialmente menor de lo que habría ganado si hubiera dejado el dinero en la cuenta hasta el vencimiento
d. Kevin recibió algunos pagos de bonos en su cuenta el 1 de enero. No retuvo el pago hasta el 15 de abril

IDP1.2
¿Dónde se informarían los intereses ganados en el Formulario 1099 INT?

a. Casilla 1
b. Casilla 2
c. Casilla 4
d. Casilla 8

IDP1.3
¿Dónde se informarían los intereses ganados en el Formulario 1099 INT?

a. Casilla 1
b. Casilla 2
c. Casilla 6
d. Casilla 8

IDP1.4
Which of the following best describes how U.S. obligations are taxed?

a. U.S. obligations are taxed on the federal and state.
b. U.S. obligations are not taxed on the federal and state.
c. U.S. obligations are taxed on the federal return and may not be taxable on the state return.
d. U.S. obligations are not taxed on the federal but are taxed by the state.

IDP1.5
Josie has an annuity contract that was sold prior to the maturity rate. Which of the following best describes her situation?

a. Josie will have no tax consequence.
b. Josie will have to pay tax on the accumulated interest.
c. Josie will receive a new annuity contract.
d. Josie will need to purchase an insurance contract for her protection.

IDP1.6
Kay and Mark are married and live in a community property state. They want to file their returns separately. How would they report their $1,000 earned interest?

a. Kay would report 100% of the interest since her name is first.
b. Mark would report 100% of the interest since his name is first.
c. Since Mark's name is first he would report 60%, and Kay would report 40%.
d. Each would report 50% on their tax return.

IDP1.7
Which of the following does the individual taxpayer need to do regarding federal tax-exempt interest?

a. Report the interest and pay tax.
b. Report the interest and pay no tax.
c. Does not need to report the interest.
d. Report the interest only on the state return.

IDP1.8
Original issue discount (OID) is a form of which of the following?

a. Interest
b. Dividend
c. Nondividend distribution
d. Nontaxable interest

IDP1.9
Which of the following must the individual taxpayer do regarding federal tax-exempt interest?

a. Report the interest and pay tax.
b. Report the interest and pay no tax.
c. The taxpayer doesn't need to report the interest.
d. Report the interest only on the state return.

IDP1.4

¿Cuál de las siguientes opciones describe mejor cómo se gravan las obligaciones de los EE. UU.?

   a. Las obligaciones de los EE. UU. están sujetas a impuestos federales y estatales
   b. Las obligaciones de los EE. UU. no están sujetas a impuestos federales y estatales
   c. Las obligaciones estadounidenses están sujetas a impuestos en la declaración federal y es posible que no estén sujetas a impuestos en la declaración estatal
   d. Las obligaciones de los EE. UU. no están sujetas al impuesto federal, pero sí al estatal

IDP1.5

Josie tiene un contrato de anualidad que se vendió antes de la tasa de vencimiento. ¿Cuál de las siguientes opciones describe mejor su situación?

   a. Josie no tendrá consecuencias fiscales
   b. Josie tendrá que pagar impuestos sobre los intereses acumulados
   c. Josie recibirá un nuevo contrato de anualidad
   d. Josie deberá comprar un contrato de seguro para su protección

IDP1.6

Kay y Mark están casados y viven en un estado de bienes gananciales. Quieren presentar sus declaraciones por separado. ¿Cómo declararían sus intereses ganados de $1,000?

   a. Kay declarará el 100% del interés ya que su nombre es el primero
   b. Mark declararía el 100% del interés ya que su nombre es el primero
   c. Como el nombre de Mark es el primero, declararía el 60% y Kay declararía el 40%
   d. Cada uno informaría el 50% en su declaración de impuestos

IDP1.7

¿Qué debe hacer el contribuyente individual con respecto a los intereses federales exentos de impuestos?

   a. Declarar el interés y pagar el impuesto
   b. Declarar los intereses y no pagar impuestos
   c. No necesita declarar el interés
   d. Informar el interés solo en la declaración estatal

IDP1.8

¿El descuento de emisión original (OID) es una forma de cuál de las siguientes alternativas?

   a. Interés
   b. Dividendo
   c. Distribución no relacionada con dividendos
   d. Intereses no tributables

IDP1.9

¿Cuál de las siguientes opciones debe realizar el contribuyente individual con respecto a los intereses federales exentos de impuestos?

   a. Declarar el interés y pagar el impuesto
   b. Declarar los intereses y no pagar impuestos
   c. El contribuyente no necesita declarar el interés
   d. Informar el interés solo en la declaración estatal

Interest and Dividends

IDP1.10
Which of the following is not a government debt security?

a. Series EE and E bonds
b. Series I bonds
c. Series H bonds
d. Series A bonds

IDP1.11
Which of the following is the way to report the interest earned on a bond?

a. Pay quarterly as interest accrues.
b. Pay monthly as interest accrues.
c. Pay yearly as interest accrues.
d. Pay yearly on July 1 as interest accrues.

IDP1.12
Which of the following is the way to report the interest earned on a bond?

a. Pay quarterly as interest accrues.
b. Pay monthly as interest accrues.
c. Pay when the bonds have been redeemed.
d. Pay yearly on July 1 as interest accrues.

Part 1 Review Questions Answers

IDP1.1
Which of the following is not the best description of constructively received income?

a. Amanda received an interest payment on December 31 but did not put it into the bank until Jan 2.
b. Andres earned money from his employer for the prior year. He did not pick the money up until the following year.
c. Karina received an early penalty withdrawal that was substantially less than what she would have earned if she left the money in the account until maturity.
d. Kevin had some bond payments credited to his account on January 1. He did not withhold the payment until April 15.

Feedback: Review section *Constructively Received*.

IDP1.2
Where would interest earned be reported on Form 1099INT?

a. Box 1
b. Box 2
c. Box 4
d. Box 8

Feedback: Review section *Form 1099-INT*.

IDP1.10
¿Cuál de los siguientes no es una garantía de deuda del gobierno?

   a. Bonos de las series EE y E
   b. Bonos de la serie I
   c. Bonos de la serie H
   d. Bonos de la serie A

IDP1.11
¿Cuál de las siguientes es la forma de declarar los intereses ganados por un bono?

   a. Pagar trimestralmente a medida que se devenguen intereses
   b. Pagar mensualmente a medida que se devengan intereses
   c. Pagar anualmente a medida que se devenguen intereses
   d. Pagar anualmente el 1 de julio a medida que se devenguen intereses

IDP1.12
¿Cuál de las siguientes es la forma de declarar los intereses ganados por un bono?

   a. Pagar trimestralmente a medida que se devenguen intereses
   b. Pagar mensualmente a medida que se devengan intereses
   c. Pagar cuando los bonos hayan sido redimidos
   d. Pagar anualmente el 1 de julio a medida que se devenguen intereses

Parte 1 Respuestas a las preguntas de Repaso

IDP1.1
¿Cuál de las siguientes no es la mejor descripción del ingreso recibido constructivamente?

   a. Amanda recibió un pago de intereses el 31 de diciembre, pero no lo ingresó en el banco hasta el 2 de enero
   b. Andrés ganó dinero de su empleador durante el año anterior. No recogió el dinero hasta el año siguiente
   c. Karina recibió un retiro anticipado de la multa que fue sustancialmente menor de lo que habría ganado si hubiera dejado el dinero en la cuenta hasta el vencimiento
   d. Kevin recibió algunos pagos de bonos en su cuenta el 1 de enero. No retuvo el pago hasta el 15 de abril

Comentario: Revisa la sección *Recibido constructivamente*.

IDP1.2
¿Dónde se informarían los intereses ganados en el Formulario 1099 INT?

   a. Casilla 1
   b. Casilla 2
   c. Casilla 4
   d. Casilla 8

Comentario: Revisa la sección *Formulario 1099 INT*.

Interest and Dividends

IDP1.3
Where would exempt interest earned be reported on Form 1099INT?

   a. Box 1
   b. Box 2
   c. Box 6
   d. Box 8

Feedback: Review section *Form 1099-INT.*

IDP1.4
Which of the following best describes how U.S. obligations are taxed?

   a. U.S. obligations are taxed on the federal and state.
   b. U.S. obligations are not taxed on the federal and state.
   c. U.S. obligations are taxed on the federal return and may not be taxable on the state return.
   d. U.S. obligations are not taxed on the federal but are taxed by the state.

Feedback: Review section *U.S. Obligations.*

IDP1.5
Josie has an annuity contract that was sold prior to the maturity rate. Which of the following best describes her situation?

   a. Josie will have no tax consequence.
   b. Josie will have to pay tax on the accumulated interest.
   c. Josie will receive a new annuity contract.
   d. Josie will need to purchase an insurance contract for her protection.

Feedback: Review section *Miscellaneous Types of Interest.*

IDP1.6
Kay and Mark are married and live in a community property state. They want to file their returns separately. How would they report their $1,000 earned interest?

   a. Kay would report 100% of the interest since her name is first.
   b. Mark would report 100% of the interest since his name is first.
   c. Since Mark's name is first he would report 60%, and Kay would report 40%.
   d. Each would report 50% on their tax return.

Feedback: Review section *Interest and Community Property States.*

IDP1.7
Which of the following does the individual taxpayer need to do regarding federal tax-exempt interest?

   a. Report the interest and pay tax.
   b. Report the interest and pay no tax.
   c. Does not need to report the interest.
   d. Report the interest only on the state return.

Feedback: Review section *Tax-Exempt Interest.*

IDP1.3
¿Dónde se informarían los intereses ganados en el Formulario 1099 INT?

   a. Casilla 1
   b. Casilla 2
   c. Casilla 6
   d. Casilla 8

Comentario: Revisa la sección *Formulario 1099-INT*.

IDP1.4
¿Cuál de las siguientes opciones describe mejor cómo se gravan las obligaciones de los EE. UU.?

   a. Las obligaciones de los EE. UU. están sujetas a impuestos federales y estatales
   b. Las obligaciones de los EE. UU. no están sujetas a impuestos federales y estatales
   c. Las obligaciones estadounidenses están sujetas a impuestos en la declaración federal y es posible que no estén sujetas a impuestos en la declaración estatal
   d. Las obligaciones de los EE. UU. no están sujetas al impuesto federal, pero sí al estatal

Comentario: Revisa la sección *Obligaciones US*.

IDP1.5
Josie tiene un contrato de anualidad que se vendió antes de la tasa de vencimiento. ¿Cuál de las siguientes opciones describe mejor su situación?

   a. Josie no tendrá consecuencias fiscales
   b. Josie tendrá que pagar impuestos sobre los intereses acumulados
   c. Josie recibirá un nuevo contrato de anualidad
   d. Josie deberá comprar un contrato de seguro para su protección

Comentario: Revisa la sección *Tipos de intereses misceláneos*

IDP1.6
Kay y Mark están casados y viven en un estado de bienes gananciales. Quieren presentar sus declaraciones por separado. ¿Cómo declararían sus intereses ganados de $1,000?

   a. Kay declarará el 100% del interés ya que su nombre es el primero
   b. Mark declararía el 100% del interés ya que su nombre es el primero
   c. Como el nombre de Mark es el primero, declararía el 60% y Kay declararía el 40%
   d. Cada uno informaría el 50% en su declaración de impuestos

Comentario: Revisa la sección *Intereses y estados con propiedad mancomunada*.

IDP1.7
¿Qué debe hacer el contribuyente individual con respecto a los intereses federales exentos de impuestos?

   a. Declarar el interés y pagar el impuesto
   b. Declarar los intereses y no pagar impuestos
   c. No necesita declarar el interés
   d. Informar el interés solo en la declaración estatal

Comentario: Revisa la sección *Interés libre de impuestos*.

Interest and Dividends

IDP1.8
Original issue discount (OID) is a form of which of the following?

   a. **Interest**
   b. Dividend
   c. Nondividend distribution
   d. Nontaxable interest

Feedback: Review section *When to Report Interest Income.*

IDP1.9
Which of the following must the individual taxpayer do regarding federal tax-exempt interest?

   a. Report the interest and pay tax.
   b. **Report the interest and pay no tax.**
   c. The taxpayer doesn't need to report the interest.
   d. Report the interest only on the state return.

Feedback: Review section *Tax-Exempt Interest.*

IDP1.10
Which of the following is not a government debt security?

   a. Series EE and E bonds
   b. Series I bonds
   c. Series H bonds
   d. **Series A bonds**

Feedback: Review section *Government Bonds*

IDP1.11
Which of the following is the way to report the interest earned on a bond?

   a. Pay quarterly as interest accrues.
   b. Pay monthly as interest accrues.
   c. **Pay yearly as interest accrues.**
   d. Pay yearly on July 1 as interest accrues.

Feedback: Review section *Government Bonds*

IDP1.12
Which of the following is the way to report the interest earned on a bond?

   a. Pay quarterly as interest accrues.
   b. Pay monthly as interest accrues.
   c. **Pay when the bonds have been redeemed.**
   d. Pay yearly on July 1 as interest accrues.

Feedback: Review section *Government Bonds*

IDP1.8
¿El descuento de emisión original (OID) es una forma de cuál de las siguientes alternativas?

   a. Interés
   b. Dividendo
   c. Distribución no relacionada con dividendos
   d. Intereses no tributables

Comentario: Revisa la sección *Cuando debe reportar el ingreso de intereses*.

IDP1.9
¿Cuál de las siguientes opciones debe realizar el contribuyente individual con respecto a los intereses federales exentos de impuestos?

   a. Declarar el interés y pagar el impuesto
   b. Declarar los intereses y no pagar impuestos
   c. El contribuyente no necesita declarar el interés
   d. Informar el interés solo en la declaración estatal

Comentario: Revisa la sección *Interés exento de impuestos*.

IDP1.10
¿Cuál de los siguientes no es una garantía de deuda del gobierno?

   a. Bonos de las series EE y E
   b. Bonos de la serie I
   c. Bonos de la serie H
   d. Bonos de la serie A

Comentario: Revisa la sección *Bonos gubernamentales*.

IDP1.11
¿Cuál de las siguientes es la forma de declarar los intereses ganados por un bono?

   a. Pagar trimestralmente a medida que se devenguen intereses
   b. Pagar mensualmente a medida que se devengan intereses
   c. Pagar anualmente a medida que se devenguen intereses
   d. Pagar anualmente el 1 de julio a medida que se devenguen intereses

Comentario: Revisa la sección *Bonos gubernamentales*.

IDP1.12
¿Cuál de las siguientes es la forma de declarar los intereses ganados por un bono?

   a. Pagar trimestralmente a medida que se devenguen intereses
   b. Pagar mensualmente a medida que se devengan intereses
   c. Pagar cuando los bonos hayan sido redimidos
   d. Pagar anualmente el 1 de julio a medida que se devenguen intereses

Comentario: Revisa la sección *Bonos gubernamentales*.

Part 2: Dividend Income

Dividends are a share of the profits generated by a company that can be paid in money, stock, stock rights, other property, or services; they can also be paid by a corporation, mutual fund, partnership, estate, trust, or association that is taxed as a corporation. Distributions are benefits from a closely held entity such as the S-corporation, Partnership, Limited Liability Company, and Trusts.

Dividends can be paid in the form of additional stock, which is sometimes referred to as a reinvested dividend. These are fully taxable to the recipient and must be reported, although some amounts reported as dividends may be taxed at different rates.

Qualified Dividends Form 1040, line 3a

Qualified dividends are taxed at the capital gains rate for the taxpayer. If the taxpayer has $38,600 or less of ordinary income, the tax will be zero. If the taxpayer has $38,600 to $425,799 of ordinary income, then the tax rate will be 15% on qualified dividends. For amounts above $425,800 or more, the tax rate is 20%. Qualified dividends are included with ordinary dividends on Form 1040, page 2, line 3b. Qualified dividends are shown in box 1b of Form 1099-DIV.

Ordinary Dividends Form 1040, line 3b

Ordinary dividends are the most common type of dividend distributions and are taxed as ordinary income (as are mutual fund dividends) at the same tax rate as wages and other ordinary income of the taxpayer. All dividends are considered ordinary unless they are specifically classified as qualified dividends. Dividends received from common or preferred stock are considered ordinary dividends and are reported in box 1a of Form 1099-DIV. Ordinary dividends received on common or preferred stock can be reinvested and taxed as ordinary income.

Dividends That Are Really Interest

Certain distributions that are often reported as "dividends" are actually interest income. The taxpayer will report as interest any received dividends from deposits, or shared accounts, from the following sources:

- Credit unions.
- Cooperative banks.
- Domestic building and loan associations.
- Federal savings and loan associations.
- Mutual savings banks.

These dividends will be reported as interest in box 1 of Form 1099-INT. Generally, amounts received from money market funds are dividends and should not be reported as interest.

Dividends Used to Buy More Stock

The corporation in which the taxpayer owns stock may have a dividend reinvestment plan. This plan allows the taxpayer to choose whether to use the dividends to purchase more shares of stock or to simply receive the dividends in cash. If the reinvestment plan is chosen, the taxpayer still reports the dividends as income.

Parte 2: Ingresos por dividendos

Los dividendos son una parte de las ganancias generadas por una compañía que se pueden pagar en dinero, acciones, derechos de acciones, otras propiedades o servicios; también pueden ser pagados por una sociedad anónima, fondo mutuo, sociedad, patrimonio, fideicomiso o asociación que está gravada como una sociedad anónima. Las distribuciones son beneficios de una entidad estrechamente sostenida, como una sociedad anónima S, una sociedad, una compañía de responsabilidad limitada y fideicomisos.

Los dividendos pueden pagarse en forma de acciones adicionales, a veces denominadas dividendos reinvertidos. Estos son totalmente gravables para el destinatario y deben declararse, aunque algunas cantidades declaradas como dividendos pueden ser gravadas a tasas diferentes.

Formulario 1040, Dividendos calificados, línea 3a

Los dividendos calificados se gravan a la tasa de ganancias de capital para el contribuyente. Si el contribuyente tiene $38,600 o menos de ingresos ordinarios, el impuesto será cero. Si el contribuyente tiene $38,600 a $425,799 de ingresos ordinarios, entonces la tasa impositiva será del 15% sobre los dividendos calificados. Para montos superiores a $425,800 o más, la tasa impositiva es del 20%. Los dividendos calificados se incluyen con los dividendos ordinarios en el Formulario 1040, página 2, línea 3b. Los dividendos calificados se muestran en la casilla 1b del Formulario 1099-DIV.

Dividendos ordinarios, Formulario 1040, línea 3b

Los dividendos ordinarios son el tipo más común de distribución de dividendos y se gravan como ingresos ordinarios (al igual que los dividendos de fondos mutuos) a la misma tasa impositiva que los salarios y otros ingresos ordinarios del contribuyente. Todos los dividendos se consideran ordinarios, a menos que se clasifiquen específicamente como dividendos calificados. Los dividendos recibidos de acciones comunes o preferidas se consideran dividendos ordinarios y se declaran en la casilla 1a del Formulario 1099-DIV. Los dividendos ordinarios recibidos en acciones comunes o preferidas pueden ser reinvertidos y gravados como ingresos ordinarios.

Dividendos que son realmente intereses

Ciertas distribuciones que a menudo se declaran como "dividendos" son en realidad ingresos por intereses. El contribuyente declarará como intereses cualquier dividendo recibido de depósitos o cuentas compartidas, de las siguientes fuentes:

- Cooperativas de crédito.
- Bancos cooperativos.
- Asociaciones nacionales de construcción y préstamo.
- Asociaciones federales de ahorro y préstamo.
- Cajas mutuas de ahorro.

Estos dividendos se declararán como intereses en la casilla 1 del Formulario 1099-INT. Generalmente, los montos recibidos de los fondos del mercado monetario son dividendos y no deben declararse como intereses.

Dividendos utilizados para comprar más acciones

La sociedad anónima en la que el contribuyente posee acciones puede tener un plan de reinversión de dividendos. Este plan permite al contribuyente elegir si usar los dividendos para comprar más acciones o simplemente recibir los dividendos en efectivo. Si se elige el plan de reinversión, el contribuyente todavía declara los dividendos como ingresos.

Interest and Dividends

The taxpayer may choose to use dividends to purchase additional shares of stock if the corporation has such a plan. The plan is called a "dividend reinvestment plan." If the taxpayer chooses to have the dividends reinvested, the taxpayer is still required to report the dividends as income in the year they are received. The amount of the dividend is then considered part of the purchase price of the stock. Taxpayers should be reminded to keep records of reinvested dividends to help establish an accurate cost basis for their stocks at the time of purchase. "Reinvested dividend" is not a tax term; it is a phrase that is used by investors to refer to dividends earned by reinvesting dividend distributions to purchase more stock instead of receiving money.

Form 1099-DIV: Reporting Dividend Income

As with all forms, make sure the taxpayer's name, address, and TIN are correct. The following is just for informational purposes about what each box on the Form 1099-DIV reports. The most common entries on Form 1099-DIV are: Box 1a, 1b, 2a, 3, 5, 7, and 11.

Box 1a, Total ordinary dividends: Included are money market funds, net short-term capital gains from mutual funds, and other distributions on stock. Reinvested dividends and section 404(k) dividends paid directly from the corporation are taxable. Report this amount on Form 1040, page 2, line 3b.

Box 1b, Qualified dividends: Shows the portion in box 1a that might be eligible for reduced capital gains rate.

Box 2a, Total (long-term) capital gain distributions: Shows total capital gain distributions from a regulated investment company or real estate investment trust. Amount shown in box 2a is reported on Schedule D, line 13.

Box 2b, Unrecaptured section 1250 gain: From certain depreciable real property. This box shows the amount in box 2a that is unrecaptured section 1250 gain from depreciable property.

Intereses y dividendos

El contribuyente puede optar por utilizar dividendos para comprar acciones adicionales si la sociedad anónima tiene tal plan. El plan se denomina "plan de reinversión de dividendos". Si el contribuyente opta por reinvertir los dividendos, aún se requiere que declare los dividendos como ingresos en el año en que se reciben. El monto del dividendo se considera parte del precio de compra de las acciones. Se debe recordar a los contribuyentes que mantengan registros de los dividendos reinvertidos para ayudar a establecer una base de costos precisa para sus acciones en el momento de la compra. "Dividendo reinvertido" no es un término fiscal; es una frase que utilizan los inversores para referirse a los dividendos obtenidos al reinvertir las distribuciones de dividendos para comprar más acciones en lugar de recibir dinero.

Formulario 1099-DIV: Declaración de ingresos por dividendos

Como con todos los formularios, asegúrese de que el nombre, la dirección y el TIN del contribuyente sean correctos. Lo siguiente es solo para fines informativos sobre lo que declara cada casilla en el Formulario 1099-DIV. Las entradas más comunes en el Formulario 1099-DIV son: Casillas 1a, 1b, 2a, 3, 5, 7 y 11.

Casilla 1a, Dividendos ordinarios totales: Se incluyen fondos del mercado monetario, ganancias de capital netas a corto plazo de fondos mutuos y otras distribuciones en acciones. Los dividendos reinvertidos y los dividendos de la sección 404(k) pagados directamente de la sociedad anónima están sujetos a impuestos. Declare esta cantidad en el Formulario 1040, página 2, línea 3b.

Casilla 1b, Dividendos calificados: Muestra la porción en la casilla 1a que podría ser elegible para la tasa reducida de ganancias de capital.

Casilla 2a, Distribuciones de plusvalías totales (a largo plazo): Muestra las distribuciones totales de ganancias de capital de una compañía de inversión regulada o un fideicomiso de inversión en bienes raíces. La cantidad que se muestra en la casilla 2a se declara en el Anexo D, línea 13.

Casilla 2b, ganancia de la sección 1250 no recuperada: De ciertos bienes inmuebles depreciables. Esta casilla muestra la cantidad en la casilla 2a que es la ganancia no recuperada de la sección 1250 de la propiedad depreciable.

Interest and Dividends

Box 2c, Section 1202 gain: Shows any amount in box 2a that is a section 1202 gain from certain small business stocks.

Box 2d, Collectibles (28%) gain: Shows any amount included in box 2a that has a 28% rate gain from sales or exchanges of collectibles. Apart from this fact, this concept is beyond the scope of this course.

Box 3, Nondividend distributions: Nondividend distributions are shown here, if determinable.

Box 4, Federal income tax withheld: This box shows the amount of federal income tax withheld. Federal taxes are usually withheld when backup withholding is required.

Box 5, Section 199A Dividends: Shows the section 199A dividends paid to the taxpayer. This amount is included in box 1a.

Box 6, Investment Expenses: Shows the taxpayer's reported pro rata share of certain amounts deductible by a non-public offering from a regulated investment company (RIC) in computing the taxable income. Do not include any investment expense in box 1b.

Box 7, Foreign tax paid: Shows foreign tax paid on dividends and other distributions on stock. Report this amount in U.S. dollars.

Box 8, Foreign country or U.S. possession: Lists the foreign country or U.S. possession to which the foreign taxes were paid. There should be no entry if the investment company paid the tax for the funds.

Box 9, Cash liquidation distributions: Shows cash distributed as part of a liquidation.

Box 10, Noncash liquidation distributions: Shows noncash distributions made as part of a liquidation. Place the fair market value as of the date of distribution.

Box 11, Exempt-interest dividends: Shows exempt-interest dividends paid during the calendar year from a mutual fund or other regulated investment company. Include specified private activity bond interest in box 11.

Box 12, Specified private activity bond interest dividends: This box shows exempt-interest dividends paid by a RIC on specified private activity bonds to the extent that the dividends are attributable to interest on bonds received by the RIC.

Box 13-15, State Boxes: Shows state information depending upon the state the taxpayer lives in.

Dividends and other distributions that earn $10 or more are reported to the taxpayer on Form 1099-DIV by the payee. If the taxpayer's ordinary dividends are more than $1,500, the taxpayer would complete Schedule B, Part III in addition to receiving Form 1099-DIV. Ordinary dividends stated in box 1a are reported on Form 1040, line 3b. Qualified dividends are reported on line 3b of Form 1040. The amount reported on 1b is a portion of the amount shown in box 1a.

Casilla 2c, ganancia de la Sección 1202: Muestra cualquier cantidad en la casilla 2a que sea una ganancia de la sección 1202 de ciertas acciones de pequeñas empresas.

Casilla 2d, ganancias de Coleccionables (28%): Muestra cualquier monto incluido en la casilla 2a que tiene una ganancia de tasa del 28% por ventas o intercambios de artículos de colección. Aparte de este hecho, este concepto está fuera del alcance de este curso.

Casilla 3, Distribuciones de no dividendos: Las distribuciones de no dividendos se muestran aquí, si se pueden determinar.

Casilla 4, Impuesto federal sobre la renta retenido: Esta casilla muestra el monto del impuesto federal sobre la renta retenido. Los impuestos federales generalmente se retienen cuando se requiere una retención adicional.

Casilla 5, Dividendos de la Sección 199A: Muestra los dividendos de la sección 199A pagados al contribuyente. Esta cantidad se incluye en la casilla 1a.

Casilla 6, Gastos de inversión: Muestra la parte proporcional declarada del contribuyente de ciertos montos deducibles mediante una oferta no pública de una empresa de inversión regulada (RIC) al calcular el ingreso gravable. No incluye ningún gasto de inversión en la casilla 1b.

Casilla 7, Impuesto extranjero pagado: Muestra el impuesto extranjero pagado sobre dividendos y otras distribuciones sobre acciones. Declare esta cantidad en dólares estadounidenses.

Casilla 8, País extranjero o posesión en los EE. UU.: Indica el país extranjero o la posesión de los EE. UU. a la que se pagaron los impuestos extranjeros. No debe haber entrada si la compañía de inversión pagó el impuesto por los fondos.

Casilla 9, Distribuciones de liquidación de efectivo: Muestra el efectivo distribuido como parte de una liquidación.

Casilla 10, Distribuciones de liquidación no monetarias: Muestra las distribuciones no monetarias realizadas como parte de una liquidación. Coloque el valor justo de mercado a la fecha de distribución.

Casilla 11, Dividendos exentos de intereses: Muestra los dividendos con intereses exentos pagados durante el año calendario de un fondo mutuo u otra compañía de inversión regulada. Incluye intereses de bonos de actividad privada especificados en la casilla 11.

Casilla 12, Dividendos de intereses de bonos de actividad privada: Esta casilla muestra los dividendos con intereses exentos pagados por un RIC sobre bonos de actividad privada específicos en la medida en que los dividendos sean atribuibles a los intereses de los bonos recibidos por el RIC.

Casillas 13-15, Casillas de estado: Muestra información del estado según el estado en el que vive el contribuyente.

Los dividendos y otras distribuciones que devengan $10 o más se reportan al contribuyente en el Formulario 1099-DIV por el beneficiario. Si los dividendos ordinarios del contribuyente son más de $1,500, el contribuyente completará el Anexo B, Parte III además de recibir el Formulario 1099-DIV. Los dividendos ordinarios indicados en la casilla 1a se declaran en el formulario 1040, línea 3b. Los dividendos calificados se declaran en la línea 3b del Formulario 1040. La cantidad indicada en 1b es una parte de la cantidad indicada en la casilla 1a.

Interest and Dividends

☐ VOID ☐ CORRECTED			

PAYER'S name, street address, city or town, state or province, country, ZIP or foreign postal code, and telephone no.	1a Total ordinary dividends $	OMB No. 1545-0110 2021 Form 1099-DIV	Dividends and Distributions
	1b Qualified dividends $		
	2a Total capital gain distr. $	2b Unrecap. Sec. 1250 gain $	Copy 1 For State Tax Department
PAYER'S TIN	RECIPIENT'S TIN	2c Section 1202 gain $	2d Collectibles (28%) gain $
		2e Section 897 ordinary dividends $	2f Section 897 capital gain $
RECIPIENT'S name		3 Nondividend distributions $	4 Federal income tax withheld $
Street address (including apt. no.)		5 Section 199A dividends $	6 Investment expenses $
		7 Foreign tax paid $	8 Foreign country or U.S. possession
City or town, state or province, country, and ZIP or foreign postal code		9 Cash liquidation distributions $	10 Noncash liquidation distributions $
	FATCA filing requirement ☐	11 Exempt-interest dividends $	12 Specified private activity bond interest dividends $
Account number (see instructions)		13 State	14 State identification no.	15 State tax withheld $ $

Form **1099-DIV**   www.irs.gov/Form1099DIV   Department of the Treasury - Internal Revenue Service

The tax professional should read the taxpayer the questions in Part III of Schedule B if interest and ordinary dividends are over $1,500. How the questions are answered determines if there is a reporting requirement to Financial Crimes Enforcement Network (FinCEN). FinCEN is part of the Department of Treasury whose mission is to safeguard the financial system in the United States and combat money laundering.

Part III Foreign Accounts and Trusts	You must complete this part if you (a) had over $1,500 of taxable interest or ordinary dividends; (b) had a foreign account; or (c) received a distribution from, or were a grantor of, or a transferor to, a foreign trust.	Yes	No
Caution: If required, failure to file FinCEN Form 114 may result in substantial penalties. See instructions.	7a At any time during 2019, did you have a financial interest in or signature authority over a financial account (such as a bank account, securities account, or brokerage account) located in a foreign country? See instructions		
	If "Yes," are you required to file FinCEN Form 114, Report of Foreign Bank and Financial Accounts (FBAR), to report that financial interest or signature authority? See FinCEN Form 114 and its instructions for filing requirements and exceptions to those requirements		
	b If you are required to file FinCEN Form 114, enter the name of the foreign country where the financial account is located ▶		
	8 During 2019, did you receive a distribution from, or were you the grantor of, or transferor to, a foreign trust? If "Yes," you may have to file Form 3520. See instructions		

For Paperwork Reduction Act Notice, see your tax return instructions.   Cat. No. 17146N   Schedule B (Form 1040 or 1040-SR) 2019

Money Market Funds

Income received from money market funds is considered dividend income. Money market funds are a kind of mutual fund and should not be confused with money market accounts that one may get at the local bank, which report the income earned as interest, not dividends. A mutual fund is a regulated investment company generally created by "pooling" funds of investors to allow them to take advantage of a diversity of investments and professional management.

[Formulario 1099-DIV Dividends and Distributions 2021]

El profesional de impuestos debe leerle al contribuyente las preguntas de la Parte III del Anexo B si los intereses y los dividendos ordinarios superan los $1,500. La forma en que se responden las preguntas determina si existe un requisito de informar a la Red de Ejecución de Delitos Financieros (FinCEN). FinCEN es parte del Departamento del Tesoro cuya misión es salvaguardar el sistema financiero en los Estados Unidos y combatir el lavado de dinero.

[Schedule B (Form 1040 or 1040-SR) 2019, Part III — Foreign Accounts and Trusts]

Fondos del mercado monetario

Los ingresos recibidos de los fondos del mercado monetario se consideran ingresos por dividendos. Los fondos del mercado monetario son una especie de fondo mutuo y no deben confundirse con las cuentas del mercado monetario que se pueden obtener en el banco local, que declaran los ingresos obtenidos como intereses, no como dividendos. Un fondo mutuo es una compañía de inversión regulada que generalmente se crea mediante fondos de inversionistas "mancomunados" para permitirles aprovechar una diversidad de inversiones y administración profesional.

Interest and Dividends

A distribution received from a mutual fund may be an ordinary dividend, a capital gain distribution, an exempt-interest dividend, a nontaxable return of capital, or a combination of two or more of these types of distributions. The fund company reports the distributions on Form 1099-DIV or a similar statement that indicates the type of distributions received.

If a mutual fund or another regulated investment company declares a dividend, including any exempt-interest dividend or capital gain distribution in the last quarter of the tax year, the dividend is considered paid in the year that the dividend was declared.

Capital Gains Distributions

Capital gains distributions (CGD) received as part of dividends from a mutual fund or real estate investment trusts (REIT) are taxed on Schedule D. These distributions are found in box 2a of Form 1099-DIV. These dividends should be considered long term regardless of the length of time the taxpayer owned the share in the regulated investment companies more commonly known as real estate investment trusts.

Non-dividend Distributions

Non-dividend distributions are a return of a shareholder's original investment. These distributions are not treated the same as ordinary dividends or capital gain distributions. Non-dividend distributions reduce the taxpayer's basis in the stock. Return of capital distributions are not taxable until the taxpayer's remaining basis (investment) is reduced to zero. The basis of the stock has been reduced to zero when the taxpayer receives a distribution, and then it is reported as a capital gain. The holding period determines the reporting of short-term or long-term capital gain.

Return of Capital

A return of capital is a distribution that is not paid out of the earnings and profits of a corporation. It is a return of the taxpayer's investment in the stock of the company. The taxpayer will receive Form 1099-DIV or another statement from the corporation showing what part of the distribution is a return of capital. If the taxpayer does not receive such a statement, he will report the distribution as an ordinary dividend.

Liquidating Distributions

Liquidating distributions, also known as liquidating dividends, are distributions received during a partial or complete liquidation of a corporation. These distributions are, at least in part, one form of a "return of capital" and may be paid in two or more installments.

Any liquidating dividend received is not taxable until the basis of the stock has been recovered. However, the basis of the stock, which earned the right to the dividends, must be reduced by the amount of the dividends. After the basis of the stock is reduced to zero, the liquidating dividend must be reported as a capital gain.

Una distribución recibida de un fondo mutuo puede ser un dividendo ordinario, una distribución de ganancias de capital, un dividendo con intereses exentos, un rendimiento de capital no tributable o una combinación de dos o más de estos tipos de distribuciones. La compañía de fondos declara las distribuciones en el Formulario 1099-DIV o una declaración similar que indique el tipo de distribuciones recibidas.

Si un fondo mutuo u otra compañía de inversión regulada declara un dividendo, incluido cualquier dividendo con intereses exentos o distribución de ganancias de capital en el último trimestre del año fiscal, el dividendo se considera pagado en el año en que se declaró el mismo.

Distribuciones de ganancias de capital

Las distribuciones de ganancias de capital (CGD) recibidas como parte de los dividendos de un fondo mutuo o fideicomisos de inversión en bienes raíces se gravan en el Anexo D. Estas distribuciones se encuentran en la casilla 2a del Formulario 1099-DIV. Estos dividendos deben considerarse a largo plazo independientemente del período de tiempo que el contribuyente haya sido propietario de la participación en las sociedades de inversión reguladas, más comúnmente conocidas como fideicomisos de inversión inmobiliaria.

Distribuciones sin dividendos

Las distribuciones sin dividendos son un retorno de la inversión original de un accionista. Estas distribuciones no se tratan igual que los dividendos ordinarios o las distribuciones de ganancias de capital. Las distribuciones sin dividendos reducen la base del contribuyente en las acciones. El rendimiento de las distribuciones de capital no está gravado hasta que la base restante (la inversión) del contribuyente se reduzca a cero. La base de las acciones se ha reducido a cero cuando el contribuyente recibe una distribución, y luego se informa como una ganancia de capital. El período de tenencia determina el reporte de ganancias de capital a corto o largo plazo.

Rendimiento de capital

Un rendimiento de capital es una distribución que no se paga con las ganancias y utilidades de una sociedad anónima. Es un rendimiento de la inversión del contribuyente en las acciones de la empresa. El contribuyente recibirá el Formulario 1099-DIV u otra declaración de la sociedad anónima que muestre qué parte de la distribución es un rendimiento de capital. Si el contribuyente no recibe tal declaración, reportará la distribución como un dividendo ordinario.

Distribuciones de liquidación

Las distribuciones de liquidación, también conocidas como dividendos de liquidación, son distribuciones recibidas durante una liquidación parcial o completa de una sociedad anónima. Estas distribuciones son, al menos en parte, una forma de "rendimiento de capital" y pueden pagarse en dos o más cuotas.

Cualquier dividendo de liquidación recibido no está sujeto a impuestos hasta que se haya recuperado la base de las acciones. Sin embargo, la base de las acciones, que ganó el derecho a los dividendos, debe reducirse por el monto de los dividendos. Una vez que la base de las acciones se reduce a cero, el dividendo liquidativo debe declararse como una ganancia de capital.

Interest and Dividends

Exempt-Interest Dividends

Exempt-interest dividends received from a regulated investment company or mutual fund are not included in taxable income. Exempt-interest dividends are reported on Form 1099-DIV, box 10. The taxpayer should receive a notice from the mutual fund giving information concerning the dividends the taxpayer received. The exempt-interest dividends should be shown on the return (if the taxpayer is required to file) as tax-exempt interest on line 2a of Form 1040.

Specified private activity bonds that have paid tax-exempt interest may be subject to alternative minimum tax. The exempt-interest dividends subject to alternative minimum tax should be shown on Form 1099-DIV, box 12.

Dividends on Insurance Policies

Insurance policy dividends that the insurer keeps and uses to pay premiums are not taxable. However, the taxpayer must report the interest that is paid or credited on dividends left with the insurance company as taxable income.

Dividends on Veterans' Insurance Policies

Dividends received on veterans' insurance policies and ones that were left with the Department of Veterans Affairs are not taxable.

Patronage Dividends

Patronage dividends received as money from a cooperative organization are included as income. Do not include the following patronage dividends as income:

- Property bought for personal use.
- Capital assets or depreciable property bought for use in business. If the dividend is more than the adjusted basis of the asset, it is reported as excess income.

Child's Interest and Dividend Income

If the child's income is in the form of interest, dividends, or capital gain distributions and if the amount is less than $2,200, the parent may elect to claim the income on his or her return. The parent can file a separate Form 8814: *Parents' Election to Report Child's Interest and Dividends* for each qualifying dependent child and attaching the form(s) to his or her return. The IRS allows parents to treat their child's income as their own, although the savings rate is minimal to both the taxpayer and the child. This income is reported on Form 1040, Schedule 1, line 8. If the income is claimed by the parent, the taxpayer will report it on Form 8814, and the child will not have to file a return. This election can be made if the following conditions are met:

- The child was under the age of 19 (or 24 if a full-time student) at the end of the year.
- The child only had income from interest and dividends, including capital gains distributions and Alaska Permanent Fund dividends.
- The child's gross income was less than $11,000.
- The child does not file a joint return.
- The child is required to file a tax return.

Dividendos exentos de interés

Los dividendos exentos de intereses recibidos de una empresa de inversión regulada o un fondo mutuo no se incluyen en el ingreso gravable. Los dividendos con intereses exentos se declaran en la casilla 10 del Formulario 1099-DIV. El contribuyente debe recibir un aviso del fondo mutuo dando información sobre los dividendos que recibió el contribuyente. Los dividendos con intereses exentos deben figurar en la declaración (si el contribuyente debe presentar) como intereses exentos de impuestos en la línea 2a del Formulario 1040.

Los bonos de actividad privada específicos que han pagado intereses exentos de impuestos pueden estar sujetos a un impuesto mínimo alternativo. Los dividendos con intereses exentos sujetos al impuesto mínimo alternativo deben aparecer en la casilla 12 del Formulario 1099-DIV.

Dividendos de pólizas de seguros

Los dividendos de las pólizas de seguro que la aseguradora conserva y utiliza para pagar las primas no están sujetos a impuestos. Sin embargo, el contribuyente debe declarar como ingresos gravables los intereses que se pagan o se acreditan sobre los dividendos que quedan en la compañía de seguros.

Dividendos sobre pólizas de seguro para veteranos

Los dividendos recibidos de las pólizas de seguro de veteranos y los que se dejaron en el Departamento de Asuntos de Veteranos no están sujetos a impuestos.

Dividendos de patrocinio

Los dividendos de patrocinio recibidos como dinero de una organización cooperativa se incluyen como ingresos. No incluya los siguientes dividendos de patrocinio como ingresos:

- Propiedad comprada para uso personal.
- Bienes de capital o propiedad depreciable comprados para uso comercial. Si el dividendo es mayor que la base ajustada del activo, se declara como exceso de ingresos.

Ingresos por intereses y dividendos del hijo

Si el ingreso del hijo es en forma de intereses, dividendos o distribuciones de ganancias de capital y si el monto es inferior a $2,200, el padre puede elegir reclamar el ingreso en su declaración. El padre puede presentar un Formulario 8814 por separado: *Elección de los padres para declarar los intereses y dividendos del hijo* para cada hijo dependiente calificado y adjuntar los formularios a su declaración. El IRS permite que los padres traten los ingresos de sus hijos como propios, aunque la tasa de ahorro es mínima tanto para el contribuyente como para el hijo. Este ingreso se declara en el Formulario 1040, Anexo 1, línea 8. Si el padre reclama el ingreso, el contribuyente lo declarará en el Formulario 8814 y el hijo no tendrá que presentar una declaración. Esta elección puede hacerse si se cumplen las siguientes condiciones:

- El hijo tenía menos de 19 años (o 24 si era un estudiante a tiempo completo) al final del año.
- El hijo solo tenía ingresos por intereses y dividendos, incluyendo las distribuciones de ganancias de capital y los dividendos del Fondo Permanente de Alaska.
- Los ingresos brutos del hijo eran inferiores a 11,000 dólares.
- El hijo no presenta una declaración conjunta.
- El hijo está obligado a presentar una declaración de impuestos.

Interest and Dividends

- No estimated payment was made for the year and no overpayment was made the previous year.
- No federal income tax was taken out of the child's income under the backup withholding rule.
- The taxpayer is filing a joint return with the child's other parent.
- If not filing a joint return, then the taxpayer and the child's other parent were married to each other but filed separate returns, and the taxpayer claiming the income has the higher taxable income.

The taxpayer may still qualify if he or she was unmarried and, for tax purposes, was treated as an unmarried taxpayer. If the taxpayer and the other parent of the child are separated by divorce or by a separate maintenance decree, the child must have lived with the taxpayer most of the year, or the taxpayer claiming the income must have been the custodial parent. If the taxpayer elects to report his or her child's income, the taxpayer is not able to take the following deductions that the child would have been allowed to take if the child had reported the income:

- Additional standard deduction of $1,600 if the child is blind.
- Penalty on early withdrawal of child's savings.
- Itemized deductions such as the child's charitable contributions.

A good tax professional will figure the tax return both ways to see which option works best for all parties. First calculate a tax return with the parent claiming the income before calculating it with the child claiming the income, and then go with the option that makes the most financial sense for both the parent and the child.

Savings Accounts with the Parent as Trustee

Interest from a savings account opened for a minor child, is taxable to the child, if under the state law in which the child resides if both of the following are true:

- The savings account legally belongs to the child.
- The parents are not legally permitted to use any of the funds to support the child.

Part 2 Review Questions

To obtain the maximum benefit from this chapter, LTP recommends that you complete each of the following questions, and then compare them to the answers with feedback that immediately follow. Under governing self-study standards, vendors are required to present review questions intermittently throughout each self-study course.

These questions and explanations are not part of the final examination and will not be graded by LTP.

IDP2.1
Which of the following is a form on dividend income?

a. Qualified dividends
b. Dividends from a credit union
c. Dividends from mutual funds
d. Dividends from a partnership

> No se realizó un pago estimado para el año y no se realizó un pago en exceso el año anterior.
> No se eliminó ningún impuesto sobre la renta federal de los ingresos del hijo bajo la regla de Retención adicional.
> El contribuyente está presentando una declaración conjunta con el otro padre del hijo.
> Si no presentan una declaración conjunta, entonces el contribuyente y el otro padre del hijo estaban casados entre sí, pero presentaron declaraciones por separado, y el contribuyente que reclama el ingreso tiene el ingreso gravable más alto.

El contribuyente aún puede calificar si no estaba casado y, para fines impositivos, fue tratado como un contribuyente soltero. Si el contribuyente y el otro padre del hijo están separados por divorcio o por un decreto de mantenimiento por separado, el hijo debe haber vivido con el contribuyente la mayor parte del año, o el contribuyente que reclama el ingreso debe haber sido el padre con custodia. Si el contribuyente elige declarar el ingreso de su hijo, el contribuyente no puede tomar las siguientes deducciones que el hijo habría podido tomar si hubiera declarado el ingreso:

> Deducción estándar adicional de $1,600 si el hijo es ciego.
> Multa por retiro anticipado de los ahorros del hijo.
> Deducciones detalladas, como las contribuciones caritativas del hijo.

Un buen profesional de impuestos calculará la declaración de impuestos de ambas maneras para ver qué opción funciona mejor para todas las partes. Primero, calcule una declaración de impuestos con el padre reclamando el ingreso antes de calcularlo con el hijo reclamando el ingreso, y luego elija la opción que tenga más sentido financiero tanto para los padres como para el hijo.

Cuentas de ahorro con el padre como fideicomisario

Los intereses de una cuenta de ahorros abierta para un hijo menor de edad están sujetos a impuestos para el hijo, si de acuerdo con la ley estatal en la que reside el hijo si se cumplen las dos condiciones siguientes:

> La cuenta de ahorros pertenece legalmente al hijo.
> Los padres no están autorizados legalmente a utilizar ninguno de los fondos para mantener al hijo.

Parte 2 Preguntas de Repaso

Para obtener el máximo beneficio de este capítulo, LTP recomienda completar cada una de las siguientes preguntas y luego compararlas con las respuestas con los comentarios que siguen inmediatamente. Bajo las normas de autoestudio de gobierno, los proveedores están obligados a presentar preguntas de revisión intermitentemente a lo largo de cada curso de autoestudio.

Estas preguntas y explicaciones no forman parte del examen final y no serán calificadas por LTP.

IDP2.1
¿Cuál de las siguientes opciones es un formulario sobre ingresos por dividendos?

   a. Dividendos calificados
   b. Dividendos de una cooperativa de crédito
   c. Dividendos de fondos mutuos
   d. Dividendos de una sociedad

Interest and Dividends

IDP2.2

Which of the following is a form on dividend income?

a. Ordinary dividends
b. Dividends from a credit union
c. Reinvested dividends
d. Dividends from a partnership

IDP2.3

Jacob's daughter Peyton inherited some money from her great grandma. Peyton's interest earned this year was $2,210. Which of the following is the best answer for the scenario?

a. Peyton will file her own tax return since the amount earned is more than $2,200.
b. Jacob can file Form 8814 and report Peyton's earned interest.
c. Jacob and Peyton need to decide which is the lowest tax consequence for the two of them and that is who files the interest earned.
d. Peyton does not need to file a return since it is lower than her filing requirements.

Part 2 Review Questions Answers

IDP2.1

Which of the following is a form on dividend income?

a. **Qualified dividends**
b. Dividends from a credit union
c. Dividends from mutual funds
d. Dividends from a partnership

Feedback: Review section *Dividend Income*

IDP2.2

Which of the following is a form on dividend income?

a. **Ordinary dividends**
b. Dividends from a credit union
c. Reinvested dividends
d. Dividends from a partnership

Feedback: Review section *Dividend Income*

IDP2.3

Jacob's daughter Peyton inherited some money from her great grandma. Peyton's interest earned this year was $2,210. Which of the following is the best answer for the scenario?

a. **Peyton will file her own tax return since the amount earned is more than $2,200.**
b. Jacob can file Form 8814 and report Peyton's earned interest.
c. Jacob and Peyton need to decide which is the lowest tax consequence for the two of them and that is who files the interest earned.
d. Peyton does not need to file a return since it is lower than her filing requirements.

Feedback: Review section *Child's Interest and Dividend Income*

IDP2.2
¿Cuál de las siguientes opciones es un formulario sobre ingresos por dividendos?

   a. Dividendos ordinarios
   b. Dividendos de una cooperativa de crédito
   c. Dividendos reinvertidos
   d. Dividendos de una sociedad

IDP2.3
La hija de Jacob, Peyton, heredó algo de dinero de su bisabuela. El interés de Peyton ganado este año fue de $2,110. ¿Cuál de las siguientes es la mejor respuesta para el escenario?

   a. Peyton presentará su propia declaración de impuestos ya que el monto de trabajo es mayor de $2,100
   b. Jacob puede presentar el Formulario 8814 y declarar el interés acumulado de Peyton
   c. Jacob y Peyton deben decidir cuál es la consecuencia fiscal más baja para los dos y quién declara los intereses devengados
   d. Peyton no necesita presentar una declaración ya que es inferior a sus requisitos de presentación

Parte 2 Respuestas a las preguntas de Repaso

IDP2.1
¿Cuál de las siguientes opciones es un formulario sobre ingresos por dividendos?

   a. Dividendos calificados
   b. Dividendos de una cooperativa de crédito
   c. Dividendos de fondos mutuos
   d. Dividendos de una sociedad

Comentario: Revisa la sección *Ingreso de dividendos*.

IDP2.2
¿Cuál de las siguientes opciones es un formulario sobre ingresos por dividendos?

   a. Dividendos ordinarios
   b. Dividendos de una cooperativa de crédito
   c. Dividendos reinvertidos
   d. Dividendos de una sociedad

Comentario: Revisa la sección *Ingreso de dividendos*.

IDP2.3
La hija de Jacob, Peyton, heredó algo de dinero de su bisabuela. El interés de Peyton ganado este año fue de $2,110. ¿Cuál de las siguientes es la mejor respuesta para el escenario?

   a. Peyton presentará su propia declaración de impuestos ya que el monto de trabajo es mayor de $2,100
   b. Jacob puede presentar el Formulario 8814 y declarar el interés acumulado de Peyton
   c. Jacob y Peyton deben decidir cuál es la consecuencia fiscal más baja para los dos y quién declara los intereses devengados
   d. Peyton no tiene que presentar una declaración ya que es menos que sus requisitos de presentación

Comentario: Revisa la sección *Ingreso de interés de menores y de dividendos*.

Part 3: FATCA Filing Requirements of Certain Foreign Financial Institutions (FFIs)

A tax professional needs to understand what the requirements are for foreign income. This section will provide an overview of the basic requirements. If the tax preparer has clients with foreign income, you may need to do a more detailed study on what is required and why. This rule could change from year to year. The main question to ask of every client is: do they have accounts outside of the United States and do they have signature authority? Basically, did the taxpayer sign the documents to open the account, or did a co-signer on the account?

The U.S. government passed the Foreign Account Tax Compliance Act (FATCA) in 2010. The intent since inception was based on seeking out undeclared foreign assets and requires anyone with a U.S. tax liability to be compliant with a set of laws in the U.S. tax code. In addition, certain business and financial institutions are required by law to divulge sensitive taxpayer information. The IRS is responsible for the collection of information and declaration of penalties.

FATCA also entails intergovernmental agreements (IGAs) between the U.S. and various countries exchanging tax-related information.

Form 8938

Form 8938, *Statement of Specified Foreign Financial Assets,* is used to report foreign assets. It is filed with the annual tax return and applies to individuals and businesses with foreign assets above the reporting thresholds (dependent on location of residence and filing status).

Domestic Taxpayer

Unmarried Taxpayers: The reporting threshold for specified foreign financial assets is more than $50,000 on the last day of the tax year or more than $75,000 at any time during the tax year.

Married Filing Joint: If the taxpayer and spouse file a joint tax return, the reporting threshold for specified foreign financial assets is more than $100,000 on the last day of the tax year or more than $150,000 at any time during the tax year.

Married Filing Separate: If the taxpayer and spouse are filing separate tax returns, the reporting threshold for specified foreign financial assets is more than $50,000 on the last day of the tax year or more than $75,000 at any time during the tax year.

Foreign Taxpayer

Unmarried Taxpayers: The reporting threshold for specified foreign financial assets is more than $200,000 on the last day of the tax year or more than $300,000 at any time during the tax year.

Married Filing Joint: If the taxpayer and spouse file a joint tax return, the reporting threshold for specified foreign financial assets is more than $400,000 on the last day of the tax year or more than $600,000 at any time during the tax year.

Married Filing Separate: If the taxpayer and spouse are filing separate tax returns, the reporting threshold for specified foreign financial assets is more than $200,000 on the last day of the tax year or more than $300,000 at any time during the tax year.

Parte 3: Estado civil tributario en FATCA, ciertas instituciones financieras extranjeras (FFI)

Un profesional de impuestos debe comprender cuáles son los requisitos para obtener ingresos en el extranjero. Esta sección proporcionará una descripción general de los requisitos básicos. Si el preparador de impuestos tiene clientes con ingresos extranjeros, es posible que deba hacer un estudio más detallado sobre lo que se requiere y por qué. Esta regla podría cambiar de un año a otro. La pregunta principal que se debe hacer a cada cliente es: ¿tienen cuentas fuera de los Estados Unidos y tienen autoridad para firmar? Básicamente, ¿firmó el contribuyente los documentos para abrir la cuenta o lo hizo un codeudor en la cuenta?

El gobierno de los Estados Unidos aprobó la Ley de Cumplimiento Fiscal de Cuentas Extranjeras (FATCA) en 2010. La intención desde el inicio se basó en la búsqueda de activos extranjeros no declarados y requiere que cualquier persona con una obligación tributaria en los EE. UU. cumpla con un conjunto de leyes en el código tributario de los EE. UU. Además, la ley exige que ciertas instituciones comerciales y financieras divulguen información confidencial de los contribuyentes. El IRS es responsable de la recopilación de información y la declaración de multas.

La FATCA también implica acuerdos intergubernamentales (IGA) entre los EE. UU. y varios países que intercambian información relacionada con los impuestos.

Formulario 8938

El Formulario 8938, *Estado de activos financieros extranjeros especificados*, se utiliza para declarar activos extranjeros. Se presenta con la declaración de impuestos anual y se aplica a individuos y empresas con activos en el extranjero por encima de los límites de declaración (según la ubicación de residencia y el estado de presentación).

Contribuyente nacional

Contribuyentes solteros: El límite de declaración para activos financieros extranjeros especificados es más de $50,000 en el último día del año tributario o más de $75,000 en cualquier momento durante el año tributario.

Casado declarando conjuntamente: Si el contribuyente y su cónyuge presentan una declaración de impuestos conjunta, el límite de declaración para activos financieros extranjeros especificados es más de $100,000 en el último día del año tributario o más de $150,000 en cualquier momento durante el año tributario.

Casado declarando por separado: Si el contribuyente y su cónyuge presentan una declaración de impuestos por separado, el límite de declaración para activos financieros extranjeros especificados es más de $50,000 en el último día del año tributario o más de $75,000 en cualquier momento durante el año tributario.

Contribuyente extranjero

Contribuyentes solteros: El límite de declaración para activos financieros extranjeros especificados es más de $200,000 en el último día del año tributario o más de $300,000 en cualquier momento durante el año tributario.

Casado declarando conjuntamente: Si el contribuyente y su cónyuge presentan una declaración de impuestos conjunta, el límite de declaración para activos financieros extranjeros especificados es más de $400,000 en el último día del año tributario o más de $600,000 en cualquier momento durante el año tributario.

Casado declarando por separado: Si el contribuyente y su cónyuge presentan una declaración de impuestos por separado, el límite de declaración para activos financieros extranjeros especificados es más de $200,000 en el último día del año tributario o más de $300,000 en cualquier momento durante el año tributario.

Types of Foreign Assets and Whether They are Reportable on Form 8938	
Financial (deposit and custodial) accounts held at foreign financial institutions	Yes
Financial account held at a foreign branch of a U.S. financial institution	No
Financial account held at a U.S. branch of a foreign financial institution	No
Foreign financial account or asset for which the taxpayer has signature authority	No, unless any income, gains, losses, deductions, credits, gross proceeds, or distributions from holding or disposing of the account or asset are or would be required to be reported, included, or otherwise reflected on the income tax return
Foreign stock or securities held in a financial account at a foreign financial institution	The account itself is subject to reporting, but the contents of the account do not have to be separately reported
Foreign stock or securities not held in a financial account	Yes
Foreign partnership interests	Yes
Indirect interests in foreign financial assets through an entity	No
Foreign mutual funds	Yes
Domestic mutual fund investing in foreign stocks and securities	No
Foreign accounts and foreign non-account investment assets held by foreign or domestic grantor trust for which the taxpayer is the grantor	Yes, as to both foreign accounts and foreign non-account investment assets
Foreign-issued life insurance or annuity contract with a cash-value	Yes
Foreign hedge funds and foreign private equity funds	Yes
Foreign real estate held directly	No

Intereses y dividendos

Tipos de activos extranjeros y si son declarables en el formulario 8938	
Cuentas financieras (depósito y custodia) mantenidas en instituciones financieras extranjeras	Sí
Cuenta financiera mantenida en una sucursal extranjera de una institución financiera de los Estados Unidos	No
Cuenta financiera mantenida en una sucursal estadounidense de una institución financiera extranjera	No
Cuenta o activo financiero extranjero para el cual el contribuyente tiene autoridad de firma	No, a menos que los ingresos, ganancias, pérdidas, deducciones, créditos, ingresos brutos o distribuciones de la tenencia o disposición de la cuenta o el activo deban ser informados, incluidos o reflejados de algún modo en la declaración del impuesto sobre la renta.
Acciones o valores extranjeros mantenidos en una cuenta financiera en una institución financiera extranjera	La cuenta en sí misma está sujeta a declaraciones, pero el contenido de la cuenta no tiene que declararse por separado.
Acciones o valores extranjeros no mantenidos en una cuenta financiera	Sí
Intereses de sociedades extranjeras	Sí
Participaciones indirectas en activos financieros extranjeros a través de una entidad	No
Fondos mutuos extranjeros	Sí
Fondos mutuos nacionales que invierten en acciones y valores extranjeros	No
Cuentas en el extranjero y activos de inversión extranjeros que no sean de cuenta mantenidos por un fideicomiso de otorgante extranjero o nacional para el cual el contribuyente es el otorgante	Sí, tanto para cuentas en el extranjero como para activos de inversión no relacionados con cuentas en el extranjero.
Seguro de vida o contrato de anualidad emitido en el extranjero con un valor en efectivo	Sí
Fondos de cobertura extranjeros y fondos de capital privado extranjeros	Sí
Inmuebles extranjeros mantenidos directamente	No

Interest and Dividends

Foreign real estate held through a foreign entity	No, but the foreign entity itself is a specified foreign financial asset and its maximum value includes the value of the real estate
Foreign currency held directly	No
Precious metals held directly	No
Personal property, held directly, such as art, antiques, jewelry, cars, and other collectibles	No
Benefits provided by a foreign government from a program that resembles Social Security	No

The taxpayer must use Form 8938 to declare all foreign assets including mutual funds, life insurance, real estate, and more. Penalties for not reporting foreign assets carry a minimum fine of $10,000 and up to $50,000 **plus** 40% penalty on an "understatement of tax attributable to non-disclosed assets".

Cancellation of Debt

A debt is any amount owed to the lender; this includes, but is not limited to, stated principal, stated interest, fees, penalties, administrative costs, and fines. If a taxpayer's debt is canceled or forgiven, the canceled amount would generally be included as income. The amount of canceled debt can be all or part of the total amount owed. For a lending transaction, the taxpayer is required to report only the stated principal. If the cancellation of a debt is a gift, it would not be included as income. If a federal government agency, financial institution, or credit union forgives or cancels a debt of $600 or more, the taxpayer should receive a Form 1099-C, *Cancellation of Debt*. The amount to be included as income is listed in box 2 of Form 1099-C.

If the forgiven or canceled debt includes interest, the amount considered interest would be listed in box 3 and can only be included as income if it would have been deductible on the taxpayer's tax return.

The taxpayer should not include a canceled debt as income in the following situations:

- The debt is canceled in a bankruptcy case under Title 11 of the U.S. Code (see Publication 908, Bankruptcy Tax Guide).
- The debt is canceled when the taxpayer is insolvent. However, this does not apply to the extent the debt exceeds the amount by which the taxpayer is insolvent.
- The debt is qualified farm debt and is canceled by a qualified person (see chapter 4 of Publication 225, Farmer's Tax Guide, in illustration 7-C for more information).
- The debt is qualified real property business debt (see Publication 4681).
- The debt is qualified principal residence indebtedness.

If the taxpayer has included a canceled debt amount in their income and later pays the debt off, the taxpayer may be able to file an amended return for a refund. The statute of limitations for filing would apply.

Bienes inmuebles extranjeros mantenidos por una entidad extranjera	No, pero la entidad extranjera en sí misma es un activo financiero extranjero especificado y su valor máximo incluye el valor del bien inmueble
Moneda extranjera mantenida directamente	No
Metales preciosos mantenidos directamente	No
Bienes personales, mantenidos directamente, como arte, antigüedades, joyas, automóviles y otros artículos de colección	No
Beneficios proporcionados por un gobierno extranjero de un programa que se asemeja al Seguro Social	No

El contribuyente debe usar el Formulario 8938 para declarar todos los activos extranjeros, incluyendo fondos mutuos, seguros de vida, bienes raíces y más. Las multas por no declarar activos extranjeros conllevan una multa mínima de $10,000 y hasta $50,000 **más** 40% de penalización por una "subestimación del impuesto atribuible a los activos no revelados".

Cancelación de deuda

Una deuda es cualquier cantidad adeudada al prestamista; esto incluye, pero no se limita a, capital declarado, interés declarado, tarifas, penalizaciones, costos administrativos y multas. Si la deuda de un contribuyente se cancela o se condona, el monto cancelado generalmente se incluiría como ingreso. El monto de la deuda condonada puede ser todo o parte del monto total adeudado. Para una transacción de préstamo, el contribuyente debe informar solo el principal declarado. Si la cancelación de una deuda es una donación, no se incluiría como ingreso. Si una agencia del gobierno federal, institución financiera o cooperativa de crédito condona o cancela una deuda de $600 o más, el contribuyente debe recibir un Formulario 1099-C, *Cancelación de deuda*. La cantidad que se incluirá como ingreso se indica en la casilla 2 del Formulario 1099-C.

Si la deuda condonada o cancelada incluye intereses, la cantidad considerada como interés se indicaría en la casilla 3 y solo se puede incluir como ingreso si hubiera sido deducible en la declaración de impuestos del contribuyente.

El contribuyente no debe incluir una deuda cancelada como ingreso en las siguientes situaciones:

- La deuda se cancela en un caso de bancarrota según el Título 11 del Código de los EE. UU. (Consulte la Publicación 908, Guía de impuestos sobre bancarrotas).
- La deuda se cancela cuando el contribuyente es insolvente. Sin embargo, esto no se aplica en la medida en que la deuda exceda el monto por el cual el contribuyente es insolvente.
- La deuda es una deuda agrícola calificada y la cancela una persona calificada (consulte el capítulo 4 de la Publicación 225, Guía de impuestos para agricultores, en la ilustración 7-C para obtener más información).
- Se trata de una deuda comercial de bienes raíces calificada (consulte la Publicación 4681).
- Se trata de una deuda de residencia principal calificada.

Si el contribuyente ha incluido un monto de deuda cancelada en sus ingresos y luego paga la deuda, el contribuyente puede presentar una declaración enmendada para obtener un reembolso. Se aplicaría el estatuto de limitaciones para la declaración.

Interest and Dividends

There may be terms in the following section that you are not familiar with; you will need to conduct outside research to become familiar with them.

When is a Debt Canceled?

Depending upon the actual date of the discharge, a debt is deemed canceled on the date one of the following identifiable events occur:

- A discharge in bankruptcy under Title 11 of the U.S. Code. There are certain discharges in bankruptcy that are not required to be reported.
- A cancellation or extinguishment making the debt unenforceable in a receivership, foreclosure, or similar federal non-bankruptcy or state court proceeding.
- A cancellation or extinguishment when the statute of limitations for collecting the debt expires, or when the statutory period for filing a claim or beginning a deficiency judgment proceeding expires. Expiration of the statute of limitations is an identifiable event only when the debtor's affirmative statute of limitations defense is upheld in a final judgment or decision of a court and the appeal period has expired.
- A cancellation or extinguishment when the creditor elects the foreclosure remedies, which by law extinguishes or bars the creditor's right to collect the debt. This event applies to a mortgage lender or holder who is barred by local law from pursuing debt collection after a "power of sale" in the mortgage or deed of trust is exercised.
- A cancellation or extinguishment making the debt unenforceable under a probate or similar proceeding.
- A discharge of indebtedness under an agreement between the creditor and the debtor to cancel the debt at less than full consideration; for example, short sales.
- A discharge of indebtedness because of a decision or a defined policy of the creditor to discontinue collection activity and cancel the debt. A creditor's defined policy can be in writing or an established business practice of the creditor. A creditor's established practice to stop collection activity and abandon a debt when a particular nonpayment period expires is a defined policy.
- The expiration of nonpayment testing period. This event occurs when the creditor has not received a payment on the debt during the testing period. The testing period is a 36-month period ending on December 31, plus any time when the creditor was precluded from collection activity by a stay in bankruptcy or similar bar under state or local law. The creditor can rebut the occurrence of this identifiable event if:
    - The creditor (or a third-party collection agency on behalf of the creditor) has engaged in significant bona fide collection activity during the 12-month period ending on December 31.
    - Facts and circumstances that exist on January 31 following the end of the 36-month period indicate that the debt was canceled. Significant bona fide collection activity does not include nominal or ministerial collection action, such as an automated mailing. Facts and circumstances indicating that a debt was not canceled include the existence of a lien relating to the debt (up to the value of the security) or the sale of the debt by the creditor.
- Other actual discharge before identifiable event.

Es posible que haya términos en la siguiente sección con los que no esté familiarizado; deberá realizar una investigación externa para familiarizarse con ellos.

¿Cuándo se cancela una deuda?

Dependiendo de la fecha real de la eliminación, una deuda se considera cancelada en la fecha en que ocurre uno de los siguientes eventos identificables:

- Una eliminación de deuda por bancarrota bajo el Título 11 del Código de los EE. UU. Hay ciertas eliminaciones de deuda por bancarrota que no requieren ser reportadas.
- Una cancelación o extinción que hace que la deuda sea inaplicable en una administración judicial, una ejecución hipotecaria o un procedimiento judicial federal o estatal similar que no sea de bancarrota.
- Una cancelación o extinción cuando expira el plazo de prescripción para cobrar la deuda, o cuando expira el período estatutario para presentar un reclamo o comenzar un procedimiento de juicio por deficiencia. El vencimiento del estatuto de limitaciones es un evento identificable solo cuando la defensa afirmativa del estatuto de limitaciones del deudor se confirma en una sentencia o resolución final de un tribunal y el período de apelación ha expirado.
- Una cancelación o extinción cuando el acreedor elige los remedios de ejecución hipotecaria, que por ley extingue o prohíbe el derecho del acreedor a cobrar la deuda. Este evento se aplica a un prestamista o tenedor hipotecario a quien la ley local le prohíbe realizar el cobro de deudas después de que se ejerce un "poder de venta" en la hipoteca o escritura de fideicomiso.
- Una cancelación o extinción que hace que la deuda sea inaplicable en virtud de un proceso sucesorio o similar.
- Una condonación de la deuda en virtud de un acuerdo entre el acreedor y el deudor para cancelar la deuda por una contraprestación inferior a la plena; por ejemplo, ventas en descubierto.
- Una condonación de deuda debido a una decisión o una política definida del acreedor de interrumpir la actividad de cobranza y cancelar la deuda. La política definida de un acreedor puede ser por escrito o una práctica comercial establecida del acreedor. La práctica establecida de un acreedor de detener la actividad de cobranza y abandonar una deuda cuando expira un período de impago en particular es una política definida.
- El vencimiento del período de prueba de incumplimiento de pago. Este evento ocurre cuando el acreedor no ha recibido un pago de la deuda durante el período de prueba. El período de prueba es un período de 36 meses que finaliza el 31 de diciembre, más cualquier momento en el que el acreedor no pudo realizar actividades de cobranza debido a una suspensión en la bancarrota o una prohibición similar de conformidad con la ley estatal o local. El acreedor puede refutar la ocurrencia de este evento identificable si:
    - El acreedor (o una agencia de cobranza de terceros en nombre del acreedor) ha participado en una actividad significativa de cobranza de buena fe durante el período de 12 meses que termina el 31 de diciembre.
    - Los hechos y circunstancias que existen el 31 de enero siguiente al final del período de 36 meses indican que la deuda fue cancelada. La actividad significativa de cobranza de buena fe no incluye la acción de cobranza nominal o ministerial, como un envío automático. Los hechos y circunstancias que indican que una deuda no fue cancelada incluyen la existencia de un gravamen relacionado con la deuda (hasta el valor del título) o la venta de la deuda por parte del acreedor.
- Otra cancelación real antes de un evento identificable.

Interest and Dividends

Form 1099-C

Canceled debt is income to the taxpayer, since the recipient received a benefit without paying for it. The taxpayer would receive Form 1099-C to report the taxable event. There are some exceptions that apply.

CREDITOR'S name, street address, city or town, state or province, country, ZIP or foreign postal code, and telephone no.	1 Date of identifiable event	OMB No. 1545-1424 **2020** Form **1099-C**	**Cancellation of Debt**
	2 Amount of debt discharged $		
	3 Interest, if included in box 2 $		
CREDITOR'S TIN	DEBTOR'S TIN	4 Debt description	Copy B For Debtor
DEBTOR'S name			This is important tax information and is being furnished to the IRS. If you are required to file a return, a negligence penalty or other sanction may be imposed on you if taxable income results from this transaction and the IRS determines that it has not been reported.
Street address (including apt. no.)		5 If checked, the debtor was personally liable for repayment of the debt ▶ ☐	
City or town, state or province, country, and ZIP or foreign postal code			
Account number (see instructions)		6 Identifiable event code	7 Fair market value of property $

Form **1099-C** (keep for your records) www.irs.gov/Form1099C Department of the Treasury - Internal Revenue Service

Box 1, Date of identifiable event: The date shown is the date the debt was canceled.

Box 2, Amount of debt discharged: Shows the amount of the canceled debt. The amount of the canceled debt cannot be greater than the total debt or less than any amount the lender receives in satisfaction of the debt by means of agreement, foreclosure sale, and a short sale that partially satisfied the debt.

Box 3, Interest, if included in box 2: The lender would show any interest that is included in the canceled debt in box 2.

Box 4, Debt description: Shows a description of the origin of the debt (such as if it's from a student loan, mortgage, or credit card expenditure). Be as specific as possible. The lender must include a property description when filing Form 1099-C and 1099-A.

Box 5, Check here if the debtor was personally liable for repayment of the debt: If the taxpayer (debtor) was personally liable for repayment of the debt at the time it was canceled, then an X will be in the box.

Box 6, Identifiable event code: This code shows the nature of the identifiable event.

Box 7, Fair market value (FMV) of property: Generally, the gross foreclosure bid price is considered to be the FMV. If an abandonment or voluntary conveyance to the lender in lieu of foreclosure occurred, enter the appraised value of the property.

Intereses y dividendos

Formulario 1099-C

La deuda cancelada es un ingreso para el contribuyente, ya que el receptor recibió un beneficio sin pagarlo. El contribuyente recibiría el Formulario 1099-C para declarar el hecho imponible. Hay algunas excepciones que se aplican.

Casilla 1, Fecha del hecho identificable: La fecha que se muestra es la fecha en que se canceló la deuda.

Casilla 2, Monto de la deuda condonada: Muestra el monto de la deuda cancelada. El monto de la deuda cancelada no puede ser mayor que la deuda total ni menor que cualquier monto que el prestamista reciba en satisfacción de la deuda por medio de un acuerdo, venta por ejecución hipotecaria y una venta al descubierto que satisfaga parcialmente la deuda.

Casilla 3, Intereses, si se incluyen en la casilla 2: El prestamista mostraría cualquier interés que esté incluido en la deuda cancelada en la casilla 2.

Casilla 4, descripción de la deuda: Muestra una descripción del origen de la deuda (por ejemplo, si proviene de un préstamo estudiantil, hipoteca o gastos de tarjeta de crédito). Sea lo más específico posible. El prestamista debe incluir una descripción de la propiedad al presentar el Formulario 1099-C y 1099-A.

Casilla 5, Marque aquí si el deudor era personalmente responsable del pago de la deuda: Si el contribuyente (deudor) era personalmente responsable del pago de la deuda en el momento en que se canceló, aparecerá una X en la casilla.

Casilla 6, Código de evento identificable: Este código muestra la naturaleza del evento identificable.

Casilla 7, Valor justo de mercado (FMV) de la propiedad: Generalmente, el precio bruto de la oferta de ejecución hipotecaria se considera el valor justo de mercado. Si ocurrió un abandono o una transferencia voluntaria al prestamista en lugar de una ejecución hipotecaria, ingrese el valor de tasación de la propiedad.

Interest and Dividends

CORRECTED (if checked)			
CREDITOR'S name, street address, city or town, state or province, country, ZIP or foreign postal code, and telephone no.	1 Date of identifiable event	OMB No. 1545-1424 **2021** Form **1099-C**	**Cancellation of Debt**
	2 Amount of debt discharged $		
	3 Interest, if included in box 2 $		
CREDITOR'S TIN	DEBTOR'S TIN	4 Debt description	**Copy B For Debtor**
DEBTOR'S name			This is important tax information and is being furnished to the IRS. If you are required to file a return, a negligence penalty or other sanction may be imposed on you if taxable income results from this transaction and the IRS determines that it has not been reported.
Street address (including apt. no.)		5 If checked, the debtor was personally liable for repayment of the debt ▶ ☐	
City or town, state or province, country, and ZIP or foreign postal code			
Account number (see instructions)		6 Identifiable event code	7 Fair market value of property $

Form **1099-C** (keep for your records) www.irs.gov/Form1099C Department of the Treasury - Internal Revenue Service

Who Must File Form 1099-C?

➢ A financial institution such as a domestic bank, trust company, building and loan or savings and loan association.
➢ A credit union.
➢ Any of the following or successors or subunits thereof:
  o Federal Deposit Insurance Corporation.
  o Resolution Trust Corporation.
  o National Credit Union Administration.
  o Any other federal executive agency, including government corporations.
  o Any military department.
  o U.S. Postal Service.
  o Postal Rate Commission.
➢ Any corporation that is a subsidiary, financial institution, or credit union are subject to supervision and examination by a federal or state regulatory agency.
➢ A federal government agency including:
  o A department.
  o An agency.
  o A court administrative office.
  o An instrumentality in the judicial or legislative branch of the government.
➢ Any organization whose significant trade or business is the lending of money, such as a finance company or credit card company (whether affiliated with a financial institution or not). The action of lending money is a significant trade or business if money is lent on a regular and continuing basis.

If the debt is owned by more than one creditor, each creditor that is defined under "Who must file" above must issue a Form 1099-C if the debt is more than $600. A creditor will be deemed to have met its filing requirements if a lead bank, fund administrator, or other designee of the creditor complies on its behalf. Debt owned by a partnership is treated as being owned by all the partners and must follow the rules for multiple creditors.

Señor 1040 Says: FMV should include the appraised value of the property if the property was sold in a short sale.

CORRECTED (if checked)		
CREDITOR'S name, street address, city or town, state or province, country, ZIP or foreign postal code, and telephone no.	1 Date of identifiable event	OMB No. 1545-1424
	2 Amount of debt discharged $	**2021**
	3 Interest, if included in box 2 $	Form **1099-C**

Cancellation of Debt

Copy B For Debtor

CREDITOR'S TIN	DEBTOR'S TIN	4 Debt description
DEBTOR'S name		
Street address (including apt. no.)	5 If checked, the debtor was personally liable for repayment of the debt ▶ ☐	
City or town, state or province, country, and ZIP or foreign postal code		
Account number (see instructions)	6 Identifiable event code	7 Fair market value of property $

This is important tax information and is being furnished to the IRS. If you are required to file a return, a negligence penalty or other sanction may be imposed on you if taxable income results from this transaction and the IRS determines that it has not been reported.

Form **1099-C** (keep for your records) www.irs.gov/Form1099C Department of the Treasury - Internal Revenue Service

¿Quién debe presentar el formulario 1099-C?

- Una institución financiera, como un banco nacional, una empresa fiduciaria, una sociedad de ahorro y préstamo.
- Una cooperativa de crédito.
- Cualquiera de los siguientes o sucesores o subunidades de los mismos:
  - Sociedad Federal de Seguros de Depósito.
  - Sociedad de Fideicomiso y Resolución.
  - Administración Nacional de Cooperativas de Crédito.
  - Cualquier otra agencia ejecutiva federal, incluidas las corporaciones gubernamentales.
  - Cualquier departamento militar.
  - Servicio Postal de los EE. UU.
  - Comisión de Tarifa Postal.
- Cualquier sociedad anónima que sea subsidiaria, institución financiera o cooperativa de crédito está sujeta a la supervisión y el examen de una agencia reguladora federal o estatal.
- Una agencia del gobierno federal que incluye:
  - Un departamento.
  - Una agencia.
  - Una oficina administrativa de la corte.
  - Un instrumento en el poder judicial o legislativo del gobierno.
- Cualquier organización cuyo comercio o negocio importante sea el préstamo de dinero, como una compañía financiera o una compañía de tarjetas de crédito (ya sea que esté afiliada a una institución financiera o no). La acción de prestar dinero es un comercio o negocio importante si el dinero se presta de forma regular y continua.

Si la deuda es propiedad de más de un acreedor, cada acreedor que se define en la sección "Quién debe declarar" arriba debe emitir un Formulario 1099-C si la deuda es superior a $600. Se considerará que un acreedor ha cumplido con sus requisitos de declaración si un banco principal, administrador de fondos u otra persona designada por el acreedor cumple en su nombre. La deuda propiedad de una sociedad se trata como propiedad de todos los socios y debe seguir las reglas para múltiples acreedores.

El señor 1040 dice: El valor justo de mercado debe incluir el valor de tasación de la propiedad si la propiedad se vendió en una venta al descubierto.

Interest and Dividends

Student Loan Indebtedness

If a taxpayer who has a student loan becomes disabled or dies after December 31, 2017, the loan indebtedness is discharged. The lender should not report the student loan indebtedness nor file Form 1099-C.

Form 1099-A: Acquisition or Abandonment of Secured Property

Property means any real property (such as a personal residence), intangible property, or tangible personal property owned or in the possession of the owner (these terms will be discussed in full in the depreciation chapter). The lender will send Form 1099-A to an individual taxpayer who used his or her property to secure a loan, even if that individual is not the one making payments. When a house is foreclosed upon by the lender, the owner(s) generally receive Form 1099-A. A foreclosure is treated as the sale of the property. The taxpayer would not receive this form if their personal car was repossessed. Abandonment occurs when the objective facts and circumstances indicate that the borrower has intentionally and permanently discarded the property from use.

How to Read Form 1099-A

Box 1, Date of lender's acquisition or knowledge of abandonment: For an acquisition, enter the date the secured property was acquired. An interest in the property is generally acquired on the date that the title is transferred to the lender or on the date that possession and the burdens and benefits of ownership is transferred to the lender, whichever is earlier. In the case of an abandonment, the lender would enter the date they knew or had reason to know that the property was abandoned, unless the lender expects to commence a foreclosure, execution, or similar action within 3 months.

Box 2, Balance of principal outstanding: Enter the outstanding balance of the debt at the time interest in the property was acquired or on the date the lender had reason to know that the property was abandoned. Include unpaid principal on the original debt. Do not include accrued interest or foreclosure costs.

Box 3, Reserved. This box has been temporarily suspended by the TCJA and is currently not in use.

Intereses y dividendos

Endeudamiento por préstamos estudiantiles

Si un contribuyente que tiene un préstamo estudiantil queda discapacitado o muere después del 31 de diciembre de 2017, se cancela la deuda del préstamo. El prestamista no debe declarar el endeudamiento del préstamo estudiantil ni presentar el Formulario 1099-C.

Formulario 1099-A: Adquisición o abandono de propiedad garantizada

Propiedad significa cualquier bien inmueble (como una residencia personal), propiedad intangible o propiedad personal tangible que sea propiedad del propietario o esté en su poder (estos términos se analizarán en su totalidad en el capítulo de depreciación). El prestamista enviará el Formulario 1099-A a un contribuyente individual que utilizó su propiedad para garantizar un préstamo, incluso si ese individuo no es el que realiza los pagos. Cuando el prestamista realiza la ejecución hipotecaria de una casa, generalmente recibe el Formulario 1099-A. Una ejecución hipotecaria se trata como la venta de la propiedad. El contribuyente no recibiría este formulario si su automóvil personal fuera embargado. El abandono ocurre cuando los hechos y circunstancias objetivos indican que el prestatario ha descartado la propiedad de manera intencional y permanente.

¿Cómo leer el formulario 1099-A?

Casilla 1, Fecha de adquisición o conocimiento del abandono por parte del prestamista: Para una adquisición, ingrese la fecha en que se adquirió la propiedad garantizada. Un interés en la propiedad generalmente se adquiere en la fecha en que el título se transfiere al prestamista o en la fecha en que la posesión y las cargas y beneficios de la propiedad se transfieren al prestamista, lo que ocurra primero. En el caso de un abandono, el prestamista ingresaría la fecha en la que sabía o tenía razones para saber que la propiedad fue abandonada, a menos que el prestamista espere comenzar una ejecución hipotecaria, ejecución o acción similar dentro de los 3 meses.

Casilla 2, Saldo del principal pendiente: Ingrese el saldo pendiente de la deuda en el momento en que se adquirió el interés en la propiedad o en la fecha en que el prestamista tuvo motivos para saber que la propiedad fue abandonada. Incluya el capital no pagado de la deuda original. No incluya intereses devengados ni costos de ejecución hipotecaria.

Casilla 3, Reservado. Esta casilla ha sido suspendida temporalmente por la TCJA y actualmente no está en uso.

Interest and Dividends

Box 4, Fair market value (FMV) of property: If the property is a foreclosure, execution, or similar sale, the FMV of the property is entered. If there is an abandonment or voluntary conveyance to the lender in lieu of foreclosure, then the lender would place an "X" in box 5 and enter the appraised value of the property in box 4; otherwise leave this box blank.

Box 5, Borrower personally liable for repayment of the debt: If the taxpayer (debtor) was personally liable for repayment of the debt at the time it was canceled, then the box will be marked with an X.

Box 6, Description of Property: Enter a general description of the property. For real property, enter the address of the property. For personal property, enter the applicable type, make, and model thereof.

Part 3 Review Questions

To obtain the maximum benefit from this chapter, LTP recommends that you complete each of the following questions, and then compare them to the answers with feedback that immediately follow. Under governing self-study standards, vendors are required to present review questions intermittently throughout each self-study course.

These questions and explanations are not part of the final examination and will not be graded by LTP.

IDP3.1
Which of the following is used to report foreign assets?

   a. Form 1040NR
   b. Form 8938
   c. Form 1040
   d. Form 8949

Casilla 4, Valor justo de mercado (FMV) de la propiedad: Si la propiedad es una ejecución hipotecaria, ejecución o venta similar, se ingresa el valor justo de mercado de la propiedad. Si hay un abandono o traspaso voluntario al prestamista en lugar de una ejecución hipotecaria, entonces el prestamista colocaría una "X" en la casilla 5 e ingresaría el valor de tasación de la propiedad en la casilla 4; de lo contrario, deje esta casilla en blanco.

Casilla 5, Prestatario responsable personalmente del reembolso de la deuda: Si el contribuyente (deudor) era personalmente responsable del pago de la deuda en el momento en que se canceló, entonces, aparecerá una X en la casilla.

Casilla 6, Descripción de la propiedad: Ingrese una descripción general de la propiedad. Para bienes raíces, ingrese la dirección de la propiedad. Para propiedad personal, ingrese el tipo, marca y modelo correspondiente.

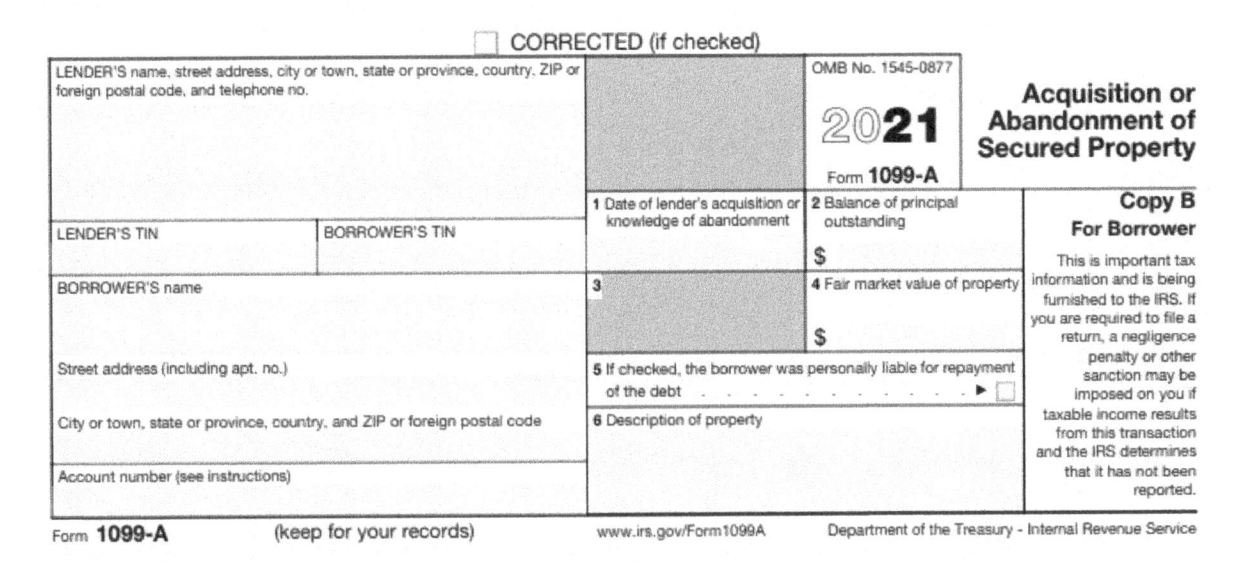

Parte 3 Preguntas de Repaso

Para obtener el máximo beneficio de este capítulo, LTP recomienda completar cada una de las siguientes preguntas y luego compararlas con las respuestas con los comentarios que siguen inmediatamente. Bajo las normas de autoestudio de gobierno, los proveedores están obligados a presentar preguntas de revisión intermitentemente a lo largo de cada curso de autoestudio.

Estas preguntas y explicaciones no forman parte del examen final y no serán calificadas por LTP.

IDP3.1
¿Cuál de los siguientes formularios se usa para declarar activos extranjeros?

    a. Formulario 1040NR
    b. Formulario 8938
    c. Formulario 1040
    d. Formulario 8949

Interest and Dividends

IDP3.2
Which of the following best describes the intent of the Foreign Account Tax Compliance Act (FATCA)?

a. To seek out undeclared foreign assets.
b. To seek out declared foreign assets.
c. To make tax professionals understand foreign treaties.
d. To seek out undeclared foreign assets and anyone with a tax liability to become compliant.

IDP3.3
Lynda has made a negotiation with her credit card company to be relieved of her credit card debt. Which form would she receive to claim the income that was forgiven?

a. Form 1099A
b. Form 1099C
c. Form 1099MISC
d. Form 1099DIV

Part 3 Review Questions Answers

IDP3.1
Which of the following is used to report foreign assets?

a. Form 1040NR
b. Form 8938
c. Form 1040
d. Form 8949

Feedback: Review section *FATCA Filing Requirements of Certain Foreign Financial Institutions (FFIs)*.

IDP3.2
Which of the following best describes the intent of the Foreign Account Tax Compliance Act (FATCA)?

a. To seek out undeclared foreign assets.
b. To seek out declared foreign assets.
c. To make tax professionals understand foreign treaties.
d. To seek out undeclared foreign assets and anyone with a tax liability to become compliant.

Feedback: Review section *FATCA Filing Requirements of Certain Foreign Financial Institutions (FFIs)*.

IDP3.2

¿Cuál de las siguientes opciones describe mejor la intención de la Ley de Cumplimiento Fiscal de Cuentas Extranjeras (FATCA)?

   a. Para buscar activos extranjeros no declarados
   b. Para buscar activos extranjeros declarados
   c. Hacer que los profesionales de impuestos entiendan los tratados extranjeros
   d. Para buscar activos extranjeros no declarados y cualquier persona con una obligación tributaria pendiente

IDP3.3

Lynda negoció con su compañía de tarjetas de crédito para que la liberaran de su deuda en su tarjeta de crédito. ¿Qué formulario recibiría para reclamar los ingresos que le fueron condonados?

   a. Formulario 1099A
   b. Formulario 1099C
   c. Formulario 1099MISC
   d. Formulario 1099DIV

Parte 3 Respuestas a las preguntas de Repaso

IDP3.1

¿Cuál de los siguientes formularios se usa para declarar activos extranjeros?

   a. Formulario 1040NR
   b. Formulario 8938
   c. Formulario 1040
   d. Formulario 8949

Comentario: Revisa la sección *FATCA Requisitos de presentación para ciertas instituciones financieras extranjeras.*

IDP3.2

¿Cuál de las siguientes opciones describe mejor la intención de la Ley de Cumplimiento Fiscal de Cuentas Extranjeras (FATCA)?

   a. Para buscar activos extranjeros no declarados
   b. Para buscar activos extranjeros declarados
   c. Hacer que los profesionales de impuestos entiendan los tratados extranjeros
   d. Para buscar activos extranjeros no declarados y cualquier persona con una obligación tributaria pendiente

Comentario: Revisa la sección *FATCA Requisitos de presentación para ciertas instituciones financieras extranjeras.*

Interest and Dividends

IDP3.3

Lynda has made a negotiation with her credit card company to be relieved of her credit card debt. Which form would she receive to claim the income that was forgiven?

a. Form 1099A
b. Form 1099C
c. Form 1099MISC
d. Form 1099DIV

Feedback: Review section *Cancelation of Debt*

Takeaways

Interest and dividends are the two types of income that investors can receive. The distinction between dividends and interest is determined by what type or classification of investment pays the income. Dividends and interest also have different tax consequences for the taxpayer.

TEST YOUR KNOWLEDGE!
Go online to take a practice quiz.

IDP3.3
Lynda negoció con su compañía de tarjetas de crédito para que la liberaran de su deuda en su tarjeta de crédito. ¿Qué formulario recibiría para reclamar los ingresos que le fueron condonados?

   a. Formulario 1099A
   b. Formulario 1099C
   c. Formulario 1099MISC
   d. Formulario 1099DIV

Comentario: Revisa la sección *Cancelación de deuda*.

Aportes

Los intereses y los dividendos son los dos tipos de ingresos que pueden recibir los inversores. La distinción entre dividendos e intereses está determinada por el tipo o clasificación de inversión que paga los ingresos. Los dividendos y los intereses también tienen diferentes consecuencias fiscales para el contribuyente.

¡PON A PRUEBA TUS CONOCIMIENTOS!
Ve en línea para tomar una prueba de práctica.

Chapter 7 Tax Credits and Payments

Introduction

A nonrefundable tax credit reduces the amount of tax liability that may have to be paid. Unlike a deduction, which reduces the amount of income that is subject to taxation, a credit directly reduces the tax itself. There are two types of credits: nonrefundable, which cannot reduce tax liability below zero, and refundable, which can reduce tax liability below zero, resulting in the need for a refund.

Objectives

At the end of this lesson, the student will be able to do the following:

➢ Explain how a nonrefundable credit affects the taxpayer's tax liability.
➢ Name the refundable credits.
➢ Recite the Earned Income Credit (EIC) qualifications.
➢ Identify who qualifies for the additional child tax credit.
➢ Know the rules for the refundable portion of the American opportunity credit (AOC).
➢ Recognize when a dependent qualifies for the Other Dependent Credit (ODC).

Resources

Form 1040	Publication 17	Instructions Form 1040
Form 1098-T	Publication 503	Instructions Form 1098-T
Form 1116	Publication 505	Instructions Form 1116
Form 2441	Publication 514	Instructions Form 2441
Form 8396	Publication 524	Instructions Form 8396
Form 8801	Publication 596	Instructions Form 8801
Form 8812	Publication 972	Instructions Form 8812
Form 8863	Publication 4933	Instructions Form 8863
Form 8867	Publication 4935	Instructions Form 8867
Form 8880	Tax Topic 601, 602, 607, 608, 610	Instructions Form 8880
Form 8959	Schedule 3	Instructions Form 8959
Schedule EIC	Instructions Schedule 3	Instructions Schedule EIC
Schedule R		Instructions Schedule R

Capítulo 7 Créditos y Pagos de Impuestos

Introducción

Un crédito fiscal no reembolsable reduce el monto de la obligación tributaria que debe pagarse. A diferencia de una deducción, que reduce la cantidad de ingresos sujetos a impuestos, un crédito reduce directamente el impuesto en sí. Existen dos tipos de créditos: no reembolsables, que no pueden reducir la responsabilidad fiscal por debajo de cero, y reembolsables, que pueden reducir la obligación tributaria por debajo de cero, lo que resulta en la necesidad de un reembolso.

Objetivos

Al final de esta lección, el estudiante podrá hacer lo siguiente:

➢ Explicar cómo un crédito no reembolsable afecta la obligación tributaria del contribuyente.
➢ Mencionar los créditos reembolsables.
➢ Comprender las calificaciones del Crédito por Ingreso del Trabajo (EIC).
➢ Entender quién califica para el crédito fiscal adicional por hijos.
➢ Conocer las reglas para la parte reembolsable del crédito de oportunidad estadounidense (AOC).
➢ Reconocer cuándo un dependiente califica para el Crédito de Otro Dependiente (ODC).

Fuentes

Formulario 1040	Publicación 17	Instrucciones Formulario 1040
Formulario 1098-T	Publicación 503	Instrucciones Formulario 1098-T
Formulario 1116	Publicación 505	Instrucciones Formulario 1116
Formulario 2441	Publicación 514	Instrucciones Formulario 2441
Formulario 8396	Publicación 524	Instrucciones Formulario 8396
Formulario 8801	Publicación 596	Instrucciones Formulario 8801
Formulario 8812	Publicación 972	Instrucciones Formulario 8812
Formulario 8863	Publicación 4933	Instrucciones Formulario 8863
Formulario 8867	Publicación 4935	Instrucciones Formulario 8867
Formulario 8880	Tema fiscal 601, 602, 607, 608, 610	Instrucciones Formulario 8880
Formulario 8959	Anexo 3	Instrucciones Formulario 8959
Anexo EIC	Instrucciones Anexo 3	Instrucciones Anexo EIC
Anexo R		Instrucciones Anexo R

Tax Credits and Payments

Table of Contents / Índice

Introduction	450
Introducción	451
Part 1: Nonrefundable Credits	456
Foreign Tax Credit	456
Parte 1: Créditos no reembolsables	457
Crédito fiscal extranjero	457
Form 2441: Child and Dependent Care	458
Formulario 2441: Cuidado de hijos y dependientes	459
Child of Divorced or Separated Parents	462
Earned Income Test	462
Work-Related Expense Requirement	462
Joint Return Requirement	462
Hijo de padres divorciados o separados	463
Prueba de ingresos del trabajo	463
Requisito de gastos relacionados con el trabajo	463
Requisito de declaración conjunta	463
Rules for Spouses Who are Students or Not Able to Care for Themselves	464
Employer Dependent Care Assistance	464
Reglas para los cónyuges que son estudiantes o que no pueden cuidarse a sí mismos	465
Asistencia del empleador para el cuidado de dependientes	465
Expenses Not for Care	466
Payments to Relatives or Dependents	466
Gastos no relacionados con el cuidado	467
Pagos a familiares o dependientes	467
Dependent Care Provider Information	468
Form 8863: Education Credits	468
Información del proveedor de cuidado de dependientes	469
Formulario 8863: Créditos educativos	469
Lifetime Learning Credit	470
American Opportunity Credit (AOC)	470
Crédito de aprendizaje de por vida	471
Crédito de Oportunidad Estadounidense (AOC)	471
No Double Benefit Allowed	474
Adjustment to Qualified Education Expenses	474
Scholarships and Fellowships	474
No se permiten beneficios dobles	475
Ajuste a gastos de educación calificados	475
Becas y subvenciones	475
Who Claims the Expenses?	476
Expenses Paid by the Dependent	476
Expenses Paid by the Taxpayer	476
Expenses Paid by Others	476
Academic Period	476
Eligible Education	476
¿Quién reclama los gastos?	477
Gastos pagados por el dependiente	477
Gastos pagados por el contribuyente	477
Gastos pagados por otros	477
Periodo académico	477
Educación elegible	477
Claiming Credits for More than One Eligible Student	478

Créditos y pagos de impuestos

Form 1098-T	478
Reclamo de créditos para más de un estudiante elegible	479
Formulario 1098-T	479
Tuition Payments Statement	482
Form 8880: Retirement Savings Contributions Credit	482
Estado de pagos de matrícula	483
Formulario 8880: Crédito de Contribuciones de Ahorro para la Jubilación	483
Form 5695: Residential Energy Credits	484
Part 1 Review Questions	484
Formulario 5695: Créditos de energía residencial	485
Parte 1 Preguntas de repaso	485
Part 1 Review Questions Answers	486
Parte 1 Repuestas a las preguntas de repaso	487
Part 2: Other Nonrefundable Credits	488
Form 8396: Mortgage Interest Credit	488
Parte 2 Otros créditos no reembolsables	489
Formulario 8396: Crédito de interés hipotecario	489
Form 1098-MA	492
Formulario 1098-MA	493
Schedule R: Credit for the Elderly or Disabled	494
Anexo R: Crédito para personas mayores o discapacitados	495
Income Limits for Schedule R	496
How to Calculate the Credit	496
Límites de ingresos para el Anexo R	497
¿Cómo calcular el crédito?	497
Adoption Credit or Exclusion	498
Child and Dependent Credits	498
Qualifying Child for Child Tax Credit	498
Qualifying Person for the ODC	498
Crédito de adopción o exclusión	499
Créditos para Hijos y Dependientes	499
Hijo Calificado para el Crédito Fiscal por Hijos	499
Persona calificada para el ODC	499
Improperly Claiming the CTC, ODC, or ACTC	500
Part 2 Review Questions	500
Reclamo Incorrecto del CTC, ODC o ACTC	501
Parte 2 Preguntas de repaso	501
Part 2 Review Questions Answers	502
Part 3: Refundable Tax Credits and Payments	502
Federal Income Tax Withheld	502
Parte 1 Respuestas a las preguntas de repaso	503
Parte 3 Créditos y pagos fiscales reembolsables	503
Impuesto federal sobre la renta retenido	503
Estimated Tax Payments	504
Amount Overpaid	504
Pagos de impuestos estimados	505
Cantidad pagada en exceso	505
Returns with Refunds	506
Declaraciones con reembolsos	507
Direct Deposit	508
Direct Deposit Limits	508
Amount Paid with a Request for Extension	508
Depósito Directo	509

Tax Credits and Payments

- Límites de depósito directo 509
- Monto Pagado con una Solicitud de Prórroga...509
- Excess Social Security or Railroad Retirement Tax Withheld..............................510
- Earned Income Credit (EITC) 510
- Exceso de Retención del Impuesto al Seguro Social o Jubilación Ferroviaria 511
- El Crédito por ingreso del trabajo (EITC) 511
- Community Property 512
- Minister's Housing 512
- Earned Income Rules 512
- Bienes gananciales 513
- Vivienda de Ministros 513
- Reglas de Ingresos...513
- Valid Social Security Number...514
- Uniform Definition of a Qualifying Child 514
- Número de seguro social válido..515
- Definición uniforme de un hijo calificado 515
- Foster Child 516
- A Qualifying Child of More than One Person 516
- Hijo adoptivo...517
- Un hijo calificado de más de una persona. 517
- Tie-Breaker Rules 518
- Special Rule for Divorced or Separated Parents 518
- The Taxpayer as a Qualifying Child of Another Person 518
- EIC for Taxpayers without Qualifying Children...518
- Reglas de desempate 519
- Regla especial para padres divorciados o separados 519
- El contribuyente como hijo calificado de otra persona. 519
- EIC para contribuyentes sin hijos calificados 519
- Schedule EIC Worksheets 520
- EIC Disallowed 520
- Hojas del cálculo del Anexo EIC 521
- EIC no permitido...521
- EIC Taxpayer Penalties 522
- Claiming a Child in Error 522
- Multas de los contribuyentes de EIC..523
- Error al reclamar a un hijo..523
- Nontaxable Combat Pay Election for EIC 524
- Part 3 Review Questions 524
- Elección de pago por combate no tributable para EIC 525
- Parte 3 Preguntas de repaso 525
- Part 3 Review Questions Answers 526
- Parte 3 Respuestas a las preguntas de repaso 527

Takeaways..530
Aportes...531

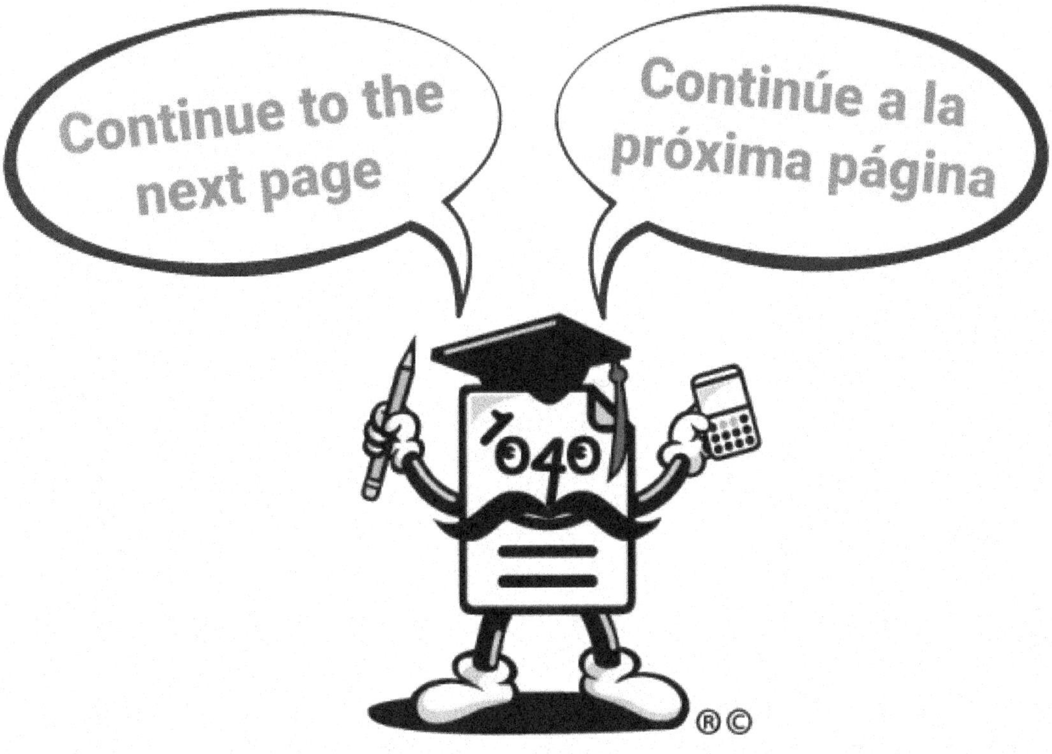
Continue to the next page
Continúe a la próxima página
1040

Tax Credits and Payments

Part 1: Nonrefundable Credits

Nonrefundable credits cannot be used to reduce taxes other than income tax. The credits are computed based on the order of the tax return.

Foreign Tax Credit

Taxpayers can generally take a nonrefundable credit on their U.S. income tax for taxes paid to a foreign country or U.S. possession. He or she can claim the credit on Form 1040 or Form 1116, *Foreign Tax Credit*, or take it as an itemized deduction on Schedule A under "other taxes." The intention of the foreign tax credit is to reduce the double tax burden that could occur when a foreign source of income is taxed by both the foreign country and the United States. Generally, the credit for foreign taxes paid or accrued to a foreign country or U.S. possession will qualify for the tax credit, which is reported on Form 1040, Schedule 3, line 1.

Form 1116 does not have to be completed if the taxpayer qualifies for any of the following:

➤ All foreign gross income is from interest and dividends and reported on Form 1099-INT, 1099-DIV, or Schedule K-1.
➤ Total foreign taxes were not more than $300 ($600 if Married filing jointly).
➤ All foreign source gross income was "passive category income".

SCHEDULE 3 (Form 1040) — **Additional Credits and Payments** — OMB No. 1545-0074 — 2020
Department of the Treasury, Internal Revenue Service
▶ Attach to Form 1040, 1040-SR, or 1040-NR.
▶ Go to www.irs.gov/Form1040 for instructions and the latest information.
Attachment Sequence No. 03

Name(s) shown on Form 1040, 1040-SR, or 1040-NR | Your social security number

Part I   Nonrefundable Credits

1	Foreign tax credit. Attach Form 1116 if required	1
2	Credit for child and dependent care expenses. Attach Form 2441	2
3	Education credits from Form 8863, line 19	3
4	Retirement savings contributions credit. Attach Form 8880	4
5	Residential energy credits. Attach Form 5695	5
6	Other credits from Form: a ☐ 3800 b ☐ 8801 c ☐ _____	6
7	Add lines 1 through 6. Enter here and on Form 1040, 1040-SR, or 1040-NR, line 20	7

Part II   Other Payments and Refundable Credits

8	Net premium tax credit. Attach Form 8962	8
9	Amount paid with request for extension to file (see instructions)	9
10	Excess social security and tier 1 RRTA tax withheld	10
11	Credit for federal tax on fuels. Attach Form 4136	11
12	Other payments or refundable credits:	
a	Form 2439	12a
b	Qualified sick and family leave credits from Schedule(s) H and Form(s) 7202	12b
c	Health coverage tax credit from Form 8885	12c
d	Other: _____	12d
e	Deferral for certain Schedule H or SE filers (see instructions)	12e
f	Add lines 12a through 12e	12f
13	Add lines 8 through 12f. Enter here and on Form 1040, 1040-SR, or 1040-NR, line 31	13

For Paperwork Reduction Act Notice, see your tax return instructions.   Cat. No. 71480G   Schedule 3 (Form 1040) 2020

Parte 1: Créditos no reembolsables

Los créditos no reembolsables no se pueden utilizar para reducir impuestos distintos del impuesto sobre la renta. Los créditos se calculan en función del orden de la declaración de impuestos.

Crédito fiscal extranjero

Los contribuyentes generalmente pueden tomar un crédito no reembolsable en su impuesto sobre la renta de los EE. UU. por los impuestos pagados a un país extranjero o posesión de los EE. UU. El contribuyente puede reclamar el crédito en el formulario 1040 o el formulario 1116, *Crédito fiscal extranjero*, o tomarlo como una deducción detallada en el Anexo A bajo "otros impuestos". La intención del crédito fiscal extranjero es reducir la carga tributaria doble que podría ocurrir cuando una fuente extranjera de ingresos es gravada tanto por el país extranjero como por los Estados Unidos. En general, el crédito por impuestos extranjeros pagados o acumulados en un país extranjero o posesión de los Estados Unidos será elegible para el crédito fiscal, que se declara en el Formulario 1040, Anexo 3, línea 1.

El formulario 1116 no tiene que completarse si el contribuyente califica para alguna de las siguientes opciones:

- ➢ Todos los ingresos brutos extranjeros provienen de intereses y dividendos y se declaran en el Formulario 1099-INT, 1099-DIV o el Anexo K-1.
- ➢ El total de impuestos extranjeros no superó los $300 ($600 si es casado declarando conjuntamente).
- ➢ Todos los ingresos brutos de fuente extranjera fueron "ingresos de categoría pasiva".

SCHEDULE 3 (Form 1040) — **Additional Credits and Payments**
Department of the Treasury, Internal Revenue Service
▶ Attach to Form 1040, 1040-SR, or 1040-NR.
▶ Go to www.irs.gov/Form1040 for instructions and the latest information.
OMB No. 1545-0074
2020
Attachment Sequence No. 03

Name(s) shown on Form 1040, 1040-SR, or 1040-NR | Your social security number

Part I Nonrefundable Credits

1	Foreign tax credit. Attach Form 1116 if required	1
2	Credit for child and dependent care expenses. Attach Form 2441	2
3	Education credits from Form 8863, line 19	3
4	Retirement savings contributions credit. Attach Form 8880	4
5	Residential energy credits. Attach Form 5695	5
6	Other credits from Form: a ☐ 3800 b ☐ 8801 c ☐ _____	6
7	Add lines 1 through 6. Enter here and on Form 1040, 1040-SR, or 1040-NR, line 20	7

Part II Other Payments and Refundable Credits

8	Net premium tax credit. Attach Form 8962	8
9	Amount paid with request for extension to file (see instructions)	9
10	Excess social security and tier 1 RRTA tax withheld	10
11	Credit for federal tax on fuels. Attach Form 4136	11
12	Other payments or refundable credits:	
a	Form 2439	12a
b	Qualified sick and family leave credits from Schedule(s) H and Form(s) 7202	12b
c	Health coverage tax credit from Form 8885	12c
d	Other:	12d
e	Deferral for certain Schedule H or SE filers (see instructions)	12e
f	Add lines 12a through 12e	12f
13	Add lines 8 through 12f. Enter here and on Form 1040, 1040-SR, or 1040-NR, line 31	13

For Paperwork Reduction Act Notice, see your tax return instructions. Cat. No. 71480G Schedule 3 (Form 1040) 2020

Tax Credits and Payments

Form 2441: Child and Dependent Care

A nonrefundable credit of up to 35% of the qualifying expenses for the care of a qualified dependent is allowed when the expenditures are work-related. The percentage of credit goes down as income goes up, with 20% of eligible expenses as the least amount allowed. Expenses are limited to $3,000 for one and $6,000 for two or more qualified dependents. Child and dependent care is reported on Form 2441 and flows to Form 1040, Schedule 3, line 2.

Dependent care benefits are payments the employer paid directly to either the taxpayer or the care provider for taking care of the qualifying dependent(s) while the taxpayer worked. Dependent care benefits are pre-taxed contributions made based on the fair market value of care in a daycare facility provided by or sponsored by the employer under a Flexible Spending Arrangement (FSA).

"Care" is the cost of attending a facility to qualifying individual(s) outside the taxpayer's home. It does not include food, lodging, education, clothing, or entertainment. If the care was provided by a dependent care facility, the center must meet all the applicable state and local regulations. A dependent care facility is a place that provides care for more than 6 individuals who do not live there and receives a fee, payment, or grant for providing those services for any individual. The cost of a day camp can be included, but the cost of an overnight camp, summer school, or tutoring program cannot be included.

A qualifying person is:

- A qualifying child under the age of 13 who is claimed as a dependent. If a child turned 13 during the tax year, his or her care can still be prorated for the portion of the year the child was not 13.
- A disabled spouse who wasn't physically or mentally able to care for him or herself.
- Any disabled person who wasn't physically or mentally able to care for him or herself and whom the taxpayer can claim as a dependent unless one of the following is true:
  - The disabled individual had a gross income of $4,300 or more.
  - The disabled individual filed a joint return.
  - The disabled individual or spouse filing a joint return could be claimed as a dependent on another individual's 2020 tax return.

To be able to claim the child and dependent care expenses, the taxpayer must meet all of the following requirements:

- The care must be for one or more qualifying persons who are identified on Form 2441.
- The taxpayer (and spouse if filing a joint return) must have earned income during the year.
- The taxpayer must be paying child and dependent care expenses in order to allow the taxpayer, and spouse if filing jointly, to work or look for work.
- The taxpayer must make payments for child and dependent care to someone who cannot be claimed as a dependent on the taxpayer's return.
- The filing status may be Single, Head of Household, or Qualifying widow(er) with a dependent child. If married, they must file a joint return (unless an exception applies).
- The taxpayer must fill out Form 2441 to identify the provider's name, TIN, the cost of care, and the address of the location where the care was provided and attach the form to his or her tax return.

Formulario 2441: Cuidado de hijos y dependientes

Se permite un crédito no reembolsable de hasta el 35% de los gastos calificados para el cuidado de un dependiente calificado cuando los gastos están relacionados con el trabajo. El porcentaje de crédito disminuye a medida que aumentan los ingresos, con un 20% de los gastos elegibles como la menor cantidad permitida. Los gastos están limitados a $3,000 para uno y $6,000 para dos o más dependientes calificados. El cuidado de hijos y dependientes se declara en el Formulario 2441 y se transfiere al Formulario 1040, Anexo 3, línea 2.

Los beneficios de cuidado de dependientes son pagos que el empleador realizó directamente al contribuyente o al proveedor de cuidado para que cuide de los dependientes calificados mientras el contribuyente trabajó. Los beneficios de cuidado de dependientes son contribuciones antes de impuestos realizadas en función del valor justo de mercado de la atención en un centro de cuidado diurno proporcionado o patrocinado por el empleador bajo un Acuerdo de Gastos Flexibles (FSA).

"Cuidado" es el costo de atender a las personas calificadas fuera del hogar del contribuyente. No incluye comida, alojamiento, educación, ropa o entretenimiento. Si la atención fue brindada por un centro de cuidado de dependientes, el centro debe cumplir con todas las regulaciones estatales y locales aplicables. Un centro de cuidado de dependientes es un lugar que brinda atención a más de 6 personas que no viven allí y recibe un honorario, pago o subvención para proporcionar esos servicios a cualquier persona. Se puede incluir el costo de un campamento diurno, pero no se puede incluir el costo de un campamento nocturno, escuela de verano o programa de tutoría.

Una persona calificada es:

- Un hijo calificado menor de 13 años que se reclama como dependiente. Si un hijo cumplió 13 años durante el año fiscal, su cuidado todavía puede prorratearse por la parte del año en que el hijo no tenía 13 años.
- Un cónyuge discapacitado que no podía cuidar física o mentalmente de sí mismo.
- Cualquier persona discapacitada que no era física o mentalmente capaz de cuidarse a sí misma, a quien el contribuyente pueda reclamar como dependiente a menos que se cumpla una de las siguientes condiciones:
    - La persona discapacitada tuvo un ingreso bruto de $4,300 o más.
    - La persona discapacitada presentó una declaración conjunta.
    - La persona discapacitada o el cónyuge que presenta una declaración conjunta pueden ser reclamados como dependientes en la declaración de impuestos de 2020 de otra persona.

Para poder reclamar los gastos de cuidado de hijos y dependientes, el contribuyente debe cumplir con todos los siguientes requisitos:

- El cuidado debe ser para una o más personas calificadas que están identificadas en el Formulario 2441.
- El contribuyente (y su cónyuge, si presentan una declaración conjunta) deben haber obtenido ingresos durante el año.
- El contribuyente debe pagar los gastos de cuidado de hijos y dependientes para permitir que el contribuyente y su cónyuge, si presentan una declaración conjunta, trabajen o busquen trabajo.
- El contribuyente debe realizar pagos por el cuidado de hijos y dependientes a alguien que no puede ser reclamado como dependiente en la declaración del contribuyente.
- El estado civil puede ser soltero, cabeza de familia o viudo/a elegible con un hijo dependiente. Si están casados, deben presentar una declaración conjunta (a menos que se aplique una excepción).
- El contribuyente debe completar el Formulario 2441 para identificar el nombre del proveedor, el TIN, el costo de la atención y la dirección del lugar donde se proporcionó la atención y adjuntar el formulario a su declaración de impuestos.

Tax Credits and Payments

> ➤ If the taxpayer excludes or deducts dependent care benefits provided by a dependent care benefit plan, the total amount excluded or deducted must be less than the dollar limit for qualifying expenses ($3,000 per child up to $6,000).

Below is the current chart used to calculate the child and dependent care credit. The credit amount is calculated by multiplying the percentage on the left against the credit's monetary limit ($3,000-$6,000), and which percentage is used is based on the taxpayer(s) combined income.

Income	Percentage
$0 – $15,000	35%
$15,001 – $17,000	34%
$17,001 – $19,000	33%
$19,001 – $21,000	32%
$21,001 – $23,000	31%
$23,001 – $25,000	30%
$25,001 – $27,000	29%
$27,001 – $29,000	28%
$29,001 – $31,000	27%
$31,001 – $33,000	26%
$33,001 – $35,000	25%
$35,001 – $37,000	24%
$37,001 – $39,000	23%
$39,001 – $41,000	22%
$41,001 – $43,000	21%
$43,001 – no limit	20%

For example, a taxpayer and his spouse each made $50,000 for a combined income of $100,000, and they paid $5,800 for childcare for one child. Because they only paid childcare for one child and because they paid $5,800 on childcare, they will be allowed to use $3,000 of that expense to calculate their credit's amount, because that is the credit's limit no matter how much was spent on childcare. Because their combined income was over $43,000, they will calculate their credit amount using the 20% section from the chart. Therefore, the 20% deduction is calculated as follows: $3,000 × .20 = $600. Their credit amount is $600.

If all other details were the same, but they had only spent $2,000 on childcare, their credit amount would be 20% of that two thousand, not three, because they did not spend enough to reach the credit limit, meaning their credit amount would be $400 ($2,000 × .20 = $400).

Créditos y pagos de impuestos

> ➤ Si el contribuyente excluye o deduce los beneficios de cuidado de dependientes proporcionados por un plan de beneficios de cuidado de dependientes, el monto total excluido o deducido debe ser menor que el límite en dólares para gastos elegibles ($ 3,000 por hijo hasta $6,000).

Esta es la tabla actual utilizada para calcular el crédito por cuidado de hijos y dependientes. El monto del crédito se calcula multiplicando el porcentaje de la izquierda con el límite monetario del crédito ($3,000 - $ 6,000), y el porcentaje que se utiliza se basa en el ingreso combinado del contribuyente.

Ingresos	Porcentaje
$0 – $15,000	35%
$15,001 – $17,000	34%
$17,001 – $19,000	33%
$19,001 – $21,000	32%
$21,001 – $23,000	31%
$23,001 – $25,000	30%
$25,001 – $27,000	29%
$27,001 – $29,000	28%
$29,001 – $31,000	27%
$31,001 – $33,000	26%
$33,001 – $35,000	25%
$35,001 – $37,000	24%
$37,001 – $39,000	23%
$39,001 – $41,000	22%
$41,001 – $43,000	21%
$43,001 – sin límite	20%

Por ejemplo, si un contribuyente y su cónyuge ganaron $50,000 para un ingreso combinado de $100,000, y pagaron $5,800 por el cuidado infantil por un hijo. Debido a que solo pagaron el cuidado infantil por un hijo y debido a que pagaron $5,800 en cuidado infantil, se les permitirá usar $3,000 de ese gasto para calcular el monto de su crédito, porque ese es el límite del crédito sin importar cuánto se gastó en el cuidado infantil. Debido a que sus ingresos combinados superaron los $43,000, calcularán el monto de su crédito utilizando la sección del 20% del cuadro. Por lo tanto, la deducción del 20% se calcula de la siguiente manera: $3,000 × .20 = $600. El monto de su crédito es de $600.

Si todos los demás detalles fueran los mismos, pero solo hubieran gastado $ 2,000 en cuidado infantil, el monto de su crédito sería el 20% de esos dos mil, no tres, porque no gastaron lo suficiente para alcanzar el límite de crédito, lo que significa que su monto de crédito sería $ 400 ($2,000 × .20 = $400).

Child of Divorced or Separated Parents

In addition to meeting the qualifying person requirements, additional rules apply in the case of divorced or separated parents. The credit can be claimed only by the parent who has physical custody of the child for the greater portion of the year. The other parent (the noncustodial parent) cannot claim the credit regardless of the amount of any provided support, even if the custodial parent releases the dependency exemption to the noncustodial parent.

Earned Income Test

To claim the credit, the taxpayer and spouse (if filing jointly) must have earned income. Earned income includes wages, salary, tips, other taxable employee compensation, and net earnings from self-employment. A loss from self-employment reduces income. If the taxpayer has nontaxable combat pay that is not included in earned income, he or she may include the income to calculate the child and dependent credit. If both the taxpayer and spouse have nontaxable combat pay, both will have to make the election. A good tax professional should calculate the credit both ways for the taxpayer and see which results in the higher credit amount.

Señor 1040 Says: Remember Child and Dependent Care Expenses are a different credit than the Additional Child Tax Credit.

Work-Related Expense Requirement

Child and dependent care expenses must be work-related to qualify for the credit. Expenses are considered work-related only if the following are true:

- The dependent care allows the taxpayer(s) to work or look for work.
- The expenses are for a qualifying person's care.

Example 1: Darlene works during the day. Her spouse, Craig, works at night and sleeps while Darlene is working. Their five-year-old son, Trevor, goes to daycare so Craig can sleep. Their expenses are work-related because the care allows Craig to get the sleep that he needs to be able to perform his job adequately.

Example 2: Darlene and Craig get a babysitter on Craig's night off, so they can go out to eat and spend some time together. This expense is not work-related because the care is not directly facilitating Darlene or Craig's ability to work or look for work.

Joint Return Requirement

Usually, married couples file a joint return to take the child and dependent care credit. However, if the taxpayer and spouse are legally separated or living apart, they may still be able to take the credit. For a married taxpayer who is separated, all the following must apply to be eligible for the credit:

- The taxpayer must file their own, separate return.

Hijo de padres divorciados o separados

Además de cumplir con los requisitos de las personas que califican, se aplican reglas adicionales en el caso de padres divorciados o separados. El crédito solo puede ser reclamado por el padre que tiene la custodia física del hijo durante la mayor parte del año. El otro padre (el padre sin custodia) no puede reclamar el crédito sin importar el monto de la manutención proporcionada, incluso si el padre con custodia libera la exención de dependencia para el padre sin custodia.

Prueba de ingresos del trabajo

Para reclamar el crédito, el contribuyente y el cónyuge (si presentan una declaración conjunta) deben tener ingresos del trabajo. Los ingresos del trabajo incluyen sueldos, salarios, propinas, otras compensaciones de empleados sujetos a impuestos y ganancias netas del trabajo como independiente. Una pérdida de trabajo como independiente reduce los ingresos. Si el contribuyente tiene un pago por combate no tributable que no está incluido en el ingreso del trabajo, él o ella puede incluir el ingreso para calcular el crédito por hijo y dependiente. Si tanto el contribuyente como el cónyuge tienen un pago por combate no tributable, ambos tendrán que hacer la elección. Un buen profesional de impuestos debe calcular el crédito de ambas maneras para el contribuyente y ver cuál resulta en el monto del crédito más alto.

El señor 1040 dice: Recuerde que los gastos de cuidado de hijos y dependientes son un crédito diferente al crédito fiscal adicional por hijos.

Requisito de gastos relacionados con el trabajo

Los gastos de cuidado de hijos y dependientes deben estar relacionados con el trabajo para calificar para el crédito. Los gastos se consideran relacionados con el trabajo solo si se cumplen las siguientes condiciones:

- El cuidado de dependientes le permite al(los) contribuyente(s) trabajar o buscar trabajo.
- Los gastos son para el cuidado de una persona calificada.

Ejemplo 1: Darlene trabaja durante el día. Su esposo, Craig, trabaja de noche y duerme mientras Darlene está trabajando. Su hijo de cinco años, Trevor, va a la guardería para que Craig pueda dormir. Sus gastos están relacionados con el trabajo porque la atención le permite a Craig obtener el sueño que necesita para poder realizar su trabajo adecuadamente.

Ejemplo 2: Darlene y Craig contratan a una niñera en la noche libre de Craig, para que puedan salir a comer y pasar un tiempo juntos. Este gasto no está relacionado con el trabajo porque la atención no facilita directamente la capacidad de Darlene o Craig para trabajar o buscar trabajo.

Requisito de declaración conjunta

Por lo general, las parejas casadas deben presentar una declaración conjunta para tomar el crédito de cuidado de hijos y dependientes. Sin embargo, si el contribuyente y el cónyuge están legalmente separados o viven separados, es posible que aún puedan tomar el crédito. Para un contribuyente casado que está separado, se deben cumplir las siguientes condiciones para ser elegible para el crédito:

- El contribuyente debe presentar su propia declaración por separado.

- The taxpayer's home was the qualifying individual's home for more than half the year.
- The taxpayer paid more than half the cost of home upkeep for the year.
- The taxpayer's spouse did not live in their home during the last 6 months of the year.

Rules for Spouses Who are Students or Not Able to Care for Themselves

A married couple is treated as having earned income for any month that one was a full-time student or attended a school during any 5 months of the tax year (the months do not have to be consecutive) or is physically or mentally disabled or unable to care for himself. This definition of "school" does not include night school or a correspondence school.

If the taxpayer or spouse was a full-time student for at least five months or was disabled, he or she is considered to have earned income of $250 per month (or $500 if more than one qualifying person was cared for during the tax year). This is done to help taxpayers who have little-to-no earned income be able to qualify for the Child and Dependent Care Credit because credits can only be claimed if the taxpayer or spouse have earned income.

If the taxpayer's spouse also worked during that month, use the higher of $250 (or $500) or his or her actual earned income for that month. If both the taxpayer and spouse were students or disabled in the same month, only one of them can be treated as having earned income in that month. For any month that the taxpayer or spouse was not a student or disabled, use the actual earned income if the taxpayer or spouse worked during the month.

Employer Dependent Care Assistance

If the employer provides dependent care benefits that are excluded from income (such as those received under a cafeteria plan), the taxpayer must subtract that amount from the applicable dollar limit of the Child and Dependent Care Credit. Dependent care benefits include the following:

- Amounts the employer paid directly to either the taxpayer or the taxpayer's provider while the taxpayer worked.
- The fair market value of care in a daycare facility provided or sponsored by the employer.
- Pretax contributions made under a dependent flexible spending arrangement.

Dependent care benefits are reported in box 10 on the taxpayer's W-2. If benefits were provided to a partner, they would be shown in box 13 on the K-1 for Form 1065 with code O.

The amount that can be excluded from income is limited to the smallest of the following:

- The total amount of dependent care benefits received during the year.
- The total amount of qualified expenses incurred during the year.
- The taxpayer's earned income.
- The spouse's earned income.
- $5,000 or $2,500 if Married filing separately.

For example, if the taxpayer with an earned income of $43,000 qualifies for the child and dependent care credit and pays $3,000, of which the employer reimburses $1,000, the taxpayer's basis for childcare for one child is $2,000, and he or she would have $400 in eligible benefits:

- El hogar del contribuyente fue el hogar del individuo calificado durante más de la mitad del año.
- El contribuyente pagó más de la mitad del costo del mantenimiento de la vivienda durante el año.
- El cónyuge del contribuyente no vivió en su hogar durante los últimos 6 meses del año.

Reglas para los cónyuges que son estudiantes o que no pueden cuidarse a sí mismos

Se considera que una pareja casada percibe ingresos del trabajo por cualquier mes que uno fue un estudiante a tiempo completo o asistió a una escuela durante cualquiera de los 5 meses del año fiscal (los meses no tienen que ser consecutivos) o es física o mentalmente discapacitado o incapaz de cuidar de sí mismo. Esta definición de "escuela" no incluye la escuela nocturna o una escuela por correspondencia.

Si el contribuyente o cónyuge fue un estudiante a tiempo completo durante al menos cinco meses o estaba discapacitado, se considera que él o ella ha ganado un ingreso de $250 por mes (o $500 si se cuidó a más de una persona calificada durante el año fiscal). Esto se hace para ayudar a los contribuyentes que tienen poco o ningún ingreso del trabajo para que califiquen al Crédito por cuidado de hijos y dependientes ya que los créditos solo se pueden reclamar si el contribuyente o su cónyuge tienen ingresos del trabajo.

Si el cónyuge del contribuyente también trabajó durante ese mes, use el monto más alto de $250 (o $500) o su ingreso del trabajo real de ese mes. Si tanto el contribuyente como el cónyuge eran estudiantes o estaban discapacitados en el mismo mes, se considera que solo uno de ellos percibe ingresos del trabajo en ese mes. Para cualquier mes en que el contribuyente o cónyuge no fuera un estudiante o discapacitado, use el ingreso real del trabajo si el contribuyente o cónyuge trabajó durante el mes.

Asistencia del empleador para el cuidado de dependientes

Si el empleador proporciona beneficios de cuidado de dependientes que están excluidos de los ingresos (como los recibidos bajo un plan de cafetería), el contribuyente debe restar esa cantidad del límite de dólares aplicable del Crédito de Cuidado de hijos y dependientes. Los beneficios de cuidado de dependientes incluyen lo siguiente:

- Montos que el empleador pagó directamente al contribuyente o al proveedor del contribuyente mientras el contribuyente trabajaba.
- El valor razonable de mercado de la atención en un centro de cuidado diurno proporcionado o auspiciado por el empleador.
- Contribuciones antes de impuestos hechas bajo un acuerdo de gasto flexible dependiente.

Los beneficios del cuidado de dependientes se declaran en la casilla 10 en el formulario W-2 del contribuyente. Si se proporcionaran beneficios a un socio, se mostrarían en la casilla 13 en el apartado K-1 para el Formulario 1065 con el código O.

La cantidad que puede excluirse de los ingresos se limita a la menor de las siguientes:

- La cantidad total de los beneficios de cuidado de dependientes recibidos durante el año.
- El monto total de gastos calificados incurridos durante el año.
- Los ingresos del trabajo del contribuyente.
- Los ingresos del trabajo del cónyuge.
- $5,000 o $2,500 si es casado declarando por separado.

Por ejemplo, si el contribuyente con un ingreso del trabajo de $43,000 califica para el crédito de cuidado de hijos y dependientes y paga $3,000, de los cuales el empleador reembolsa $1,000, la base del contribuyente para el cuidado infantil es de $2,000, y él o ella recibiría $400 en beneficios elegibles:

Tax Credits and Payments

Maximum allowed	$3,000
Benefits excluded from income*	−1,000
Reduced limit for figuring credit	$2,000
	× .20
Childcare credit allowed	$400

*This amount is shown on Form W-2 in box 10, and when it is shown, the second page of Form 2441 must be filled out, even if the taxpayer has no additional eligible benefits.

> *Señor 1040 Says:* Make sure to always check if there is an amount in box 10 of the W-2 for Dependent Care Payments.

If the amount of dependent care assistance exceeds the amount paid for dependent care, the excess amount becomes income to the taxpayer and should be reported on line 1 of Form 1040. The letters "DCB" (dependent care benefit) should be written on the dotted line in the space before the entry block for line 1.

Dependent care benefits can be used to pay for dependent care provided in the home. The taxpayer may have to withhold taxes (FICA and FUTA) for the dependent care provider if dependent care is provided in the taxpayer's home. The taxpayer is not required to withhold taxes if the dependent care provider is self-employed.

Expenses Not for Care

Care expenses do not include any amounts the taxpayer paid for food, lodging, clothing, education, or entertainment. Expenses for a child in nursery school, preschool, or some similar program for children below the level of kindergarten are considered expenses for care. Expenses to attend kindergarten or higher schooling are not expenses for childcare. Expenses for before or after-school care are expenses for care in most situations; more research will be needed for the exceptions to this. Summer school and tutoring programs cannot be used as dependent care expenses. The cost of sending the dependent to an overnight camp is not considered work related; however, the cost of a day camp may be a work-related expense.

Payments to Relatives or Dependents

Payments made to relatives for dependent care that enables the taxpayer to work when the relative lives in the taxpayer's home may still apply as a dependent care payment. However, if any of the following apply, the payments cannot be counted as a payment for dependent care:

- If the dependent can be claimed as the taxpayer's dependent (or spouse if filing jointly).
- If the child was under the age of 19 at the end of the year, even if he or she was not the taxpayer's dependent.
- If the person was not the taxpayer's spouse any time during the year.
- If the person providing the care is the other parent of the qualifying person and if the qualifying person is the taxpayer's child and if the child is under the age of 13.

Máximo permitido	$3,000
Beneficios excluidos del ingreso *	−1,000
Límite reducido para calcular el crédito	$2,000
	× .20
Crédito de cuidado infantil permitido	$400

*Esta cantidad se indica en el Formulario W-2 en la casilla 10, y cuando se muestra, se debe completar la segunda página del Formulario 2441, incluso si el contribuyente no tiene beneficios elegibles adicionales.

> *El Señor 1040 dice:* Asegúrese de ver siempre si hay una cantidad en la casilla 10 del formulario W-2 para Pagos de cuidado de dependientes.

Si la cantidad de asistencia para la atención de dependientes excede la cantidad pagada por el cuidado de dependientes, la cantidad en exceso se convierte en ingreso para el contribuyente y debe informarse en la línea 1 del Formulario 1040 o el Formulario 1040A. Las letras "DCB" (Beneficio de Cuidado de Dependientes) deben escribirse en la línea punteada en el espacio antes del bloque de entrada para la línea 1.

Los beneficios de cuidado de dependientes se pueden usar para pagar el cuidado de dependientes que se proporciona en el hogar. Es posible que el contribuyente tenga que retener impuestos (FICA y FUTA) para el proveedor de cuidado de dependientes si el cuidado de dependientes se proporciona en la casa del contribuyente. No se requiere que el contribuyente retenga impuestos si el proveedor de cuidado de dependientes es un trabajador autónomo.

Gastos no relacionados con el cuidado

Los gastos de atención no incluyen ninguna cantidad que el contribuyente pagó por alimentos, alojamiento, ropa, educación o entretenimiento. Los gastos para un hijo en una guardería, preescolar o algún programa similar para niños por debajo del nivel de jardín infantil se consideran gastos de atención. Los gastos para asistir a la educación infantil o superior no son gastos para el cuidado infantil. Los gastos de atención antes o después de la escuela son gastos de atención en la mayoría de las situaciones; se necesitarán más investigaciones para las excepciones a esta condición. La escuela de verano y los programas de tutoría no se pueden usar como gastos de cuidado de dependientes. El costo de enviar al dependiente a un campamento nocturno no se considera un gasto relacionado con el trabajo; sin embargo, el costo de un campamento diurno puede ser un gasto relacionado con el trabajo.

Pagos a familiares o dependientes

Los pagos hechos a familiares por el cuidado de dependientes que le permite al contribuyente trabajar cuando el familiar vive en la casa del contribuyente aún pueden aplicar como un pago por el cuidado de dependientes. Sin embargo, si se cumple alguna de las siguientes condiciones, los pagos no pueden contabilizarse como un pago por el cuidado de dependientes:

- ➢ Si el dependiente puede ser reclamado como el dependiente del contribuyente (o cónyuge si presenta una declaración conjunta).
- ➢ Si el hijo tenía menos de 19 años al final del año, incluso si no era el dependiente del contribuyente.
- ➢ Si la persona no era el cónyuge del contribuyente en algún momento durante el año.
- ➢ Si la persona que brinda la atención es el otro padre de la persona que califica y si la persona que califica es el hijo del contribuyente y si el hijo es menor de 13 años.

Tax Credits and Payments

Dependent Care Provider Information

The taxpayer must fill out Form 2441 to provide the following information about the person or organization that provides care for the taxpayer's qualifying child or dependent:

- The provider's name.
- The provider's address.
- The provider's identification number (EIN or SSN).

If the taxpayer cannot provide all the required information, the credit may not be allowed. The taxpayer can show that he or she exercised due diligence by getting and keeping the provider's completed Form W-10, *Dependent Care Provider's Identification and Certification*.

The taxpayer may also supply a statement from the employer if the employer's dependent care plan is the provider, or the taxpayer might supply a letter or invoice from the provider if it shows the information required. If the provider refuses to give the information to the taxpayer, the taxpayer should provide the information he or she has available, attach a statement explaining the provider's refusal to supply the information, and explain what attempts were made to obtain the information. To make sure the credit is not disallowed, the taxpayer must complete due diligence on the care provider to make sure that all the information that he or she has been given is accurate.

Señor 1040 Says: Encourage the taxpayer to maintain records about their childcare provider and store them along with their tax returns.

Tax Tip: If the dependent care provider cares for the dependent in the taxpayer's home, the provider may be considered a household employee. As a tax professional, you should ask questions about dependent care. Document your questions and answers from the taxpayer.

Form 8863: Education Credits

Education credits are available for taxpayers who pay expenses for postsecondary education. To be able to claim the education credit, Form 1098-T must be received by the student from the student's school and be given to the tax preparer. The two education credits are the American opportunity credit (AOC) and the lifetime learning credit, both of which are reported on Form 8863, *Education Credits*. The lifetime learning credit is a nonrefundable credit, and the American opportunity credit is a partially refundable credit. To be eligible for either credit, the following requirements must be met:

- Education credits are not available to taxpayers filing MFS.
- Education expenses must be paid for the taxpayer, the taxpayer's spouse, or the taxpayer's dependents (if the student can be claimed by another taxpayer, the student cannot claim the credit on his or her own tax return, as any expenses paid by the student are considered to be paid by the taxpayer who claimed the student as a dependent).
- Meals, lodging, student activities, athletics, transportation, insurance, and personal living expenses are not considered qualified expenses.

Información del proveedor de cuidado de dependientes

El contribuyente debe completar el Formulario 2441 para proporcionar la siguiente información sobre la persona u organización que brinda atención para el hijo o dependiente calificado del contribuyente:

- El nombre del proveedor.
- La dirección del proveedor.
- El número de identificación del proveedor (EIN o SSN).

Si el contribuyente no puede proporcionar toda la información requerida, es posible que no se permita el crédito. El contribuyente puede demostrar que él o ella ejerció la diligencia debida al obtener y mantener el Formulario W-10 del proveedor, *Identificación y certificación del proveedor de cuidado de dependientes*.

El contribuyente también puede proporcionar una declaración del empleador si el plan de cuidado de dependientes del empleador es el proveedor, o el contribuyente puede proporcionar una carta o factura del proveedor si muestra la información requerida. Si el proveedor se niega a proporcionar la información al contribuyente, el contribuyente debe proporcionar la información que él o ella tiene disponible, adjuntar una declaración que explique la negativa del proveedor a proporcionar la información, y explicar qué intentos se hicieron para obtenerla. Para asegurarse de que no se rechace el crédito, el contribuyente debe completar la diligencia debida con el proveedor de atención para asegurarse de que toda la información que se le ha proporcionado sea correcta.

> *El Señor 1040 dice:* Aliente al contribuyente a mantener registros sobre su proveedor de cuidado infantil y almacenarlos junto con sus declaraciones de impuestos.

Consejo tributario: Si el proveedor de cuidado de dependientes cuida al dependiente en la casa del contribuyente, el proveedor puede ser considerado un empleado del hogar. Como profesional de impuestos, debe hacer preguntas sobre el cuidado de dependientes. Documente sus preguntas y respuestas del contribuyente.

Formulario 8863: Créditos educativos

Los créditos educativos están disponibles para los contribuyentes que pagan los gastos de la educación postsecundaria. Para poder reclamar el crédito educativo, el estudiante debe recibir el Formulario 1098-T de la escuela del estudiante y entregarlo al preparador de impuestos. Los dos créditos educativos son el Crédito de Oportunidad Estadounidense (AOC) y el crédito de aprendizaje de por vida, ambos se declaran en el Formulario 8863, *Créditos educativos*. El crédito de aprendizaje de por vida es un crédito no reembolsable, y el crédito de oportunidad estadounidense es un crédito parcialmente reembolsable. Para ser elegible para cualquiera de los dos créditos, se deben cumplir los siguientes requisitos:

- Los créditos educativos no están disponibles para los contribuyentes casados declarando por separado.
- Los gastos de educación deben pagarse para el contribuyente, el cónyuge del contribuyente o los dependientes del contribuyente (si el estudiante puede ser reclamado por otro contribuyente, el estudiante no puede reclamar el crédito en su propia declaración de impuestos, ya que los gastos pagados por el estudiante son considerados como pagados por el contribuyente que reclamó al estudiante como dependiente).
- Las comidas, el alojamiento, las actividades estudiantiles, los deportes, el transporte, el seguro y los gastos personales no se consideran gastos calificados.

- ➢ Qualified education expenses generally do not include expenses that relate to any noncredit course or to any course of instruction or education that involves sports, games, or hobbies. However, if the course of instruction is part of the student's degree program, these expenses can qualify.
- ➢ Prepayments for an academic period that begins during the first three months of the following year are treated as if the academic period begins in the year of the prepayment.
- ➢ The taxpayer can claim an education credit for qualified education expenses that were not refunded when the student withdraws.
- ➢ If the taxpayer or spouse was a nonresident alien for any part of the year, the taxpayer cannot claim a credit unless he or she qualifies and elects to be treated as a resident alien.
- ➢ The amount on Form 1040, line 1 is $90,000 or more ($180,000 or more if MFJ).

Lifetime Learning Credit

The lifetime learning credit is available at any time for the taxpayer, the taxpayer's spouse, or the taxpayer's dependent. The maximum allowed credit is $2,000 or 20% of the first $10,000 of qualified tuition and related expenses paid for all students during the year that were claimed on the same tax return. Qualified expenses include tuition and fees required for enrollment at an eligible post-secondary program. Expenses that were incurred in order to acquire or improve the taxpayer's job skills are eligible expenses.

An expense related to a course that involves sports, games, or hobbies is not a qualified expense unless it is part of the student's degree program. Taxpayers must reduce their qualified expense by any education assistance received from the post-secondary program, scholarships, or amounts used to compute the lifetime learning credit.

The lifetime learning credit is not based on the student's workload. Expenses for graduate-level courses are eligible. The amount of credit a taxpayer can claim does not increase based on the number of students for whom the taxpayer paid qualified expenses. The student does not have to be enrolled at least half-time in the course of study to be eligible for the credit. The nonrefundable portion of the education credits is reported on Form 8863, line 19, and is carried to Form 1040, Schedule 3, line 3. To qualify for the lifetime learning credit, the taxpayer's modified adjusted gross income (MAGI) should be less than $136,000 for taxpayers filing MFJ or less than $68,000 for all others.

Remember, modified adjusted gross income (MAGI) is adjusted gross income, plus all of the following:

- ➢ The amount excluded under IRC §911, *Foreign-Earned Income Exclusion*.
- ➢ Tax-exempt interest income.
- ➢ The excluded portion of Social Security benefits.

American Opportunity Credit (AOC)

The American opportunity credit (AOC) is a credit of up to $2,500, up to 40% of which may be refundable. The credit is given based on 100% of the first $2,000 and 25% of the next $2,000. To qualify for the AOC, the taxpayer's MAGI must be less than $180,000 for taxpayers filing MFJ and $90,000 for all others.

- Los gastos de educación calificados generalmente no incluyen gastos relacionados con ningún curso sin crédito o con cualquier curso de instrucción o educación que involucre deportes, juegos o pasatiempos. Sin embargo, si el curso de instrucción es parte del programa de grado del estudiante, estos gastos pueden calificar.
- Los pagos anticipados por un período académico que comienza durante los primeros tres meses del año siguiente se tratan como si el período académico comenzara en el año del pago anticipado.
- El contribuyente puede reclamar un crédito educativo para gastos de educación calificados que no se reembolsaron cuando el estudiante se retira.
- Si el contribuyente o cónyuge era un extranjero no residente durante cualquier parte del año, el contribuyente no puede reclamar un crédito a menos que califique y elija ser tratado como un extranjero residente.
- La cantidad en el Formulario 1040, línea 1 es de $90,000 o más (o $180,000 o más si es casado declarando conjuntamente).

Crédito de aprendizaje de por vida

El crédito de aprendizaje de por vida está disponible en cualquier momento para el contribuyente, el cónyuge del contribuyente o el dependiente del contribuyente. El crédito máximo permitido es de $2,000 o el 20% de los primeros $10,000 de matrícula calificada y los gastos relacionados pagados por todos los estudiantes durante el año que fueron reclamados en la misma declaración de impuestos. Los gastos calificados incluyen la matrícula y las cuotas requeridas para la inscripción en un programa de postsecundaria elegible. Los gastos en que se incurrió para adquirir o mejorar las habilidades laborales del contribuyente son gastos elegibles.

Un gasto relacionado con un curso que involucre deportes, juegos o pasatiempos no es un gasto calificado a menos que sea parte del programa de estudios del estudiante. Los contribuyentes deben reducir su gasto calificado por cualquier asistencia educativa recibida del programa de postsecundaria, becas o montos utilizados para calcular el crédito de aprendizaje de por vida.

El crédito de aprendizaje de por vida no se basa en la carga de trabajo del estudiante. Los gastos para los cursos de posgrado son elegibles. La cantidad de crédito que un contribuyente puede reclamar no aumenta en función de la cantidad de estudiantes para quienes el contribuyente pagó los gastos calificados. El estudiante no tiene que estar inscrito al menos medio tiempo en el curso de estudio para ser elegible para el crédito.

La parte no reembolsable del crédito educativo se informa en el Formulario 8863, línea 19 y se declara en el Formulario 1040, Anexo 3, línea 3. Para calificar para el crédito de aprendizaje de por vida, el ingreso bruto ajustado modificado (MAGI) del contribuyente debe ser menos de $136,000 para los contribuyentes que declaran como MFJ o menos de $68,000 para todos los demás.

Recuerde, el ingreso bruto ajustado modificado (MAGI) es el ingreso bruto ajustado, más todo lo siguiente:

- La cantidad excluida bajo IRC §911, *Exclusión de ingresos devengados en el extranjero*.
- Ingresos por intereses exentos de impuestos.
- La porción excluida de los beneficios del seguro social.

Crédito de Oportunidad Estadounidense (AOC)

El Crédito de Oportunidad Estadounidense (AOC) es un crédito de hasta $2,500, de los cuales hasta el 40% puede ser reembolsable. El crédito se otorga en base al 100% de los primeros $2,000 y el 25% de los siguientes $2,000. Para calificar para el AOC, el MAGI del contribuyente debe ser menos de $180,000 para los contribuyentes casados declarando conjuntamente o menos de $90,000 para todos los demás.

Tax Credits and Payments

Qualified expenses include tuition and fees for enrollment at an eligible post-secondary program as well as expenses for books, supplies, and equipment needed for a course of study, whether or not the materials are purchased from the education institution. The student must be carrying at least half the normal full-time workload for the course of study in which the student is enrolled. The student must also be free of federal or state felony offenses consisting of the possession or distribution of a controlled substance. The refundable portion of the education credit is found on Form 8863, line 8, and reported on Form 1040, page 2, line 29.

Example: Donna and Doug are both first-year students at an eligible post-secondary program, and they are required to have certain books and other reading materials to use in their mandatory first-year classes. Doug bought his books directly from a friend, and Donna purchased hers at the college bookstore. Although Donna and Doug purchased their books through different avenues, the cost of both purchases are qualifying education expenses since books qualify for the American opportunity credit.

The American opportunity credit can be claimed for a student if all the following requirements are met:

- The student has not completed his or her first four years of postsecondary education determined by the eligible post-secondary program.
- Neither the American opportunity credit nor the Hope Scholarship credit has been claimed for any prior four tax years.
- For at least one academic period beginning in 2020, the student did the following:
    - Was enrolled in a program that leads to a degree certificate or other credential
    - Carried at least one-half of the normal full-time workload for his or her course of study.
- The student has not been convicted of a federal or state felony for possessing or distributing a controlled substance.

When the tax professional interviews the taxpayer to determine if he or she qualifies for the American opportunity credit, be sure to ask the following questions:

- Did the student receive Form 1098-T?
- Has the Hope Scholarship Credit or American opportunity credit been claimed for this student for any 4 tax years prior to 2020?
- Was the student enrolled at least half-time for at least one academic period that began or is treated as having begun in 2020 at an eligible education institution in a program leading toward a postsecondary degree, certificate, or other recognized postsecondary education credential?
- Did the student complete the first 4 years of postsecondary education before 2020?
- Was the student convicted of a felony for possession or distribution of a controlled substance before the end of 2020?

Asking and documenting these questions are part of the tax professional's due diligence.

Los gastos calificados incluyen la matrícula y las tarifas de inscripción en un programa de postsecundaria elegible, así como los gastos de libros, suministros y equipos necesarios para un curso de estudio, ya sea que los materiales se compren o no en la institución educativa. El estudiante debe llevar al menos la mitad de la carga de trabajo normal a tiempo completo para el curso de estudio en el que está matriculado. El estudiante también debe estar libre de delitos graves federales o estatales que consistan en la posesión o distribución de una sustancia controlada. La parte reembolsable del crédito educativo se encuentra en el Formulario 8863, línea 8 y se declara en el Formulario 1040, página 2, línea 29.

Ejemplo: Donna y Doug son estudiantes de primer año en un programa de postsecundaria elegible y deben tener ciertos libros y otros materiales de lectura para usar en sus clases obligatorias de primer año. Doug compró sus libros directamente de un amigo y Donna compró los suyos en la librería de la universidad. Aunque Donna y Doug compraron sus libros por diferentes medios, el costo de ambas compras son gastos de educación calificados, ya que los libros califican para el crédito de oportunidad estadounidense.

El crédito de oportunidad estadounidense se puede reclamar para un estudiante si se cumplen todos los requisitos a continuación:

- El estudiante no ha completado sus primeros cuatro años de educación postsecundaria determinados por el programa de postsecundaria elegible.
- Ni el Crédito de Oportunidad Estadounidense ni el crédito de la Beca de Esperanza han sido reclamados para ningún año fiscal anterior.
- Durante al menos un período académico que comenzó en 2020, el estudiante hizo lo siguiente:
  - Fue inscrito en un programa que otorga un certificado de grado u otra credencial.
  - Llevaba al menos la mitad de la carga de trabajo normal a tiempo completo para su curso de estudio.
- El estudiante no ha sido condenado por un delito federal o estatal por poseer o distribuir una sustancia controlada.

Cuando el profesional de impuestos entrevista al contribuyente para determinar si califica para el Crédito de Oportunidad Estadounidense, asegúrese de hacer las siguientes preguntas:

- ¿Recibió el estudiante el Formulario 1098-T?
- ¿Se ha reclamado el Crédito de Beca Esperanza o el Crédito de Oportunidad Estadounidense para este estudiante por los 4 años tributarios anteriores al 2020?
- ¿Se inscribió al estudiante por lo menos medio tiempo durante al menos un período académico que comenzó o se considera que comenzó en 2020 en una institución educativa elegible en un programa que otorga un título o certificado postsecundario u otra credencial de educación postsecundaria reconocida?
- ¿Completó el estudiante los primeros 4 años de educación postsecundaria antes de 2020?
- ¿Fue el estudiante condenado por un delito grave por posesión o distribución de una sustancia controlada antes de finales de 2020?

Preguntar y documentar estas preguntas es parte de la diligencia debida del profesional de impuestos.

Tax Credits and Payments

No Double Benefit Allowed

The taxpayer cannot do any of the following:

- Deduct higher education expenses on his or her income tax return and claim an education credit based on the same expenses.
- Claim more than one credit based on the same qualified education expenses.
- Claim a credit based on expenses paid with tax-free scholarship, grant, or employer-provided education assistance.
- Claim a credit based on the same expenses used to figure the tax-free portion of a distribution from a Coverdell education savings account (ESA) or a qualified tuition program (QTA).
- Claim a lifetime learning credit in the same year the tuition and fees deduction was claimed.

Adjustment to Qualified Education Expenses

If taxpayers pay qualified education expenses with certain tax-free funds, they cannot claim a credit for those amounts. Taxpayers must reduce the qualified education expense by the amount of any tax-free education assistance.

Tax-free education assistance includes the following:

- The tax-free parts of scholarships and fellowships.
- The tax-free portion of Pell grants.
- Employer-provided education assistance.
- Veterans' education assistance.
- Any other nontaxable (tax-free) payments (other than gifts or inheritances) received as education assistance.

Scholarships and Fellowships

A scholarship is generally an amount paid or allowed for the benefit of a student to attend a post-secondary program. The student may be either an undergraduate or a graduate student. A fellowship is an amount paid for the benefit of an individual to aid in the pursuit of study or research. How the student pays for his or her expenses with the fellowship money determines the taxable portion. A scholarship or fellowship qualifies as tax-free if the following conditions are met:

- The fellowship or scholarship does not exceed qualifying expenses.
- The funds are not designated for other purposes such as room and board and cannot be used for qualified education expenses.
- It does not represent payment for teaching, research, or other services required as a condition for receiving the scholarship.

Señor 1040 Says: When a student receives a scholarship, make sure that it is not taxable to the student. Do research on how the funds were used by the student. If they were not used for qualifying expenses, the funds could be taxable to the student.

No se permiten beneficios dobles

El contribuyente no puede hacer ninguna de las siguientes acciones:

- ➢ Deducir gastos de educación superior en su declaración del impuesto sobre la renta y reclamar un crédito educativo basado en los mismos gastos.
- ➢ Reclamar más de un crédito basado en los mismos gastos de educación calificados.
- ➢ Reclamar un crédito basado en los gastos pagados con becas, subsidios o asistencia educativa provista por el empleador.
- ➢ Reclamar un crédito basado en los mismos gastos utilizados para calcular la porción libre de impuestos de una distribución de una cuenta de ahorro para la educación (ESA) de Coverdell o un programa de matrícula calificado (QTA).
- ➢ Reclamar un crédito de aprendizaje de por vida en el mismo año en que se reclamó la deducción de matrícula y cuotas.

Ajuste a gastos de educación calificados

Si los contribuyentes pagan gastos de educación calificados con ciertos fondos libres de impuestos, no pueden reclamar un crédito por esos montos. Los contribuyentes deben reducir el gasto de educación calificado por el monto de cualquier asistencia educativa libre de impuestos.

La asistencia educativa libre de impuestos incluye lo siguiente:

- ➢ Las partes libres de impuestos de subvenciones y becas.
- ➢ La porción libre de impuestos de las becas Pell.
- ➢ Asistencia educativa provista por el empleador.
- ➢ Asistencia educativa a veteranos.
- ➢ Cualquier otro pago (que no sea donaciones o herencias) no tributable (libre de impuestos) recibido como asistencia educativa.

Becas y subvenciones

Una beca es generalmente una cantidad pagada o permitida en beneficio de un estudiante para asistir a un programa de postsecundaria. El estudiante puede ser un estudiante universitario o un estudiante graduado. Una beca es una cantidad pagada en beneficio de un individuo para ayudar en la búsqueda de un estudio o investigación. La forma en que el estudiante paga sus gastos con el dinero de la beca determina la porción sujeta a impuestos. Una beca o subvención califica como libre de impuestos si se cumplen las siguientes condiciones:

- ➢ La beca o subvención no excede los gastos calificados.
- ➢ Los fondos no están designados para otros fines, como alojamiento y comida, y no pueden utilizarse para gastos de educación calificados.
- ➢ No representa el pago por enseñanza, investigación u otros servicios requeridos como condición para recibir la beca.

El señor 1040 dice: Cuando un estudiante recibe una beca, asegúrese de que no sea gravable para el estudiante. Investigue cómo los estudiantes usaron los fondos. Si no se utilizaron para gastos calificados, los fondos podrían estar sujetos a impuestos para el estudiante.

Who Claims the Expenses?

If there are qualified education expenses for the taxpayer's dependent for a year, the taxpayer can claim an education credit for the dependent's expenses for the current year. For the taxpayer to claim an education credit for his or her dependent's expenses, the taxpayer must also claim an exemption for the dependent. The taxpayer does this by listing the dependent's name and other required information on Form 1040.

Expenses Paid by the Dependent

If the taxpayer claims an exemption on his or her tax return for an eligible student who is the taxpayer's dependent, treat any expenses paid or deemed paid by the dependent as if the taxpayer paid them. Include these expenses when figuring the amount of the taxpayer's education credit.

Expenses Paid by the Taxpayer

If the taxpayer claimed an exemption for a dependent who is an eligible student, only the taxpayer can include any expenses paid when figuring the amount of the education credit. If neither the taxpayer nor anyone else claims an exemption for the dependent, the dependent can include any expenses paid when figuring the education credit.

Expenses Paid by Others

Someone other than the taxpayer, the taxpayer's spouse, or the taxpayer's dependent (such as a relative or former spouse) may make a payment directly to an eligible post-secondary program to pay for an eligible student's qualified education expenses. In this case, the student is treated as receiving the payment from the other person and, in turn, paying the college. If the taxpayer claims an exemption on his or her tax return for the student, the taxpayer is again considered to have paid the expenses.

Example: In 2020, Laura Hardy makes a payment directly to an eligible college for her grandson's qualified education expenses. For the purposes of claiming an education credit, her grandson, Thomas, is treated as receiving the money as a gift from his grandmother and, in turn, paying his qualified education expenses himself. Unless an exemption for Thomas is claimed on someone else's return, only Thomas can use the payment to claim an education credit. If anyone, such as Thomas's parents, claims an exemption for Thomas on his or her tax return, that person may be able to use the expenses to claim an education credit. If anyone else claims an exemption for Thomas, Thomas cannot claim an education credit.

Academic Period

An academic period includes a semester, trimester, quarter, or other period of study determined by the college or university.

Eligible Education

An eligible post-secondary program is any college, university, vocational school, or other postsecondary education institution eligible to participate in a student aid program administered by the Department of Education. It includes virtually all accredited, public, nonprofit, and proprietary (privately owned profit-making) postsecondary college. The education institution should be able to tell the taxpayer if it is an eligible college or university.

¿Quién reclama los gastos?

Si hay gastos de educación calificados para el dependiente del contribuyente durante un año, el contribuyente puede reclamar un crédito educativo para los gastos del dependiente del año en curso. Para que el contribuyente reclame un crédito educativo por los gastos de su dependiente, el contribuyente debe también reclamar una exención para el dependiente. El contribuyente hace esto indicando el nombre del dependiente y otra información requerida en el Formulario 1040.

Gastos pagados por el dependiente

Si el contribuyente reclama una exención en su declaración de impuestos para un estudiante elegible que es el dependiente del contribuyente, trate los gastos pagados o considerados pagados por el dependiente como si el contribuyente los pagara. Incluya estos gastos al calcular el monto del crédito educativo del contribuyente.

Gastos pagados por el contribuyente

Si el contribuyente reclamó una exención para un dependiente que es un estudiante elegible, solo el contribuyente puede incluir los gastos pagados al calcular el monto del crédito educativo. Si ni el contribuyente ni ninguna otra persona reclama una exención para el dependiente, el dependiente puede incluir cualquier gasto pagado al calcular el crédito educativo.

Gastos pagados por otros

Una persona que no sea el contribuyente, el cónyuge del contribuyente o el dependiente del contribuyente (como un pariente o excónyuge) puede realizar un pago directamente a un programa de postsecundaria elegible para pagar los gastos de educación calificados de un estudiante elegible. En este caso, se considera que el estudiante recibe el pago de la otra persona y, a su vez, paga a la institución. Si el contribuyente reclama una exención en su declaración de impuestos para el estudiante, se considera nuevamente que el contribuyente ha pagado los gastos.

Ejemplo: En 2020, Laura Hardy realiza un pago directamente a una universidad elegible para los gastos de educación calificados de su nieto. A los efectos de reclamar un crédito educativo, su nieto, Thomas, es tratado como si recibiera el dinero en forma de una donación de su abuela y, a su vez, pagara él mismo sus gastos de educación calificados. A menos que se reclame una exención para Thomas en la declaración de otra persona, solo Thomas puede usar el pago para reclamar un crédito educativo. Si alguien, como los padres de Thomas, reclama una exención para Thomas en su declaración de impuestos, esa persona puede usar los gastos para reclamar un crédito educativo. Si alguien más reclama una exención para Thomas, Thomas no puede reclamar un crédito educativo.

Período académico

Un período académico incluye un semestre, trimestre u otro período de estudio determinado por la universidad.

Educación elegible

Un programa de postsecundaria elegible es cualquier universidad, escuela superior, escuela vocacional u otra institución de educación postsecundaria elegible para participar en un programa de ayuda estudiantil administrado por el Departamento de Educación. Incluye prácticamente todas las instituciones postsecundarias, universidades públicas, sin fines de lucro y privadas (con fines de lucro) acreditadas. La institución educativa debe poder indicarle al contribuyente si es una universidad elegible.

Certain college and universities located outside the United States also participate in the U.S. Department of Education's Federal Student Aid (FSA) programs. A list of these foreign schools can be found on the Department of Education's website at www.fafsa.ed.gov/index.htm. Click "Find my school codes," complete the two items on the first page, click "Next," and then follow the remaining instructions to search for a foreign school.

Be aware that not all eligible education institutions treat certain Coverdell education savings accounts (529 Plans) the same way, nor do they all take the same things into consideration when determining if a scholarship or fellowship grant is not taxable. To determine if the Coverdell education savings account can be used for the college, university, vocational school, or other postsecondary education institute, the school in question must participate in a student aid program administered by the U.S. Department of Education. The education institution can be any accredited public, nonprofit, or proprietary postsecondary institution. Beginning in tax year 2018, this also includes any private, religious, or public school for kindergarten through 12th grade as determined by state law. To determine if scholarships and fellowship grants are tax-free, the education institution must maintain a regular facility and curriculum and normally have a regularly enrolled body of students where it carries on its education activities.

Claiming Credits for More than One Eligible Student

For each eligible student, the taxpayer can claim only one credit (per student) but can claim different credits for different students. For example, if a taxpayer pays qualified education expenses for more than one student in the same year, the taxpayer can choose to take the American opportunity credit for one student and the lifetime learning credit for the other.

Form 8863, Part III, must be completed for each individual who is claiming education credits on the tax return before Part I and Part II are filled out. Form 1098-T must be given to the tax preparer; making sure you receive this form is a part of the tax professional's due diligence.

Form 1098-T

To help figure the education credit reported on Form 8863, the taxpayer should receive Form 1098-T from his or her school. Generally, an eligible education institution (such as a college or university) must send Form 1098-T (or an acceptable substitute) to each enrolled student by January 31st of each year. An institution may choose to report either payments received (box 1) or amounts billed (box 2) for qualified education expenses. Form 1098-T should provide other information from the institution, including what adjustments were made for prior years, the amount of scholarships, grants, reimbursements, or refunds that were provided, and whether the taxpayer was enrolled at least half-time or was a graduate student.

The eligible education institution may ask for a completed Form W-9S, *Request for Student's or Borrower's Taxpayer Identification Number and Certification*, or some similar statement to obtain the student's name, address, and taxpayer identification number.
The lender does not have to file Form 1098-T or furnish a statement for the following:

- ➢ Courses for which no academic credit is offered, even if the student is otherwise enrolled in a degree program.
- ➢ Nonresident alien students unless requested by the student.
- ➢ Students whose qualified tuition and related expenses are entirely waived or paid entirely with scholarships.

Ciertas universidades ubicadas fuera de los Estados Unidos también participan en los programas de Ayuda Federal para Estudiantes (FSA) del Departamento de Educación de los Estados Unidos. Puede encontrar una lista de estas escuelas extranjeras en el sitio web del Departamento de Educación en www.fafsa.ed.gov/index.htm Haga clic en "Buscar los códigos de mi escuela", complete los dos elementos en la primera página, haga clic en "Siguiente" y luego siga las instrucciones restantes para buscar una escuela extranjera.

Tenga en cuenta que no todas las instituciones educativas elegibles tratan a ciertas cuentas de ahorro para la educación de Coverdell (planes 529) de la misma manera, ni todas tienen en cuenta lo mismo al determinar si una beca o subvención no está sujeta a impuestos. Para determinar si la cuenta de ahorros para la educación de Coverdell se puede usar para la universidad, la escuela vocacional u otro instituto de educación postsecundaria, la escuela en cuestión debe participar en un programa de ayuda estudiantil administrado por el Departamento de Educación de los Estados Unidos. La institución educativa puede ser una institución postsecundaria pública, sin fines de lucro o privada acreditada. A partir del año fiscal 2018, esto también incluye a cualquier escuela privada, religiosa o pública desde el jardín de infantes hasta el doceavo grado según lo determine la ley estatal. Para determinar si las becas y subvenciones son libres de impuestos, la institución educativa debe mantener una instalación y un plan de estudios regulares y, normalmente, debe tener un cuerpo de estudiantes matriculados regularmente en el que lleve a cabo sus actividades educativas.

Reclamo de créditos para más de un estudiante elegible

Para cada estudiante elegible, el contribuyente puede reclamar solo un crédito (por estudiante) pero puede reclamar diferentes créditos para diferentes estudiantes. Por ejemplo, si un contribuyente paga los gastos de educación calificados para más de un estudiante en el mismo año, el contribuyente puede optar por tomar el Crédito de Oportunidad Estadounidense para un estudiante y el crédito de aprendizaje de por vida para el otro.

El formulario 8863, Parte III, debe completarse para cada individuo que reclama créditos educativos en la declaración de impuestos antes de que se completen la Parte I y la Parte II. El formulario 1098-T debe entregarse al preparador de impuestos. Parte de la diligencia debida del profesional de impuestos es asegurarse de recibir este formulario.

Formulario 1098-T

Para ayudar a calcular el crédito educativo declarado en el Formulario 8863, el contribuyente debe recibir el Formulario 1098-T de su escuela. En general, una institución educativa elegible (como un colegio o universidad) debe enviar el formulario 1098-T (o un sustituto aceptable) a cada estudiante inscrito antes del 31 de enero de cada año. Una institución puede optar por informar los pagos recibidos (casilla 1) o los montos facturados (casilla 2) para gastos de educación calificados. El formulario 1098-T debe proporcionar otra información de la institución, incluyendo los ajustes realizados en años anteriores, la cantidad de becas, subvenciones o reembolsos que se proporcionaron, y si el contribuyente se inscribió al menos a tiempo parcial o fue estudiante graduado.

La institución educativa elegible puede solicitar un Formulario W-9S completado, *Solicitud de Número de Identificación de Contribuyente y Certificación del Estudiante o Prestatario*, o alguna declaración similar para obtener el nombre, la dirección y el número de identificación del contribuyente del estudiante.

El prestamista no tiene que presentar el Formulario 1098-T o presentar una declaración de lo siguiente:

> ➢ Cursos para los cuales no se ofrece crédito académico, incluso si el estudiante está inscrito en un programa de grado.
> ➢ Estudiantes extranjeros no residentes a menos que lo solicite el estudiante.
> ➢ Los estudiantes cuya matrícula calificada y los gastos relacionados se eximen por completo o se pagan enteramente con becas.

Tax Credits and Payments

> ➢ Students for whom the eligible education institution does not maintain separate financial accounting and whose qualified tuition and related expenses are covered by a formal billing arrangement between an institution and the student's employer or a governmental entity such as the Department of Veterans Affairs or the Department of Defense.

For the purpose of calculating qualified tuition and related expenses, eligible education institutions may choose to report either the payments received or the amounts they billed. The same reporting method must be used for all calendar years unless the IRS grants permission to the education institution to change the reporting method.

All filers of Form 1098-T may truncate the student's identification number on payee statements. When completing the tax return, the institution's EIN number will be required. Tax preparers should review their clients' Form 1098-T and keep a copy in each taxpayer's file.

FILER'S name, street address, city or town, state or province, country, ZIP or foreign postal code, and telephone number	1 Payments received for qualified tuition and related expenses $	OMB No. 1545-1574 2020 Form 1098-T	Tuition Statement
	2		
FILER'S employer identification no. / STUDENT'S TIN	3		Copy B For Student
STUDENT'S name	4 Adjustments made for a prior year $	5 Scholarships or grants $	This is important tax information and is being furnished to the IRS. This form must be used to complete Form 8863 to claim education credits. Give it to the tax preparer or use it to prepare the tax return.
Street address (including apt. no.)	6 Adjustments to scholarships or grants for a prior year $	7 Checked if the amount in box 1 includes amounts for an academic period beginning January–March 2021 ☐	
City or town, state or province, country, and ZIP or foreign postal code			
Service Provider/Acct. No. (see instr.) / 8 Check if at least half-time student ☐	9 Checked if a graduate student ☐	10 Ins. contract reimb./refund $	

Form **1098-T** (keep for your records) www.irs.gov/Form1098T Department of the Treasury - Internal Revenue Service

Box 1: The school enters the amount qualified tuition and related expenses from all sources during the calendar year here. The amount in box 1 is the total amount received by the taxpayer minus any reimbursements or refunds made during the tax year. This amount is not reduced by scholarships or grants (which are reported separately in box 5).

Box 2: This is the total amount billed to the taxpayer for qualified tuition and related expenses during the calendar year. The reported amount is the total bill minus any reductions in charges made during the calendar year that relate to the amount of qualified tuition and related expenses during 2019. The scholarships and grants reported in box 5 do not reduce this amount.

Box 3: The education institution would check this box if their method of payments received or amounts billed has changed.

Box 4: The lender will use this box to show any adjustments made to qualified tuition and related expenses that were reported on a prior year's Form 1098-T. If there is an amount in box 4, more research will be required. See Instructions Form 1098-T for more information.

Box 5: This box shows the total amount received for scholarships or grants that were administered and processed during the calendar year. Remember, if the amount in box 5 is larger than the amount in box 1, then the education credit cannot be claimed for the taxpayer.

> Estudiantes para quienes la institución educativa elegible no mantiene una contabilidad financiera separada y cuya matrícula calificada y gastos relacionados están cubiertos por un acuerdo formal de facturación entre una institución y el empleador del estudiante o una entidad gubernamental como el Departamento de Asuntos de Veteranos o el Departamento de Defensa.

Para calcular la matrícula calificada y los gastos relacionados, las instituciones educativas elegibles pueden optar por declarar los pagos recibidos o los montos que facturaron. Se debe utilizar el mismo método de declaración para todos los años calendario, a menos que el IRS otorgue permiso a la institución educativa para cambiar el método de informe.

Todos los que presentan el Formulario 1098-T pueden truncar el número de identificación del estudiante en las declaraciones del beneficiario. Al completar la declaración de impuestos, se requerirá el número EIN de la institución. Los preparadores de impuestos deben revisar el Formulario 1098-T de sus clientes y guardar una copia en el archivo de cada contribuyente.

Casilla 1: La escuela ingresa la cantidad calificada de matrícula y los gastos relacionados de todas las fuentes durante el año calendario aquí. El monto en la casilla 1 es el monto total recibido por el contribuyente menos cualquier reembolso o reintegro realizado durante el año fiscal. Esta cantidad no se reduce mediante becas o subsidios (que se declaran por separado en la casilla 5).

Casilla 2: Esta es la cantidad total facturada al contribuyente por la matrícula calificada y los gastos relacionados durante el año calendario. La cantidad declarada es la factura total menos las reducciones en los cargos realizados durante el año calendario que se relacionan con la cantidad de matrícula calificada y los gastos relacionados durante 2019. Las becas y subvenciones declaradas en la casilla 5 no reducen esta cantidad.

Casilla 3: La institución educativa marcaría esta casilla si su método de pago recibido o las cantidades facturadas han cambiado.

Casilla 4: El prestamista usará esta casilla para mostrar los ajustes realizados a la matrícula calificada y los gastos relacionados que se declararon en el Formulario 1098-T del año anterior. Si hay una cantidad en la casilla 4, se requerirá más investigación. Vea las Instrucciones del Formulario 1098-T para más información.

Casilla 5: Esta casilla muestra el monto total recibido por becas o subvenciones que se administraron y procesaron durante el año calendario. Recuerde, si la cantidad en la casilla 5 es mayor que la cantidad en la casilla 1, entonces el crédito educativo no puede ser reclamado por el contribuyente.

Tax Credits and Payments

Box 6: This box shows the total amount of scholarships or grants that were received the previous year but never reported. Because the amount of scholarships or grants one receives can reduce or eliminate the value of the education credits a student can receive, the amount in this box may lower the amount of the education credit that can be claimed.

Box 7: If this box is checked, then the amount in box 1 or 2 includes amounts that the taxpayer paid before the end of the current year for the next year's tuition.

Box 8: A checkmark in this box indicates that the student was at least a half-time student during any academic period that began during the tax year. Although who and what is considered a "part-time student" is determined by each university, the part-time student workload must be equal to or exceed the standards established by the Department of Education under the Higher Education Act.

Box 9: If this box is checked, the taxpayer is a graduate student. To be a graduate student, the student must be enrolled in a program or programs leading to a graduate-level degree, graduate-level certificate, or other recognized graduate-level education credential.

Box 10: If the insurer of the qualified tuition and related expenses made reimbursements to the student, the amount would be entered here.

Some eligible education institutions combine all fees for an academic period into one amount. If the student does not receive or does not have access to a statement that shows how much was paid for qualified education expenses and how much was paid for personal expenses, contact the institution to ask for one. The institution is required to provide this information to the taxpayer and to report the amount paid or billed for qualified education expenses on Form 1098-T.

Tuition Payments Statement

When an eligible education institution provides a reduction in tuition to an employee of the institution or to a spouse or dependent child of an employee, the amount of the reduction may or may not be taxable. If it is taxable, the employee is treated as receiving a payment of that amount and, in turn, paying it to the education institution on behalf of the student.

Form 8880: Retirement Savings Contributions Credit

The Retirement Savings Contributions Credit is based on the first $2,000 contributed to IRAs, 401(k)s, and certain other retirement plans. To calculate the credit, use Form 8880, *Credit for Qualified Retirement Savings Contributions*. Contributions can be made until the due date of the return; the due date for making these contributions is not changed by an extension. This credit reduces the taxpayer's income tax dollar-for-dollar and is reported on Form 1040, Schedule 3, line 4. In order to claim this credit for 2020, the taxpayer's MAGI must be less than $32,500 if Single or MFS, $48,750 if filing Head of household, or $65,000 if Married filing jointly or Qualified widow(er) with a dependent. This credit is reported on Form 1040, Schedule 3, line 4. Form 8880 must be attached to Form 1040, if the credit is claimed.

Casilla 6: Esta casilla muestra la cantidad total de becas o subvenciones que se recibieron el año anterior pero que nunca se declararon. Debido a que la cantidad de becas o subvenciones que recibe puede reducir o eliminar el valor de los créditos educativos que un estudiante puede recibir, la cantidad en esta casilla puede reducir la cantidad del crédito educativo que se puede reclamar.

Casilla 7: Si esta casilla está marcada, entonces la cantidad en la casilla 1 o 2 incluye las cantidades que el contribuyente pagó antes de que finalice el año en curso para la matrícula del próximo año.

Casilla 8: Si esta casilla está marcada, indica que el estudiante fue al menos un estudiante de medio tiempo durante cualquier período académico que comenzó durante el año fiscal. Aunque cada universidad determina quién y qué se considera un "estudiante de medio tiempo", la carga de trabajo de los estudiantes a tiempo parcial debe ser igual o superior a los estándares establecidos por el Departamento de Educación según la Ley de Educación Superior.

Casilla 9: Si esta casilla está marcada, el contribuyente es un estudiante graduado. Para ser un estudiante graduado, el estudiante debe estar inscrito en un programa o programas que otorguen un título de nivel de posgrado, un certificado de nivel de posgrado u otra credencial de educación de nivel de posgrado reconocida.

Casilla 10: Si el asegurador de la matrícula calificada y los gastos relacionados hicieron reembolsos al estudiante, la cantidad se ingresaría aquí.

Algunas instituciones educativas elegibles combinan todas sus tarifas por un período académico en una sola cantidad. Si el estudiante no recibe o no tiene acceso a una declaración que muestre cuánto se pagó por los gastos de educación calificados y cuánto se pagó por los gastos personales, comuníquese con la institución para solicitar una. La institución debe proporcionar esta información al contribuyente y notificar el monto pagado o facturado por gastos de educación calificados en el Formulario 1098-T.

Estado de pagos de matrícula

Cuando una institución educativa elegible proporciona una reducción en la matrícula a un empleado de la institución o a un cónyuge o hijo dependiente de un empleado, el monto de la reducción puede o no estar sujeto a impuestos. Si está sujeto a impuestos, se considera que el empleado recibe un pago de esa cantidad y, a su vez, lo paga a la institución educativa en nombre del estudiante.

Formulario 8880: Crédito de Contribuciones de Ahorro para la Jubilación

El Crédito de Contribuciones de Ahorro para la Jubilación se basa en los primeros $2,000 aportados a las IRA, 401(k) y ciertos otros planes de jubilación. Para calcular el crédito, utilice el Formulario 8880, *Crédito para contribuciones calificadas de ahorro para la jubilación*. Las contribuciones se pueden hacer hasta la fecha de vencimiento de la declaración; la fecha de vencimiento para hacer estas contribuciones no se modifica por una prórroga. Este crédito reduce el impuesto sobre la renta del contribuyente dólar por dólar y se declara en el Formulario 1040, Anexo 3, línea 4. Para reclamar este crédito para 2020, el MAGI del contribuyente debe ser inferior a $32,500 si es soltero o MFS, $48,750 si declara el Cabeza de Familia, o $65,000 si es casado declarando conjuntamente o viudo/a calificado/a con un dependiente. El crédito se declara en el Formulario 1040, Anexo 3, línea 4. El Formulario 8880 debe adjuntarse al Formulario 1040, si se reclama el crédito.

Form 5695: Residential Energy Credits

If taxpayers made energy-saving improvements to their main home in the United States, they may be able to claim the residential energy efficient property credit and report it on Form 1040, Schedule 3, line 5. This credit and its carryforward from 2017 to 2022 are still available. The following residential energy efficient property credits could be taken on the 2020 tax return if the taxpayer's main home located in the United States has the relevant type of property mentioned below:

- Qualified solar electric property credit.
- Qualified solar water heating property credit.
- Qualified fuel cell property credit.
- Qualified small wind energy property credit.
- Qualified geothermal heat pump property credit.

If the taxpayer is a condominium owner or a tenant-stockholder in a cooperative housing corporation and has paid his or her proportionate share of the cost, the taxpayer could qualify for the credit. There is a 30% credit for the installation of qualified solar water-heating property, qualified solar electric property, geothermal heat pumps, and small wind-energy property. The credit is applied for property placed in service during 2020. The credit is reduced to 26% for 2020 and 22% for 2021.

Part 1 Review Questions

To obtain the maximum benefit from this chapter, LTP recommends that you complete each of the following questions, and then compare them to the answers with feedback that immediately follow. Under governing self-study standards, vendors are required to present review questions intermittently throughout each self-study course.

These questions and explanations are not part of the final examination and will not be graded by LTP.

TCPP1.1
Jerry has three qualifying children for the federal dependent care expense. What is the maximum amount Jerry can claim?

a. $3,000
b. $1,500
c. $6,000
d. No limit

TCPP1.2
Tiffany has two children. Hunter, age 12, and Suzy, age 11. At what age will Tiffany be unable to claim the child and dependent care expense?

a. 12
b. 13
c. 14
d. 18

Formulario 5695: Créditos de energía residencial

Si los contribuyentes hicieron mejoras de ahorro de energía en su hogar principal en los Estados Unidos, pueden reclamar el crédito de propiedad de eficiencia energética residencial e informarlo en el Formulario 1040, Anexo 3, línea 5. Este crédito y su transferencia de 2017 a 2022 todavía están disponibles. Los siguientes créditos de propiedad de eficiencia energética residencial podrían tomarse en la declaración de impuestos de 2020 si la casa principal de la contribuyente ubicada en los Estados Unidos tiene el tipo de propiedad relevante que se menciona a continuación:

- Crédito calificado de propiedad eléctrico solar.
- Crédito calificado de propiedad de calefacción solar del agua.
- Crédito calificado de propiedad de celda de combustible.
- Crédito calificado de propiedad de energía eólica pequeña.
- Crédito calificado de propiedad de bomba de calor geotérmica.

Si el contribuyente es propietario de un condominio o tenedor-accionista en una sociedad anónima de vivienda cooperativa y ha pagado su parte proporcional del costo, el contribuyente podría calificar para el crédito. Hay un 30% de crédito por la instalación de una propiedad calificada de calentamiento solar de agua, una propiedad calificada de electricidad solar, bombas de calor geotérmicas y una pequeña propiedad de energía eólica. El crédito se aplica a las propiedades puestas en servicio durante 2020. El crédito se reduce al 26% para 2020 y al 22% para 2021.

Parte 1 Preguntas de repaso

Para obtener el máximo beneficio de este curso, LTP recomienda que complete cada una de las preguntas a continuación, y luego las compare con las respuestas de los comentarios que se proporcionan posteriormente. Según los estándares reguladores de autoaprendizaje, los proveedores deben presentar preguntas de repaso de manera intermitente a lo largo de cada curso de autoaprendizaje.

Estas preguntas y explicaciones no son parte del examen final y no serán calificadas por LTP.

TCPP1.1
Jerry tiene tres hijos que califican para el gasto federal de cuidado de dependientes. ¿Cuál es la cantidad máxima que Jerry puede reclamar?

a. $3,000
b. $1,500
c. $6,000
d. Sin límite

TCP1.2
Tiffany tiene dos hijos, Hunter, de 12 años y Suzy, de 11 años. ¿A qué edad Tiffany no podrá reclamar el gasto de cuidado de hijos y dependientes?

a. 12
b. 13
c. 14
d. 18

TCPP1.3
Jenny files married filing separately. How much will she be able to claim for her education credit?

a. $0
b. $4,000
c. $1,500
d. $3,000

TCPP1.4
Doug and his wife Brittney are full-time students at a qualifying school. For tax purposes, they are considered to have earned income if they are full-time students for how many months?

a. 12
b. 7
c. 5
d. 4

TCPP1.5
Which of the following is a nonrefundable tax credit?

a. Lifetime learning credit
b. Earned Income Tax Credit
c. Additional Child Tax Credit
d. Federal income tax withheld

Part 1 Review Questions Answers

TCPP1.1
Jerry has three qualifying children for the federal dependent care expense. What is the maximum amount Jerry can claim?

a. $3,000
b. $1,500
c. $6,000
d. No limit

Feedback: Review section *Form 2441: Child and Dependent Care.*

TCPP1.2
Tiffany has two children. Hunter, age 12, and Suzy, age 11. At what age will Tiffany be unable to claim the child and dependent care expense?

a. 12
b. 13
c. 14
d. 18

Feedback: Review section *Form 2441: Child and Dependent Care.*

TCPP1.3
Jenny es una persona casada declarando por separado. ¿Cuánto podrá reclamar por su crédito educativo?

    a. $0
    b. $4,000
    c. $1,500
    d. $3,000

TCPP1.4
Doug y su esposa Brittney son estudiantes de tiempo completo en una escuela calificada. A efectos fiscales, ¿se considera que tienen ingresos del trabajo si son estudiantes de tiempo completo durante cuántos meses?

    a. 12
    b. 7
    c. 5
    d. 4

TCPP1.5
¿Cuál de las siguientes opciones es un crédito fiscal no reembolsable?

    a. Crédito de aprendizaje de por vida
    b. Crédito fiscal por Ingreso del Trabajo
    c. Crédito fiscal adicional por hijos
    d. Impuesto federal sobre la renta retenido

Parte 1 Repuestas a las preguntas de repaso

TCPP1.1
Jerry tiene tres hijos que califican para el gasto federal de cuidado de dependientes. ¿Cuál es la cantidad máxima que Jerry puede reclamar?

    a. $3,000
    b. $1,500
    c. $6,000
    d. Sin límite

Comentario: Revisa la sección Formulario *2441: Cuidado infantil y dependiente.*

TCP1.2
Tiffany tiene dos hijos, Hunter, de 12 años y Suzy, de 11 años. ¿A qué edad Tiffany no podrá reclamar el gasto de cuidado de hijos y dependientes?

    a. 12
    b. 13
    c. 14
    d. 18

Comentario: Revisa la sección Formulario *2441: Cuidado infantil y dependiente.*

Tax Credits and Payments

TCPP1.3
Jenny files married filing separately. How much will she be able to claim for her education credit?

- **a. $0**
- b. $4,000
- c. $1,500
- d. $3,000

Feedback: Review section *Form 8863: Education Credits*.

TCPP1.4
Doug and his wife Brittney are full-time students at a qualifying school. For tax purposes, they are considered to have earned income if they are full-time students for how many months?

- a. 12
- b. 7
- **c. 5**
- d. 4

Feedback: Review section *Form 8863: Education Credits*.

TCPP1.5
Which of the following is a nonrefundable tax credit?

- **a. Lifetime learning credit**
- b. Earned Income Tax Credit
- c. Additional Child Tax Credit
- d. Federal income tax withheld

Feedback: Review section *Part 1: Nonrefundable Credits*.

Part 2: Other Nonrefundable Credits

Form 1040, Schedule 3, Line 6, reports the combined amount of the following credits:

- ➢ The general business credit; calculate this credit using Form 3800.
- ➢ Credit for prior year minimum tax; calculate this credit using Form 8801.
- ➢ Mortgage interest credit; calculate this credit using Form 8396.
- ➢ Credit for the elderly or disabled; calculate this credit using Schedule R.
- ➢ Adoption credit; calculate this credit using Form 8839.
- ➢ Carryforward of the District of Columbia first-time home buyer credit; calculate this credit using Form 8859.
- ➢ Credit to holders of tax credit bonds; calculate this credit using Form 8912.

Research may be needed to report the above credits.

Form 8396: Mortgage Interest Credit

The mortgage interest credit can only be claimed if the taxpayer was issued a Mortgage Credit Certificate (MCC) by a state, local governmental unit, or agency under a qualified mortgage credit certificate program.

TCPP1.3
Jenny es una persona casada declarando por separado. ¿Cuánto podrá reclamar por su crédito educativo?

   a. $0
   b. $4,000
   c. $1,500
   d. $3,000

Comentario: Revisa la sección Formulario *8863: Créditos educativos.*

TCPP1.4
Doug y su esposa Brittney son estudiantes de tiempo completo en una escuela calificada. A efectos fiscales, ¿se considera que tienen ingresos del trabajo si son estudiantes de tiempo completo durante cuántos meses?

   a. 12
   b. 7
   c. 5
   d. 4

Comentario: Revisa la sección Formulario *8863: Créditos educativos.*

TCPP1.5
¿Cuál de las siguientes opciones es un crédito fiscal no reembolsable?

   a. Crédito de aprendizaje de por vida
   b. Crédito fiscal por Ingreso del Trabajo
   c. Crédito fiscal adicional por hijos
   d. Impuesto federal sobre la renta retenido

Comentario: Revisa la sección Parte *1: Créditos no reembolsables.*

Parte 2 Otros créditos no reembolsables

El Formulario 1040, Anexo 3, Línea 6 informa la cantidad combinada de los siguientes créditos:

- El crédito empresarial general; calcule este crédito utilizando el formulario 3800.
- Crédito por impuesto mínimo del año anterior; calcule este crédito utilizando el Formulario 8801.
- Crédito de interés hipotecario; calcule este crédito utilizando el Formulario 8396.
- Crédito para personas mayores o discapacitados; calcule este crédito utilizando el Anexo R.
- Crédito de adopción; calcule este crédito utilizando el Formulario 8839.
- Transferencia del crédito para compradores de vivienda por primera vez del Distrito de Columbia; calcule este crédito utilizando el Formulario 8859.
- Crédito a los titulares de bonos de crédito fiscal; calcule este crédito utilizando el Formulario 8912.

Puede ser necesario realizar una investigación para informar los créditos anteriores.

Formulario 8396: Crédito de interés hipotecario

El crédito de interés hipotecario solo puede reclamarse si el contribuyente recibió un Certificado de Crédito Hipotecario (MCC) por parte de una unidad gubernamental estatal, local o agencia bajo un programa de certificado de crédito hipotecario calificado.

Tax Credits and Payments

If the mortgage is equal to or smaller than the certified indebtedness amount (in other words, the loan) shown on the MCC, multiply the certified credit rate shown on the MCC by all interest paid on the mortgage during the year.

Form **8396**	**Mortgage Interest Credit** (For Holders of Qualified Mortgage Credit Certificates Issued by State or Local Governmental Units or Agencies) ▶ Go to *www.irs.gov/Form8396* for the latest information. ▶ Attach to Form 1040, 1040-SR, or 1040-NR.	OMB No. 1545-0074 **2020** Attachment Sequence No. **138**
Department of the Treasury Internal Revenue Service (99)		

Name(s) shown on your tax return	Your social security number

Enter the address of your main home to which the qualified mortgage certificate relates if it is different from the address shown on your tax return.

Name of Issuer of Mortgage Credit Certificate	Mortgage Credit Certificate Number	Issue date

Before you begin Part I, figure the amounts of any of the following credits you are claiming: credit for the elderly or the disabled, alternative motor vehicle credit, and qualified plug-in electric drive motor vehicle credit.

If the mortgage amount is larger than the certified indebtedness amount shown on the MCC, multiply the certified credit percentage rate shown on the MCC by the interest allocated to the certified indebtedness amount shown on the MCC to calculate the credit.

Señor 1040 Says: Certificates issued by the Federal Housing Administration, Department of Veterans Affairs, and Farmers Home Administration (as well as Homestead Staff Exemption Certificates) do not qualify for the credit.

The home to which the certificate relates must be the taxpayer's primary residence, and the home must be within the jurisdiction of the governmental agency that issued the certificate. If the interest was paid to a related party, the credit cannot be claimed. If the taxpayer refinances the mortgage, be aware that the certificates must be reissued to the taxpayer and meet all the following conditions:

➢ The owner and the property cannot change.
➢ The new certificate must entirely replace the existing certificate. The holder cannot retain any portion of the outstanding balance of the previous certificate.
➢ The certified indebtedness on the new certificate cannot exceed the outstanding balance shown on the certificate.
➢ The credit rate of the new certificate cannot exceed the credit rate of the old certificate.
➢ The new certificate cannot result in a larger amount on line 3 than would otherwise have been allowable under the previous certificate for any tax year.

The taxpayer may have an unused mortgage credit that can be carried forward up to the next 3 tax years or until it has been used, whichever comes first. The current year credit must be used before any carryforward credits are used. If carryforward credits from more than one year are used, begin with the carryforward credit from the earliest prior year (i.e., 2020 before 2019, 2019 before 2018, etc.). If the certificate credit is more than 20%, no amount over $2,000 can be carried forward. To complete Form 8396, *Mortgage Interest Credit*, see the form's instructions.

Créditos y pagos de impuestos

Si la hipoteca es igual o menor que el monto de endeudamiento certificado (en otras palabras, el préstamo) que se muestra en el MCC, multiplique la tasa de crédito certificado que se muestra en el MCC por todos los intereses pagados en la hipoteca durante el año.

Form 8396 — **Mortgage Interest Credit**
(For Holders of Qualified Mortgage Credit Certificates Issued by State or Local Governmental Units or Agencies)
Department of the Treasury
Internal Revenue Service (99)
▶ Go to *www.irs.gov/Form8396* for the latest information.
▶ Attach to Form 1040, 1040-SR, or 1040-NR.
OMB No. 1545-0074
2020
Attachment Sequence No. 138

Name(s) shown on your tax return | Your social security number

Enter the address of your main home to which the qualified mortgage certificate relates if it is different from the address shown on your tax return.

Name of Issuer of Mortgage Credit Certificate | Mortgage Credit Certificate Number | Issue date

Before you begin Part I, figure the amounts of any of the following credits you are claiming: credit for the elderly or the disabled, alternative motor vehicle credit, and qualified plug-in electric drive motor vehicle credit.

Si el monto de la hipoteca es mayor que el monto de endeudamiento certificado que se muestra en el MCC, multiplique la tasa de porcentaje de crédito certificado que se muestra en el MCC por el interés asignado al monto de endeudamiento certificado que se muestra en el MCC para calcular el crédito.

> *El Señor 1040 dice:* Los certificados emitidos por la Administración Federal de Vivienda, el Departamento de Asuntos de Veteranos y la Administración de Hogares de Granjeros (así como los Certificados de Exención del Personal que trabaja en la Vivienda) no califican para el crédito.

La vivienda a la que se refiere el certificado debe ser la residencia principal del contribuyente, y la residencia debe estar dentro de la jurisdicción de la agencia gubernamental que emitió el certificado. Si el interés se pagó a una parte relacionada, no se puede reclamar el crédito. Si el contribuyente refinancia la hipoteca, tenga en cuenta que los certificados deben emitirse al contribuyente y cumplir con todas las siguientes condiciones:

- El propietario y la propiedad no pueden cambiar.
- El nuevo certificado debe reemplazar completamente el certificado existente. El titular no puede retener ninguna parte del saldo pendiente del certificado anterior.
- El endeudamiento certificado en el nuevo certificado no puede exceder el saldo pendiente que se muestra en el certificado.
- La tasa de crédito del nuevo certificado no puede exceder la tasa de crédito del certificado anterior.
- El nuevo certificado no puede resultar en una cantidad mayor en la línea 3 que el monto que de alguna manera hubiera sido permitido bajo el certificado anterior para cualquier año fiscal.

El contribuyente puede tener un crédito hipotecario no utilizado que se puede transferir hasta los próximos 3 años tributarios o hasta que se haya utilizado, lo que ocurra primero. El crédito del año en curso debe usarse antes de que se usen los créditos transferidos. Si se utilizan créditos transferidos de más de un año, comience con el crédito transferido del año anterior (es decir, 2020 antes de 2019, 2019 antes de 2018, etc.). Si el crédito del certificado es superior al 20%, no se puede transferir una cantidad superior a $2,000. Para completar el Formulario 8396, *Crédito de interés hipotecario,* consulte las instrucciones del formulario.

Tax Credits and Payments

Figure the 2020 credit and carry any excess forward to 2020 on Form 8396, *Mortgage Interest Credit*, and attach the form to Form 1040. On Form 8396, be sure to include any credit that was carried forward from the prior three tax years. The current-year credit must be used before prior-year credits are applied. Include the credit in the total amount of other credits reported on Schedule 3, line 6; check box c and write in "Form 8396" to show which nonrefundable credit that was included on that line. A tax professional should keep a copy of the MCC in the taxpayer's files, as the IRS may want to see the certificate at a future point in time.

Form 1098, *Mortgage Interest Statement*, is required to include the amount of the outstanding principal, the loan origination date, and the property's address. The owner of an inherited property may not treat the property as having a different basis than was reported by the state for estate tax purposes. IRC §6035 requires estates that file an estate tax return to issue payee statements listing the value of the property reported on the estate tax return to all persons inheriting property from the estate. These changes apply to all estate tax returns filed after February 29, 2016. For more information, see Notice 2015-57 and IRC §6035.

If the taxpayer purchased and sold the home within 9 years, the homeowner may have to recapture some of the credit. In this case one must file Form 8828, *Recapture of Federal Mortgage Subsidy*, although this is beyond the scope of this course.

Form 1098-MA

If the taxpayer has received mortgage assistance payments allocated from the Housing Finance Agency Innovation Fund for the Hardest Hit Housing Markets (HFA Hardest Hit Fund) or the Emergency Homeowner's Loan Program, the amount paid by the homeowner and the assistance payments are reported on Form 1098-MA.

> *Señor 1040 Says:* Do not confuse Mortgage Interest Credit with Mortgage Assistance Payments. They are not the same credit.

Calcule el crédito de 2020 y transfiera cualquier excedente al 2020 en el Formulario 8396, *Crédito de interés hipotecario*, y adjunte el formulario al Formulario 1040. En el Formulario 8396, asegúrese de incluir cualquier crédito que se haya transferido de los tres años fiscales anteriores. El crédito del año en curso debe usarse antes de que se apliquen los créditos del año anterior. Incluya el crédito en la cantidad total de otros créditos declarados en el Anexo 3, línea 6; marque la casilla c y escriba "Formulario 8396" para mostrar qué crédito no reembolsable se incluyó en esa línea. Un profesional de impuestos debe mantener una copia del MCC en los archivos del contribuyente, ya que el IRS puede querer ver el certificado en algún momento futuro.

Se requiere que el Formulario 1098, *Declaración de intereses hipotecarios*, incluya el monto del capital pendiente, la fecha de inicio del préstamo y la dirección de la propiedad. El propietario de una propiedad heredada no puede tratar la propiedad como si tuviera una base diferente a la que declaró la sucesión para fines de impuestos a la propiedad. IRC §6035 exige a los sucesorios que presenten una declaración de impuestos sobre el patrimonio para emitir declaraciones de beneficiarios que indiquen el valor de los bienes notificados en la declaración de impuestos sobre el patrimonio a todas las personas que heredan bienes del patrimonio. Estos cambios se aplican a todas las declaraciones de impuestos sobre el patrimonio presentadas después del 29 de febrero de 2016. Para obtener más información, consulte el Aviso 2015-57 e IRC §6035.

Si el contribuyente compró y vendió la casa en el transcurso de 9 años, el propietario puede tener que recuperar parte del crédito. En este caso, se debe presentar el Formulario 8828, *Recuperación del subsidio hipotecario federal*, aunque esto está fuera del alcance de este curso.

Formulario 1098-MA

Si el contribuyente ha recibido pagos de asistencia hipotecaria del Fondo de Innovación de la Agencia de Financiación de la Vivienda para los Mercados de Vivienda más Impugnados (HFA) o el Programa de Préstamos para Propietarios de Vivienda de Emergencia, el monto pagado por el propietario y los pagos de asistencia se declaran en el Formulario 1098-MA.

> *El Señor 1040 dice:* No confunda el Crédito de Interés Hipotecario con los Pagos de Asistencia Hipotecaria. No son el mismo crédito.

Tax Credits and Payments

Schedule R: Credit for the Elderly or Disabled

The Credit for the Elderly or Disabled is a nonrefundable credit that is based on the taxpayer's filing status, age, and income. A person is permanently and totally disabled if the taxpayer cannot engage in any substantial gainful activity due to a physical or mental condition or if a qualified physician determined that the condition has lasted or can be expected to last continuously for at least a year or until death. If the taxpayer is under the age of 65, a physician's statement must be attached to the tax return. The statement must certify that the taxpayer was permanently and totally disabled on the date of retirement.

The base amount is reduced by most nontaxable pension and Social Security benefits and by half of the AGI that exceeds the base amount. To claim this credit, the taxpayer must meet the following criteria:

- Be age 65 or older by the end of the tax year.
- Meet the following conditions if under the age of 65 at the end of the tax year:
    - Retired on permanent and total disability: he or she must have been permanently and totally disabled on or before January 1, 1976 or January 1, 1977 if the taxpayer retired before 1977.
    - Received taxable disability benefits in the current tax year.
    - Have reached the employer's mandatory retirement age (the age when the employer's retirement program requires an employee to retire) on or before January 1 of the tax year being filed.

If the taxpayer is under the age of 65, he or she must have a physician's statement certifying that he or she was permanently and totally disabled on the date of retirement. The statement does not have to be filed with the taxpayer's Form 1040; however, the taxpayer must keep it for his or her records. The instructions for Schedule R include a template statement that taxpayers can have their physicians complete to keep for their records; in order to qualify for the credit, the taxpayer's income cannot exceed the limits listed below, so many taxpayers will not be able to take advantage of it.

Señor 1040 Says: Be aware that when preparing a Schedule R to determine a taxpayer's eligibility for the elderly or disabled credit, the Social Security income must be considered as well even though it is not taxable.

Anexo R: Crédito para personas mayores o discapacitados

El crédito para personas mayores o discapacitadas es un crédito no reembolsable que se basa en el estado, la edad y los ingresos del contribuyente. Una persona está permanente y totalmente discapacitada si el contribuyente no puede realizar ninguna actividad lucrativa sustancial debido a una condición física o mental o si un médico calificado determinó que la condición ha durado o se puede esperar que dure continuamente por lo menos durante un año o hasta la muerte. Si el contribuyente es menor de 65 años, se debe adjuntar una declaración del médico a la declaración de impuestos. La declaración debe certificar que el contribuyente estaba total y permanentemente discapacitado en la fecha de jubilación.

El monto base se reduce en la mayoría de los beneficios de la pensión y el seguro social no sujetos a impuestos y en la mitad del AGI que excede el monto base. Para reclamar este crédito, el contribuyente debe cumplir con los siguientes criterios:

- Tener 65 años o más al final del año fiscal.
- Cumplir con las siguientes condiciones si es menor de 65 años al final del año fiscal:
  - Estar jubilado por discapacidad permanente y total: él o ella debe haber estado discapacitado de forma permanente y total el 1 de enero de 1976 o el 1 de enero de 1977 o antes, si el contribuyente se jubiló antes de 1977.
  - Recibió beneficios por discapacidad sujetos a impuestos en el año fiscal actual.
  - Haber alcanzado la edad de jubilación obligatoria del empleador (la edad en que el programa de jubilación del empleador requiere que un empleado se jubile) el 1 de enero o antes del año fiscal que se presenta.

Si el contribuyente es menor de 65 años, él o ella debe tener una declaración del médico que certifique que estaba total y permanentemente discapacitada en la fecha de jubilación. La declaración no tiene que presentarse con el Formulario 1040 del contribuyente; sin embargo, el contribuyente debe conservarlo para sus registros. Las instrucciones para el Anexo R incluyen una declaración de la plantilla que deben llenar los médicos de los contribuyentes para sus registros. Para calificar para el crédito, los ingresos del contribuyente no pueden exceder los límites que se detallan a continuación, por lo que muchos contribuyentes no podrán aprovecharlo.

El Señor 1040 dice: Tenga en cuenta que al preparar un Anexo R para determinar la elegibilidad del contribuyente para el crédito de personas mayores o discapacitados, el ingreso del seguro social también debe considerarse, aunque no esté sujeto a impuestos.

Tax Credits and Payments

Income Limits for Schedule R

If the taxpayer's income exceeds the following limits, the taxpayer cannot claim the credit.

If filing status is:	The taxpayer cannot take the credit if the amount from Form 1040, or Form 1040-SR, line 8b, is:	Or the taxpayer received:
Single, Head of Household, or Qualifying widow(er) with dependent child	$17,500 or more	$5,000 or more of nontaxable Social Security or other nontaxable pensions, annuities, or disability income
Married Filing Jointly if only one spouse qualifies for the credit	$20,000 or more	$5,000 or more of nontaxable Social Security or other nontaxable pensions, annuities, or disability income
Married Filing Jointly if both spouses qualify for the credit	$25,000 or more	$7,500 or more of nontaxable Social Security or other nontaxable pensions, annuities, or disability income
Married Filing Separately and the taxpayer did not live with spouse any time during the year	$12,500 or more	$3,750 or more of nontaxable Social Security or other nontaxable pensions, annuities, or disability income

Example 1. Adam retired on disability as a salesperson. He now works as a daycare provider assistant earning minimum wage. Although he does different work, Adam is a daycare provider assistant on ordinary terms for minimum wage and thus cannot take the credit because he is engaged in a substantial gainful activity.

Example 2. Jess retired on disability and took a job with a former employer on a trial basis. The trial period lasted for some time during which Jess was paid at a rate equal to minimum wage. Due to Jess's disability, he was only given light-duty of a nonproductive, make-work nature. Unless the activity is both substantial and gainful, Jess is not engaged in a substantial, gainful activity. The activity was gainful because Jess was paid at a rate at or above the minimum wage. However, the activity was not substantial because the duties were of a nonproductive, make-work nature. More information is needed to determine if Jess is able to engage in a substantial gainful activity.

How to Calculate the Credit

If the taxpayer checked box 6, then the total amount entered on line 11 would be $5,000. If the taxpayer checked box 2, 4, or 9, then enter the total amount of disability income that was received. If the taxpayer checked box 5, then enter the total amount of disability income received from the taxpayer and spouse on line 11.

Límites de ingresos para el Anexo R

Si el ingreso del contribuyente excede los límites que se muestran a continuación, no puede reclamar el crédito.

Si el estado civil de declaración es:	El contribuyente no puede tomar el crédito si la cantidad del Formulario 1040 o 1040-SR, línea 8b es:	O el contribuyente recibió:
Soltero, cabeza de familia o viudo/a calificado/a con hijo dependiente	$17,500 o más	$5,000 o más del seguro social no gravable u otras pensiones, anualidades o ingresos por discapacidad no tributables.
Casado declarando conjuntamente si solo un cónyuge califica para el crédito	$20,000 o más	$5,000 o más del seguro social no gravable u otras pensiones, anualidades o ingresos por discapacidad no tributables.
Casado declarando conjuntamente si ambos cónyuges califican para el crédito	$25,000 o más	$7,500 o más del seguro social no gravable u otras pensiones, anualidades o ingresos por discapacidad no tributables.
Casado declarando por separado y el contribuyente no vivió con su cónyuge en ningún momento durante el año	$12,500 o más	$3,750 o más del seguro social no gravable u otras pensiones, anualidades o ingresos por discapacidad no tributables.

Ejemplo 1. Adam se jubiló por discapacidad como vendedor. Ahora trabaja como asistente de guardería y gana un salario mínimo. Aunque hace un trabajo diferente, Adam es un asistente de guardería en términos ordinarios por un salario mínimo y, por lo tanto, no puede tomar el crédito porque está involucrado en una actividad lucrativa sustancial.

Ejemplo 2. Jess se jubiló por discapacidad y tomó un trabajo con un ex empleador a modo de prueba. El período de prueba duró algún tiempo durante el cual Jess recibió un pago a una tasa igual al salario mínimo. Debido a su discapacidad, a Jess solo se le asignó un trabajo liviano de naturaleza no productiva y funcional. A menos que la actividad sea sustancial y provechosa, Jess no participa en una actividad sustancial y lucrativa. La actividad fue provechosa porque Jess recibió un pagó a una tasa igual o superior al salario mínimo. No obstante, la actividad no fue sustancial porque los deberes eran de naturaleza no productiva y funcional. Se necesita más información para determinar si Jess puede participar en una actividad lucrativa sustancial.

¿Cómo calcular el crédito?

Si el contribuyente marcó la casilla 6, el monto total ingresado en la línea 11 sería $5,000. Si el contribuyente marcó las casillas 2, 4 o 9, coloque la cantidad total de ingresos por discapacidad que recibió. Si el contribuyente marcó la casilla 5, coloque la cantidad total del ingreso por discapacidad recibido del contribuyente y su cónyuge en la línea 11.

Tax Credits and Payments

Adoption Credit or Exclusion

The maximum amount a taxpayer can receive from his or her employer for the adoption credit is $14,300 if their AGI is less than $254,520. In most cases, the adoption credit can be used for both foreign and domestic adoptions. Some states have determined that if a child has special needs, the taxpayer may receive the maximum amount of the credit unless some expenses were claimed in a prior year.

Child and Dependent Credits

The child tax credit (CTC) is a nonrefundable credit for taxpayers who have a qualifying child, and the maximum amount of the credit is $2,000 for each qualifying child. If the taxpayer was unable to claim the full child tax credit, he or she may be eligible for an additional child tax credit. The child tax credit is limited by the taxpayer's tax liability and modified AGI. If the child was not issued a valid Social Security number, he or she will not qualify the taxpayer for either credit. This credit is reported on Form 1040, line19.

To be a qualifying child for the purposes of the child tax credit and the additional child tax credit, the child must be a citizen, national, or resident of the United States. The substantial presence test (Part I) is completed if the taxpayer has a dependent that has an ITIN and if the taxpayer is claiming the child tax credit for the dependent. If the dependent does not qualify for the child tax credit, the taxpayer cannot include that dependent in the calculation for the credit, although the dependent may still qualify for the Other Dependent Credit (ODC).

The Additional Child Tax Credit (ACTC) is a refundable credit available for taxpayers who have qualifying children, and who are not able to claim the full child tax credit due to a tax liability limitation. The maximum amount that can be claimed per child is $1,400. Due to the TCJA, the earned income threshold has decreased from $3,000 to $2,500. The taxpayer should use Schedule 8812, Parts II–III, to calculate the additional child tax credit. Part I of the schedule is independent of Parts II–III. For the purposes of the child tax credit and the additional child tax credit, the gross income phaseout amount has been increased by the TCJA to $400,000 for joint filers and $200,000 for all other filers. This credit is reported on Form 1040, line 28.

Qualifying Child for Child Tax Credit

For a child to qualify for the child tax credit, the following conditions must be met:

- The child is the son, daughter, stepchild, eligible foster child, brother, sister, stepbrother, stepsister, half-brother, half-sister, or a descendent of any of these.
- The child was under the age of 17 at the end of the tax year.
- The child did not provide over half of his or her own support.
- The child lived with the taxpayer for more than half of 2020.
- The child is claimed as a dependent on the taxpayer's return.
- The child does not file a joint return for the year or only files to claim a refund of withheld income tax or if the dependent paid estimated payments.
- The child was a U.S. citizen, U.S. national, or U.S. resident alien or was adopted by a U.S. citizen, U.S. national, or U.S. resident alien.

Qualifying Person for the ODC

Crédito de adopción o exclusión

La cantidad máxima que un contribuyente puede recibir de su empleador por el crédito de adopción es $14,300 si su AGI es inferior a $254,520. En la mayoría de los casos, el crédito de adopción se puede utilizar tanto para adopciones extranjeras como nacionales. Algunos estados han determinado que, si un niño tiene necesidades especiales, el contribuyente puede recibir el monto máximo del crédito a menos que se hayan reclamado algunos gastos en un año anterior.

Créditos para Hijos y Dependientes

El crédito fiscal por hijos (CTC) es un crédito no reembolsable para los contribuyentes que tienen un hijo calificado, y el monto máximo del crédito es de $2,000 por cada hijo calificado. Si el contribuyente no pudo reclamar el crédito fiscal por hijo completo, él o ella puede ser elegible para un crédito fiscal por hijo adicional. El crédito fiscal por hijo está limitado por la obligación tributaria del contribuyente y el AGI modificado. Si al hijo no se le otorgó un número de seguro social válido, no calificará al contribuyente para ninguno de los dos créditos. El crédito se informa en el Formulario 1040, línea 19.

Para ser un hijo calificado para los fines del crédito fiscal por hijos y el crédito fiscal por hijos adicional por hijos, el niño debe ser ciudadano, nacional o residente de los Estados Unidos. La prueba de presencia sustancial (Parte I) se completa si el contribuyente tiene un dependiente que tiene un ITIN y si el contribuyente reclama el crédito fiscal por hijo del dependiente. Si el dependiente no califica para el crédito fiscal por hijos, el contribuyente no puede incluir a ese dependiente en el cálculo del crédito, aunque el dependiente aún puede calificar para el otro crédito dependiente (ODC).

El Crédito Fiscal Adicional por Hijos (ACTC) es un crédito reembolsable disponible para los contribuyentes que tienen hijos calificados y que no pueden reclamar el crédito fiscal por hijo en su totalidad debido a una limitación de obligación tributaria. El monto máximo que se puede reclamar por hijo es de $1,400. Debido a la TCJA, el umbral de ingresos del trabajo ha disminuido de $3,000 a $2,500. El contribuyente debe usar el Anexo 8812, Partes II-III, para calcular el crédito fiscal adicional por hijos. La parte I del anexo es independiente de las partes II-III. Para los fines del crédito fiscal por hijo y el crédito fiscal adicional por hijos, el TCJA ha aumentado la cantidad de eliminación de ingresos brutos a $400,000 para los contribuyentes conjuntos y $200,000 para todos los demás declarantes. El crédito se informa en el Formulario 1040, línea 28.

Hijo Calificado para el Crédito Fiscal por Hijos

Para que un hijo califique para el crédito fiscal por hijos, se deben cumplir las siguientes condiciones:

> - El hijo es hijo, hija, hijastro, hijo de crianza elegible, hermano, hermana, hermanastro, hermanastra, medio hermano, media hermana o un descendiente de cualquiera de estos.
> - El hijo tenía menos de 17 años al final del año fiscal.
> - El hijo no proporcionó más de la mitad de su propia manutención.
> - El hijo vivió con el contribuyente por más de la mitad de 2020.
> - El hijo es reclamado como dependiente en la declaración del contribuyente.
> - El hijo no presenta una declaración conjunta para el año o solo declara para reclamar un reembolso del impuesto sobre la renta retenido o si el dependiente realizó los pagos estimados.
> - El hijo era un ciudadano de los EE. UU., nacional de los EE. UU. O extranjero residente de los EE. UU. o fue adoptado por un ciudadano de los EE. UU., nacional de los EE. UU. o extranjero de los EE. UU.

Persona calificada para el ODC

Tax Credits and Payments

An individual qualifies for the Other Dependent Credit (ODC) if the following conditions are met:

- The individual is claimed as a dependent on the taxpayer's return.
- The dependent is ineligible for the CTC or the ACTC.
- The dependent was a U.S. citizen, U.S. national, or U.S. resident alien or was adopted by a U.S. citizen, U.S. national, or U.S. resident alien.

Example: Anthony is claiming his 10-year-old nephew Fernando who lives in Mexico and qualifies as Anthony's dependent. Because Fernando is not a U.S. citizen, U.S. national, or a U.S. resident alien, Anthony cannot use Fernando to claim the Other Dependent Credit (ODC) unless Anthony adopts him, and Fernando comes to live with Anthony in the United States.

Improperly Claiming the CTC, ODC, or ACTC

If the taxpayer has claimed any of these credits in error, he or she may be prohibited from claiming these credits for 2 years. If the error is determined to be due to fraud, he or she may be prohibited from claiming the credit for 10 years. The taxpayer may also have to pay penalties and interest. If the error was committed by the tax preparer and if the IRS determines that the error was intentional, the tax preparer will be charged penalties and interest and may be prohibited from preparing returns for as long as the IRS decides is appropriate.

CTC or ACTC tax returns after 2015 that were denied or reduced for any reason except by reason of a clerical or mathematical error will have to file Form 8862 and attach the form to his or her tax return. Beginning in 2018, the ODC has been added to both the due diligence questionnaire and to part III of Form 8862, *Information to Claim Certain Credits After Disallowance*.

Part 2 Review Questions

To obtain the maximum benefit from this chapter, LTP recommends that you complete each of the following questions, and then compare them to the answers with feedback that immediately follow. Under governing self-study standards, vendors are required to present review questions intermittently throughout each self-study course.

These questions and explanations are not part of the final examination and will not be graded by LTP.

TCPP2.1
Which of the following is a nonrefundable credit?

a. American opportunity act
b. Mortgage Interest Credit
c. Earned income tax credit
d. Residential energy credit

TCPP2.2
Olivia is single and wants to know if she qualifies for the Credit for the Elderly or Disabled. Olivia's adjusted gross income cannot be more than _____ to qualify for the credit.

a. $17,000
b. $17,500
c. $20,000
d. $25,000

Un individuo califica para el Otro Crédito Dependiente (ODC) si se cumplen las siguientes condiciones:

> ➤ La persona es reclamada como dependiente en la declaración del contribuyente.
> ➤ El dependiente no es elegible para el CTC o ACTC.
> ➤ El dependiente era un ciudadano de los EE. UU., un nacional de los EE. UU. o un extranjero residente de los EE. UU. o fue adoptado por un ciudadano de los EE. UU., un nacional de los EE. UU. o un extranjero residente de los EE. UU.

Ejemplo: Anthony reclama a su sobrino Fernando, de 10 años, quien vive en México y califica como dependiente de Anthony. Debido a que Fernando no es ciudadano de los EE. UU., nacional de los EE. UU. o extranjero residente en los EE. UU., Anthony no puede usar a Fernando para reclamar el Crédito de Otro Dependiente (ODC) a menos que Anthony lo adopte, y Fernando venga a vivir con Anthony en los Estados Unidos.

Reclamo Incorrecto del CTC, ODC o ACTC

Si el contribuyente ha reclamado alguno de estos créditos por error, es posible que se le prohíba reclamar estos créditos por 2 años. Si se determina que el error se debe a un fraude, se le puede prohibir reclamar el crédito por 10 años. El contribuyente también puede tener que pagar multas e intereses. Si el preparador de impuestos cometió el error y el IRS determina que el error fue intencional, se le cobrarán multas e intereses y se le puede prohibir que prepare las declaraciones durante el tiempo que el IRS decida que es apropiado.

Las declaraciones de impuestos de CTC o ACTC después de 2015 que fueron denegadas o reducidas por cualquier motivo, excepto por un error administrativo o matemático, deberán presentar el Formulario 8862 y adjuntar el formulario a su declaración de impuestos. A partir de 2018, el ODC se agregó al cuestionario de diligencia debida y a la parte III del Formulario 8862, *Información para reclamar ciertos créditos después de la denegación*.

Parte 2 Preguntas de repaso

Para obtener el máximo beneficio de este curso, LTP recomienda que complete cada una de las preguntas a continuación, y luego las compare con las respuestas de los comentarios que se proporcionan posteriormente. Según los estándares reguladores de autoaprendizaje, los proveedores deben presentar preguntas de repaso de manera intermitente a lo largo de cada curso de autoaprendizaje.

Estas preguntas y explicaciones no son parte del examen final y no serán calificadas por LTP.

TCPP2.1
¿Cuál de las siguientes opciones es un crédito no reembolsable?

    a. Ley de oportunidad estadounidense
    b. Crédito de interés hipotecario
    c. Crédito fiscal por ingreso del trabajo
    d. Créditos de energía residencial

TCPP2.2
Olivia es soltera y quiere saber si califica para el Crédito para Ancianos o Discapacitados. El ingreso bruto ajustado de Olivia no puede ser más de _____ para calificar para el crédito.

    a. $17,000
    b. $17,500
    c. $20,000
    d. $25,000

Tax Credits and Payments

Part 2 Review Questions Answers

TCPP2.1
Which of the following is a nonrefundable credit?

- a. American opportunity act
- **b. Mortgage Interest Credit**
- c. Earned income tax credit
- d. Residential energy credit

Feedback: Review section *Part 2: Other Nonrefundable Credits*

TCPP2.2
Olivia is single and wants to know if she qualifies for the Credit for the Elderly or Disabled. Olivia's adjusted gross income cannot be more than _____ to qualify for the credit.

- a. $17,000
- **b. $17,500**
- c. $20,000
- d. $25,000

Feedback: Review section *Schedule R: Credit for the Elderly or Disabled.*

Part 3: Refundable Tax Credits and Payments

In the tax industry the term "refundable credit" refers to a credit that allows the taxpayer to lower his or her tax liability dollar-for-dollar to zero and below, resulting in a refund. When the refundable credit exceeds the amount of taxes owed, it could result in a tax refund.

A refundable tax credit is a tax credit that is treated as a payment and can be refunded to the taxpayer by the IRS. Refundable tax credits are used to offset certain types of taxes that normally cannot be reduced. Refundable credits can produce a federal tax refund that is larger than the amount of money a person actually paid during the year. Refundable tax credits, like payments, are applied toward a person's tax obligation, and any overpayments are refunded back to the individual. Withholding for federal income taxes and estimated taxes are also refundable credits, as these are prepayments toward a person's annual tax liability that can and will be refunded to the taxpayer if they withhold too much.

Federal Income Tax Withheld

Form 1040, page 2, line 25, reports the federal income tax that has been withheld from all income reported by forms such as the W-2, W-2G, 1099-R, 1099-MISC, SSA-1099, and Schedule K. The amount of tax that was withheld can be found on Form W-2 in box 2 and on the Form 1099 series in box 4. If the taxpayer had federal tax withheld from Social Security benefits, it would be shown in box 6 of Form SSA-1099. If the taxpayer had additional Medicare tax withheld by his or her employer, that amount would be included on Form 1040, Schedule 2, line 8. The additional Medicare tax is calculated on Form 8959, which should be attached to the return.

Respuestas a las preguntas de repaso

TCPP2.1
¿Cuál de las siguientes opciones es un crédito no reembolsable?

i. Ley de oportunidad estadounidense
j. Crédito de interés hipotecario
k. Crédito fiscal por ingreso del trabajo
l. Créditos de energía residencial

Comentario: Revisa la sección Parte *2: Otros créditos no reembolsables*

TCPP2.2
Olivia es soltera y quiere saber si califica para el Crédito para Ancianos o Discapacitados. El ingreso bruto ajustado de Olivia no puede ser más de _____ para calificar para el crédito.

➢ $17,000
➢ $17,500
➢ $20,000
➢ $25,000

Comentario: Revisa la sección Horario *R: Crédito para ancianos o discapacitados.*

Parte 3 Créditos y pagos fiscales reembolsables

En la industria tributaria, el término "crédito reembolsable" se refiere a un crédito que le permite al contribuyente reducir su obligación tributaria dólar por dólar a cero y por debajo, lo que resulta en un reembolso. Cuando el crédito reembolsable excede la cantidad de impuestos adeudados, resulta en un reembolso de impuestos.

Un crédito fiscal reembolsable es un crédito fiscal que se trata como un pago y puede ser reembolsado al contribuyente por el IRS. Los créditos fiscales reembolsables se utilizan para compensar ciertos tipos de impuestos que normalmente no se pueden reducir. Los créditos reembolsables pueden generar un reembolso de impuestos federales que es mayor que la cantidad de dinero que una persona realmente pagó durante el año. Los créditos fiscales reembolsables, como los pagos, se aplican a la obligación tributaria de una persona, y cualquier pago en exceso es reembolsado al individuo. La retención de impuestos federales sobre la renta y los impuestos estimados también son créditos reembolsables, ya que son pagos anticipados para la obligación tributaria anual de la persona que pueden y serán reembolsados al contribuyente si retienen demasiado.

Impuesto federal sobre la renta retenido

El Formulario 1040, página 2, línea 25 declara el impuesto federal sobre la renta que se ha retenido de todos los ingresos declarados en formularios como el W-2, W-2G, 1099-R, 1099-MISC, SSA-1099 y el Anexo K. El monto del impuesto que se retuvo se puede encontrar en el Formulario W-2 en la casilla 2 y en la serie del Formulario 1099 en la casilla 4. Si el contribuyente tuviera un impuesto federal retenido de los beneficios del seguro social, se mostraría en la casilla 6 del Formulario SSA-1099. Si el contribuyente tuviera un impuesto de Medicare adicional retenido por su empleador, esa cantidad se incluiría en el Formulario 1040, Anexo 2, línea 8. El impuesto adicional de Medicare se calcula en el Formulario 8959, que debe adjuntarse a la declaración.

Tax Credits and Payments

Estimated Tax Payments

Form 1040, page 2, line 26, reports any estimated tax payments that were made in the current tax year and any overpayments that were applied from the prior year's tax return. If a taxpayer and his or her spouse have divorced during the current tax year and estimated payments were made together, enter the former spouse's SSN in the space provided on the front of Form 1040. The taxpayer should attach a statement to Form 1040 explaining that the divorced couple made the payments together; that statement should also contain proof that the payments were made along with the name and SSN under which the payments were made.

Estimated tax payments are also referred to as quarterlies since the payments are due in four equal payments. If the due dates fall on a Saturday, Sunday, or a legal holiday, estimated payments are due on the next business day. Estimated payments are due on the following dates:

- April 15th
- June 15th
- September 15th
- January 15th (of the following year)

Amount Overpaid

The taxpayer can receive his or her overpayment as a paper check from the U.S. Treasury Department or through a direct deposit from the U.S. Treasury Department into a checking or savings account. After the return has been electronically filed, the taxpayer can go to www.irs.gov and click "Where's My Refund?", to receive information that is available about his or her return within 24 hours after its acceptance. If the amount of the overpayment is different than what the taxpayer was expecting, the taxpayer should receive an explanation from the IRS within two weeks after the refund was deposited.

Form 1040, page 2, line 34, states if there was an overpayment of current-year taxes and indicates how the taxpayer would like to receive the refund of the overpayment. Line 35a is where the taxpayer would enter the desired refund amount and is used when taxpayers have made estimated payments and would like to carryforward their entire refund amount or take a portion as a refund and apply the remainder to next year's estimated payments. If the taxpayer would like to carryforward overpayments to the following year, enter the amount that he or she would like to have applied on Form 1040, line 36. The amount that is entered on line 35a will be refunded to the taxpayer. If a couple filed MFJ, and a taxpayer's spouse wants the overpayment applied to his or her account, the taxpayer should include a statement requesting that the overpayment be applied to the spouse's Social Security number.

Example: Pat made estimated payments for the current tax year of $11,000 and overpaid her quarterlies by $4,500. Pat would like to have $2,000 refunded, so enter $2,000 on line 36. Pat would like the remaining $2,500 applied to next year's estimated payments, so enter the $2,500 amount on line 35a.

If the taxpayer wants to directly deposit the entire overpayment, the return should be submitted with a valid routing number and account number. The routing number is a nine-digit number that indicates which financial institute the refund is being directly deposited to. The account number is specific to the taxpayer. The first two digits of the routing number have to be 01 through 12 or 21 through 32. Some financial institutions have a separate routing number for direct deposits. If there is no entry on Form 1040, Page 2, line 35b or line 35d, the taxpayer will receive a paper check.

Pagos de impuestos estimados

El Formulario 1040, página 2, línea 26 informa cualquier pago de impuestos estimados que se hicieron en el año fiscal actual y cualquier pago en exceso que se aplicó en la declaración de impuestos del año anterior. Si un contribuyente y su cónyuge se han divorciado durante el año fiscal actual y los pagos estimados se hicieron juntos, ingrese el SSN del excónyuge en el espacio provisto en el frente del Formulario 1040. El contribuyente debe adjuntar una declaración al Formulario 1040 que explique que la pareja divorciada hizo los pagos juntos; esa declaración también debe contener una prueba de que los pagos se realizaron junto con el nombre y el SSN bajo los cuales se realizaron los pagos.

Los pagos de impuestos estimados también se conocen como trimestrales, ya que se realizan en cuatro pagos iguales. Si las fechas de vencimiento caen en sábado, domingo o feriado legal, los pagos estimados vencen el siguiente día hábil. Los pagos estimados vencen en las siguientes fechas:

- El 15 de abril
- El 15 de junio
- El 15 de septiembre
- El 15 de enero (del año siguiente).

Cantidad pagada en exceso

El contribuyente puede recibir su pago en exceso en forma de un cheque del Departamento del Tesoro de los Estados Unidos o mediante un depósito directo del Departamento del Tesoro de los Estados Unidos en una cuenta corriente o de ahorros. Después de que la declaración se haya presentado electrónicamente, el contribuyente puede visitar la página www.irs.gov y hacer clic en "¿Dónde está mi reembolso?" y recibir información disponible sobre su declaración dentro de las 24 horas posteriores a su aceptación. Si el monto del pago en exceso es diferente de lo que esperaba el contribuyente, el contribuyente debería recibir una explicación del IRS dentro de las dos semanas posteriores al depósito del reembolso.

El Formulario 1040, página 2, línea 34 indica si hubo un pago en exceso de los impuestos del año en curso e indica cómo le gustaría al contribuyente recibir el reembolso del pago en exceso. La línea 35a es donde el contribuyente ingresaría el monto de reembolso deseado y se utiliza cuando los contribuyentes han realizado los pagos estimados y desea transferir su monto de reembolso completo o tomar una parte como reembolso y aplicar el resto a los pagos estimados del próximo año. Si el contribuyente desea transferir los pagos en exceso al año siguiente, ingrese el monto que le gustaría aplicar en el Formulario 1040, línea 36. El monto que se coloca en la línea 35a se reembolsará al contribuyente. Si una pareja presentó la declaración como casados declarando de forma conjunta, y el cónyuge del contribuyente desea que el pago en exceso se aplique a su cuenta, el contribuyente debe incluir una declaración solicitando que el pago en exceso se aplique al número de seguro social del cónyuge.

Ejemplo: Pat realizó pagos estimados para el año fiscal actual de $11,000 y pagó en exceso sus trimestres en $4,500. Pat quisiera recibir un reembolso de $2,000, por lo que coloca $2,000 en la línea 36. Pat quisiera que los $2,500 restantes se apliquen a los pagos estimados del próximo año, por lo que coloca $2,500 en la línea 35a.

Si el contribuyente desea depositar directamente el pago en exceso completo, la declaración debe enviarse con un código de identificación bancaria y un número de cuenta válidos. El código de identificación bancaria es un número de nueve dígitos que indica a qué institución financiera se está depositando directamente el reembolso. El número de cuenta es específico para el contribuyente. Los dos primeros dígitos del código de identificación bancaria deben ser del 01 al 12 o del 21 al 32. Algunas instituciones financieras tienen un código de identificación bancaria separado para depósitos directos. Si no hay ningún dato en la línea 35b o línea 35d de la página 2 del Formulario 1040, el contribuyente recibirá un cheque.

Tax Credits and Payments

The routing number on a deposit slip may be different than the routing number on the bottom of a personal check. If the tax preparer is entering the numbers from the bottom of the check, make sure you do not enter the check number when entering the account number. On the Form 1040, be sure to indicate whether the account is a checking or savings account. The IRS will allow the taxpayer to have his or her direct deposit split between multiple accounts, but not all software supports the use of Form 8888 to do so.

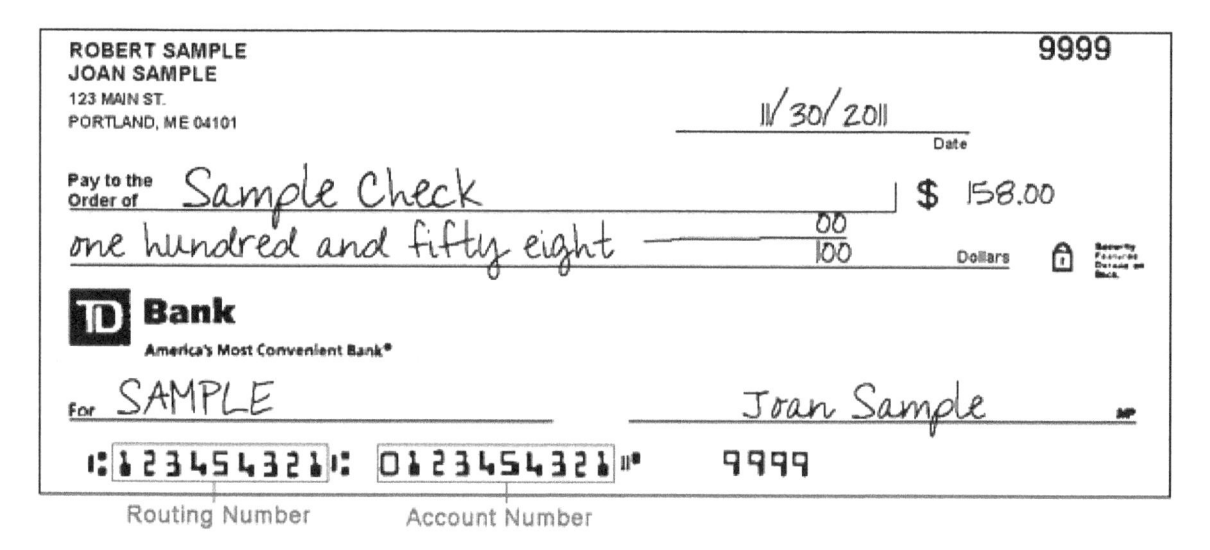

If any of the following apply, the direct deposit will be rejected, and a paper check will be issued to the taxpayer instead:

- Any numbers or letters on lines 35b or 35d are crossed out or some type of correction material (such as correction tape or white out) has been used.
- The taxpayer's financial institution(s) will not allow a joint return to be deposited to an individual account; The U.S. Treasury Department is not responsible if the financial institution rejects the direct deposit.
- The 2020 tax return was filed after December 31, 2020.
- Three direct deposits have already been made to that account.
- The name on the account does not match the name on the tax refund.

Señor 1040 Says: The IRS is not responsible for a lost refund if the account information is entered incorrectly. The taxpayer is responsible for making sure that his or her routing number and account number are accurate and that the financial institution will accept the direct deposit.

Returns with Refunds

When individual taxpayers have an overpayment on their current-year tax return, they have several options for receiving the overpayment:

- They can apply the overpayment to next year's estimated tax return.
- They can receive a paper check.
- They can receive a direct deposit.
- They can divide the refund amount into different bank accounts, although this is not supported by all software.

El código de identificación bancaria en una boleta de depósito puede ser diferente al código de identificación bancaria en la parte inferior de un cheque personal. Si el preparador de impuestos ingresa los números de la parte inferior del cheque, asegúrese de no ingresar el número de cheque al ingresar el número de cuenta. En el Formulario 1040, asegúrese de indicar si la cuenta es una cuenta corriente o de ahorro. El IRS permitirá que el contribuyente tenga su depósito directo dividido entre varias cuentas, pero no todos los programas admiten el uso del Formulario 8888 para hacerlo.

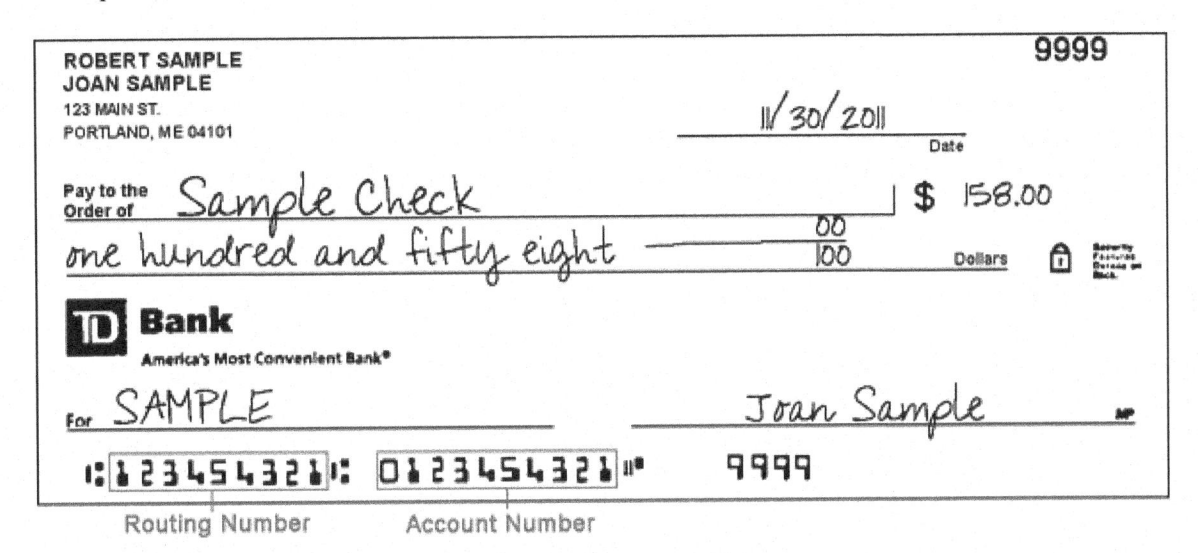

Si se aplica alguna de las siguientes situaciones, se rechazará el depósito directo y, en su lugar, se emitirá un cheque impreso al contribuyente:

> Cualquier número o letra en las líneas 35b o 35d está tachada o se ha usado algún tipo de material de corrección (como cinta correctora o corrector de color blanco).
> La(s) institución(es) financiera(s) del contribuyente no permitirá(n) que una declaración conjunta se deposite en una cuenta individual. El Departamento del Tesoro de los Estados Unidos no es responsable si la institución financiera rechaza el depósito directo.
> La declaración de impuestos de 2020 se presentó después del 31 de diciembre de 2020.
> Ya se han realizado tres depósitos directos en esa cuenta.
> El nombre en la cuenta no coincide con el nombre en el reembolso de impuestos.

El Señor 1040 dice: El IRS no es responsable de un reembolso perdido si la información de la cuenta se ingresa incorrectamente. El contribuyente es responsable de garantizar de que su código de identificación bancaria y su número de cuenta sean correctos y que la institución financiera acepte el depósito directo.

Declaraciones con reembolsos

Cuando los contribuyentes individuales tienen un pago en exceso en su declaración de impuestos del año en curso, tienen varias opciones para recibir el pago en exceso:

> Pueden aplicar el pago en exceso a la declaración de impuestos estimada del próximo año.
> Pueden recibir un cheque impreso.
> Pueden recibir un depósito directo.
> Pueden dividir el monto del reembolso en diferentes cuentas bancarias, aunque no es compatible con todos los programas.

Tax Credits and Payments

Direct Deposit

Taxpayers may have refunds deposited into their personal checking or savings accounts. To directly deposit the refund, the tax professional must have the taxpayer's account number, routing number, and the financial institution's name. All this information can be found on a taxpayer's check.

Form 8888, *Allocation of Refund*, allows the taxpayer to split and deposit refunds into multiple accounts. Form 8888 can be filed electronically. A qualified account can be a checking or savings account or some other type of account such as a money market account or an IRA. The taxpayer should not try to directly deposit money into an account that is not in his or her own name. This form is limited to three accounts and can also be used to purchase U.S. Series I Savings Bonds.

Direct Deposit Limits

The IRS has imposed a limit of three direct deposits that can be electronically deposited into a single financial account or loaded on a pre-paid debit card. Any further deposits will be converted to a paper check and mailed to the taxpayer within four weeks. Taxpayers will receive a notification via mailed letter that their account has exceeded the direct deposit limit.

The IRS has imposed this direct deposit limit to prevent criminals from obtaining multiple refunds. The new limitations also protect taxpayers from tax preparers who illegally obtain their tax preparation fees by using Form 8888 to split the refund into multiple accounts. Tax preparers who do this will be subject to a fine.

Señor 1040 Says: The IRS will send refunds under $1 only if requested in writing.

If a joint return was filed, and either the taxpayer or the spouse has an offset of bad debt to pay, the other spouse may be an injured spouse, a term and concept that is beyond the scope of this course. If one spouse's refund was taken by the IRS to pay the other spouse's tax liability, the injured spouse would file Form 8379 to see if they meet the conditions to get his or her portion of the refund back from the IRS.

Amount Paid with a Request for Extension

If the taxpayer used Form 4868 to file an extension and is making a payment, the amount of the payment with the extension is reported on Form 1040, Schedule 3, line 10. Do not include the fees the taxpayer was charged when the individual paid by debit or credit card.

Señor 1040 Says: If the taxpayer itemizes his deductions and paid by credit or debit card, the convenience fees can no longer be a deduction on Schedule A for the following tax year.

Depósito Directo

Los contribuyentes pueden tener reembolsos depositados en sus cuentas corrientes o de ahorro personales. Para depositar directamente el reembolso, el profesional de impuestos debe tener el número de cuenta del contribuyente, el código de identificación bancaria y el nombre de la institución financiera. Toda esta información se puede encontrar en el cheque de un contribuyente.

El formulario 8888, *Asignación de reembolso*, permite al contribuyente dividir y depositar los reembolsos en varias cuentas. El formulario 8888 puede presentarse electrónicamente. Una cuenta calificada puede ser una cuenta corriente o de ahorro o algún otro tipo de cuenta, como una cuenta de mercado monetario o una cuenta IRA. El contribuyente no debe tratar de depositar dinero directamente en una cuenta que no esté a su nombre. Este formulario está limitado a tres cuentas y también se puede utilizar para comprar Bonos de ahorro de la Serie I de Estados Unidos.

Límites de depósito directo

El IRS ha impuesto un límite de tres depósitos directos que pueden depositarse electrónicamente en una sola cuenta financiera o cargarse en una tarjeta de débito prepaga. Cualquier depósito adicional se convertirá en un cheque impreso y se enviará por correo al contribuyente en un plazo de cuatro semanas. Los contribuyentes recibirán una notificación por correo postal de que su cuenta ha excedido el límite del depósito directo.

El IRS ha impuesto este límite de depósito directo para evitar que los delincuentes obtengan múltiples reembolsos. Las nuevas limitaciones también protegen a los contribuyentes de los preparadores de impuestos que obtienen ilegalmente sus honorarios de preparación de impuestos utilizando el Formulario 8888 para dividir el reembolso en múltiples cuentas. Los preparadores de impuestos que hagan esto estarán sujetos a una multa.

El señor 1040 dice: El IRS enviará reembolsos de menos de $1 solo si se solicita por escrito.

Si se presentó una declaración conjunta y el contribuyente o el cónyuge tienen una compensación de la deuda incobrable que pagar, el otro cónyuge puede ser un cónyuge lesionado, un término y concepto que está más allá del alcance de este curso. Si el IRS tomó el reembolso de uno de los cónyuges para pagar la obligación tributaria del otro cónyuge, el cónyuge afectado presentaría el Formulario 8379 para ver si cumplen con las condiciones para recuperar su parte del reembolso del IRS.

Monto Pagado con una Solicitud de Prórroga

Si el contribuyente usó el Formulario 4868 para presentar una prórroga y está haciendo un pago, el monto del pago con la prórroga se declara en el Formulario 1040, Anexo 3, línea 10. No incluya las tarifas que se cobró al contribuyente cuando la persona pagó con tarjeta de crédito o débito.

El Señor 1040 dice: Si el contribuyente detalla sus deducciones y paga con tarjeta de crédito o débito, las tarifas de conveniencia ya no pueden ser una deducción en el Anexo A para el siguiente año fiscal.

Tax Credits and Payments

Excess Social Security or Railroad Retirement Tax Withheld

When a taxpayer has more than one employer, too much tax may be withheld for Social Security or Railroad Retirement Tax Act (RRTA) benefits. If that is the case, the taxpayer may claim the excess payment on Form 1040, Schedule 3, line 9, as a refundable credit. If, however, one employer withholds too much of these taxes, that employer must make an adjustment for the taxpayer. Even if the employer does not refund the extra withholding to the employee, the taxpayer cannot make the adjustment on his or her income tax form but must instead file Form 843 to claim the refund.

The taxpayer is entitled to the credit if he or she had more than one employer and exceeded the following withholding limits for 2020:

- $137,700 in wages subject to Social Security and tier 1 RRTA withholding taxes of $8,537.40 or less.
- $102,300 in wages subject to tier 2 RRTA withholding tax of $5,012.70 or less. This applies only to railroad employees. To calculate the over-withholding, see the worksheet for railroad retirement tax withholding in Publication 505, *Tax Withholding and Estimated Tax*.

All wages are subject to Medicare tax withholding.

Earned Income Credit (EITC)

The earned income credit (EIC), also referred to as earned income tax credit (EITC), is a tax credit that is refundable for low- to moderate-income working individuals and families. When the EIC exceeds the amount of taxes owed, it results in a refundable credit. The EIC is reported on Form 1040, page 2, line 27.

Twenty-eight states and the District of Columbia have an EITC program. Most use federal eligibility rules, and their version of the credit parallels major elements of the federal structure. In most states and localities, the credit is refundable (as is the federal), although in a few areas, the EITC is used only to offset taxes owed. For more information, go to www.irs.gov/eitc. The taxpayer must have earned income during the tax year to be eligible for the earned income tax credit. If a married couple is filing a joint return, and only one spouse worked, both would still meet the earned income requirement.

Remember, earned income is income the taxpayer received for working and includes the following types of income:

- Wages, salaries, tips, and other types of taxable employee pay.
- Net earnings from self-employment.
- Gross income received as a statutory employee.
- Union strike benefits.
- Long-term disability benefits received prior to reaching the minimum retirement age.

Unearned income is any amount received indirectly and not as a direct repayment of any services rendered or work provided. Unearned income includes the following:

- Interest and dividends.
- Pensions and annuities.

Exceso de Retención del Impuesto al Seguro Social o Jubilación Ferroviaria

Cuando un contribuyente tiene más de un empleador, se pueden retener demasiados impuestos para los beneficios del seguro social o de la Ley de Impuestos de Jubilación Ferroviaria (RRTA). Si ese es el caso, el contribuyente puede reclamar el pago del exceso en el Formulario 1040, Anexo 3, línea 9 como crédito reembolsable. Sin embargo, si un empleador retiene demasiado de estos impuestos, debe hacer un ajuste para el contribuyente. Incluso si el empleador no reembolsa la retención adicional al empleado, el contribuyente no puede realizar el ajuste en su formulario de impuesto sobre la renta, sino que debe presentar el Formulario 843 para reclamar el reembolso.

El contribuyente tiene derecho al crédito si tenía más de un empleador y excedía los siguientes límites de retención para 2020:

- $137,700 en salarios sujetos a impuestos de retención de seguro social y RRTA de nivel 1 de $8,537.40 o menos.
- $102,300 en salarios sujetos a impuestos de retención de seguro social y RRTA de nivel 2 de $5,012.70 o menos. Esto se aplica sólo a los empleados ferroviarios. Para calcular el exceso de retención, consulte la hoja de cálculo para la retención de impuestos de jubilación ferroviaria en la Publicación 505, *Retención de Impuestos e Impuesto Estimado*.

Todos los salarios están sujetos a la retención de impuestos de Medicare.

El Crédito por ingreso del trabajo (EITC)

El crédito por ingreso del trabajo (EIC), también conocido como el crédito fiscal por ingreso del trabajo (EITC), es un crédito fiscal que es reembolsable para las personas y familias trabajadoras de ingresos bajos a moderados. Cuando el EIC excede la cantidad de impuestos adeudados, se obtiene un crédito reembolsable. El EIC se declara en el Formulario 1040, página 2, línea 27.

Veintiocho estados y el Distrito de Columbia tienen el programa EITC. La mayoría utiliza las reglas federales de elegibilidad, y su versión del crédito es paralela a los elementos principales de la estructura federal. En la mayoría de los estados y localidades, el crédito es reembolsable (al igual que el federal), aunque en algunas áreas, el EITC se usa solo para compensar los impuestos adeudados. Para más información, vaya awww.irs.gov/eitc. El contribuyente debe tener ingresos del trabajo durante el año fiscal para ser elegible para el crédito por ingresos del trabajo. Si se trata de una pareja casada declarando de forma conjunta y solo un cónyuge trabaja, ambos cumplirían con el requisito de ingreso del trabajo.

Recuerde, el ingreso del trabajo es el ingreso que el contribuyente recibió por trabajar e incluye los siguientes tipos de ingresos:

- Sueldos, salarios, propinas y otros tipos de salarios de empleados sujetos a impuestos.
- Ingresos netos del trabajo como independiente.
- Ingresos brutos recibidos como empleado estatutario.
- Beneficios de huelga sindical.
- Beneficios por discapacidad a largo plazo recibidos antes de alcanzar la edad mínima de jubilación.

Los ingresos no salariales es cualquier cantidad recibida indirectamente y no como un reembolso directo de cualquier servicio prestado o trabajo proporcionado. Los ingresos no salariales incluyen lo siguiente:

- Intereses y dividendos.
- Pensiones y anualidades.

Tax Credits and Payments

- ➤ Social Security and railroad retirement benefits (including disability benefits).
- ➤ Alimony and child support.
- ➤ Welfare benefits.
- ➤ Workers' compensation benefits.
- ➤ Unemployment compensation.
- ➤ Income while an inmate.
- ➤ Workfare payments (see Publication 596 for a definition).

A taxpayer and his or her spouse, if filing jointly, must have a valid SSN to qualify for the earned income tax credit. If the SSN says, "Not valid for employment," and if the SSN was issued so that the taxpayer or spouse could receive aid from a federally funded program, they do not qualify to receive earned income credit. If the SSN says, "Valid for work only with INS authorization," or "Valid only with DHS authorization," then the SSN is valid, but only if the authorization has not expired.

Community Property

If the taxpayer is married, lives in a community property state, and qualifies to file as Head of Household under the special rules of taxpayers living apart, then the taxpayer's earned income for EIC does not include any amount earned by his or her spouse. That income is treated as belonging to the spouse under the state law and is not earned income for the purposes of EIC, even though the taxpayer must include it in his or her gross income on the federal tax return where the taxpayer's earned income includes the entire amount he or she earned, even if part of it is treated as belonging to the other spouse under the state's community property laws. The same rules apply to taxpayers living in Nevada, Washington, and California who are registered as Registered Domestic Partners (RDP's).

The IRS may ask the taxpayer to provide additional documentation to prove that the qualifying dependents belong to the taxpayer. The documents that might be asked for are as follows:

- ➤ Birth certificate.
- ➤ School records.
- ➤ Medical records.

During the initial interview, tax professionals should inform their clients what they might need if they are ever audited for claiming EIC. If a taxpayer receives an audit letter, the letter will include the taxpayer's name, address, telephone number, and the name of the IRS employee responsible for the taxpayer's audit. This process will delay the client's refund. If the taxpayer is found to fraudulently claim the EIC, the taxpayer will be denied the credit for the current tax year and for the next nine years after that.

Minister's Housing

The housing allowance provided to a minister as part of the minister's pay is generally not subject to income tax, but because it is included in net earnings from self-employment, it is included as earned income for the purposes of the EIC.

Earned Income Rules

To qualify for EIC, the taxpayer's adjusted gross income (AGI) must be below a certain amount, and the taxpayer (and spouse if Married filing jointly) must meet the following requirements:

- Seguro social y beneficios de jubilación ferroviaria (incluyendo beneficios por discapacidad).
- Pensión alimenticia y manutención infantil.
- Prestaciones sociales.
- Beneficios de indemnización por accidente laboral.
- Indemnización por desempleo.
- Ingresos mientras que se encuentra recluido.
- Pagos del programa de trabajo fomentado por el gobierno (para una definición, consulte la Publicación 596)

Un contribuyente y su cónyuge, si presentan una declaración conjunta, deben tener un SSN válido para calificar para el crédito fiscal sobre el ingreso del trabajo. Si el SSN dice "No válido para el empleo", y si el SSN se emitió para que el contribuyente o su cónyuge puedan recibir ayuda de un programa financiado con fondos federales, no califican para recibir crédito por ingreso del trabajo. Si el SSN dice "Válido para trabajar solo con la autorización del INS" o "Válido solo con la autorización del DHS", entonces el SSN es válido, pero solo si la autorización no ha caducado.

Bienes gananciales

Si el contribuyente está casado, vive en un estado de bienes gananciales y reúne los requisitos para declarar como cabeza de familia según las reglas especiales de los contribuyentes que viven separados, el ingreso del trabajo del contribuyente para el EIC no incluye ninguna cantidad devengada por su cónyuge. Dichos ingresos se tratan como parte del cónyuge según la ley estatal y no son ingresos del trabajo para los fines de EIC, aunque el contribuyente debe incluirlos en su ingreso bruto en la declaración de impuestos federales donde el ingreso del trabajo del contribuyente incluye la totalidad la cantidad que devengó, incluso si parte de ella se trata como parte del otro cónyuge según las leyes de bienes gananciales del estado. Las mismas reglas se aplican a los contribuyentes que viven en Nevada, Washington y California que están registrados como Parejas de hecho registradas (RDP).

El IRS puede solicitarle al contribuyente que proporcione documentación adicional para demostrar que los dependientes que califican pertenecen al contribuyente. Los documentos que se pueden solicitar son los siguientes:

- Certificado de nacimiento.
- Expediente educativo.
- Registros médicos.

Durante la entrevista inicial, los profesionales de impuestos deben informar a sus clientes qué pueden necesitar si los auditan para reclamar el EIC. Si un contribuyente recibe una carta de auditoría, la carta incluirá el nombre, la dirección, el número de teléfono del contribuyente y el nombre del empleado del IRS responsable de la auditoría del contribuyente. Este proceso demorará el reembolso del cliente. Si se determina que el contribuyente reclama fraudulentamente el EIC, se le negará el crédito al contribuyente en el año fiscal actual y durante los siguientes nueve años posteriores.

Vivienda de ministros

El subsidio de vivienda provisto a un ministro como parte de la paga del ministro generalmente no está sujeto al impuesto sobre la renta, pero, debido a que se incluye en las ganancias netas del trabajo como independiente, se incluye como ingreso del trabajo para los fines del EIC.

Reglas de Ingresos

Para calificar para el EIC, el Ingreso Bruto Ajustado (AGI) del contribuyente debe estar por debajo de cierta cantidad, y el contribuyente (y su cónyuge si es casado declarando conjuntamente) deben cumplir los siguientes requisitos:

Tax Credits and Payments

- Have a valid Social Security number (if filing MFJ, the spouse must also have a valid SSN).
- Have earned income from employment or self-employment income.
- Not file as Married filing separately (MFS).
- File MFJ as a U.S. citizen; as a resident alien all year; or as a nonresident alien who is married to a U.S. citizen.
- Not file Form 2555 or Form 2555-EZ.
- Not have investment income over $3,650.
- Have a qualifying child who meets the four dependent tests (age, relationship, residency, and joint return; see "Qualifying Child" below).
    - Be at least age 25 and under age 65 at the end of the year.
    - Live in the United States for more than half the year.
    - Not qualify as a dependent of another person.
- The AGI must be less than:
    - $50,954 ($56,844 MFJ) with three or more qualifying children.
    - $47,440 ($53,330 MFJ) with two qualifying children.
    - $41,756 ($47,646 MFJ) with one qualifying child.
    - $15,820 ($21,710 MFJ) with no qualifying children.

The maximum EIC that a taxpayer who is filing jointly can receive with three or more qualifying children is $6,660.

Valid Social Security Number

The qualifying child must have a valid Social Security number (SSN) issued by the Social Security Administration (SSA), unless a child died in the same year he or she was born. Social Security cards with the legend "not valid for employment" are issued to aliens who are not eligible to work in the United States, but who need an SSN so they can get a federally funded benefit such as Medicaid. If the immigration status of a taxpayer or spouse has changed to U.S. citizen or permanent resident, the taxpayer should ask the SSA for a new Social Security card without the legend. If the SSN says, "valid for work only with INS authorization or DHS authorization," this is considered a valid SSN, and the taxpayer may qualify for the credit. Taxpayers with an ITIN do not qualify for EIC.

Uniform Definition of a Qualifying Child

The Working Families Tax Relief Act of 2004, amended in 2008, added the joint return test and standardized the definition of a qualifying child for the five child-related tax benefits. Tax law also defined exceptions and special rules for dependents with a disability, children of divorced parents, and adopted children (who are always treated as the taxpayer's own child), including a child lawfully placed with the taxpayer for adoption.

Créditos y pagos de impuestos

- ➤ Tener un número de seguro social válido (si es casados declarando de forma conjunta, el cónyuge también debe tener un SSN válido).
- ➤ Tener ingresos del trabajo o ingresos del trabajo como independiente.
- ➤ No declarar como casado declarando por separado (MFS).
- ➤ Declarar como casado declarando de forma conjunta como ciudadano de los EE. UU., extranjero residente todo el año o extranjero no residente que esté casado con un ciudadano de los EE. UU.
- ➤ No presentar el Formulario 2555 ni el Formulario 2555-EZ.
- ➤ Tener ahora ingresos por inversiones superiores a $3,650.
- ➤ Tener un hijo calificado que cumpla con las cuatro pruebas dependientes (edad, relación, residencia y declaración conjunta; consulte "Niño Calificado" a continuación).
    - o Tener por lo menos 25 años y menos de 65 años al final del año.
    - o Vivir en los Estados Unidos por más de la mitad del año.
    - o No calificar como dependiente de otra persona.
- ➤ El AGI debe ser menor que:
    - o $50,954 ($56,844 MFJ) con tres o más hijos calificados.
    - o $47,440 ($53,330 MFJ) con dos hijos calificados.
    - o $41,756 ($47,646 MFJ) con un hijo calificado.
    - o $15,820 ($21,710 MFJ) sin hijos elegibles.

El EIC máximo que un contribuyente que presenta la declaración conjunta puede recibir con tres o más hijos que califican es de $6,660.

Número de seguro social válido

El hijo calificado debe tener un número de seguro social (SSN) válido emitido por la Administración del seguro social (SSA), a menos que el hijo falleciera el mismo año en que nació. Las tarjetas de seguro social con la leyenda "no es válida para el empleo" se emiten a los extranjeros que no son elegibles para trabajar en los Estados Unidos, pero necesitan un SSN para que puedan obtener un beneficio con fondos federales, como Medicaid. Si el estado migratorio de un contribuyente o cónyuge ha cambiado a ser ciudadano o residente permanente de los EE. UU., el contribuyente debe solicitar a la SSA una nueva tarjeta de seguro social sin la leyenda. Si el SSN dice "válido para trabajar solo con la autorización del INS o DHS", esto se considera un SSN válido y el contribuyente puede calificar para el crédito. Los contribuyentes con un ITIN no califican para el EIC.

Definición uniforme de un hijo calificado

La Ley de Reducción de Impuestos de Familias Trabajadoras de 2004, modificada en 2008, agregó la prueba de declaración conjunta y estandarizó la definición de un hijo calificado para los cinco beneficios fiscales relacionados con los hijos. La ley tributaria también definió excepciones y reglas especiales para dependientes con discapacidad, hijos de padres divorciados e hijos adoptados (que siempre son tratados como el hijo del contribuyente), incluido un hijo colocado legalmente con el contribuyente para su adopción.

Tax Credits and Payments

Taxpayers that have missing or kidnapped children that were abducted by a non-family member may still be able to claim the child. The IRS treats a kidnapped child as living with the taxpayer for more than half of the year if the child lived with the taxpayer for more than half of the part of the year before the date the child was kidnapped, even if that length of time does not amount to half of a year. For example, if a child was kidnapped on March 1, then the parent can still claim the child if he or she lived with the taxpayer for at least half of the two-month period (January and February) preceding the date of the kidnapping.

Although there are five tests to claim a dependent, a qualifying child must meet only four of the dependent tests to qualify for the EIC:

- Relationship
- Age
- Residency
- Joint return

To review these tests' rules and guidelines, please refer to "Chapter 4: Filing Status, Dependents and Deductions."

Foster Child

For the purposes of receiving the EIC, a person is the taxpayer's foster child if the child is placed with the taxpayer by a judgment, decree, or some other order of any court of competent jurisdiction, or by an authorized placement agency such as a state or local government agency, a tax-exempt organization licensed by a state, an Indian tribal government, or an organization authorized by an Indian tribal government to place Indian children.

Example: Allison, who is 12-years-old, was placed in the taxpayer's care 2 years ago by an authorized agency that is responsible for placing children in foster homes. Allison is the taxpayer's eligible foster child because Allison was placed there by an agency that was authorized and licensed to do so.

A Qualifying Child of More than One Person

Sometimes a child meets the rules to be a qualifying child of more than one person. However, only one person can use a qualifying child to claim the EIC. If two eligible taxpayers have the same qualifying child, they can decide who will take all the following related tax benefits:

- The child's exemption.
- The child tax credit.
- Head of Household filing status.
- The credit for child and dependent care expenses.
- The exclusion for dependent care benefits.
- The Earned Income Credit.

Only one taxpayer can claim these benefits, and they must claim either all of them or none of them. The benefits cannot be divided between the two competing taxpayers. If the taxpayer and the other person(s) cannot agree and if more than one person claims the EIC or other benefits using the same child, the tie-breaker rule applies. However, the tie-breaker rule does not apply if the other person is the taxpayer's spouse and they file a joint return.

Los contribuyentes que han perdido a un hijo o cuyos hijos han sido secuestrados por un miembro que no es de la familia todavía pueden ser capaces de reclamar al niño. El IRS trata a un hijo secuestrado como si viviera con el contribuyente durante más de la mitad del año si el hijo vivió con el contribuyente durante más de la mitad de la parte del año anterior a la fecha en que fue secuestrado, incluso si ese período de tiempo no equivale a la mitad de un año. Por ejemplo, si un hijo fue secuestrado el 1 de marzo, entonces el padre aún puede reclamar al hijo si él o ella vivió con el contribuyente por al menos la mitad del período de dos meses (enero y febrero) anterior a la fecha del secuestro.

Si bien existen cinco pruebas para reclamar a un dependiente, un hijo calificado debe cumplir con solo cuatro de las pruebas dependientes para calificar para el EIC:

- Parentesco
- Edad
- Residencia
- Declaración conjunta

Para revisar las reglas y directrices de estas pruebas, consulte el "Capítulo 4: Estado Civil en la Declaración, Dependientes y Deducciones."

Hijo adoptivo

Para los fines de obtener el EIC, una persona es el hijo adoptivo del contribuyente si el hijo es colocado con el contribuyente por una sentencia, un decreto o alguna otra orden de cualquier tribunal de jurisdicción competente, o por una agencia de colocación autorizada, como un estado o una agencia del gobierno local, una organización exenta de impuestos con licencia de un estado, un gobierno tribal indio o una organización autorizada por un gobierno tribal indio para colocar niños indios.

Ejemplo: Allison, que tiene 12 años de edad, fue puesta al cuidado del contribuyente hace 2 años por una agencia autorizada que es responsable de colocar a los niños en hogares de acogida. Allison es el hijo de adoptivo elegible del contribuyente porque Allison fue colocada allí por una agencia que estaba autorizada y con licencia para hacerlo.

Un hijo calificado de más de una persona.

A veces, un hijo cumple con las reglas para ser calificado para más de una persona. Sin embargo, solo una persona puede usar un hijo calificado para reclamar el EIC. Si dos contribuyentes elegibles tienen el mismo hijo calificado, pueden decidir quién tomará todos los siguientes beneficios fiscales relacionados:

- La exención del hijo.
- El crédito fiscal por hijos.
- Estado civil de declaración como cabeza de familia.
- El crédito por gastos de cuidado de hijos y dependientes.
- La exclusión para los beneficios de cuidado de dependientes.
- El Crédito por ingreso del trabajo.

Solo un contribuyente puede reclamar estos beneficios, y deben reclamar todos o ninguno de ellos. Los beneficios no pueden dividirse entre los dos contribuyentes que compiten. Si el contribuyente y la(s) otra(s) persona(s) no pueden ponerse de acuerdo y si más de una persona reclama el EIC u otros beneficios mencionados anteriormente con el mismo niño, se aplica la regla de desempate. Sin embargo, la regla de desempate no se aplica si la otra persona es el cónyuge del contribuyente y presenta una declaración conjunta.

Tax Credits and Payments

If the taxpayer and someone else have the same qualifying child but the other person cannot claim the EIC because the taxpayer is not eligible or because his or her earned income or AGI was too high, the taxpayer may be able to treat the child as a qualifying child. If a taxpayer's EIC is denied because the qualifying child is treated as the qualifying child of another person for the current tax year, the taxpayer is not prohibited from attempting to claim the EIC if they already have another, separate qualifying child; however, the taxpayer cannot take the EIC using the qualifying child that was already claimed.

Example: Pedro has two children, a daughter named Nora from his first marriage to Darla and a son named Francisco from his current marriage to Martha. Even if Pedro and Darla agree to let Darla claim the EIC for Nora, Pedro can still claim the EIC for his son Francisco. Pedro is not prohibited from claiming Francisco simply because he chose to give up his claim to Nora.

Tie-Breaker Rules

The tie-breaker rules covered in Chapter 4 also apply to the EIC.

Example: 25-year-old Jeannie and her five-year-old son, Billy, lived with Jeannie's mother, Sarah, all year. Jeannie is unmarried, and her AGI is $8,100. Her only source of income was from a part-time job. Sarah's AGI was $20,000 from her job. Billy's father did not live with Billy or Jeannie. Billy is a qualifying child of both Jeannie and Sarah since he meets the relationship, age, residency, and joint return tests. Jeannie and Sarah must decide who will claim Billy as their dependent. If Jeannie does not claim Billy as a qualifying child for the EIC or Head of household filing status, Jeannie's mother can claim Billy as a qualifying child for each of those tax benefits for which she qualifies. Remember that the dependent test for support does not apply for the EIC.

Special Rule for Divorced or Separated Parents

The special rules covered in Chapter 4 that apply to divorced or separated parents trying to claim an exemption for a dependent do not apply to the EIC. For more information, see Publication 501 and Publication 596.

The Taxpayer as a Qualifying Child of Another Person

To review how to determine if a taxpayer is a qualifying child of another person, refer to Chapter 4. If the taxpayer (or spouse if filing a joint return) is a qualifying child of another person, the taxpayer or spouse cannot claim the EIC. This is true even if the person for whom the taxpayer or spouse is a qualifying child does not claim the EIC or meet all the rules to claim the EIC. Write "No" beside line 64a (Form 1040) to show that the taxpayer does not qualify.

Example: Max and his daughter, Letty, lived with Max's mother all year. Max is 22-years-old and attended a trade school full time. Max had a part-time job and earned $5,100. Max had no other income. Because Max meets the relationship, age, and residency tests, he is a qualifying child of his mother. She can claim the EIC if she meets all the other requirements. Because the taxpayer is his mother's qualifying child, he cannot claim the EIC for his daughter.

EIC for Taxpayers without Qualifying Children

Taxpayers who do not have qualifying children may also be eligible for the EIC. To be eligible for the EIC the taxpayer must meet the following conditions:

Si el contribuyente y otra persona tienen el mismo hijo calificado, pero la otra persona no puede reclamar el EIC porque el contribuyente no es elegible o porque su ingreso del trabajo o el AGI era demasiado alto, el contribuyente puede tratar al hijo como hijo calificado. Si se le niega el EIC de un contribuyente porque el hijo calificado es tratado como el hijo calificado de otra persona para el año fiscal actual, no se le prohíbe al contribuyente intentar reclamar el EIC si ya tiene otro hijo calificado separado; sin embargo, el contribuyente no puede tomar el EIC utilizando el hijo calificado que ya fue reclamado.

Ejemplo: Pedro tiene dos hijos, una hija llamada Nora de su primer matrimonio con Darla y un hijo llamado Francisco de su matrimonio actual con Martha. Incluso si Pedro y Darla aceptan que Darla reclame el EIC para Nora, Pedro todavía puede reclamar el EIC para su hijo Francisco. Pedro no tiene prohibido reclamar a Francisco simplemente porque eligió renunciar a su reclamo a Nora.

Reglas de desempate

Las reglas de desempate cubiertas en el Capítulo 4 también se aplican al EIC.

Ejemplo: Jeannie, de 25 años, y su hijo de cinco años, Billy, vivían con la madre de Jeannie, Sarah, todo el año. Jeannie es soltera, y su AGI es $8,100. Su única fuente de ingresos era un trabajo de medio tiempo. El AGI de Sarah estaba a $20,000 de su trabajo. El padre de Billy no vivía con Billy o Jeannie. Billy es un hijo calificado tanto de Jeannie como de Sarah, ya que cumple con los requisitos de parentesco, edad, residencia y declaración conjunta. Jeannie y Sarah deben decidir quién reclamará a Billy como su dependiente. Si Jeannie no reclama a Billy como hijo calificado para el EIC o el estado civil de cabeza de familia, la madre de Jeannie puede reclamar a Billy como hijo elegible para cada uno de los beneficios fiscales para los cuales califica. Recuerde que la prueba de dependiente para la manutención no se aplica para el EIC.

Regla especial para padres divorciados o separados

Las reglas especiales cubiertas en el Capítulo 4 que se aplican a los padres divorciados o separados que intentan reclamar una exención para un dependiente no se aplican al EIC. Para obtener más información, consulte la Publicación 501 y la Publicación 596.

El contribuyente como hijo calificado de otra persona.

Para ver cómo determinar si un contribuyente es un hijo calificado de otra persona, consulte el Capítulo 4. Si el contribuyente (o su cónyuge declara como de forma conjunta) es un hijo calificado de otra persona, el contribuyente o cónyuge no puede reclamar el EIC. Esto es cierto incluso si la persona para quien el contribuyente o cónyuge es un hijo calificado no reclama el EIC ni cumple con todas las reglas para reclamar el EIC. Escriba "No" junto a la línea 64a (Formulario 1040) para demostrar que el contribuyente no califica.

Ejemplo: Max y su hija, Letty, vivían con la madre de Max todo el año. Max tiene 22 años y asistió a una escuela de comercio a tiempo completo. Max tenía un trabajo de medio tiempo y ganaba $5,100. Max no tenía otros ingresos. Debido a que Max cumple con las pruebas de relación, edad y residencia, él es un hijo calificado de su madre. Puede reclamar el EIC si cumple con todos los demás requisitos. Debido a que el contribuyente es el hijo calificado de su madre, no puede reclamar el EIC para su hija.

EIC para contribuyentes sin hijos calificados

Los contribuyentes que no tienen hijos calificados también pueden ser elegibles para el EIC. A fin de ser elegible para el EIC, el contribuyente debe cumplir con las siguientes condiciones:

Tax Credits and Payments

- The taxpayer must be at least 25-years-old, and under the age of 65 at the end of 2020 (the age requirement applies even if the taxpayer is filing a joint return; however, it is not required that both the taxpayer and the spouse meet the age requirement).
- The taxpayer must not be a dependent of another person.
- The taxpayer must not be the qualifying child of another person.
- The taxpayers must have resided in the United States for more than half of the year.
- Income should be less than $15,820 or $21,710 if Married filing jointly.

Schedule EIC Worksheets

Taxpayers eligible for the EIC with qualifying children must complete Schedule EIC. Schedule EIC requires the inclusion of the child's name, Social Security number, year of birth, number of months lived in the home located in the United States, and the child's relationship to the taxpayer. Schedule EIC must be attached to the taxpayer's Form 1040. The taxpayer's income must be less than the threshold amounts to qualify for EIC. Worksheets are available to help with the calculations of the EIC, and completing the EIC worksheets is essential to determining the amount of credit a taxpayer may claim on his or her return. The completed worksheet should be placed in the client's file and should not be attached to the federal tax return. Worksheets for the EIC can be found on the IRS website. If the taxpayer files Form 1040 Schedule SE, the taxpayer must complete EIC Worksheet B, found in Instructions Form 1040. Generally, all other taxpayers would figure their earned income by using Worksheet A of the Form 1040 Instructions.

EIC Disallowed

There are circumstances when the IRS does not allow the EIC. Some of the most common reasons for disallowance of the EIC include:

- Claiming a child who does not meet all the qualifying child tests.
- The Social Security numbers are mismatched or incorrect.
    - Example: A couple is married during the current tax year and the tax return is filed in her married name; however, the wife did not change her name with the Social Security Administration, so her Social Security number is assigned with her maiden name listed, making the information on the return incorrect.
- Filing as Single or Head of Household when the taxpayer is married.
- Over- or underreporting income.

If the taxpayer's EIC has been denied or reduced for any year after 1996 for any reason other than a mathematical error, the taxpayer will have to complete Form 8862, *Information to Claim Earned Income Credit after Disallowance* and attach it to his or her tax return. When interviewing the taxpayer, the tax preparer should ask if the taxpayer has ever received a notice from the IRS or filed Form 8862 in any year after 1996. If the taxpayer has received a notice that the EIC was denied or reduced from a previous tax year, the preparer should complete Form 8862 to claim the credit again if the taxpayer is eligible.

The purpose of Form 8862 is to claim the EIC after it has been disallowed or reduced in an earlier year. Form 8862 must be attached to the tax return if all the following apply:

- The EIC was reduced or disallowed for any reason other than a mathematical or clerical error for a year after 1996.
- The taxpayer wants to claim the EIC, and he or she meets all the requirements.

- El contribuyente debe tener al menos 25 años de edad y ser menor de 65 años al final de 2020 (el requisito de edad se aplica incluso si el contribuyente presenta una declaración conjunta; sin embargo, no es necesario que tanto el contribuyente como el cónyuge cumplan con el requisito de edad).
- El contribuyente no debe ser dependiente de otra persona.
- El contribuyente no debe ser el hijo calificado de otra persona.
- El contribuyente debe haber residido en los Estados Unidos durante más de la mitad del año.
- El ingreso debe ser inferior a $15,820 o $21,710 si es casado declarando conjuntamente.

Hojas del cálculo del Anexo EIC

Los contribuyentes elegibles para el EIC con hijos calificados deben completar el Anexo EIC. El Anexo EIC requiere la inclusión del nombre del hijo, el número de seguro social, el año de nacimiento, la cantidad de meses que vivió en el hogar ubicado en los Estados Unidos y el parentesco del niño con el contribuyente. El Anexo EIC debe adjuntarse al Formulario 1040 del contribuyente. Los ingresos del contribuyente deben ser menores que los montos mínimos para calificar para el crédito por ingreso del trabajo. Las hojas de cálculo están disponibles para ayudar con los cálculos del EIC; además, es esencial completar las hojas de cálculo del EIC para determinar la cantidad de crédito que un contribuyente puede reclamar en su declaración. La hoja de cálculo completa debe colocarse en el archivo del cliente y no debe adjuntarse a la declaración de impuestos federales. Las hojas de cálculo para el EIC se pueden encontrar en el sitio web del IRS. Si el contribuyente presenta el Formulario 1040 Anexo SE, el contribuyente debe completar la hoja de cálculo EIC B, que se encuentra en las Instrucciones del Formulario 1040. En general, todos los demás contribuyentes calcularán sus ingresos obtenidos utilizando la hoja de cálculo A de las Instrucciones del Formulario 1040.

EIC no permitido

Hay circunstancias en las que el IRS no permite el EIC. Algunas de las razones más comunes para el rechazo del EIC son las siguientes:

- Reclamo de un hijo que no cumple con todas las pruebas de hijos calificados.
- Los números del seguro social no coinciden o son incorrectos.
  - Ejemplo: Una pareja está casada durante el año fiscal actual y la declaración de impuestos se presenta con su nombre de casada; sin embargo, la esposa no cambió su nombre con la Administración del seguro social, por lo que su número de seguro social está asignado con su apellido de soltera, lo que hace que la información en la declaración sea incorrecta.
- Declarar como soltero o cabeza de familia cuando el contribuyente está casado.
- Ingresos declarados por encima o por debajo del monto correspondiente.

Si el EIC del contribuyente ha sido denegado o reducido por cualquier año posterior a 1996 por cualquier motivo que no sea un error matemático, el contribuyente deberá completar el Formulario 8862, *Información para reclamar un crédito por ingreso del trabajo después de la denegación* y adjuntarlo a su declaración de impuestos. Al entrevistar al contribuyente, el preparador de impuestos debe preguntar si el contribuyente ha recibido alguna vez una notificación del IRS o el Formulario 8862 en algún año posterior a 1996. Si el contribuyente ha recibido una notificación de que el EIC fue denegado o reducido de un año fiscal anterior, el preparador debe completar el Formulario 8862 para reclamar el crédito nuevamente si el contribuyente es elegible.

El propósito del Formulario 8862 es reclamar el EIC después de que haya sido rechazado o reducido en un año anterior. El formulario 8862 debe adjuntarse a la declaración de impuestos si se aplican todas las siguientes condiciones:

- El EIC se redujo o denegó por cualquier motivo que no sea un error de tipo matemático o administrativo para un año después de 1996.
- El contribuyente quiere reclamar el EIC, y él o ella cumple con todos los requisitos.

The taxpayer must attach Schedule EIC and Form 8862 to the return if the taxpayer has any qualifying children. The taxpayer may be asked for additional information before a refund is issued. If the IRS contacts the taxpayer to request additional information, and the taxpayer does not provide the necessary information or documentation, the taxpayer will receive a statutory notice of deficiency from the IRS. The notice explains that an adjustment will be assessed unless the taxpayer files a petition in the tax court within 90 days. If the taxpayer fails to reply to the IRS or file a petition within 90 days, the IRS will deny their petition for the EIC and make the assessment to determine how much tax he or she might owe.

EIC Taxpayer Penalties

The IRS may penalize the taxpayer if it is determined that the taxpayer has been negligent or has disregarded rules or regulations relating to the EIC. The taxpayer may be prohibited from claiming EIC for the next two years if he or she is found negligent. If the taxpayer is found to have fraudulently claimed the credit, the taxpayer will be prohibited from claiming the credit for the next 10 years.

The tax preparer may be assessed penalties as well for not performing their due diligence.

Example: Brittni claimed the EIC on the 2020 tax return that she filed in February 2021. The IRS determined that she was not entitled to the EIC due to fraud. She received a statutory notice of deficiency in September 2021 telling her the adjustment amount that would be assessed unless she filed a petition in the tax court within 90 days. The IRS determined that Brittni did not file her petition, and she was prohibited from claiming the EIC on her return, for 10 years, until 2031. In that year, she will have to complete and attach Form 8862 to her return to attempt to claim the credit again.

Claiming a Child in Error

The most common error is to claim a child that is not a qualifying child and does not meet the tests to be one. The knowledge requirement for paid tax preparers states that the preparer must apply a reasonable standard (as defined by the Circular 230 and the Form 8867 Instructions) to the information received from the client. If the information provided by the client appears to be incorrect, incomplete, or inconsistent, then the paid preparer must make additional inquiries of the client until they are satisfied that they have gathered the correct and complete information.

Example 1: Cindy tells Jack, her tax preparer, that she is 22-years-old and has two sons, aged 10 and 11. Jack may need to ask Cindy the following questions:

- Are these Cindy's biological children, foster sons, or adopted sons?
- Was Cindy ever married to the children's father?
- Were the children placed in Cindy's home for adoption or as foster children?
- Did the father live with Cindy?
- How long have the children lived with Cindy?
- Does Cindy have any records to prove that the children lived with her, such as school or medical records?

El contribuyente debe adjuntar el Anexo EIC y el Formulario 8862 a la declaración si el contribuyente tiene hijos elegibles. Se le puede pedir al contribuyente información adicional antes de emitir un reembolso. Si el IRS se comunica con el contribuyente para solicitar información adicional, y el contribuyente no proporciona toda la información o documentación necesaria, el contribuyente recibirá una notificación legal de deficiencia del IRS. La notificación le indica al contribuyente que se evaluará un ajuste a menos que el contribuyente presente una petición en el tribunal fiscal dentro de los 90 días. Si el contribuyente no responde al IRS o no presenta una petición dentro de los 90 días, el IRS rechazará su petición para el EIC y realizará la evaluación para determinar cuánto impuesto podría adeudar.

Multas de los contribuyentes de EIC

El IRS puede penalizar al contribuyente si se determina que ha sido negligente o no ha respetado las reglas o regulaciones relacionadas con el EIC. Se le puede prohibir al contribuyente reclamar el EIC durante los próximos dos años si se demuestra que fue negligente. Si se determina que el contribuyente ha reclamado fraudulentamente el crédito, se le prohibirá al contribuyente reclamar el crédito por los próximos 10 años.

El preparador de impuestos puede recibir sanciones y no cumplir con su diligencia debida.

Ejemplo: Brittni reclamó el EIC en la declaración de impuestos de 2020 que presentó en febrero de 2021. El IRS determinó que no tenía derecho al EIC debido a un fraude. Recibió una notificación legal de deficiencia en septiembre de 2021 que le informaba el monto del ajuste que se evaluaría a menos que presentara una petición en el tribunal fiscal dentro de los 90 días. El IRS determinó que Brittni no presentó su petición y se le prohibió reclamar el crédito por ingreso del trabajo a su regreso, durante 10 años, hasta 2031. En ese año, deberá completar y adjuntar el Formulario 8862 a su declaración para intentar reclamar el crédito nuevamente.

Error al reclamar a un hijo

El error más común es reclamar a un hijo que no es un hijo calificado y que no cumple con los requisitos para serlo. El requisito de conocimiento para los preparadores de impuestos pagados establece que el preparador debe aplicar un estándar razonable (según se define en la Circular 230 y las Instrucciones del Formulario 8867) a la información recibida del cliente. Si la información provista por el cliente parece ser incorrecta, incompleta o inconsistente, entonces el preparador pagado debe hacer consultas adicionales al cliente hasta que esté satisfecho de haber reunido la información correcta y completa.

Ejemplo 1: Cindy le dice a Jack, su preparador de impuestos, que tiene 22 años y dos hijos, de 10 y 11 años. Jack puede necesitar hacerle a Cindy las siguientes preguntas:

- ¿Son estos hijos biológicos, adoptivos o criados por Cindy...?
- ¿Se casó Cindy con el padre de los hijos?
- ¿Fueron los niños puestos al cuidado de Cindy para su adopción o como hijos adoptivos?
- ¿Vivió el padre con Cindy?
- ¿Cuánto tiempo han vivido los hijos con Cindy?
- ¿Tiene Cindy algún registro que demuestre que los hijos vivieron con ella, como el historial escolar o médico?

Tax Credits and Payments

Example 2: Maria tells Andres, her tax preparer, that last year she filed Single and claimed the EIC for her child, but that this year she has two children to claim for EIC. Andres may need to ask Maria the following questions:

> ➤ You claimed one child last year. What changed?
> ➤ How many months did the children live with you?
> ➤ Do you have any records to prove the children lived with you, such as school or medical records?

Nontaxable Combat Pay Election for EIC

Nontaxable combat pay for members of the armed forces is only considered earned income for the purposes of the EIC if they elect to include nontaxable combat pay in earned income to increase or decrease the EIC. Figure the credit with and without the nontaxable combat pay before making the election. If the taxpayer makes the election, he or she must include all nontaxable combat pay that he or she received as earned income. Examples of nontaxable military pay are combat pay, basic allowance for housing (BAH), and the basic allowance for subsistence (BAS). Combat pay is reported on Form W-2 in box 12 with code Q.

Part 3 Review Questions

To obtain the maximum benefit from this chapter, LTP recommends that you complete each of the following questions, and then compare them to the answers with feedback that immediately follow. Under governing self-study standards, vendors are required to present review questions intermittently throughout each self-study course.

These questions and explanations are not part of the final examination and will not be graded by LTP.

TCPP3.1
Refundable credits are considered payments toward the taxpayer's liability. Which of the following does not lower the taxpayer's liability?

a. Earned Income Tax Credit
b. Excess CASDI
c. Additional Child Tax Credit
d. American Opportunity Credit

TCPP3.2
Estimated payments are due in four equal payments. Which of the following is not a due date for estimated tax payments?

a. April 15th
b. September 15th
c. June 15th
d. December 15th

Ejemplo 2: María le dice a Andrés, su preparador de impuestos, que el año pasado presentó una declaración como soltera y reclamó el EIC para su hijo, pero que este año tiene dos hijos que reclaman para el EIC. Es posible que Andrés necesite hacerle a María las siguientes preguntas:

- Usted reclamó un hijo el año pasado. ¿Qué cambió?
- ¿Cuántos meses vivieron sus hijos con usted?
- ¿Tiene algún registro que demuestre que sus hijos vivieron con usted, como los registros escolares o médicos?

Elección de pago por combate no tributable para EIC

La paga no tributable por combate para los miembros de las fuerzas armadas solo se considera ingresos del trabajo para los fines del EIC si eligen incluir el pago por combate no tributable en el ingreso del trabajo para aumentar o disminuir el EIC. Calcule el crédito con y sin el pago de impuestos no tributable antes de realizar la elección. Si el contribuyente realiza la elección, él o ella debe incluir todos los pagos por combate no tributable que recibió como ingreso del trabajo. Ejemplos de paga militar no tributable son la paga por combate, la Asignación Básica para la Vivienda (BAH) y la Asignación Básica para Subsistencia (BAS). El pago por combate se declara en el Formulario W-2 en la casilla 12 con el código Q.

Parte 3 Preguntas de repaso

Para obtener el máximo beneficio de este curso, LTP recomienda que complete cada una de las preguntas a continuación, y luego las compare con las respuestas de los comentarios que se proporcionan posteriormente. Según los estándares reguladores de autoaprendizaje, los proveedores deben presentar preguntas de repaso de manera intermitente a lo largo de cada curso de autoaprendizaje.

Estas preguntas y explicaciones no son parte del examen final y no serán calificadas por LTP.

TCPP3.1
Los créditos reembolsables se consideran pagos hacia la responsabilidad del contribuyente. ¿Cuál de las siguientes opciones no reduce la responsabilidad del contribuyente?

a. Crédito fiscal por Ingreso del Trabajo
b. Exceso de CASDI
c. Crédito fiscal adicional por hijos
d. ¿Crédito de oportunidad estadounidense?

TCPP3.2
Los pagos estimados deben realizarse en cuatro pagos iguales. ¿Cuál de las siguientes opciones no es una fecha de vencimiento para los pagos de impuestos estimados?

a. El 15 de abril
b. El 15 de septiembre
c. El 15 de junio
d. El 15 de diciembre

Tax Credits and Payments

TCPP3.3
Which of the following is a refundable tax credit?

a. Lifetime learning credit
b. Child tax credit
c. Retirement savings contribution credit
d. Additional child tax credit

TCPP3.4
Which of the following could qualify the taxpayer for EIC?

a. 6-year-old with an ITIN
b. 12-year-old with an SSN and lives in Mexico
c. 30-year-old and partially disabled
d. 23-year-old full-time student attending a qualifying college

TCPP3.5
The taxpayer would not qualify EIC in which of the following?

a. Dependent with a valid ITIN
b. Cannot file MFS
c. Investment income under $3,400
d. Have earned income

TCPP3.6
Which taxpayer could qualify for EIC?

a. 68-year-old single with income of $10,395
b. MFJ with two children and income of $59,292
c. MFJ with three children, income of $19,589, and qualifying children do not live with taxpayer
d. HH with one child, age 23 and going to school full-time, with income of $17,422

Part 3 Review Questions Answers

TCPP3.1
Refundable credits are considered payments toward the taxpayer's liability. Which of the following does not lower the taxpayer's liability?

a. Earned Income Tax Credit
b. Excess CASDI
c. Additional Child Tax Credit
d. American Opportunity Credit

Feedback: Review section *Part 3: Refundable Tax Credits and Payments.*

TCPP3.3
¿Cuál de las siguientes opciones es un crédito fiscal no reembolsable?

a. Crédito de aprendizaje de por vida
b. Crédito fiscal por hijos
c. Crédito de contribuciones de ahorro para la jubilación
d. Crédito fiscal adicional por hijos

TCPP3.4
¿Cuál de los siguientes escenarios calificaría al contribuyente para el EIC?

a. 6 años de edad con un ITIN
b. 12 años con SSN y vive en México
c. 30 años y parcialmente discapacitado
d. Estudiante de 23 años de tiempo completo que asiste a una universidad calificada

TCPP3.5
¿El contribuyente no calificaría para el EIC en cuál de los siguientes casos?

a. Dependiente con un ITIN válido
b. No puede declarar como MFS
c. Ingresos por inversiones de menos de $3,400
d. Tenga ingresos del trabajo

TCPP3.6
Cuando un contribuyente tiene créditos reembolsables en su declaración de impuestos, el preparador pagado debe conservar cierta documentación ¿Cuál de las siguientes opciones no es uno de los registros requeridos?

a. Formulario 8860
b. Hojas del cálculo EIC
c. Todos los documentos que el contribuyente ha entregado para mostrar prueba de elegibilidad
d. Declaración de impuestos estatales

Parte 3 Respuestas a las preguntas de repaso

TCPP3.1
Los créditos reembolsables se consideran pagos hacia la responsabilidad del contribuyente. ¿Cuál de las siguientes opciones no reduce la responsabilidad del contribuyente?

a. Crédito fiscal por Ingreso del Trabajo
b. Exceso de CASDI
c. Crédito fiscal adicional por hijos
d. ¿Crédito de oportunidad estadounidense?

Comentario: Revisa la sección Parte *3: Créditos y pagos tributarios reembolsables.*

Tax Credits and Payments

TCPP3.2
Estimated payments are due in four equal payments. Which of the following is not a due date for estimated tax payments?

a. April 15th
b. September 15th
c. June 15th
d. December 15th

Feedback: Review section *Estimated Tax Payments*.

TCPP3.3
Which of the following is a refundable tax credit?

a. Lifetime learning credit
b. Child tax credit
c. Retirement savings contribution credit
d. Additional child tax credit

Feedback: Review section *Child and Dependent Credits*.

TCPP3.4
Which of the following could qualify the taxpayer for EIC?

a. 6-year-old with an ITIN
b. 12-year-old with an SSN and lives in Mexico
c. 30-year-old and partially disabled
d. 23-year-old full-time student attending a qualifying college

Feedback: Review section *Qualifying Child for Child Tax Credit*.

TCPP3.5
The taxpayer would not qualify EIC in which of the following?

a. Dependent with a valid ITIN
b. Cannot file MFS
c. Investment income under $3,400
d. Have earned income

Feedback: Review section *Child and Dependent Credits*.

TCPP3.6
Which taxpayer could qualify for EIC?

a. 68-year-old single with income of $10,395
b. MFJ with two children and income of $59,292
c. MFJ with three children, income of $19,589, and qualifying children do not live with taxpayer
d. HH with one child, age 23 and going to school full-time, with income of $17,422

Feedback: Review section *Earned Income Rules*.

TCPP3.2
Los pagos estimados deben realizarse en cuatro pagos iguales. ¿Cuál de las siguientes opciones no es una fecha de vencimiento para los pagos de impuestos estimados?

   a. 15 de abril
   b. 15 de septiembre
   c. 15 de junio
   d. 15 de diciembre

Comentario: Revisa la sección *Pagos de impuestos estimados*.

TCPP3.3
¿Cuál de las siguientes opciones es un crédito fiscal no reembolsable?

   a. Crédito de aprendizaje de por vida
   b. Crédito fiscal por hijos
   c. Crédito de contribuciones de ahorro para la jubilación
   d. Crédito fiscal adicional por hijos

Comentario: Revisa la sección *Créditos secundarios y dependientes*.

TCPP3.4
¿Cuál de los siguientes escenarios calificaría al contribuyente para el EIC?

   ➢ 6 años de edad con un ITIN
   ➢ 12 años con SSN y vive en México
   ➢ 30 años y parcialmente discapacitado
   ➢ **Estudiante de 23 años de tiempo completo que asiste a una universidad calificada**

Comentario: Revisa la sección *Menor calificado para el crédito tributario por menores*.

TCPP3.5
¿El contribuyente no calificaría para el EIC en cuál de los siguientes casos?

   ➢ **Dependiente con un ITIN válido**
   ➢ No puede declarar como MFS
   ➢ Ingresos por inversiones de menos de $3,400
   ➢ Tenga ingresos del trabajo

Comentario: Revisa la sección *Créditos secundarios y dependientes*.

TCPP3.6
Cuando un contribuyente tiene créditos reembolsables en su declaración de impuestos, el preparador pagado debe conservar cierta documentación ¿Cuál de las siguientes opciones no es uno de los registros requeridos?

   a. Formulario 8860
   b. Hojas del cálculo EIC
   c. Todos los documentos que el contribuyente ha entregado para mostrar prueba de elegibilidad
   d. Declaración de impuestos estatales

Comentario: Revisa la sección *Reglas de ingresos obtenidos*.

Takeaways

A tax credit reduces the amount of tax the taxpayer is liable for. Unlike a deduction, which reduces what amount of income will be subject to tax, a tax credit directly reduces the taxpayer's liability. A tax credit is a sum deducted from the total amount a taxpayer owes. There are two categories of tax credits: nonrefundable and refundable.

There are a variety of credits and deductions for the taxpayer. This lesson covered a few credits that allows taxpayers to lower their tax liability to zero and below, and possibly receive a refund from the credits. A refundable credit is a tax credit that is treated as a payment and can thus be refunded to the taxpayer by the IRS. Refundable credits can be used to help offset certain types of taxes that normally cannot be reduced and can even produce a federal refund.

TEST YOUR KNOWLEDGE!
Go online to take a practice quiz.

Aportes

Un crédito fiscal reduce la cantidad de impuestos de los que el contribuyente es responsable. A diferencia de una deducción, que reduce qué cantidad de ingresos estará sujeta a impuestos, un crédito fiscal reduce directamente la obligación del contribuyente. Un crédito fiscal es una suma deducida del monto total que un contribuyente debe. Existen dos categorías de créditos fiscales: no reembolsables y reembolsables.

Existe una variedad de créditos y deducciones para el contribuyente. Esta lección cubrió algunos créditos que permitirían a los contribuyentes reducir su obligación tributaria a cero y por debajo, y posiblemente recibir un reembolso de los créditos. Un crédito reembolsable es un crédito fiscal que se trata como un pago y, por lo tanto, puede ser reembolsado al contribuyente por el IRS. Los créditos reembolsables se pueden usar para ayudar a compensar ciertos tipos de impuestos que normalmente no se pueden reducir e incluso pueden generar un reembolso federal.

¡PON A PRUEBA TUS CONOCIMIENTOS!
Ve en línea para tomar una prueba de práctica.

The Latino Tax Professionals Association (LTPA) es una asociación profesional dedicada a la excelencia en el servicio a profesionales de impuestos que trabajan en todas las áreas de la práctica tributaria, incluyendo profesionales individuales, servicios de tenencia de libros y contabilidad, agentes inscritos, contadores públicos certificados y abogados de inmigración. Nuestro exclusivo e-book interactivo y sistema de formación en línea proporciona la única formación fiscal y contable tanto en inglés como en español. Nuestra misión es proporcionar conocimiento, profesionalismo y comunidad a aquellos que sirven al contribuyente latino, para ayudarle a hacer crecer su práctica y aumentar sus ganancias atrayendo a más clientes latinos, y para proporcionar la mejor capacitación de preparación de impuestos disponible.

Latino Tax Professionals Association, LLC
1588 Moffett Street, Suite F
Salinas, California 93905
866-936-2587
www.latinotaxpro.com

Si necesita ayuda: edsupport@latinotaxpro.org